이상한 나라의
수학자

A mathematician in the wonderland.

Written by Byung Gyun Kang.
Published by Sallim Publishing, 2017.

어느 수학자가 본 기이한 세상 2

이상한 나라의 수학자

망상과 통찰의 경계선!

강병균 지음

살림

일러두기

1. 『표준국어대사전』에 뜻이 같은 말로 등재되어있더라도, 각각의 단어가 주는 뉘앙스에 차이가 있을 경우, 이를 하나로 통일하지 않고 다양하게 썼다.

   예1: 이슬람/회교(회교는 동북아시아에서 수천 년 동안 이슬람교를 부르던 용어이다.

   우리나라 고려시대 가요에 '회회 아비'가 등장한다.)

   예2: 야훼/여호와(기독교 『구약』의 하나님은 '야훼'로 표기했다.)

   예3: 붓다/부처/석가/석가모니

   예4: 예수/그리스도

   예5: 브라만/바라문

   예6: 기독교/개신교

2. 오타임이 분명해도 뜻이 모호하게 보일 경우에는 바로잡지 않았다. 또한 관용적으로 굳어버린 인명의 경우에도 외래어표기법을 따르지 않았다.

   예: 날으는 카라신 / 하이 씨 / 틸포텔 / 블로우 / 크로넥커 / 멘탈 / 씨턴

3. 기독교의 전지전능한 유일신은 '하나님'으로, 옛 한국인들이 섬기던 신은 '하느님'으로 구분해서 썼다.

이 책은
인류 역사를 통해서
자기가 처한 시대 환경 종교의 족쇄와
과학기술의 한계에도 불구하고
동시대인의 박해와 후대인의 조롱을 개의치 않고
불굴의 의지로 몸과 마음과 생명을 바쳐 진리를 추구한
구도자들과 철학자들과 과학자들에게 바친다.

같이 아파하는 동체대비의 마음으로
고통 받는 모든 생명에게
따사로운 눈길과 부드러운 손길을 건네며
응달진 곳으로 내딛는 발길로 분주한
큰사람들에게 경모敬慕의 정과 뜨거운 찬사를 보낸다.

의문들

인간의 의미는 무엇일까?
그는 어디에서 왔을까?
그는 어디로 가는 것일까?
저 황금빛 별들에는 누가 살까?

파도는 하염없이 중얼거리고 중얼거린다.
바람은 불고,
구름은 흐르고,
별은 반짝인다,
무심하고 차갑게,

그리고 바보는 하염없이 대답을 기다린다.

— 하이네Heinrich Heine, 「파도에 질문하는 사람」

서문

인류의 역사는 환망공상(환상^{illusion}, 망상^{delusion}, 공상^{fantasy},
상상^{imagination})의 역사이다

현대과학이 밝힌 바에 의하면 인류는 처음부터 지금의 모습을 가진
것이 아니고 35억 년 진화의 결과이다. 인류는 아메바, 어류, 파충류, 포
유류, 유인원, 인간으로 진화하였다. 지금은 뇌과학의 발전으로 인간의
의식조차도 해부되어 진화론의 대상이 되고 있다. 그 결과 단일한 의식
이란 환상이 깨어지고 있으며 다의식多意識의 주장이 힘을 얻고 있다.

의학의 발달은 인도인들이 믿어 왔듯이 심장이 영혼이 머무는 곳이
아니며, 이집트인이나 아리스토텔레스가 믿었듯이 생각을 하는 주체
가 아니라 그냥 피를 뿜는 펌프임을 증명하였다. 또 다른 장소인 송과
선松果腺 pineal gland은 그저 그런 기관으로 전락하고 말았다. 그 결과 영혼
이 수천 년 동안 살던 집에서 쫓겨나 갈 곳이 없어진 이상한 시대가 되
어 버렸다.

이집트인들은 뇌를 쓸모없는 기관으로 여겨 미라를 만들 때 다 버렸
으며, 아리스토텔레스는 뇌를 기껏해야 심장을 식혀주는 냉각기관 정
도로 여겼다. 그런데 현대에 와서 뇌와 심장의 위상에 대역전이 일어
났다. 현대 뇌과학에 의해 뇌가 바로 생각이 일어나는 곳이며 생각의

주체라는 것이 밝혀졌다.

이렇게 되기까지는 만 년이 넘는 세월이 걸렸다. 10만 년 전에 생긴 인간의 언어가 비약적인 발달을 한 BC 1000~BC 500 기간에 인간의 의식 역시 비약적으로 발달을 하였다. 언어는 존재의 집이기 때문이다. 언어의 발달은 의식의 발달을 낳고, 의식의 발달은 무수한 질문을 낳았다. 이 질문들에 대한 답으로서 엉뚱한 답(환망공상幻妄空想)이 제시되었는데 그것이 바로 종교이다. 모든 문장이 의미가 있는 것은 아니듯이 모든 질문이 의미가 있는 것은 아니며 답 역시 마찬가지이다. 이미 과학문명이 비약적으로 발달하여 과거의 어리석은 답은 의미가 없어졌건만 인간은 여전히 그 오래된 답에 집착한다.

아프리카 세렝게티 초원이건 인간사회이건 힘이 세고 능력이 있는 자들이 (의식적으로 또는 무의식적으로) 힘이 약하고 능력이 없는 자들을 잡아먹고 사는 것은 예나 지금이나 변함없다. 종교를 비롯한 정신세계도 예외가 아니다.

종교적인 망상을 폭로하여 종교의 협박과 질곡桎梏으로부터 힘없고 능력없는 사람들을 구하고자 한다. 그렇다고 종교가 전혀 쓸모없다고 주장하는 것은 아니다. 종교는 길들이면 이롭게 부릴 수 있는 야수일 뿐이다. 사람이 주인이지 종교가 주인이 아니기 때문이다.

이 책이, 의심은 있으나 확신이 없는 사람들에게 종교의 질곡에서 벗어나 대자유인이 되는 계기를 제공하기를 기대한다.

늑대, 하이에나, 사자, 산양, 인간 등 사회적인 군집동물들은 지도자를 내세워 집단의 의사결정을 돕는다. 여러 개체가 있으면 의사결정이 반드시 필요하기 때문이다. 마찬가지로 우리 뇌에서는 우리 몸을 구성하는 100조 개 세포집단의 안녕을 위해서 전략기획조정실인 1,000억 개 뇌신경세포에서 매순간 의사결정이 일어난다. 이 의사결정을 돕기 위해서 '자아'라는 '기능'이 생긴 것이다. 35억 년 전에 지구상에 나타난 최초의 생물인 아메바 같은 '단세포' 동물은 자아가 없는 것이 명백하므로, 자아는 아메바 같은 '단세포' 생물이 '다세포' 생물인 인간으로 복잡하게 발전한 진화의 과정 중간 어디선가 생긴 것이다. 그러므로 자아는 시작이 없는 불생불멸不生不滅의 존재가 아니다. 자아는 집단의 지도자와 같이 임시적이고 기능적인 존재이지 영원히 존재하는 실체가 아니다. 이 점에서 자아는 환상이다.

인간은 자신의 인식능력이 때時에 관계없이 항상 같다고 어처구니없는 착각 망상을 한다. 전혀 그렇지 않음은 600만 년 전에 인간의 형제였던 침팬지를 보면 명확해진다. 인간(생물체)의 인식능력은 시간을 타고 진화를 하는 것이다. 사실은 주체, 객체, 인식 3자가 진화를 한다. 그러므로 고정된 사고에 머물면 안 된다(이것은 응무소주이생기심應無所住而生其心의 진화론적인 해석이다). 항상 앞으로 나아가야 한다.『금강경』의 유명한 구절인 '응무소주이생기심應無所住 而生其心'은 '생각하되 집착을 하지 말라'는 말이다.『주역』의 '수시변통隨時變通'과도 통하는 말이다. 이 말을 진화론적으로 해석하면 '옛 이론·생각에 집착하지 말고 새로운 이론·생각에 마음이 열려있어야 한다'는 말이다.

대중들의 우상인 종교적 천재들을 비판하였다. 이들이 종교적인 한탕주의에 빠져있음을 폭로했다. 대중은 눈에 뭔가 씌어 이들의 터무니없고 어처구니없는 생각을 보지 못한다. 이(생각)들은 추종자가 없으면 생존할 수 없는 기생적인 존재들이다. 대중이 깨인 의식이라는 구충제를 복용해야만 이들과 이들이 내뿜는 독인 환상과 망상을 구제驅除할 수 있다.

진화론적인 측면에서 종교를 비판하였다. 글이 너무 딱딱해지고 심각해지는 것을 방지하기 위해서 진화론으로 버무린 풍자적인 콩트들을 곁들였다.

필자가, 종교를 비판하지만, 종교를 통해서 마음의 평안과 행복을 얻은 이들의 존재를 부인하는 것은 아니다. 하지만 인식의 발달은 필연적으로 더 높은 수준의 진리를 요구하며, 그래서 과거의 약이 더 이상 효능을 발휘하지 못하게 되며, 그 과정에서 필연적으로 새로운 질병과 옛 처방전 사이에 심각한 갈등이 일어난다. 이 갈등이 해결되어야만, 개별적 수준의 행복이 아닌 인간 종種 전체적 수준의 행복이 증진된다. 그 해결책은 진리이다. 진리가 일시적으로 국소적으로는locally 아픔을 주고 아늑한 둥지를 깨뜨리는 참극을 벌여도, 결국은 장기적으로 대역적으로globally 행복을 준다. 이 점은 인간의 역사가 증명하는 바이다. 지금 우리가 누리는 이 빛나는 과학·기술·문명과 정치·경제적인 문명의 혜택은 다 그런 참극의 결과이다(노곤한 돼지의 행복이 아니라, 조물주의 뜻 즉 '우주와 생명과 삶과 죽음에 대한 깊은 이해'를 바탕으로 하는 깨인 행복 역시 그 결과이다). 우리가 후손에게 더 나은 세계를 물려주려면 이런 과정은 불가피하다. 이 점에서 종교를 비판할 뿐이지, 이미 종교가 보관하고 유포해온 '인류가 수십억 년 진화과정을 통해 축적한 방대한 양의 삶의 지혜'를 부인하는 것은 아니다. 단지 종교에서 미신, 맹신, 광신을 잘라내자는 것뿐이다.

끝으로 꼭 인용하고 싶은 명문이 있다. '우주는 우리가 상상하는 것보다 더 기이하며, 우리가 상상할 수 있는 것보다도 더 기이하다(J. B. S. Haldane).' 그런데 놀라운 사실은 우주는 우리 인간의 환망공상보다 더 기이하다는 것이다. 그렇지 않으면 과학은 이미 오래전에 죽은 학문이 되었을 것이다.

❐ The universe is not only queerer than we imagine, but

queerer than we can imagine. — J. B. S. Haldane.

目 The fact is that the universe is queerer than we human's illusions and delusions.

목차

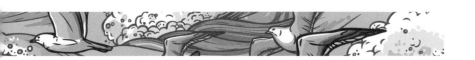

환망공상과 모순

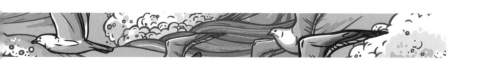

진화론과 종교

인간은 동물이다. 진화론적으로 보면 명확한 일이다. 더도 말고 덜도 말고, 딱 동물이다. 먹고 싸는 동물이다. 침팬지와 호형호제 관계다. 인간이 자신의 과대망상을 깨기만 하면, 많은 문제가 해결된다. 겸손하게 자신이 동물이라는 것을 인정하면, 자신의 처지를 깨달아, "아, 내가 짐승이었지" 하면서 만행(蠻行)을 삼가게 된다. 기독교·유대교·회교 사이의 해묵은 반목·증오·테러·전쟁은, 종교라는 환망공상(幻妄空想)이 만들어낸 것이다. 인간은 다른 생물들을 대량으로 잡아먹고 환경을 파괴하면서도 자신이 가장 선한 존재인 것처럼 으스댄다. 이 장에서는 진화론적 관점에서 인간의 환망공상을 분석한다. 그중에서도 특히 종교적 환망공상을 폭로한다.

한탕주의

개미가 오랜 동굴수행 끝에 깨달음을 얻어 모르는 것이 없다고
주장하면 지나가던 개미귀신이 웃을 일이다

모든 것을 설명하는 이론은 실제로는 아무것도 설명하지 못한
다 〈칼 포퍼〉

깨달음을 얻으면 모르는 것이 없는 일체종지를 얻고, 타인의 마음을
거울처럼 들여다볼 수 있고(타심통), 미국까지도 자기 몸만으로도 비행
기보다 빨리 갈 수 있고(신족통), 전화기를 사용하지도 않고 미국에 있
는 사람과 대화를 하고(천이통), 망원경을 이용하지 않고도 화성의 대
협곡을 자세히 볼 수 있는 것일까(천안통)? 동굴이나 토굴이나 선방에
앉아 일구월심으로(해가 가고 달이 가도록) 참선을 하다 어느 날 '뻥' 하
고 뚫리면 갑자기 모든 것을 알게 되는가? 부처님이 그런 경험을 하셨
단 말인가?

그 옛날 도통한 스님들과 도인들이 오늘 서울에 산다면 과연 핸드폰
을 사용하지 않을까? 버스를, 기차를, 비행기를 타지 않을까? 요즈음
큰스님들이 작은 차도 아니고 큰 차를 이용함을 보면 짐작이 가능할
것이다. 심지어는 먹지 않고도 살 수 있다고 주장할 뿐만 아니라 음식
이 하늘에서 만나처럼 제공된다고 주장하기까지 한다. '원효 스님과 의
상 스님의 천공天供전설'을 보라(『삼국유사』 권3 「흥법 전후소장사리興法 前

그렇게 모든 것을 다 안다고 하면서 그리고 그 큰 자비심을 가졌다 하면서 왜 전염병을 치료할 현대적인 약품이나 소고름을 이용한 간단한 백신조차 가르쳐주지 못했을까? 그랬으면 무수한 사람들을 홍역·마마·염병 등으로부터 구할 수 있었을 터인데. (설사 신통력이나 초능력이 사실일지라도 이것들은 개인차원의 성취이고 혜택이지만 과학기술발전이나 좋은 정치제도, 경제제도, 사회제도의 발명과 도입 등의 제도적인 발전은 모든 사람들에게 집단적인 혜택을 준다. 이 점에서 집단적인 성취가 개인적인 성취보다 훨씬 중요하다. 인류를 지나치게 개인적인 측면에서 조망하다보면 개인적인 구원과 해탈을 과도하게 강조하는 종교적 단견에 빠지기 쉽다. 인간은 군집생물이므로 소속집단의 발전과 운명이 개인의 발전과 운명에 끼치는 영향은 결정적이다.)

인간의 무지와 오해의 뿌리깊음은 역사를 통해 확인할 수 있다. 흑사병이 창궐하던 중세 유럽 기독교인들은 병이란 하나님이 내린 벌이라 생각하고, 성당에 바글바글 모여 자신의 죄를 사해달라고 기도했지만, 오히려 그 자리에서 전염병을 옮아 유럽인구 1/3이 몰살당하는 데 일조를 하였다. 선의가 오히려 끔찍한 재앙을 가져오는 최고의 예이다.

인간은 황금권총을 동경한다. 한 방에 모든 것을 해결할 수 있는 황금권총! 하나님에 대한 믿음이나 간단한 주문이나 아미타불 염불, 관세음보살 염불, 진언, 유태교 신비주의 카발라의 야훼이름 진언, 대종교 진언, 증산교 태을주太乙呪 흠치흠치 주문, 만파식적萬波息笛, 정액을 두정頭頂(정수리)으로 밀어올리기, 숨을 오래 쉬기(한 호흡을 10분 이상 만들기), 기를 생체고속도로(경락) 상에서 호호탕탕하게 달리게 하기, 이슬람 신비주의 수피 회전무回轉舞, 선불교의 공안타파, 명상을 통한 우주와의 합일 등등 알려진 한탕법은 무수하다. 오지게 한탕만 하면 모든 문제를 일거에 해결할 수 있다는 희망을 갖는 것이다. 이 한탕 상품을 파는 상인들은 무수히 많다. 인류역사에 등장하는 무수한 종교가 그 증거이다. 한탕상품은 매우 다양하고 그중에 장수인기상품도 있는데 '종말론'이 그중 하나이다. 이 고통의 삶과 참지 못할 정도로 불쾌하고 불의한 이 세상이 끝나는 종말의 그날을 고대하는 믿음을 파는 상품이다. 지금까지 팔린 수만 종류의 모든 종말론 상품이 모두 불량품이었음이 이미 증명되었음에도 불구하고 신상품은 끝없이 개발되어 시장에 소개되고 또 끝없이 팔린다. 종말론은 종교적인 새우깡, 초코파이, 너구리, 또는 짜파게티이다. 그런데 이 상품들은, 세속상품들과 달리, 절대 환불이 안 된다. 피해를 입어도 고스란히 그냥 당하는 수밖에 없다. 어느 누구도 보상을 해주지 않는다. 산이 높으면 골이 깊듯이 그리고 높이 올라갈수록 깊이 추락할 수 있듯이 한탕에 대한 꿈이 클수록 상처도 클 수밖에 없다. 1997년 혜성꼬리(수증기)에 숨어 날아오는 UFO가 구원을 가져다 줄 것이라고 소란을 피우던 사람들이 기억나는가? 이들은 우주인의 천국에 가기 위해서 집단자살을 했다. 이렇듯 기발한 아이디어로 신상품은 개발된다. 정도의 차이가 있을지언정 모든 종교에 한탕주의가 있다. 각기 자신의 한탕주의가 원조이고 나머지는 모조리 사이비라고 주장한다.

베르나르 베르베르 소설의 주인공인 선지자개미가 오랜 동굴수행 끝에 깨달음을 얻어 모르는 것이 없다고 주장하면 지나가던 개미귀신이 웃을 일이다. 개미가 한탕을 한다고 해서 삼세(과거·현재·미래)의 개미귀신을 물리칠 힘이 생기는 것이 아니듯이, 인간도 한탕을 해서 모든 문제를 해결할 수는 없는 일이다. 만약 그러하다면 어떻게 시간이 어제에서 오늘로 그리고 다시 내일로 흐를 수 있을 것인가?

인류역사를 윗방향으로 이끌어온 힘은 자연현상·생명·삶에 대한 끊이지 않는 지적 호기심과 탐구심이며, 전두엽과 대뇌변연계 경계선 상에서 발생하는 바다와 같이 깊고 푸른 신비감이 우리의 삶을 그윽하고 풍성하게 만든다. 사람들은 흔히 신비는 고정되어 있고 인식도 고정되어 있는 것으로 생각한다. 하지만 뇌가 진화를 하면 신비의 대상과 내용이 변한다. 신비는 고정된 것이 아니다. 어제의 신비는 더 이상 오늘의 신비가 아니며, 오늘의 신비는 영원한 내일의 신비가 아니다. 사실은 인식주체, 인식대상, 인식(능력과 종류) 이 3자가 진화를 하므로 이에 따라 신비도 끝없이 진화를 하는 것이다.

하지만 인간은 턱없이 짧은 시간을 살기에 변화를 감지하지 못하고 한탕주의에 빠지는 것이다.

진화론과 종교

● (왼쪽) Heaven's gate: 천국의 문이, 왜 지상의 문처럼 생겨야 하나? 지구인들의 망상일 뿐이다. 옛날 사람들이 천사에게 새의 날개를 달아준 것은, 물체가 새의 날개가 없이도 날 수 있다는 걸 몰랐기 때문이다. 또한 새의 날개는 공기가 없는 곳에서는 무용지물이라는 사실을 몰랐기 때문이다. 날개가 없이도 날 수 있다는 걸, 진공(眞空 vacuum)을 경험하지 못한 사람들은 상상할 수 없었다: 아리스토텔레스는 자연은 진공을 싫어한다면서 진공의 존재를 부인했다. 그런데 우주공간은 문자 그대로 거의 진공이다. 거기를 날아가려면 새의 날개가 아니라 작용반작용의 법칙을 이용한 제트엔진이 필요하다. 만약 천사가 새의 날개가 필요하다면 천국에는 공기가 있다는 말이다! 이게 말이 되는 소리인가? 천국의 문을 지상의 문처럼 만들더니, 천국의 공간도 지상의 공기로 가득 채웠다!

● (오른쪽) 천국의 문(Heaven's Gate) 교주 마셜 애플화이트(Marshall Applewhite 1931~1997): 영락없이 외계인처럼 생긴 그는 외계인을 구세주로 믿었다. 외계인이 UFO를 몰고 와 지구인 추종자를 낙원행성(paradise planet)으로 데려갈 것이라고 믿었다. 그렇게 믿은 자도 이상하지만, 그 말에 넘어간 자들은 더 이상하다.

▤ 천국의 문Heaven's Gate이라 불리는 사이비종교는, 1997년 지구에 근접한 지름 40km의 봅 혜성Comet Hale-Bopp을 따라오는 UFO가 자신들을 구원할 것이라고 믿고, 39명이 집단 자살했다. 육체는 UFO에 승선할 수 없고 영혼만이 가능하다는 교리에 따른 것이었다. 과연 이들이 UFO를 탔는지는 아무도 모른다. 인류역사상 지금까지 저승에서 돌아와 신빙성 있는 증언을 한 자가 전무하기 때문이다. 그래서 너나 할 것 없이 이 블루오션에 뛰어들어 사후세계와 저승을 소재로 마음 내키는 대로 무책임하고 황당한 소리를 늘어놓으며 어떤 자는 사이비종교를 만들어 한몫 챙기고, 어떤 자는 『타나토노트Thanatonautes』 같은 종교적 환망공상 소설을 써서 큰돈을 벌 수 있는 것이다.

▤ 자유는 인간의 '구조적인 무지inevitable ignorance'를 전제로 한다. 누군가 전지전능하다면 그 사람의 뒤만 좇으면 된다. 그러나 누구도 전지전능하지 않기에 다양한 시도가 이루어지도록 '자유'가 허용되어야 한다. 이것은 위대한 자유주의 사상가 하이에크의 철학이다. 필자는, 하이에크의 자유주의 입장에서, 종교로 대표되는 인간의 환망공상을 비판하고자 한다.

일체종지 一切種智(문자 그대로 뭐든지 다 아는 경지)는 허상이다. 이를 믿으면, 더 이상 인류발전은 물론이고 종교발전도 불가능하다. 기도를 통해 신의 은총으로, 또는 명상을 통해 초자연적인 신통력을 얻는 등의 종교적인 방법을 통해서 일체종지만 얻으면 되기 때문이다. 일체종지에 대한 믿음은 반反자유주의이자 인류발전에 대한 믿음의 거부이다. 전지全知 omniscience(문자 그대로 뭐든지 다 앎)한 존재와 소통을 한다는 자들 역시 '반자유주의자'이자 '인류발전의 걸림돌'이기는 마찬가지이다.

이들은, 기도나 명상을 하다 가끔 곁눈질로 흘겨보며, 일체종지만 얻으면 되는데 왜 쓸데없이 과학기술발전에 헛힘을 쓰느냐고 집요하게 딴지를 걸며 순진하고 무지한 대중을 선동하기 때문이다.

🉑 전설의 포크송 가수 송창식은 수십 년간 하루에 2~3시간씩 제자리에서 빙글빙글 도는 회전무回轉舞를 추어왔다. 그의 말에 의하면 정신건강에 매우 좋다고 한다.

🉑 영국 계관시인 워즈워스는 무지개를 볼 때마다 가슴이 뛰는 신비감을 느꼈지만 지금은 어느 누구도 신비감을 느끼지 않는다. 누구나, 무지개는 빛이 물방울을 프리즘으로 삼아 일곱 가지 색으로 분해되어 생긴 현상임을 배워 알기 때문이다.

　달도 마찬가지이다. 동서양의 수많은 고대 시인들이 수천 년 동안 달을 노래했지만, 지금은 닐 암스트롱의 신발자국이 지워지지 않고 남아있는 큰 돌덩이로 전락하였다. 운명적인 사랑을 고백할 대상도 지극한 사랑을 증언할 지고의 존재도 아니다. 달 표면에는 바람 한 점 없으니 인간의 사랑에 같이 떨릴 감정인들 있을까. 문학작품에, 더 이상, 달은 등장하지 않게 되었다. 그냥 하늘을 날아다니는 할 일 없는 마마 앓은 곰보얼굴로 격하되고 말았다. 메마른 세태이다. 이 점에서는 무지의 환망공상幻妄空想 시대가, 오히려 훨씬 더 낭만적인 멋이 있었다.

　더 좋은 일인지 더 나쁜 일인지 모르겠지만, 어제의 신비는 더 이상 오늘의 신비가 아니다.

자궁子宮은
영웅 지그프리트의 대웅전大雄殿

모든 일에는 이유가 있다

긴 길이 짧은 길이 같은 길이

『종의 기원』을 발표한 지 3년 후인 1862년 다윈은 마다가스카르 섬에서 영국으로 보내온 꽃대롱(밀관)蜜管이 엄청나게 긴(30cm) 꽃 '혜성난초'를 보고, 이 꽃이 꽃가루받이가 가능하려면 엄청나게 긴 혀를 지닌 나방이 존재해야 할 것이라고 예측했다. 놀랍게도 40년 후에 마다가스카르에서 그런 나방이 발견되었다! '산토판 모르가니 프레딕타

● 혜성난초와 나방: 나방의 혀는 성기에 해당한다. 난초의 꽃대롱은 질에 해당한다. 달콤한 꿀은 성적 쾌락에 해당한다. 쾌락이 없다면 나방이 자기 물건을 난초의 꽃대롱에 집어넣을 이유가 없다. 물건 끝에는 정자(꽃가루)가 묻어있다. 혜성난초와 나방의 수정은, 비록 유전자를 섞은 자손은 생산하지 못하지만, 이종(異種) 간 성행위에 해당한다. 자연은 놀라운 일들로 가득하다.

Xanthopan Morgani Praedicta'라는 학명의 나방으로서 혀 길이가 정확히 30cm 이었다. 다윈의 예측은 '꿀을 빨아먹는 곤충의 혀 길이는 꽃의 꿀샘 깊이와 일치해야 한다'는 눈이 시리도록 간명한 지혜의 소산이었다.

초식동물의 목 길이는 정확히 어깨높이와 일치한다. 풀을 뜯어먹으려면 목 끝에 달린 입이 땅에 닿아야 하기 때문이다. 역설적으로 기린이 강력한 증거이다. 높은 나무의 잎을 따 먹는, 그래서 풀을 뜯지 않는 기린의 목은 어깨높이보다 짧다. 대신에 어깨높이를 높였다(엉덩이까지 높일 필요가 없으므로 기린은 전고후저前高後低의 어정쩡한 모습이다). 그래서 기린은 물웅덩이에서 물을 마시려 할 때 짧은(?) 목 때문에 입이 물에 닿지 않아 엄청 고생한다. 앞다리를 좌우로 넓게 벌리고 어깨높이를 낮추어 입이 물에 닿게 하려고 안간힘을 쓴다. 조류의 목길이도 정확히 어깨높이와 일치한다. 학 백로 두루미 같은 새는 목도 길고 다리도 길다. 물속을 걸어 다니려면 다리가 길어야하고, 물 밖에서 물 속 물고기를 잡아먹으려면 긴 다리 길이에 맞추어 목도 길어진다. 반면에 물속에 들어가 사냥하는 새는 비교적 목이 짧다. 펭귄이 대표적인 예이다.

동물 수컷 '성기의 길이'는 천차만별이다. 그러나 그 다양한 길이도 모두 하나와 일치한다. 그 하나는 바로 암컷 '질의 깊이'이다. 자연계에서 살아남는 것은 보통일이 아니다. 그러므로 가용자원을 가장 효과적으로 이용하기 위해서는 모든 것이 최적화되어야 한다. 그래서 더 짧을 이유도 더 길 이유도 없다. 더 길면 창이 되어 자궁을 파열시켜 암컷을 죽일 것이요, 짧으면 본래 목적에 맞지 않는 무용지물이나 불량품이 된다. 자연은 이런 불량품을 가차없이 도태시킨다. 소위 기록(DNA)말살형이다. 자연계에서 이런 불량품을 발견할 수 없는 이유는 이 기록말살 형벌이 엄격히 시행되어 왔기 때문이다. 암컷들이 특정

수컷들을 거절하는 이유 중에 이런 이유가 한 자리 차지하고 있을지 누가 알겠는가? 창이 될 위험이 있는 놈을 본능적으로 알아차리고 기피하는 일이 벌어지는 것은 아닐까 거친 상상을 해본다. 물론 너무 짧은 불량품도 기피대상이다. 발정기에 허탕치면 길게는 일 년 후를 기약해야 하기 때문이다.

불알의 크기도 만별천차다. 불알은 정자생산 공장이므로 크기가 큰 것은 정자를 쓸 데가 많아서 그렇다는 것을 쉽게 짐작할 수 있다. 즉 불알의 크기는 교미횟수 또는 정자생산량과 일치한다. 보노보와 같이 자주 교미를 하는 놈들은, '피그미 침팬지라 불릴 정도로 작은 몸집'에 비해 아주 큰 고환을 가지고 있다. (흥미롭게도 인간 피그미족도 고환이 아주 크다! 놀라운 것은 덩치 큰 스모선수나 미식축구선수 중에 예상외로 물건이 왜소한 자가 제법 많다는 사실이다.) 심지어 고릴라보다도 크다. 매일매일 10여 차례씩 해대기 때문이다. 몸집이 보노보의 10배나 되는 고릴라가 보노보보다도 불알이 작은 이유는 일 년에 겨우 한두 번 교미하기 때문이다. 인간 수컷 고환의 크기는 보노보와 고릴라의 중간이다. 보노보보다는 가끔 하고 고릴라보다는 자주 하기 때문이다. 조물주는 참 합리적이다! 한 번 사정에 방출되는 정자 수는 고릴라가 5천만 개, 인간은 2억 개, 그리고 침팬지가 6억 개 정도이다.

길짐승들은 한 번에 많아야 10여 마리밖에 새끼를 생산하지 못하면서
왜 정자를 수억 마리나 생산해낼까?

혹시 불량률不良率이 너무 높기 때문일까? 육상동물은 물고기 같은 수생동물로부터 진화했다고 한다. 물고기는 한 번에 엄청나게 많은 알을 낳으므로 정자도 그에 맞추어 많아야 한다. 개복치는 한 번에 3억 개의 알을 낳는다. 그런데 왜 이렇게 알을 많이 낳을까? 물고기 알은 그냥 물속 나대지裸垈地에 무방비로 던져지므로 다른 놈들에게 거의 다 잡아먹히기 때문이다(반면에 모래 속에 알을 낳아 알이 모래의 보호를 받는 바다거북이는 십 단위의 알을 낳는다. 물고기 알은 문자 그대로 실존주의 철학에서 말하는 '던져진 존재'이다. 아무 대책도 없이 던져진 존재이다. 물고기에 비하면 인간은 비교할 수 없을 정도로 상팔자이다. 그런데도 하이데 거 같은 실존적인 불평분자들은 '던져진 존재'라는 해괴한 말을 만들어내어 불평을 일삼으며 다른 인간들을 선동한다. 그 덕에 순진한 젊은이들이 절망해서 몸을 던져 자살한다). 그래서 알을 많이 낳는 종만 자연선택을 받아 살아남았다. 알을 많이 낳아야 그나마 몇 마리라도 살아남아 성체로 자라 다시 새끼를 생산할 수 있다.

물고기가 육상으로 올라왔지만 땅에 알을 낳을 수는 없는 일이다. 다 말라죽고 말 것이기 때문이다. 해결책은 암컷의 몸속에 인공바다나 인공연못을 만드는 것이다. 이것은, 입속에서 알을 부화시키고 갓 부화한 새끼를 입속에 넣어 보호하면서 키우는 특이한 물고기 마우스브리더mouthbreeder(구중부화 어류口中孵化魚類)를 보면, 상상이 어렵지 않다.

그럼, 왜 난자는 소수만 생산할까? 이제는 수정란을 포식자가 (침입할 수) 없는 자궁 안에 안전하게 보호하므로, 물고기 시절처럼 '수정된 알이 잡아먹힐 것을 감안하여 많이 낳을 필요'가 없기 때문이다. 뿐만 아니라 협소한 자궁 속에서 키울 수 있는 새끼는 십 단위를 넘어설 수 없다. (3억 개나 알을 낳는 개복치가 3억 마리의 치어를 입속에서 부화시킬 수는 없다. 따라서 몸 안에서 부화시키는 경우 1회에 방출되는 알의 수는 급격히 감소할 수밖에 없다. 마우스브리더가 자기 입속에서 키우는 치어는 수십 마리에 지나지 않는다.) 따라서 한 번에 방출되는 난자 수는 수백만~수억 개에서 드라마틱하게 적게는 한 개로, 많아야 십 단위로 줄어들었다!

알을 수십 개밖에 낳지 않는 아주 흥미로운 물고기의 예가 있다. 날으는 카라신flying-characin은 물 밖에 알을 낳는다. 카라신이 살고있는 호수는 범람기가 되면 수위가 평소보다 최대 12미터까지 높아진다. 그러면 나뭇잎이 수면에 가까워진다. 암수가 쌍을 이루어 동시에 물을 박차고, 물 위에 늘어진 나뭇잎으로, 날아올라가 나뭇잎에 달라붙는다. 암컷이 알을 낳으면 수컷이 수정을 하고 물로 복귀한다. 알은 이틀 만에 부화하여 물로 낙하하는데, 수컷은 그동안 수면 바로 아래서 몸을 둥글게 뒤틀며 크게 물을 튀겨 나뭇잎에 붙은 알에 수분을 공급한다. 놀라운 점은 알을 한 번에 약 스무 개밖에 낳지 않는다는 점이다. 물고기들이 한 번에 낳는 알 개수가 보통 백만 단위이며 많으면 수억 개에 이른다는 점을 감안하면, 놀라운 일이다. 아마 알이 물 밖에 있는 연유로 천적에게 잡아먹히지 않아서일 것이다. 카라신의 예는, 물고기들이 한 번에 알을 수억 개나 낳는 이유가 극도로 높은 알 사망률 또는 유실률遺失※ 때문이라는 증거이다.

몸 안의 좁은 자궁이 아니라 드넓은 몸 밖에 알을 낳는 날짐승의 경우는(조류에게 자궁이 없는 이유는 이렇다. 공중을 날아다니려면 몸무게를 최대한 줄여야 한다. 그래서 조류의 뼈는 속이 비어있다. 그런데 태아를 뱃속에 담아 키우면 몸무게가 급증을 해서 나는 데 큰 지장이 있다. 이것은 알을 몸속에서 부화시키는 것과 마찬가지 일이므로, 부화에 걸리는 시간인 20~30일 동안 체중이 급증한다. 그러면 굼뜬 움직임으로 인해 먹이를 잡지 못해 굶어죽거나 천적에게 잡아먹혀 멸종당할 것이다. 뿐만 아니라 임산부의 빈번한 비행은 유산의 위험이 대단히 크다. 그럴 리는 없지만 만약 멸종해버린 '자궁을 가진 조류'의 화석이 발견된다면 일대 센세이션이 될 것이다. 베르나르 베르베르의 『상상력 사전』에나 나옴직한 일이긴 하지만….

아! 날다람쥐가 있다! 이놈은 자궁을 가진 날짐승이다. 그런데 아쉽게도 조류가 아닐뿐더러 잘 날지도 못한다. 그저 짧은 거리를 활공滑空하는 정도이다), 대신 알의 크기가 엄청나게 커졌다. 모든 알을 다 합쳐 하나로 만든 것이다! 그 이유는 다음과 같다. 경제학적으로 보면 자동차를 한 달에 한 대씩만 생산하더라도 자동차공장은 일정규모 이상으로 유지되어야 한다. 마찬가지로 알을 몇 개만 낳더라도 난소공장은 일정규모로 유지되어야 하는데, 하나나 몇 개만 만들 바에야 '노는 손에 새끼 꼰다'고 아예 크게 만들어 발생을 가속화시켰다. 달걀을 보라. 더 극적인 예를 원한다면 공룡알이나 타조알이나 도도새알을 보라. 마르코 폴로의 『동방견문록』에도 등장하는 전설의 새 로크^{Roc}의 모델로 믿어지는, 마다가스카르 섬에 살다 멸종한 키가 3m에 몸무게가 500kg에 이르던 거대한 '코끼리새'의 알은 얼마나 컸던지 원주민들이 8l들이 물통으로 썼다!

그런데 길짐승의 난자 수가 하나둘 혹은 십 단위로 급감했음에도 불구하고, 왜 여전히 정자 수는 그리도 많이 '억' 단위로 유지가 되어야 할까? 답은 이 인공연못이 불바다이기 때문이다. 질은 유해한 균을 죽이기 위해 높은 산도^{酸度}를 유지해야하며, 높은 산도를 유지하려면 수분의 양을 줄여 끈적끈적한 상태를 유지해야 하기 때문이다. 연약한 정자입장에서는 문자 그대로 산성 불바다이다. 가느다란 꼬리지느러미 하나로, 쏟아지는 산성비를 뚫고 끈적끈적한 점액^{粘液} 바다를 건너, 목표물까지 헤엄치는 것은 실로 '고난의 행군'이나 '대장정'이 아닐 수 없다. 식량도 없고 무기도 없다는 점에서 더욱 그렇다.

남자들이 물건의 '길이'에 집착하는 이유는 되도록 자궁에 가깝게 정자를 방출하여 장도^{長途}의 불바다 '길이'를 줄여 정자의 안전을 확보할 필요가, 즉 난자조우의 확률을 높일 필요가 있기 때문이다. 목표지점인 자궁에서 멀리 떨어진 지점에 낙하하면 임무를 수행하지 못하고 죽을 확률이 매우 크다. 우디 앨런$^{Woody Allen}$의 영화 중에 정자들이 공수부대의 모습을 하고 악천후^{惡天候}에 낙하산을 매고 무리를 지어 비행기

꽁무니에서 칠흑같은 어둠속으로 뛰어내리는 천재적인 장면이 있다. 목표지점이 가까워야 하는 또 다른 예는, 8,000미터가 넘는 히말라야 고봉을 오르는 프로 등산가들의 베이스캠프이다. 이들은 정상에 가깝게 베이스캠프를 친다. 그래야 눈사태, 눈보라, 돌풍, 동상, 설맹雪盲, 실족, 탈진, 부상 등으로 인한 사망률이 감소하고 등정성공률이 높아진다. 따라서 남자들의 '길이 공포증'은 합리적인 공포증이다. 비뇨기과 의사들이 뭐라고 하건 간에….

정자대량생산을 설명하는 다른 이론도 있는데, 과거 인간의 난교亂交 풍습으로 다른 수컷의 정자와 경쟁을 하기 위해서라는 설이 그것이다. 별다른 특출난 기술이 없을 때는 쪽수로 밀어붙이는 수밖에 없기 때문이라는 것이다. 한국동란 때 단벌 솜옷에 따발총 한 자루 달랑 들고 몰려온 100만 중공군의 인해전술 위력을 보면 2억 정자대군의 위력을 상상할 수 있을 것이다. 실제로 대다수 정자의 역할役割이 '뒤늦게 질로 진입한 다른 수컷의 정자들이 난자를 향해 자궁으로 진군하는 것을 막는 바리게이트 역할'이라고 주장하는 논문도 존재한다: 물고기 시절에는 개개 정자가 어렵지 않게 난자 하나쯤은 차지할 수 있었지만 이제 사정이 어려워졌으므로 대다수 정자의 용도를 변경함으로써 대량생산을 유지한다는 이론이다(물고기 정자 수는 10억 단위이고 난자 수는 백만 단위이므로 정자가 난자보다 1,000배 많으나, 지금은 정자 2억 개에 난자는 하나뿐이므로 한 마리 정자가 난자를 차지하는 것은 자그마치 20만 배나 어려워졌다). 또 다른 이론으로는 경제학적인 것이 있다. 앞에서 지적한 바와 같이, 자동차를 한 달에 한 대씩만 생산하더라도 자동차공장은 일정규모 이상으로 유지되어야 한다. 그래서 기왕에 큰 공장을 놀릴 수는 없으니 그냥 많이 생산한다는 설이다. 생산시설을 놀리면 녹이 슬고 결국은 불량률 증가로 이어질 것이기 때문이다.

아무튼 난자에 도달하는 것은 결코 쉬운 일이 아니다. 수억 개 정자들 중에 제일 빠르고 튼튼한 한두 놈만 가까스로 한두 개의 난자에 도

킹한다.

　동서양의 신화에는 동굴을 지키는 용 같은 괴물이나 악마를 죽이고 동굴 끝에 깊숙이 갇힌 공주를 구하는 왕자의 신화가 등장한다. 다른 여러 용사들은 용의 먹이가 되고 마는데 왕자는 성공한다. 다양한 형태version가 있으며 독일의 지그프리트Siegfried 신화가 대표적인 예이다. 이 신화는 영웅적인 지그프리트 정자가 질을 통과하여 난자에 이르는 모험담을 영원히 기념하는 진화론적인 서사시이다(매년 독일 바이로이트 축제에서는 영웅적인 헬덴 테너들이 목이 터져라 소리지르며 지그프리트를 찬양한다. 정자는 자궁 안에 갇힌 난자를 온전한 상태로 자궁 밖으로 인도한다. 난자는 정자를 만나지 못하면 절대로 살아서 자궁 밖으로 탈출할 수 없다. 그러니 난자는 정자를 사랑하지 않을 수 없다. 구출된 공주는 예외 없이 왕자를 사랑한다. 용모나 키나 성격을 묻지도 따지지도 않고 사랑에 빠진다. 앞으로 '시험관 아기 생산'이나 '체세포복제 출산'이 보편화되면, 남자[정자]에 대한 여자[난자]의 사랑은 사라질 것이다. 감사해야할 이유가 없어질 것이기 때문이다).

　용은 산성바다를 상징한다. 동굴은 용이 내뿜는 불처럼 뜨거운 산성 액체로 가득 찬 '질'을 상징한다. 이 끔찍한 불바다를 영웅적으로 통과해 살아남아 2^{46}(약 70조)번 정도의 분신술을 구사한 끝에 태어난 것이 개개 인간이다(수정란이 $1 + 2 + 4 + \cdots + 2^n + \cdots + 2^{45} = \sum_{n=0}^{45} 2^n = 2^{46} - 1$ 번 분신술을 행하면 대략 70조 개의 세포가 생긴다).

　인간은 누구나 지그프리트 영웅이다. 이 점에서 불교의 '일체중생실유불성사상'이 설득력이 있다. 절 현판 대웅전大雄殿(큰 영웅을 모신 집)이 상징하듯이 부처가 영웅이고 우리 인간이 모두 부처라면 우리는 모두 영웅이다. 아직 번뇌를 극복하지 못했을지라도 최소한 지그프리트 영웅은 된다! 인간은 부인할 수 없는 진화론적인 영웅이다. 우리 모두

자부심을 갖자!

▤ 그런데 우리 인간은 왜 이런 사실들을 과거에는 몰랐을까? 그 이유는 인간이 무아無我이기 때문이다. 다른 말로 무상아無常我 또는 연기아緣起我(단일체가 아니라 여러 요소로 이루어진 복합체로서의 '나', 그리고 고정불변하는 '나'가 아니라 안팎의 무수한 조건이 영향을 미쳐 끝없이 진화하고 변하는 '나')이기 때문이다.

즉, 과거의 나(몸과 마음)는 현재의 나로 진화를 통해 변해왔기 때문이다. 그리고 의식은 진화의 후반기인 극히 최근에 발생했기 때문이다. (의식이 없는 단세포 생물이 최초로 생긴 것은 자그마치 35억 년 전이고, 의식을 지닌 인간이 생긴 것은 겨우 수십만 년 전이다. 이 점에서 의식은 무의식의 산물이다. 절대로 그 반대가 아니다.) 물고기가 자기 자신의 몸과 마음에 대해 모르듯이 갓난아이도 자신의 몸과 마음에 대해서 모른다. 자기가 자기 몸과 마음을 설계하고 만들어 왔으면 알련만, 그렇지 않으니 알 길이 없다. 수십억 년 전 그 아득한 옛날부터 그냥 환경에 따라 변하는 줄도 모르고 무의식적으로 변해온 것뿐이다. 생명체의 짧은 수명으로는 느려터진 진화론적인 변화를 절대로 감지할 수 없다.

비유를 들자면 초선국회의원이 국회에 대해서 잘 모르는 것은 당연하다. 마찬가지로 초선생명은 자신의 과거(몸과 마음에 무슨 일이 벌어져 왔는지)에 무지할 수밖에 없다. 다선의원들이 초선의원에게 알려주듯이, 인간이 (개체 외부에) 축적한 과학과 학문이 초선인간들에게 역사적 진실을 밝혀내서 알려준다.

아메바일 때, 침팬지와 갈라서기 전에, 크로마뇽인일 때, 고조선 시대에, 심지어 조선시대에 인간이 자신에 대해 무엇을 얼마나 알았겠는가? 모르는 것(주체, 대상)은 자기가 아니다! 부처님은 "자기 뜻대로 할 수 없는 것(대상)은 자기가 아니다"라고 말씀하셨는데, 앞의

관점에서 보면 '모르는 것은 자기가 아니다'. 따라서 우리 몸과 마음
은 둘 다 우리가 아니다. 이것이 진정한 무아의 의미이다.

☱ 전설상의 신통력인 '분신술分身術'은 인간이 진화의 과정을 통해 줄기
차게 구사해온 세포분열이라는 생물학적인 신통력을 기념하는 진화
론적인 신화일 가능성이 농후하다. 자식을 많이 두는 것이나 한 개
의 수정란이 100조 개의 세포로 분열을 하는 것이나, DNA입장에서
는, 모두 자신의 복제품을 만드는 분신술이다.

☱ 노벨 생리의학상 수상자 프랑수아 자코브Francois Jacob 1920~2013가 말했
듯이 '모든 세포의 꿈은 두 개의 세포가 되는 것이다(The dream of
every cell is to become two cells)'. 세포의 '분열에 대한 꿈'은 원초
적인 생존욕구이다. 분열을 하지 못하면 멸종되고 말기 때문이다. 이
무의식적인 세포분열에 대한 욕구가 분신술에 대한 동경으로 나타
난 것이다.

☱ 뇌의 크기도 제각각인데 왜 그럴까? 뇌가 큰 놈은 번뇌가 많아서 클
까? 즉, 뇌의 크기는 번뇌의 양에 비례할까? 그렇다고 하면 불교적
인 답임이 분명하다. 코끼리나 향유고래는 대가리가 엄청나게 큰데
그럼 번뇌가 엄청나게 많을까? 전혀 그렇지 않아 보이므로 이 답은
폐기처분해야 마땅하다. 뇌세포 개수만이 아니라 신경회로 개수도
중요하다. 경제발전을 하려면 도시와 공장의 건설·발달은 도로의
건설·발달과 같이 가야 한다. 코끼리와 향유고래의 큰 '몸집과 뇌'
는, '인구가 늘어남에 따라 도시 수는 증가했지만 도시 사이의 길은
아직 충분히 닦이지 않은 그리고 부대시설이 빈약한, 재개발지역'에
비유할 수 있을 것이다. 단순히 뇌세포 수만 증가했으므로 더 작은
뇌를 지닌 인간에 비해 번뇌는 증가하지 않았다.

目 우디 앨런의 영화 「성에 대해서 항상 알고 싶었던 모든 것Everything you always wanted to know about sex」을 보시기 바란다. 유튜브YouTube로 시청가능하다. 꼬리달린 모습으로 '낙하산과 미지의 세계에 대한 공포를 짊어지고' 광자光子 하나 없는 어두운 허공으로 뛰어내리는 정자들의 '타율적인 운명에 대한 고뇌'를 감상하실 수 있다. 여성이 혹시 피임약을 먹지는 않았을까, 남성이 혹시 장화를 신지는 않았을까, 남성이 자위를 하고 있는 것은 아닐까, 그래서 자신이 헛되이 비행기 꽁무니에서 뛰어내리는 것은 아닐까, 즉 개죽음을 당하는 것은 아닐까 두려워한다. 우디 앨런은 수양딸 순이와 결혼하는 등 끔직한 추문으로 악명이 높지만 그의 천재적인 발상 하나만은 타의 추종을 불허한다.

정자는 숙주의 몸에 세포핵(유전자)을 주입하는 바이러스 같은 존재이다. 우디 앨런은 이 원시적인 모습의 정자에게 따뜻한 시선을 보낸다. 일체중생실유불성이다. 한없이 미개한 모습의 정자라고 결코 예외가 될 수는 없다! 아울러, 정자가 지닌 내적 외적 한계상황을 고려하면, 진실로 정자는 영웅이라고 아니 할 수 없다.

目 석가모니 부처님이 완전한 깨달음을 얻은 상태로 도솔천에 머무시다가 인간을 구하기 위해서 어머니인 마야부인의 옆구리를 통해 인간세계로 강림했다는 주장보다는, 지극히 원시적이고 미미한 단세포 생물인 정자와 난자의 상태에서 출발하여 단 35년 만에 대각大覺 ·(큰 깨달음)을 이루었다는 주장이 훨씬 더 어마어마한 신비감을 발생시킨다. 보리수 아래서 깊은 사유에 잠기신 부처님이 대각을 이루는 순간 부처님 뇌 속에 일어난 1,000억 개 뇌세포의 폭발적인 전기·화학적인 활성화를 상상해 보라. 실로 장엄한 광경이 아닌가? 이 장면을 묘사하려면, 하늘에서 꽃비가 내렸다는 표현만으로는 부족할 것이다.

■ 기독교 천지창조신화의 아담과 이브는 정자와 난자이다. 이브가 지식의 열매를 따먹고 아담에게까지 지식의 열매를 따먹기를 요구한 것은, 난자와 정자의 유전자 결합을 상징한다. 유전자는 정보이므로 지식이다. 난자와 정자는 정보 그 자체이다, 난자와 정자는 유전자 저장소와 운반책 그 이상도 이하도 아니다. 난자의 지식과 정자의 지식의 결합으로서 생명이 탄생한다. 그래서 생명을 만들어내는 성행위를 지식의 열매를 따먹는 것으로 은유한 것이다. 그런데 '정보교환과 정보결합'의 '욕망과 충동'을 왜 사탄으로 표현했을까. 지식으로 인하여 신의 영광을 알 수 있지만, 즉 앎의 환희가 발생하지만, 동시에 '무지의 자각' '불신' '의심' '불안' '다 알았다는 교만' 등의 정신적인 삶의 고통이 동반되기 때문이다. 영혼의 어두운 밤이, 낮과 더불어 찾아오기 때문이다. 낮이 밝을수록 뒤이어 찾아오는 밤은 더 어두울 수밖에 없다.

천지창조는 외적으로 벌어지는 것이 아니라, 지식을 습득한 인간의 뇌 속에 혹은 마음속에 벌어진다. 인간이 외부 세계를 직접적으로 경험하는 것이 아니라, 외부 자극을 이용해서 뇌 속에 새로운 가상의 세계를 건립하기 때문이다(인간이 실제로 경험하는 것도 이 가상의 세계이다). 그러므로 천지창조는 과거 특정한 시점에 이미 완료된 것이 아니라, 앎의 능력을 갖춘 생명체가 지속되는 한, 끝없이 계속되는 현재진행형이다.

■ 얼마 전인 2015년 3월에 아프리카에서 한 새댁이 남편과 못 살겠다고 이혼소송을 냈다. (두 사람 다 흑인이다.) 남편의 물건이 너무 길어서 부부관계 중, 친정어머니가 처방해준 진통제도 소용이 없을 정도로, 극심한 통증을 유발하여 도무지 같이 살 수 없노라는 것이었다. 이런 경우 잘못하면 창상創傷을 입어 자궁암에 걸린다. 성행위도 다 살자고 하는 일이므로 죽을 수는 없는 일이다. 다다익선多多益善이란

말이 있지만, 그래서 남자들은 장장익선長長益善이라고 생각할지 모르지만, 지나치면 탈이 나는 법이다. 모름지기 모든 것은 적당해야 한다. 불가능하다면 모를까, 가능하다면 중도中道를 따르라.

　우리나라 예능프로에 출연한 작은 몸집의 예쁘장한 20대 미국인 아가씨 제시카가 용감하게도, '고추가 큰 남자를 좋아한다'고 밝혔다. 출연자들이 다들 큰소리로 웃고 야단났지만, 웃기만 할 일이 아니다. 잘못하면 큰일 난다. 상기 아프리카 여인을 찾아가 상담을 받아보기를 심각하게 권한다.

●불란서 화가 장 도미니크 앵그르(Jean Auguste Dominique Ingres)의 작품「루기에로와 안젤리카」. 영웅 루기에로(Ruggiero)가 용의 포로가 된 안젤리카(Angelica)를 구하는 장면이다.

해마 수컷의 임신

주어야 할까, 받아야 할까
정자를 주어야 할까, 난자를 받아야 할까
2억 개를 주어야 할까, 1개만 받아야 할까

생물의 세계에는 가능한 모든 삶의 형태가 나타난다
과거에는 알 수 없었지만 지금은 다 안다
과거의 종교적 망상은 자연계에 대한 무지에 기인한다

자궁을 가진 물고기가 있다. 해마이다.

해마는 수컷이 임신한다. 기이한 일이다. 암컷이 수컷의 보육낭保育囊에 수십 개에서 수천 개의 알(최대 2,500개 정도)을 낳으면, 수컷이 부화시켜 9~45일간 암컷 캥거루처럼 보육낭에서 새끼를 키운다. 임신한 수컷은 포유류처럼 배가 불룩해진다(사진 참조). 해마가, 수억 개의 알을 낳는 다른 물고기에 비해, 많아야 고작 수천 개 알을 낳는 이유는, 알이 부화할 때까지 보육낭에서 보호를 받아 잡아먹히지 않기 때문이다. 부화 후 방사된 새끼의 생존확률은 0.5프로로서 다른 물고기들에 비해 월등히 높다.

수컷은 암컷으로부터 알을 받으면 보육낭을 바닷물로 채운다: 이 물에서 알과 정자가 만나 수정을 한다. 즉, 보육낭을 작은 수중세계로 만든다. 이는 일종의 자궁이라 볼 수 있다. 정자가 그 안의 물속에서 알로 헤엄쳐 가 수정하고 부화하기 때문이다. 수정된 알은, 포유류 수정란이

● (왼쪽) 임신한 수컷의 남산만 한 배에서 나오는 새끼 해마.
● (오른쪽) 한 쌍의 해마. 오른쪽의 큰 쪽이 암컷이다.

자궁벽에 착상하듯, 보육낭 벽에 착상한다. 수컷은 보육낭 안의 물에 지질과 칼슘을 방사함으로써 알에 지질脂質과 칼슘을 제공한다.

수컷의 임신기간 동안, 암컷은 매일 아침 수컷을 방문해 안부를 여쭌다.

해마는 일부다처를 하지 않는다. 그 이유는 수컷이, 홀로 임신과 육아라는 격무를 담당하므로, 복수의 짝을 둘 여력이 없기 때문이다: 임신기간에는 추가로 임신이 불가능하며, 보육낭에서 키울 수 있는 새끼 수는 한정되어 있으므로 암컷을 여럿 두었자 소용이 없다. (동물의 세계에서는 수컷에게 보육의 짐을 지게 하면 수컷은, 수퍼 파워super power가 아닌 한, 여러 암컷을 두지 않는다. 현대 남성은, 과거와 달리 자녀보육을 공동부담하므로, 옛날 남성에 비해 일부다처에 대한 충동이 줄어들었다. 이 현상은, (복수의 짝을 두는) '비용'과 (그로 인한 자식 수의 증가라는) '수익' 사이에 경쟁이 작용한다는 점에서, 일종의 경제적 현상이다. 일반적으로, 부모가 새끼를 공동부양하는 동물은 일부일처를 한다. 물고기도 예외가 아니다. 해마 외에도 오스카oscar fish, 베타betta fish, 조피쉬jawfish, 극락어angel fish, 시클리드cichlid fish 등이 있다.) 해마는 일부일처를 하는 것으로 그리고 평생 짝을 바꾸지 않는 것으로 알려져 있지만, 이건 사실이 아니다. 보통 짝짓기 기간에는 한 마리의 짝을 바꾸지 않고 유지하지만, 다음 짝짓기 기간에는 새 짝을 만난다. 또, 짝짓기 기간에 더 매력적인 (예를 들어 더 큰) 암컷이 나타나면, 수컷은 옛 짝을 버리고 새 암컷에게 간다. 여기서 흥미로운 점은, 암컷이 수컷을 택하는 게 아니라 수컷이 암컷을 택한다는 점이다. 다른 동물들과 달리 수컷이 (정자를) 주는 입장이 아니라 (난자를) 받는 입장이기 때문이다.

해마는 물고기인 '실고기'과로서, 1억 년 전에 조기어과로부터 분리되어 현재상태로 급속히 진화하였다.

암컷에게 보육낭이 있는 물고기가 없는 이유가 혹시 이들이 모두 뭍으로 올라와 포유류가 되었기 때문일까? 만약 해마처럼 수컷에게 보육낭이 있는 물고기가 뭍으로 올라와 포유류의 조상이 되었다면, 인류는 무척 달라졌을 것이다. 아마, 암컷이 더 크고 공격적인 일부 조류처럼, 남자와 여자의 사회적 역할과 위상이 바뀌었을 것이다. 해마가 여자들의 이상일지는 몰라도, 인류의 이상은 아니다. 여전히 성적 불평등이 남아있기 때문이다. 하지만 유전자의 입장에서는 그렇지 않다. 왜냐하면 남녀의 서로 다른 역할은, 유전자를 효율적으로 전하기 위한, 분업에 지나지 않기 때문이다. (이 말을 유전자가 목적을 가지고 활동한다는 말로 오해하면 안 된다. 단지 결과적으로 그렇다는 말이다. 즉, 결과가 목적을 가지고 활동한 것처럼 나왔다는 말이다. 그런 성향을 가진 유전자들만 살아남았다는 말이다. 그래서 지금 살아있는 놈들은 조상의 성향을 보인다.)

해마는 경골어류硬骨魚類 bony fish 중 가장 낭만적으로 짝짓기를 한다. 번식하기 전에 여러 날 동안 구애를 한다. (구애 받는 걸 누가 마다하련만 수일은 좀 긴 듯하다.) 구애 행위로 피부색깔 바꾸기, 나란히 헤엄치기, 서로 꼬리를 잡기, 같은 풀을 꼬리로 휘감아 잡기 등을 한다. 종종 여명 전에 구애 춤 리허설을 한 다음, 날이 밝으면 정식으로 춘다. 수컷은 암컷에게 자기의 빈 보육낭을 보여주며, 알을 키울 능력을 과시한다. 암컷은, 알이 성숙하면, 수컷과 더불어 나선형을 그리며 위로 솟아오른다. 이때 수컷의 보육낭에 알을 집어넣는다. 그 후 암컷은 떠나고 수컷은 남아 알을 돌본다. (휴, 얼마나 낭만적인가! 게다가 암컷은 알을 돌보지 않아도 되니, 암컷에게는 완벽한 원원이다!) 수컷의 입장에서는 하룻밤 사랑의 대가치고는 너무 크다. 하지만 잘 작동한다. 인간도 다를 바가 없다. 지금이야 한국을 포함한 선진국 남자들은 육아에 동참하지만, 옛날에는 무책임했다. 해마 암컷처럼 자기 짝을 임신만 시키고 아무 일도 안 했다: 기저귀 갈아주기, (밥·분유) 먹이기, 잠 재우기, 목욕시키기, 업어주기, 달래기 등 일체 하지 않았다.

과학기술 문명의 발달은 여자들을 육체노동으로부터 해방시켰다. 앞으로 과학이 더 발달하면 남자들도 임신이 가능해질 것이다. 그러면 여자들은 구애하는 남자에게 물을 수 있다. "난 알만 주려고 합니다. 임신은 당신이 할 용의가 있읍니까?" 불법佛法을 잘 닦은 남자들은 대답한다. "물론이죠." 헛된 자존심과 이기심으로 저항하는 찌질한 남자들은 후손을 남기지 못해, 세상에는 이타적인 남자들과 여법如法한 남자들만 남을 것이다.

최후의 수단

곤충 중에는 수컷성기가 주걱처럼 생긴 놈이 있는데 그 용도는
전임자의 정액을 긁어내기 위한 것이다. 자신의 정액을 후임자
가 긁어냄을 방지하기 위해서 그리고 다른 놈이 더 이상 집적
대지 못하도록 아예 질膣 입구를 화학물질로 막아버리는 놈도
있다
질膣자의 질窒은 '막힐' 질자이다

기가 막힌 방법이 있다
걷는 놈 위에 뛰는 놈이 있고, 뛰는 놈 위에 나는 놈이 있다

이집트, 그리스, 로마, 메소포타미아, 바빌로니아 등의 지역에서는
신의 아들이라는 개념이 보편적인 개념이었다.

문제는 신들이 자식을 많이 두었다는 것이다. 따라서 누구라도 신의
아들이라고 주장할 수 있었다. 많은 아들 중 하나라고 주장하는 것은
비교적 안전한 일이다. 아들이 많으면 누가 누구인지 일일이 기억하기
힘들지 않겠는가? 게다가 만약 갓 태어난 아들이라면 어떻게 알아보겠
는가? 우리나라 단군신화를 보더라도 환웅은 환인(하느님)의 서자라고
나오는데, 서자는 맏아들이 아닌 아들이나 첩의 아들을 뜻한다. 어느
경우든지 하느님 환인은 여러 아들을 두었고 환웅은 그중 하나였을 뿐
이다.

유대인들은 당시 인근의 신관은 받아들였으나 신의 아들이라는 개
념은 아직 받아들이지 못한 상태였다. 그래서 야훼 신은 늙도록 자식
이 없었다. 이때 예수가 나타나 자신이 야훼 신의 아들임을 주장했다.
때늦은 신문명의 받아들임이었다. (기독교『신약』에 '탕자의 비유'가 나옴
을 기억하라. 아들이 아버지를 떠나 오래도록 허랑방탕하게 타지를 방랑하

다 고향에 돌아왔지만 부끄러워 차마 아버지를 아버지라 부르지 못한다. 기독교 역사에 있어서 예수는 뒤늦게 자신이 야훼의 아들임을 주장하는 야훼의 잃어버린 아들 탕자이다. 탕자의 스토리에서 탕자는 둘째 아들이고 아버지를 모시고 사는 첫째 아들이 있는데 이 첫째는 누구인가? 바로 성령 혹은 말씀이다! 항상 충실하게 하나님의 뜻을 실행에 옮기는 성령!)

예수는 (혹은 그 추종자들은) 후에 다른 자가 나타나 야훼 신의 아들이라고 주장하는 것을 원천적으로 막기 위하여 자신이 독생자라고 주장한다.

유대교에서 역사적으로 야훼 신의 아들이라고 주장한 자가 없었으므로 예수가 독생자라고 주장해도 논리적으로는 별문제가 없었다. 야훼 신이 뒤늦게 늦둥이 아들을 둔 것으로 하면 되기 때문이다. 그러나 문제는 야훼 신이 계속해서 아들을 보게 되는 경우이다. 실제로 이런 일이 벌어졌다. 청말 농민반란의 지도자이자 배상제교拜上帝敎를 창시한 교주인 홍수전洪秀全은 자신이 예수의 친동생이라고 주장했다(친동생이라 주장한 이유는 홍수전이 야훼가 첩을 많이 두었다고 믿었기 때문이다. 그

● 태평천국의 난(1850~1864). 청 말에 중국 내 자생적 기독교인들에 의해서 세워진 왕국. 이들은 예수의 친동생을 자처한 홍수전을 황제로 삼아 태평천국(太平天國)을 세우고 남경(南京)을 수도로 15년 동안 버텼다. 증국번(曾國藩)에 의해서 소탕될 때 2,000만 명이 학살당했다.

래서 자기는 첩실이 아니라 정실부인의 아들이라 주장한 것이다. 동물이건 사람이건 신이건 힘센 놈은 부인을 여럿 두는 법이다). 정확히 야훼 신의 둘째 아들이라 주장했다. 태평천국의 난은 지상의 요괴들을 처치하기 위한 홍수전의 눈물겨운 아마겟돈 전쟁이었다. 이 전쟁의 결과로 지

●라엘교 교주 클로드 보릴롱(Claude Vorilhon 이명 Rael, 1946~)과 UFO. 그림 속의 UFO에 설치된 원시적인 승강용 사다리는 보릴롱이 UFO에 탑승한 적이 없음을 보여준다.

상낙원인 태평천국이 건설된다. 그래서 태평천국의 수도 난징은 천경 天京 즉 하늘나라의 수도라 불리었다. 새 천년왕국을 다스릴 왕은 당연히 홍수전이다, 예수가 아니다. 유산상속에 문제가 생긴 것이다. 그 후 세월이 많이 흐르자 심지어 예수의 이복동생이라는 자도 나타났다. 라엘교는 인간은 우주인이 복제기술로 만들었다고 주장하며 교도들을 데려갈 우주인 엘로힘(고약하게도 기독교 『구약』의 천지창조의 신 엘로힘을 갖다 붙였다)이 보낼 UFO를 기다리는데, 아직 생존하고 있는 교주 클로드 보릴롱은 예수가 자신의 이복형제라고 주장한다. 이런 경우는 예수의 유산상속에 크게 문제가 생길 것이다. 그래서 기독교에서는 아예 예수를 야훼 신과 동격으로 두어, 즉 같은 신의 3위 중 일 위로 만들어 문제를 해결했다. 그러자 다른 문제들이 발생했는데 자신이 재림예수라고 주장하는 자들이 무수히 등장했다는 것이다. 지금까지 적어도 10만 명 이상으로 추정되며, 예수 사후 2천 년이 지났으므로 동일인 예수가 반복해서 10만 번 이상 재림하려면 재림예수의 평균나이는 7일이다!

『구약』이나 『신약』을 어느 정도 인정한 마호메트는 홍수전처럼 '자신이 알라신의 아들이라고' 주장할 용기나 뻔뻔함이 없었다. 그래서 마

●라엘교 교주 클로드 보릴
롱(Claude Vorilhon 이명
Rael, 1946~)과 UFO.

호메트는 예수를 신의 아들의 지위에서 예언자의 지위로 끌어내리고
는 자신이 최후의 예언자라고 선언했다. 즉, 자신 뒤로는 알라신이 더
이상 예언자를 보내지 않는다는 것이다.

예수나 마호메트나 근본적으로 동일한 전략이다. 자신이 최후의 아
들이거나 최후의 예언자라는 것이다. 후인들이 아들이나 예언자라고
주장하는 것을 원천적으로 봉쇄하는 전략이다. (그런데 기가 막히는 것
은, 아직도 살아있는 라엘교의 교주 클로드 보릴롱이 자신이 예수의 이복형
제이자 최후의 예언자라고 주장하며, 예수와 마호메트의 전략을 한꺼번에
무참히 깔아뭉개버렸다는 것이다. 진실로 후생가외^{後生可畏}이다. 보릴롱은 스
스로 일석^{一石}이 되어 이조^{二祖}를 겨냥했다.)

사정 후에 아예 암컷의 질 입구를 화학물질로 막아버리면 뒤에 찾
아오는 수컷곤충들의 사정을 원천적으로 막을 수가 있다. 곤충의 경우
는 물질적인 폐쇄이며, 인간의 경우는 정신적인 폐쇄이다. 정신적인 화
학물질로 마음의 입구가 꽉 막혀버린 인간은 결코 새 정신을 받아들일
수가 없다. 그것이 바로 막아버린 자들의 의도이다. 자신의 밈^{meme}만이
영원히 전달되기를 바라는 맘이다. 남이 막아버린 마음의 입구를 트는
것이 영적인 성장으로 그리고 심오한 정신세계로 가는 첫걸음이다.

☰ 전임자의 가르침은 모조리 악마의 말이라고 몰아붙이는 것이 주격

에 해당한다. '전임자의 가르침은 악마의 말'이라는 주장을 주격으로 삼아, 민중의 마음에서 전임자의 가르침을 모조리 제거한다. 그 다음 민중에게 자신의 가르침을 주입한 후 자신이 하나님의 독생자 또는 최후의 예언자라고 선언함으로써 민중의 마음의 입구를 막아버림으로써 다른 가르침이 들어오는 것을 막아버린다.

目 선불교에서도 주격과 질막음이 등장한다. 선사는 선사의 말을 못 알아듣는 자의 찻잔에 끝없이 찻물을 붓는다. 물이 넘침에 놀라 왜 그러시냐고 묻자 선사는 네 마음이 (새 물이 들어갈 수 없는) 꽉 찬 찻잔과 같다고 대답한다. 이 말에 상대는 설복당하고 자신의 마음을 비우고 선사의 가르침을 받아들인다. 가장자리까지 꽉 찬 것이 질막힘이요. 물을 붓는 상징적인 동작이 주격이다.

目 독毒이나 항생제가, 이들에 자주 노출되지 않아 아직 내성이 생기지 않은 사람에게 가장 효과적이듯이, 광신적 믿음이나 광신자를 만드는 것도 아직 종교에 내성이 생기지 않은 순결한 영혼을 대상으로 할 때 가장 효과적이다. 그래서 모든 종교가 어린이들을 타깃으로 삼는 것이다.

깨달음 역시 마찬가지이다. 깨달음은, 아직 형이상학적인 기이한 이론이나 종교적인 난센스에 물들지 않은 사람들에게 충격적으로 다가온다. 큰 이론 밑에 조그만 새끼이론들을 거느린 복잡한 이론은 일단 감염이 되고나면 하나를 죽여도 다른 놈이 여전히 살아 대들어서 메두사의 머리처럼 죽이기가 어렵다. 그래서 어떤 이가 스스로, 또는 다른 이들이 그를 위해, 그의 마음 안에 뙈리를 튼 메두사의 비非생물학적, 형이상학적, 종교적 뱀대가리들을 잘라내 죽이고자 해도 다 죽이기 전에, 그 사람에게 생물학적인 죽음이 먼저 찾아오기 마련이다.

초기불교경전을 보면 아라한과를 얻는, 즉 깨달음을 얻는 수많은 사람들이 언급된다. 모두, 인류종교시장에 막 소개된 따끈따끈하고 신선한 부처의 가르침으로부터, 아직 항생제에 노출되지 않은 아마존 원시인들이나 뉴질랜드 원시인들이 빠르게 항생제 효과를 보듯이, 순식간에 정신적인 바이러스들을 퇴치하는 효과를 보았기 때문이다. 부처님의 말씀 한마디에 즉각적으로 자기들 마음속에서 수천 년 된 원시적인 베다 가르침이나 수십만 년 역사의 미신을 박멸한 것이다. 그 이후로 치료제로 위장하고 시장에 출시된 숱한 종교적 바이러스들에 감염된 인간들은 내성이 생겨 더 이상 신속한 효과를 보지 못했다. 그래서 중국 당송 시대에는 선원이라는 특수병동에서 수년에서 수십 년이 걸리는 좌선이라는 장기입원치료가 행해진 것이다. 가장 비극적인 것은, 이제는 장기입원을 통해서조차 완치가 되는 사람이 거의 없다는 사실이다.

깨달음은, 문자라는 당의정糖衣錠 옷을 입고, 자본주의라는 강풍에 떠밀려, 잘 팔리지도 않는 이 책에서 저 책으로 하릴없이 굴러다닐 뿐이다.

☷ 마호메트는 '최후의 예언자' 지위를 클로드 보릴롱에게 잃어버렸지만 너무 억울할 것은 없다. 그 역시 마니Mani로부터 최후의 예언자 지위를 빼앗았기 때문이다. 한때 세계4대종교에 포함될 정도로 번영을 누린 마니교의 창시자 마니216-274?는 자신이 '아담과 노아, 아브라함과 부처, 조로아스터와 예수의 뒤를 잇는 최후의 예언자'라고 주장했다. 한마디로, 모든 종교의 집대성자라는 말이었다. 얼마 전에 사망한 문선명도 비슷한 주장을 했었다. 사람은 아무리 큰소리를 쳐도, 일단은 다 죽어야 한다. 설사 죽은 다음에 그 사람 말이 참으로 밝혀질지라도, 누구나 예외 없이 일단 죽어야 한다. 죽은 다음에야 진위眞僞가 판명될 일에 하나뿐인 산목숨을 바치는 것은 투기 중의

투기가 아닐 수 없다.

그런데 '영적 지식靈知 gnosis'을 통해서 구원을 받는다는 마니교는 평화의 종교인 반면에, 전쟁을 통해서 교세를 확장한 이슬람은 폭력의 종교이다. 이 전통이 오늘날 지구촌을 피로 물들이는 '이슬람 테러'로 이어지고 있다. 평화의 종교는 사라지고 폭력의 종교는 살아남았다. 인간역사의 비극이다.

이복형제 펠리컨

나는 암컷 비둘기와 사랑에 빠졌다
남녀가 서로 사랑하는 것처럼
나는 그 비둘기를 사랑하고
그 비둘기는 나를 사랑한다
〈테슬라, 에디슨에 버금가는 미국 발명가, 교류전기를 발명함〉

이 세상에는 당신이 상상할 수도 없는 기이한 일이 일어난다
당신은 그 사실을 전혀 모르고 있다

어떤 섬사람들은 펠리컨이 자기들 이복형제라고 믿는다. 외지인이
현지인으로부터 이 말을 처음 들을 때, 이 말을 문자 그대로 받아들여
야 하느냐는 심각한 문제가 생긴다. '잘못 들은 것은 아닐까' '상징적인
표현이겠지' '설마 진짜로 그리 믿을까' 하고 의심하면, 현지인은 정색
을 하며 진짜라고 선언한다. 그러면 외지인은 외교적인 자세로 "좋아
요, 좋아요. 당신이 펠리컨과 이복형제라는 것을 인정합니다(이 멍텅구
리야)" 하고 후퇴한다.

똑같은 일이 종교에 발생한다. '사람이 신의 아들이라고 주장하는
것'은 '사람이 펠리컨의 이복형제라고 주장하는 것'과 별반 다를 바가
없다. 사람과 신은 분명히 종種이 다르기 때문이다. 우주의 존재는 생물
과 무생물로, 그리고 생물은 신神과 비신非神으로 분류된다. 다시, 신은
복제불가능한 일신一神과 복제가능한 다신多神으로 분류되며, 인간이 속
한 비신은 계·문·강·목·과·속·종으로 세분화된다. 자신이 '신의 아
들'이라고 주장하는 것은 자신이 '바위의 아들'이라고 주장하는 것처럼
어처구니없는 주장이다. 인간이 어떻게 바위와 성교를 할 수 있다는

말인가? 아직도 살아있는 라엘
교 교주 클로드 보릴롱은 자신
이, 이미 2,000년 전에 죽은 사
람과 이복형제라고 주장하고
있다. 예수가 자기 이복형제라
는 주장이다(아마, 예수의 어머
니는 마리아이지만 자신의 어머
니는 마리아가 아니라는 주장임
이 분명하다. 그럼 하나님이 일

●펠리컨은, 최대 15kg까지 나가는, 제법 큰 새이다.
참새는 너무 작아서 부인으로 둘 수 없지만, 펠리컨
은 충분히 크다. 닭을 부인으로 둘 수 있다면, 닭보
다 4배나 무거운 펠리컨을 부인으로 두는 것은 일
도 아니다.

부다처제를 하고 계신다는 말인가? 하나님의 늙은 부인과 젊은 부인 사이의
나이차가 2,000살이나 된다는 말인가? 참으로 괴상망측한 주장이다). 지금
어떤 사람이 광화문 세종대왕 동상 앞에서 자신이 세종대왕의 이복형
제라고 주장하면 당신은 어떤 반응을 보이시겠는가? 더군다나 당신이
이씨이거나 충년대군 종손이라면…

진화론과 종교

🔛 신분류학에 따른 분류

  우주 ⋯ 생물, 무생물
  생물 ⋯ 신, 비신
  신 ⋯⋯ 유일신, 다신
  비신 ⋯ 식물계, 동물계, 계·문·강·목·과·속·종

🔛 펠리컨 일화는 대니엘 데니트의 강연으로부터 차용한 것이다.

🔛 섬사람들이 펠리컨이 자신들의 이복형제라고 주장하는 것은 계간鷄姦
鷄姦(어원인 본래의미로서의 계간)의 흔적일 가능성이 농후하다. 어머니
를 잃은 자기 아버지가 펠리컨과 조간鳥姦하는 것을 목격한 어린이가

천재적인(?) 발상으로 그 후 부화한 펠리컨 새끼를 자기 형제라고 생각했을 가능성이 대단히 높다(펠리컨은 중국의 가마우지처럼 물고기 사냥용도로 사육되기도 한다). 같은 아버지 밑에, 한쪽은 펠리컨을 엄마로, 다른 쪽은 사람을 엄마로 두었으니 이 둘은 이복형제지간이다. 기독교 『구약』이나 인도 조각을 통해서 확인할 수 있듯이, 예전에는 양이나 말을 치는 유목민 지역이나 우리나라 농촌지역에서 수간獸姦이 생각외로 흔했기 때문이다. 그래서 농촌에서는 닭을 가리키며 '저기 네 부인이 지나간다'라는 우스갯소리까지 있었다.

동북아시아에 널리 퍼져있는 '나무꾼과 선녀의 전설' 역시 계간의 흔적일 가능성이 대단히 크다. 나무꾼이 나무하러 산에 갔다가 계곡 물웅덩이에서 놀고 있는 기러기 떼를 발견하고는 숨어서 화살을 날렸는데 다 날아가 버리고 암컷 기러기 한 마리만 날개에 화살을 맞아 날개를 다쳐 못 날아가자, 기러기를 집으로 데려와 적절한(?) 용도로 유용하게 썼을 가능성이 있다. (날개옷을 감추었다는 것은 날개를 손상시켰다는 상징이다.) 암컷 기러기가, 나무꾼이 일하러 나간 사이에, 지나가다 내려앉은 뜨내기 수컷 기러기와 몰래 교미를 하여 알을 낳자 나무꾼은 부화한 기러기 새끼를, 자기 새끼라고 착각한 것이 틀림없다. 자식까지 생긴 나무꾼이 방심하는 사이에 어느덧 날개상처가 아문 기러기가 다 자란 새끼를 데리고 날아가 버리자 나무꾼은 땅을 치고 통곡한다. 가족을 잃어버렸기 때문이다. (나무꾼이 기러기에게 날개옷을 내주었다는 것은 날개 상처가 아물었다는 상징이다.)

계간이 흔히 일어난 이유는 사람이 귀한 사막이나 초원이나 산간 지역에서는 달리 성적 욕구를 풀 방법이 없었기 때문이다. (인간이 동물이라는 강력한 증거이다.) 나무꾼과 선녀의 전설에는 나무꾼의 가족이 전혀 등장하지 않는다. 부모와 형제자매는 물론이거니와 이웃이나 친구도 아예 언급이 없다. 그만큼 홀로 외롭게 살던 남자일 가능성이 크다. 산골마을에서 짝을 구하는 것은 지난至難한 일이었을 것이다. 그러니 기러기를 부인으로 삼았다고 해서 결코 놀랄 일은 아니다. 지금 이름을 대면 알 만한 사람은 다 아는, 선어록禪語錄까지 낸 대단히 유명한 ㅎㅂ 큰스님은 자신의 자서전에서 자신은 집에서 키우던 닭에게 동정을 잃었다고 고백했다. 이분의 속가는 찢어지게 가난했으며, 자신이 승려가 된 것은 입을 하나라도 줄이려는 어머님의 고육책苦肉策이었다고 한다.

그런데 과연 나무꾼이 기러기 새끼를 자기 자식으로 오인하는 일이 벌어질 수 있겠는가. 다음 사례가 도움이 될지 모르겠다. 몇 년 전 중국에서 벌어진 일이다. 시골에 사는 부부가 자식을 못 얻어 병원을 찾았다. 결혼한 지 10년이 넘도록 애가 들어서지 않자 병원문턱이라고는 넘어본 적이 없는 촌사람들이 어려운 걸음을 한 것이다. 아무리 조사해보아도 이상이 없자 의사가 부부에게 물었다. "부부관계를 어떻게 하십니까?" 두 사람이 사랑스런 눈길로 서로를 쳐다보며 수줍게 대답했다. "둘이 서로 손을 꼭 잡고 잡니다." 10년 동안이나, 아이를 얻겠다는 간절하고 소박한 꿈으로 손을 잡고 잤지만, 무지한 중생에게 조물주는 냉정하기만 했다. 지식은 자동적으로 얻어지는 것이 아니다. 두메산골이나 섬 등에서 고립된 삶을 사는 사람들은 온갖 종류의 잘못된 지식을 갖기 쉽다. 사람이 가진 지식은, 대부분이 타인이나 사회로부터 배운 것이기 때문이다.

생물학자들이 일부일처제를 하는 새들을 조사한 바에 따르면, 암컷이 낳은 새끼들 중 수십 프로가 같이 사는 수컷의 새끼가 아니라고 한다. 이들은 상당수 새끼들의 유전자가, 어미인 암컷과 동거하는, 수컷의 유전자와 다르다는 것을 밝혀냈다. 즉, 암컷이 바람을 피운다는 것이 과학적으로 증명되었다. (실험결과가 암컷만 바람기가 있다고 주장하는 것은 아니다. 바람은 항상 쌍으로 이루어지는 것이기에, 수컷집단도 암컷집단과 동일한 횟수로 바람을 피운다는 것은 불변의 진리

진화론과 종교

이다.) 금슬 좋기로 이름난 원앙도 예외가 아니라고 한다. 수컷은, 자기가 다른 암컷들에게 저지른 행동은 까맣게 잊어먹고, 암컷이 낳은 새끼는 모두 자기 새끼라고 생각할 것이다. 수컷들이 생각외로 단순하고 순진하고 멍청하다는 것은 자연계에 널리 퍼진 상식이다. 그래서 암컷들은 수컷들을 힘만 센, 덩치 큰 어린애 같다고 깔본다. 수컷은 암컷의 미모에 목숨을 걸지만(아름다운 암컷을 차지하려고 서로 살벌殺伐하게 결투를 벌이다가 또는 암컷의 환심을 살 재물을 얻기 위해 과로하다가 목숨을 잃는다), 암컷들은 수컷의 재물과 능력을 정확히 저울질한다. 그러니 암컷이 보기에 수컷은 어리석은 존재이다. 현실을 모르고 환상에 빠져 사는 망상적인 존재이다. 환망공상의 보고인 종교창시자는 다 남자이다!

아주 어릴 때부터 동물들에게 키워져 동물들과 살다 인간세계로 돌아온 사람들이 있다. 늑대인간werewolf(로마인의 조상으로서 늑대 젖을 먹고 자란 로물루스 형제가 늑대인간이다), 침팬지인간, 염소인간 등이 알려져 있다. 아예 인간세계로 돌아오지 못하고 동물세계에서 살다 죽은 이들도 틀림없이 있을 것이다. 이들은 아마 동물들과 짝을 이루고 살았을 것이다. 또 이들은, 동물들도 바람을 피우므로(예를 들어 늑대도 침팬지도 바람을 피운다), 암컷이 몰래 바람을 피워 낳은 새끼를 자기 새끼로 오인했을 가능성이 있다.

그러므로 펠리컨을 자기 이복형제로 생각한 섬사람은 전혀 이상한 생각을 한 것이 아니다.

🗎 얼마 전 신문기사이다. 일본에서 일어난 일이다. 남편이 무정자증이라 아이를 가질 수 없는 여자들이 시아버지 정자를 받아 애를 낳았다는 것이다. 이런 경우가 100명이 넘는다고 한다. 놀라운 세상이다. 새로운 성관계의 정의가 탄생한 것이다. 예전에는 '육체적인 성행위'와 '정자의 이동'은 동일한 개념이었으나 이제 두 개념은 전혀

다른 개념이 되었다. 육체가 아닌 기구·기계를 이용한 정자의 이동은 성행위가 아닌 것이다. 도덕적인 개념조차 머무르지 않는다. 시대와 환경에 따라 변한다. 세상이 더없이 무상無常하다는 것을 새삼 깨닫게 하는 귀한 기사이다.

이 기사로부터 난해한 질문이 발생한다. 다음은 성행위인가, 아닌가? 시어머니가 시아버지의 정액을 채취해 무정자증인 아들에게 건네준다. 아들은 그 정액을 주사기로 자기 마누라 질 속에 넣어준다. 이 경우 시아버지와 며느리 사이에 성행위가 일어난 것인가? 안 일어난 것인가?

결국 다음과 같은 근본적인 질문을 할 수 있다. 통념에 의하면 남자가 여자의 몸에 성기를 집어넣는 것은, 설사 사정을 안 해도, 성행위이다. 그런데 남자가, 성기를 집어넣지 않고, 정액만 집어넣으면 성행위인가 아닌가? 만약 당신의 답이 "성행위가 아니다"라면, 왜 (사정하지 않더라도) 성기를 집어넣으면 성행위이고 정액만 집어넣으면 성행위가 아닌가? 당신은 답을 할 수 있는가? 본시 성행위의 목적은 애를 만들기 위한 정자이동이 아닌가?

그러므로 '육체적인 접촉이 없더라도 정자의 이동이 일어나면 성행위'라는 성행위에 대한 새로운 확대된 정의가 그럴듯해 보인다. 그러면 지금까지의 성행위는 '접촉성 성행위'가 되고, 육체적 접촉이 없이 정자의 이동만 일어나는 것은 '비접촉성 성행위'가 될 것이다.

🈺 물고기는 수정 시에 암수가 몸을 합치지 않는다. 몸 밖에 있는 난자 위에 정액을 뿌릴 뿐이다. 이게 성행위라면, 일본에서 벌어진 상기 행위도 성행위이다.

뻐꾸기의 탁란
대한민국 최대 종교는 무속

자기 자신을 너무 믿지 마라
특히 자식을 조심하라
못 믿을 게 자식이다

뻐꾸기는 다른 새 둥지에 몰래 알을 낳고 도망간다. 뻐꾸기도 수를
셀 수 있음이 분명하다. 왜냐하면 뻐꾸기는 절대로 알이 없는 둥지에
알을 낳지 않으며, 알을 낳을 때 기존 알을 하나 먹어치우거나 둥지 밖
으로 밀어내기 때문이다. 탁란托卵을 하려면 이 정도 머리는 갖추어야
자격이 있을 것이다. 조물주로부터 탁란자격증을 받으려면 산수시험
이 필수임이 분명하다. 둥지 주인이 와서 "어! 내가 낳은 적이 없는데
어디서 알이 생겼을까?"(거창하게 말하면 새가 철학적으로는 존재와 무
無를 알고, 수학적으로는 영零을 안다는 말이다) 하거나 "어! 왜 알이 하나
더 많을까? 곰곰이 생각해보자"(수학적으로 말하면 새가 부등식을 안다
는 말이다) 하면 곤란할 것이다. 수컷이 시앗을 봐서 낳아온 알이라고
의심을 받아 알이 유기되거나, 혹은 바람났다 오해하고 꾸짖는 수컷과
억울한 암컷 사이의 부부싸움 와중에 와장창 알이 깨질 수도 있으니
말이다. 그런 불상사를 피해가더라도 꼬리가 길면 잡힐 수 있다.
  뻐꾸기가 그렇게 용의주도한 행동을 하는 데에는 다 이유가 있다.
가끔 영리한 개개비 같은 숙주 새들이 눈치채고 알 맡기를 거부하기

때문이다. 이 경우 흰배녹색뻐꾸기는 잔혹하게 숙주의 둥지를 파괴한다. 숙주가 다른 데로 도망가서 새 둥지를 만들면, 추적해서 새로운 둥지까지 파괴하며 집요하게 보복한다. 이런 똑똑한 새가 늘어나면 뻐꾸기의 탁란이 힘들어지기 때문이다.

뻐꾸기가 알에서 부화하면 다른 알을 다 둥지 밖으로 밀어내 추락사시킨다. 뻐꾸기 알은 11일 만에 초고속으로 부화하는데, 간혹 먼저 부화한 숙주의 새끼는 몸집 큰 후발주자 뻐꾸기새끼에 의해 잔인하게 둥지 밖으로 떠밀려나가 추락사하거나 굶어죽는다. 뻐꾸기새끼는 수양어미보다도 몇 배나 더 큰 몸으로 양부모 등골이 휘도록 양부모를 착취하고 둥지를 떠난다.

우리나라의 최대 종교는 무엇일까? 다음 중에서 골라보시기 바란다.
1. 개신교 2. 불교 3. 유교 4. 가톨릭

개신교나 불교라고 답한 분이 대다수일 것이다.
답은 이 중에 없다. 무속이다.

부처님이나 예수님이나 이구동성으로 점을 치는 것을 엄히 금하셨지만, 우리나라 사람들은 점치는 것을 너무 좋아한다. 가히 국민 엔터테인먼트라고 할 정도이다. 기독교인이건 불교인이건 가리지 않고 좋아한다. 절에는 대웅전보다 더 높은 곳에 산신각이 있고 산신각에는 산신이 모셔져있다. 다들 경건하게 예를 올리고 경의를 표한다. 파란색 만 원짜리 한 장쯤 올리고 소원을 빈다. 신점을 치는 무당들은 점발이 떨어질 무렵이면, 학자들 세미나하듯이 운동선수들 전지훈련하듯이, 산신각을 찾아 그리고 명산 계곡을 찾아 기도를 드린다. 한국불교나 기독교나 다 기복이다. 산신에게, 부뚜막 조왕신에게, 성황당에, 혹은 뒤뜰 장독대에 정한수 떠놓고 두 손 비비던 수천 년 기복의 전통이 그대로 두 종교에 살아남아 있다. 복과 소원을 빌던 큰 나무는 십자가로, 큰 돌은 불상으로 바뀌었을 뿐이다. 또, 부흥회장에서 중얼중얼 방언을 하며 온몸을 흔들어대는 신들린 기독교인들의 모습은 영락없는 무당이 푸닥거리를 하는 모습이다.

사방에 철학관이라고 점쟁이들이 점집 이름을 바꾸고 진지한 모습으로 연구실을 열어놓고 남의 운명과 길흉을 마음껏 논한다. 예수님이 "수고하고 짐 진 자들은 다 내게 오라" 했지만 사실은 다들 점쟁이들에게 직행한다. 부처님은 자기말도 행해보고 맞으면 따르라 하였지만, 사람들은 잘 맞지 않아도 기를 쓰고 무당과 역술가를 찾아간다. 두 분이 부러워하고도 남을 불퇴전의 믿음이자 반석과 같은 믿음이다.

이들이 보기에는, 점이 안 맞아도 개개 점술인과 역술인의 책임일 뿐이다. 왜냐하면 개개 점쟁이와 역술인이 점술과 역술이라는 불변의 진리를 잘못 이해하고 잘못 구현했기 때문이다(이들에게는 꿈에도 점술과 역술 그 자체가 사이비이론일지 모른다는 생각이 들지 않는다). 따라서 어디엔가 숨어있을 위대한 진리의 구현자를 찾아 동서남북으로 분주하다. 이들 사이에 떠도는 '신비한 초월적인 예지능력으로 일세를 풍미한 선지자들의 전설'은 마르지 않는 믿음의 원천이다. 정확히 종교적인 현상이자 철학이다.

무속은 우리나라 종교계의 뻐꾸기이다. 부처님과 예수님이 '해탈과 구원의 자식들'을 엄청 많이 낳아 놓은 것 같지만, 실은 모두 무속에게 살해당하고 남은 것은 무속뿐이다. 이들에게 부처와 예수는 큰 서역박수무당과 큰 서양박수무당일 뿐이다.

우리나라 종교계가 이 모양 이 꼴인 것은 다 뻐꾸기 때문이다.

● (왼쪽) 양부모 알을 둥지 밖으로 밀어내는 뻐꾸기 새끼. 양부모는, 자기 새끼들이 뻐꾸기 새끼에게 학살당하는지도 모르고, 뻐꾸기 새끼를 애지중지 키운다. 설사 학살에 대해 알더라도 뻐꾸기 새끼를 자기 새끼로 아는 한, 마지막 남은 새끼인 뻐꾸기를 키울 수밖에 없을 것이다. 그렇게 하지 않으면 (뻐꾸기가 자기 새끼인 경우) 종이 이어지지 않기 때문이고, 뻐꾸기에게는 도덕심이 없기 때문이다. 도덕심이 있는 인간도 종종 살인마인 아들을 키울 수밖에 없다. 조선 태조 이성계와 당 고조 이연은, 자기 아들인 이방원과 이세민이 자기 형제들을 척살했지만 현실을 인정하는 수밖에 다른 수가 없었다.
● (오른쪽) 자기 자식들을 모조리 학살한 악마인 뻐꾸기 새끼를 자기 자식인 줄 알고 깃털 빠지게 먹이를 물어와 양육하는 양부모 새. 몸집 차이를 보라. 뻐꾸기 새끼가 양부모보다 자그마치 8배나 크다.

🔳 뻐꾸기가 부화하는 데 걸리는 시간은 단 11일이다. 조류 중에서 제일 빠르다(먼저 세상에 나온 숙주 새의 알들을 처치하려면 이들보다 먼저 부화해야 한다). 무당이 되는 것은 신만 내려받으면 되니 초고속이다. 이에 비해 목사·신부·승려가 되려면 신학대학·행자·사미·강원을 거쳐야 하므로 짧게는 5년에서 길게는 10년 넘게 걸린다. 뻐꾸기는 둥지를 짓지 않는다. 무당이나 점쟁이는 전국적인 조직인 둥지가 없다. 이에 비해 기독교·불교는 모두 둥지가 있다. 외적으로는 절·교회·성당이요, 내적으로는 교리·철학·조직·제도이다. 뻐꾸기가 다른 종의 둥지에 탁란하듯이, 저승의 귀신계는 이승의 무당의 마음을 둥지로 삼아 탁란하고, 다시 무속은 기존 종교를 둥지로 삼아 탁란한다. 저승의 귀신계가 이승의 종교계에 탁란하는 데는 연쇄탁란이란 고도의 기술이 발휘된다. 참으로 불가사의한 것이 인간의 삶이다.

🔳 필자가 사는 지역에 지리산 보살, 천왕산 보살, 선녀보살 등 '~보살'

이라고 간판이 붙은 집은 다 무당집이나 점집이다. 보살은 부처님의 전생, 대승불교의 이상적인 수행자, 또는 불교 여신도를 이른다. 그런데 이 보살이 무당집과 점집 이름으로 등장하는 것이다. 뻐꾸기가 숙주 새의 알과 같은 색깔의 알을 낳듯이, 즉 뻐꾸기 알이 숙주 새의 알과 같은 색깔로 변장을 하듯이 무속도 숙주인 불교의 보살의 모습으로 변장한다.

그런데 정말 알아차리기 힘들 때는 무속이 기독교 부흥사로 변장하고 나타날 때이다.

目 『예기』에 의하면 은나라는 귀신을 섬겼다. 그런데 배달민족은 은나라 후손이라 하므로, 배달민족의 귀신섬김은 은나라에까지 닿아있다. 무속은 이처럼 아득히 뿌리가 깊다.

目 우리나라에서 50개 종교와 1,000개 가까운 다양한 종파가 평화롭게 공존하는 비결은, 겉모양만 여럿이지 사실은 속은 모두 무속이라는 단일종교라는 점이다. 미개종교라고 멸시받는 무속의 지대한 공이 아닐 수 없다. 이 점에서는 싸움을 일삼는 고등종교보다 낫다. 또, 신기하게도 무속에는 고등종교에 있는 자살특공대가 없다.

目 2016년 3월 2일, (사)대한경신연합회에 의하면 현재 우리나라 무속인은 20만 명에 달한다. 이는 스님 수의 4배에 이르는 수이다.

홍길동의 옥수수 뛰어넘기와 점오점수

까마득한 옛날에는 모든 육지가 서로 붙어있었다
거짓말 마라. 아니다. 우보천리다

지금 50대 이상인 사람은 어릴 적에 홍길동 이야기, 만화, 영화를 재미있게 본 경험이 있다.

홍길동은 다양한 신통력을 발휘했다. 분신술, 축지법, 경공술 등이다. 경공술은 몸을 가볍게 하여 하늘 높이 솟아오르거나 멀리 뛰는 기술이다. 옥수수를 심은 다음 싹이 나오면 매일 옥수수를 뛰어넘는다. 싹이 자람에 따라 매일 조금씩 높이 뛰어넘게 된다. 매일 조금씩 높이를 높이므로 힘이 들지 않는다. 그러다 어느 날 엄청난 높이를 뛰어넘게 된다. 일구월심하여 옥수수가 어느덧 높이 자랐기 때문이다. 이 이야기는 단지 판타지 이야기로 치부하기가 쉽다. 하지만 실제적인 깊은 의미가 있다. 실제로 이런 일이 벌어진 적이 있으며 그 증거를 현

●대륙횡단 전 큰뒷부리도요새의 살찐 모습

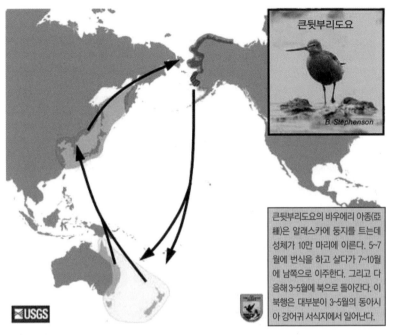

큰뒷부리도요

B. Stephenson

큰뒷부리도요의 바우에리 아종(亞種)은 알래스카에 둥지를 트는데 성체가 10만 마리에 이른다. 5~7월에 번식을 하고 살다가 7~10월에 남쪽으로 이주한다. 그리고 다음해 3~5월에 북으로 돌아간다. 이 북행은 대부분이 3~5월의 동아시아 강어귀 서식지에서 일어난다.

● 큰뒷부리도요새의 이동경로. 3~5월에 북으로 이동을 해서, 5~7월에 번식을 한 다음, 8~10월에 장성한 새끼를 데리고 다시 남으로 날아간다. 이 남행 비행에서 몸무게가 반으로 준다.

재도 누구나 확인할 수 있다.

철새 중에 시베리아에서 뉴질랜드까지 이동하는 큰뒷부리도요$^{bar-tailed godwit}$라는 철새가 있다. 이 새는 8일 동안 단 한 번도 땅이나 바다에 내려앉지 않고 쉬지 않고 날아 태평양을 건넌다. 그 거리가 자그마치 11,000킬로미터를 넘는다. 어떻게 이런 일이 가능할까? 뉴질랜드에 사는 이 새들이 어느 날 회합을 가지고 시베리아까지 탐험대를 보내자고 용감하게 결정했을까? 그 경우 만리 밖의 시베리아라는 장소는 어떻게 알았을까? 그곳까지 얼마나 걸리는지 어떻게 미리 알았을까? 망망대해를 날아가다 육지에 닿기 전에 지쳐 죽을 수 있는데 무작정 날아가자고 결정을 할 수 있었을까? 이런 식으로 진행된 것은 분명 아니다.

과학자들은 다음과 같이 추론하고 있다. 먼 옛날 아주 먼 옛날, 호랑이가 담배를 피우던 시절보다 더 아득한 2억 년 전의 먼 옛날, 지구는 '판게아Pangea'라는 하나의 대륙으로 뭉쳐 있었다. 즉 시베리아와 뉴질랜드가 붙어있었다. 그러다 세월이 지남에 따라 조금씩 금이 가 떨어지면서 서서히 멀어져 오늘날 같이 11,000킬로미터가 넘게 분리되었다. 일 년에 1센티미터도 되지 않는 느린 속도로 멀어져갔다. 이 대륙이동은 현재도 진행 중이다. 애초에 시베리아와 뉴질랜드는 이웃동네이었다. 종로와 을지로처럼. 새들이 자유로이 하루에도 몇 번씩 들락거리던 이웃마을이었다. 두 마을이 점점 멀어짐에 따라 이동거리가 일 년에 일 센티미터씩 늘어났다. 일 년에 두 번 그 정도 더 날아가는 것이 무슨 대수인가? 그렇게 매년 1센티미터 더 날아가기를 몇천만 년 하다 보니 어느새 만 천 킬로미터를 날아가는 믿어지지 않는 위업을 이루어낸 것이다. 홍길동이 매일 옥수수 뛰어넘기를 하듯 이 새들은 매년 바다 뛰어넘기를 한 것이다.

불경에 의하면, 부처가 되기 위해서는 삼 아승지 겁(약 10^{66}년)에 걸쳐 만행을 하고 덕을 쌓아야 한다고 한다. 겁나게 긴 세월이다. 초점은 매일, 매주, 매월 아니면 매년이라도 조금씩, 포기하지 않고, 스스로 노력을 한다면 결국 영적인 완성을 이룰 수 있다는 말이다. 그 철새처럼. 바로 이 철새로 인하여 우리는 불가능에 가까워 보이는 일도 점진적인 노력에 의하여 성취할 수 있음을 알게 된다. 노력이 완성된 지금에 와서 철새의 대륙횡단에 찬사를 보내나 그 사이 한량없는 세월은 인고의 기간이다(시베리아에서 뉴질랜드까지의 비행으로 몸무게가 반으로 준다). 부처가 되기 위한 기약할 수 없는 인고의 세월 앞에 선 작기만 한 인간에게 이 철새들이 주는 위안과 용기는 거대하며, 자연이 베풀어주는 위대한 위문공연이자 간증이다.

▣ 가장 지지를 받는 이론에 의하면, 2억 년 전의 한 덩어리 대륙인 판게아Pangea에서 뉴질랜드는 판게아 최남단 끝에 있는 오스트레일리아

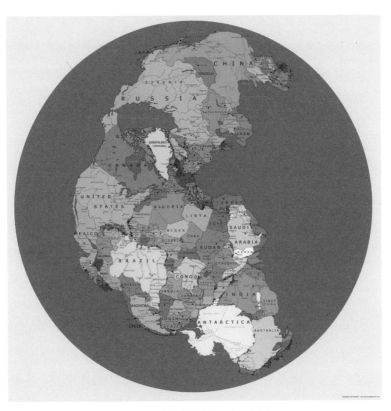

●6개의 대륙으로 갈라지기 전의, 2억 년 전의, 한 덩어리의 대륙 판게아(Pangea)

끝에 붙어있었으며, 오스트레일리아는 지금의 남극대륙에 해당하는 땅의 남쪽에 붙어 있다가 떨어져 나와 북동쪽으로 움직여 현재위치로 이동하였다고 한다. 그 과정에서 뉴질랜드가 오스트레일리아로부터 분리되어 조금 더 북동쪽으로 이동한 것이다. 이 글에서 필자는 마음껏 상상의 나래를 펼쳐 뉴질랜드가 시베리아에 붙어있었다는 새 가설을 세워보았다. 어느 경우든지 시베리아에 살던 큰뒷부리도요새가 그 전날까지는 서식지 밖으로 나가본 적도 없는데, 갑자기 그다음 날 태평양을 세로질러 뉴질랜드로 쉬지 않고 11,000킬로미터를 날아간 것이 아님은 분명하므로(이 여행에서 새의 체중이 반으로 줆으로 비행 전에 미리 체중을 엄청나게 불려야 한다. 따라서 어느 날 갑

홍길동의 옥수수 뛰어넘기와 점오점수

자기 즉흥적으로 이 장거리 비행을 하는 것은 원천적으로 불가능하다. 미리 도착지의 위치와 도착지까지의 거리를 알고 있어야만 그리고 비행에 필요한 연료[지방]를 비축하는 장기간에 걸친 준비가 있어야만 가능한 여행이다), 이 쉼 없는 장거리 여행이 점진적인 성취임은 의심의 여지가 없다. 점오점수漸悟漸修(점차적인 수행이 쌓여서 점차적으로 깨달음이 깊어짐)의 강력한 증거이다.

🔖 우리말에 '가로지르다'라는 말은 있어도 '세로지르다'라는 말은 없다. 가로지르다는 '가로'에서 온 말이다. 따라서, 지도상 동서는 가로방향이고 남북은 세로방향이므로, 한국에서 미국으로 가는 경우 '태평양을 가로질러'라는 표현은 가능하나, 시베리아에서 뉴질랜드로 태평양을 '가로질러'라는 말은 어원상 불가능하다. 이 경우 구태여 '가로지르다'라는 말을 쓰고자 할 경우 태평양을 '남북으로 가로질러'라고 표현하나, 새로운 말인 '세로지르다'라는 말을 만들면 군더더기가 없이 간결하고 직관적인 호소력이 있을 것이다. 전쟁에서 아군이 전투지역을 가로지를 때 적군은 세로지를 수 있다.

🔖 철새가, 계절이 바뀔 무렵, 서식지를 옮기기 위해 고공을 날아가다가 기진맥진하면 어떤 일이 벌어지는지 아시는가? 그냥 그 순간 수천미터 아래로 직선으로 추락한다. 실로 장도에 걸맞은 장쾌한 죽음을 맞는다.

🔖 누구든지 비만으로 고통받는 자는 큰뒷부리도요새를 롤모델(귀감)로 삼으시라. 당장 일주일만 제대로 흉내 내면 몸무게를 반으로 줄일 수 있을 것이다.

🔖 삼 아승지 겁＝$3 \times 10^{56} \times 56$억 7천만 년 $\approx 170 \times 10^{64} = 170$불가사의

🗐 불교 수 단위:

조(10^{12}), 경, 해, 자, 양, 구, 간, 정, 재, 극(10^{48}),

항하사(10^{52}), 아승지, 나유타, 불가사의, 무량대수(10^{68})

뒷 단위는 바로 앞 단위의 만 배(10^4)이다.

예를 들어 1해는 10,000경이고, 1구는 10,000양이다.

일체중생실유소성一切衆生悉有巢性

세상에 공짜는 없다
유일한 예외는 부모의 사랑이다

　동물 새끼들이 귀엽게 보이는 이유는 생존전략이라는 설이 있다. 그렇지 않으면, 즉 귀엽지 않으면 누가 힘들게 키우겠는가? 새끼들은 필사적으로 어미의 마음에 귀여움을 쏘아댄다. 어미 마음 깊숙이 귀여움의 화살이 박혀서 어미가 자신들을 결코 버리지 못하도록. 가끔 어미가 새끼를 버리기도 하고 때론 죽이거나 잡아먹는 경우까지 발생함을 보면, 새끼들의 귀여움은 결코 비용이 안 드는 무임승차가 아님을 알 수 있다. 새끼들 나름대로 눈물겨운 생존전략인 것이다. 누굴 보고 귀엽다, 안아주고 싶다, 깨물어주고 싶을 정도로 귀엽다고 느끼는 순간 내장된 프로그램이 가차 없이 가동되기 시작하는 것이다. 이 시스템이 가장 잘 되어 있는 동물이 펭귄이다. 자식이 없는 황제펭귄은 남의 자식을 납치하기도 하고, 미아나 고아를 입양하기 위해서 치열하게 몸싸움을 하며 미아·고아쟁탈전을 벌이기도 한다. 황제펭귄사회에는 미아나 고아가 남아나지를 않아 '홀트아동복지회'가 필요하지도 않거니와 필요한 적도 없다. 진정 위대한 것은 35억 년 동안이나 별 탈 없이 작동되어온 진화 시스템이다.

① 사냥 먹이활동
1~3월

② 100~160km
내륙으로 행진
4월

③ 짝짓기
5월

⑤ 암컷이 먹이를
구하러 바다로 감

⑦ 암컷의 귀환

⑨ 수컷이 먹이를
구하러 바다로 감.
암수 번갈아 6회 왕복

⑪ 성체가 떠나고
병아리 깃털이 자람.
얼음이 깨짐
12월

④ 수컷이 알을 품음
6~7월

⑥ 병아리 부화
8월

⑧ 병아리 키우기
9~10월

⑩ 병아리들이 체온유지를
위해 밀착대형을 만듦
10~11월

●황제펭귄: 연중 활동표

천적을 피해 남극대륙의 내륙 깊숙이 사는 황제펭귄은, 겨울에 부모 중 한 쪽이 먹이를 구하러 멀리 바다로 나간 여러 달 동안 남은 한 쪽 이 부화한 새끼를 돌본다. 이 일을 떠맡은 쪽은 겨울이 오기 전에 미리 위장에 물고기를 가득 담아놓는다. 소화액의 분비를 차단하여 물고기 는 소화되지 않고 겨우내 여러 달 동안 저장이 된다. 펭귄의 위는 생체 온溫장고이다. 위장에 간직된 물고기를 토해내 새끼에게 먹이느라 몸 무게가 반으로 줄고 만다. 새끼가 얼마나 귀여우면 이 고난을 무릅쓸 까? 보송보송한 털공 같은 게 사람이 봐도 못 견디게 귀여울 정도이다. 스스로 못생겼다고 자학하는 자들이여, 위안을 얻으시라. 살아남은 것 은 다 귀엽다. 살아남은 것들은 35억 년 동안이나 연속적으로 귀여웠 다! 일체중생실유소성一切衆生悉有笑性이다.

겨우내 수컷은 새끼를 발 위에 올려놓고 키운다. 새끼는 아빠 털 속 에 자기 몸을 묻고 머리만 내놓은 채로 한겨울을 보낸다. 봄이 가까워 지면 몇 달 만에 암컷이 위장에 물고기를 가득 담고 바다에서 돌아온 다. 수컷은 암컷에게 자랑스럽게 새끼를 보여준다. 암컷은 처음 보는 새끼의 사랑스러움에, 그리고 가족은 살아남아 재회할 수 있음에, 서로 상대방의 목에 자신의 목을 비벼대면서 환희의 비명을 지르며 기쁨을 드러낸다. 오로라(남극광)도 눈보라도 숨을 죽인 남극의 낮, 이산가족 상봉의 기쁨교향곡이 사방에 울려퍼진다. 온도가 상승함에 따라 얼음이 물러가고 바다가 가까워진다. 펭귄 부모는 먹이를 구하러 한 달마다 한 달씩 교대로 바다를 오가며 열심히 새끼를 키워낸다.

●새끼를 발 위에 올려놓고 키우는 황제펭귄. 아비의 하반신에는 둥그렇게 털이 없는 부위가 있다. 이 부위를 통해서 새끼에게 열을 전한다. 새끼가 얼어붙은 땅 위에 머물다가는 멀지 않아 얼어죽는다.

황제펭귄이 미친 듯이 미아와 고아를 입양하는 데에는 이유가 있다. 생존을 위한 무의식적인 시스템의 작동이다. $r/2$가 이유이다(여기서 r은 원의 반경이다). 무슨 말인가 하면 남극에 사는 황제펭귄들은 밤이 되면 원판을 이루고 영하 50도 혹한의 기후와 전쟁을 벌인다. 살殺펭귄적인 추위에 피부가 노출되어 체온이 급감함으로써 동사하는 일이 벌어지지 않게, 그리고 찬바람과 눈보라가 비집고 들어올 틈이 없게, 빽빽이 밀착(허들링huddling)을 하여 서로의 체온으로 서로 덥혀 준다. 가장자리에 위치한 펭귄들이 바람막이를 한다. 밤새 조금씩 물결치듯 움직이면서 돌아 안팎을 교체한다(그러지 않으면 가장자리의 놈들이 동사를 한다. 이런 일이 반복되면 모두 멸종한다). 지난밤 치열했던 전투의 흔적은 원판진형陣形을 짠 펭귄들 머리와 어깨에 수북이 쌓인 눈으로 남아 있다. 반경이 r인 원판의 면적은 πr^2이고 원판의 둘레는 $2\pi r$이므로 원판안의 개체수는 πr^2/(펭귄엉덩이단면적)이고 원판 가장자리 개체수는 $2\pi r$/(펭귄엉덩이폭)이어서 원판 안팎의 개체수비율은 $(r/2)\times($펭

●겨울 한 철 내내 북극의 얼어붙은 눈밭 위에서 장좌불와(長坐不臥)를 하는 펭귄들. 이들은 아무것도 없는 허허벌판에서 도대체 무슨 생각을 할까? 수컷은 바다로 나간 지 오래인 암컷을 생각할까? 만약 아무 생각도 안 한다면, 이들은 일념불생(一念不生)의 도인들이다.

권엉덩이폭)/(펭귄엉덩이단면적)이므로 반경 r이 증가할수록, 즉 개체 수가 늘수록 원판 안팎의 개체수비율은 커진다. 다시 말해서 개체수가 늘어날수록 원판 안에 위치하는 놈의 비율이 늘어나 혹한을 이기는 데 유리해진다(5,000마리 집단이면 열효율은 개체일 때보다 $\sqrt{5000} \approx 70$배 로 향상된다. 아래 설명 참조). 개체수를 늘리기 위해서는 황제펭귄 뇌가 미아·고아를 무조건 입양하도록 프로그램이 되어야 한다. 아기펭귄만 보면 귀여워 미칠 것 같은 맘이 생기도록 프로그램이 깔려있어야 한다.

펭귄들은 밤에 모여 원판을 이루는데, 동일한 면적을 가진 도형 중 에서 원이 가장 가장자리 길이가 짧은 도형이다. 이 사실은 수학적으 로 증명이 가능하다. 가장자리 길이가 짧을수록 무리의 체온보존이 효 율적이며 생존에 유리하다. 여러 개 원보다는 하나의 원이 절대적으로 유리하다. 왜냐하면 여러 개 원은 전체로 볼 때 원이 아니기 때문이다. 그래서 집단의 크기에 관계없이 하나의 원을 이룬다. 양들도 마찬가지 로 원판을 이루는데 수학을 모르는 금수들도 본능적으로 최적의 살길을 찾는다.

🔳 소^小는 '귀여울' 소자다.

🔳 두 개의 원은 하나의 큰 원보다 열효율이 나쁘다. 초등학교수준의 수학적인 증명을 소개한다. 두 원의 면적은 $\pi r^2 + \pi r^2 = \pi\left(\sqrt{2}\,r\right)^2$ 이다. 두 원을 만드는 경우 단위가장자리길이당 펭귄밀도는 $2\pi r^2 / 4\pi r = r/2$인데, 둘을 합쳐 큰 원 하나를 만들면 밀도는 $\pi\left(\sqrt{2}\,r\right)^2 / 2\pi\sqrt{2}\,r = \sqrt{2}\,r/2$로 증가하여서 열효율이 자그마치 1.4 배가 된다, 즉 40%나 증가한다. 수학적 귀납법에 의하여, 여러 개의 원보다 단 하나의 원을 만드는 것이 (압도적으로) 효율적이다(정확히 는 n개의 원을 하나의 원으로 만들면 열효율은 $\sqrt{n}$배로 커진다). 이것은 당연히 예측이 가능한데, 펭귄 하나하나를 하나하나의 원으로 볼 때 무리가 뭉쳐 원의 개수를 줄이는 것이 열효율에 유리하다는 것이 직 관적으로 명확하기 때문이다. 마찬가지 이유로 평지에 성^城을 쌓을 때 작은 것 두 개보다는 큰 것 하나를 쌓는 것이 방어에 유리하다. 로마병정들은 귀갑진^{龜甲陣} testudo이라고 방패로 사면과 지붕을 만든 직육면체의 거북이등 모양의 진을 짰는데 보통 10줄×10열로 100 명 정도의 병사로 이루어져있다. 이 경우도 방패로 방어하기에는 단 위 표면적당 인구밀도가 클수록 유리하므로 귀갑진 하나당 병사가 많을수록 유리하다(근접전에서 적을 밀어붙이는 데도 진이 클수록 즉 단위 앞면적당 인구밀도가 클수록 유리하다. 앞열을 뒷열이 방패로 밀어 주기 때문이다. 최전열은 뒷열의 힘을 받아 방패로 적군을 민다. 그리스의 팔랑크스^{phalanx}진이나 로마의 귀갑진은 밀집대형으로서 방패 사이로 창이 나 칼로 찌르면서 앞으로 밀고나가 적의 전열을 무너뜨리는 전술이다).

그러나 병사 수가 너무 많으면 기동성에 문제가 생기므로 적당한 선에서 최적점을 찾을 수밖에 없다. 그 점이 100명 정도이며 이 백

명의 대장을 백부장^{centurion}이라고 부른다(백부장은 기독교『신약』에 수차례 등장한다). 기동성에 문제가 생겨 몰살당한 예로서는 헝가리 귀족들과 몽고군이 벌인 전투를 들 수 있다. 무거운 철갑으로 머리끝에서 발끝까지 온 몸을 두르고 몸집이 큰 말을 탄 둔중한 중무장 헝가리 기사들은, 작은 말을 타고 흉부에 가죽만 댄 날렵한 경무장 몽고 기병들에게 헝가리 초원에서 수만 명이 도륙^{屠戮}을 당했다. 이 전투로 헝가리 귀족의 씨가 말라버렸다. 지금 세계최대의 상아수출지인 시베리아에는 수만 년 전에 매머드가 살았는데, 이들이 작은 키의 원시인들에게 사냥을 당한 큰 이유가 낮은 기동성이었다. 조조의 수군이 적벽대전에서 화공으로 몰살당한 것도 몸집이 너무 컸기 때문이다.

🔁 펭귄은 원형 귀갑진을 짜고 혹한과 사투를 벌인다.

🔁 인간도 대기근이 들면 (차마 자기 새끼를 잡아먹지는 못하고) 자기 아이를 남의 아이와 바꿔 서로 남의 아이를 잡아먹었다는 기록이 우리나라와 중국에 여기저기 남아있다. 어린 자식이 죽을 정도로 귀여웠으면 차라리 자기가 굶어죽을지언정 절대로 남에게 주어 잡아먹히게 하지 않았을 것이다. 불쌍한 아이들. 조금만 더 귀여웠으면 살아남았을 터인데⋯ 그래서 지금 살아남은 생물은 모두 귀여운 것이다. 실로 일체중생실유소성이다.

자타카 티라노사우루스경^經

왜 노아의 방주에 공룡이 타지 않았는지 의심해
본 적이 있는가?
왜 『자타카』에 부처님의 '공룡전생담'이 없는지
의심해 본 적이 있는가?

여시아문 일시 보살 재 쥐라기파크 공원 생위티라노사우루스 여대
채식공룡 중 1,250마리 구…

如是我聞 一時 菩薩在 侏羅紀帕克公園 生爲霸王龍 與大菜食恐龍衆
千二百五十頭俱…

부처님의 전생을 기록한 『자타카』에 의하면 부처님은 물고기, 기러
기, 비둘기, 앵무새, 공작새, 토끼, 사슴, 소, 말, 코끼리, 원숭이였다.

그런데 한때 공룡이 수억 년간 지구를 지배한 것을 볼 때, 그리고 세
세생생 무수한 환생을 거쳐야 부처가 되는 것을 볼 때, 부처님이 전생
에 공룡이었다고 추정하는 것도 무리가 아닐 것이다.

백악기 어느 해에 공룡불^佛이 출현하여 계수나무 아래서 정각^{正覺}을
이루자, 살육이 판치는 잔인한 공룡세계의 현실에 환멸을 느낀 따뜻한
마음을 지닌 채식공룡들이 공룡불을 따라 수도의 길로 나아갔다. 그때
많은 무리를 거느린 육식공룡황제 티라노사우루스는 자기 새끼가 다
른 공룡에게 잡아먹히는 참극을 당하고 크게 느낀 바 있어, 공룡불에

●백악기(BC 1.5억 년~BC 0.65억 년)에 번성한 이 공룡 티라노
사우루스는 충분히 대접을 받아야 한다. 자그마치 1억 년 동
안이나 동물계의 왕좌를 지켰기 때문이다. 인간은 티라노사우
루스와 종이 다르다. 새는 공룡의 후손이므로, 닭이 티라노사
우루스의 후손일지도 모른다. 인간의 조상을 잡아먹던 공룡
이, 지금은 그 후손들이 인간에게 한 해 100억 마리씩이나 잡
아먹힌다. 닭 말이다.

게 나아가 참회하며 다시는 다른 공룡이나 짐승들을 잡아먹지 않겠다
고 서원을 세운다. 이때 공룡불은 수기를 내려 '너는 이후 채식동물인
토끼, 사슴, 소, 말, 코끼리, 원숭이로 환생을 하다가, 일 겁(일억 년) 후
에는 인간으로 태어나 보리수 아래서 정각을 이룰 것이다'라고 한다.
이에 티라노사우루스는 환희의 눈물을 흘리며 더욱 정진하다, 육식거
부로 인한 영양실조와 굶주림으로 생을 마감하며 후생을 기약한다. 티
라노사우루스 보살 임종 시 거대한 별똥별이 땅에 충돌하고, 천지가
육종六種으로 진동하니, 산은 불을 뿜어내고 땅은 갈라지고 바다는 해
일을 일으켜 그 틈을 메움에, 제석천은 그 시신을 지하궁전 깊숙이 이
동시켰다. 지금 그 공룡의 사리는 미국 시카고의 자연사박물관에 엄
중히 모셔져 있다. 당시 티라노사우루스를 추종하던 호위공룡들이 인
간으로 환생하여, 화석사리를 보호하고 관리하는 박물관 직원이 되었
다. 오늘날 많은 사람들이 공룡을 좋아하여 박물관을 즐겨 찾는 것은
과거생의 티라노사우루스의 치열한 구도심에 대한 흠모 때문일지도
모른다.

공룡과 인간이 서로 다른 진화계통에 속한다는 사실은 시비거리가 되지 않을 것이다. 본시 종교는 과학의 질곡을 뛰어넘는 초자연법칙적인 신비를 생명으로 하기 때문이다.

티베트 불교의 전설에 의하면 1,000여 년 전에 연화생존자(파드마삼바바)가 미래세 중생을 위하여 108권의 경전을 여러 곳에 숨겨놓았다고 하며, 대승불교 8종의 조사祖師 용수보살은 용궁에 들어가 『화엄경』 80부를 가져왔다고 한다. 이제 공룡화석이 무수히 발견되어 공룡이 존재했던 것이 부인할 수 없는 사실이 되어버린 지금, 누군가가 크레바스 궁에 가서 티라노사우루스경 80여 부를 가져왔다는 뉴스가 나와도 놀라운 일은 아닐 것이다. 왜 『자타카』에 공룡전생담이 없는지도 속 시원히 풀어줄 것이다. 아래 그 경전을 소개한다.

아울러 묻고 싶다. 근본 가르침에 부합하면 모두 불교경전으로 인정해야 한다는 분들은 아래 경을 불교경전으로 인정할 것인가?

자타카 티라노사우루스경經

나는 이와 같이 들었다. 한때 공룡불佛이 티라노사우루스로 태어나 쥐라기파크 공원에서 1,250마리의 공룡들과 함께 계셨다. 공룡불이 사시巳時 식사때에 맞추어 백악기대초원白堊紀大草原에 들어가 풀뜯기를 마치고, 서식지에 돌아와 양치식물conifer 아래에 마른 풀을 깔고 자리에 앉으시자, 무리 중의 티라노보살이 자리에서 일어나 두 발로 서서 작은 앞발로 예를 갖추며 물었다.

공룡불이시여, 공룡불은 저희 공룡들을 항상 잊지 않고 보살펴주시며 격려하여주시옵니다. 공룡불이시여, 어찌하여 때때로 산은 불을 뿜으며 폭발하고 땅은 흔들리고 갈라지는 것이옵니까? 그리고 어찌하여 공룡이 공룡을 잡아먹는 것이옵니까? 이런 일을 당해서 어떻게 공포와 불안을 극복하고, 또 어떻게 다른 공룡을 잡아먹고 싶은 마음을 극복하오리까?

선재선재, 티라노보살이여. 시작을 알 수 없는 아득한 옛날부터 있어 온 천지의 변화와 더불어, 쥐라기와 백악기를 거쳐서 공룡중생에게 변화가 오는 것이다. 처음부터 공룡이 있었던 것이 아니고 또 처음부터 다른 공룡을 잡아먹었던 것은 아니므로 진실로 공룡의 삶은 무상無常한 것이며, 공룡들끼리 서로 잡아먹고 잡아먹히는 것은 진실로 고苦이니라.

지금, 때때로 산이 불을 뿜으며 폭발하고 땅이 갈라지며 흔들리는 것은 앞으로 일어날 일에 비하면 아무것도 아니니라. 산수비유소불능급算數比喩所不能及이니라. 미래세에 갑자기 거대한 떠돌이별이 지구에 충돌하는 날 공룡의 시대는 멸할 것이다. 앞으로 일 겁 후에 오는 공룡 없는 세상은 인간이라는 신종新種이 지배하는 세상이 될 것이다. 그때, 공룡은 닭으로 환생하여, 지엄한 인과의 법칙에 의하여, 지금 우리 공룡들이 간식으로 잡아먹는 손가락만 한 털북숭이 동물들이 환생한, 인간에게 잡아먹힐 것이니라.

그러므로 여러 공룡들이여, 본시 공룡이라는 아我는 없는 것이다. 공룡이라는 아는 공룡의 모습, 공룡의 감수(감각·감정)작용, 공룡의 생각, 공룡의 의지, 공룡의 의식의 모임에 지나지 않느니라.

그때 티라노보살 너는 일찍이 연등불이 수기하신 대로 인간으로 태어나 부처가 되어 중생을 교화할 것이다. 그때 너는 보리수 아래서 정각을 얻어 석가모니라 불릴 것이다. 그때는 지금처럼 산이 불을 뿜으며 폭발하거나 땅이 흔들리고 갈라지는 일은 없을 것이며, 인간이 인간을 잡아먹는 일도 없을 것이며, 쾌적한 환경에서 수많은 이들이 깨달음을 얻을 것이다.

이에 다른 공룡들은 석가모니회상에 환생하기를 발원發願하며 미증유未曾有의 가르침에 환희의 눈물을 흘렸다. 공룡불이 설법을 마치자 백악산은 불을 뿜으며 폭발하고 쥐라기파크가 여기저기 갈라지면서 육종으로 흔들리자, 놀란 시조새들이 공중으로 솟아올라 어지러이 날고, 어두운 잿빛 하늘을 화려하게 수놓으며 불꽃비가 내렸다.

📑 육종진동六種震動 : 여섯 가지 종류의 흔들림. 동쪽, 서쪽, 남쪽, 북쪽, 중앙, 변두리가 솟아오르면 각기 반대쪽인 서쪽, 동쪽, 북쪽, 남쪽, 변두리, 중앙이 꺼지는 여섯 가지 흔들림.

핵무기로 무장한 신중단의 호법신장: 히치콕 신중탱화

겁주는 게 어디 쉬운 일인 줄 아는가?
누군가에게 겁을 주고 싶으면
납량특집 영화를 보고 배우라
영화인들은 겁을 주는 방법에 대해서
방대한 지식을 축적하고 있다
겁을 주려면, 겁주는 법을 연구해야 한다
특히 알프레드 히치콕을 사사하라

절 대웅전에 신중단神衆檀이 있다. 불교를 수호하는 신들을 모아놓은 단이다. 힌두교신들과 토속신들을 지고의 지위로부터 끌어내려 격하하고 그들에게 불법을 수호하는 새로운 임무를 주었다. 마치 정복자가 식민지를 관리하기 위해 식민지인을 장교나 관리로 채용하는 것과 비슷한 일이다.

그런데 이들은 불법을 해치려는 자들(인간 귀신 잡신 악신)에게 겁을 주려고 무시무시한 용모를 하고 무기까지 들고 있다. 그런데 그 무기라는 것들이 창, 칼, 활, 도끼, 몽둥이이다. 요즘 젊은이들이 즐겨하는 비디오게임에는 수시로 이런 무기들이 활개를 쳐서 그 결과 별 느낌이 없어졌다. 어린애들조차 칼을 마구 휘둘러 남의 목을 댕강댕강 자르면서, 전혀 이런 무기에 공포감을 느끼지 않는다. 이런 환경에서 태어나 살다 죽은 귀신은 당연히 이런 무기에 공포감을 느끼지 않을 것이다.

북한이 핵무기를 가지고 있다고 큰소리치면 재래식 무기만 있는 남한은 불안에 떨고 주변국들은 혹시나 북한이 미친 짓을 저지를까 봐 전전긍긍하는데, 훨씬 더 흉악한 놈들을 다루는 신중단의 무기는 왜 재래식 중에서도 재래식인 창, 칼, 활, 도끼, 몽둥이인가? 핵폭탄, 영계간靈界間 탄도미사일, 속대영俗對靈 탄도미사일, 화학무기, 생물학무기로 바꿔야 하는 것 아닌가? 귀신은 음식을 바쳐도 먹지는 못하고 냄새만 맡는다 하니(소위 향식香食이다), 신중탱화에 새로 화학무기를 배치하면 악귀들이 소스라치게 놀라 다시는 얼씬거리지 않을 것이다.

요즈음 신문을 도배하는 흉악범죄사건을 보면, 사바세계에 악귀들이 급증한 것이 분명하다. 그렇지 않으면 어떻게 조계종고위승려들이 술, 담배, 도박을 하는 일이 벌어지겠는가? 이 많은 악귀들을 다루려면 신중탱화에 대량살상무기를 배치해야 한다. 아무리 못해도 기관총, 크레모아claymore mine, 벙커버스터bunker buster(벙커 관통 폭탄), 바주카포, 박격포, 유탄발사기 등으로 무장해야 되는 것 아닌가?

백주대낮에 대놓고 떼 지어 몰려오는 악귀들(조계사에 난입하여 몽둥이를 휘두르며 설치던 승려들은 이 악귀들에게 씌인 것이 분명하다. 청정비구들이 제정신으로 그럴 리는 만무하지 않은가), 야음을 틈타거나 숲 그늘에 숨어 무리지어 몰려오는 악귀들(백양사 호텔방에서 밤새 담배 물고 술 마시며 도박하던 승려들은 이 악귀들에게 빙의된 것이 분명하다. 그렇지 않으면 어떻게 불경스럽게 큰스님 49재에 그런 흉측한 짓을 저지를 수 있었겠는가), 두터운 바위 속에 숨어있는 악귀(알리바바와 신드바드의 모험을 짬뽕해서 제공하는 강남 룸살롱에서 질펀하게 놀던 자들은 이 악귀들이다. 시멘트바위 속에 숨어서 안심하고 마음껏 본색을 드러냈다. 토굴에서 여법하게 수행하는 수행자들을 괴롭히는 것도 이 악귀들이다), 구덩이에 숨어 있는 악귀(지리산 정상에 땅을 파 괴이한 집을 짓고 높은 담장을 둘러치고 사는 악귀들도 있다. 민가에 숨어들어 똬리를 틀고 괴이한 술법으로 중생을 갈취하는 자들도 이 악귀들의 권속이다)를 겁주고 제거하려면 이런 무기들이 필수이다. 조계사에 떼 지어 난입한 악귀들은 기관총으로, 백양사 도박 악귀들은 크레모아claymore mine로, 지하룸살롱악귀는 벙커버스터로, 고산지대악귀나 민가에 숨은 악귀는 박격포나 유탄발사기로 처리하면

진화론과 종교

● 신장들은 칼·창·금강저에 갑옷까지 갖추어 입었지만, 총·대포·전투기 앞에서는 무용지물이다. 특히 기관총 앞에서는 아무리 수가 많아도 추풍낙엽으로 쓰러질 것이다. 만약 진짜로 칼 창을 쓰는 게 아니라 단지 겁을 주기 위한 것이라면, 현대적 무기를 갖추고 겁을 주어야 할 것이다.

제격이다.

물론 천신은 팬텀기나 스텔스기를 타고, 산신은 레이더기지나 탱크에 올라앉아, 해신(용왕)은 항공모함 관제탑에 자리 잡거나 핵잠수함에 들어앉아 토마호크 미사일을 움켜쥐고 악한 무리들에게 겁을 줘야 하는 것 아닌가? 그래야 진짜 겁이 날 것 아닌가? 신중탱화배경은 방사능 섬광으로 빛나는 핵폭탄 버섯구름으로 장식하면 더욱 멋있고 훨씬 더 공포를 자아낼 것이다. 엄청난 굉음과 함께 산산 조각나 동서남북 사유상하 시방(열 가지 방향)으로 날려가는 악귀들을 상상해보라. 오금이 저리고 통쾌하지 않겠는가? 신중탱화에 그리면 좋을 텐데 참 아쉽다.

자유민주국가들은 이미 구소련이나 북한의 핵폭탄이 소형화되어 테러리스트들 수중에 들어간 것이 아닐까 저어하는데, 만약 그렇다면 악귀들도 이미 핵폭탄을 소유하고 있을지 모른다. (저승은 이승의 그림자이기 때문이다. 그렇지 않다면 왜 저승이 이승보다 어두울까?) 신중탱화를 시급히 현대적으로 바꿀 필요가 있다. 그렇지 않으면 이들에게 전혀 위협이 되지 않을 것이다.

뿐만 아니라 신중탱화의 신장들은 보면 볼수록 귀여워 보이는데 화공들은 그림을 그릴 때 무슨 생각으로 그리시는가? 진실로 공포를 느끼시는가? 아니 느끼시는가? 영계는 물질이 아니라 생각으로 이루어진 세계이므로 무서운 생각을 일으키는 것이 핵심이다. 으스스할수록 좋다. 화공들이여, 신중탱화는 장식용 그림이나 예술작품이 아니라 영계의 전쟁에 쓰이는 일종의 심리전 무기임을 명심하시기 바란다.

🗒물론 신중탱화가 귀신들을 겨냥한 것이 아니라 신자들을 겨냥한 것이라는 유심신중탱화론도 가능하다. 그러나 이 경우도 그 효과가 있으려면, 신자들의 마음에 두려움과 공포를 불러일으켜야 하는 것은 당연하다.

🗒신중탱화가 더 이상 무섭게 느껴지지 않는 것은 인간이 그만큼 사악해졌다는 증거일 수 있다. 왜냐하면 이 신중탱화는 과거모습 그대로이며 당시에는 분명 무섭게 보였을 것이기 때문이다. 또 다른 증거로는 고려수월관음도이다. 이 불화는 더할 나위 없이 아름답다. 반면에 요즈음 불화는 그만큼 아름답지 못하다. 뭔가 부족하다. 인간이 그만큼 천박해졌거나 추해졌다는 증거이다. 왜냐하면 회화는 그 시대의 심미안을 보여주기 때문이다.

진화론과 종교

강간強姦과 코카콜라

강간은 내가 원치 않는 것을
남이 강제로 내 몸이나 마음에 집어넣는 것이다

대중은 거짓말을 처음에는 부정하고, 그다음엔 의심하지만, 되
풀이하면 결국에는 믿게 된다. 대중에게는 생각이라는 것 자체
가 존재하지 않는다. 그들이 말하는 생각이라는 것은 모두 다
른 사람들이 한 말을 그대로 반복해서 말하는 것에 불과하다
〈괴벨스〉

강간은 알고 당하는 것과 모르고 당하는 것이 있다. 환자가 사악한
의사를 만나 마취상태에서 당하는 강간이나, 연예인 지망생이 만취상
태에서 파렴치한 매니저에게 당하는 강간이 모르고 당하는 강간에 해
당한다.

사람들은 자신에게 있는 견해, 지식, 정보를 철석鐵石같이 사실이라
고 믿는다. 심지어 그것들을 자기 것이라고 생각한다. 혹시 자기 것이
아닐지도 모른다는 생각은 꿈에도 없다. 사실은 지인, 친지, 정기구독
신문, 인터넷, 서적, 언론, 같은 노선의 정치인으로부터 받은 것이다. 공
기 중의 화학물질을 선별해서 숨을 쉬거나 냄새를 맡을 수 없듯이, 그
리고 공기 중의 음파를 선별해서 들을 수 없듯이, 정보는 그냥 침투해
들어온다. 이런 정보는 스스로 찾아서 공부하고 사유해서 얻는 지식이
나 정보가 아니라는 점에서 모르고 당하는 정신적인 강간에 해당한다.

강간범의 DNA에 자신의 DNA를 섞어 사생아를 낳듯이, 인간은 외
부정보에 강간을 당하고 거기에 자신의 정보를 보태 사생아를 낳는다.
그리고 그 사생아로 다른 이들을 강간한다. 육체적인 강간과 달리 정

●성적인 맥주 광고: 당신이 이 그림을 보고 맥주가 먹고 싶다면, 사실은 맥주가 아닌 다른 게 먹고 싶은 것이다.

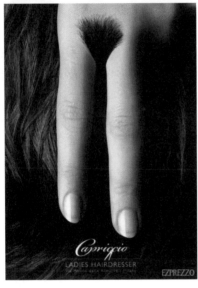

●미용실 선전: 뭔가 다른 걸 자극하고 있다.

신적 강간은 당할 때도 당하고 있는지 알기 힘들고, 가해자가 될 때도 많은 경우 자신이 가해자인 줄 알지도 못한다. 누군가 은밀한 정보를 흘릴 때 조심하라. 바로 그 순간이 정신적 강간을 당하는 순간일 가능성이 크다(증권가 소문이 전형적인 예이다). 신체적 강간처럼 은밀한 장소(환경)는 위험한 장소(환경)이다. 피하고 볼 일이다.

인간은 매일매일 매순간 강간을 당하고 산다. 알고도 당하고, 모르고도 당한다. 정신적 강간을 안 당하려면 정신적 호신술을 익혀야 한다. 매일매일 이성을 벼리고 벼려, 지성을 갈고 닦아, 잠재적인 범죄자의 신원을 사전에 파악하고 공격해 들어오는 놈들을 가차 없이 논파하여야 한다. 물론 위험한 곳은 근처에도 안 가는 것이 좋다.

광고는 아주 위험한 정신적 강간전파자이다. 광고가 벌어지는 TV와 인터넷을 조심할 일이다.

영상매체와 인터넷에 노출된 현대인들에게 경종을 울리는 유명한 사건이 있었다. 광고역사상 유명한 '무의식적인 코카콜라 광고강간사건'이다. 영화 24프레임 중에 한 프레임을 코카콜라광고로 바꿔서 상영한 사건이다. 영화를 본 관객들은 이유 없이 코카콜라를 마시고 싶은 충동에 사로잡혔다. 그 후 이 광고기법, 즉 '무의식 광고subliminal advertizing'는 법으로 금지되었다. '정신적 강간' 금지법에 해당한다.

근래 사회주의국가 중국으로 진출한 코카콜라는 중국인민들을 강간하고 있다. 코카콜라의 중국식 이름은 가구가락可口可樂인데 코카콜라를 음사音寫한 것이다. 중국발음으로는 커코컬루kěkǒukělè이니 우리발음 가구가락과는 딴판으로 코카콜라와 매우 유사하다. 그런데 가구가락可口可樂은 '입口에 즐거움樂을 주는 능력이 있다可'는 뜻이므로, 중국인들은 코카콜라를 입에 올릴 때마다 '코카콜라는 입에 즐거움을 준다!'고 외치는 꼴이다. 중국인들은 정신적으로 겁탈을 당해도 오지게 당하고 있는 것이다. 그것도 집단적으로! 이름을 이용한 교활한 세뇌광고전술이다.

또 다른 예는 광고음악이다. 광고업체들은, 천장에 거꾸로 붙어있는 도마뱀처럼 뇌에 단단히 달라붙어 자동적으로 반복해서 틀어지는 특정한 리듬을 찾아 광고음악으로 쓴다. 이런 음악을 귀벌레ear worm 또는 뇌벌레brain worm라고 부른다. 이런 음악에 노출되어 감염되면, 자기의 의지와 관계없이 그 음악은 머릿속에서

● 가구가락(可口可樂) 코카콜라. 가구가락(可口可樂)은 중국말로 '마시면 즐겁다'라는 뜻이다. 중국인들은 코카콜라를 입에 올릴 때마다 '코카콜라를 마시면 즐겁다'고 선전하는 꼴이다.

저절로 돌아간다. 멈추려 해도 멈추지 않는다. 일종의 음악적 강간이다. 이것은 시각강간인 코카콜라 강간에 대비되는 청각강간이다. 청량음료 오란씨 시엠송CM song이 대표적인 예이다.

광고에 노출된 사람들이 충동구매에 사로잡히는 것이나 외부로부터 강제로 주입된 종교나 사상을 사랑하는 것은 스톡홀름 신드롬이다. 사람들은 광고에 둘러싸여 산다. 좋아하는 연예인들은 광고에 나와 상품에 '좋아함'을 묻히려고 기를 쓴다. 물건을 보면 좋아하는 연예인이 무의식적으로 떠오르고, 그 연예인에 대한 좋은 감정이 덩달아 일어난다. 결국 물건을 보면 좋은 감정이 생긴다. 이런 식으로 조건반사가 형성된다. 그래서 무의식적으로 그 물건을 좋아하게 된다. 원인은 사라지고 결과만 남는 것이다.

사람은 태어나면서 집중적으로 세뇌를 당한다. 사회와 부모가 신세대를 특정한 종교와 사상으로 세뇌를 시킨다. 그럼에도 불구하고 사람들은 자신을 세뇌한 광고, 종교, 사상과 사랑에 빠진다. 스톡홀름 신드롬의 기이한 예이다.

사방에 득실거리는 물질적 정신적 강간범을 피해 살려면 참으로 지난한 일이다. 물질적 생명체이건 정신적 생명체이건 간에 생명체 최대의 임무는 자신의 유전자를 퍼뜨리는 것이기 때문이다. 더욱이 비용이 안 들고 퍼뜨리는 것처럼 좋은 일이 있겠는가? 사람은 이래저래 참으로 힘들게 산다.

인간은 무수한 기생충과 더불어 산다. 대장의 균들이 그렇고 머릿속의 온갖 생각, 이념, 사상, 가치관, 종교 등이 다 기생충이다. 기생충은 새로운 DNA를 도입하는 이점이 있다. 아마 인간이 가지고 있는 상당수 유전자가 생물학적인 강간을 당한 결과일지 모른다. 정신적인 것 역시 마찬가지일 것이다. 자기 것만 지켜서는 건강하게 살 수 없다. 튼튼하고 면역력이 강한 유전자를 얻으려면 근친혼은 금기이다. 외부에서 유전자가 들어오는 것을 피하고 막고 혐오하고 두려워하기만 할 일은 아니다. 잘 선별해서 슬기롭게 살 일이다.

🗃 신체적 강간이 자기 유전자를 퍼뜨리기 위한 생물학적인 수단이라면, 정신적 강간은 자기 문화유전자meme을 전파하기 위한 정신적인 수단이다. 육체적인 강간보다 정신적인 강간이 훨씬 더 흔하고 위험하다. 언론에는 몸적 강간사건 기사가 곧잘 보도되지만, 언론의 상당수 기사, 칼럼, 사설은 정신적 강간시도이다. 신자유주의에 의한 강간도 있고 공산주의나 파시즘이나 나치즘에 의한 집단적인 강간도 있다. 종교적으로는 근본주의에 의한 강간이 있다. 스톡홀름 현상이 정신강간에 일어나기도 한다. 혐오하던 사상에 겁탈당한 후에 오히려 겁탈자를 흠모하는 일이 벌어지기도 한다. 심한 경우에는 숙주는 죽어버리고 기생사상만 살아남아 좀비처럼 돌아다니는 일이 발생하기도 한다. 좀비수가 임계점을 넘어서면 나치운동이나 문화대혁명 같은 집단적인 광기로 발전하기도 한다.

🗃 만약 정신적 강간이 대체로 하는 자나 당하는 자나 '하는 줄 당하는 줄 모르는 상태에서' 일어난다면, 인간의 육체적인 진화가 의도하는 대로 일어나는 것이 아니라 진화론적인 자연선택에 의해서 일어나듯이, 정신적인 진화 역시 꼭 의도적인 진화가 아니라 인간의 의지와 관계없이 정신세계에 일어나는 자연선택을 통해 일어나는 것일 수 있다(기이하게도 어떤 성행위는 육체적인 강간이 아닐지라도 정신적인 강간일 수 있다. 예를 들어 상대방에게 남녀관계나 자신에 대한 환상을 심어줌으로써 자신에게 몸을 허락하게 하는 경우가 이에 해당한다). 그렇다면 인간은 정신세계에서 자연선택을 통해 일어나는 제誘현상의 그

림자일 수 있다. 이 관점은 시대정신^{zeitgeist}의 존재를 지지하며 인간이 군집동물 즉 군집의식일 가능성을 높인다. 그러나 이 관점은 플라톤의 이데아 이론과는 다르다. 왜냐하면 이 관점에서의 정신세계는, 불변의 세계가 아니라 자연선택에 의한 가변^{可變} · 상변^{常變}의 세계이기 때문이다.

⊟ 어^魚씨 성을 가진 가난한 어부^{魚父}가 딸 이름을 '머니'라고 지었다 해 보자. 그러면 사람들은 그 여인을 부를 때마다 '어머니!' 하고 불러야 된다. 어부가 돈 많이 벌라고 머니^{money}라고 이름을 지었을 뿐이라고 변명하더라도 사람들의 신경질과 비난과 분노를 누그러뜨릴 수는 없을 것이다. 노무현의 '열린우리당'도 마찬가지이다. 천하 원수인 한나라당도 노무현 당을 부를 때 '우리 당'이라고 불러야 했다! 대단한 정신적인 강간이 아닐 수 없었다. 뿐만 아니라 한나라당은 단 한 번도 "우리 당은 좋은 당이다"라고 말할 수 없었다. 북한이 이름을 '우리나라'로 바꾸면 남한의 종북주사파는 합법적으로 '한반도의 유일한 합법정부 우리나라를 지지하자'라고 주장할 수 있다! 공자님이 정명^{正名}을 내세우신 것은 춘추전국시대에 이미, 이름을 도용^{盜用}한 정신적인 강간이 만연했다는 증거이다. 문제는 인간은 절대로 이 정신적인 강간으로부터 자유로울 수 없다는 점이다. 언어의 등장은 필연적으로 정신적인 강간을 초래하기 때문이다. 언어는 사실만을 적시하는 기능적 수단으로만 쓰이는 것이 아니라, 당위와 가치라는 주관적인 개념을 만들어 내기 때문이다.

⊟ 정신적 호신술은 생각보다 다양하다. 기억력이 좋은 것은 아주 유리하다. 누가 미심쩍은 허튼 소리로 선동을 하면 '잠깐만 당신 언젠가 이런 주장을 한 적이 있는데 지금 말이 다르잖아? 뭐야 이거' 하면서 방어할 수 있다.

유도의 상대방의 힘을 이용하는 되치기도 가능하다. '그래 당신 말이 사실이라 해보자. 그러면 여차저차해서 이런 결론이 나오는데 이 결론이 말이 되냐? 이 화상아'라고 반격할 수 있다. 소위 귀류법이라는 고급기술이다.

상대방 말 중에 서로 어긋나는 부분이나 어수룩한 허점을 발견하면, 번개처럼 치고 들어가 날카롭게 지적하며 적이 균형을 잃게 하여 쓰러뜨려 제압할 수 있다. 안뒤축걸이 같은 순발력이 요구되는 기술이다.

상대방의 약점을 매섭게 잡고 늘어지는 꺾기 같은 기술도 유용하며, '하고 싶은 소리 다 해봐라' 하며 느긋하게 다 들어주는 척하다가 갑자기 '그런데 그거 다 헛소리 아닙니까?' 하고 외치며 한 번에 뒤집기를 하는 방법도 있다. 뜸을 들이고 들어서 상대방이 지쳐 나가 떨어지게 하는 지연작전도 빼놓아서는 안 될 기술이다.

아예 상대방에게 기회를 주지 않는 방법도 있다. 일체 보지 않고 듣지 않고 읽지 않는 방법이다. 소위 눈과 귀를 차단하고 사는 법이다. 한참 있다가 '그런데 지금까지 뭐라고 하셨죠?' 하곤 하면 상대방은 맥이 빠질 것이다. 하루하루 힘들게 밥벌어먹고 살아야 하는 평범한 사람들에게는 제일 어려운 방법일 것이다. 살아남으려면 사방에 촉각을 곤두세우고 정보를 수집해야 하는데, 눈 감고 귀 막고 살라니 아마 불가능할 것이다.

그런데, 뭐니 뭐니 해도 가장 중요한 건 정신적 건강을 유지하는 것이다. 상대방이 아무리 그럴듯하거나 알쏭달쏭한 말로 파고들더라도, '그거 좀 이상한데, 상식에 어긋나잖아' 하는 생각이 들면 좀처럼 강간당하지 않을 것이다.

圁 닭·돼지·소 등을 인공수정시키는 것은 기계(주사기) 강간에 해당한다. 강간된 고기를 먹으면 강간범죄가 급증하는 것은 아닌지 한 번

쯤 의심해볼 만하다. 특히, 경제성장과 더불어 느닷없이 육식을 하게 된 배달민족이 그렇다. 그렇지 않으면 요즈음 신문지상을 도배하듯이 장식하는, '착하기로는 우리민족을 따라갈 민족이 없다며 민족의 선천적인 선량함을 자부하는' 배달민족이 일으키는 흉측한 강간사건들을 설명할 길이 없다.

🕮 무의식 광고^{subliminal advertizing}는 무의식 메시지^{subliminal message}의 일종으로서 무의식에 호소하는 광고기법이다. 사람들이 의식적으로는 느끼지 못하지만 무의식적으로는 느끼는 현상을 이용한 기술이다. '무의식적으로 받아들인 정보가 잠재의식에 저장되어 있다가 사람들의 행동에 무의식적으로 영향을 끼친다'는 이론에 기반을 두고 있다. 이 기술은 미국인 시장조사원^{market researcher} 비카리^{James MacDonald Vicary} ^{1915~1977}가 발명하였으며, 1957년에 코카콜라 영화광고에 최초로 도입되었다. 그는 킴 노박^{Kim Novak} 주연의 영화 「소풍^{Picnic}」의 필름에 24 프레임 중 하나 정도로 광고영상 '목마르세요? 코카콜라를 마시세요^{Thirsty? Drink Coca-Cola}'와 '배고프세요? 팝콘을 드세요^{Hungry? Eat Popcorn}'를 끼워 넣어, 5초마다 0.003초씩 상영하였으며 그 결과 코카콜라와 팝콘 판매가 수십 프로 증가했다고 주장했다. 후에 비카리가 광고효과에 대한 확신을 철회했음에도 불구하고, 무의식 메시지가 정말로 효과가 있는지 그리고 만약 있다면 어느 정도나 있는지 등에 대해서 논란이 계속되고 있으며, 세 해 전인 2014년 3월에도 홍콩폴리테크닉 대학과 스페인 폼페우 파브라 대학 공동연구로 긍정적인 논문이 발표되었다. 업계의 공식적인 부정에도 불구하고, 무의식 광고가 제작되고 유포되고 있다는 부인할 수 없는 증거들이 존재한다. 백문이 불여일견이다. 유튜브를 검색해보면 눈이 튀어나올 정도로 놀라운 광고들을 볼 수 있다. 이중 맥도날드 광고, 디즈니 광고, 말보로 광고 등이 대표적이며, 이미 해당 기업들이 사과한 바 있다.

진화론과 종교

현재 이 무의식 광고는 우리나라, 미국, 영국, 캐나다, 호주 등의 국가에서 법으로 금지되어 있다. 아마, '법으로 금지되어있다는 것 자체'가 이 광고기법이 실제로 효과가 있다는 가장 강력한 증거일 것이다.

아무튼, 무의식 광고가 효과가 있건 없건, 광고업계는 지치지 않고 이 기술을 시도하고 있다.

무서운 세상이다. 알고 보니 자기 생각이나 욕망이 자기 생각이나 욕망이 아니라, 남이 심어준 생각이나 욕망일 수 있다니!

☷ 무의식의 영향에 대한 유명한 실험이 있다. 왼쪽 눈에 이상이 있는 것은 아니지만, 왼쪽 눈을 관장하는 오른쪽 뇌에 이상이 생겨 왼쪽을 못 보는 사람이 있다. 이 사람에게 '왼쪽에만 불이 난 집' 그림을 보여주면 집에 불이 난 것을 인식하지 못한다. 하지만 환자에게 이 사진과 함께 정상적인 집 사진을 보여주며 어느 집에 살고 싶으냐고 물어보면, 환자는 어김없이 불이 안 난 집을 택한다. 학자들의 해석은 이렇다. 불난 집 영상이 뇌에 입력은 되지만 이 사실을 의식은 모른다, 즉 무의식적으로 본다. 이 무의식이 뇌에서 영향력을 행사해서, 환자는 불이 안 난 집을 선택하게 한다. 이 경우도 의식은 왜 그런 선택을 했는지 알지 못한다. 즉 무의식적으로 보고 무의식적으로 판단을 내린다는 것이다.

아마 우리가 '사랑에 빠지면 눈이 먼다'는 얘기도 이러할지 모른다. 왜 그런지 모르게, 즉 무의식적으로 빠져든다. 상대방에게서 무의식적으로 무언가를 보고 느끼고, 무의식적으로 그 사람을 사랑의 대상으로 선택한다. 그래서 '눈이 먼다'는 표현이 나왔으리라. 당사자는 눈이 먼 것처럼 왜 사랑에 빠지는지 알 수가 없으니, 당연한 표현이다. 동물새끼의 각인효과처럼 무의식적으로 무언가가 뇌에 각인이 되어 있다가, 우리가 모르는 사이에 영향을 미치는 것이리라.

필자도 특정한 모습의 여인만 보면 이상하게 마음이 끌리곤 하였다. 수십 년 만에 어느날 갑자기 그 이유를 알게 되었다. 바로 어머니 모습을 닮은 것이었다. 갓난아이 시절부터 눈에 각인된 모습이 어머니 모습이다, 즉 원초적인 여성상이다.

물론 각인의 대상이 어머니인 것만은 아니며 다양한 각인이 있을 수 있다.

🔲 히틀러를 도와 나치독일을 건설한 천재적인 선전상宣傳相 괴벨스 Goebbels 1897~1945는 "대중은 거짓말을 처음에는 부정하고, 그다음엔 의심하지만, 되풀이하면 결국에는 믿게 된다. 대중에게는 생각이라는 것 자체가 존재하지 않는다. 그들이 말하는 생각이라는 것은 모두 다른 사람들이 한 말을 그대로 반복해서 말하는 것에 불과하다"라고 말했다.

정신적인 강간의 근본적인 원리이다. 인간이라는 군집생물의 특성을 꿰뚫어본 발언이기도 하다. 군집생물에게 있어서 정보란 군집으로부터 오고 통상 그것이 효율적이기 때문이다.

개별 인간은 다른 구성원들의 정보와 지식을 얻어서 엄청나게 정보와 지식이 는다. 그러나 그것은 개인을 위해서라기보다는 집단을 위해서이다. 정보와 지식이 공유되어야만 집단이 강해지고 새로운 정보와 지식의 창출이라는 선순환善循環이 가능하기 때문이다.

과학과 불교

남을 속이려면 먼저 자기 자신을 속여야 한다는 말이 있다. 철기시대 초입의 미개한 인간들은, 자기들의 무지에도 불구하고 절대적인 확신으로, 생명과 우주의 기원에 대해서 마음대로 떠들어댔다. 그게 종교경전이다. 자기들이 자기 자신들을 옴팡지게 속인 것이다. 그 사람들 말을 믿는 것은, 침팬지를 믿는 것과 큰 차이가 없다. 침팬지들도 특정사항에 대해서는 나름대로 확신을 하는 것으로 보이기 때문이다.

불교의 우주관과
280억 개의 천국과 1,360억 개의 지옥

과학에 대한 지식은 쌓일수록 과학이 참임을 증명하지만
종교에 대한 지식은 쌓일수록 종교가 거짓임을 증명한다

천국은 멀고 지옥은 가깝다: 걸어온 길은 멀고 갈 길은 짧다

종교경전에 쓰여 있는 것을 무비판적으로 믿는 것은 광신이다. 어느 종교도 예외가 되지 않는다.

끝없이 요동치며 변화하는 시공을 통하여 인간의 생각과 견해는 다양하게 만들어지고 표출되고 진화하므로, 경전에는 필연적으로 환상·망상·공상·상상의 산물과 서로 상이한 내용이 포함되어 있을 수밖에 없다. (이런 다양성으로 인간의 문명이 발달하는 것이며, 다양성은 창조성의 근원이다.) 경전이 방대할수록 더욱 그렇다. 따라서 근본주의자들처럼 문자 그대로 경전을 믿는 것은 맹목적적인 믿음에 지나지 않는다. 과거 특정 시점과 장소에서 만들어진 경전이 불변의 진리를 온전히 표현한 것이고 모든 진리를 빠짐없이 담고 있다는 주장은 망상 중의 망상이다. 그러므로 84,000경전을 자랑하는 불교를 반(反)근본주의 입장에서 비판하는 것은 얼마든지 가능하다.

일반적으로 불교의 우주론이 과학적이라고 한다. 불교인들은 맹목적으로 그렇게 믿고 있으며 온갖 현란한 수사를 동원해 극찬을 하는

과학자도 존재한다. 불교의 우주론에 대한 책을 낸 천문학자까지 있으나, 불경의 우주관은 양도 얼마 되지 않고(한 쪽을 넘지 않는데) 내용도 부실하다(나머지는 다 저자의 상상력을 동원한 픽션이거나 우주론과는 관련이 없는 불교일반론이다). 과연 불교우주론이 과학적인지 살펴보자. 철기시대 초입의 상상력으로 볼 때는 어느 정도 우수하다고 할 수 있다. 그러나 같은 시기의 그리스 철학자들의 우주론보다는 뒤떨어진다. 이들은 지구, 달, 태양이 구체임을 논증하였고 크기까지 상당히 정확하게(10% 내외의 오차로) 수학물리학적으로 추정을 하였다.

불교의 우주관은 그리스 과학자들에 비해서는 못하나 확실히 타종교에 비해서는 우수하다. 기독교에서 지구를 우주의 중심에 놓고 해, 달, 별 등의 천체가 지구를 중심으로 회전한다고 주장하는 반면에, 불교는 지구와 같은 위성이 매우 많다고 주장한다. 지구, 달, 태양이 각각 하나씩으로 이루어진 삼종세트가 1,000개 모인 것을 소천세계라 하며, 소천세계가 1,000개 모인 것을 중천세계, 중천세계가 1,000개 모인 것을 대천세계라 한다. 대천세계를 '3천대천세계'라고 부르기도 한다. 소천, 중천, 대천의 3종 세계에서 3을, 그리고 천 개가 기본단위라는 데서 1,000을 따와 3천대천세계라고 부르는 것이다. 결국 불교에서는 지구, 달, 태양이 각각 10^9개, 즉 10억 개씩이 있다고 주장하는 것이다.

허블망원경 등의 전파망원경으로 관측한 바에 의하면 태양과 같이 스스로 빛을 내는 항성(별)이 자그마치 10^{22}(백 해)개나 있다(이 수가 얼마나 큰 수이냐 하면 지구상의 모든 모래의 개수보다도 큰 수이다). 사실 은하가 1,000억 개 정도 있으며 각 은하가 1,000억 개 정도의 별을 가지고 있다(1,000억×1,000억=백 해=10^{22}). 그런데 이 숫자도 지금껏 관측된 숫자에 지나지 않으며, 실제로는 훨씬 많은 것으로 추정되고 있다.

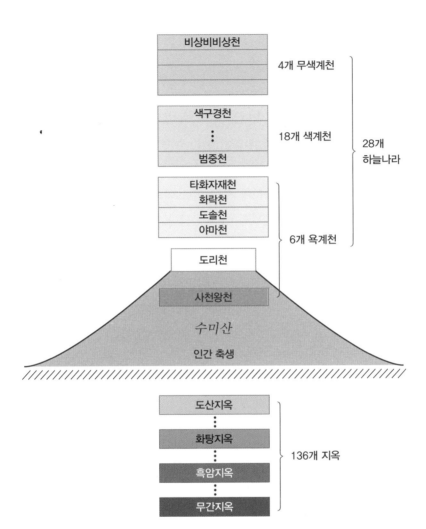

● 불교 우주도. 맨 밑에 흑암지옥과 무간지옥이 있고, 그 위에 동물계와 인간계가, 땅 중앙에 있는 수미
산 중턱과 정상에 각각 사천왕천과 도리천이 있고, 그 위 허공에 맨 위의 비상비비상처천(非想非非想
處天)까지 26개 하늘나라가 차곡차곡 쌓여있다.

불교에서는 항성, 행성, 위성을 다 포함해서 10억 개 정도가 있다고
주장하나, 사실은 은하계 개수만 해도 1,000억 개나 되는 것이다. 밤
하늘을 가로질러 뿌옇게 보이는 미리내(은하수)가 우리가 사는 은하계
인데, 이런 은하계가 하나가 아니라 자그마치 1,000억 개가 있다는 것
이다.

The figure labels:

비상비비상천

4개 무색계천

색구경천
⋮
범중천

18개 색계천

28개
하늘나라

타화자재천
화락천
도솔천
야마천

6개 욕계천

도리천

사천왕천

수미산

인간 축생

도산지옥
⋮
화탕지옥
⋮
흑암지옥
⋮
무간지옥

136개 지옥

따라서 불교에서 주장하는 항성(별)의 숫자는 실제 숫자의 10조분의 1에도 미치지 못한다.

불교는 지구의 중심에 수미산(히말라야 산맥의 카일라스 산으로 추정됨)이 있으며 그 남쪽에 인간들이 사는 삼각형 모양의 남섬부주가 있다고 주장한다(인도 아대륙은 삼각형 모양이다). 인도 북쪽을 막고 있는 거대한 히말라야 산맥 남쪽에 사는 인도 아대륙인들에게는 자연스러운 우주관이다. 하지만 인간이 어디 히말라야 남쪽에만 살았는가? 동쪽인 중국에도 서쪽인 아프리카에도 많은 사람이 살았다. 이집트는 이미 부처님 탄생 2,500년 전부터 왕조를 세우고 대문명을 이룩하였다. 인류학과 고고학에 의하면 인간은 히말라야 남쪽이 아닌 서쪽인 아프리카에 기원한다고 하지 않는가. 불교적 우주관은 인도(인) 중심적인 사유의 발상일 뿐이다.

하나의 지구(행성) 위에는 하나의 수미산이 있으므로 우주에는 10억 개의 수미산이 존재한다. 각각의 수미산 '위'에는 각각 28개의 천(하늘나라)이 층층이 존재한다. 여기서 '위'라고 하는 것은 추상적인 의미가 아니라, 물리적으로 위라는 의미이다(지옥이 문자 그대로 땅밑의 감옥을 의미함을 볼 때 물리적으로 맨밑에 지옥, 지옥 위에 인간세계, 인간세계 위에 하늘나라가 있다).

가장 낮은 등급의 하늘나라인 사천왕천은 수미산 중턱에 위치한다. 그다음인 도리천은 수미산 정상에 위치한다. 이 둘을 지거천地居天, 즉 '지상에 위치하는 하늘나라'라 부른다. (설악산 중턱과 정상부근에 위치한 희운각 대피소와 중청봉 대피소를 연상하면 이해하기 쉽다.) 야마천 이상의 나머지 26개 천은 수미산 공중에 위치하므로 공거천空居天, 즉 '공중에 위치하는 하늘나라'라 불린다.

인도인들은 하늘나라가 지상에 위치할 수 있다고 믿었다. 당시 어느 누구도 수미산(현대의 카일라스 산) 정상에 오를 수가 없었으므로 상상력은 무한한 자유를 누렸다.

수미산이 위치한 히말라야 산맥은 46억 년 지구역사에서 비교적 최근인 5,000만 년 전에 생성되었으므로, 수미산 중턱과 정상에 위치한 사천왕천과 도리천은 생긴 지 얼마 안 되는 신도시 하늘나라이다(그럼 이 하늘나라 주민들은 어디서 왔을까?). 고대 인도인들이 지구의 대규모 지질운동에 대해 전혀 몰랐으므로 수미산에 대한 환망공상이 생겼고 그 흔적이 불경에 남은 것이다.

각각의 지구(행성)의 수미산 위(중턱, 정상, 상공)에는 각각 28개의 하늘나라가 존재하므로, 우주의 하늘나라의 개수는 28×삼천대천세계 중 지구 개수=28×10억=280억 개이다. 즉 우주에는 자그마치 280억 개의 하늘나라가 존재한다(지옥의 수는 더 많다. 136개×10억=1,360억 개나 된다). 이 모든 하늘나라를 운영하는 중앙통제센터는 존재하지 않는다. 각각의 28개 하늘나라는 각각의 삼종세트에서 독립적으로 운영된다.

다시 강조하지만, 한 행성에 있는 28개의 하늘나라는 다른 행성들과 공유하지 않는다. 사천왕천과 도리천은 각각의 행성에 있는 각각의 수미산 위에 있기 때문이다. 그 결정적인 증거는 '수미산이 없는 행성에는 사천왕천과 도리천이 없지 않느냐'고 아난이 부처님에게 질문하는 내용이 불경에 나오기 때문이다(자세한 내용은 이 글 끝부분 참조). 이 행성은 다름 아닌, 신新행성인 극락세계이다. 극락은 초기불교 우주론에는 등장하지 않는다, 대승불교의 등장과 더불어 동반출현한 아미타불이 자신의 초자연적인 염력으로 만든 신행성 또는 신도시이다. 이 신도시에는 아예 산이 없다. 수미산도 없다. 그러므로 수미산 중턱과 정상에 있는 사천왕천과 도리천도 없고, 그 위 26개 하늘나라도 없다.

사람들이 외계인을 상상할 때 기묘한 모습을 상상하는데 불교우주론에 의하면 이는 터무니없는 생각이다. 왜냐하면 어느 별에나 육도윤회가 있기 때문이다. 즉 그 별의 중생은 그 별에 준비된 독립적인 여섯 세계인 지옥, 아귀, 축생, 인간, 아수라, 천인을 떠돌며 환생한다. 어느 별에나 인간이 있다는 말이다.

혹자는 생명체를 그냥 인간이라고 표현한 것이 아니냐고 할지 모르지만, 전혀 그렇지 않다. 불경에 목련존자가 타방불他邦佛의 세계에 가서 그곳의 부처님을 만나는 장면이 나오는데 유일한 차이는 몸집의 차이이다. 목련이 신통력으로 그 세계에 진입하자 여기저기서 웬 파리 같은 놈이 날아왔냐고 웅성거린다. 그곳의 인간은 몸집이 어마어마하게 컸던 것이다. 뿐만 아니라 불교에 의하면 과거·현재·미래의 모든 부처는 동일한 32상(32가지 신체적인 특징)을 갖는다. 그러므로 타방불도 인간과 동일하게 생겼다. 즉 인간이다!

결론은 불경의 우주론에 의하면 어느 별에나 우리와 똑같은 모습의 인간이 산다. 그런데 지구와 같은 크기의 별이라면 몸집의 크기는 수학법칙에 의하여 상한선이 존재한다. 다리 근력은 근육의 단면적에 비례하며 뼈의 힘도 뼈의 단면적에 비례하는데, 단면적은 반지름의 제곱에 비례하지만 체중은 반지름의 세제곱에 비례하므로, 몸집이 커짐에 따라 단위 단면적당 걸리는 체중이 급격히 증가하여 근육은 체중을 지탱하지 못하고 뼈는 무너져 내린다(실제로, 2미터가 넘는 거인들은 대부분 관절이상 등으로 요절한다). 따라서 불경에 나오는 것처럼 어마어마하게 큰 인간은 존재 불가능하다. 이런 인간은 수학적인 지식과 해부학적인 지식이 부족했던 고대 인도인의 망상이었다.

인도인들이 밤하늘의 별을 보고 다른 세계를 상상한 것까지는 좋았으나, 당시로서는 상상을 초월하는 규모였던 10억 개의 추정이 현대천문학의 발달로 인하여 실제 규모의 10조분의 1에도 미치지 못함이 증명되었다. 그리고 에드먼드 힐러리의 에베레스트 초등에 의하여 카일라스 산(수미산)중턱과 정상에 하늘나라가 존재하지 않음이 밝혀졌으며, 오늘날 비행기나 인공위성으로도 생명이나 문명이 전혀 존재하지 않음이 관측 가능하다(인류 최초의 우주인인 러시아의 가가린이 우주에 가서 '어, 여기 아무도 없네, 하나님이 없네!'라고 외친 말을 기억하라).

결국 불경의 우주론은 청동기시대를 마감하고 철기시대로 진입하던 고대인류의 활성화된 두뇌의 왕성한 활동에 의한 풍부한 상상력의 산물이며, 그 우주론상의 우주의 규모나 세세한 내용을 문자 그대로 믿어야 하는 것이 아니며, 어떤 신비로운 '일체종지一切種智'로부터 나온 산물도 아닌 것이다.

이런 잘못된 우주론으로부터 일체종지라는 허상을 깨뜨려야 하는데, 오히려 거꾸로 일체종지로부터 나온 것이므로 불교우주론이 옳다고 주장하는 전도몽상顚倒夢想이 불교계에는 널리 퍼져있다.

사실 이런 이론이 부처님으로부터 나왔다고는 할 수 없다. 부처님은 실용적인 분이었으며 고苦의 해결에 최고의 중요성을 부여하셔서 우주의 유한성이나 무한성에 대한 질문에 의도적으로 답을 하지 않으셨음을 보면 명확하다.

부처님 사후 승원에서 집단을 이루고 살던 전문 수행자들이 여가시간에 우주에 대해 사유한 흔적일 뿐이다(서양 과학발달이 유산계급이 여가시간에 행한 연구에 의한 것임을 기억하라). 이 흔적들이 불경으로 편입되었을 뿐이다.

현대를 사는 수행자들의 임무는 맹목적으로 경전의 내용을 신봉하는 것이 아니라, 현대 과학문명에 비추어 옥석을 가려내어 부처님의 근본가르침을 보존하고 시대에 맞게 재해석하고, 그 내용을 자신의 삶에서 구현하여 귀감role model이 됨으로써 인류 행복증진에 기여를 하는 것이다.

圁 팔만사천경에 의하면 색계 최고하늘 유정천(대자재천)에서 바위 하나를 굴리면 12만억 년(12조 년) 후에 지구에 떨어진다. 우주의 크기를 150억 광년이라 하면 이 바위의 속도는 초속 300km이다. 빛의 1/1000의 속도로서 어마어마하게 빠르다. 이 바위가 바로 태양계의 유성이다. 그런데 지구의 나이가 46억 년밖에 되지 않으니 그 바위(유성)가 도착하려면 아득히 시간이 흘러야 한다. 그럼 날마다 밤하늘을 가로지르며 떨어지는 그 많은 유성은 다 어디서 왔을까? 진실로 불가사의한 삼천대천세계이다!

圁 『무량수경』에서 부처님이 설하시기를 '극락정토에 수미산이 없다'고 하자, 아난은 '수미산이 없다면 수미산에 위치한 (지거천인) 사천왕천과 도리천의 천인들은 도대체 어디에 삽니까?'라고 묻고 있다.

여기서 알 수 있는 것은 지구 하나, 달 하나, 태양 하나로 이루어지는 각 세계마다 28종 천상세계가 각각 구비되어있다는 것이다.

서로 다른 '3개들이 태양계 세트'에는 서로 다른 '28개들이 천국 세트'가 있다는 것이다. 그렇지 않다면, 즉 28종 천국의 세계 한 세트가 모든 세계에 공통적인 세계라면 아난의 질문은 불가능하다.

또 하나 알 수 있는 점은, 가장 등급이 낮은 두 천국인 사천왕천과 도리천이 실제로 수미산에 위치한다고, 고대인도 불교인들이 믿었다는 것이다. 마치 설악산 소청봉과 중청봉에 자리잡은 산장처럼 존재한다고 믿었다.

이어서 부처님은 아난에게 반문한다. '수미산 상공에 위치한 야마천이나 색구경천인은 모두 어디 사느냐?' 아난은 (각자 지은 공덕에 따라) 천계에 살고 있을 것이라고 답한다. 이 문답의 뜻은, 수미산 위 허공에 위치한 야마천 등의 천은 허공에 위치하고 있으므로 설사 수미산이 없더라도 그 존재에 영향이 없다는 것이다. 아난에게는 단지 수미산에 위치한 지거천인 사천왕천이나 도리천이 문제일 뿐이다. 부처님은 '모든 천인들은 각자 지은 공덕에 따라 적절한 천국에 살고 있다'고 답을 한다. 극락정토라는 신개념을 발명한 사람이 너무 치고 나가다가 정토에서 수미산까지 없애버리고 말았다. 이는 불교 우주학에 정면으로 위배되는 것이다. 즉 수미산 중턱과 정상에 위치한 사천왕천과 도리천의 토대를 없애버린 것이다. 날카로운 비판력을 지닌 어떤 이가 강력히 이의를 제기하자,『무량수경』의 저자는 천국의 위치가 중요한 것이 아니라 각자 지은 공덕이 중요한 것이므로, 어딘가에 그들에게(사천왕천과 도리천에 태어날 공덕을 지은 자들에게) 합당한 곳이 있을 것이라고 궁색한 답을 한다. 즉 사천왕천과 도리천은 수미산이 아니더라도 어딘가에 (이름을 바꿔서라도) 있을 것이라는 답이다.

目 수미산과 지거천(사천왕천, 도리천)과 공거천(야마천, 도솔천 이상의 26천)의 관계를 비유를 들어 설명하자면 다음과 같다.

　　미국 뉴욕의 세계무역센터^{WTC} 최고층과 옥상에 각각 하나씩 세계최고의 일류 레스토랑이 두 개 있었다. 그리고 무역센터 상공에는 열기구가 층층이 26개가 떠 있었다. 9·11 테러로 무역센터가 붕괴되자 두 개의 식당은 같이 붕괴되어 사라져 버렸지만, 무역센터 상공의 열기구들 안의 식당들은 아무 이상 없이 건재했다.

　　아난의 질문은 정확이 이런 상황에 대한 질문이었다. 아난은 "'건물최고층과 옥상'의 식당들(사천왕천과 도리천)은 건물(수미산)이 없으면 존재하지 못한다"고 옳게 지적하였고, 부처님의 답은 "열기구 식당들(야마천과 도솔천 이상의 26개 하늘나라)은 여전히 존재하며,

건물에 있던 식당들(사천왕천과 도리천)이 없어졌을지라도 그 식당을 애용하던 손님들은 적절한 수준의 식당을 어디선가 다른 곳에서 찾을 수 있다"는 것이었다. 다만 그곳이 어디인지는 명시하지 않았다. 강남 삼호가든일 수도 있고, 뉴욕 포시즌스$^{Four Seasons}$일 수도 있을 것이며, 사막의 신기루인 두바이 칠성급 호텔 '버즈 알 아랍$^{Burj\ Al\ Arab}$'의 레스토랑 '알 문타하$^{Al\ Muntaha}$'일 수도 있다.

아무튼 정말 재미나는 문답이지 않은가? 종교경전이 진리로만 이루어져 있다면 정말 재미없을 것이다. 당신은 세종대왕, 율곡 이이, 퇴계 이황, 김수환 추기경, 마더 테레사, 강증산, 공자, 석가모니, 예수, 마호메트, 링컨, 워싱턴, 교황 요한 바오로 2세만 사는 천국에 살고 싶으신가? 아니면 선술집도 있고 극장식 맥주홀도 있고 영화관도 있는 이주일, 서영춘, 프랭크 시나트라, 우디 앨런, 장영자, 신성일이 살거나 살 지옥에 살고 싶으신가?

종교에는 이주일 서영춘의 개그나 만담같이 사실은 아니나 우리로 하여금 크게 입을 벌리고 웃게 하는 그리고 이해하고 나면 몹시 즐거운 이야기들이 근엄한 얼굴로 어처구니없이 서툰 솜씨로 변장을 하고 숨어있다. 하하하. 인간은 참으로 흥미진진한 삶을 산다.

目 『무량수경』 일부 발췌본: "또 그 국토에는 수미산이나 금강철위산 같은 산이 없고, 바다나 강, 시내나 웅덩이도 없다. 그렇지만 그것을 보고 싶을 때에는 부처님의 초인적인 신력神力에 의해 곧 나타나므로 볼 수 있는 것이다. 또 그 국토에는 지옥·아귀·축생 등의 나쁜 경계가 없고, 봄·여름·가을·겨울의 사계절도 없이 춥거나 덥지 않고 항상 기분좋게 살 수 있는 세상이다."

"세존이시여, 만약 그 불국토에 수미산이 없다면 그 산에 있을 사천왕천이나 도리천들은 어디에서 삽니까?"

"아난아, 수미산 상공에 있는 야마천夜摩天이나 색구경천色究竟天은 모두 어디에 사는 것이냐?"

"세존이시여, 그들은 저마다 그 행업行業에 의해서 얻은 과보, 그 불가사의한 힘에 의해 거기서 합당한 천계天界에 살고 있습니다."

"행업으로 얻어진 과보의 불가사의한 힘이라면 부처님의 세계도 또한 부처님의 불가사의한 힘에 의해 나타나는 것이다.

그 불국토에 사는 중생들은 일찍이 자기가 쌓은 공덕과 선업에 의해 나타난 곳에서 사는 것이다. 그렇기 때문에 수미산이 없더라도 아무런 불편이 없다."

🗒 136개:28개 즉 약 5:1 정도로, 지옥의 수가 천국의 수보다 압도적으로 많다는 것은, 불교가 '일체중생실유불성' 사상을 내세움에도 불구하고 '실제적으로는 성악설이 아닌가' 하는 의심이 들게 한다. 인간이 얼마나 사악하면 그 많은 감옥이 필요하겠는가? 거꾸로, 인간이 선하다면 그 많은 감옥이 필요하겠는가? 그것도 끔찍한 형벌을 가지가지로 구비한 감옥이? 지옥은 땅 밑에 있으므로 가장 흉악한 지옥인 무간지옥까지의 거리도 지구 반지름인 6,400km를 넘을 수 없지만 하늘나라까지의 거리는 거의 상한선이 없다: 색계 최고 하늘나라인 대정천까지는 어마어마한 거리이다. 빛의 속도로 달려도 150억 년은 걸린다. 천국은 멀고 지옥은 가깝다는 말이다. 그만큼, 인간에게 있어서, 타락은 쉽지만 승화는 어렵다는 뜻이다. 그나마 위안거리는 수미산 중턱과 정상에 있는 사천왕천과 도리천까지의 거리가 10km를 넘지 않는다는 점이다. 그러니 최고 하늘나라까지는 힘들지 모르지만, 가장 낮은 하늘나라까지는 지옥에 가는 것보다 더 어려워 보이지 않는다. 열심히 수도修道하고 선업을 쌓을 이유와 근거가 충분히 있다는 말이다.

다른 시각으로 보면 천국의 개수에 비해 압도적으로 많은 지옥의 개수는 '인간이 걸어온 길이 (시간적으로) 그만큼 멀다'는 말이다. 낙천적인 시각으로 보면 조금만 더 걸으면, 즉 온 길의 5분의 1만 더 걸으면 천국에 갈 수 있다는 말이기도 하다. 그러므로 더욱더 열심히 수도해야 한다.

지옥의 수가 천국의 수보다 압도적으로 많다는 것은, 생물학적으로 보면, 35억 년 진화의 역사에 있어서 '동물적인 삶을 살아온 기간이 인간다운 삶을 살아온 기간보다 압도적으로 더 길다'는 점을 상징한다. 겨우 600만 년 전에도 인간은 지금의 침팬지보다 미개한 상태였다. 즉 호모사피엔스로 지낸 기간은 전체기간의 겨우 '1/766'이라는 말이다. 언어 출현 이후와 비교하면 자그마치 1/46,000이다!

인간의 역사가 전쟁, 학살, 폭력, 테러, 고문, 흉악범죄와 잔혹한 형벌로 점철된 것은 결코 우연이 아니다. 기독교『구약』과『신약』은 이 점을 생생한 기록으로 남겨 증언하고 있으며, 언젠가『구약』개정판이 나온다면 세계대전(1, 2차), 유대인 학살holocaust(600만 명이 도살당함), 중동전쟁, 그리고 가자지구 테러와 학살이 추가될 것이 분명하다.

지옥의 존재와 그 거대한 규모는 미개하고 잔혹하고 부끄럽고 쓰라린 인류의 역사를 생생하게 증언하고 있다. 인간보다 더 잔인한 종種은 지구역사상 존재하지 않는다.

지옥, 그 어처구니없는 협박

한 사람이 물었다.
"머리가 셋 달린 무시무시한 개가 지키고 서있는 피할 수 없는 사후세계와, 검은 강 너머 끔찍한 형벌이 기다리고 있는 무시무시한 그곳을 생각하면 겁이 나지 않는가?"
다른 사람이 대답했다.
"당신은 내가 그런 이야기를 믿을 만큼 미쳤다고 생각하는 것이오?"〈키케로의『대화문』/이혜원 번역〉

불교의 지옥은『천수경』에 나오는 도산지옥과 화탕지옥이 대표적인 그리고 귀에 익어 친근한(?) 지옥이다. 지옥은 8개의 대大지옥이 있으며, 각각의 대지옥은 4개의 중中지옥으로, 그리고 각각의 중지옥은 4개의 소小지옥으로 이루어져 있다. 여기에 팔한지옥 8개를 더하면 총 136개의 지옥이 나온다(8×4×4+8=136, 산수는 정말 유용하다, 안 쓰이는 곳이 없다).

몇몇 인상적인 지옥을 소개한다.

대지옥 8개는 등활, 흑승, 중합, 호규, 대규, 염활, 대열, 무간지옥이고, 중지옥 중 4개는 당외지옥, 시분지옥, 봉인지옥, 열하지옥이며, 팔한八寒 추울 한지옥 8개는 이름도 괴이하고 수상쩍은 알부타, 니라부타, 알찰타, 확확파, 호호파, 올발라, 발특마, 마하발특마 지옥이다: 모두 추위 때문에 고통 받는 지옥이다. 불교발생지가 히말라야에 가까운 추운 인도 북부라는 점과 연관이 있을 것이다.

대지옥 이름에 나타나는 규^叫는 '울부짖을' '규'자이다. 물론 지옥의
고통으로 참지 못하고 비명을 지르며 울부짖는 것이다.

중지옥 중 시분^{屍糞}지옥은 이름이 암시하듯이 시체^屍 더미와 똥^糞 구
덩이에 처박히는 벌을 받는 지옥이다. 시체와 똥에서 나온 구더기들이
죄수의 뼈를 파고들어 골수를 빨아먹는다.

(그런데 이 시체들은 누구의 시체일까? 어디서 온 시체들일까? 지옥을 탈
출한 혹은 만기출소한 중생들이 지옥발전을 위해서 형벌용으로 기부한 것일
까? 아니면 염부제에서 땅속에 묻은 시체들이 지각변동으로 이동해 온 것인
가? 이런 이유로, 지관^{地官}들이 음택^{陰宅}을 쓸 때 흐르는 땅을 피하는 것이 분
명하다. 시신이 지옥으로 떨어지는 일만은 막아야 하기 때문이다. 고인에게
할 짓이 아니다. 그리고 똥은 또 무어란 말인가? 지옥 중생도 똥을 싸는가?
그럼 먹을 것을 준다는 말인가? 참으로 알 수 없는 일이다. 불교신학적으로
는 '지옥의 옥졸은 무슨 업으로 지옥 옥졸이 되었느냐'는 심오하고 난해한
질문이 있는데, 지옥의 '시체와 똥' 문제는 훨씬 더 풀기 어려운 실존적인 질
문이다.)

봉인지옥에서는 칼날이 무수히 박힌 길을 걸으며 온몸이 갈가리 찢
기는 벌을 받는다. 이 길이 등산로이면 칼이 산을 이룬 도산^{刀山}지옥이
된다. 이 도산지옥은, 등산을 좋아하던 악인이 지옥에 가서 이런저런
벌로 정신없이 고통을 받다가 옥졸이 내일은 등산을 보내주겠다고 하
면 '지옥에도 가끔은 자비로운 바람이 불 때가 있구나' 하고 손뼉치며
크게 좋아하다가 다음 날 된통 당하는 지옥이다.

(지옥의 고문도구인 칼과 창은 흑요석으로 만들었을까? 아니면 청동기일
까 철기일까? 만약 '석기'시대 인간들이 지옥에 가서 '청동기' 칼과 창에 베
이고 찔리는 벌을 받는다면 이는 첨단기술 수혜^{受惠}에 해당하므로 절대 그럴
리 없다. 어떻게 지옥의 과학기술이 염부제^{閻浮提} 지상의 인간세상을 앞서갈 수 있

겠는가. 당치도 않다. 천국이라면 몰라도… 따라서 석기시대 지옥의 칼과 창은 석기임이 분명하다. 아무리 잘 봐줘도 '흑요석 칼' 이상은 양보할 수 없다. 그러므로 한때는 청동기 칼과 창을 쓰다가, 그 후에 철기로 바뀌었음이 확실하다[독자들은 눈치 챘는가? 방금, 지옥도 진화한다는 것이 증명되었다]. 그럼 지금은 녹이 슬지 않게 아연도금을 한 칼과 창을 쓸까? 아니면 가벼운 티타늄 같은 특수 합금을 쓸까? 그것도 아니면 다이아몬드 드릴이나 칼을 쓸까? 심지어 레이저 칼을 쓸까? 아직도 석기시대에 사는 뉴질랜드 원시인들이 무고한 이웃사람을 돌칼로 잔인하게 살해한 벌로 지옥에 떨어져, 레이저 칼로 난도질을 당한다면 난도질보다도 이상한 빛을 내는 레이저 칼에 더 놀랄 것이다. 이건 청동기 칼조차 본 적이 없는 원시인 입장에서는 불공평한 일이다. 이런 불평을 원천적으로 예방하려면 염라대왕은 마이클 샌델의『정의란 무엇인가』를 필독해야 하리라. 그럼 지옥은 다시 과학·문명 발달정도에 따라 더 잘게 나뉘어 있을까? 골치가 아파온다. 아, 신학은 정말 공부할게 너무 많다. 야금학에 광학에다 분류학까지 공부해야 하다니….)

　열하熱河지옥은 죄인을 펄펄 끓는 물에 집어던지는 지옥이다. 소위 화탕火湯지옥이다. 생전에 불火처럼 뜨거운 매운탕 등의 탕湯 종류 음식을 좋아하던 악인이 가면 안성맞춤이다. 발상을 크게 전환하면 '악인들이 매운탕 속의 붕어, 가물치, 메기, 모래무지, 빠가사리, 쉬리 등으로 환생하여 화탕지옥의 고통을 받는다'는 견해도 수용할 수 있다. ('상처에 소금 뿌린다'는 표현이 있는데, 끓는 물에 집어넣고 매운 고춧가루까지 뿌리는 것이 매운탕이다. 화끈한 형벌이다.) 이 관점에 의하면, 악인들이 돔, 광어, 도다리, 붕장어, 참치 등으로 환생하여 능지처사 사시미刺身로 뜨이며 도산지옥의 고통을 받는다. 이 관점의 장점은 마그마로 충만한 땅 밑에 지옥을 설정하는 무리수를 피해가게 하며(모든 지옥건축 자재가 녹아내린다), 아울러 육식에 대한 죄의식을 없애준다는 점이다. 이 경우 매운탕과 회를 좋아하는 사람은 바로 도산지옥과 화탕지옥의 옥졸장이 된다. 물론 옥졸은 칼잡이·탕湯쟁이 요리사들이다. 모두 조물주의 명령을 따른 것뿐이니 잔인한 짓을 해도 쉽게 죄를 묻기는 힘들 것이다.

팔한지옥 중 알부타와 니라부타는 각각 천연두와 문둥병에 걸리는 지옥인데, 흥미롭게도 고대인도인들은 이 두 질병을 추위寒 때문에 생기는 병으로 보았다. 지옥이름에서 고대인도인의 의학지식수준을 엿볼 수 있음은, 기습적으로 우리를 즐겁게 한다. 환망공상은 갖가지 모습으로 사방에 숨어있다. 꼭 보물찾기 같다. 나머지 여섯 개 지옥은 너무 추워서 순차적으로 입 끝이 얼고, 혀끝이 얼어붙고, 입이 얼고, 목구멍이 얼고, 피부가 푸르탱탱, 온몸이 불그죽죽 얼어붙는 6가지 냉랭한 벌을 받는 지옥이다. 호호파지옥은 문자 그대로 호된 추위에 입으로 '호호' 부는 멋진 의성어로 이름이 붙여진 지옥이다.

전라도는 걸쭉한 욕으로 악명 높다. 느릿느릿한 말투 뒤에는 끔찍한 욕이 뇌 어딘가에 도사리고 있다가, 시절인연이 맞으면 기다렸다는 듯이 신경회로를 거침없이 질주해, 이산화탄소에 섞여 밖으로 튀어나온다. 끓여먹을 놈, 삶아먹을 놈, 볶아먹을 놈, 튀겨먹을 놈, 잡아먹을 놈, 오살誤死 비명횡사 맞을 놈, 육시戮屍 시체의 목을 베어 두 번 죽이는 것를 할 놈 등등. 필자가 어린 시절에 다 직접들은 욕들이다! 듣기에도 끔찍한 이 욕들을 다 듣고 먹고 무럭무럭 자랐다. 장성하기도 전에! 옛날에는 전라도에 살면 (화탕)지옥에 가기도 전에 이 지옥스러운 욕들을 다 들어먹었다. 이 욕들이 불교지옥과 어떤 연관이 있을지 연구거리가 아닐 수 없다.

그런데 놀랍게도 자연계에는 진짜로 지옥이 존재한다. 그것도 둘씩이나! 구색具色을 갖추어, 하나는 식물성이고 다른 하나는 동물성이다. 식충식물인 파리지옥과, 개미를 잡아먹고 사는 식충동물인 개미지옥이 바로 그것이다. 파리지옥은 '끈적끈적한' 물질을 이용해 파리를 붙잡아 잡아먹고, 개미귀신은 '미끄러운' 모래경사면을 지닌 원뿔형 구덩이를 만들어 그리 미끄러져 떨어지는 개미를 잡아먹는다. 파리지옥의 자아는 끈끈한 면 '전체에 퍼져'있고, 개미귀신의 자아는 원뿔의 '꼭짓점에 집중'되어 있다. 두 생물은 완벽한 쌍dual을 이룬다. 경이로운 자연의 쌍대성duality을 보여주는 대표적인 예이다.

▤ 크로마뇽인이 어떻게 생겼을까 궁금해하는 사람들이 있는데 제일 좋은 방법은 직접 지옥에 가보는 것이다. 네안데르탈인을 100명이나 잡아먹은 씻기 힘든 대죄를 지은 크로마뇽인은 아직까지 지옥에 있을 가능성이 크다. 학문적 호기심 충족을 그 무엇보다도 앞세우는, 용감한 인류학자라면 일부러 흉악범죄를 저지르고 불교지옥에 가보시라. 혹시 그 크로마뇽인이 이미 출소했을지라도 실망하지 말고 기독교 지옥으로 전출가면 된다. 염라대왕은, 왜 이놈이 더 끔찍한 곳으로 옮겨가기를 자청할까 의아해하면서도, 흔쾌히 보내줄 것이다. 기독교 지옥은 보석, 형집행정지, 사면, 만기출소가 아예 불가능한 무기징역형 지옥이다. 따라서 사악한 크로마뇽인 한 놈쯤은 아직도 복역하고 있을 것이 확실하다. 참, 깜빡 잊은 것이 있다. 기독교 교리에 의하면 여호와 하나님을 믿지 않은 사람들은 이유 여하를 막론하고 모두 지옥행이다. 그러므로 지옥에 가면 악한 크로마뇽인 몇 명이 아니라, 착한 놈 나쁜 놈 가릴 것 없이, 역사상 모든 크로마뇽인을 다 볼 수 있다. 덤으로 북경원인과 오스트랄로피테쿠스까지 만날 수 있다. 기독교 지옥은 인류학연구의 보고寶庫이다!

나쁜 짓을 많이 해서 지옥행을 피할 수 없으면 행선지라도 잘 선택해야 한다. 잘못하면 맥시멈 시큐리티의 무기징역형 기독교 지옥에 떨어진다. 아무리 추운 방이라도 아랫목은 있는 법이니, 잘 찾아보면 좀 덜 괴로운 지옥이 있을 것이다. 저승길 노잣돈을 충분히 준

비해 두었다가 지옥배정관을 매수라도 해야 한다. 무한 무기징역형 앞에서는 모든 추가 범죄가 빛을 잃는다.

🗐 문명이 발달할수록 잔혹한 형벌과 고문은 사라진다. 온갖 종류의 잔인한 형벌과 고문이 136가지나 존재하는 지옥은 문명 후진지역임이 분명하다. 따라서 지옥의 과학기술은 지상에 비해 한참 미개한 수준으로 봐야 한다.

🗐 이 화탕지옥에서의 팔팔 끓는 물은 무엇으로 끓일까? 장작일까. 인도인들이 연료로 애용하는 말린 소똥일까. 아니면 고래기름, 석탄, 석유, 전기, 도시가스, 셰일가스일까. 이도 저도 아니면 첨단 원자력 에너지일까.

지옥도 지옥죄수를 공급하는 지구인의 진화에 맞춰 진화를 하는 것이라면 (마땅히 그래야 한다), 석가모니 부처님 당시는 소똥이나 장작을 쓰다가 그 후 차례로 석탄·석유·전기·천연가스·원자력으로 급속히 바뀐 것이 분명하다. 과학기술자는 어디서나 유용하게 쓰인다. 심지어 지옥에서도!

참! 석가모니 부처님 한참 전의 비바시불毘婆尸佛 때는 아직 불火이 발견되지 않아서 번개나 용암을 이용했을 가능성이 대단히 크다. 아마 거의 사실일 것이다.

그런데 가장 중요한 후보를 빠뜨렸다. 지열이다. 고대인들이 믿었듯이 지옥이 땅속 깊숙이 있었다면, 초기 지옥은 솥의 물을 끓이는데 지열을 이용했을 가능성이 크다. 하지만 땅 위 인구가 불어나고 지옥에 갈 정도로 충분히 나쁜 놈들이 기하급수적으로 증가함에 따라, 지옥이 지표 가까이 확장·이전한 결과로 다른 에너지를 사용하게 되었다는 추론도 가능하다.

그런데 위 이론들을 모조리 무력화시킬 수 있는 이론이 있으니 아우슈비츠처럼 지옥중생의 지방을 쓴다는 이론이다. 지옥의 야만성과 잔혹함에 비추어 보면 그럴 가능성이 결코 부족해 보이지 않는다. 회교는 실제로 이렇게 한다. 『코란』 21:98에 의하면, 알라를 믿지 않는 자들은 지옥의 땔감이 된다. 아쉽게도 이 이론의 치명적인 약점은 지방의 양에 있다. 도대체 지옥중생은 뭘 먹고 살이 찔까?

마지막으로 간과할 수 없는 유력한 이론이 있으니, 지옥은 우리 마음속에 있다는 유심지옥唯心地獄이다. 이 이론은 유심정토唯心淨土 극락은 우리 마음속에 있다는 이론와 쌍을 이룬다. 유심지옥에 의하면, 삼천대천세계에서 제일 뜨거운 것이 탐욕·분노(증오)·어리석음의 불이므로, 바로 이것들의 화력으로 화탕지옥 형구刑具인 솥의 물을 끓인다. (그러면 끓어오르는 번뇌의 힘으로 마음은 참을 수 없이 괴로워진다.) 물론 이 유심지옥(일명 뇌신경망connectome)에는 지옥중생의 삼독심이 무한대로 널브러져 있으므로 연료공급에는 아무 문제가 없다.

허점을 찾기 힘든 깔끔한 이론이다! 훌륭한 제자를 두어야 스승이 덕을 보는 법이다. 이 유심지옥 이론의 발명으로 인해, 선대 스승들의 지옥에 대한 어처구니없는 주장들이 '미개하고 야만적이며 폭력적이고 가학적인 순도 백 프로의 환망공상'으로 확정되어 과거 스승들의 미래의 죄(공갈·협박죄)가 미연에 방지되었으며, 부당하게 강제로 심어진 공포심이 뭇 중생의 마음에서 제거되었다.

🔖이 화탕지옥은 인류역사상 여러 곳에 존재한다. 일본의 막부정권은 서양 기독교 선교사들과 신자들을 커다란 끓는 물솥에 넣어 삶아 죽

였으며, 중국에서는 측천무후 시절에 잔인하기로 악명 높던 고문기술자 주흥周興이 애용하던 형벌이다. 주흥을 이용해서 반대세력을 멸종시킨 측천무후는 주흥을 토사구팽하기로 결심한다. 마침 이자가 모반을 꾀한다는 밀고가 있어서 숙청하기에 적기이다. 무측천은 은밀히 내준신을 불러 주흥을 조사할 것을 명한다. 어떻게 해야 주흥의 자백을 받아낼 수 있을까 고민하던 내준신은 어느 날 자기 집에 음식을 차려놓고 주흥을 초대했다. 아무것도 모르는 주흥은 동료 내준신의 환대에 기분이 좋았다. 식사 중에 내준신이 넌지시 묻는다. "죄인을 자백하게 하는 가장 좋은 방법이 뭡니까?" 주흥은 자기 전공 분야인지라 신이 나서 손짓 발짓 섞어가며 설명했다. "죄인의 눈앞에서 큰 솥을 불 위에 매달고 달구면서 죄인에게 네놈이 들어갈 솥이라고 일러주면 바로 자백을 합니다." 이 말을 듣자마자 내준신은 "큰 솥을 대령하라"고 소리쳐 명령을 내린다. 즉시 사태를 파악한 주흥은 혐의를 인정하며 그저 고통 없이 죽여주기만 간청한다. 그동안의 공을 감안한 태후의 은혜로 가까스로 사형을 면한 그는, 유배를 가던 중 그에게 희생을 당한 사람의 유족에게 살해당했다. 그 후 내준신도 살해당했다. 평소에 사이가 나빴던 무씨 왕족들로부터 공격을 받은 것이다. 기시棄市된 그의 시체는 원한을 판 사람들에게 순식간에 다 씹어 먹혔다고 한다. 당나라 『통감절요』에 나오는 '청군입옹請君入甕' 고사이다.

🈁 지옥의 존재를 문자 그대로 믿기로는 티베트 사람들이 으뜸이다. 타의 추종을 불허한다. 티베트 스님들의 법문에는 지옥 이야기가 단골이다. 나라를 집어삼킨 악당들인 중국인들이 갈 곳을 마련하려면 지옥은 유지되어야 한다. 나라를 잃은 티베트인들의 눈물과 한을 생각하면 가슴이 아파온다. 착하기 그지없는 티베트인들은 침략자 중국인들을 미워하지 않는다지만, 중국인들은 어차피 지옥에 떨어지게

되어있으니, 지옥을 믿는 티베트 사람들 입장에서는 그들을 미워할 필요도 없을 것이다. 중국인들이 지옥에서 당할 고문을 생각하면, 오히려 동정심이 일어난다 해도 조금도 이상한 일이 아닐 것이다. 물론 티베트인들은 사후에 천국으로 간다. 헤어나기 불가능한 곤경에 처해도 인간은 비상한 방법으로 탈출한다, 지옥과 천국이라는 환망공상의 세계로!

윤회론은 유용하다. '개 같은 놈이 진짜로 개가 되(게 하)는 것'이 윤회의 힘이다. 앞으로 기술이 발달하면, 사람을 개로 만들고 싶으면 미세현미경수술로 사람 머리를 개 몸통에 붙이면 될 것이다(이런 형벌이 진짜로 탄생할까 두렵다. 어느 날 아침에 일어나 보니 자기 몸이 개로 변해 있다고 상상해보라. 그것도 보신탕용 똥개로. 게다가 옆에서는 가마솥이 팔팔 끓는 물방울을 튀기며 커다랗고 시커먼 눈으로 똥개인 자기를 노려보고 있다. 이 점에서 카프카는 선구자이다. 카프카는 어느 날 자신이 곤충으로 '변신'한다는 끔찍한 상상을 했다. 부디 바퀴벌레들이 아침마다 카프카 같은 경험으로 고통 받지 않기를 빈다). 다행히도 지금까지는 윤회 이 방법 이외에는 불가능하다.

요즘 사람들은 '개 같은 놈(자기 마음이 개같이 되는 것)'이 되는 것은 전혀 두려워하지 않으나, 자기 몸이 개가 되는 것은 무시무시하게 두려워한다. 그렇지 않으면 국회와 정치권이 저리 난장판일 수 없으며, 강남 성형외과들과 모발이식 전문병원들이 저렇게 성황을 누릴 수는 없다. 이 점에서 유심정토나 유심지옥과 달리 유심견唯心犬 이론은 현실적으로 힘이 없다.

📙 우주에 지옥이 1,360억 개나 된다고 공포에 사로잡힐 필요가 없다. 거미처럼 생긴 기괴한 모양의 외계인 지옥 옥졸에게 수십 개 팔과 수백 개 손가락으로 잡혀 고문을 당하거나, 눈이 한 개에서 5개까지 달린, 또는 측면이나 뒤통수에 눈이 달린 외계인에게 째려봄과 노려

봄을 당하거나, 열 개 입이나 20개 혀에서 튀어나오는 이루 말할 수 없이 고약한 냄새가 나는 푸른색 역겨운 침을 얼굴에 맞는 끔찍한 일은 일어나지 않으니 걱정하지 않아도 된다. 인간은 지구에 배정된 136개 지옥에만 간다. 지구에서 다른 행성의 지옥으로 가려면 아인슈타인의 상대성이론에 의해서 너무 시간이 오래 걸리기 때문이다. 천만다행이다. 아인슈타인은 위대한 과학자다. 인류를 외계지옥에 대한 (근거 없는) 공포로부터 (근거 있게) 구원했다.

태양 주위를 공전하는 하늘나라와 지옥

모든 구라는 뽀록이 난다
단지 시간의 문제일 뿐이다

불교우주론에 의하면, 수미산(현재 인도의 카일라스 산) 중턱에 첫 번째 하늘나라인 사천왕천이 있고, 평평한 정상에 두 번째 하늘나라인 도리천이 있으며, 나머지 26개 하늘나라는 수미산 위의 공중에 층층이 위치해있다. 여기서 알 수 있는 것은 불교천국들도 지구처럼 매일 자전을 하고 매년 태양을 공전한다는 사실이다. 석가모니 부처님 시대의 인도인들을 포함한 대부분의 고대인들은 거꾸로 태양이 지구를 돈다고 생각했으므로(눈으로 보면 그렇게 보이니, 그렇게 생각하지 않는 것은 거의 불가능하다), 불교 하늘나라들은 아리스토텔레스의 하늘처럼 미동도 하지 않고 자기 위치를 고수했다.

하지만 이제 지구가 태양 주위를 돈다는 것은 불변의 진리가 되었으므로 하늘나라들이 바빠졌다. 갑자기 매일 한 바퀴씩 우주공간에서 지축을 중심으로 맴돌아야하고, 매년 태양을 중심으로 반지름 1.5억km의 대원大圓(사실은 타원)을 그리며 9.4억km의 거리를 어마어마한 속도인 초속 30km로 날아다녀야 한다. 시속으로는 108,000km이다. 현기증 나는 속도이다. 영원히 움직이지 않을 것 같던 진리의 하늘나라들이, 정원의 순결한 수선화처럼 항상 그 자리를 지킬 것 같았던 정숙한 하늘나라들이 체통도 없이 허겁지겁, 2,500년 만에(더 정확하게는 46억 년 만에) 비행기나 KTX보다도 수백 배나 빠른 속도로 날아다니게 됐다. 평온하던 하늘나라들이 야단났다.

진실로 모든 것은 덧없고 무상無常(같은 모습과 상태를 유지하지 못함)하다.

🗐 땅 밑에 있는 지옥 역시 천국과 마찬가지로 자전과 공전을 한다.

🗐 기독교 지옥과 천국은 자전과 공전을 할까 아니할까? 궁금하지 않을 수 없다.

「창세기」에 의하면 아담과 이브는, 사탄의 꾐에 넘어가 '지식의 열매를 먹지 말라'는 하나님의 지엄한 명을 어기고도, 지옥에 떨어지지 않았다. 그냥 에덴동산에서 추방되었을 뿐이다. 자기들 후손 (누계로) 수백억 명을, 주님이 존재하는 무한한 시간 동안, 영원히 꺼지지 않는 지옥불에 고문을 당하게 한 엄청난 원죄를 지었음에도 불구하고 정작 당사자들은 지옥행을 면하였다. 왜일까? 「창세기」 천지창조 부분을 보면 빛, 하늘, 땅, 별이 창조되었지만 천국과 지옥은 아예 언급이 없다. 따라서 아담과 이브가 갈 지옥이 없었던 것이다! 지옥과 천국은 후대 종교기업인들이 종교연구자들을 고용하여 종교상인들과 공동사업으로 개발하여 시장에 소개한 신상품이었으며 대박을 친 스테디셀러였다. 그런데 종교재벌로 성장한 종교기업들이 현실에 만족하고 안주하는 바람에, 새로운 지옥·천국모델과 후속상품을 제때 개발하고 제때 종교시장에 내놓지 못하여, 지금은 구닥다리 낡은 모델에 싫증나고 실망한 기존고객들이 떨어져나가고 매출량이 급감하여 종교기업들이 노키아처럼 일대 위기에 봉착하게 되었다.

🗐 지옥의 존재여부는 매우 중대한 문제이다. 만약 지옥이 존재하지 않는다면 천국도 존재하지 않을 것이다. 왜냐하면 천국과 지옥은 쌍으로 존재하는 '보상과 처벌'이라는 쌍대적 존재이기 때문이다. 음전기가 없이는 양전기가, 자석의 남극이 없이는 북극이, 음수가 없으면 양수가, 여자가 없으면 남자가 존재할 수 없는 것과 같은 이치이다.

그리고 천국이 무너지면 모든 종교가 무너진다. 천국행이라는 큰 보상이 없다면, 사람들이 피땀 흘려 번 돈을 종교에 바칠 리 없기 때문이다.

종교는 철저한 거래관계이다. 해당종교 신에 대한 불순종과 교리에 대한 불신과 헌금거절에 관계없이 복을 내려주거나 천국에 보내주는 일은 없다. 이런 일이 벌어지면 무조건 지옥행이다. 종교는 무조건적인 사랑이 아니라 유조건적인 조건만남이다. 그마저도, 거래가 순조롭게 진행되지 않으면, 험한 꼴을 당할 거라는, 즉 지옥에 보낸다는 협박도 서슴지 않는다.

그래서 사실상, 종교인들이 가장 거래에 밝은 자들이다. 순진하게 모든 것을 내주고 사랑하다 크게 가슴앓이를 하는 세속인들이 오히려 무조건적인 사랑에 훨씬 더 가깝다.

🗐 질문을 아니 할 수 없다.

모든 별(태양)은 수명이 유한하다. 따라서 붙어사는 행성 역시 수명이 유한하다. 태양이 수명이 다해 사라지고 그에 따라 행성 역시 사라져버려 행성 위의 수미산마저 사라져버리면, 그 위의 28개 하늘나라들은 어떻게 될 것인가?

모두 행성이 자전하던 접선방향으로 튕겨져 날아가 버리는 것일까? 그게 아니라 만약 여전히 그 자리에 존재한다면, 심각한 문제가 발생한다. 하늘나라들은 수미산이 존재할 때는 행성과 더불어 자전을 하고 태양을 공전했는데, 수미산도 사라지고 행성도 사라지고 태양도 사라지면 갑자기 자전과 공전을 멈추는가? 그렇다고 모든 것이 사라진 빈 공간에서 자기들끼리 홀로 자전하고 공전한다는 것도 몹시 이상하지 않은가?

야마천 이상의 하늘나라들은 허공에 위치하니 그래도 구차한 변명이라도 가능할지 모르지만, 지옥은 땅속에 있으니 행성이 사라지면 같이 사라질 수밖에 없다. 그러면 지옥은 갑자기 대지와 담과 건물이 사라진 이상한 감옥같이 변한다. 그 안에 있는 수감자들에게는 어떤 일이 벌어질 것일까? UFO로 다른 태양계 지옥으로 실어 나르는가? 도대체 누가?

행성이 사라지면 그 위의 인간계와 축생계가 사라진다. 이에 따라 6도윤회가 파괴되었으므로 지옥계와 천국계만 홀로 남아있을 수는 없는 일이다. 그러므로 이들이 다른 행성으로 이주해야 하는 것은 필연적인 일이다. 아마, 행성이 없어질 때 이들은 자연법칙에 따라 자전방향과 공전방향의 벡터 합 방향으로 튕겨져 나갈 것이다. 그렇게 되면 유성들만 지구로 날아오는 것이 아니라 지옥과 천국도 날아오게 된다. 그러면 유성충돌만 걱정할 것이 아니라 외계지옥인들이 지구에 충돌하는 것도, 즉 악질 외계인들이 지구에 착상^{着床}하는 것도 걱정해야 한다. 종교인들의 최대 임무는 열심히 수행해서 가공^可^恐할 염력을 취득한 다음, 그 염력으로 이런 악질 외계지옥이 지구와 충돌하는 것을 막는 일이다. 만약 윤회론이 참이라면, 지구촌 신문을 장식하는 경악스러운 신종 악질 범죄들은 외계지옥인^{外界地獄人} 유입의 영향일 가능성이 대단히 크다. (불경에 의하면 외계인이 사는 행성이 어마어마하게 많다고 한다.) 이런 일이 실제로 벌어졌다고 주장하는 게 SF 사이비종교 사이언톨로지이다.

우주에서는 지금도 끊임없이 태양과 행성들이 탄생하고 소멸하므로, 지옥과 하늘나라들이 갈 곳을 찾아 우왕좌왕하는 일이 벌어질 것이다. 정말 기이한 우주이다. 오늘도 우주 어느 구석에서는 이런 괴상한 일이 벌어지고 있을 것이다.

인간의 마음이라는 우주에서는 무수한 환망공상이 끊임없이 탄생과 소멸을 되풀이한다.

目 사천왕천과 도리천에도 해와 달이 뜨고 져야 한다. 그런데 어느 경전에도 이 사실이 언급되어 있지 않다.

환상팔과 영혼, 환상통과 지옥

없는 걸 있다고 느끼는 건, 마음이 아니라 뇌다
일체유뇌조一切唯腦造이다

넬슨 제독은 전투에서 한 팔을 잃었는데 팬텀 팔을 느꼈다. 그는 "육체적인 팔이 사라진 후에도 '영적인 팔(팬텀 팔)'이 살아남는다면, 이것은 육체가 죽은 후에 영혼이 살아남는다는 직접적인 증거이다"라고 생각했다. 대단한 논리이다. 트라팔가 해전에서 나폴레옹과 스페인의 연합함대를 무찌른 불세출의 영웅 넬슨이 함대의 선수를 돌려 무신론자들에게 퍼붓는 함포사격이다. 당신이 무신론자라면 어떻게 반격할 것인가?

그런데 허먼 멜빌의 명작 『백경』의 주인공 아합 선장에게 영혼의 존재는 공포였다. 그는 "한쪽 발을 잃어버린 지 오래인데 아직도 환상통증을 느끼는 것을 보면, 육체가 없는 영혼상태로 지옥의 타는 듯한 고통을 영원히 느끼는 것이 불가능하다고 말할 수 있는가?"라고 물었다. 거대한 향유고래와 사투를 벌이는 외발이가 던지는 논리가 무신론자의 뇌를 고래작살처럼 날카롭고 둔중하게 파고든다. 아합을 죽이지 못하면 당신은 지옥행이다. 어떻게 할 것인가?

●『백경(白鯨)』의 모비딕(Moby Dick)

환상통이나 환상시각은 뇌의 특정부분에 자극이나 이상이 있을 때 발생한다. 뇌에 자극이 사라지거나 이상이 치료되면 환상통과 환상시각은 사라진다. 육체적인 죽음은, 환상통이나 환상시각과 달리, 뇌가 몽땅 사라지므로 모든 감각이 사라진다. 넬슨 제독이나 아합 선장의 논리는, 뇌의 기능을 모르던 그리고 fMRI(기능성 자기공명영상 장비)가 없던 그 당시의 과학기술수준을 고려하면 대단히 훌륭하다 할 수 있으나, 지금 보면 순진한 생각일 뿐이다.

🔖 **환상지**phantom limb 幻想肢: 사고나 수술로 없어진 팔·다리·손·발에, 마치 있는 것처럼, 통증·간지러움 등의 감각을 느끼는 현상.

인류 최초의 업이론 검증 실험

아, 세상에 이것조차 실험의 대상이 되다니!

일설에 의하면 수정란에 영혼識 식이 붙어야 생명이 탄생한다. 수정
되는 순간 영혼이 붙는다고 가정해보자. 양계장에서 마구 달걀을 인공
수정시키면 많은 영혼이 달걀로 들어와야 한다. 영혼은 새로 생겨나는
것이 아니므로 기존의 영혼이 들어와야 할 것이다. 불교 근본상좌부의
이론에 의하면 생물은 죽으면 시차 없이 그 즉시 환생하므로, 새로운
영혼을 확보하기 위해서는 갑자기 많은 생물이 목숨을 잃어야 한다.
달걀을 많이 수정시킬수록 더 많은 생물이 목숨을 잃어야 한다. 그럼
인공수정기는 일종의 간접살인기계가 된다. 불교의 업業이론에 의하면,
닭으로 태어나려면 거기 합당한 업이 있어야 한다. 그런데 달걀을 마
구 수정시키면, 갑자기 닭으로 태어날 업을 가진 놈들이 급증하게 된
다. 즉 인공수정기가 업생산기계가 된다. '닭으로 태어나지 않을 존재
들을 죽여 닭으로 태어나게 만드는 기계'가 된다. 참으로 이상한 일이
다. 그렇지 않은가?

이 모순을 해결하기 위해서, 어떤 이론가들은 '영혼이 여럿으로 갈
라져서 따로 따로 환생하기도 한다'는 주장을 끌어올지도 모른다. 닭

으로 태어날 한 영혼이 갈라져서 여러 마리 닭으로 태어나면 위의 모순이 해결된다는 주장이다. 여러 마리 닭이 한 마리 닭의 업을 나눠 해소하는 것이므로, 각각의 닭은 한 마리보다 수명이 짧아야 공평할 것이다. 그렇지 않으면 그 닭 입장에서는 너무 억울하거나 횡재를 한 것이다(닭으로 환생이 벌이냐 복이냐에 달림). 따라서 달걀수정을 급증시키면 갑자기, 수정된 달걀(병아리)들의 수명이 급속도로 짧아져야 할 것이다. 양계장에 실험실을 설치하고 수정된 달걀 수를 변화시키면서 수정된 달걀(병아리) 수와 평균수명 간의 상관관계를 조사하면, 이 이론의 타당성을 검증할 수 있을 것이다. 어떻게 예측하시는가? 인류 최초로 업이론의 타당성을 과학적인 실험으로 조사할 수 있을 것 같지 않은가?

目 양계장에서의 인공수정은 거의 성공하므로, 인공수정 시 수정란에 들어오는 영혼은 거의 자동적으로 들어온다고 보는 것이 합리적일 것이다. 영혼이 들어올까 말까 고민하다가 수정란에 들어오는 것이 아니라, 마치 전기가 들어가면 전구가 자동적으로 켜지는 것과 같이, 알이 수정이 되면 영혼은 자동적으로 수정란에 들어오는 것일 것이다. 따라서 병아리를 얼마든지 만들 수 있다고 보는 것이 합리적일 것이다.

目 데카르트는 『정념론』에서 "영혼이 육체를 떠나서 육체가 죽는 것이 아니라, 그 반대로 육체가 기능을 못하게 되자 영혼이 육체를 떠나는 것이다"라고 했다.

　이 주장에 의하면 살아있는 육체는 반드시 영혼을 가지고 있어야 한다. 따라서 수정란에도 수정된 순간부터 영혼이 있어야 할 것이다. 그런데 난자나 정자는 생명이 아닌가? 정자는 헤엄쳐 난자를 찾아 이동까지 하는데 영혼이 없는가? 그럼, 수정이 되면 난자의 영혼과 정자의 영혼이 합쳐지는가? 기이한 일이다. 다른 세포들은 생명체가 아닌가? 세포들은 각기 영혼이 없는가? 세포들이 각기 영혼이 있다면 세포가 죽으면 세포영혼이 사라지고 세포가 분열하면 세포영혼도 분열을 하는가? 더욱더 기이한 일이다.

거짓말을 하면 그 거짓말을 숨기려고 숱한 다른 거짓말들을 지어내야 하는 것처럼, 잘못된 주장을 하게 되면 그 잘못된 주장을 지탱하려고 숱한 다른 잘못된 주장을 하게 된다. 그래서 갈수록 더 기괴해지고 그 기괴함이 몸집을 불려가면서 태산처럼 커지게 된다.

길을 잘못 들면 고생이 엄청나다. 처음부터 길을 잘 들 것이거니와, 만약 잘못 들었으면 재빨리 되돌아갈 일이다. 데카르트야 세포의 존재나 난자·정자의 존재를 몰랐으니 그렇게 주장했다 하더라도, 모든 과학적인 사실이 명명백백히 드러난 현대에도 영혼을 주장하는 사람들은 도대체 어떻게 된 사람들인가? 빨리 길을 돌려야 할 것이 아닌가?

🈁 거짓말을 하려면 기억력이 좋아야 한다. 특히 동일한 주제로 같은 상대(자기 자신도 포함된다)에게 거짓말을 많이 하거나 상습적으로 하는 사람이 그렇다. 지금 하고 있는 거짓말이 전에 한 말(참말이건 거짓말이건)과 모순이 되지 않으려면, 전에 한 말을 다 기억하고 있어야 한다. 그러니 기억력이 얼마나 좋아야하겠는가. 게다가 없는 일을 지어내야 하니 창작력 또한 좋아야 한다.

반면에 진실을 말하는 사람은 기억력이 좋을 필요가 없다. 진실을 말하는 것은 쉬운 일이다. 진실은 아무리 복잡해 보여도 모순이 없다. 전에 한 말을 다 기억할 필요도 없다. 없는 말을 지어내는 창작력이 필요하지도 않다. 그러니 우리같이 머리 나쁜 사람은 진실만 얘기하고 사는 것이 최선이다. 스스로 우둔하다는 자각이 머리 나쁜 길을 감히 쳐다보지도 못하게 막으니, 머리 나쁜 것은 복이다! 가지

가지 거짓말로 국민들과 사람들을 농락하다가 결국 망하고 마는, 머리 좋은 정치인들의 비참한 말로를 보면 더욱 그렇다.

'국민의 정부' 시절에 점심으로, 한 그릇에 수십만 원이나 하는, 신라호텔 상어지느러미 요리를 즐겨 들던 실세가 있었다. 연세가 들 만큼 든 이분이 기자에게 말했다. "정권이 바뀌어서 감옥에 간다 해도 여한이 없습니다." 이분이 유명 연예인의 스폰서란 소문도 따라다녔다. 만년 야당 보스를 따라 다닌 수십 년간의 응축된 굶주림이 상어지느러미 요리와 여성 연예인에 대한 식욕으로 폭발한 것이다.

결국 지난 추억이 되고 말 일들을 하기 위해서 수십 년 동안 정치 투쟁을 한 것일까?

어제까지의 식사는 모두 허망하다. 절대로 오늘 굶주림을 해소하지 못한다.

상대성이론 다중우주 중음신

빅뱅 이전에는 영혼들은 어디 있었던 것일까?
그리고 천국과 지옥은 어디 있었을까?
다른 우주에서 집단적으로 이주해왔을까?
영혼이야 그렇다 쳐도, 천국과 지옥은 어떻게 발생했을까?

종교가 제시하는 생명과 우주의 기원과 작동이론은
고쳐 쓰기에는 너무 허점이 많다. 그냥 버리는 게 낫다

물리학의 빅뱅이론에 의하면 우리 우주는 누에알보다 작은 엄청난
밀도를 가진 상태에서 폭발을 하여 생긴 것이다. '생명이란 생겨나거나
없어지는 것이 아니다'라고 하는 불교적인 관점을 고수하자면, 빅뱅이
일어나기 전에는 우리 우주에 생명이 없었으므로 이 우주의 생명은 다
른 우주로부터 왔다고 봐야 한다. 따라서 다중多重우주를 상정해야 한
다. 이 우주의 생명체 수가 늘어날수록 다른 우주에서 옮겨오는 생명
체 수가 늘어난 것이다. 만약에 우주가 여러 개라면, 한 우주가 다시 수
축을 하여 없어지거나 새 우주가 빅뱅을 통하여 생겨날 때 엄청난 수
의 생명체의 집단이주가 벌어질 것이다. 이 집단이동이 벌어질 때, 이
동에 걸리는 시간은 얼마나 될까? 즉각적일까? 아니면 어느 정도 시간
이 걸릴까?

근본상좌부의 이론에 의하면 생명체는 죽자마자 시차 없이 바로 다
시 태어난다.

●하나의 우주가 아니라 여러 개의 우주가, 아마 무한개의 우주가, 동시에 존재한다는 것이 다중우주론이다.

『밀린다왕문경Milindapanha 나가세나왕문경 나선비구경』에서 그리스계 밀린다 왕이 나선비구에게 "어떻게 즉시 환생하느냐"고 묻자 나선비구는 "대왕이시여, 정원의 오렌지를 생각해보소서"라고 한다. 왕이 "생각했다" 하자, 나선비구가 "생각을 하는데 시간이 얼마나 걸렸느냐"고 묻고 왕은 "즉시"라고 답한다. 이에 나선비구는 그와 마찬가지로 환생은 즉각적이라고 설명한다.

그러나 상대성이론에 의하면 일체 모든 것의 이동속도는 빛의 속도를 넘지 못하므로, 즉 이동속도가 유한하므로 근본상좌부의 주장처럼 시차 없이 태어나는 것은 아닐 것이다. 수백억 광년 멀리 떨어진 다른 우주에 태어나야 한다면, 상대성이론에 의하여 최소한 수백억 년의 이동시간이 필요하다. 옆집이나 아니면 최소한 지구에 다시 환생한다면 이동거리가 짧아 거의 시차가 없겠지만, 이 경우에도 적으나마 어느 정도 이동시간이 필요하다는 사실에는 변함이 없다. 인간의 삶과 죽음을 결정하는 중차대重且大한 이론에는 한 치의 오차도, 즉 나노 정도의 오차나 허점도 허용될 수 없다.

초기불교 이론이나 근본상좌부의 즉각적 환생이론에 의하면 귀신이나 영혼은 없는 것으로 보이는데, 그렇다면 한 우주에서 다른 우주로 이동하는 수백억 년 사이에 이 중생은 도대체 존재하는 것인가, 존재하지 않는 것인가?

상대성이론은 필연적으로 윤회론에 중음신中陰身 같은 중간존재를 상정하게 만든다. 다른 몸으로 이동하는 동안 시간이 걸린다면, 그 시간 동안 존재하는 그 무엇을 상정하지 않을 수 없기 때문이다(불교는 우연론이 아니라 인과론이므로 무에서 유가 나오지 않는다. 인因이 있어야 과果가 있기 때문이다. 만약 죽음과 재再탄생 사이가 무無라면 이것은 인과론에 모순이 된다. 그러므로 그 사이에 존재하는 그 무엇이 있다고 인정할 수밖에 없다. 그것이 중음신이다). 즉, 상대성이론과 윤회론이 둘 다 참이라면, 중음신의 존재도 참이 될 수밖에 없다는 말이다. 자, 이제 다른 종파처럼 중음신을 가정해보자. 그럼, 중음신이 수백억 광년 동안 우주를 여행해서 다른 우주로 가는 것인가? 우주여행을 하는 동안 이 중음신은 도대체 어떤 상태에 있는 것인가? 그 긴 시간 동안 이 중생은 무슨 생각을 하고, 무슨 일을 하는가? 아니면 일종의 동면상태나 마취상태나 기절상태에 빠져있는 것인가? 수백억 광년이라면 지구에서 수억 번 환생을 할 수 있는 엄청난 시간인데 그 긴 시간을 단지 이동하느라 허비한다는 말인가? 물샐틈없이 정교하다는 인과의 세계가 그렇게 비효율적이고 허술하다는 말인가? 이동 중에 목표로 한 행성이 사라져버리면 어떻게 하는가? 수백억 년 전에 이미 사라져버린 별의 별빛을 좇아간 것이라면 어떻게 할 것인가? (이 경우, 목표로 한 별의 빛이 점점 더 희미해

지더니 갑자기 빛이 완전히 사라지고 앞에 암흑 허공만 나타나는 현상이 벌어질 것이다. 그 순간 영혼은 "으악" 하는 외마디 비명과 함께 엄청난 공포에 사로잡힐 것이다. 그때는 이미 7주 동안의 49재가 끝난 지 수백억 년이므로 더 이상 길잡이가 없어 영원히 우주 미아가 될 것이다.) 그런데 목표로 한 행성은 수백억 광년 멀리 떨어져 있는데, 언제 그리고 어떻게 그 행성을 목표물로 찾은 것일까? 상대성이론에 의하면 모든 정보의 전달속도는 빛의 속도를 넘을 수 없는데, 죽는 순간 무슨 수로 목표행성에 대한 정보를 즉시 얻은 것일까? 참으로 괴이한 일이다. 살아있을 때도 그다지 총명하지 못했던 중생이 죽자마자 갑자기 신통력이 생긴 것일까? (티베트 불교는 그렇다고 대답한다, 즉 죽으면 갑자기 신통력이 생긴다고 주장한다.)

위의 꺼림칙한 의문들을 해소할 수 있는 대안 이론이 있다. 불교우주론에 의하면 우주는 유한한다(10억 개의 별이 있음). 그런데 발상을 무지막지하게 전환하여 거꾸로 무한다중우주infinite multiverse를 상정하고 무한개의 우주들이 시공간時空間에 다닥다닥 조밀dense하게 분포되어있다고 가정하면, 한 우주가 사라질 때 바로 옆의 다른 우주로 신속한 생명의 이동이 가능해져서 긴 정보전달시간의 문제가 해소될 수 있다. 조밀한 무한다중우주를 상정하고 거기 더해서 중음신을 상정한다면, 지구상에 태어나는 생명은 사실은 끝없이 생몰生沒하는 인근 우주와 큰 시차 없이 끝없이 상호출입을 하고 있는지도 모른다. 이 경우 중음신이 이동하는 데 드는 시간이 무척 짧아서 이동하는 사이에 그냥 잠시 깜빡 존다고 해도 크게 무리한 주장은 아닐 것이다. 그런데 이 이론의 문제점은 그 (옮겨갈 곳인) 우주와 (그리 옮겨가는) 해당 중생 사이에 도대체 무슨 인연이 있냐는 것이다. 힘없는 중생을 전혀 낯선 세계로 함부로 집어던져 넣는 것은 인과론이 아니기 때문이다.

상대성이론 다중우주 중음신

이 문제점을 일거一擧에 해결할 수 있는 멋진 이론이 있다. 현대물리학이 만들어낸 환상적인 이론인 '평행우주론parallel universes theory'이다. 다중우주multiverse의 일종인 평행우주를 상정하는 경우, 아예 중음신의 가정이 필요하지 않다. 평행우주 속의 무한개의 우주는 거리·시간의 차이가 전혀 없이 중첩되어있으므로, 영혼이 즉각적으로 다른 우주로 환생할 수 있기 때문이다. 그래서 이동하는 사이에 존재하는 중간적인 존재인 중음신의 도입이 필요 없다. 그러면 극적인 대반전이 일어나서 앞서 비판한 근본상좌부의 '즉각적 환생'이론이 부활한다. 하지만 근본상좌부의 환생이론과는 중대한 차이가 있다. 평행우주환생이론은, 고정된 지구(우주)에 고정된 생명들이 뒤섞이는 것처럼 환생이 일어나는 것이 아니라는 것이다(수학적인 용어로 말하자면 환생은 순열이 아니라는 말이다). 각 중생은, 무수히 많은 끝없이 생멸하는 평행우주 속으로, 각기 바람에 날리는 민들레 꽃씨처럼 확률함수 파동을 따라 불확정스럽게 흘러갈 뿐이다.

과학과 불교

결론은 이렇다. 사람이 죽자마자 시차가 전혀 없이 또는 큰 시차 없이 환생을 한다면 우주는 무한히 많아야 하며, 그중 평행우주론이 가장 설득력이 있다. 그리고 평행우주로 환생을 한다면 중음신은 필요 없어진다.

이 경우 중생은 죽은 후 양자역학에 의한 무수한 가능성의 세상들 중 하나에 환생한다(수많은 가능성의 세계 중에 죽는 순간의 세계를 이어받은 세계가 환생의 세계이다). 양자역학에 의하면 가능한 세계는 모두 동시적으로 존재하므로, 자기 업에 한 치의 빈틈도 없이 맞아떨어지는 세계가 존재하고 중생은 그리 환생한다: 우리가 인연을 맺은 세계와 중생들과 사람들은, 무수한 가능성으로 가지를 치며 무한히 많은 우주를 만들어, 시공간에 중첩重疊되어 존재한다. 평행우주론은 기가 막히게 업業 karma이론과 들어맞는다.

마지막으로 수학적으로 흥미로운 질문을 하면, 이 경우 무한다중우주는 가산우주인가? 비가산우주인가?

目 가산^{countable}은 하나, 둘, 셋, …으로 모두 번호를 붙일 수 있다는 말이다. 비가산^{uncountable}은 아무리 번호를 붙여봐도 반드시 남는 놈이 생긴다는 말이다.

目 멀어져 가는 두 대륙 사이의 엄청난 거리를 철새가 이동하듯이, 멀어져 가는 행성 사이의 엄청난 거리를 영혼이 이동한다고 생각할 수도 있다. 즉 행성간철새영혼이론^{migrating soul theory}이다. 그러나 이 이론은 치명적인 약점이 있다. 붙어있던 두 대륙처럼, 두 행성이 생명이 출현할 당시 서로 붙어있었다가 분리되면서 서서히 멀어져 갔다는 무리한 가정을 필요로 하기 때문이다. 최소한 우리 우주에서는 불가능한 일로 보인다.

目 멀어져 가는 별을 환생할 곳의 목표로 삼고 그 별로 날아가는 중음신은, 중간에 길을 잃어, 영원히 환생하지 못하고 우주 고아가 될 수 있다. 그런 일이 벌어지는 것을 막으려고 49재를 지내는 것이라면 이해 못할 일도 아니다.

目 다중우주(평행우주)이론에 의하면 무수히 많은 우주가 시공간에 중첩重疊되어있다.

目 『나가세나왕문경밀린다팡하』에서 '시차가 없는 즉각적인 환생'에 대해 나가세나 존자가 밀린다 왕에게 다음과 같이 설명한다. "대왕이시여, 왕궁의 정원의 오렌지를 생각해보소서. 생각하는 데 시간이 얼마나 걸렸나이까?" 왕이 "즉각적이었다"고 대답하자, 나가세나는 환생

도 그와 같이 즉각적이라고 설명한다. 그러나 나가세나가 하나 놓친 점은(물론 당시에 어느 누구도 신경계와 신경자극·정보전달수단인 생체전기에 대해서 알지 못했으므로 당연한 일이지만) 생각하는 데도 시간이 걸린다는 점이다. 1/1000초 정도 걸릴 것이다. 생체전기가 뇌의 신경세포에서 다른 신경세포로 축색돌기와 수상돌기를 따라 이동하는 데는 빛의 속도에 비하면 엄청나게 느린 속도로 움직이기 때문이다(느리면 1초에 2~3cm이고 빠르면 1초에 60m까지 움직인다). 나가세나의 말이, 즉 나가세나의 성대가 만든 공기진동이 밀린다 왕의 고막을 때리면 이 진동은 생체전기로 바뀌어 신경을 따라 뇌에 전달된다. 전달된 '정원'이란 신호와 '오렌지'란 신호와 '생각해보라'는 신호는 정원, 오렌지, 생각이라는 개념들이 뇌의 각기 다른 기억방에 저장되어있으므로, 각 방을 찾아가서 이놈들을 불러와 '정원의 오렌지'를 구성하고 그놈을 생각하는 즉 '마음의 화면에 정원의 오렌지를 떠올리는 과정'은 다단계과정이다. 각 단계에 뇌에서 발생하는 생체전기가 신경세포들 사이를 돌아다니려면 시간이 걸리는 것은 당연한 일이다.

目 육체적인 움직임과는 달리 '생각을 하는 데는 전혀 시간이 안 걸린다'고 주장하는 종교인들(특히 불교 승려들)이 생각 외로 많다. 우리 마음의 작동속도가 무한대(∞)라는 얘기이다. 참 낭만적인 생각이다. 상대성이론에 의한 속도제한(모든 것은 빛의 속도인 초속 30만km를 넘지 못한다)의 구속을 받지 않는 '초월적이고 신비로운 마음'의 세계를 믿어 의심치 않는다. 그런데 바둑이나 장기를 둘 때 프로들도 여러 시간을 소비한다. 만약 하나의 생각을 하는 데 걸리는 시간이 영(0)이라면 아무리 많은 수의 생각을 해도 소요되는 시간은 여전히 영(0)이 되어야 할 텐데 전혀 그렇지 않으므로, '생각하는 데 전혀 시간이 걸리지 않는다'는 주장은 망상 중의 망상일 뿐이다. 생

각을 하는 데도 시간이 걸리며, 정보(전기신호)가 뇌신경회로를 따라 한 뇌신경세포에서 다른 뇌신경세포로 전달되는 속도는 생각 외로 무척 느리다. 뇌와 후두를 연결하는 '되돌이후두신경'은 폐를 지나가는데, 목이 무척 긴 기린의 경우 뇌에서 폐를 돌아 후두로 가려면 자그마치 몇 미터나 돌아가야 한다. 그래서 뇌에서 보낸 명령이 후두에 닿으려면 시간이 오래 걸리고, 그 결과 기린은 말을 잘하지 못한다. 즉각적인 음성반응이 불가능하기 때문이다.

自 자연계에서 강자가 약자를 잡아먹듯이, 종교계에서도 강자가 약자를 잡아먹는 일이 횡행橫行한다. 힘없는 중생들을 가지가지 포악한 (신학적인) 교리와 이론으로 가지가지로 협박·고문·갈취하는 일이 벌어진다. 도대체 신이나 악마가 인간 위에 군림하여 제멋대로 지배하는 일을 왜 수용해야 하는가? 여기서, 종교를 창시한 자들의 청동기·철기시대적인 전제군주적인 왕조사상 또는 왕권신수설사상의 흔적을 볼 수 있다.

하나님의 '왕국'이라니, 지상에서는 왕정이 사라진 지 오래인데, 왜 하나님의 나라는 아직도 왕정인가? 그것도 끔찍한 고문도구를 종류대로 다 갖춘, 무시무시한 지하감옥을 구비한 왕국이다. '하나님의 공화국' 또는 '하나님의 민주국가'라는 말은 아예 불가능한가? 하나님도 선거로 뽑으면 어떠할까. 그런 날이 오기 전에는 진정한 인권이란 존재하지 않는다.

지구의 중음신은 태양계에만 환생

중음신은 빛의 속도보다 빨리 날아가야 한다
그렇지 않으면, 다른 은하계의 행성에 환생할 때
시간이 너무 걸리기 때문이다 〈달라이 라마〉

종교라는 이름을 빌리면 모든 거짓말이 가능하다

불교에서는, 생명체가 죽은 후 다음 생을 받기 전까지의 중간적인 존재를 중음신中陰身이라고 부른다. 예를 들어, 당신이 죽은 후 삼 일 만에 동네 구멍가게 집 아들이나, 당신과 지독히 사이가 나쁜 데다 개까지 싫어하는 사장님 집 강아지로 태어난다면, 그 삼 일 간 이도저도 아닌 상태의 어정쩡한 당신은 중음신이다. 중음신은 서양의 영혼과 거의 같은 개념이며, 무아론無我論이 트레이드마크인 초기불교에서 일종의 유아론有我論(아트만 사상)이라고 극렬히 비난받고 배척당한 이단적인 이론이다.

중음신中陰身을 주장하는 파에서는 통상 49일이면 환생을 한다고 한다. 그런데, 우리 태양계에서 가장 가까운 항성인 센타우루스자리 프록시마Proxima Centauri까지 빛의 속도로 4.2광년이 걸리고, 그 어떤 것도 빛의 속도를 넘을 수 없으므로, 중음신이 아무리 빨리 달려도 지구에서 프록시마까지 가려면 적어도 4.2년이 걸린다. 그러므로 49일 안에는 프록시마 태양계에 태어날 수 없으며, 더 멀리 떨어져 있는 다른 모든 태양계에 태어날 수가 없다. 따라서 지구에서 죽은 동물은 지구에 환생하는 수밖에 없다.

마찬가지로 각 별의 중생은 그 별에 태어나는 수밖에 없으며, 이것은 불교우주론에서 각 별에 다른 별과 공유하지 않는 독립적인 지옥과 천국을 즉 육도윤회를 설정한 것과 맥락을 같이한다.

📧 지구에서 죽은 사람이 지구 밖으로 환생할 수 없다는 사실은 매조키스트들을 엄청 실망시킬 것이다. 환생을 통해 10억 개 행성을 여행하며 우주에 깔린 1,360억 개의 가지가지 지옥을 다양하게 맛보지 못하는 아쉬움이 너무 클 것이다. 아쉽지만 어쩌겠는가? 그것이 우리 행성 지구의 과학기술 한계인 것을!

📧 그런데 필자와 다른 생각을 하는 분이 있다. 달라이 라마이시다. 이분은 1989년에 출판된 『달라이 라마 하버드대 강의*Dalai Lama at Havard*』에서 다음과 같이 주장했다.

"중음의 본질은 무엇일까요? 중음상태의 몸은 우리와 같은 거친 물리적 신체를 갖지 않고 미세한 몸을 갖습니다. 중음신은 기氣와 마음만으로 만들어집니다. 중음신은 어디든지 가고 싶다는 생각을 일으키는 즉시 그곳에 도착합니다. 단지 생각하는 것만으로도 모든 것을 이룰 수 있기 때문에 빛의 속도보다 빠릅니다. 만일 빛의 속도보다 빠르지 않다면, 한 은하계의 끝에서 다른 은하계까지의 거리가 수백만 광년이 떨어져있기 때문에 중생이 한 생에서 다른 생으로 태어날 때까지 엄청나게 긴 시간이 걸릴 겁니다."(제프리 홉킨스, 『달라이 라마 하버드대 강의』, 작가정신, 2006, 66~67쪽, 원본은 1989년에 출간)

이 글을 통해서 알 수 있는 것은, 달라이 라마도 환생하는 데 걸리는 시간에 대해서 생각을 해본 적이 있으며, 수백 광년 멀리 떨어져 있는 다른 은하계에 가서 태어나려면 중음신이 빛보다 빨리 움직여야 한다는 것을 이해하고 있다는 점이다. 그래서 그는 중음신이 '생각'처럼 빠르다고 주장했다. 승려들은 별생각 없이 생각하는 데는 시간이 걸리지 않는다고, 즉 즉각적이라고 생각한다. (마음은 전지전능하다는 '마음국수주의'인 '마인드 쇼비니즘Mind Chauvinism'의 영향이다.) 하지만 생각은 생각보다 무척 느리다. 보통 한 생각을 하는 데는 1밀리 초 이상 걸린다. 신경세포들 사이의 신호전달 수단인 생체전기가 빛의 속도를 넘을 수 없기 때문이다. 1밀리 초에 두뇌를 횡단하는 정도이므로, 속도는 1초당 100m 정도이다. 이는 빛의 속도의 300만분의 1로서 어마어마하게 느린 속도이다. 그러므로 달라이 라마의 주장과는 거꾸로, 우주여행은 '생각의 속도'가 아니라 '빛의 속도'로 하는 게 훨씬 낫다! 300만 배나 낫다!

달라이 라마의 책이 나온 지 28년이 흘렀다. 그 사이에 달라이 라마의 견해가 바뀌셨는지 궁금하다. 왜냐하면 이분은 그동안 과학자들과 여러 차례 진지한 세미나를 해 오셨기 때문이다. '종교가 우리 마음에 평안을 줄 수 있느냐'와 '그 수단이 진리이냐'는 것은 전혀 별개의 문제이다. 이런 '꼭, 진리일 필요가 없는 수단'을 불교에서는 '방편'이라고 부른다.

종교적 거인들의 의견을 비판하는 것은 그분들에게도 도움이 되는 일이다. 그분들의 명성에 눌려 또는 그분들의 추종자들로부터의 공격을 두려워해서, 비판을 하지 않으면 그분들이 망상에서 벗어날 길이 없기 때문이다. 이 면에서 종교적 망상은 '상호되먹임mutual feedback' 현상이다.

🔅 불교우주론에 의하면 6도윤회가 갖추어진 행성이 10억 개나 있으므로, 만약 행성 간 윤회가 가능하다면 외계행성의 인간人道으로도 태

어나야 할 것이다. 하지만 전생을 기억한다는 지구수행자들은 외계인이었던 전생을 말하지 않는다. 지구상의 생명은 지구로만 윤회한다는 증거이다. 과학이 발달함에 따라 사람들이 외계인의 존재를 입에 올리게 되자 달라이 라마처럼 외계인으로의 환생을 언급하는 사람들이 생겨났지만, 이런 환생은 원래는 없는 소리이다. 생물체의 진화는 환경의 영향을 받으므로, 지구와 환경이 다른 외계행성의 생명체가 인간모양을 할 이유가 없기 때문이다. (조금만 달라도 큰 차이가 난다. 태평양의 갈라파고스 제도의 생물들이 좋은 예이다.) 불교 우주론에 의하면 외계행성에도 인간과 똑같이 생긴 생물이 살며 그걸 인도人道라고 하지만, 터무니없는 소리다. 왜냐하면 지구에 인간모양의 생명체가 생겨난 것은 필연이 아니라 우연이기 때문이다. 만약 6,500만 년 전에 소행성의 충돌로 공룡들이 멸종하지 않았다면 지구상에는 (지금 모양의) 인간이 탄생하지 않았을 것이다. 지구도 이러할진대 하물며 외계행성이랴! 진화론을 몰랐던 고대불교인들은 외계행성에도 인간이, 즉 지구상의 인간과 똑같이 생긴 생물이 산다고 상상을 했다. 대단한 환망공상이었다.

지구의 중음신은 태양계에만 환생

기도는 언제까지 해야 하는가

세계는 무상無常하므로
'충분히' 오래 기다리면 원하는 일이 일어난다

케냐 고원에 가뭄이 들어 목축을 하는 마사이족의 소들이 다 굶어 죽게 되었다. 주술사가 기우제를 지낸다. 날이 가고 주가 가도 비는 오지 않는다. 정성이 부족하다고 주술사는 더 많은 제물을 요구한다. 여러 달이 지나가고 마사이족의 재물은 주술사에게로 이동하고 결국 비는 오고 주술사의 신통력은 또다시 입증되었다. 마침내 우기가 온 것이다!

시집을 못간 처녀가 결혼기도를 하러 절에 갔다. 기도가 백일 천일을 넘어가도 성취되지 않는다. 정성이 부족한가 하고 통 크게 10년을 채웠다. 그래도 감감무소식. 절의 큰스님에게 찾아가 하소연을 한다. 언제까지 기도를 해야 하느냐고. 큰스님 답 "기도가 이루어질 때까지!"

● 마사이족 샤먼. 시대와 장소를 불문하고 무당의 가장 중요한 역할 중 하나는 병을 고치는 것이다. 그런데 병은 악령이 일으키는 것이다. 즉, 병은 의지의 작용이다. 악령은, 병을 일으키는 보이지 않는 의지를 의인화한 것이다.

자명 스님 신도가 부동산을 팔려고 내놓았는데 팔리지 않자 기도를 시작했다. 부동산 수월매도 백일기도(부동산이 잘 팔리라고 기원하는 백일 동안의 기도). 천 일이 지나도 성취하지 못하자 스님께 어찌해야 할지 묻는다. 스님 왈, 부동산같이 큰 물건은 좀 시간이 걸린단다. 더 열심히 기도하라신다. 그러면서 덧붙이시는 말이 '10년째 기도하는 처사도 있는데…'. 그렇다 기도는 이루어질 때까지 하는 것이다. 기우제는 우기가 돌아올 때까지, 노처녀는 재취자리라도 좋다고 포기할 때까지, 병이 자연치유될 때까지, 고학력 무직자는 청소원이나 이마트 카운터나 감자 깎이라도 하겠다고 마음이 바뀔 때까지. 부동산은 헐값에라도 팔겠다고 마음이 바뀔 때까지. 목표를 바꾸면 안 될 것이 없다. 소원을 조그맣게 축소시키면 못 이룰 소원이 없다. 소원은 성취하는 것이 아니라 성취가능한 정도로 알맞게 축소하는 것이다. 기도는 소원을 성취하기 위한 것이 아니라 욕심을 줄이는 것을 배워가는 과정이 될 때 진정한 행복을 얻을 수 있다. 기도기간이 정해진 것이 아니라 소원을 성취할 때까지라면 소원을 적당한 크기로 조정함으로써만이 신속한 소원성취를 이룰 수 있다.

⊠ 마호메트가 어느 날 자신이 산을 옮길 수 있다고 선언했다. 구경꾼들이 구름처럼 모였다. 마호메트가 "산아, 이리 오너라" 하고 명령했다. 산이 꿈쩍도 하지 않자 마호메트는 '네가 내게 안 오면 내가 네게 가면 된다'고 하며 자신이 산에게 다가갔다. 마호메트와 산 사이의 거리를 줄이는 방법은 두 가지가 있다. 하나는 산이 마호메트에게 오는 것이고, 다른 하나는 마호메트가 산으로 가는 것이다. 마호메트는 사정이 여의치 않자 후자를 택했다. 마찬가지로, 소원도 주체와 대상 사이의 거리를 줄이면 된다. 즉, 소원도 이루어지지 않으면 크기를 줄여 이루어지게 만들면 된다!

자뇌성가 自腦成家
임의의 각의 3등분과 영구동력기관

곰곰이 생각해 보면
영생永生은 영구동력기관과 다를 바가 없다

아직도 각 $60°$를 삼등분하려는 사람이 있다. 자와 콤파스만으로는 절대로 불가능함이 이미 177년 전에 수학적으로 증명이 되었건만 아직도 헛된 시도를 하는 사람들이 있다.

필자의 서울대학교 수학과 대학원 시절에, 기하학적인 도형과 보조선을 빽빽이 그려 넣은 거대한 종이를 들고 27동 건물을 방문하던 아저씨가 있었다. 어느 각이든지 삼등분할 수 있다는 증명을 그린 것인데, 대한수학회가 인정을 해주지 않자 사재를 털어 한국일보 등의 주요 일간지에 수차례 전면광고를 내기까지 했다. 기하학적 도형이 잔뜩 들어간 아름다운 광고였다. 이분은 원래 무한동력기관 발명가였는데, 자신이 발견한 '무한동력기관을 가능하게 하는 이론'을 아무도 인정해 주지 않자, 스스로 자기 이론에 따라 무한동력기관을 만들어 자신의 이론이 옳다는 것을 보여주고자 했다. 그런데 무한동력기관을 만들려면 제작비가 엄청나게 비싼 초정밀기계가 필요하다는 것을 알게 되었다. 재력이 없어 제작은 포기하고 다른 방법을 찾던 중, 자신의 능력을 보여주면 자신의 이론을 주류 과학자들이 관심을 가지고 검토해줄까

하여 수학적인 난제에 도전하였다는 것이다. 지금은 고등과학원^{KIAS} 원장인 금종해 박사가 며칠간 수고한 끝에 증명에서 오류를 발견하였다. 증명에서 '왜 A가 성립하느냐'고 물으면 'B이기 때문이다'라고 대답했다. '그럼 왜 B이냐'고 물으면 'A이기 때문이다'라고 대답했다. 전형적인 순환논리였다. 자신의 실수와 '임의의 각의 삼등분'은 불가능하다는 것을 인정하고 싶어 하지 않는 그분에게, 수학과에 와서 1년만 청강하면 각의 삼등분이 불가능함을 배울 수 있을 것이라고 설득하였지만 그분은 다시는 오지 않았다.

아직도 영생을 꿈꾸는 자들이 이 산 저 산에서 잠도 자지 않고 증명을 꿈꾼다(이들은 고대 석기시대 망상과 청동기시대 망상의 살아있는 화석이다). 스스로 영구동력기관이 되려고 꿈을 꾼다. 각의 삼등분이야 불가능함을 증명해 줄 수 있지만, 그런 일이야 누가 증명해 줄 수 있을 것인가?

🏛이분은 물 위를 걷는 신발을 발명하였다. 비결은 신발이 엄청 크다. 공기를 잔뜩 집어넣은 튜브 같은 신발이다!

🏛무한동력기관은 물리학의 '열역학 제2법칙'에 위배된다. 그래서 물리학자라면 어느 누구도 귀를 기울이지 않는다. 거들떠보지도 않는다. 물리학자들의 관심을 끌기 위한 수단으로 각의 삼등분에 도전한 면도 있다.

🏛무수한 화석증거와 지질학적·천문학적·물리학적·분자생물학적인 압도적인 증거 앞에서도, 창조론자들은 여전히 진화론을 부정하고 있다. 이들도 고대 망상의 살아있는 화석들이다.

철학자 대니엘 데니트^{Daniel Dennett}는 "왜 철학을 배워야 하느냐"는 질문에, "과거에 다른 사람들이 한 것과 똑같은 바보 같은 생각을 반복하지 않기 위해서"라고 대답했다.

과학을 배우면 역사상 남들이 한 명청한 잘못된 생각을 되풀이하지 않아도 된다. 처음부터 잘못된 생각이 태어나지 않도록 원천적으로 봉쇄한다. 의문이 생기기도 전에, 그리고 의문이 생기더라도 그 의문에 대해 스스로 잘못된 답을 내놓기도 전에, 미리 올바른 답을 제시함으로써 망상이 일어날 틈을 주지 않는다.

남들이 이미 불가능하다고 증명한 일에 헛되이 매달리면 '진화의 역사 35억 년'을 헛수고로 만드는 것이다. 하나의 잘못된 생각을 스스로 깨뜨리는 것은 거의 불가능에 가까울 정도로 어려운 일이다(생명의 기원·진화론·우주론·구원론에 대한 첨예한 종교 간 이견이나, 사사건건 같은 사건에 대해서 서로 극과 극으로 의견을 달리하고 피를 흘리며 투쟁하는 좌우 대립을 보라. 최선의 경우 한쪽만 제외한 나머지가 그리고 최악의 경우 모두가 엄청난 망상을 하고 있음이 분명함에도, 그 망상에 목숨을 걸기까지도 한다!). 그 잘못된 생각조차도 35억 년의 진화라는 준비과정을 거쳐 지금 나름대로 최선을 다해 만든 것이기 때문이다. 좌뇌와 우뇌가 서로 긴밀히 협조해야 건강한 삶을 사는 것처럼, 몸 안의 뇌와 몸 밖의 뇌를 잘 활용해야 슬기로운 삶을 살 수 있다. 많은 경우에 올바른 답이 이미 사회 어딘가에 존재한다. 심지어 이미 자기 안에 존재하는 경우도 있다. 자기가 모르고 있을 뿐이다. 문제는 어떻게 찾느냐 하는 것이다. 이 경우, 답은 만드는 것이 아니라 찾는 것이다. 몸 밖의 뇌가 세포수(인구·연구기관·기록기관·컴퓨터·도서)와 신경회로(인터넷)가 폭증하고 복잡해지면서 발명된 구글^{Google} 검색엔진이, 아직도 구닥다리 검색엔진을 쓰는 몸 안의 뇌를 도와 답을 찾는다.

35년 전에 서울대학교 27동을 찾아오던 각^{角}3등분 아저씨는, 외부 뇌(타인의 뇌)의 활용을 거부하고 자수성가^{自腦成家}하려다 실패한 안타까운 자폐증의 산 예이다.

인식지평선

중음신은 블랙홀의 사건지평선을 넘어갈 수 있을까?
신선들과 부처들과 힌두교 성인들은, 넘어갈 수 있을까?

물리학에 사건지평선^{event horizon}이란 개념이 있다. 블랙홀 내에서는 엄청난 중력으로 인하여 빛을 포함한 모든 것과 모든 사건이 블랙홀을 빠져나가지 못한다. 일반상대성이론에 의하면 모든 것은 빛의 속도를 넘지 못하므로, 블랙홀에는 곡면으로 사건의 지평선이 생긴다. 정지상태의 블랙홀은 구면^{Schwarzschild sphere}의 사건지평선이 생기며, 회전하는 블랙홀인 경우는 뒤틀린 구면이 생긴다.

마찬가지로 각자 인간에게는 각자의 지식, 지능, 추리력, 기억력 등의 인식력으로 인한 인식지평선^{cognition horizon}이 생긴다. 인간의 중심에는 무지^{無知}와 무명^{無明}이 있다. 이 무명이 엄청난 중력으로 인간의 인식력의 확산을 막는다. 따라서 인간은 각자의 지식, 기억, 인식력으로 인식지평선을 만든다. 인간은 고정된 존재가 아니므로, 이 인식지평선은 아름다운 동그란 구면이 아니라, 풍선 모양의 뒤틀린 구형 곡면을 만든다. 인식담당기관인 인간의 뇌의 표면이 주름지고 뒤틀린 곡면인 것은 상징적이다.

중심에 무명이 위치하고, 중심으로부터 조그맣고 가느다란 살^輻들이

●블랙홀. 달라이 라마에 의하면 중음신(영혼)은 미세한 물질로 이루어져 있다. 중음신이 다음 환생처인
우주 반대쪽의 행성을 향해 날아가다가, 도중에 블랙홀을 근접조우(近接遭遇 close encounter)하면
과연 어떤 일이 벌어질까? 블랙홀로 빠져 들어가 영원히, 혹은 천지가 개벽하거나 화이트홀을 발견할
때까지 한없는 세월을, 빠져나오지 못하는 것은 아닐까? 그렇다면 중음신이 아주 먼 행성을 향해 날
아가는 것은 무척 위험한 일이다. 그러므로, 앞으로 49재를 지낼 때는, 유난히 낯선 풍광을 좋아하는
호기심 많은 유식한 중음신을 위해서는 '피(避)블랙홀 진언(避黑孔眞言)' 또는 '파(破)블랙홀 진언(破
黑孔眞言)'을 들려주는 게 좋을 것이다. 전자는 블랙홀을 피하게 하는 진언이고, 후자는 이미 블랙홀
에 빠진 경우에 블랙홀을 깨뜨리는 진언이다. 이 경우 블랙홀의 대폭발이 일어난다. 진언의 힘이다!

바퀴살처럼 인식지평선을 향해 뻗어나간다. 수학능력, 회화능력, 언어
능력, 공간지각능력, 타인의 마음 읽기, 패턴인식, 음감, 박자감, 소리인
식, 추리력, 논리력, 기억력, 통찰력, 직관, 공감 등의 능력이 각자 능력
정도에 따라 길고 짧은 길이의 살을 만든다. 어떤 능력이 출중할수록,

그 능력은 무명으로부터 멀어진다, 즉 살의 길이가 길어진다. 이 무수한 인식 바퀴살들의 끝이 모여 인식지평선이라는 곡면을 만든다. 살아 감에 따라 인식능력은 발전·퇴보를 되풀이하면서, 즉 인식바퀴살들의 길이를 증감^{增減}시키면서 인식지평선은 끝없이 모양을 바꾼다.

각자 인간은 이 인식지평선 안에 산다. 각자가 만든 풍선 안에 산다. 풍선 밖은 절대 보지 못한다. 즉 인식지평선 너머는 절대 보지 못한다. 인간은 움직이는 불투명 유채색 풍선이다(인간의 뇌도 그렇다!).

페루 작가 카를로스 카스타네다^{Carlos Castaneda}가 무당 돈 후안^{Don Juan}의 입을 빌려 인간을 '공중을 부유하는 고치^{cocoon} 또는 달걀모양의 구형발광체'라 묘사한 것은 독창적인 발상이며 뛰어난 통찰력이다. 인간은 각자 풍선(고치)을 만들고 그 안에 아늑하게 거주한다. 새로운 지식의 충격을 피해 질긴 실로 촘촘히 짠 인식지평선인 고치^{cocoon} 안으로 지성을 숨긴다. 물리학적인 사건지평선이 물질적인 존재가 아니듯이 인식지평선도 물질적인 존재가 아니다. 인간은 스스로 구속될 뿐이다.

호킹방사^{Hawking radiation}에 의하여 사건지평선 밖 인근에서 전자기방사와 소립자방사가 이루어지듯이, 인간도 각자 인식방사를 통하여 외부 지성과 상호작용을 한다. 물리적으로는 대뇌신피질로 상징되는 풍선(인식지평선)의 표면에서 끝없이 작용이 일어나는데, 이것을 지적 활동 cognitive Hawking radiation이라고 한다. 이 활동에 따라 풍선(인식지평선)은 부풀기도 하고 수축하기도 한다.

실로 (개별) 인간은 블랙홀이다. 종교적으로 말하면 무명이 사라지는 순간 인간블랙홀은 대폭발하고, 엄청난 빛을 내어 온 우주를 밝히며 사라져 버린다. 종교에서 깨달음의 순간을 빛의 폭발로 묘사하거나, 한 사람이 깨달음을 얻을 때 온 우주가 같이 깨달음을 얻는다는 말에는 이런 상징적인 이유가 있다. 빛의 조각들이 온 방향으로 흩어지듯이, 깨달음의 조각들도 시방^{十方}으로 퍼져나간다.

目 물론 인간을 블랙홀로 비유하는 것은 적확的確한 비유는 아닐 것이다. 블랙홀과 인간은 다른 점이 훨씬 더 많을 것이다. 그럼에도 불구하고 블랙홀의 개념을 빌려온 것은 인간을 이해하는 데 조금이라도 도움이 되지 않을까 하는 희망 때문이다. 인식지평선이란 개념은 인간의 정신적 신체mental body의 한계와 유한성을 시각적으로 묘사하는 좋은 비유가 되기를 기대한다.

目 물리학에서 사건지평선線이란 개념은 사실상 사건지평면面이다. 그러나 이런 개념을 지닌 적당한 용어가 일상용어 중에는 1차원인 '지평선'밖에 없으므로, 할 수 없이 지평선이란 말을 빌려온 것이다.

目 인간을 블랙홀로 비유하자면 '뒤집혀진 블랙홀'이 맞을 것이다. 물리적 블랙홀은 외부로부터 정보의 유입은 자유로우나, 안에서 밖으로의 유출은 불가능하다. 따라서 밖으로부터의 새로운 인식을 차단하고 자신의 낡은 '인식의 성城'에 갇혀 사는 인간은, '뒤집혀진 블랙홀inverted black hole'로 비유하는 것이 더 정확할 것이다.

目 인간은 자기 생각을 떠벌리는 데는 열심이나 (특히 나이가 들수록) 남의 얘기는 잘 듣지 않는다. 블랙홀이 외부 정보는 마구 끌어들이나 내부 정보는 밖으로 내보내지 않는 것과 비교해서 인간은 반대이다. 블랙홀은 엄청난 중력으로 인하여 중심을 향해 수축하다 못 견디고 폭발해버리지만, 인간은 무지와 무명無明 어두움 어리석음의 힘이 약해짐에 따라 밖으로 팽창하다가 무지·무명이 소멸하는 순간 폭발을 한다(그걸 불교에서는 깨달음이라고 한다). 이 점에서 인간을 뒤집혀진 블랙홀로 비유할 수 있다.

目 고전음악과 대중음악을, 그리고 오페라, 심포니, 전위음악, 로큰롤을

작곡가, 지휘자, 연주자로 마음 내키는 대로 넘나들던 전천후 천재음악가 프랭크 자파Frank Zappa는 뛰어난 식견으로도 유명했다. 그가 우주의 근간根幹에 대해서 매우 흥미로운 주장을 했다. "일부 학자들은 수소가 우주의 대부분을 차지하므로 수소가 우주의 근간이라고 주장한다. 하지만 내 생각은 다르다. 세상에는 수소보다 어리석음이 더 많으므로 우주의 근간根幹은 어리석음이다."(울리히 슈나벨, 『종교는 왜 멸망하지 않는가』, 열린과학, 2013, 299쪽) 불교에서는 이 어리석음을 무명無明이라 부른다.

目 인간은 블랙홀과 상당히 유사한 면이 있다. 이 유사성에 착안하여 '인식블랙홀'이란 개념이 필요할지도 모른다.

目 인간의 생각도 빛의 속도를 넘지 못한다. 종교인들이 신비적으로 생각하듯이 생각의 속도가 무한대인 것은 아니다. 생각을 하기 위해서는 뇌의 뉴런 간의 전기화학적인 반응이 필요하며, 뉴런 간의 신호 전달은 물질적인 전기·화학반응이므로 빛의 속도를 넘을 수 없다.

目 양자물리학에 의하면, 블랙홀 생성과정에서 발생한, 블랙홀의 정보는 절대 사라지지 않는다. 블랙홀의 표면에 모두 저장된다. 마찬가지로 한 사람이 살아가면서 축적한 정보는 사라지지 않는다. 이것을 불교에서는 업業 카르마이라고 한다. 이 업은 인간이 살아가는 한 절대로 소멸하지 않으며, 모두 알라야식이라는 식체識體에 저장된다. (현대적 표현으로는, 대뇌 표면에 저장된다.) 이 알라야식의 부정적인 영향이 소멸하는 것을 깨달음이라고 한다. 그것을 폭발이라고 묘사할 수도 있다.

물고기와 깨달음

불교에 의하면 모든 생명체는 부처가 될 가능성인 불성이 있다. 소위 일체중생실유불성(一切衆生悉有佛性) 또는 준동함령개유불성(蠢動含靈皆有佛性) 사상이다. 중국 선불교는 한걸음 더 나아가, 사실은 여러 걸음 더 나아가, 풀·나무·기와·돌멩이까지도 모두 불성이 있다고 선언한다. 소위 초목와석실유불성(草木瓦石悉有佛性) 사상이다. 이는 모든 유정물(有情物 생물)과 무정물(無情物 사물)을 포함한 일체 존재의 평등을 주장한다. 그 사상이 너무 크고 깊어서 마음이 아득해질 정도이지만, 설사 그렇다 하더라도, 항생제로 '세균'을 죽이지 않을 수 없고, '나무'를 베지 않을 수 없고, 석공이 '돌멩이'에 정을 들이대고 쪼는 걸 막을 수 없고, '물'을 냄비에 넣어 펄펄 끓이고 냉장고에 넣어 꽝꽝 얼리는 걸 막을 수 없고, '붕어'찜이나 '개구리' 뒷다리 구이를 먹는 걸 막을 수는 없다. 이 모든 아수라장 속에서도 붕어와 개구리가 해탈하는 놀라운 동물승리 설화를 소개한다.

붕어의 깨달음

만두까라는 개구리가 부처님의 설법을 듣고 도리천에 태어났다 〈『청정도론』: 남방불교 핵심 불교교리·수행 안내서〉

이 개구리는 분명히 부처님 어머니 마야 부인을 만났을 것이다

『서유기』에 보면 붕어가 깨달음을 얻는 얘기가 나온다. 과연 붕어가 깨달음을 얻을 수 있는가?

이는 진화론과 밀접한 관계가 있다. 진화론에 따르면 인간의 지력은 뇌의 기능에 달려있으며, 뇌의 용량도 중요한 요소이다(뇌 크기보다 더 중요한 것은 체중 대비 뇌 무게 비율이다). 특히 뇌 표면의 주름이 중요하다. 만약 뇌의 크기나 기능에 관계없이 지력이 일정하다면, 지렁이나 인간이나 동일한 사유력을 가져야 할 것이다. 600만 년 전의 인간이나 지금의 인간이나 지력의 차이가 없어야 할 것이다. 그렇다면 오늘날의 인간은 오늘날의 침팬지보다 지력이 나을 바가 없을 것이다(왜냐하면 600만 년 전의 침팬지와 인간은 같은 부모를 둔 형제지간이었기 때문이다). 그러나 사실은 그렇지 않으므로, 인간의 지력은 시간을 타고 진화하는 것임을 알 수 있다. 따라서 미래의 인간은 현재보다 훨씬 더 지력이 발달할 것이라고 볼 수 있다. 만약 미래의 인간보다 지력이 훨씬 열등한 오늘날의 인간이 깨달음을 얻을 수 있다면, 오늘날 인간보다 지력이 훨씬 열등한 600만 년 전의 인간도 깨달음을 얻을 수 있다고 봐야 하

며, 이 논리를 연장하면 포유류의 조상인 어류도 깨달음을 얻을 수 있다고 봐야 한다.

그렇다면 깨달음이란 도대체 무엇이며 『서유기』의 붕어는 도대체 어떻게 깨달음을 얻었단 말인가? 붕어가 상대성이론 같은 과학을 이해하지 못하는 것은 분명하므로, 깨달음이란 것이 모든 것을 아는 '일체종지' 같은 경지를 말하는 것이 아님이 역시 분명하다. 부처님의 가르침인 '고집멸도' 4성제에 의하면 불교는 고의 인식, 고의 원인, 고의 소멸과 고로부터의 해방에 이르는 길이다. 즉, 고의 해결이 이루어지면 깨달음이다. 육체적인 고통 즉 신경회로를 따라 일어나는 물리적인 신호에 의한 고통은 부처님도 피해가지 못하셨으므로(불경에 보면 부처님이 요통, 두통, 이질, 부스럼 등으로 치료를 받으신 기록이 나온다), 해탈하여야 할 고통은 정신적인 고통임을 알 수 있다. 정신적인 고통은 두뇌의 크기와 용량과 밀접한 관계가 있다. 세상, 즉 물리적 우주와 비非물리적인 우주, 즉 형이하학적 세계와 형이상학적 세계, 즉 자연과 사회에 대한 인식이 고통의 근원이다. 이런 인식이 정의와 불의에 대한 가치관을 만들어 내어, 상대적인 비교와 다툼을 만들어 내기 때문이다. 따라서 이런 인식이 발달하지 않은 생물에게는 상대적으로 정신적인 고통은 적고 육체적인 고통이 크다. 그러므로 인간에 비해 정신적으로 극복해야 할 고통의 양이 적다. 물론 질도 낮다. 햄릿과 같은 고통은 전무할 것이다.

부처님이 고를 극복한 것은 신비적인 주술이나 신의 은총으로 말미암은 것이 아니라, 자신의 지적 능력을 이용하여 고의 근원과 작동원리를 파악하였기 때문이다. 특히 중요한 것은 '고의 주체와 객체가 존재한다는 실체론적인 유아론 사상'이, 고의 근본적인 바탕이라는 것을 파악하셨다는 점이다. 진화를 통해 뇌기능이 발달을 하게 되면, '뇌 전체를 관장하는 아라는 환상'이 홀로그램처럼 나타나는데, 이 환상적인 '아'가 모든 고통의 근원이라는 것이다. 국회가 특정 안건을 의결하였다고 할 때, 국회라는 실체적인 아는 존재하지 않는다. 인간 언어가 지닌 속성으로 인하여, 편의상 국회라는 가상의 주어를 건립한 것뿐이다.

최루탄 투척 사건 등으로 국회가 진통을 겪거나 난장판이 되었다고 할 때, 진짜 진통을 겪거나 난장판이 된 아는 존재하지 않는다. 다만 시스템에 이상이 온 것뿐이다. 사법부가 분노했다는 표현도 마찬가지이다. 사법부 모든 관계자가 분노한 것이 아님에도 불구하고 이런 표현은 정당하며, 분노를 느끼는 아가 존재하지 않음에도 불구하고 이런 표현은 매우 효과적이고 유용하다. 만약 진짜로 고통 받는 국회라는 아我가 있다고 생각하면 범주오류category mistake를 범하는 것이 된다.

진화를 통해 만들어진 수많은 모듈로 이루어진 두뇌가 어떤 결정에 이를 때, 마치 '전체를 주재하는 황제와 같은 아가 있다'고 착각을 하는 것이다. 제국의 황제도, 황제 자신이 곧 제국이 아니라, 제국을 이루는 무수한 인간들 중 하나일 뿐이다. 황제는 국가라는 제도가 만들어낸 하나의 제도일 뿐이지 실재하는 생명체가 아니다. 뇌에서 발생한 이 가상적인 아도, 뇌의 수많은 '아'(예를 들면 좌뇌의 아와 우뇌의 아) 또는 신체기관의 수많은 '아'(예를 들면 백혈구·적혈구 같은 세포들)의 일종일 뿐이다. 어차피 다 가상적인 '아'이다.

인식이 발달하지 않으면 이 가상적인 '아'로 인한 고통도 발달하지 않는다. 따라서 고에 대한 고도의 해결책도 필요하지 않다. 질기지 않은 물건을 자를 때는 무딘 칼도 쓸모가 있다. 붕어의 해탈의 비밀은 바로 여기에 있다. 붕어의 고통은 정치精緻하지 않으므로 무딘 두뇌(인식능력)가 문제가 되지 않는다. 붕어는 못가 정자에서 불경 읽는 소리를 오랜 기간 듣다가 깨달음을 얻었다. 인간은 지력이 낮은 자 높은 자로 천차만별이다. 각자 능력에 따라 거기 맞는 깨달음이 존재한다. 남녀노소, 지위고하, 부귀빈천, 학력과 지력의 차이에도 불구하고 누구나 깨달음이 가능하다. 깨달음은 지극히 평등하다. 그래서 『금강경』에 이르기를 '시법평등무유고하'라 하였다. 이 관점을 상징적으로 표현한 것이 바로 붕어의 깨달음이다. 예전 농경시대에, 유교경전 등의 형이상학을 특별히 배운 바는 없지만, 마음이 따뜻하고 응어리가 없고 넓은 해탈한 노인들이 존재했다. 깨달음이란 고의 해결이지 '일체종지'를 획득하는 것이 아니다. 이것이 바로 붕어의 깨달음이다.

이 관점이 필연적으로 제시하는 것은, 진화에 따라 인간의 두뇌(의식, 생각, 관념)가 복잡해지면 필연적으로 새로운 형태의 깨달음이 필요해진다는 것이다. 단순한 고를 지닌 생명은 단순한 고를 해결하면 해탈이요, 복잡한 고를 지닌 생명은 복잡한 고를 해결해야 해탈이다. 한 가지 고를 지닌 생명은 한 가지만 해결하면 해탈이요, 만 가지 고를 지닌 생명은 만 가지 고를 해결해야 해탈이다 一苦卽一解脫 萬苦卽萬解脫 일고즉일해탈 만고즉만해탈.

처한 시공간에서, 무아사상에 의하면, 고정불변하는 '아'가 존재하지 않아서 비록 가상적인 '아'일지라도 시간과 공간이 흘러감에 따라 새로운 '아'가 등장하고, 따라서 새로운 깨달음이 필요하게 된다. 새 술은 새 부대에 담아야 하는 법이다. 시공간의 물결을 타고 '의식과 인식'(아我)이 진화함에 따라, 깨달음도 진화를 한다. 그러므로 깨달음은 실체가 없다. 붕어의 깨달음은 '깨달음의 실체 없음'을 여실히 보여주는 일화이다.

부처님이 『금강경』에서 설하시기를 '아뇩다라삼먁삼보리 즉비아뇩다라삼먁삼보리 시명아뇩다라삼먁삼보리'라고 하셨다: 무상정등각(위없는 바른 깨달음)은 무상정등각이 아니다, 단지 그 이름이 무상정등각일 뿐이다. 깨달음이란 무협지의 '무공비기'나 '비전祕傳의 무공책'처럼 어떤 고정된 비술을 얻어 닦아 얻는 것이 아니다. 부단히 변하는 시공간에 위치한 생명(인식 시스템)이 자신의 한계를 뛰어넘는 순간, 그것이 바로 깨달음이다. 『법화경』의 주장처럼 용녀가 일단 남자로 변해야만 깨달음이 가능한 것이 아니다. 자신이 남자로 변할 필요가 없음을 아는 순간이 바로 깨달음의 순간이다. 붕어는 아예 사람으로조차 변할

물고기와 깨달음

필요가 없었음을 기억하시라!

目 『청정도론』에 『서유기』의 붕어의 깨달음과 유사한 일화가 등장한다. '만두까'라는 개구리가 석가모니 부처님이 각가라 강변에서 짬바시 주민들에게 베푸는 설법을 듣다, 목동의 지팡이에 눌려, 죽은 후 즉시 도리천에 천인으로 태어났다. 만두까는 부처님을 찾아 사례했다.

目 부처님 제자 중에 머리가 나쁘기로 유명한 제자 주리반특이 있다. 이분은 '제법무아'를 외우는데 '제법'을 외우면 '무아'를 못 외우고, 겨우 '무아'를 외우면 앞의 '제법'을 잊어먹을 정도로 기억력이 나빴다. 이분도 결국은 아라한이 되었다(「토함산」이라는 우리 가곡가사에 나오는 '16나한' 중 한 분이다. 16나한은 응진전^{應 眞殿}에 모셔져있다. 큰 절에 가면 부처님께 인사올린 후에 산신각으로 갈 것이 아니라, 대웅전 뒤쪽으로 가서 16나한을 모신 응진전을 참배하시라. 그중 모든 바보들의 위안과 희망인 주리반특 이분을 잊지 마시고 꼭 찾아보시기 바란다). 붕어가 깨달음을 얻을 수 있다는 주장에 힘을 실어주는 일화이다. 붕어는 기억력이 나빠서, 일 분도 되지 않아 조금 전에 입질하다 죽을 뻔했던 것을 까마득히 잊어먹고, 낚시 바늘에 걸린 미끼를 물고 장쾌하게 물 위로 승천한다. 이런 붕어도 깨달음을 얻을 수 있다면 하물며 인간이야 말할 것이 있겠는가? 붕어는 누구에게나 희망을 주는, 몸에도 좋고 마음에도 좋은 착한 물고기이다.

目 갔던 곳에 다시 가고 싶은 것은 욕망의 질과 양에 비례한다. 욕망의 충족이 이루어지는 순간 거짓말처럼 그곳에 다시 가지 않을 것이다. 작은 잔에는 적은 물만 부어도 가득 차나, 큰 잔에는 많은 물을 부어야 가득 찬다. 마찬가지로 의식이 낮은 자는 적은 (쉬운) 문제만 해결해도 깨달음이 가능하나, 의식이 발달한 존재는 많은 (어려운) 문

제를 해결해야 깨달음이 가능하다. 의식이 발달한 정도에 따라 깨달음은 질적으로 차이가 있다. 의식이 높은 자의 깨달음은 의식이 낮은 자를 인도할 수 있으나, 그 역은 불가능하다.

目 삼성그룹 창업자 고故 이병철 회장은 죽음에 즈음하여, 삶과 죽음과 기독교교리에 대해서 가톨릭 신부에게 방대한 질문을 하였다. 의문이 많은 자는 해결할 것도 많은 법이다.

目 시법평등무유고하是法平等無有高下: 이 법은 평등하여 높고 낮음이 없다. 깨달음은 인간 지위의 높고 낮음에 관계없이 누구에게나 평등하다.

서유구와 파블로프

본시 소유주가 없는 것은
먼저 자기 거라고 주장하는 자가 임자이다
그게 특허권이고 저작권이다
자연법칙과 과학기술은 본래 존재하는 것이고
예술작품과 문학작품도
가능한 조합으로서 본시 존재하는 것이다
그런데 혹자는 그걸 자기 거라고 주장한다
파렴치한 자들이다 〈어느 도교 수행자〉

금琴을 탈 때마다 금붕어에게 먹이를 던져주면, 금붕어는 앞을 다투어 받아먹는다. 여러 차례 그와 같이 하면, 그 뒤에는 슬기당둥당 금을 타는 소리를 듣기만 해도, 먹이를 던져주지 않아도, 반드시 금붕어가 물 밖으로 튀어나온다.

이러한 장면을 본 손님들은, 금붕어들이 먹이에 욕심이 있어 그런 줄은 모르고, 호파가 다시 살아나온 줄로 착각할 것이다.

☰ 서유구[1764~1845]는 저서 『임원경제지』에 자신이 금붕어를 상대로 수행한 조건반사실험을 기록했다. 이것은 1900년경의 파블로프 실험보다 최소한 50년 이상 앞선 것이다. 파블로프는 조건반사연구로 1904년에 노벨생리의학상을 수상했는데, 사실상 서유구가 노벨상을 받았다고 봐야 한다. 서유구는 정조 때 대제학과 이조판서를 역임했으며, 그의 저서 『임원경제지』는 조선시대 최대 백과전서이다.

☰ 호파: 전설적인 가야금의 명인

다정 김규현의 황금물고기

물고기에 대한 그리움은 아득한 진화의 흔적이다

진화에 뒤처지면 잡아먹힌다

강원도 홍천강변에 수리재를 짓고 35년을 살아온 다정 김규현 선생은 평생을 황금물고기라는 화두를 가슴에 품고 살아오신 분이다. 화두를 풀고자 티베트 인도 서역만리를 헤매고 다니기도 했다. 히말라야 카일라스 산 인근의 마나사로바 호수에서는 물고기와 관련된 신비로운 경험을 하기도 했다.

젊은 시절 4년간 불문佛門에 들어가 머리를 깎은 적도 있지만 물고기처럼 자유롭게 살고 싶어 다시 머리를 길렀다. 물고기는 잘 때도 눈을 감지 않는다고 해서 불가佛家에서 치열한 수행의 상징으로 쓰인다. 물고기는 김수로왕의 전설처럼 세계 곳곳의 신화와 전설에 등장하는 주인공이다. 포유동물이 특히 인류가 물고기에서 진화한 것을 볼 때, 물고기에 대한 그리움은 원초적인 감정일 것이다. 아련한 향수일 것이다. 인간은 태어나기 전에, 아가미를 단 물고기 모양을 하고 따뜻한 양수의 생명의 바다에서 산다. 종種의 발생을 되풀이하는 장엄한 의식을 통해 태고적 그 시절을 영원히 기념하고 기억한다. 진화생물학적인 종묘 제례이다. 과연 물고기가 다정 선생의 말처럼 자유스러운가는 의문이

●쌍어문(雙漁紋): 중국 보주에 있는 보주허씨(普州許氏) 사당. 김수로왕의 부인 허황옥의 고향으로 추정된다. 중국 보주에 정착한 인도인의 후손이 가야로 왔다는 설이 있다. 물론 쌍어문으로 유명한 인도 아유다라에서 직접 출발해서 가야로 왔다는 설도 있다.

普州許氏祠堂
보주 허씨의 사당
Puzhou Xu clan ancestral hall

지만, 실존적인 삶의 고뇌와 생명의 비밀을 풀지 못하고 뇌에 과부하가 걸려 사느니 차라리 실존적인 문제제기 이전의 시절로 돌아가고 싶은 심정일 것이다. 아무런 고뇌가 없이 남극에서 북극으로 국경 없이 미끄러지듯이 유영하는 물고기가 부러울 것이다. 우주와 생명의 신비에 대한 지적 갈증으로 열역학 제2법칙의 거센 물길을 거슬러 올라온 것이 35억 년 인간진화의 역사이다. 타는 듯한 목마름이 있어야 갈증해소의 해방감이 있듯이, 지적인 갈증이 있어야 해탈도 가능한 것 아닌가?

고래는 고향에 대한 그리움을 이기지 못하고 객지를 떠나 바다로 돌아가 버렸다. 바다를 떠나온 지 수억 년, 다정 선생은 그때 동료들을 따라가지 못한 것이 아쉬워 두 번째 (귀향)고래가 되고 싶으신가? 그에게 금경金鯨 황금고래이라는 호를 드리고 싶다. 가끔씩 물 위로 솟아오를 때 보일 뭍은 그에게 또다시 형언할 수 없는 뇌의 간지러움으로 뭍에 대한 향수를 일으킬 터인데, 그때는 어쩌시려고 그리도 물고기를 그리워하시는가? 타는 듯한 지적 갈증은 차가운 극수로도 식힐 수 없지 않은가?

目 인류의 조상은 여우원숭이 같은 모습으로 수억 년 동안 거대 공룡들 발밑에서 지금의 곤충처럼 비루한 삶을 살면서 질긴 생명을 유지하지 않았던가? 그때 블랙스완black swan같이 찾아온 거대한 떠돌이별이 아니었다면, 어떻게 찬란한 오늘이 있겠는가? 이 모든 역경을 극복한 영광의 역사를 뒤로하고 과연 돌아갈 수 있는가?

目 카일라스 산은 불경에 등장하는 세상(지구)의 중심에 위치하는 수미산이다.

目 마나사로바 호수는 카일라스 산 옆에 있으며 인도와 중국의 4개의 큰 강의 발원지이다.

目 어떤 고래는 이빨이 있지만 어떤 고래는 이빨이 없다. 향유고래, 범고래, 돌고래(부리돌고래, 병코돌고래, 민물돌고래, 흰돌고래)는 이빨이 있고, 혹등고래, 수염고래(긴수염고래, 흰긴수염고래), 참고래, 밍크고래는 이빨이 없다. 하지만 놀랍게도 이들 이빨 없는 고래조차 태아는 많은 이빨을 지니고 있다. 태어나기 전에 이 이빨들은 모두 사라진다. 고래가 이빨이 있는 육상동물로부터 진화했다는 증거이다. 진화론의 강력한 증거이기도 하다. 도대체 씹어 먹을 것이 없는 태아가 왜 이빨이 필요하다는 말인가? 진화는 혁명이 아니라 기존의 것을 고쳐 쓰는 시스템이므로 개별 생명체의 발생과정에 옛 흔적이 남아있는 것이다(진화는 좌파가 아니라 중도우파이다). 예를 들어 남자에게 왜 젖꼭지가 필요하다는 말인가? 전혀 무용지물 아닌가? 수정

●마나사로바 호수와 카일라스 산. 카일라스 산은 불교우주론에서 우주의 중심인 수미산으로 추정된다. 카일라스 산의 모습이 경전에 묘사된 수미산의 모습과 비슷하기 때문이다. 카일라스 산 인근의 마나사로바 호수는, 수미산 인근의 호수에 대한 경전의 묘사처럼, (중국과 인도의) 4개의 거대한 강의 발원지이다.

란에 남자주형鑄型과 여자주형을 따로 준비하는 것보다 같은 주형으로 출발해서 한쪽을 전문적으로 발달시키는 것이 더 생물경제적bio-economical이고 효과적일 수 있다. 마치 자동차를 만들 때 기본적으로 같은 섀시chassis나 엔진 등의 동일한 몸통 위에 다양한 모델을 만드는 것과 동일한 이치이다. 그래서 남자에게도 젖꼭지가 남아있는 것이다. 뇌를 통해 발현되는 인간의 마음 역시 마찬가지이다. 남자에게도 부성애라 불리는 모성애의 흔적이 남아있다. 아마 부성애와 모성애는 부모애(내리사랑)라는 동일한 주형으로부터 차등적으로 발달하는 감정일 수 있다.

⊟ 이빨이 없는 닭 같은 조류도 발생 초기에는 이빨이 있다. 태고의 기억을 간직하는 생물의 발생과정은 신비로운 현상이다. 아마 모든 생명체는 무의식적으로 옛날을 그리워하는지도 모른다. 모든 게 상징이라면, 생물의 발생과정은 놀랄 만한 신비로 가득 찬 대단한 상징이다. 화석이 생물체 외부에 있는 죽은 물건이라면, 발생과정은 생물체 내부에 있는 살아있는 생물이다. 흘깃 보여주고 떠나가는 시인의 영감처럼, 발생과정은 우리 몸에 흘깃 자취를 남기고 떠나간다.

고래와 여래장과 무아사상

생물의 세계를 통해 인간에 대한 놀라운 깨달음을 얻을
수 있다
그들은 우리의 아득한 옛 모습을 간직하고 있기 때문이다

선불교는 불성을 말한다. 구름 뒤의 달처럼 인간은 누구나 번뇌 뒤편에 맑고 밝은 불성이 있다고 주장한다. 즉 여래장, 여래청정심(티 없이 깨끗한 마음)이 (객진)번뇌라는 구름에 덮여있다는 말이다. 그렇다고 여래장이 훼손되거나 질이 떨어지게 된다는 말이 아니다. 단지 (자신에게 이미 존재하고 있는) 여래장을 발견해야 한다는 뜻이다.

이 경우 누가 발견하는가? 여래장이 여래장을 발견하는가? 이것은 모순이다. 따라서 발견하는 제삼의 존재가 필요하다. 이 제삼의 마음의 존재는 마음의 모듈이론에 부합한다. 마음은 여러 모듈에 의해 구성되어 있으며 각 모듈도 고정된 것이 아니다. 두뇌의 일부분이 손상되더라도 다른 부분이 (전부 또는 부분적으로) 그 기능을 떠맡음에서 알 수 있다.

고래는 수면 시 1분 정도의 선잠을 되풀이하며 자다 깨기를 반복하는데, 이때 좌뇌가 잘 때 우뇌가 깨어있고 우뇌가 잘 때 좌뇌가 깨어있어, 좌·우뇌가 번갈아 불침번 역할을 맡아 주기적으로 몸을 수면으로 인도하여 숨을 쉰다. 따라서 고래의 마음은 좌측 마음과 우측 마음으

로 최소한 두 개 이상임을 알 수 있다.

즉, 여래장이 존재하더라도, 여래장을 발견하는 마음은 여래장이 아니며 이렇게 보아야 무아사상에 부합한다.

▤ 여래장을 발견하는 것은 재발견이 아니다. 왜냐하면 아직 깨닫지 못한 사람은 결코 여래장이 자신에게 존재하는지 모르기 때문이다. 구름 뒤의 달의 발견은 수없는 일상적인 재발견이지만 여래장의 발견은 일회적인 사건이다. 그것은 단 한 번 일어나는 불회귀적不回歸的인 깨달음으로 묘사된다. 경전의 비유를 보면 여래장은 남이 나 몰래 내 소매 속에 숨겨놓은 보물이다. 진화론적으로 보면 여래장이란 진화과정을 통해 발달한 의식이 심층에 배경의식으로 자리 잡고 있는 것이다. 표면의식을 지탱하는 바탕의식이 여래장이다.

물
고
기
와

깨
달
음

불교는 깨달음을 말하지만 누가, 즉 어느 마음이 깨달음을 얻는지는 말하지 않는다. 왜냐하면 깨달음을 얻는 주체(마음)를 언급하는 순간, 불교의 무아론에 위배되기 때문이다. 비가 내리는 것처럼 깨달음은 현상일 뿐이다. 불교는 하나의 마음이 아니라 8개 또는 9개의 마음(식識)을 설한다. 이 사실을 망각하면 여래장 또는 제9식을 실재적인 주체로 만드는 아트만 사상에 빠지게 된다. (만약 여래장이 실재적인 주체라면, 우리는 항상 여래장을 지니고 있으므로 이미 깨달아 있어서, 깨달을 필요조차 없을 것이다. 만약 깨닫는 역할을 하는 (여래장이 아닌) 다른 마음이 필요하다면, 깨달음이란 여래장과 이 깨닫는 마음의 상호 협동작업 또는 연기緣起작업이다.) 깨달음이란 이 8, 9가지 마음에 일어나는 총체적인 현상일 뿐이다. 다시 강조하자면 깨달음이란 현상일 뿐이다. 업을 짓는 자도 업을 받는 자도 없는 것처럼, 깨달음도 구하는 자나 얻는 자가 없는 것이다.

▤ 모듈module이란 고유의 기능을 담당하는 부서를 말한다. 감정, 표상,

연상, 유비, 추리, 기억, 형상 인식, 얼굴 인식, 공간 인식, 평형감각, 소리 인식, 음감, 수 인식, 냄새 인식, 분석, 언어 등을 담당하는 여러 부서를 칭한다.

단순한 조직의 원시 씨족·부족국가에 비해서 현대 국가는 수많은 정부기구와 비정부기구^{NGO}로 이루어져 있다. 사회가 발달함에 따라 복잡해지고 이에 따라 필연적으로 고유의 업무를 전문적으로 담당하는 기구들이 생기고 발달하기 마련이다. 분업을 해야만 효율성이 극대화되고 생존에 기하급수적으로 유리하기 때문이다. 아담 스미스가 논증했듯이 핀^{pin} 제조공정을 분업화하면 분업화 이전의 한 사람이 하나 만드는 시간에 한 사람당 수백 개를 만들 수 있는 것과 같은 이치이다. 우리의 의식도 마찬가지이다. 그래서 수많은 모듈이 존재하는 것이다.

▤ 생존은 추상적이 아니라 구체적이다! 백조가 호수 위를 우아하게 떠다니는 것은 수면 아래의 부단한 물갈퀴 움직임 덕분이다. 미인이 아름답게 미소 지으며 떠다니듯 무대 위를 걸어 다니는 것은, 불투명 피부 아래 감추어져 있는 뇌, 심장, 근육, 폐, 위, 소장, 대장, 간, 콩팥의 왕성한 활동 덕분이다. 이렇듯 살아있다는 것은 구체적이다. 신^神이나 기^氣나 엘랑비탈^{élan vitale}과 같이 이름만 멋있는 정체불명의 존재 덕분이 아니다.

남산골샌님이 자존심을 지키며 드높은 공자님의 말씀을 아침저녁으로 외워도, 그 낭랑한 목소리를 가능하게 하는 에너지는 모두 하루 종일 샀바느질과 빨래와 텃밭 가꾸기 등의 고된 일을 도맡아 하는 아낙의 구체성으로부터 나온다!

극락은 어디에

극락은 초기불교에 없는 개념으로서, 후기불교에 나타난다. 극락은, 불을 섬기는 이란의 조로아스터교에서 왔다는 설이 유력하다. 불은 빛(光)을 내고, 극락의 교주 아미타에 무량광(無量光)이라는 뜻이 있기 때문이다.

극락(極樂)은 즐거움이 끝이 없는 곳이다. 그런데 인간은 다른 인간이 없어도 즐거울 수 있을까? 지구상에 자기 혼자만 있으면 지구가 다 자기 소유물이겠지만, 과연 즐거울까? 사람이 불행한 것은 대체로 타인과의 갈등과 욕망충돌 때문이다. 타인은 행복의 근원이자 불행의 근원이다. 기이한 일이다.

이 장에서는 극락이 과연 물리적으로 존재하는지 논한다. 사실은 인간의 환망공상이라는 걸 논증한다.

서방정토는 어디 있는가

서쪽으로 계속 가면 출발한 곳으로 돌아온다

『아미타경』에 의하면 서방정토 극락은 서쪽으로 십만 억 불국토를 지나서 있다. 그런데 서쪽이란 방향이 고정되어 있지 않다는 것이 문제이다. 고대에는 지구가 자전한다는 사실을 몰랐으므로 서쪽이 고정된 것으로 생각했다. 그러나 지금 지구가 자전한다는 것은 상식이므로 서쪽은 고정된 것이 아님을 알 수 있다. 왕사성王舍城 Rajagaha에서의 정오의 서쪽과 자정의 서쪽은 우주공간에서 정반대 방향이다. 그러므로 고정된 서쪽은 존재하지 않고, 고정된 서쪽에 존재하는 서방정토는 사실상 존재하지 않는 것과 마찬가지이다. 따라서 서쪽을 향해 아미타불에게 경배를 한다는 것은 어불성설이다. 임종 시 아미타수행자에게 아미타불이 오색구름을 타고 영접하러 왔다는 설화가 여럿 있는데, 정오에 온 아미타불과 자정에 온 아미타불은 우주공간에서 볼 때 정반대의 방향에서 온 것이 된다! 아미타불은 바쁘기도 하시겠다. 어디서 오시건 간에 사자死者의 서쪽방향에 맞추어 서쪽으로부터 강림하여야 하니 말이다.

目 '진실을 알고자 하는 마음'과 '행복을 추구하는 마음'은 서로 독립적인 마음이다. 한 지붕 아래 사는 이 두 마음은 끝없이 서로 투쟁하고 견제하고 경쟁한다. '진리가 행복을 보장하는 것이 아니며 오히려 불행을 가져오는 경우가 종종 있다'는 '행복을 추구하는 마음'의 지적에도 불구하고 '진리를 추구하는 마음'은 전혀 물러섬이 없다. 행복을 추구하는 마음의 입장에서는 기가 막힐 것이다: "아미타불이 진짜이건 가짜이건 우리를 행복하게 하면 그만인 것을 왜 쓸데없이 개입하여 아미타불의 정체를 파고들며 수사하느냐? 공연히 남의 집 쪽박을 깰 필요는 없지 않느냐"는 볼멘소리다. 이에 진리를 추구하는 마음이 대꾸하기를 "장기적으로 볼 때 나로 인하여 행복의 질이 비약적으로 향상된다! 산타클로스가 어린 시절에는 우리에게 큰 기쁨을 주지만 언제까지나 산타클로스가 존재한다고 믿고 살 수는 없지 않은가?"라고 소리친다. 이 두 마음은 지금 이 순간에도 "모르는 것이 약이다" 아니다 "지식은 힘이다"라고 외치며 싸우고 있다. 종교는 복지부 소관이라는 주장과 과학기술처 소관이라는 주장이 팽팽히 맞서고 있다. 문화부만 뻘쭘하게 되었다.

극락은 어디에

아미타불의 신도시 신행성

지금 우리가 사는 세상이 극락이다

『무량수경』에는 아미타불이 건설한 신新행성 극락세계의 묘사가 상세히 나온다. 그런 세계에 가서 사는 것을 꿈꾸며 수천 년 동안 무수한 사람들이 염불을 해왔다. 예를 들어 아름다운 신라향가 「원왕생가顯往生歌」는 극락세계에 가서 태어나기를 기원하는 노래이다.

절에 가면 볼 수 있는 신중탱화의 신장들의 복장이나 들고 있는 무기는 고대의 시점인 삼국시대로 고정되었다. 신도들의 꿈에 나타나는 신장들은 정확히 탱화의 모습으로 나타난다. 절대 기관총을 든 람보의 모습으로는 나타나지 않는다(만일 그런 식으로 나타난다면, 꿈꾸는 자는 신이 나서 '너는 누구냐'고 호통을 치며, 총을 들고 '한 번 붙어보자'고 할지도 모른다). 만년 후의 인간이 가는 천국의 의복이나 건축물이 지금의 복장이나 양식이라면 웃기는 일일 것이다. 현대인이 사후에 움집에서 크로마뇽인의 몸에 가죽옷을 입은 모습으로 천국에 산다는 것이 말이 안 되는 것처럼, 미래 인류가 현재모습의 육체와 도시로 이루어진 천국에 사는 것도 말이 안 된다. 한반도인은 삼국시대만 하더라도 대부분 움집에 살았다고 한다. 천국이 존재한다면, 인간 세상이 변하듯 천국도 변해야 할 것이다. 따라서 종교인들의 경험담에 등장하는 천국은 절대적으로 그들의 현재 욕망과 의식수준을 반영한 의식의 장난일 뿐이다. 만약 고정된 모습의 천국을 고집한다면, 무상無常의 가르침을 정면으로 거부하는 것이다.

현재 세상은 많은 부분 이미『무량수경』의 묘사대로 되었다.『무량수경』의 묘사에 의하면 극락에는 벌레가 없다(인도인들이 얼마나 갖가지 벌레에 시달렸는가를 웅변적으로 말해준다). 길은 유리로 되어있다(현대의 검은 유리 같은 아스팔트로 포장된 길). 가로수는 보석으로 되어있다(현대의 밝은 빛을 내는 가로등). 또『미륵하생경』에 의하면, 56억 7천만년 후에 도솔천 내원궁에서 지구로 내려오실, 미륵부처님이 이 지구상에 건설할 유토피아 불국정토佛國淨土는 마을끼리 가까워 이웃마을 닭울음소리를 들을 수 있다(지금 집들은 붙어있어 옆집소리나 층간소음을 들을 수 있다. 아파트가 좋은 예이다). 변을 보려하면 땅이 열렸다가 변이 끝나면 닫힌다(현대의 수세식 변기가 좋은 예이다). 섭화라는 나찰귀신은 밤에 더러운 것을 다 치운다(현대적인 대도시는 환경미화원들이 밤에 쓰레기를 다 치운다. 하지만 고대 인도도시들은 쓰레기와 오물로 몸살을 앓았음이 분명하다. 그렇지 않다면 청소귀신 섭화가 등장할 이유가 없다). 또 옷이 나무에 저절로 열리는데, 특히 얇고 부드러워서 사람들은 누구나 힘들이지 않고도 좋은 옷을 나무에서 거두어 입게 된다. 그것은 마치 울단원의 사람들이 나무에서 옷을 따 입고 사는 것과 같다(울단원은 수미산 북쪽의 북구로주를 말하는데, 여기서 옷은 아마 중국에서 인도로 들어오던 환상적인 옷감인 얇고 부드러운 비단을 의미하는 듯하다. 비단은 뽕나무에서 자라는 누에로부터 나오는데, 비단제조법이 극비였으므로, 이 사실을 모르는 중국 바깥세계에는 비단을 나무에서 얻는다는 신화가 생겼다. AD 140년경에 비단은 중국에서 인도로 인도 북부 카슈미르를 통해서 전해진다. 그래서 수미산 북쪽인 울단원이 등장하는 것이다. 이로 볼 때『미륵하생경』은 AD 140년 이후에 성립되었다고 봐야 한다.『미륵하생경』을 통해서 인도인의 중국비단에 대한 열망을 엿볼 수 있다. 지금은 얇고 부드러운 가지가지 문양과 색깔의 옷감이 기계에서 대량생산된다).

그러나 현대인이 꿈꾸는 천국은 다를 것이다. 우주여행을 꿈꾸는 세대의 천국은 또 다를 것이다. 생명공학을 통해 영생을 꿈꾸는 세대의 천국은 더욱 다를 것이다. 아직까지도 천국은 진화하지 않고 정체되어 있다. 이대로 가다가는 머지않아 따라잡혀 '어떻게 천국이 이승보다 못하냐'고 빅뱅^{Big Bang} 이래 처음으로 집단적인 천국행 거부 데모가 일어날 수도 있다.

미륵부처가 해海외여행을 해본 적이 없는 고대 인도인이라는 사실이 사태를 더욱 악화시킬 것이다. 미륵의 용화세계龍華世界에는 '껍질이 없는 향기로운 쌀'이 난다고 한다. 그럼 밀을 주식으로 하는 사람들은 어떻게 하나? 이는 쌀을 주식으로 하는 인도인 중심의 사유일 뿐이다. 한국인이 상상하는 지상천국의 주식은 절대로 빵·버터·치즈가 될 수 없다. 그런 곳은 절대 가지 않겠노라고 죽기살기로 거부할 것이다. 거꾸로 용화세계의 주식이 밀이라 해보자. 물론 껍질도 없고 향기롭다. "내가 빵이나 버터 치즈를 먹고 살려고 평생 착한 일 한 줄 아느냐? 56억 7천만 년 전에 14박16일로 빡세게 유럽여행할 때도 음식이 입에 맞지 않아서 죽도록 고생했는데, 이제 와서 이게 뭐하는 짓이야? 첫날 아침부터 왜 이래? 당장 된장국에 쌀밥 내와!" 하고 색색의 카슈미르 멀베리^{mulberry} 비단잠옷을 걸친 늙수그레한 한국인들이 호통을 치면, 까무잡잡한 신도시 용화시장은 난감할 것이다. 마찬가지 일이 밀을 주식으로 하는 서양인 불교도들에게 일어날 것은 틀림없는 일이다.

(그런데 천국의 첫날 첫 끼는 아침일까, 점심일까, 아니면 저녁일까?)

⊟ 여호와의 증인의 지상천국에서는 과일만 먹고산다. 곡물은 존재하지 않는다. 사자도, 호랑이도, 악어도, 하이에나도, 하마도, 지렁이도,

도마뱀도, 독수리도, 조개도, 말미잘도, 해삼도, 멍게도, 해파리도, 상어도, 다 과일만 먹고 살아야 한다. 필자 같은 채식주의자야 그럭저럭 살 만하겠지만, 고기를 좋아하는 우리 동료들은 어쩌나 걱정이다. 여호와의 증인 교세가 커지지 못하는 결정적인 이유가 바로 이 과일식frugivore이다. 누가 이런 천국에 가고 싶어 하겠는가?

🗟사람들이 터무니없는 소리를 이를 때 '개가 풀 뜯어먹는 소리'라 하지만, 기독교 구약은 '먼 훗날 개가 풀 뜯어먹는 세상이 온다'고 주장한다. 여호와의 증인들이 '낙원에서는 육식동물도 채식을 한다'고 주장하는 근거이다. 동료교수 개가 30분 동안이나 풀을 뜯어먹는 걸 본 적이 있다. 개 주인이, 놀라는 나를 보고, 자기 개가 유달리 풀을 좋아해서 수시로 그렇게 한다고 일러주었다. 본래 육식동물인 개가 풀을 즐겨 뜯어먹는다면, 사자라고 불가능할 건 없어 보인다. 하지만, 지금까지의 수많은 '임박한 지구 최후의 날'에 대한 호들갑스러운 예언이 다 빗나간 걸 보면, 낙원이 오려면 상당히 긴 시간이 흘러야 할 것 같다. 참으로 기이한 세상이다.

🗟고대인의 옷에 대한 열망은 대단했다. 그럴 수밖에 없는 것이 인간이 털이 없어졌으니 옷이 반드시 필요한데, 기껏 해봤자 갈대껍질로 만든 갈대옷이나 삼베껍질로 만든 베옷이었으며, 겨울에는 양가죽·개가죽·담비가죽·토끼가죽·사슴가죽·돼지가죽 등의 짐승가죽옷이었다. 한반도에 솜이 전해진 것도 고려시대임을 기억하시라. 그 이전에 겨울을 나는 것은 참으로 힘든 일이었을 것이다. 진화의 과정에서 털이 없어진 것이, 입을 거리에 대한 모든 문제를 만들었으며, 비단에 대한 열망을 낳은 것이다.

🗟사람들이 터무니없는 소리를 이를 때 '개가 풀 뜯어먹는 소리'라 하

지만, 기독교 구약은 '먼 훗날 개가 풀 뜯어먹는 세상이 온다'고 주장한다. 여호와의 증인들이 '낙원에서는 육식동물도 채식을 한다'고 주장하는 근거이다. 동료교수 개가 30분 동안이나 풀을 뜯어먹는 걸 본 적이 있다. 개 주인이, 놀라는 나를 보고, 자기 개가 유달리 풀을 좋아해서 수시로 그렇게 한다고 일러주었다. 본래 육식동물인 개가 풀을 즐겨 뜯어먹는다면, 사자라고 불가능할 건 없어 보인다. 하지만, 지금까지의 수많은 '임박한 지구 최후의 날'에 대한 호들갑스러운 예언이 다 빗나간 걸 보면, 낙원이 오려면 상당히 긴 시간이 흘러야 할 것 같다. 참으로 기이한 세상이다.

☙ 『미륵하생경』의 지상천국 용화세계에 대한 묘사 중에, '변을 보려하면 땅이 열렸다가 변이 끝나면 닫힌다'는 고대인의 똥에 대한 고민을 웅변적으로 증언한다. 얼마나 절실했으면 똥 해결책을 지상천국의 필수품으로 첨가했을까, 짐작이 가고도 남는다.

　사람이 많이 모여 살게 되면 항상 똥이 문제이다. 인간이 수렵채집을 벗어나 도시를 이루고 살게 되면서 똥은 큰 문제로 대두되었다. 처음에는 사람들이 아무데나 질러댔음이 분명하다. 그래서 가는 곳마다 '물컹' '텀벙'하고 밟으면 안 되는 것을(에) 밟거나 빠졌을 것이다('똥 밟았다'는 말처럼 한마디로 모든 것을 설명해주는 압축된 표현도 드물다). 발가락이 모두 열 개나 되었으니 신발까지 안 신었다면 더욱 낭패였을 것이다. 신발의 발명은 도시생활을 하게 됨에 따라 지천에 깔리게 된 똥오줌이 원인일 가능성이 매우 크다.

　불란서에서 발명된 하이힐이 바로 이 똥오줌 때문이라고 하지 않는가? 모든 중세왕의 로망이었던 태양왕 루이 14세의 베르사유 궁전에는 놀랍게도 화장실이 존재하지 않았다. 왕의 가족은 이동식 토일렛toilette 요강을 사용했으나 방문객들은 모두 정원이나 숲에 들어가 적당히 자리 잡고 해결해야 했다. 베르사유 궁전의 대정원과 숲이

아미타불의 신도시 신행성

조성된 진짜 이유이다. 파리주택에도 화장실이 존재하지 않아서 아침마다 요강에 담긴 오물을 길에다 버렸다. 주민들은 "똥 나간다" 소리치며 창문을 열고 길에다 다 내던져버렸다. 방심하는 행인은 이층에서 공중투하 되는 똥오줌에 날벼락을 맞았다. (일설에 의하면 망토가 발명된 이유라고 한다. 날랜 동작으로 망토를 펼치고 날아오는 똥을 막는 멋진 장면을, 그러고는 아무 일도 없었다는 듯이 유유히 길을 가는 신사의 모습을 상상해보라!) 그래서 길은 오물로 덮혀있었다. 거기다 말똥오줌까지 가세를 했으니 악취와 더러움은 이루 말할 수 없었다. 그래서 하이힐이 발명되었다고 한다. 하이힐은, 분뇨 속을 걷는 나막신이다!

들고 보니 이해가 가시지 않는가? 지상천국 용화세계에 훌륭한 화장실이 필요한 이유를. 우리 속담에도 '처가와 변소는 멀수록 좋다'고 했으니 지상천국에서도 똥오줌은 땅속 깊이 던져버려야 한다. 그래야 지상이 천국이 된다! 불경이나 성경 등 종교경전에는 언급이 없는 땅속에 사는 지옥중생의 고통 중 하나는 시도 때도 없이 지상으로부터 쏟아지는 똥오줌 폭탄에 맞는 것이다! 똥오줌이 지옥이 있는 깊은 땅속까지 먼 거리를 이동하면 중력의 영향으로 엄청나게 가속이 된다. 맞을 때 대단한 충격일 것이다. 그래서 사람은 착하게 살아야 한다.

그런데 왜 지상천국에서도 배변을 해야 할까? 용화세계가 자랑하는 '향기로운 과일'과 '껍질이 없는 향기로운 쌀'을 먹는 즐거움을 포기할 수 없기 때문이다! 그렇지 않으면 지상천국에 살 이유가 없다. 거기다 건강한 배변의 즐거움 또한 포기할 수 없는 즐거움이다!

🗐『중세의 기사도예절』이란 책에 다음과 같은 내용이 등장한다. 길을 가다 똥을 누고 있는 사람을 만나는 경우 "안녕하십니까?" 하고 인사를 건네는 것은 예의에 어긋난다. 못 본 척하고 재빨리 지나가라.

똥 누는 자세로 인사를 주고받는 것은 고역이었음이 분명하다. 그렇지 않다면 예절책에까지 언급될 리 만무하다. 상류층 인사들조차 길가에 쭈그리고 앉아 변을 봐야 할 정도로 유럽의 '똥'은 정말 심각한 문제였다.

"중세유럽의 거리엔 뚜껑 달린 두 개의 큰 통을 맨 커다란 망토를 두른 여인들이 활보했다. 이들은 마스크도 쓰고 있었다. 손님이 찾으면 통을 내린 뒤 뚜껑을 열었다. 이어 커다란 망토로 손님을 가렸다. 용변이 급한 이들에게 '이동식 화장실'을 제공하던 장사꾼들이었다."(양태자, 『중세의 길거리의 문화사』) 당시 유럽은 집에도 화장실이 없었으니 공중화장실이 있었을 리 만무하다. 그래서 이런 이동식 화장실 임대업자들이 등장한 것이다. 두 개의 통 중 하나는 소변용이고 하나는 대변용이었을 것이다. 마스크는 악취를 피하려는 시도였을 것이다. 큰 거를 보는 경우 화장지는 뭘 썼을까? 양피지를 썼을까? 아니면 물을 사용했을까? 망토는 두 가지 기능을 했다. 하나는 지나가는 마차가 튀기는 오물을 막는 용도이고, 다른 하나는 자기가 길가에서 손수 만드는 오물을 가리는 역할이다. 앞에서 소개한 에라스무스가 언급한 길가에서 용변을 보는 사람은 시골길에서 만난 사람일 것이다. 통행량이 적은 시골길에 이동식 화장실 임대업자가 있을 리 없기 때문이다. 또, 광활한 나대지를 놔두고 누가 돈을 지불하며 이동식 화장실을 사용하겠는가?

중국의 유가를 비롯한 제자백가에서는 거의 모든 문제가 다루어졌지만 유독 '똥 문제'만큼은 등장하지 않는다. 중요한 예절을 망라한 『예기』에도 똥 눌 때 지켜야 하는 예절에 대해서는 전혀 언급이 없다(예를 들어 '공자님은 마땅히 나와야 할 것이 잘 나오지 않는 변비에 걸리시더라도 지나치게 힘을 주어 얼굴이 대추빛으로 붉어지는 일이 없었다. 몹시 곤란한 지경에 처하셨음에도 온화한 얼굴을 유지하시고 적당히 힘을 주는 중용을 발휘하셨다'는 등의 언급이 없다).

아미타불의 신도시 신행성

『논어』에 의하면 '공자님은 상을 당한 사람을 보면 낯빛을 고쳤고 종종 걸음으로 걸으셨다'고 하는데, 아마 공자님이 타임머신을 타고 중세유럽에 가서 길가에서 똥 누고 있는 사람을 보시게 되면 낯빛을 고치고 종종걸음으로 신속히 지나가실 것이 분명하다.

🗒 문화대혁명기의 천안문에는 백여 만 명의 군중이 모이곤 했다. 그런데 그 많은 사람들이 용변은 어떻게 해결했을까? 광장 가장자리의 기다란 하수구를, 그 위 블록들을 하나 걸러 들어내고 안 들어낸 양쪽의 블록을 발받침대로 해서, 변기로 썼다. 장사진長蛇陣 같은 임시 변기는 기다란 천막으로 둘러싸 가렸지만, 변을 보는 사람들 사이에는 칸막이가 없었다. 남녀 구분 없이 수백 명씩 엉덩이를 까고 나란히 늘어앉아 변을 보는 모습을 상상해 보라. 거기에 변이 직장을 탈출하는 소리와 노골적인 냄새가 떼를 지어 가세해 색성향色聲香의 입체적인 하모니를 이루었을 것이다. 참으로 장관이었을 것이다. '과연 중국!'이라는 감탄사가 아니 나올 수 없다. 이 임시 화장실이 없었다면 문화대혁명은 불가능했을 것이고(혁명 이전에 먼저 똥과 전쟁을 벌어야 한다), 참혹한 티베트 불교문화 파괴 등 전통문화 파괴도 일어나지 않았을 것이다. 똥이 문제다. 광장에 똥 눌 곳만 없었어도 이런 참사慘事는 일어나기 힘들었을 것이다.

🗒 위에서 언급한 중세의 예절에 대해 좀 더 자세히 소개하면 다음과 같다. 서기 1530년에 위대한 학자 에라스뮈스Desiderius Erasmus는 향후 200년간 유럽에서 베스트셀러가 될 『중세의 기사도 예절On Civility in Boys』이라는 책을 썼다. 이 책에는 예절바른 동양인들이 읽으면 경악할 그리고 상상할 수 없는 얘기들이 나온다. (윤회론이 사실이라면 에라스뮈스는 공자님 제자의 환생이 분명하다. 무례한 서양 오랑캐들을 교화하려고 서양에 환생한 것이 틀림없다.)

극락은 어디에

계단, 복도, 벽장, 커튼을 오줌이나 다른 오물로 더럽히지 말라(급하면 계단이나 복도에서 소변을 보고, 벽장이나 커튼 뒤에 숨어 대변을 보았다는 소리다. 물론 침을 뱉는 것은 모든 곳에 해당하는 기본이다).

'숙녀들' 앞이나 '궁전 방문과 창문' 앞에서 대소변을 보지 말라(경복궁이나 자금성에서 이런 일이 일어나는 것을 상상이나 할 수 있는가?).

방구 가스를 몸 밖으로 내보내려 하는 것처럼, 엉덩이를 의자 위에서 앞뒤로 왔다 갔다 하지 말라.

맨손을 옷 속으로 집어넣어 은밀한 부분을 만지지 말라(그리고 그 손으로 다른 사람들과 공유하는 빵이나 음식을 만지작거렸음이 분명하다. 소금이나 후추 같은 양념통에도 그 찝찔한 손을 댄 것이 틀림없다. 당시 유럽은 손으로 음식을 먹었기 때문이다! 에라스무스의 이 책이 출간된 지 100년 후의 태양왕 루이 14세도 손으로 음식을 먹었다. 포크가 발명되었을 때, 신이 주신 손가락을, 즉 스파게티를 집어먹는 용도로 완벽하게 창조된 손가락을 사용해야지 불편한 포크를 사용하면 안 된다는 극심한 저항이 있었다. 발명될 당시 포크가 세 갈래여서 악마의 삼지창과 유사하다는 이유로 악마의 발명품이 아니냐는 의심도 받았다. 그래서 지금의 4지창 모양으로 바뀐 것이다).

방귀를 뀔 때 소리를 내지 말라(그런데, 우리나라에는 소리 없는 방구가 더 고약한 냄새를 낸다는 속설이 있다. 제거대상으로, 소리나 냄새 둘 중 하나를 택해야 한다. 인생은 가혹하다. 둘 다 얻는 수는 없다. 게다가 소리를 안 내려고 힘을 쓰다가는 안면이 일그러지는 것은 물론이거니와 심하면 고혈압증세가 오는 수 있다).

대소변을 보려는 준비동작으로 다른 사람 앞에서 옷을 벗거나, 대소변을 보고나서 다른 사람 앞에서 옷을 올리지 말라(변을 보는 중에 다른 사람이 나타나면 그냥 쭈그리고 앉아 있다가 그 사람이 지나가면 그때서야 옷을 올리라는 지침이다. 그런데 지나가던 사람이 알 수 없는 이유로 갑자기 고개를 뒤로 돌리면? 반쯤 벌거벗은 자세로 엉거주춤 일어서고 있는 사람과 눈이 마주치면 정말 난처한 장면이리라! 밀폐된 합법적인 장소가 아니라 중인환시리衆人環視裡에 아무데서나 변을 봤다는 소리다. 특히 뒤에서 목격하는 것이 더 끔찍할 것이다. 그런데 그 분비물, 그중에서도 특히 똥은 어떤 자세로 바닥이나 땅 위에 자리 잡았을까? 김이 모락모락 나는 자세로? 아니면 질펀하게 누운 자세로?).

여관에서 다른 사람과 침대를 같이 쓸 때 옆사람에게 너무 가까이 누워 그 사내의 몸을 접촉하거나 그 사람 두 다리 사이에 자기 다리를 집어넣지 않도록 하라. (중세유럽은, 기독교 영향으로, 동성연애에 대한 혐오가 동성연애공포증homophobia이라 해야 할 정도로 심했다. 기독교 『구약』의 하나님은 동성연애자는 돌을 던져 죽이라고 명령했다. 그러므로 여관에서 다른 사람과 침대를 공유할 때, 잠결에라도 절대로 동성연애자라고 의심을 살 만한 위험한 행동을 해서는 안 된다.)

여관 침대시트에서 구역질나는 것을 발견하더라도 동행에게 손가락으로 가리키거나, 그 더러운 물건을 손으로 집어 들고 얼마나 더러운지 한번 냄새 맡아 보라고 권하지 마라(깨끗한 환경을 끔찍이도 강조하는 녹색당까지 있는 유럽이 이렇게 끔찍하게도 더러운 적이 있다니!).

식탁보, 손가락, 소매, 모자에 코를 풀지 마라. 코를 손수건에 푼 다음, 마치 머리에서 손수건으로 진주나 루비가 떨어진 듯 코 푼 손수건을 펼치고 뚫어져라 쳐다보지 마라. (서양인들이 식탁에서 코를 풀어대는 것은 끔찍한 예절이다. 손수건에 푼다고 해서 용서되는 것은 절대 아니다. 소피아 로렌이나 오드리 헵번 같은 절세미인이 식탁에서 손수건에 큰 소리로 '팽' 코를 푸는 순간, 그 현기증 나는 아름다움은 진짜로 우리 공자님 후손들의 머리를 현기증 나게 한다. 게다가 손수건을 펼치고 내용물을 확인한다고 상상해보라! 머리를 흔들어대며 너무 세게 코를 풀다가 혹시 머리장식 보석이나 진주귀걸이가 그 속에 떨어지지나 않았을까 걱정하듯이.)

<u>ㅎㅎㅎ</u>, 정말 재미나는 책이 아닌가? 당시 유럽이 얼마나 미개했는지 웅변적으로 보여주고 있다. 사자가 동물의 왕인 것은 교양이 뛰어나서가 아니라 단지 힘이 세기 때문이다. 이 교양 없는 유럽인들이 총·대포·군함을 앞세우고 전 세계를 식민지로 삼았다!

🗐 신라 문무왕 때 광덕이 지은 향가인 「원왕생가顧往生歌」는 극락세계에 가서 태어나기(살기)를 기원하는 노래이다. 마침내 소원을 이룬 사람들의 간증과 극락여행기를 모은 것이 명나라 운서주굉 스님의 『왕생집往生集』이다. 아래에 그 노랫말을 소개하니 감상하시기 바란다.

원왕생가顧往生歌

달님이시어 이제
서방까지 가셔서
무량수불(아미타불) 앞에 일러 사뢰소서

다짐 깊으신 부처님을 우러러
두 손을 모아 올려
왕생을 바라나이다 왕생을 바라나이다(라고 기도하며)
그리워하는 사람이 있다고 아뢰소서

아 이 몸을 남겨두고 사십팔대원을 이루실까

🗐 「원왕생가」의 내용은, 아미타불이 자기에게 '아미타불이 건설한 신행성 신도시인 극락세계'의 시민권을 주지 않는 이상 아미타불은 법장비구(아미타불의 전생)의 48가지 큰 꿈vision을 이룰 수 없을 것이라고, 이 노래의 작가 광덕이 아미타불에게 보내는 협박이다. 이 협박

을 꼭 아미타불에게 전해달라고 광덕은 달님에게 신신당부한다. 동쪽에서 뜬 달님이 서쪽으로 가는 김에 아예 서방정토까지 가서 아미타불에게 전해달라는 협박이다. 협박의 근거는 아미타불의 48대원人願 중 18번째 항목이다: '나무아미타불 나무아미타불' 하며 자기이름(아미타불)을 간절히 부르는 자는 모두 신도시로 초청하여 같이 살겠다는 다짐이다. 광덕의 협박은 '아미타불이 48대원을 공약으로 내걸고 부처가 되었으니 이제 그 공약을 안 지키면 가만있지 않겠다'는 소리이기도 하다. 광덕은 정말 집요하고 무서운 사람이다! 광덕은 영리하게도 협박을 아름다운 노래로 만들었다. 그 바람에 아직까지도 우리가 광덕을 대신해서 녹음기처럼 광덕의 협박을 낭송하고 있으니, 아미타불의 귀가 몹시 시끄럽겠다. 그런데 광덕 그대는 지금 어디 있소? 극락세계에 성공적으로 입성하셨소? 달님을 통해서 그대 있는 곳을 전해주기 바라오.

문무왕재위 661~681은 삼국통일(676년)의 위업을 이룬 왕이다. 하지만 660년에 시작된 '백제와 고구려를 멸망시킨 8년 전쟁'과 연이은 668~676년 기간의 '당나라와의 8년 전쟁'은 국토를 황폐화시키고 백성들의 삶을 피폐화시켰다. 이 기나긴 전쟁의 참화慘禍 속에서 민중은 극락세계에 대한 열망을 키워 갔다. 살아서는 개·돼지처럼 살지라도 죽은 다음에는 그래도 인간답게 살아보자는 간절한 희망이었다. 그래서 나온 것이 문무왕 때 광덕의 「원왕생가」이다.

🔖 불경 『마하승기율摩訶僧祇律』「명일백사십일파야제법」 중 제138조를 소개한다. '담장 밖으로 구정물을 버릴 때는 지나가는 사람이 없는가를 잘 살펴야 한다.' 같은 경전 「백칠십팔단파야제법」 제78조는 '대소변을 담장 밖으로 내던지는 것'을 금하고 있다. 불란서건 인도건 동서양을 막론하고 오물을 집 밖으로 던지는 것은 동일한 현상이

다. 이것은 조류, 개미 등 다른 생물들에게도 나타나는 보편적인 현상이다. 오물처리는 항상 문제이다. 같은 경전 「명일백칠중학법」에서는 '비구가 서서 대소변을 보는 것'을 금하고 있다.

아마 서서 소변을 보면 성기가 드러나기 때문일 것이다. 불교계율에 의하면 다른 사람에게 벗은 모습을 보이면 안 된다. 그래서 승려들이 같이 목욕을 하는 것도 금기이다. 그런데 어떻게, 서서 대변을 보는 것이 가능할까? 일단 항문을 열어야 하지 않는가? 그럼 엉거주춤 반[†]기마자세로? 이건 대단한 고행일 것이다. 특히 변비인 경우에 그렇다. 그렇다면 이 계율은 고행을 금지하신 부처님의 철학과 부합한다.

그런데 왜 이런 자세로 변을 보았을까? 물 위에서 변을 보았을 수 있다. 흐르는 물은 수세식 화장실이다. 일이 끝난 후 뒤를 씻기도 좋다. (물 흐름을 거슬러 앉는 것이 좋다. 그럼 자기가 배출한 똥을 보지 않아도 된다. 물론 씻기도 더 편하다. 또한 여럿이 동시에 변을 보는 경우는 방향을 통일해야 서로 어색한 장면이 발생하지 않는다. 그게 물 흐름의 역방향이다.) 혹은 여기저기 똥이 쌓인 곳에서는, 앉아서 싸다가는 엉덩이가 남의 무른 똥에 오염되거나 마른 똥에 찔릴 수 있다. 그래서 궁여지책으로 서서 대변을 본 것이리라. 비구들은 한곳에 모여 집단생활을 했으므로, 똥도 한곳에 모여 집단을 이루었을 가능성이 크다.

어떤 독자는 "왜 이런 지저분한 소재로 사설을 늘어놓느냐"고 항의할지 모른다. 하지만 부처님은 '삶을 있는 그대로 보라'고 가르치셨다. 생리작용은 생리작용일 뿐이다. 변을 보는 방법에 대해서까지 부처님이 계율로 정해주셨다면, 변은 결코 가벼운 문제가 아니다. 중차대한 일이다. 생명체의 가장 중대한 기능은 먹고 싸는 것이기 때문이다. 아니 거꾸로, 먹고 싸는 걸 일러 생명체 또는 생명현상이라고 하기 때문이다.

자기가 신의 아들이라거나 영원히 사는 영혼(아트만 참나)이라는
과대망상은, 자신이 하루 한 번씩 똥을 싸는 존재라는 것을 아침저
녁으로 하루 한두 번씩 상기하면 절대 일어나지 않을 것이다.

📖매해 11월 20일은 유엔이 정한 '화장실의 날'이다. 깨끗한 곳에서
변을 볼 권리를 옹호한 것이다. 유엔은 별걸 다 신장한다. 전쟁이 드
물어져 유엔이 전보다 한가해진 게 이유일까? 아니면 목숨만큼이나
배변도 중요한 것일까? 아무튼 깨끗한 곳에서는 불교계율이 금하듯
이 엉거주춤 이상한 자세로 변을 볼 이유가 없을 것이다. 청결한 배
변은 인권이다.

극락까지 거리

등반영화 「K2」에서 등반팀이 크레바스에 빠지자 줄 맨 밑에 매달려 있던 늙은 등반가는 위에 주렁주렁 매달려있는 젊은 동료들을 구하기 위하여, 눈을 감고 '옴마니반메훔'을 외우며 짧은 비수로 생명줄을 자른다. 늙은 등반가는 끝없는 심연으로 추락하고 주문소리는 메아리치며 사라진다. 중국 동진東晉의 구법승 법현法顯 337~422이 남긴 인도순례여행기인 『불국기佛國記』는 감동적인 일화를 전한다. 큰 배가 강을 건너다 침몰하게 되자 노스님은 작은 구조선의 자리를 양보하고, 배 위에 좌정하고 배와 함께 가라앉는다. 동행하던 젊은 시자는 노스님을 시봉하며 미지의 세계를 향해 낯선 길로 들어선다. 옴마니반메훔! 옴마니반메훔! 극락으로 인도하는 관세음보살이여! 극락까지는 공간적으로는 서쪽으로 십만억 불국토를 지나가야 하는 수백억 광년의 거리이지만, 마음을 돌이키면 돌이키는 그 순간 이미 극락이다.

🈁나란히 배 위에 앉아 같이 물속으로 가라앉는 노스님과 시자의 뒷모습을 마음에 그려보는 것은 항상 고귀한 보살정신을 떠오르게 한다;

파스텔화풍으로 마음을 촉촉하게 적신다.

☒ 행동주의학자들에 의하면 동물의 행동은 모두 주변 환경과 상황에
대한 조건반사이다.

동물의 습성은 교육으로 만들 수도 있지만 타고나는 것도 있다.
과거의 루소 같은 사회주의자들은 인간은 백지상태로 태어나므로
교육을 통해 모든 걸 바꿀 수 있다고 생각했지만, 과학이 발달함에
따라 망상임이 밝혀졌다.

유전자의 존재가 발견되었고, 유전자는 성품을 상당히 결정하고,
유전자 조작을 통해서 동물의 성품을 어느 정도 바꿀 수 있음이 밝
혀졌다. 구 소련은 순백의 북극 여우를 순한 놈만 골라 교배시켜 수
십 대 만에, 귀가 처지고 알록달록한 무늬를 지닌, 사람을 잘 따르는
개 같은 모양의 동물을 만들어냈다.

우생학優生學 eugenics 학자들은 유전자 조작을 통해 생물을 원하는
대로 바꿀 수 있다고 생각했지만, 유전자는 환경에 따라 발현하기도
하고 안 하기도 하며, 발현 강도도 차이가 나기도 한다. 환경의 영향
을 받아 유전자 자체가 변하기도 한다. 즉, 생물은 타고난 유전자뿐
만 아니라 환경과 교육에 의해서도 변한다. 다시 말해 생물은, 자신
의 몸과 마음과 타존재의 몸과 마음과 환경의, 연기체緣起體이다. 사
방에 증거가 넘치지만 한 군데에 빠지면 눈에 안 들어오는 법이다.
이걸 관견管見이라 한다.

인간이 동물과 다른 점은 추상적인 사고를 할 수 있다는 점이고
추상적인 진화는 물질세계와 달리 끝이 없다. 앞서 가신 수행자들의
자타가 없는 동체대비의 정신세계는 감히 가늠하기 힘들다.

눈빛만 교환해도 애가 생긴다: 불경의 환상적인 잉태

고대의 선인들이
유전자의 존재를 알았거나 체세포 복제술을 알았다면
유성생식이 아니라 무성생식으로 번식하는
하늘나라를 묘사했을 것이다
환망공상도, 알아야 할 수 있고, 아는 만큼 하는 법이다

인터넷을 통해 교제를 한다. 한 번도 직접 만난 적이 없다. 화상전화나 인터넷 대화나 이메일 등을 통해 교제를 한다. 서로 맘에 들면, 자신의 성세포인 정자와 난자를 보관하고 있는 바이오 회사에 연락을 해서, 난자와 정자를 수정회사로 이동하게 해서 인공수정으로 애를 만든다. 남녀가 서로 만날 필요가 전혀 없다. 공평하게는 애를 둘을 만들어 하나씩 나눠 가지면 된다.

남자와 남자가 애를 만들 수도 있다. 체세포를 전문회사에 보관시키고 xy 염색체를 분리시켜 상대방 염색체와 결합시키면 남아나 여아를 만들 수 있다(모두 4가지 방법이 있다). 이 방법의 한계는 여자와 여자가 애를 만들면 여아만 나온다는 것이다. 비용도 훨씬 많이 들 것이다. 물론 파트너 없이도 자신의 체세포를 복제해 자신을 빼어 닮은 아이를 만들 수는 있으나, 이 경우 사랑하는 이와의 나눔의 즐거움은 누릴 수 없다. 아이의 모습에서 사랑하는 이의 모습을 보는 것은, 생명체가 지닌 놀라운 사진술이자 조각기술이자 초상화기법이다. 사랑하는 이가 늙거나 죽어도 그 모습은 젊은 아이에게 살아남아 있다.

독신승려들이 폐쇄된 공간에서 이성과의 육체적 접촉이 없이 오랜 기간 정신적 환망공상에 빠지면서, 육체적 접촉인 성행위가 필요 없는 순전한 환망공상에 의한 잉태를 상상하게 되었다. 그 압권은 서로 그리워하는 마음만 내어도 아이가 홀연히 나타나는 것이다(마음내는 일 말고는 금욕승이 할 수 있는 일이 없다). 잉태기간조차도 필요하지 않다. 불편한 오랜 임신기간이 전혀 필요 없다. 대단한 판타지가 아닐 수 없다. 성적 접촉이 금지된 사람들이 만들어 낼 수 있는 최고의 '보상철학'이 아닐 수 없다. 이 모든 일은 불교의 여러 하늘나라에서 일어난다. 지상의 일이 아니다. 정신력의 등급에 따라 포옹하기만 해도, 손만 잡아도, 마주보고 웃기만 해도, 눈만 맞추어도, 서로 사모하기만 해도 잉태를 한다. 이 모든 일은 지상의 일이 아니라 천상의 일이다.

지금 과학발달로 인해서 바로 이 지상에서 인공수정이 이루어지고 체세포복제가 가능하게 되었다. 정신력의 발달이나 영적인 수련의 결과로 나타나는 보상이 아니라, 과학의 발달로 인하여 모든 사람이 놀라운 혜택을 선물로 받게 되었으니, 종교적인 보상의 매력이 급속히 줄어들게 되었다. 종교적인 일이건 세속적인 일이건 근본적으로는 모두 주고받기이기 때문이다. 종교의 위기가 아닐 수 없다. 종교가 새로운 보상책을 제시하여야만 살아남을 수 있을 것이다. 종교계의 타락과 몰락의 원인은 바로 이 점에 있을 것이다. 대중이 더 이상 종교적인 보상에 매력을 못 느끼는 것이다. 이 점은 전문 성직자들이 더 실감할 것이다. 고독한 기도실이나 명상실에서 마음에 그리는 하늘나라의 보상은 먼 훗날의 일이지만 담 넘어 속세의 보상은 즉각적일 뿐만 아니라, 이 속세의 보상은 과학기술문명의 발달로 놀랍게 향상되어 먼 옛날에 부족한 상상력으로 만든 하늘나라의 보상보다도 훨씬 더 매력적이기 때문이다.

■지구인처럼 욕망을 지닌 하늘나라가 여섯 개의 욕계천이다. 욕계 제

1, 2천인 사천왕천과 도리천은 지상(수미산 중턱과 정상)에 위치하므로, 이곳에 사는 천인들의 성행위는 지상의 인간과 비슷하다. 사천왕천인들은 지구인들처럼 사랑을 하며, 도리천인들은 성행위를 할 때 인간의 모습으로 변한다.

(도대체 인간이 무슨 죄가 있습니까? 인간이 성행위를 숨기고 부끄러워하게 된 것은, 진화의 과정에서 같은 종의 힘센 다른 놈에게 발각되어 살해당할까봐 혹은 무방비상태에서 맹수에게 잡아먹힐까봐 숨기던 것인데, 오랜 세월이 흘러가며 이 습관이 무의식에 자리를 잡아 본래 이유를 망각하고 기형화된 것이다. 반드시 해야 하는 행위는 이유를 잊게 된다. 무조건 그냥 하게 프로그램이 된다. 그게 효과적이기 때문이다. 촌각을 다투는 위급한 상황이라면, 반사적으로 행동하는 대신에, '왜 그렇게 해야 하느냐'고 묻는 사이에 살해당할 수 있다. 성행위하느라 정신을 놓고 있다가 기습공격을 받아 크게 부상을 당하면, 다행히 살아남더라도 얼마나 창피한 일이겠는가? 어쩌다 그리 심하게 다쳤느냐고 누가 물어보면 뭐라 대답할지 정말 난처하지 않겠는가? 그런데 지금은, 공포심은 어디로 가버리고 수치심만 남았을까? 참으로 기이한 일이다.)

욕계 제3천 야마천인들은 포옹하는 것으로 음욕을 만족시키며, 제4천 도솔천인들은 손을 잡는 것으로, 제5천 화락천인들은 마주보고 웃는 것으로, 제6천 타화자재천인들은 마주보는 것으로 음욕을 채운다. 제4천 도솔천인들이 '생각하는 것'만으로 음욕을 채운다는 설도 있다. 도솔천은 석가모니 부처님이 남섬부주에 환생하기 바로 직전 전생에 계시던 곳이고, 미륵부처님이 후일을 기약하며 내원궁에 주석하시는 곳이니, 특별한 대접이 필요할 것이다.

🔁천국(불교 욕계 6천)에서도 새끼를 낳으려면 암수가 필요하지만, 지상에서는 수컷이 필요없는 경우가 있다. 달리는 도마뱀^{whiptail lizard}과 아마존 몰리(송사리)와 브라흐만 맹인 뱀은 암컷만 있고 아예 수컷

이 없다. 단성생식의 대표적인 예이다. 단성생식을 하는 척추동물은 지구상에 70여 종 있다. 모두 암컷만 있다. 4개의 불교 무색천도 단성생식이다. 하지만 기이하게도 주민은 여성은 없고 모두 남성이다.

▤초기불교 계율에 의하면 비구 승려는 여자를 (종류를 불문하고) 쳐다봐도, 말을 해도, 같은 방에 있어도 안 된다.

▤72명의 처녀가 순교자를 기다리고 있는 천국에 가겠다고 자살폭탄 테러를 자행恣行하는 사람들은 하나같이 끔찍하게 낙후된 문명후진국 출신이다. 지금 여기 지상에서 자유연애와 물질적인 부를 마음껏 누리는 사람들은, 이미 확보된 이세상의 쾌락을 불확실한 저세상의 쾌락과 바꿀 리 만무하다. 막말로 천국은 고사하고 저세상조차 진짜로 존재한다는 보장이 있는가. 오히려, 이런 사람들은 지금 여기서 감각적 쾌락에 절고 물리어, 만약 금욕천국이 있다면 차라리 그리 가려고 할지 모른다. 달라이 라마의 유발상좌로 유명한 미남배우 리처드 기어를 보라. 여성들의 최고 선망羨望의 대상인, 부유하고 잘생긴 그가 금욕적 불교수행을 택했다. 극과 극은 통하는 법이다. 세속적인 금욕을 강조하는 이슬람 교리와 쾌락으로 가득한 이슬람 천국. 쾌락적 미국과 금욕적 티베트. 물질주의 미국에서 신을 바꿔 신는 영적인 티베트 툴쿠들. 극과 극은 통한다. 남의 것이 더 좋아 보이는 법이다.

만약 할리우드 인기스타가 72명 처녀가 기다리고 있는 천국에 가려고 자살폭탄 테러범이 된다면 정말 놀라운 일일 것이다. 그 사람에게 간택받기를 고대하는 처녀가 이미 이 지상에 무수히 많기 때문이다. 그러므로 천국은 현실의 욕구불만을 해소하려는 상상의 욕망 대체물일 가능성이 어마어마하게 크다.

이 세상에 종교가 그토록 많은 이유는 인간의 좌절된 욕망이 그만큼 다양하기 때문이리라. 사람들의 충족되지 못한 다양한 욕망에 맞추어 다양한 종교가 존재하는 것이다. 문명과 과학의 발전에 맞추어, 종교도 탄생과 소멸과 변형을 거듭해왔다. 그런데 아이러니한 것은 시장에 종교상품이 많이 출시될수록 종교가 모조리 가짜일 확률이 급증한다는 점이다. 예를 들어 이 세상에 종교가 하나뿐이라면 종교가 참일 확률은 50%가 될 가능성이 있지만, 이 세상에 종교가 백만 개 있다면 그리고 서로 상대방이 사이비라고 싸잡아 비난한다면, 많아야 그중 하나만 참일 것이므로 참인 종교비율은 잘해야 백만분의 일, 즉 0.0001%에 지나지 않는다. 즉 종교가 모조리 가짜일 확률은 적어도 99.9999%나 된다! 이렇듯 이 세상에 종교가 많을수록 종교가 가짜일 확률이 급증한다. 참 이상한 일이 아닌가? 그러므로 잘 생각해 보라. 그 많은 종교 중에 자기 종교가 참일 가능성이 과연 얼마나 될지.

🗒️ 더 쉽게 설명하면 이렇다. 70억 지구인이 각자 하나씩 서로 다른 70억 개의 종교를 믿는다 해보자. 그러면 외부인인 시리우스 우주인이 보기에 지구의 종교는 거의 모두(적어도 6,999,999,999개) 엉터리로 보이지 않겠는가? 이렇듯 종교의 수가 늘어날수록 종교가 가짜일 확률은 급증한다. 지구 역사상 존재한 무수한 종교는 그리고 앞으로 생길 무수한 새로운 종교는, 종교가 가짜일 확률을 1(100%)로 수렴시킨다!

도道와 술術

도(道)는 자기와의 충돌과 타인과의 충돌을 극복하는 법이고,

술(術)은 타인의 반발을 사지 않고 자기 욕망을 충족시키는 법이다.

동양에는 수많은 도와 술이 있지만, 많은 경우에 도는 생각이 없는 바보가 되는 법이고, 술은 소문만 무성했지 실체가 없는 증권가 '찌라시 급등주'이다.

도가 만물의 실상(實相 있는 그대로의 모습)을 보는 지혜이고, 술이 자비를 펴는 법이라면 옳지만, 그런 재미없는 도술을 좋아할 사람은 없다.

그래서 세상에 진정한 도인이 드문 것이다. 반대로 허황된 생각으로 일생을 허비하는 사람들이 생각 외로 많다. 대뇌신피질이 과도하게 커진 부작용이다.

벽오금학도 碧梧金鶴圖

보기 좋다고 먹기 좋은 것이 아니듯이
읽기 좋다고 마음에 좋은 것은 아니다

고승과 신선이 같이 술을 마시다가 취흥이 일자, 벽에 걸린 족자 속의 보름달로 술자리를 옮겨 술잔을 주고받는 것을 목격했다는 '주모목격·고승여신선·이동어만월·음주酒母目擊高僧與神仙移動於滿月飮酒'라는 전설이 있다. 달에는 공기가 없는데 술까지 마셨으니 즉시 죽었을 것이다. 달까지 못 가고, 중간에 수천 리 두께의 밴앨런 방사선대를 뚫고 지나가다가, 화살처럼 쏟아지는 방사선에 여기저기 마구 찔려 고슴도치가 되어 죽어서, 우주미아가 되었을 수도 있다.

먼 훗날 은하 간 우주선을 타고 여행하다가 우주공간을 떠도는 고대 중국복장을 한 시신들을 만나더라도 놀라지 말라. 모두 취기에 만용을 부리다 혹은 맨정신으로, 태양풍이 매섭게 부는 날 북극성을 향해 우화등선羽化登仙하다가, 밴앨런대에서 화를 당해 사망한 신선들이다. 고대에 우화등선한 신선들의 실상이다. 계수나무 한 그루 없는 달에서의 술자리가 무슨 낭만이 있다고 그런 무모한 일을 저질렀을까?

아무리 도가 높고 술이 뛰어나도 과학지식이 없으면 위태롭다. 안전하게 행성 간 이동을 하려면, 류시화처럼 윤회를 통하거나 아니면 몸을 통째로 원자복제해서 할 일이다. 물론 이 경우 중인환시리衆人環視裏에 도폿자락 휘날리며 하늘로 날아가는 멋진 모습은 포기해야 한다. 이런 기괴한 이야기가 이외수의 소설에 자주 등장하는데, 이런 유의 환망공상은 색깔이 화려한 독버섯이다. 보기만 해야지 절대 먹으면 안 된다Don't even think about it!. 그런데 이외수의 소설에는 "독자 여러분 절대 따라하면 안 됩니다" 하는 경고문이 없다.

『벽오금학도』, 『칼』, 『황금비늘』, 『장외인간』, 제목만 들어도, 오른쪽 대뇌신피질이 아리아리해지고 송과선이 움찔움찔하는 듯한 묘한 기분이 든다. 안개 낀 날 황금빛 비늘을 흩날리며 창공을 헤엄치는 초월적인 힘을 지닌 금선어金仙魚를 다룬 『황금비늘』, 선계에 다녀온 한 소년이 수십 년의 방황 끝에 결국 선계로 통하는 그림 속의 문으로 홀연히 사라졌다는 『벽오금학도』, 달의 실종이라는 설화를 주제로 삼은 『장외인간』, 피를 마시지 못해 우는 『칼』. "독자 여러분 절대 따라하면 안 됩니다" 하는 경고가 반드시 필요한 작품들이다.

만약 황량한 들판에 앉아, 푸른 색깔로 빛나는 유달리 크고 아름다운 보름달 아래서, 술을 마시는 오래된 그림이 한 점이라도 전해진다면 신비로운 영적인 지식이 존재함을 증명해줄 텐데, 아쉽게도 그런 그림은 전혀 존재하지 않는다. 머리 좋은 아들은 하루 종일 입을 놀려 환망공상을 쏟아내고, 머리 나쁜 아들은 하루 종일 손발을 놀려 먹을 것을 생산한다. 그런데 항상, 머리 나쁜 남의 집 아이들은 머리 좋은 우리 집 아이의 입심에 홀려 넘어간다. 나도, 머리 나쁜 아들이 해온 밥을 배부르게 먹고, 머리 좋은 아들 환망공상 이야기를 들으면 너무너무 재미난다. 솔직히, 머리 좋은 아들이 더 맘에 든다. 톰 소여가 생각이 난다.

독자들과 톰과 마크 트웨인과 출판사 중 누가 더 교활한 것일까?

国우화등선羽化登仙: 소동파의 「전적벽부」에 나오는 말로서 날개가 돋아 하늘로 날아가는 신선이라는 뜻이다.

国류시화는 신비주의 문학번역의 제일인자이며 스승 오쇼 라즈니쉬의 책을 여러 권 번역했다. 그의 번역 작품에 나타나는 한국말 수사능력은 타의 추종을 불허한다. 말장난이 아닌, 무의식 깊은 곳을 진동시키는, 그리고 자신의 체험이 녹아든 독특한 분위기의 시집을 여러 권 냈다. 그런데 그는 자신의 저서에서 자신이 전생에 북극성에 살았다고 주장했다. 아마 류시화는 한 발은 현실세계에, 다른 발은 그쪽 세계에 걸치고 살 것이다. 신비주의 문학에 뛰어난 작품을 내는 이유가 아닐까 짐작한다. 저술로 거부를 이루지만 않았다면, 아마 지금쯤 신비주의 공동체 하나쯤은 창설하고도 남았을 것이다.

国북극성은, 도교에서 옥황상제가 사는 곳이며, 신화학적으로는 우주의 자궁이다. 연어의 귀소본능처럼 도교수련자들은 북극성으로 우화등선하는 것을 꿈꾼다. 연어는 태어난 곳으로 돌아가 알을 낳지만, 폭포를 거슬러 올라온 몸이 기진맥진한 끝에 너덜너덜 거덜나며 장엄하게 생을 마감한다. 도교수행자들은 원신을 낳고 우화등선하다, 때 이르게 밴앨런대에서 방사능피폭으로 사망한다. 아마 북극성에 이르기 전에 너무 일찍 알을 낳았기 때문일지 모른다.

国남극에 가까운 칠레의 최남단 도시, 푼타 아레나스 같은 곳에서 도교수행을 하다가는 심각한 문제에 봉착逢着한다. 이곳으로부터 북극성으로 비행하기 위해서는 일단 북쪽과 반대쪽인 남쪽하늘로 비상하였다가 적당한 시기에 정반대방향인 북쪽하늘로 방향을 틀어야 하기 때문이다. 고도의 비행기술이 필요하다. 지구를 1/4쯤 둥글게 돌아야 할지도 모른다. 남반구의 도교수행자들은 비행술도 익혀야 한다!

지금 도교수행자들은 북극성이 실제 하늘의 북극성을 가리킨 게 아니라 상징일 뿐이라고 하지만 새빨간 거짓말이다. 옛날에는 정말로, 밤하늘의 정중앙에 위치한 부동^{不動}의 북극성으로 귀환하는 것을 꿈꾸었다.

지금까지 살아오며 밤마다 꾼 수많은 꿈을 여지껏 기억하며 아쉬워하는 사람은 없다. 오늘밤 새로운 꿈을 꾸면 될 일이다. 그러므로 미개한 지나간 시대의 환망공상은 다 버려도 아무 문제가 없다.

어린 시절 신선이 달에서 술을 마시는 장면을 생각할 때마다 묘한 신비감에 사로잡혔다. 사람의 한계를 초월하는 그 무엇이 있을지 모른다는 기대로 마음이 설레었다.

지금은 밤하늘에 걸린 달을 볼 때마다, 달 뒷면에 발자국을 남기고 돌아온 닐 암스트롱을 비롯한 12명의 우주인들을 생각하며, '어떻게 인간이 저 먼 곳을 다녀올 수 있었나' 감탄하면서 과학의 놀라운 힘에 경이감을 느낀다. 그때는 달은 가볼 수 없는 신비로운 땅이었는데, 이제는 앞산같이 친근한 존재가 되었다. 신비의 대상이 달에서 과학으로 바뀌었다. 예전에는 교교한 달밤이면 신비로움을 이겨내지 못하고 미쳐버리는 사람들이 있었다. 이들을 서양에서는 낭만적으로 달사람^{lunatic}이라고 불렀다.

도고마성^{道高魔盛}

흰옷에 튄 검정 잉크와 회색 옷에 튄 검정 잉크
는 평등하지 않다

악인이 악행을 하고도 별 타격이 없는 것이나
개미가 높은 곳에서 추락하고도 멀쩡한 것이나,
같은 원리이다

개미는 자기 키의 수천 배 높이에서 떨어져도 죽지 않는다(아마 대륙
횡단 비행기에서 떨어져도 죽지 않을 것이다).

그 이유는 $r/3$ 때문이다(여기서 r은 개미몸통의 반경이다). 개미 단위
표면적당 몸무게는 $(4/3 \times \pi r^3)\rho/(4\pi r^2) = r(\rho/3)$(여기서 ρ는 밀도이
다)인데 이것은 반경 r에 비례한다. 따라서 몸이 작아질수록, 즉 r이
작아질수록 단위표면적당 몸무게가 작아진다. 개미가 추락 시에 표면
적에 작용하는 공기저항이 떨어지는 속도를 늦추는데, 단위표면적당
몸무게가 작으므로 천천히 떨어지게 된다. 낙하산 하나에 한 명이 매
달린 경우와 250명이 매달린 경우를 비교해보면, 어느 쪽이 더 느리게
떨어질지 쉽게 이해가 갈 것이다. 이 경우 낙하산의 표면적이 개미의
표면적에 해당하고, 매달린 사람들의 몸무게 합이 개미의 체중에 해당
한다. 개미와 인간의 밀도(몸무게/부피)가 같다는 가정 하에, 개미의 반
경을 1mm라 하고 사람 몸의 반경을 25cm라 하면 단위표면적당 몸
무게가 개미는 인간의 1/250이 된다. 이것은 낙하산 하나에 250명이
매달린 경우와 한 명이 매달린 경우에 해당한다. 엄청난 차이이다. 그

래서 개미는 높은 곳에서 떨어지는 경우, 그 충격이 인간이 받는 충격의 1/250밖에 받지 않는다. 즉 몸집이 작을수록 추락 시 받는 충격이 급격히 감소하고, 그래서 아무 일도 일어나지 않는다.

근육의 힘은 근육의 단면적에 비례한다. 단위단면적당 체중 역시 $(4/3 \times \pi r^3)\rho/(4\pi r^2) = r(\rho/3)$이므로 개미는 자기몸집에 비해서 엄청난 힘을 발휘할 수 있다(여기서 r은 근육단면의 반경). 개미 몸의 반경이 1mm라 하고 사람 몸의 반경이 25cm라 하자. '개미근육의 단면의 반경'과 '사람근육의 단면의 반경'의 비율을 몸반경비율과 같이 1:250이라 가정하면, 개미는 자기 몸무게에 비해서 인간보다 자그마치 250배나 힘을 발휘할 수 있다(근육강도의 차이로 실제로는 이보다 작아진다). 몸무게 114kg인 장미란이 용상에서 183kg을 들었는데, 장미란 크기의 개미라면 45톤을 들 수 있다(183kg×250배=45,750kg). 장미란이 45톤 탱크나 혹등고래를 들고 있는 장면을 상상해보라! 실로 괴력난신의 괴력怪力이 아닐 수 없다. 개미는 차력술사借力術士이다!

인간이 도를 닦으면 도가 높아질수록 마가 낀다고 한다. 이것을 일러 도고마성道高魔盛이라고 한다. 도를 닦아 도의 몸이, 영적인 몸이, 혹은 덕성德性의 몸이 커지면 마가 일어나는데 마를 이기지 못하고 추락하는 경우, 커진 몸집으로 인하여 단위 표면적당 엄청난 충격을 받게 된다(마는 변하지 않는다. 더 특별할 것이 없는 구식 마이다. 그러나 불어난 몸집으로 인하여 충격이 커진다). 이것은 개미와 정반대의 경우이다. 전형적인 "고이익 고위험high return, high risk"의 예이다. 그래서 도를 닦는 자들의 추락은 처참한 것이다. 천국에 살았던 자들의 추락이 비참한 것과도 같다. 똑같이 지상에 살아도, 같은 값이면 전생에 지옥에 살았던 이들이 전생에 천국에 살았던 이들에 비해서 무한히 행복하다.

아나톨 프랑스Anatole France의 『무희 타이스』라는 불후不朽의 명작 소설이 있다. 수많은 이단이 설치던 기독교계가 니케아종교회의로 이단을 모조리 쳐내고 안도의 숨을 내쉬던 4세기, 이집트 사막의 까마득히 높은 탑 위에서 수십 년을 고행으로 보낸 기독교 성자 아다나엘이 그리스인들을 무더기로 타락시키고 있는 도시(알렉산드리아)의 창녀 타이스의 소식을 듣고 그녀를 구하기 위해서 탑을 내려오지만, 둘의 운명적인 만남은 결국 창녀 타이스는 성녀로 승화시키고, 거꾸로 성자는 욕정에 굶주린 짐승 같은 남자로 전락시킨다. 유명한 '도고마성의 문학적인 예'이다. 진정 이 세상에는 공짜가 없다. 겁 없이 해탈을 꿈꾸거나 구원을 도모하거나 성인이 되고자 하는 사람들이 가슴 깊이 새겨야 할 일화이다.

모든 것이 반경 r의 문제이다. 육체적인 몸이건 영적인 몸이건 몸집이 커지면 (추락)위험률은 급격히 증가하고 몸집이 작아지면 위험률은 급격히 감소한다. 위험을 겪지 않고 현실에 안주하며 영적인 저지대에 살 것인지, 아니면 파산의 위험을 무릅쓰고 영적인 고지대로 이주할 것인지는, 전적으로 우리 자신의 선택이자 책임이다. 일체중생은 평등하므로 저지대이건 고지대이건 스스로 만족하고 살면 아무 문제가 없기 때문이다. 넓은 집으로 이사가려고 무리해서 대출을 받으면, 그때부터 고단한 삶이 시작되지 않는가?

우화등선을 꿈꾸거나 해탈을 도모하거나 샤론계곡의 순결한 백합화가 되고자 하는 분들은, 저 아름다운 김연아 선수가 아미를 찡그리며 연출하는 타이스의 명상곡을 보며, 도고마성의 위험으로 놀란 가슴을 쓸어내리시기 바란다.

▤사람과 개미의 비중을 대략 1로 보자. 그러면 둘 다 $1cm^3$가 $1g$이 된다. 그리고 사람과 개미를 둘 다 공같이 둥그렇다고 가정을 하자. 그러면 100kg인 사람의 반경은 35cm가, 체중 0.1g의 개미는 반경이 0.34cm가 된다. 그러면 사람과 개미의 단위표면적당 몸무게 비율은 약 100:1이 된다. 본문의 250:1보다는 낮은 수치이지만 여전히 엄청난 비율이다. 이 경우 장미란 크기의 개미는 탱크 반 대를 들 수

있다.

▤ 고양이가 24층 아파트에서 떨어지고도 약간의 부상만 입고 살아난 예가 있다. 2004년에 부산에서 일어난 일이다. 추락 시 몸집이 작으면 유리하다. 개미처럼 작으면 아무리 높은 곳에서 떨어지더라도 털 끝 하나 다치지 않는다.

▤ 어떤 사람들은 이해하지를 못한다. 왜 고위공직자나 유명인사나 성직자들의 잘못이, 같은 잘못을 저지른 평범한 사람들에 비해 더 치명적인 결과를 가져오는지를. 이들은 불평등하다고 외친다. 그러나 흰 옷에 튄 검정색 잉크나 회색 옷에 튄 검정색 잉크나 둘 다 크기나 짙기가 같아도, 어느 쪽이 더 치명적인 결과를 가져오는지는 자명하다. 마찬가지 이유로 고위공직자, 유명인사, 성직자들에게 전술(前述)한 효과가 발생하는 것이다.

▤ 양심이나 동정심이 커질수록 아픔도 커진다. 물소가 산 채로 잡아먹히며 발버둥치는 장면은 동정심을 가진 인간에게는 큰 심적 고통을 야기하지만, 하이에나들에게는 아무 문제가 없다. 맛있는 먹이의 움직임은 더욱 식욕을 돋울 뿐이다. 흉악범들은 사람을 해치고 죽이면서 희열을 느낀다. 희생자가 몸부림치면 칠수록 더 재미있어 한다. 대형 송곳니 같은 흉기로 희생자를 토막 낸다. 하이에나와 같은 자들이다.

　양심을 가진 자는 자신이 양심을 어기는 경우 큰 심적 고통을 받지만, 양심이 없는 자는 아무 문제도 없다. 양심과 자비심은 키울수록, 어기는 경우 더 큰 고통이 다가온다. 함부로 키울 일이 아니다. 심적 고통이 동반하지 않는 양심이나 자비심은 가짜 양심이고 가짜 자비심이다.

도^道 다르크 신민주

남을 속이려면 먼저 자기를 속여야 한다
악인은 자기는 안 속고 남만 속인다

22년 전인 1994년 대전에서 열린 한국정신과학회 창립대회장에서 놀랄 만한 초능력 시범이 있었다. 예쁘장한 중학교 여학생 신민주 양이 눈을 가리고 책을 읽는 묘기를 보였다. "어떻게 저런 일이!" 넓은 강당을 가득 채운 관중은 충격에 입이 벌어졌다. 소위 전설의 격벽투시^隔 ^{壁透視} 벽으로 막힌 물체를 환히 꿰뚫어 보는 초능력였다! 정신과학회는 우리나라 전설 민담 신선도 전통을 통해 전해져 내려오는 신통력에 대해 긍정적인 자세로 과학적으로 연구하고 작동원리를 밝혀내어 그 진실성을 입증하는 것을 목표로 만들어진 단체이다. 그러니 신 양의 등장은 정신과학회의 입장에서는 가뭄에 단비와 같았다. 정신과학회의 설립목적을 정당화하고 활동을 홍보할 절호의 기회였다. 다들 신 양의 신통력에 환호작약^{歡呼雀躍}하였다. 아! 과학이 결코 미칠 수 없는 분야가 있구나. 자랑스러운 우리 정신문화를 더 연구하고 열심히 정신수련을 하자고 다짐했다. 박해받고 설움받던 동도서기론^{東道西器論}의 부활을 예고하는 듯했다. 서양귀신(기독교신)과 서구과학기술문명으로 영육^{靈肉}이 점령당한 동토^{東土}에서, 도^道와 기^器를 모두 빼앗긴 동아시아 종교문화적인 식민지에서, 도道만이라도 사수하려는 동도東道와 서도西道의 전쟁터에서, 그리고 박사학위 창검을 틀어쥔 기사들 틈에서 단발머리 어린 신민주 양은 잔 다르크처럼 홀로 빛났다. 이인異人들은 인공조림숲으로 몸을 감추고, 도사들은 외래어홍수에 휩쓸려 입을 다물고, 도인들은 겁劫나는 나가대정那伽大定에 들었던 터라 흑빛 눈가리개 하나 치켜들고 나타난 신민주 양은 더욱 돋보였다. 적의 맹장 유리 겔라 하나쯤 처치하는 것은 문제없어 보였다.

필자는 신 양을 포항공대에 모셔 이 놀라운 경험을 공유하고자 했다. 돌다리도 두드려볼세라 정신과학회 총무 박병운 박사에게 신 양의 초능력에 대해 전화로 재확인하였다. 미국 물리학박사인 그의 100% 보증에 용기백배勇氣百倍하여 예닐곱 동료교수들의 후원으로 신 양을 초청하였다. 신 양은 강당에서 시범을 보이기 전에 사무실에서도 바로 눈앞에서 사람들을 놀라게 했다.

강당에서 본인의 사회하에 공연이 이루어졌다. 필자가 신 양의 눈가리개가 속임수가 아니라는 것을 확인하기 위해서 앞줄에 앉은 동료 심 교수에게 조사해줄 것을 부탁하자, 심 교수가 눈가리개를 한 상태로 책을 줄줄 읽는 것이 아닌가. 돌발 사태에 놀라고 당황했지만 적당히 무마하고 행사를 진행했다. 신 양은 눈가리개를 착용하고 책을 읽었다. 이미 의심의 씨앗이 심어졌던 터라 몰래 백지를 눈가리개와 책 사이에 집어넣자, 술술 책을 읽던 신 양은 무언가 흰 물체가 어른거린다면서 더 이상 책을 읽지 못했다. 만약 두꺼운 눈가리개를 뚫고 책을 읽을 수 있다면 얇은 종이 한 장을 뚫지 못할 이유가 없었다. 그러나 사실은 그렇지 못했으므로 속임수라는 것이 명확해졌다. 그럼에도 불구하고, 무대 위에서 무슨 일이 일어났는지 미처 알아차리지 못한 사람들은 강연 후에 신 양을 둘러싸고 사인을 받고, 언제 어떻게 그런 초능력을 얻게 되었느냐는 등 질문공세를 퍼부었다. 진실로 불가사의한 것이 인간의 마음이다.

그 후 우연히 SBS에서 신민주 양 특집을 보았다. 신 양을 차에 태우고 시내를 다니는데 눈가리개를 한 상태로 거리의 간판을 다 읽었다. 그런데 턱을 들고 읽는 것이었다. 눈과 가리개 사이로 읽는다는 의심이 드는 행위였다. 기자가 눈가리개와 얼굴 사이의 틈을 불투명테이프로 막아버리자 신 양의 신통력은 거짓말처럼 사라져버렸다. 눈과 눈가리개 사이의 틈으로 읽는다는 것이 증명되는 순간이었다.

날카로운 서구 분석능력으로 무장한 무자비한 폭로가 동도^{東道}를 지탱하고 있던 '도^道다르크' 신민주 양을 처참하게 살해하는 장면을 우연히 목격한 것이다. 놀라서 정신과학회 총무 박병운 박사에게 전화하자 박 박사는 예전에 정신과학회에서 개인적으로 확인했을 때는 분명히 사실이었다고 하며 아마 그 후 초능력이 사라진 것 같다고 했다. 궁색한 대답이었다.

이런 식이라면 결코 사기라는 것을 증명할 수 없다. 지금은 없지만 옛날에는 있었다고 하면, 이미 지나가 버린 지 오래인 옛날 일을 무슨 수로 증명할 수 있겠는가?

그런데 왜 사람은 구식 신통력에 집착을 할까? 지금 현대인은 x-ray로 뼈를 보고, 초음파기기로 뱃속의 태아를 보고, 자기공명기술로 뇌사진을 찍는다. 이들은 격벽투시기계 아닌가? 고통스러운 수십 년 수련도 필요 없다. 뢴트겐이 x-ray로 뼈 사진을 찍자 당시 과학자들은 속임수라고 비난하며 믿지 않았다. 그만큼 과학발전은 충격적이다. 진실로 과학은 놀라운 신통력이다. 과거의 신통력은 철저히 일인 가내수공업이지만, 현대과학이라는 신통력은 대량생산이다. 자동차, 기차, 비행기, 휴대전화기, 영상전화기, 텔레비전, 망원경, 이메일, 자기부상열차는 신통력을 대량으로 생산한다. 축지법·천이통^{天耳通}·천리안·공중부양^{levitation}을 대량생산한다. 옛날의 신통력은 스스로 짚신을 삼아 신듯이 스스로 획득해야 했으나 과학기술 신통력은 남이 대신 획득해준다! 그것도 싼 가격에 수억 개씩 대량으로!

부처님이 물 위를 걸어 강을 건너는 수행자를 목격하고 몇 년 수행했느냐고 묻자 수행자는 가던 길을 멈추고 고개를 돌려 '30년 걸렸다'고 대답한다. (본전을 뽑으려면 하루에도 수십 번씩 일삼아 강을 건너다녀야 한다. 하하하. 하루에 쓸데없이 20번씩 건너다녀도 일 년에 겨우 1,000원×20번×365일=730만 원밖에 안 된다. 그런데 참 이상하다. 하루에 20번씩 건너다니면 뱃사공이나 마찬가지 아닌가? 뱃사공이 되는 데 30년이나 훈련이 필요하단 말인가?) 부처님은 '아! 동전 한 닢이면 사공이 강을 건네줄 것을! 30년을 허비했구나!' 하고 안타까워하신다. 그런데 지금 이 시대에는 얼마 안 되는 돈을 지불하면 신족통·천이통·천안통을 모두 획득한다! 우리는 지금 부처님이 보시면 말문이 막힐 시대에 살고 있다. 옛날 도사들이 현대에 환생하면 절대로 도를 닦지 않을 것이다. 그냥 문명이 주는 이기를 즐기려 돈을 벌려 할 것이 분명하다. 신통력을 닦는 것보다 돈을 버는 것이, 즉 돈을 벌어 신통력을 사는 것이 훨씬 경제적이기 때문이다. 이것이 티베트 림포체들이 서양에 가서 신을 바꿔 신는 진짜 이유이다. 큰스님들은 신족통과 축지법을 닦는 대신에 커다란 검은색 고급승용차를 사고 여객기 일등석 표를 구입한다. 그리고 천이통을 닦는 대신에 스마트폰을 산다.

거꾸로 신도들은 자신들이 누리고 사는 문명의 이기들이 최첨단 신통력인 줄 깨닫지 못하고 구닥다리 신통력 허풍에 어리버리 넘어간다. 정확히, 자신이 부처인 줄 모르고 밖으로 부처를 찾는 현상의 물질적인 버전^{version}이다. 스스로 마음의 눈을 가리고 무리를 지어, '64기가 스마트폰'을 든 천이통 도사를 찾아서, '300마리 말'(300hp BMW720)을 몰고 다니는 신족통 도인스님을 친견하려 이리저리 우르르 몰려다닌다. 정확히, 부처님이 탄식^{lament}하신 '물 위를 걷는 수행자의 일화'가 아닌가? 불가사의한 일이다! 부사의^{不思議} 무명경계^{無明境界}이다!

돌이켜보면 부끄러운 일이다. 어리석게 속아 넘어가다니… 구차^{苟且}하지만, 스탠퍼드 대학의 세계적인 천재 과학자들조차 자기들 안방 실험실에서 사기꾼 유리 겔라에게 속아 넘어갔다는 것으로 위안을 삼는다.

▣ 올해 초에 동료교수 자녀 결혼식장에서, 20여 년 전에 포항에서의 '신민주 양 초능력시범 행사'를 후원해 준 선배 교수 한 분을 만났다. 놀랍게도 이분은 아직까지도 신 양의 초능력을 진짜라고 믿고 있었다. 무대 위에서의 해프닝은 물론이거니와 SBS의 폭로도 전혀 모르고 있었다. 정보비대칭성information asymmetry의 전형적인 예이다.

진리와 진실은 이미 드러나 있으나 우리가 못 볼 뿐이라는 말이 있다. 진실로 무서운 말이다. 이 말은 '물고기가 물속에 살면서도 목이 마르다'는 말이 아닌가. 우리가 살다보면, 위험한 징후가 자기 안팎 여기저기서 경고하고 있으나, 보지 못하고 큰 잘못을 범하는 경우가 있다. 이런 일은 육안으로 보는 것이 아니라 마음의 눈, 즉 지혜로 보는 것이다. 예수님이 '눈이 있는 자는 보라'고 말씀하셨을 때, 이 눈은 육안이 아니라 '마음의 눈'이다. 그래서 우리나라 성리학 등의 도학道學에는 '도를 통하려면 심안心眼이 열려야 한다'는 경구가 있다. 부처님은 육안 말고도, 천안天眼 · 법안法眼 · 불안佛眼 · 혜안慧眼 등 마음의 눈이 4개나 더 있다.

심안이 육안에서 파생된 '파생 눈'이라면, 성인聖人들이란 파생상품 귀재들이다. 금융파생상품이 여러 주식과 채권 등의 현물에 폭넓게 흩어져있듯이, 이 파생 눈은 육안과 달리 특정 장소를 점하지 않고 대뇌신피질에 폭넓게 퍼져있다(종교 경전만 읽는다고 지혜가 생기는 것은 아니다. 자연과학과 인문·사회학에 대한 방대한 지식과 더불어 다양한 경험이 필요하다. 거기에다 치밀한 사유가 더해져야 한다). 현대 과학적인 관점에서 보면 심안에 '타인의 눈他眼'을 첨가해야 한다. 왜냐하면 타인의 눈은 73억 쌍이나 되므로 이 눈을 잘 활용하면 개인이 보지 못하는 것을 능히 볼 수 있기 때문이다. 털 없는 원숭이가 성취한 경이로운 과학문명의 발전은, 정확히 타인의 눈을 활용한 결과이다. 그래서 뉴턴은 자신을 '거인의 어깨에 올라선 어린아이'로 비유하였다. 거인의 높은 어깨 위에 서면 멀리 볼 수 있듯이, 선대 과학자들과 동시대 과학자들의 연구결과 위에 올라서서 우주를 바라봄으로써 새로운 발견을 할 수 있었다는 뜻이다.

그런데 '외벌 눈'에만 의지하는 이상한 일도 벌어진다. 종교는 교주 일 인의 외벌 눈에만 의지한다. 그것도 수천 년 전의 구닥다리 외벌 눈이다. 그래서 종교인들의 시각은 편협할 수밖에 없다. 종교의 역사는 '이 외벌 눈의 관견管見을 합리화하는 망상'을 제조해온 역사이다. (종교는 인류의 지식과 지혜가 선대와 타인들의 지식과 지혜에 의지해 발달한다는 것을 인정하지 않는다. 신이나 초월세계 등과 접속함으로써 신비롭고 초월적인 능력만 획득하면, 선대와 타인들의 지식과 지혜에 의존함이 없이, 과거·현재·미래의 모든 지식과 지혜를 얻을 수 있다고 주장한다. 대단한 망상이다. 그런 식으로 얻어진 생명과 자연과 우주에 대한 지식과 지혜는 인류역사상 전무하기 때문이다.) 두 종교가 서로 극렬히 배척한다면 적어도 한쪽은 헛소리가 분명한데(사실은 둘 다 헛소리일 가능성이 크다), 그러면 한쪽이 지금까지 수천 년 동안 쌓아온 방대한 신학이 다 구라가 되고 만다! 어떻게 이런 일이 일어날 수 있다는 말인가? 참으로 불가사의한 일이다.

설마 그럴 리가 없겠지만 발칙한 상상을 해본다: 양측의 각각 수십억 명씩의 지지자들이 영적인 UFC 격투기장에 두 종교를 올려 싸움을 붙여놓고는 영적인 목숨을 걸고, 어느 쪽이 구라로 밝혀질지, 눈을 크게 뜨고 입술이 타들어 가면서, 가슴을 졸이며 숨을 죽이고 지켜본다. 가끔씩 비명이 터져 나온다. "앗! 위험하다. 큰일 났다. 우리 주님이 녹아웃 당하시겠다." 그러면서 다들 부산히 통성기도를 시작한다. 자신의 주님을 구해달라고. 그런데 그 기도는 누가 들어주나? 녹아웃 위험에 직면한 그분이?

축지법

축지법을 해도
우비나 우산이 없으면 눈비를 다 맞아야 한다
축지 중에 갑자기 우박이 내리면 죽을 수도 있다

축지법縮地法은 맨몸으로, 아무것도 타지 않고, 엄청나게 빠른 속도로 거리이동을 하는 것을 말한다. 축지縮地는 땅을 축소시킨다는 아름다운 상징어이다. 먼 거리를 이동한다는 개념이 아니라, 두 지점 사이의 거리를 축소시킨다는 역발상의 개념이다. 상대성이론에 의하면 시공간 내에서는 어떤 것도 빛의 속도인 초속 30만km를 넘을 수 없는데, 저명한 이론물리학자 미치오 카쿠Michio Kaku의 설명에 의하면 공간 자체를 변형시켜 멀리 떨어진 두 지점을 근접시킴으로써 빛보다도 빨리 한 곳에서 다른 곳으로 이동할 수 있다고 한다(비유를 들어 설명하자면 이렇다. 누구든지 서울에서 부산으로 걸어가면 사람속도로는 죽었다 깨도 일주일 안에 부산에 도착하는 것이 불가능하지만, 지진이 나서 서울과 부산 사이가 푹 꺼져 사라져 버림으로써 두 도시가 연결되면 서울에서 부산을 가는 것은 한 걸음에도 가능해진다). 현대물리학적인 축지법 또는 축공간법인 셈이다. 그러나 전통축지법은 용어가 그렇다는 것이지 실제로는 공간 이동을 한다. 소축은 빨리 달리는 정도의, 중축은 말을 타고 달리는 속도의, 대축은 한걸음에 산봉우리에서 다른 봉우리로 이동하는 빠르기이다.

역사상 몇몇 책에 축지법에 대한 증언이 나온다. 알렉산드라 데이비드 닐Alexandra David-Neel 1868~1969이라는 불란서 여인이 있는데, 이분은 1900년대 초에 티베트에 가서 스스로 머리를 깎고 비구니 모습으로 11년간 수행을 한 분이다(참고로 티베트에는 비구니 승단이 존재하지 않는다). 이분은 말년에 불란서로 돌아가 자신의 체험과 티베트불교에 대해 많은 저술을 남겼다. 이분의 증언에 티베트축지법인 '롱곰빠long gom pa 風冥想'에 대한 것이 있다. 이분이 어느 날 말을 타고 초원을 가는데 멀리 지평선에 거뭇거뭇한 점이 보인다. '뭘까?' 하고 궁금해하는데 그 물체가 금방 다가왔다. 사람이었다.

데이비드 닐에 의하면, 티베트의 축지법수행은 먼저 땅에 웅덩이를 파고 거기서 결가부좌結跏趺坐한 상태로 웅덩이를 빠져나오는 것으로 시작한다. 티베트축지법은 시선을 전방 하늘 멀리 위치한 별에 고정시키고 일종의 트랜스trance상태에 빠진 다음, 몸이 지면에서 마치 공처럼 튀며 한 번 튐에 긴 거리를 움직이며 이동한다고 한다. 독일 태생 루마니아인으로서 1940년대 후반에 티베트에 가서 수년간 승려생활을 한 라마 고빈다Lama Govinda의 자서전 『흰구름의 길The way of the white clouds』에는 그의 축지법체험이 나온다. 어느 겨울날 혼자 토굴에서 멀리 떨어진 호수로 소풍을 갔다가 날이 어두워져 위기에 처했는데(티베트의 겨울밤은 온도가 영하 수십 도로 떨어진다) 갑자기 몸이 스스로 공처럼 퉁퉁 튀며 큰 보폭으로 움직여, 놀랍게 빠른 속도로 돌아올 수 있었다고 한다. 전혀 롱곰빠 수행을 하지 않은 사람에게 일회적으로 찾아온 희귀한 체험담이다.

이런 기록으로 보면, 티베트 롱곰빠는 몸이 지면 위로 공처럼 튀며 큰 보폭으로 빠르게 움직이는 것이다. 결국 롱곰빠는 우리가 사는 4차원 시공간을 초월하는 5차원 이상의 공간을 통해 이동하는 것이 아니라, 사람의 육신을 가진 채로 4차원 시공간 내에서 지상을 빠르게 움직이는 것이다.

그러나 이것이 사실인지 아닌지는 알 길이 없는데, 중요한 점은 현대인들은 롱곰빠 수행자(축지법 수행자)보다 더 빨리 움직인다는 것이다. 비행기·기차·자동차를 타고 어마어마한 속도로 움직인다. 20여 년 전 전통정신수련을 하던 분의 주장에 의하면 축지는 엄청나게 기력을 소모시킨다는데, 현대인은 전혀 기력의 소모가 없이 움직인다. 그리고 알렉산드라 데이비드 닐에 의하면, 티베트에서는 축지 중인 사람을 신체적으로 접촉하는 것이 금기라고 한다. 삼매가 깨져 축지 중인 사람이 해를 입을 수 있기 때문이라고 한다. 우리나라에도 동일한 금기가 있었던 것은 흥미로운 일이다. 축지를 하다가 새나 짐승이나 사람과 충돌하면, 작용반작용의 법칙에 따라 심각한 부상을 당할 것이다(요즈음 새가 비행기의 엔진에 빨려 들어가는 경우 심하면 추락까지 함을 상기하라). 그에 비해서 현대인은 그럴 위험이 현저하게 작다. 축지인은 눈비가 오면 꼬박 다 맞을 수밖에 없지만, 현대인은 자동차·기차·비행기 안에 아늑하게 앉은 채로 전혀 눈비를 맞지 않고 이동한다. 뿐만 아니라 축지 중에 갑자기 탁구공만 한 우박이 내리면 필시 죽을 것이다. 어마어마한 속도로 탁구공만 한 얼음덩어리들이 수없이 얼굴, 머리, 왼쪽 가슴으로 총알처럼 돌진해 올 것이기 때문이다.

신라인들을 포함한 수많은 고대 동아시아 불교인들이, 부처님의 법을 찾아 편도로만도 3년 정도 걸려 인도로 걸어가다가 길 위에서 죽음을 맞이했는데, 왜 미리 축지법을 닦아 축지법으로 인도로 가지 않았는지 의문이다(그 정도 정신력이면 분명히 축지법획득이 가능했을 것이다). 아마, 갑작스런 기상변화로 우박을 맞아 치명상을 입는 등의 미지의 변수에 대한 두려움 때문이었을지 모른다.

🈺축지 중에 우박이 내리면, 작용반작용법칙에 따라 이동속도가 빠를수록 치명적이다. 진화론적으로 보면, 무서운 속도로 축지를 한 사람

들이 모두 우박에 관통당하는 등으로 예기치 않게 화를 당해 다 멸종당하고, 축지에 능하지 못한 자만 살아남은 것으로 볼 수 있다(이 멸종은 뉴턴역학이 발견되기 한참 전에 일어났다. 그래서 축지법은 전설로만 남아있다. 전설은 일종의 문화적인 화석이다). 그래서 축지법은 맥이 끊겼고, 지금은 기껏해야 마라톤 정도의 속도이다.

⊟티베트에 대해서는 경천동지할 신통력에 대한 일화가 무수히 떠돌아다닌다. 다람살라에 거주하던 한국인 불교학자가 달라이 라마에게 '티베트 수행자들이 정말로 신통력이 있는지' 직접 물은 적이 있다. 놀라운 답이 나왔다. "그랬다면 티베트가 중국에 점령당했겠습니까?" 아마, 축지법도 그런 신통력 중 하나일 가능성이 크다.

도
와
술

재래식 화장실과 도^道와 술^術

예전에는 똥을 누는 것이 생각보다 심각한 문제였다
불교계율에 똥 누는 법에 대한 항목이 있을 정도이다
그래서 우리말에 '처가와 측간은 멀수록 좋다'는 말이 있었다
그런데 지금은 화장실이 코앞에 있어도 아무 불편이 없다
정말 좋은 세상이다

40년 전만 해도 거의 모든 화장실이 재래식이었다. 이 푸세식 화장실에 얽힌 재미나는 이야기들이 떠돌았다.

어느 해 여름 하안거 기간에 중들이 봉암사 선방 지대방에 앉아 서로 자기네 본사 절이 더 크다고 자랑하는데 화장실을 비교하게 되었다. 통도사 스님 왈 자기네 해우소^{解憂所 근심을 해소하는 곳}는 얼마나 깊은지 변을 보면 해우소를 나갈 때쯤에야 변이 바닥에 떨어지는 소리가 들린다고 자랑을 하자, 송광사 스님 왈 자기 절 해우소는 오늘 변을 보고 다음해 안거철에 다시 찾아와 해우소에 쭈그리고 앉으면 그때서야 변 떨어지는 소리가 들린다고 뻥을 치며 통도사 스님 기를 죽였다. 그러자 해인사 스님 왈, 지금까지 어느 누구도 자기네 해인사 해우소 변 떨어지는 소리를 들은 적이 없다고 허풍을 치며, 그것도 해우소라 부르냐면서 송광사 스님을 꾸짖었다. 화장실 크기(깊이)를 자랑하는 데에는 다음과 같은 깊은 이유가 있다.

이 재래식 화장실은 저 밑바닥에 똥물이 고여 있어 잘못 누면 똥물이 엉덩이나 옷으로 튀었다(양변기에서도 가끔 유사한 일이 벌어진다).

특히 엉덩이가 큰 사람은 화를 당하기 십상이었다. 그래서 이를 피하기 위해서 다양한 방법이 고안되었다.

어느 시골 새마을회관에 사람들이 모여앉아 어떻게 하면 효과적으로 똥물을 피할까 토론을 하며 각기 비장의 기술을 소개했다.

첫 번째 사람은 자기는 지그재그전법을 쓴다고 했다. 조금 누고 얼른 자리를 옮겨, 튀어 솟아오르는 똥물을 피한다는 것이었다. 다 눌 때까지 이 방법을 되풀이한다. 단점은 변을 보는 내내 좀 찝찝하고 개운치 않다는 점이다.

두 번째 사람은 나치의 전격전電擊戰 blitz krieg이었다. 참을 대로 참아 복부의 압력을 극대화한 후 수축할 대로 수축한 괄약근을 풀며 엄청나게 빠른 속도로 단숨에 한꺼번에 똥을 모두 투하하고, 튀어 오르는 똥물이 엉덩이에 닿기 전에 재빨리 일어나는 작전이다. 괄약근은 강하나 다리근육이 약한 사람은 오히려 크게 변(?!#$?)을 당할 수 있으니 각별히 유의해야 한다.

세 번째 사람은 정밀조준사격이었다. 자기는 신문지에 변이 겨우 통과할 정도로 조그맣게 동그란 구멍을 뚫어 그리로 조준한다는 것이었다. 똥물이 튀더라도 똥꼬 이외의 나머지 부위는 절대적으로 안전하다. 화장실에 가족마다 사이즈가 다르게 구멍이 난 신문지가 비치되어있는데 실수로 큰 사이즈를 사용하면 크게 변을 당한다고 친절하게 일러주었다.

네 번째 사람은 시간차공격을 한다는 것이다. 조금 누고 똥물이 튀어 솟아오르면 다시 조금 누어 똥물을 맞추어 저지한다는 것이었다. 단점은 일을 다 볼 때까지 쉴 틈 없이 바쁘다는 점이다.

이렇게 왁자지껄 떠들며, 현란한 기술을 자랑하며, 사람들의 독창적인 발상에 서로 감탄하며 박장대소하는데 구석에 조용히 앉아있는 할머니가 눈에 들어왔다.

"할머니, 그러면 할머님은 어떤 방법을 쓰시나요?" 할머니 왈 "튀거나 말거나."

다른 사람들은 똥물이 더러우니 피해야 한다는 집착으로 다양한 기술을 개발했으나 할머니는 똥이 더럽다는 생각을 초월한 것이었다. 세 사람의 방법은 술術이요 할머니의 마음은 도道이다. 나무 할머니보살 마하살!

▤ 그러나 진짜 문제는 도는 재미가 없고 술은 엄청나게 재미있다는 점이다. 똥물을 피하는 갖가지 고안은 얼마나 재미나는가? 골똘히, 똥물의 피해와 그 해결책을 궁리하는 모습을 상상해보라. 똥이 똥물에 투하되고, 그 충격으로 똥물 표면이 비틀리면서, 똥물이 똥의 갖가지 형태에 따라 갖가지 기이한 모양으로 튀어 오르고, 짙은 색깔의 똥물이 순백색의 뽀얀 엉덩이에 닿는 순간 '으악' 하고 놀라는 여인의 외마디 비명(조수미의 「광란의 아리아」가 배경음악으로 깔리면 제격이다), 그로 인해 뒤틀린 붉은 입술丹脣, 예고 없이 찾아온 절망을 배어 물은 호치皓齒, 항문보다 더 큰 크기로 확대된 동공, 그리고 비대칭적으로 찡그려진 아미蛾眉를 상상해 보라. 웃음이 절로 배어나오지 않는가?

반면에 도는 무채색의 재미없는 그림이다.

세상 학문, 문학, 예술, 즉 인류학, 마빈 해리스, 경제학, 스티븐 래비트, 고고학, 일본의 사기꾼 고고학자, 수학, 페렐만, 물리학, 스티븐 호킹, 칼 세이건, 화학, 생물학, 리처드 도킨스, 영문학, 서머싯 몸, 독일문학, 헤르만 헤세, 러시아 문학, 푸시킨, 한국문학, 이문열, 시, 류시화, 소설, 김태연, 영화, 봉준호, 우디 앨런, 미술, 백남준, 앤디 워홀, 음악, 임동창 등등 얼마나 재미나는가? 여러분은 이런 재미나고 매혹적인 세상을 뒤로하고 무념무상의 강력한 '아까징끼'로 소독한 무색무미의 도의 세계로 들어가고 싶으신가? 여러분은 선택권이 주

어진다면 중력重力이나 전자기력電磁氣力이 되시겠는가?(이신론자들이
주장하는 세상의 이법으로서의 신이 정확히 이것이다. 원하신다면 약력
이나 강력 같은 핵력核力을 추가하셔도 무방하다. 뭐가 더 나아질지는 전
혀 알 수가 없지만). 아니면 100년을 살다 죽어도 인간이 되는 것을
택하시겠는가? 선택은 항상 어렵다. 재벌 딸, 김태희, 송혜교 중 하
나만 혹은 하반신 없는 미인과 하반신은 있으나 얼굴 반쪽이 사고로
없어진 멋진 몸매의 여인 중 하나만 택하거나(남자의 경우도 비슷하
다. 물건이 없는 멋진 몸매의 미남과 물건은 있지만 배가 남산만 한 돼지
같은 난쟁이 추남 중에서 택일해야 한다), 혹은 유영철, 고재봉, 오원춘
중 하나만 택해 변을 당하라 하면 머리에 쥐가 날 정도로 어려운 선
택문제일 것이다.

　그래서 인간은 결정공포증decidophobia에 시달리다 못해 신에게 귀의
하고 양단간兩端間에 신이 결정하는 대로 따르겠다고 눈물로 믿음을
고백하는 것이다.

도
와
술

상한 음식

상한 것은 물질이건 비물질이건 버려야 한다
마음의 것을 버리지 못하면 고통이 찾아온다

상한 음식은 즉시 버린다. 어제 아무리 맛있게 먹었어도, 산해진미일지라도, 상한 음식은 버려야 한다. 몹시 상했으면 뒤도 안 돌아보고 내다 버린다. 상한 음식은 더 이상 어제의 맛있는 음식이 아니다. 버리는 것은 맛있는 음식이 아니라 상한 음식이다.

인간관계도 마찬가지다. 상하면 버려야 한다. 즉, 지속시키면 안 된다. 그쳐야 한다. 조금 상한 음식을 끓여 먹는 것처럼, (서로 또는 한쪽이) 마음을 바꿔 양보하고 뉘우치고 용서를 빌어 관계를 개선시킬 의사가 없다면, 그 관계는 즉시 포기해야 한다. 상한 음식처럼 이미 해로운 상태로 변했기 때문이다. 당신이 버리는 것은 어제의 아름다운 관계가 아니라 오늘의 추한 관계이다. 둘은 절대로 동일한 대상이 아니다. 최악의 경우에 당신 역시 상대방에게 해로운 음식이다.

아무리 과거에 즐거움과 기쁨을 주었어도, 변한 그 사람은 상한 음식이다. 상한 음식을 버리듯이 그 즉시 버려야 한다. 버리지 않으면 배탈이 나거나 식중독에 걸린다. 죽도록 고생한다. 심하면 정말로 죽음에 이르기도 한다. 더 비극적인 경우는 상한 내가 스스로 상한지 모르고 상대방을 죽이기도 한다.

상한 음식은 잘 버리면서도, 왜 우리는 상한 관계를 쉽게 버리지 못할까? 왜 상한 음식을 계속 먹으면서, 즉 상한 관계를 유지하면서 눈물과 고통 속에 사는 것일까?

아마 변화를 보지 못하거나, 봐도 인정하지 않고, 고집스럽게 상대방을 '불변하는 (과거 특정 시점의) 정체성을 지닌 존재'로 착각하기 때문이리라.

아니면, 좁은 우리에 갇혀 불가항력적으로 서로 싸우는 닭들처럼, 좁은 시공간時空間에 갇혀 살기 때문일까?

目미국작가 피츠제럴드의 소설 『위대한 개츠비』(1925)의 주인공 개츠비는 첫사랑 데이지를 잊지 못하고, 이미 어떤 부자의 부인이 된 데이지를 되찾기 위해서 수단방법을 가리지 않고 돈을 번다. 자신의 부를 과시하며 데이지를 유혹하던 개츠비는 성난 데이지 남편의 총에 살해당하지만, 데이지는 개츠비 장례식에 조문하러 오지 않았다. 사치와 향락에 빠져 살던 데이지가 사랑한 것은 개츠비가 아니라 그의 돈이었기 때문이다. 데이지는 이미 예전의, 젊은 날의 데이지가 아니었다. 그들 사이의 사랑은 이미 몹시 상한 사랑이었다. 상한 음식을 버리는 것은 쉬우나, 상한 사랑을 포기하는 것은 이처럼 어려운 일이다.

무정설법과 소동파의 오도^{悟道}

무정설법은 사물이 아니라 자기 마음이 한다

소동파는 평소 불법에 대해서 아는 척하며 잘난 척했다. 그는 스스로 호를 '칭^{秤 저울}'이라 했다. 자신이 천하 수행자들의 경지를 다는 저울이라는 뜻이었다. 어느 날 스님(상총조각 선사^{常總照覺禪師})이 묻는다. "공은 유정설법에 대해서는 아시는 것 같소이다만, 무정설법을 들어본 적이 있으신지요?" 소동파는 금시초문인지라 말문이 막혔다. 밤새워 법문을 나누다 어느덧 아침이 왔다. 절을 떠나 말을 타고 계곡을 지나가던 소동파는 계곡물소리에 크게 깨달아 시를 짓는다.

그 유명한 '계성변시장광설'로 시작되는 소동파의 오도송^{悟道頌}이다.

계성변시장광설^{溪聲便是長廣舌} 계곡의 물소리가 부처님의 설법이로구나

산색기비청정신^{山色豈非淸淨身} 산이 어찌 부처님의 청접법신이 아닐소냐

야래팔만사천게^{夜來八萬四千偈} 지난 밤 들은 팔만사천 무수한 법문을

타일여하거사인[他日如何擧似人] 앞으로 다른 이들에게 어떻게 일러 줄까

개념은 상징이다. 개념은 아직 말랑말랑한 뇌에 매혹적인 대상이다. 초기 사랑의 마법이 깨어지면 사랑하는 이를 다시 보게 되듯이, 개념의 마법이 깨지면 개념이 상징에 지나지 않음을 깨닫게 된다.

상징의 해석은 우리의 권리이자 자유이다. 온 세상은 모조리 개념으로 이루어져있다. 개념은 상징이다. 상징의 해석은 자유이다.

개념의 노예가 아니라 주인이 되면, 즉 개념의 질곡[桎梏]에서 벗어나면 그것이 자유이고 해탈이다. 산과 계곡이 설법하고 안 하고는 전적으로 우리에게 달린 문제이다.

상징의 의미는 발견되는 것이 아니라 만들어지는 것이다.

수수께끼로 마음이 꽉 찬 이에게는 그 어떤 것도 문제를 푸는 열쇠가 될 수 있다. 이런 사람은 마음이 무르익어 터지기만 기다리는 석류와 같다. 드디어 석류가 터지면 투명한 붉음과 새콤한 달콤함을 사방으로 방사한다.

깨달음의 빛과 향기이다!

🎵우리가곡 중에 불후의 명곡이 있으니 「빨간 석류」이다. 시도 아름답고 곡도 아름답다. 부드럽고 매혹적인 낮은 목소리의 주인공 매조소프라노 백남옥의 노래로 일 청[聽] 하시기를 권한다.

새빨간 석류가 터져 영롱히 빛나는 구슬
아 사랑이 알알이 붉은 마음을 맺어
푸른 하늘가에 살포시 울려 퍼지는

사랑의 진주를 곱게 만든다.

빨갛게 퍼지는 등불처럼
행복이 스며드는 국화주머니 속
아 아침 해 빛나는 금빛 부챗살같이
찬란히 마음속 깊이 스미는 유리알같이
맑고 맑은 사랑의 노래를 만든다.

目무정설법無情說法: 산이나 폭포처럼 생명이 없는 물체無情가 하는 설법.
유정有情은 생물을 말한다.

일수사견一水四見

보고 싶은 대로 보인다

심여화공心女畵工이다 〈『화엄경』〉

시어머니에겐 며느리의 크고 실한 엉덩이가 애 낳는 기계로 보인다. 가슴은 낳은 애를 먹여 키울 젖통이자 절대로 상하지 않을 전천후全天候 휴대용 보온도시락이다. 시어머니 눈에 며느리 손은 밥 짓고 빨래하는 도구이다. 귀는 소리를 탐지하는 레이더, 입은 말하는 스피커이다. 머리는 아무것도 유용한 것이 들어 있지 않은 통이다. 빈 통이면 그나마 다행이고, 최악은 쓸데없는 것으로 가득 차 있는 경우이다. 배 아파 낳은 사랑하는 아들을 빼앗아간 씻지 못할 죄를 짓고도 전혀 회개하고 반성하지 않는 악녀이다. 며느리는 시어머니의 과거를 송두리째 부인하고 파괴하는 시바Shiva이다.

남편에게 아내의 풍만한 엉덩이와 가슴은 보기만 해도 즐거움을 주고, 어제 죽어버린 생의 욕망을 오늘 다시 일으켜 세우는 환생술사還生術士이다. 입은 사랑의 언어의 마에스트로이자, 잔소리를 대량으로 생산하는 자동화된 공장이기도 하다. 남자에게 어머니는 과거이지만 아내는 미래이다(어머니는 나온 곳이지만 아내는 들어갈 곳이다). 어머니가 가신 후에도 살아남아 오래도록 밥과 사랑을 줄 여자이다. 아내는 새로운 가족을 창조해 주는 브라흐마^{Brahma}이다.

시누이에게 올케의 엉덩이는 턱없이 크고 제멋대로 방구나 뀌는 뺑뛰기 기계이다. 동시에 쓸데없이 옷감면적과 방바닥면적(비싼 아파트평수)을 많이 차지하는 살덩어리이기도 하다. 입은 말도 안 되는 소리나 뱉어내는 골풀무이자 송곳 부엌칼 맷돌 케이스이다. 가슴은 보기에도 거추장스러운 없어도 그만인 살자루에 지나지 않는다. 그 멋진 오빠를 홀려 바보로 만든 팜므파탈이다. 그냥 한마디로 마라^{Mara}이다.

시아버지에겐 죄다 더없이 귀여운, 눈에 넣어도 아프지 않을, 그리고 아무것도 책임질 일이 없는 공짜 새 딸이다. 아울러 손자를 낳아주어, 빈들에 마른 풀같이 시들고 늙은 삶에 생기를 불어넣어주며, 가문을 지속시켜주는 비슈누^{Vishnu}이다.

🔖 일수사견^{一水四見}: 물이 천인에게는 유리로, 아귀에게는 고름으로, 물고기에게는 집으로, 사람에게는 물로 보인다는 말. 같은 대상이라도 보는 주체에 따라 다르게 보인다는 말, 즉 세상은 우리의 주관적인 해석에 달려있다는 말. 이 말로부터 주어진 상황이 무엇이건 간에 그 상황을 행복으로 전환시킬 수 있는 근거가 생긴다.

🔖 힌두교에 의하면 3인조 신이 우주의 탄생, 유지, 소멸을 담당한다. 브라흐마^{Brahma}는 창조의 신, 비슈누^{Vishnu}는 보존의 신, 시바^{Shiva}는 파괴의 신이다. 하지만 우주는 환영의 세계이다. 즉 탄생, 유지, 소멸은 환영일 뿐이다. 오로지 존재하는 것은 브라흐만^{Brahman}뿐이다. 브라흐만의 꿈인 환영^{lila}의 세계, 즉 삼사라^{samsara} 윤회계의 대마왕^{大魔王}이 마라^{Mara}이다. 마라는 영화감독이자 영화제작소 사장이자 영화관 주인이다. 불교에 의하면 마라는 다름아닌 우리 마음이다.

순자: 허일이정 위지대청명虛一而靜 謂之大淸明

진리는 종교나 학파를 가리지 않고 깃든다
진리는 도처에 있다

'허일이정 위지대청명虛一而靜 謂之大淸明', 이 말은 『순자筍子』 「해폐解蔽」
에 나오는 순자BC 313~238의 말이다. '마음이 텅 비고 한결같고 고요한
것을 크게 맑고 밝다고 한다'는 뜻이다. '텅 빈 충만'과 같은 말이다.

순자에 의하면,

'텅 빔'이란 마음에 이미 쌓여있는 정보(기억 경험 지식)들이 새로운
정보를 받아들이는 것을 방해하지 않는 것을 말한다. 마음에 아무것도
없는 상태가 아니라 변화와 배움에 열려있는 자세를 말한다.

'한결같음'은 이미 있는 인식이 새로운 인식을 방해하지 않는 것을
말한다. 기존의 인식이 선입관으로 작용하여 새로운 관점이나 패러다
임의 탄생을 가로막고 버티지 않는 것을 말한다.

'고요함'이란 몽상이나 번거로운 생각으로 마음이 어지러워지지 않
는 것을 말한다. 아무 생각이 없는 상태가 아니라 단지 어지러운 생각
이 없는 상태를 말한다.

순자의 이 말은 많은 것을 생각하게 한다.

흔히 한 종교에 빠지면 다른 종교에는 단 한 조각의 진리도 없다고 생각하기 쉽다.

공자님이 말씀하셨듯이, (아무리 부족하고 모자라 보이는) 세 사람이 길을 가더라도 반드시 한 사람쯤은 내 스승이 될 만한 사람이 있다고 한다. 사람은 다양한 측면이 있으므로 아무리 바보나 악한이라도 하나쯤은 배울 만한 점이나 착한 점이 있다는 말이다.

마찬가지로 타 종교에도 한 점 진리가 있기 마련이다. 초기경전의 일화를 보면 부처님도 이 점을 부정하지 않으셨다. 부처님은 제자가 되겠다고 찾아온 자이나 교도를 돌려보내신 적이 있다.

순자는 춘추전국시대의 대표적인 유가儒家 사상가로서 성악설의 원조로 알려져 있다.

그러나 위에 인용한 순자의 말은 충격적으로 다가온다. 우리가 순자를 오해하고 있음이 분명하다: 순자가 우리를 '본바탕이 나쁜 놈'이라고 매도하고 있다고.

'인간이 악한 성품을 가졌다'는 순자의 성악설은, 인간을 악한 존재라고 매도하거나 악하므로 인간에게 희망이 없다는 관점이 아니라, 인간은 악할 수 있으므로 인간은 항시 스스로 조심하고 또 인간이 선한 쪽으로 가도록 교육과 제도를 통해 인도하여야 한다는 관점일 뿐이다.

100ml들이 컵을 보고 반이나 찼다고 하나, 반이나 비었다고 하나, 어느 경우나 컵에 50ml의 물이 들어있는 것은 변함이 없는 사실이다. 맹자의 주장은 '컵의 본성은 차는 것'이라는 것이고 순자의 주장은 '컵의 본성은 비는 것'이라는 것이다. 채운 컵을 마시면 비는 것이고, 빈 컵에 물을 따르면 차는 것이니, 둘 다 맞는 말이다. 맹자는 반이나 차있으니 나머지 반도 얼마든지 채울 수 있다는 입장이고, 순자는 반이나 비었으나 더 이상 비지 않게 조심하면 나머지도 거뜬히 채울 수 있다

는 입장이다.

부처님은 항상 선정에 들어 계시다고 한다. 현 조계종 종정이신 진제 스님은 자신도 그러하다고 말한다. 부처님이나 선각자들이, 아무 생각이 없는 멸진정이나 생각이 있는 듯 없는 듯한 비상비비상처정非想非非想處定에 항상 들어있으면 중생들에게 줄 수 있는 이익이 전혀 없을 것이다. 의식이 바로 '사람과 세계를 연결해주는 끈'이기 때문이다. 의식을 통해서 우리는 타인과 생물들과 꽃과 나무들과 시냇물과 자연과 밤하늘의 별들과 교감을 한다. 동시에 우주를 우리 마음에 비추고 그 속에 우리만의 고유한 우주를 만들어 내기도 한다. 그러므로 부처님이 말씀하신 '항시 들어계신 선정'은 의식이 없는 상태가 아니다. 임제 스님의 말처럼 '활발발活潑潑하되 번뇌가 없는 상태'를 말한다. 소위 말하는 '마음이 말라죽은 나무와 같은 상태의' 고목선枯木禪이 아니다. 육조 혜능 스님은 '선정이란 밖으로 상을 떠나고 안으로 어지럽지 않은 것'이라 하였다. 결코 특정한 자세를 취하고 어떤 신비스러운 상태에 들어가는 것을 말하는 것이 아니다.

순자의 '허일이정虛一而靜'이란 인간이 기나긴 35억 년 진화의 여정에서 안팎의 마음에 쌓아온 방대한 정보·지식이 새로운 정보·지식의 유입을 방해하지 않으면서, 그리고 옛 인식이 정보·지식의 증가에 따라 발생하는 새로운 인식의 탄생을 막지 않으면서, 세상(주관과 객관)을 있는 그대로 보는 인식작용을 가능하게 하는 바탕大淸明(한없이 맑고 밝은 마음)을 말한다. 이런 인식작용을 불교에서는 '반야지혜'라고 부른다.

따라서 순자의 허일이정虛一而靜은 용어와 표현(손가락)만 다를 뿐이지 불교와 정확히 같은 지점(달)을 가리키고 있다.
청정하고 역동적인 인식행위를 나타내고 있다.

현대적인 표현으로는 1,000억 개 뇌세포와 이들을 잇는 500조 개 뇌신경 고속도로(수상돌기와 축색돌기)가 얽히고설켜 서로 방해하지 않는, 낡은 도시와 도로가 새 도시와 도로의 건설을 막지 않는, 그리고 질서정연하고 왕성한 생체전기화학적인 정보유입·정보처리·정보생성·정보이동 활동을 가리킨다.

보살이 무여열반을 포기하고 속세에 머무름은, 벽지불의 선정에 머물고자 함이 아니므로 문자 그대로 마음에 아무것도 없게 비워야 하는 것이 아니라, 끝없이 변해가는 중생계에 맞추어 자신도 끝없이 자신의 지식과 정보를 업데이트하며 진화해가야 한다는 뜻이다. 이 과정에서 마음에 집착이나 선입견이 없으면 무궁무진한 지혜가 생겨난다. 그래서 앞지혜는 뒷지혜를, 결코 가늠하거나 짐작할 수 없다.

그런데 많은 이들이, 불교의 목표가 마음을 멈추는 것이라고 믿고, 마음이 문자 그대로 멈출 날만 기다리며, 그때까지는 마음을 마음대로 움직이며 막 산다.

그럴 바에야 왜 (대승)불교를 공부하는지 알 수가 없다. 이런 사람들보다는 차라리 순자를 공부하는 사람들이 부처님 제자나 보살처럼 보인다.

우리는 순자가 사용하고 있는 유교라는 손가락만 볼 것이 아니라 순자가 가리키고자 하는 것이 무엇인지 알아차려야 할 것이다.

불법佛法을 불법이라는 좁은 테두리 안에 가두어두면 이미 불법이 아니다.

안수등정 安樹藤井

벗어날 수 없는 게 아니라, 벗어나지 않는 것이다

불교의 우화 중에 안수등정이 있다. 어떤 사람이 광야에서 미친 코끼리에 쫓기다가 (혹은 진리를 피해서) 우물井에 빠지는 순간 가까스로 등나무덩굴樹藤을 부여잡고 추락을 모면하며 생존하고 있는데, 위에서는 코끼리가 씩씩대고, 밑에서는 악어가 입을 벌리고 이 사람이 떨어지기만 기다리고 있으며, 중간에서는 흰쥐와 검은쥐가 교대로 나무덩굴을 갉아먹고 있어, 시시각각 다가오는 죽음의 공포로 한없이 고통을 받는다. 물론 팔도 무지무지 아프다. 그런데 어디로부터인가 꿀이 방울방울 떨어진다. 그러자 이 사람은 입을 벌리고 꿀을 받아먹으며 그 달콤한 꿀맛에 취해서 자기가 처한 상황과 고통을 모두 잊어버린다安는 우화이다.

사람들이 생존본능(미친 코끼리)에 쫓겨 (혹은 진리의 세계를 피해서) 정신없이 그리고 개념 없이 사느라 이리저리 가지가지 횡액橫厄 우물에 빠짐을 당해 고통스럽게 살면서도, 또 밤낮(검은쥐 흰쥐)으로 시간이 흘러 수명(등나무덩굴)이 줄어들며 죽음(악어)이 다가오고 있음에도 불구하고, 오욕락(재욕 성욕 식욕 명예욕 수면욕 등의 다섯 가지 욕망충족의 기쁨

●안수등정: 생과 사의 위태로운 중간
지대에서 눈앞의 쾌락을 탐닉하며
사는, 인간의 딜레마를 탁월하게 묘
사하였다. 톨스토이는 이 우화에 감
명을 받아 『안나카레리나』를 썼다.

을 주는 꿀맛)에 취해서 이 모든 것을 잊고 산다는 내용이다.

　이 이야기에는 속편이 있다. 두 편이나 있다. 한 편은 오래전에 중국
에서 제작되었고, 다른 한 편은 최근 우리나라에서 만들어졌다. 백척
간두진일보百尺竿頭進一步 33미터나 되는 까마득히 높은 장대 끝에서 한 걸음 더 나아가기와 오
피스텔추락사이다.

　선수행자들이 자신을 구속하는 마지막 족쇄를 벗어던지는 것이 백
척간두진일보이다. 마지막까지 움켜쥐고 있던, 없으면 못 살 것 같은
(아주 얇고 투명하여 알아차리기가 거의 불가능한) '자아에 대한' 정체성
을 마저 놓아버리면 홀연히 대자유의 세계가 드러난다는 말이다.

　그 반대인 오피스텔추락사는 여신도와 불륜(꿀맛)을 저지르다 현장
에 들이닥친 여신도의 성난 남편(코끼리)을 피하려 (고층)오피스텔외벽
(우물)으로 피신하여 난간(등나무덩굴)에 매달려있다 '손과 팔'(흰쥐·

검은쥐)의 힘이 다해 난간을 놓아버리자 추락사한(악어밥이 된) 목사의 사건이다.

톨스토이는 이 안수등정의 우화에서 깊은 감명을 받아 소설 『안나 카레리나』를 썼다. 젊고 아름다운 안나 카레리나는 성자 같은 20년 연상의 늙은 남편을 버리고 매력적인 젊은 기병장교와 불타는 듯이 사랑에 빠져 혀가 아리도록 달콤한 꿀물 같은 사랑에 탐닉했으나, 결국은 스러지는 젊음과 치성해지는 (젊은 여자들에 대한) 질투심으로 몸과 마음의 힘이 다해 마침내 남자에게 버림받고 달리는 기차에 몸을 던져 죽는다.

도
와
술

항아리와 깨달음

이 법은 바라는 바가 적은 자를 위한 것이지
바라는 바가 많은 자를 위한 것이 아니다 〈『아누룻다경』〉

마음이 가난한 자가 복이 있나니 천국이 저희의 것이다
〈『신약』〉

사람들이 깨달음을 얻지 못하는 진짜 이유는 깨달음을 얻기 싫기 때문이다. 욕망과 욕망충족으로부터 오는 쾌락을 결코 포기하고 싶지 않기 때문이다.

아가리 좁은 항아리 속의 사탕을 손에 잔뜩 움켜쥔 원숭이가 손을 못 빼내는 것처럼, 인간도 욕망을 잔뜩 움켜쥔 비만한 마음으로 고통 속에서 빠져나오지 못한다. 욕망이라는 사탕이 줄 쾌락을 절대로 포기하기 싫기 때문이다.

그러다가 원숭이가 사로잡혀 잡아먹히는 것처럼, 인간도 욕망에 사로잡혀 늙고 병든 추한 모습으로 변하고 살해당한다.

생명의 길이 좁듯이 항아리 입구는 좁다. 이 좁은 길을 빠져나오려면 가난한 마음이 필수이다. 욕망을 놓아버린 가난한 마음!

사람들이 구원을 받지 못하는 이유도 동일하다. 다른 옷을 입고 나타나는 구원은 짝퉁구원이다. 자만, 교만, 으스댐, 깔보기 등으로 나타난다. 가난한 마음이 아니라 불량식품 섭취로 어처구니없이 살찐 마음이다. 주일날 교회입구에 서서 왼손으로는 검은색 성경책을 옆구리에 끼고, "나는 구원을 얻었는데 당신은 얻으셨는지요?" 하는 교만한 표정으로 신도들을 내려다보며, 오른손으로는 악수를 건네는 사람들의 마음이다.

도
와
술

모습과 음성을 넘어서

약이색견아 이음성구아若以色見我 以音聲求我
시인행사도 불능견여래是人行邪道 不能見如來
〈『금강경』〉

어머니가 중병에 시달린다. 눈은 움푹 들어가고 뺨은 꺼지고 이빨은
다 빠졌다. 어머니의 모습은 사라졌지만 어머니는 사라지지 않았다.

장인이 치매에 걸렸다. 아무도 알아보지 못한다. 두 팔로 무릎을 감
싸 안고 웅크린 채로 침대에 모로 누워 '워워' 하며 이상한 소리만 낸
다. 시선은 알 수 없는 곳으로 물러나고, 눈동자 속엔 아무도 없다. 장
인의 모습은 사라졌지만 장인은 사라지지 않았다.

육체적인 모습이나 목소리 등으로 어머니, 아버지, 장인, 장모를 찾
으려 하면 절대 찾지 못한다. 그것들은 세월과 함께 변해 사라지기 때
문이다. 하지만 그들의 무조건적인 자기희생적인 사랑은 영원히 사라
지지 않는다. 우리 안에 남아 우리가 우리 자식들에게 그런 사랑을 베
풀 수 있도록 격려한다. 간혹 나약해지려 할 때마다 돌아보는 불굴의
귀감이 된다. 우리가 그들을 그리워하는 것은 그 유한한 모습이 아니
라 그 무한한 사랑이다.

울고 간 그의 모습

다시 찾을 수 없어도
고운 그 모습
산에 언덕에 피어날지어다

부처님은 임종 시 제자들에게 말씀하셨다. 진리가 그리고 너희 자신이 스스로의 의지처가 되어라^{法燈明 自燈明}. 결국 썩어 없어질 나의 육신에 매달리는 것^{若以色見我 以音聲求我}은 슬픔만 가중시키고 망상만 키울 것이다^{是人行邪道 不能見如來}. 부처님이 발견하신 진리가 온전히 우리 것이 될 때 부처님은 우리 안에 영원히 살아계신다. 낮이나 밤이나 우리와 함께 한다. 일면불 월면불^{日面佛 月面佛}이다.

▤스티븐 호킹은 희귀질병인 루게릭병으로 인한 근육마비증세로 휠체어에 붙어 지내야 하는 장애인이다. 온몸이 비틀리고 얼굴표정도 이상하지만 그의 마음속에는 우주가 들어있다. 누구보다도 우주를 잘 이해하고 있다. 그의 육체적인 외면은 그의 심오한 지성과 방대한 지식을 암시하는 그 어떤 단서도 제공하지 않는다. 진실로 '약이색견아 이음성구아 시인행사도 불능견여래^{若以色見我 以音聲求我 是人行邪道 不能見如來}'이다.

▤미켈란젤로가 악마를 그리는 데 모델로 쓴 지극히 사악하게 생긴 노인이, 사실은 그가 수십 년 전에 천사의 모델로 쓴 아름다운 미소년이었다. 그의 아름답고 순결한 외관에는 그가 그리 추하게 변하리라는 그 어떤 징조도 없었다. 그러므로 우리는 조심해야 한다. 우리 마음속에 어떤 괴물이 숨어있는지 모르기 때문이다.

우리가 하나님의 자식이고 불성^{佛性}이 있을지라도, 이는 문전옥답과 같다. 방치하고 돌보지 않으면 잡초 우거진 쓸모없는 밭으로 변한다.

圓폭풍우 치는 바다의 등댓불 같은 부처님이 돌아가셨을 때 수많은 제
  자들이 가슴을 치고 통곡을 하였지만, 깨달은 제자들은 전혀 흔들리
  지 않는 평정심을 유지하였다.

●「열반도」: 45년 전법 끝에 여든의 나이로 부처님이 열반하시자 제자들이 통곡을 한다. 슬픔을 참지
못하고 땅에 뒹구는 사람들도 있다. 아직 도를 이루지 못한 사람들로서는, 완벽한 평화와 행복과 지혜
를 구현한 분을, 즉 해탈로 인도하는 길잡이를, 잃는 것은 감당할 수 없는 슬픔이었기 때문이다. 물론
아라한의 경지에 도달한 사람들은 평정심을 유지했다. 역설적으로, 스승의 죽음은 제자들의 경지를
시험하는 경계이다. 부처님의 삶은 길에서 시작해, 길에서 사시고, 길에서 끝난 머무름이 없는 삶이
었다.

모습과 음성을 넘어서

진화론과 시경

진화론은, 인간이 발견한 가장 위대한 진리이자 가장 놀라운 진리이다. 설계자가 없어도 멋진 설계가 나오고, 경쟁자가 없어도 경쟁이 일어나는 현상을, 멋지고 깔끔하게 설명하는 최고의 패러다임을 선사한다. 필자는 지금도 새가 하늘을 나는 것을 믿지 못한다. 두 눈으로 보면서도 그렇다. 동물이 어느 시점(時點)을 기준으로, 그 시점 이전에는 날지 못하고 이후에는 나는, 그런 시점이 존재할까? 그리고 어느 시점을 기준으로, 그 시점 이전에는 인간이 아니고, 그 시점 이후로는 인간인, 그런 시점이 존재할까? 선문답 같은 질문이지만, 진화론을 이해하면 어리석은 질문이라는 것을 깨닫는다. 진화론을 모르면 생명체와 인류의 기원에 대한 수많은 망상에 사로잡힌다.

깨인 눈으로 쳐다보면, 진화론의 증거를 전혀 뜻하지 않은 곳에서 발견할 수 있다. 『시경(詩經)』이 바로 그중 하나이다!

진화론과 시경; 야유사균

인간은 과거로 거슬러 올라갈수록 보노보와 비슷하다
더 거슬러 올라가면 침팬지와 비슷하다

『시경詩經』「국풍·소남」에 '야유사균野有死麕(들의 죽은 노루)'이라는 시가 나온다.

野有死麕 白茅包之	야유사균 백모포지
有女怀春 吉士诱之	유여회춘 길사유지
林有朴樕 野有死鹿	임유박속 야유사록
白茅纯束 有女如玉	백모순속 유여여옥
舒而脱脱兮 无感我帨兮	서이탈탈혜 무감아세혜
无使尨也吠	무사방야폐

사내가 노루고기를 여인에게 건네며 구애하는 내용이다. 해석에 있어서 몇 가지 쟁점이 있다. [1] 무대가 들판인가, 아니면 마을인가? [2] 노루고기는 사냥한 것인가, 아니면 자연사한 것인가? [3] 여인은 옷(치마)을 스스로 벗는가, 아니면 사내가 벗기는가? [4] 여인은 구애를 받아들이는가, 아니면 거부하는가? [5] 삽살개는 여인을 따라 들판으로

간 것인가, 아니면 집에 머무르고 있었는가?

이 시는 놀랍게도 그리고 엉뚱하게도 침팬지와 괭이갈매기와 깊은 관련이 있다. 차차 설명하기로 하고 일단 우리말로 풀어보자. 필자가 보기에 가장 그럴듯한 번역은 다음과 같다.

> 들판에서 노루를 잡아 흰띠풀로 싸서 주었네.
> 봄바람난 아가씨를 유혹을 했네.
> 들판에서 사슴을 잡아 흰띠풀로 싸서 주었네.
> 아가씨가 구슬처럼 예뻤네.
> 가만 가만히 하세요. 치마가 찢어지잖아요.
> 제가 천천히 벗을게요.
> 삽살개가 짖으면 어떻게 해요?

사내가 들에서 노루와 사슴을 사냥해서 맘에 둔 여인에게 구애를 한 것이다. 처음에는 노루고기로 두 번째는 사슴고기로 구애를 하였다. 처음과 두 번째 사이에 제법 시차가 있는 것으로 보인다. 처음 구애는 실패한 것으로 보인다. 두 번째로 더 좋은 사슴고기를 주자 비로소 구애를 받아들인 것으로 보인다. 바로 받아들이면 싸 보이지 않겠는가. 허기가 입맛을 돋우듯이 애타게 해야 정자방출이 힘차고 왕성해진다. 흰띠풀로 싼 것은 요즘말로 하면 예쁘게 포장을 한 것이다. 때는 바야흐로 봄, 새로 돋아난 풀로 고기를 쌌다. 봄에는 풀만 돋는 것이 아니라 춘정도 솟는다. 발정한 여인이 구애를 받아들이자마자 치마를 들치며 성관계를 시도한다. 아직 공자님이 태어나시기 전이라 중국인들이 본능에 충실하였던 것으로 보인다. 전세계 원시문화를 보면 유교에서 강요하는 성적 수치심이 없다. 주나라 당시도 그랬던 것으로 보인다. 심지어 공자님도, 사마천의 『사기』에 의하면, 아버지 숙량흘이 들판에서 안징재顔徵在라는 여인과 야합野合하여 낳은 것이라고 한다. (그때 숙량흘은 72살, 안정재는 18살이었다고 한다.) 남자가 급히 서두르자 여인은 치마가 찢어질까 걱정한다. 따라 나온 삽살개가 짖어 발각될까 두려워한다. 동물세계에서 성관계는 은밀히 해야 한다. 다른 힘센 수컷에게 발견되면 죽음뿐이다. 정신없이 쾌락에 빠져있는 사이에 호환虎患이나 시환豺患을 당할 수도 있다. 그래서 자기가 조용히 벗겠노라고 제안을 한다. 이런 일이 일어날 줄을 모르고 하필이면 삽살개를 데리고 나온 것이 문제다. 후회스럽지만 어쩌겠는가? 최선을 다해 수습하는 수밖에 없지 않은가?

위 해석은 진화론적으로, 동물학적으로 설명이 가능하다.

침팬지는 흔히 채식동물로 알려져 있지만 제인 구달 같은 동물학자들의 수십 년에 걸친 치열한 관찰을 통해 육식도 하는 것으로 밝혀졌다. 침팬지는 팀을 짜서 집단적으로 사냥을 한다. 사냥대상은 개코원숭이 새끼나 콜로부스원숭이같이 몸집이 작은 원숭이이다. 원숭이를 패거리가 매복하고 있는 예상 도주로로 몰고 가 잡는다. 여럿이 달려들어 사지를 잡고 사방에서 잡아당겨 산 채로 찢어먹는다. 그렇게 해서 얻은 다리 한 짝을 들고 암컷에게 다가가서 주면 암컷은 바로 엉덩이를 내밀며 교미를 허용한다. 좋게 보면 구애요 나쁘게 보면 매춘이다. 위 '야유사균'과 무척 유사한 상황이 아닌가? 한쪽은 나무 아래서 다른 쪽은 나무 위에서 벌어지는 장소적인 차이밖에 없다.

여인이 삽살개가 소란을 피울까봐 조심하는 것처럼, 침팬지도 들새들이 놀라 우짖지 않도록 조심해야 한다. 포악한 우두머리 수컷에게 들키면 죽도록 얻어맞고 송곳니에 물린다. 머리를 물리면 두개골이 함몰하는 치명적인 부상을 입을 수 있다. 교미 중에 무방비 상태로 표범이나 인간에게 들키면 죽음뿐이다. 성적 충동을 못 이기고 풀밭에서 일을 벌이나가는 사자밥이 될 수도 있다. 삽살개만 무서운 것이 아니라 들새도 무섭다.

괭이갈매기의 예도 있다. 수컷이 암컷을 찾아가 구애를 한다. 거절을 당하면 다른 암컷에게 찾아가면 되지만 너무 맘에 들면 방법이 있다. 이럴 줄 알고 미리 준비해온 선물이 있다. 손이 없으니 바다에서 사냥한 물고기를 위에 담아온다. 수컷이 물고기를 바닥에 토해내고 암컷이 받아먹으면 구애를 받아들인 것이다. 알 낳고 새끼 키우려면 돈 벌어올 능력이 있어야 아빠가 될 자격이 있는 것은 당연한 일이다. 어떤 수컷은 큰 물고기 한 마리, 다른 수컷은 작은 물고기를 여러 마리 아낌없이 토해낸다. 암컷들은 정말 맛있게 먹어치운다. 알을 만들 재료를 확보했으니 식사 후 바로 교미에 들어간다. 먹이로 구애를 하는 것이 '야유사균'이나 침팬지 예와 동일하다.

'야유사균'의 구애과정은 침팬지와 괭이갈매기의 구애와 너무 유사하다. 고기를 선물로 주고받은 후 바로 교미를 한다. 침팬지와 인간이 갈라져 서로 다른 길로 진화를 시작한 것이 약 600만 년 전이다. 과거로 돌아갈수록 침팬지와 인간이 더욱 비슷할 것이다. 그래서 3,000년 전 주나라 시대에는 지금보다 침팬지의 유습이 더 남아있는 것이다. 요즈음, 정육점에서 고기를 구해서 구애를 하는 사내는 미친놈 취급을 받을 것이다. 고기 굽는 연기 자욱한 삼겹살집에서 구애하는 자도, 더 나을 것이 별로 없을 것이다. 치열한 진화의 결과 고기는 반짝반짝 빛나는 먹을 수 없는 돌멩이로 바뀌었다. 그만큼 원초적인 본능에서 멀어졌다는 얘기다.

아무튼 『시경』에서 진화론의 증거자료를 찾을 수 있는 것은 놀라운 일이 아닐 수 없다. 유교근본주의자 주자는 『시경』의 노골적인 내용을 못마땅하게 여겼다. 그래서 위 시의 내용도 여자가 점잖게 거절하는 것으로 해석을 하였다. 아예 그런 시들을 삭제하고 싶었는지도 모른다. 역사적으로 유교와 불교가 중국과 우리나라에서 서로 치열하게 싸웠는데, 불경에는 없는 진화론적인 증거가 유교경전에 남아있으니 유가들이 회심의 미소를 지을 일인가? 불교는 윤회를 주장하나 진화론에 비추어볼 때 무리한 주장이다. 불교를 심하게 비판한 주자가 그토록 부끄러워한 '야유사균' 같은 시가 살아남아 불교에 불리한 증거를 제시하고 있으니 참으로 아이로니컬한 일이다.

🖿 침팬지의 '매춘과 흡사한 구애행위'는 성매매금지법을 주도적으로 도입한 고敀 노무현 대통령이 무척 기분나빠할 일이다. 그러나 꼭 그렇게만 볼 일은 아니다. 매춘은, 일찍이 BC 1792~BC 1750년경의 함무라비 법전에 언급된 고리대금업과 더불어 인류역사상 가장 오래된 직업이다. 사악한 것으로만 여겨지던 고리대금업이 결국은 인류번영을 촉진한 착한 금융업으로 거듭났듯이, 매춘에 대한 시각도 거듭날 필요가 있다. 매춘은 '반드시 유전자를 남기라'는 자연의 지엄한 명령을 수행하지 못하는 '내세울 것 없고 가진 것 없는 데다 못나기까지 한 가엾은 영혼들'을, 화학물질을 과다하게 투여해가며 혹독하게 몰아세우는 자연으로부터, 숨겨주고 독극물을 없애주며 위로해온 지대한 공이 있다. 그것도 실비로!

매미는 한 여름 동안 죽도록 울어댄다. 얼마나 시끄럽게 울어대는지 청나라 옹정제는 환관들을 시켜 장대로 정원의 매미들을 두들겨 내쫓았다. 매미들은 얼마 후 다시 돌아와 조금도 줄어들지 않은 처음의 열정으로 울어댔지만, 그렇다고 나무를 베어버리지 않은 옹정제는 과연 성군의 자질이 있었다. 매미가 이렇게 필사적으로 울어대는 데는 이유가 있다. 17년간의 지하생활 끝에 간신히 올라온 지상에서의 삶은 단 한 번의 여름뿐이며 이때가 자신의 유전자를 남길 유일한 기회이기 때문이다. 그러니 어찌 안 울 수 있겠는가? 죽기 살기로 울어야 한다. 짝을 찾아서.

인간이 매미에 비해서 오래 산다고는 하나, 가고 다시 못 올 젊음은 매미나 인간이나 마찬가지이다.

자기 유전자를 남기지 못하는 생물은 자연이 멸종이라는 가혹한 형벌을 내린다. 그러니 진짜로 하는 척이라도, 즉 유전자를 남기는 시늉이라도 해야 한다. 그러고는 모종의 성취감으로 자신도 속이고 자연도 속인다. 이것이 매춘의 중요한 일면이다.

정해진 방향성이 없는 기나긴 진화의 여정에서, 생존이 도덕을 결정하지 도덕이 생존을 결정하지 않는다. 오직 승자의 관점과 철학만이 유전자(생체유전자와 문화유전자)라는 기록으로 남기 때문이다.

그러므로 지금 우리가 가지고 있는 관점과 철학은 대부분이 우리가 만든 것이 아니라, 살아남은 선배들이 물려준 것이다.

▣ 종종 평등은 감당하기 힘든 짐이다. 특히 힘없는 사람들이, 가진 자들의 윤리와 도덕을 평등하게 강요당할 때 그렇다. 마찬가지로 인간의 덕(침묵은 금이라는 덕)을 매미에게 평등하게 강요할 수는 없는 일이다. 많은 경우 산술적인 평등은 절대적인 불평등이다.

▣ 인간은 사랑을 얻으면 그 대가를 평생 동안 분할상환한다. 그에 비해서 사마귀는 일시불로 지불한다. 사랑의 교미가 끝나면 암컷은 수컷을 우적우적 씹어 먹는다. 새끼는 문자 그대로 부모의 피와 살이다. 부모의 자식사랑은 생물계에서 가장 숭고한 (내리)사랑이다.

▣ 수컷은 교미의 대가로 암컷에게 정 줄 게 없으면 자기 몸이라도 주어야 한다. 자연계의 냉혹한 계산이다. 줄 게(먹이와 집) 없는 자는 받을 것(난자와 자궁)도 없다. 수컷 사마귀는 교미 중에 암컷에게 잡아먹히며, 아르기로데스 거미는 교미 중에 암컷에게 잡아먹히지 않으려고 다른 거미의 먹이를 훔쳐 암컷에게 선물로 준다.

인간은 도덕적인 동물인지라 수컷이 줄 것이 없는 경우에, 설사 자기 몸을 먹이로 바쳐도 암컷이 먹지 않을 터이니, 대신 노동력이라도 바쳐야 한다: 인간에게는 지켜야 할 도덕이 있지만, 자연은 도덕적인 곳이 아니다. 암컷의 아비에게 데릴사위 형태로 노동력을 제공하는 것이다.

동물의 세계에서 교미 중에 잡아먹히는 것은 수컷이지 암컷이 아니다. 잡아먹히는 암컷은 존재하지 않는다. 왜냐하면 교미의 목적이 후손을 낳기 위한, 즉 후손에게 자기 유전자를 남겨주기 위한 것인데 암컷을 죽이면 그런 일이 불가능하기 때문이다. 수컷이 교미 중에 암컷에게 잡아먹히는 일은 구조적인 문제이므로 동물이, 고도의 지능이 생기기 전에는, 자력으로는 해결할 수 없다.

성적 쾌락의 기원은 잡아먹히는 수컷의 고통을 덜어주려는 자연이 수컷에게 베푸는 진통제일 수 있다. 줄 게 없는 수컷은 슬픈 짐승이다. 장가가기 힘든 대한민국 청년들의 운명이 안타깝다.

진화론과 시경: 야유사균

일부일처 새, 일부다처 새

생물계의 일부일처 · 일부다처 · 다부일처 · 다부다처는
평등의 문제가 아니라 경제적 현상이다

인간의 경우도 경제적 현상이지만,
인간에게 있는 평등사상이 문제를 복잡하게 만든다

새들은 두 부류로 나뉜다. 일부일처제를 하는 새와 일부다처제를 하는 새로 나뉜다. 그 기준이 무엇일까 궁금하지 않으신가? 기가 막힌 그리고 놀라운 기준이 있다. 날아다니느냐 땅에 붙어사느냐이다.

흥미롭게도, 땅에 붙어사는 조류들은 일부다처제이다. 닭, 오리, 거위, 칠면조, 키위, 타조가 일부다처제이다. 아마 멸종된 도도새도 일부다처제였을 것이다. 잘 날지 못하는 뚱뚱한 새 꿩이 일부다처제인 것도 일관성이 있다. 놀랍게도, 날아다니는 닭인 야생닭과, 날아다니는 오리인 야생청둥오리와, 날아다니는 거위인 기러기는 일부일처제이다. 전통결혼식에 해로의 상징으로 등장하는 나무로 만든 기러기는 일부일처제의 상징이다. 결국 일부일처제와 일부다처제는 땅에 붙어사는가 아니면 공중에 사는가에 달려있다(새들은 대부분이 날아다니며 90%가 일부일처제이다). 부연하자면 다음과 같다.

날아다니는 새는 날지 못하면 굶어죽는다. 그래서 새끼의 날개가 자라 날아다닐 수 있을 때까지 부모가 새끼에게 먹이를 공급해야 하므로, 아비의 먹이조달 보조역할이 절대적이다. 한 아비가 부인을 여럿

두는 경우 여러 집의 여러 새끼들의 먹이조달을 감당할 수 없다. 그래서 일부일처이다. (날아다니는 주제에 일부다처를 하던 놈들의 후손은 영양부족으로 멸종해 사라졌다. 그 결과 지금은 다 일부일처이다.) 예를 들어 갈매기는 수컷이 암컷에게 구애할 때 예물로, 다이아몬드가 아니라, 물고기를 준다. 작은 물고기는 서너 마리, 큰 것은 한 마리 하는 식으로 토해낸다. (갈매기는 손이 없으므로 물고기를 위장에 담아온다.) 자기가 돈을 버는 능력이, 즉 먹이조달 능력이 있다는 걸 증명하는 것이다. 암컷이 받아먹으면 구애를 받아들인 것이다. 암컷이 식사를 끝내자마자 교미를 한다. 암컷이 먹은 물고기는 새끼를 만들고 키우는 데 쓰일 것이다.

이에 비해 땅에 붙어사는 새는 부화하자마자 (어미를 쫓아다니며) 스스로 먹이를 찾아먹는다. 부모가 먹이를 제공하지 않는다. 즉 아비의 도움이 필요 없다. 그래서 일부다처제이다. (먹이조달 등 지아비로서의 힘든 의무가 없는 경우, 힘센 놈이 암컷을 다 차지하거나 복수로 거느리는 것은 자연계의 보편적인 현상이다.)

일부일처를 하지만 날지 못하는 새 펭귄이 예외로 보이지만 그렇지 않다. 사실은 펭귄도 날아다니기 때문이다. 펭귄은 하늘이 아니라 물속을 난다. 헤엄을 치지 못하면 물고기 사냥을 못해 굶어죽는다. 새끼가 물에 들어가 사냥을 할 수 있을 때까지 부모가 새끼에게 먹이를 제공해야 한다. 그래서 일부일처제이다. 뿐만 아니라 먹이를 부화장에서 멀리 떨어진 곳(바다)에서 구해야 하므로 일부일처제를 하지 않을 수 없다. 먹이까지의 거리상, 여러 가족을 부양하려 하다가는 물속에서 물고기 사냥할 때 지느러미 역할을 하는 수컷의 날개가 혹사당해 부러지고 말 것이다.

황제펭귄의 예가 결정적이다. 황제펭귄 수컷은, 주거지에서 바다까지의 길이 얼음으로 막힌 겨울 여러 달 동안 암컷을 바다로 보내고 홀로 남아, 위에 저장한 물고기를 게워내 새끼를 키우느라 몸무게가 반으로 준다. (어미가 소화제를 분비하지 않아 어미 위 속의 물고기는 어미에게 흡수되지 않고 온전히 보존된다.) 두 마리를 키우다가는 몸무게가 '0'이 될 것이다! 그러므로 일부다처는 불가능하다. 뿐만 아니라, 수컷이 어린 새끼를 얼어 죽지 않게 자기 발 위에 올리고 키우므로 한 마리 이상은 키울 수 없다. 그러므로 더욱 일부일처가 될 수밖에 없다.

이처럼, 일부다처제 새들과 달리, 일부일처제 새들은 수컷이 새끼부양에 동참한다. 공동부양이 일부일처제의 진짜 원인일 수 있다. 뉴질랜드의 멸종위기종인 부엉이앵무새^{owl parrot}, 카카포 kakapo는, 육상천적은 별로 없고 먹이는 풍부하여, 나는 능력을 상실하고 땅에 살게 되었다. 이 새는 일부일처를 하지 않는다. 아마 먹이가 많아 수컷이 공동부양을 하지 않아도 되기 때문일 것이다. 일부다처제도 아닌데 그 이유는 천적인 맹금류를 피해 밤에만 활동하는 야행성이 그 이유일 수 있다: 낮에 숨어있을 때 수컷이 여러 암컷을 거느리고 집단을 이루면 쉽게 눈에 띌 위험이 있다. 이 새는 발정기에 맞추어 짝짓기를 할 뿐, 결혼은 하지 않는다. 뿐만 아니라 해에 따라 음식이 풍부하면 새끼를 더 낳고, 부족하면 덜 낳는다. 새끼에게 먹일 음식의 양이 일부일처제·일부다처제에 결정적인 영향을 미친다는 증거이다. 따라서 일부일처제나 일부다처제의 문제는 성품의 문제가 아니라 환경의 산물일 뿐이다! 경제학적인 용어로는 '비용과 수익^{cost and benefit}'의 문제이다. 비싼 비용을 감당할 수 있으면 일부다처제이고, 없으면 일부일처제이다. 인간이나 생물을 선악의 관점에서 이분하려는 것은 지극히 종교적인 관점일 뿐이다.

目본문에서 언급한 바와 같이 날아다니는 새는 일부일처를 하지만 드문 예외도 있다. 도토리 딱따구리는 '일처다부^{一妻多夫}'를 한다. 하지만 앞서 본문에서 언급하고 설명한 바와 같이 일부다처^{一夫多妻}는 없다. 일처다부가 일부다처에 비해서 새끼양육부담이 적기 때문이다. 암컷 딱따구리가 한 철에 총 10개의 알을 낳는 경우, 수컷이 10마리 암컷을 거느리면 수컷은 (100마리의 반인) 50마리 새끼를 부담해야 하지만, 암컷이 10마리 수컷을 거느리면 암컷은 (10마리의 반인) 5마리 새끼만 부담한다. 각 수컷은 (1마리의 반인) 1/2마리 새끼만 양육한다. 이는 50마리를 부담해야 하는 일부일처보다도 수컷의 부담이 적다. 이는 암수가 각각 새끼 5마리를 부담해야 하는 일부일처보다도 더 경제적이다. 이처럼 암수 모두에게 일처다부가 가장 경제적이다. 그래서 일처다부가 가능하다.

이 점을 수학적으로 꼼꼼히 부연설명하자면 다음과 같다.

날아다니는 새의 입장에서 가장 경제적인 것이 일처다부제이고, 그다음이 일부일처제이며, 최하가 일부다처제이다.

암컷이 한 철에 x개의 알을 낳는 경우, 수컷 1마리에 암컷 y마리로 구성된 일처다부 집단은 총 xy개의 알을 낳아 부모 일조鳥당 (새끼) 양육부담은 $xy/(y+1)$마리이고, 암컷 1마리에 수컷 y마리로 구성된 집단의 부모 일조당 양육부담은 $x/(y+1)$마리이며, 일부일처제의 일조당 양육부담은 $x/2$마리이다. 그런데 $xy/(y+1) > x/2 > x/(y+1)$이므로, 일부일처제가 일부다처제보다 더 경제적이고, 일처다부제가 일부일처제보다 더 경제적임을 알 수 있다. 즉, 일처다부제가 가장 경제적이다.

그런데 수컷보다 덩치가 작은 암컷은 수컷을 잡아둘 수 없으므로, 일처다부를 하는 나는 새는 대체로 암컷이 수컷보다 더 크다. 동물은 대체로 수컷이 암컷보다 더 크므로, 암컷이 수컷보다 엄청나게 큰 그리고 최대 6마리 수컷이 1마리 암컷에 달라붙어 자기 혈관을 암컷 혈관에 연결함으로써 한 몸이 되어 정소精巢만 남고 모든 것이 퇴화한 기생생물이 되는, 심해어류 아귀devil fish 등의 드문 예를 제외하면, (가장 경제적인) 일처다부제가 널리 시행되지 못한다.

(우리가 먹는 아귀는 모두 암컷이다. 아귀수육에서는 기름진 정소가 나

●펭귄은 하늘을 날지 못하지만 물속을 난다. 제트 전투기와 같은 삼각 날개를 지느러미 삼아 무서운 속도로 물속을 누빈다.

온다. 아귀 한 마리를 먹는 것은 사실은 최대 일곱 마리 아귀를 먹는 것이다. 암컷 한 마리와 거기 기생하고 있는 수컷 여섯 마리의 총 일곱 마리를 먹는 것이다.)

얼핏 보면 이유가 없는 것 같지만, 인간의 일이건 동물의 일이건 무생물의 일이건, 모든 일에는 다 이유가 있다. 이걸 불교에서는 인과법因果法 또는 연기법緣起法이라고 한다.

레스트리스restless 침팬지와 종교적 수행

침팬지사회는 권력(힘의 역학)과 구성원 간의 관계가 끝없이 변하는 사회다. 이합집산과 합종연횡이 끝없이 일어나는 사회이다. 친구와 적은 유동적이다. 이에 따라 침팬지는 잠시도 경계를 늦출 수 없다. 다른 놈들이 어떤 생각을 하고 어떤 음모를 꾸미는지, 잠시도 방심하지 않고 관찰해야 하기 때문이다. 그 결과 침팬지의 마음은 평화롭거나 가라앉아 있을 수가 없다.

종교인(최소한 전문 수행자)은 기본적으로 마음의 평화를 이루고자 하는 이이다. 종교인이 홀로 수행을 하는 이유가 여기에 있다. 사람이 모여 살면 필연적으로 침팬지와 같이 끝없는 인간관계의 모색으로 뇌 에너지를 소모하게 된다. 수도에 전념할 물리적 시간과 에너지가 낭비된다. 하지만 진실한 수행자는 '음식에 욕심을 부리지 않음으로써 최적화된 에너지'를 허투루 쓸 여력이 없다. 부처님이 '무소의 뿔처럼 혼자 가라'고 하신 것은 침팬지사회를 보면 쉽게 이해할 수 있다. 예수님도 '기도는 골방에서 홀로 하라'고 하셨다.

잠시도 안정할 수 없는 침팬지 마음은 침팬지 개인의 책임이라기보다는 침팬지사회 자체의 구조적인 문제이다. 종교인이 집단을 이루고 사는 것은 마치 흙탕물을 휘젓는 것과 유사하다. 타인과 집단은 개인의 마음속에 있는 침팬지본능을 휘저어 표면으로 띄워 올린다. 침팬지본능이 구도심을 뒤덮어 수도는 뒷전이고 정치놀음으로 밤새는 줄 모르게 된다. 집단을 통제하는 초강력 계율의 존재이유이다.

600만 년 전에 인간과 침팬지는 같은 조상을 공유하였으며 그 후에

●보노보. 이 놀라운 표정을 보라. 우리 인간의 표정은 이미 오래전에 침팬지 시절에 개발된 것이다.

●이 침팬지의 표정에서, 인간의 표정과 조금이라도 차이점을 발견할 수 있는가? 인간은 겸손해야 한다. 우리의 누추한 과거가, 바로 지금, 지구상에 우리와 함께 공존하고 있기 때문이다. 성공한 사람은 자신의 누추한 과거를 지우고 싶어한다. 그게 안 되면 감추려고 한다. 그게 폭력으로 나타난다. 처음 보노보를 발견한 서양인들은 혐오감에 치를 떨었다. 하지만 자신의 누추한 과거를 있는 그대로 받아들일 때, 비로소 누추한 존재들에 대한 자비심이 솟아난다.

서로 다른 길을 따라 갈라졌다. 200만 년 전에 침팬지와 보노보는 서로 다른 길을 택했다. 침팬지 사회가 폭력적인 반면에 보노보 사회는 평화롭다. 침팬지집단은 집단 내에서 자기들끼리의 전쟁이나 또는 다른 침팬지집단과의 전쟁이 흔히 일어나는 반면에 보노보는 내외로 전쟁이 없다. 침팬지들은 정기적으로 영역순찰을 돈다. 순찰 중에 다른 침팬지집단을 조우하는 경우 상대집단이 열세라 판단되면 가차 없이 공격해 살해한다. 상대집단이 멸종할 때까지 집요하게 공격하는 인종청소genocide도 자행한다. 수컷은 모두 죽이고 새끼는 잡아먹고 암컷은 살려두었다 짝짓기 용도로 쓴다(어디서 본 듯한 장면이 아닌

●아, 모로 누워 젖을 먹이는 어미
침팬지와, 어미 젖을 잡고 어미와
눈을 맞추며 젖을 먹는, 새끼를
보라. 우리가 어린 시절에 어김없
이 하는 행동이 아닌가? 여기, 인
간의 기원이 있다. 숭고한 어머니
의 사랑의 기원이 있다. 무조건적
인 믿음의 기원이 있다.

●어미가 누워서 배 위에 새끼를 올
려놓았다. 어미는 과거의 무게에
눈을 감았지만, 새끼의 눈길은 수
백만 년 먼 미래로 향하고 있다.

가? 기독교 『구약』 「민수기」 31:7~18을 보라). 침팬지는 피에 굶주린 일
면을 보여준다. 서로 다른 집단을 같은 겨레붙이로 간주하지 않는다.
반면에 보노보들은 싸움보다는 화해에 중점을 두며 많은 시간을 서로
의 정을 도탑게 하는 데 쓴다. 거의 프리섹스라고 할 정도로 성이 자유
로운데, 하루에도 10여 번씩 시도 때도 없이 남녀노소 동성·이성을 가
리지 않고 가지가지 체위로 서로 성을 주고받음으로써 사회적 긴장을
해소한다. 보노보들은 프렌치 키스, 자위와 정상위missionary position를 포함

한 인간이 즐기는 거의 모든 체위를 구사한다. 애연가들이 담배를 나눠 피우듯이 애주가들이 술잔을 돌리듯이 성을 즐긴다. 인간의 뿌리깊은 성에 대한 부정적인 생각은 보노보들에게는 이해할 수 없는 일이다. 흑묘건 백묘건 쥐만 잡으면 된다. 집단의 행복지수를 높이는 것이 기준이 되어야 한다는 것이 보노보철학이다. (보노보는 성을 쾌락, 놀이, 친교, 거래, 매춘, 무료함 해소 등의 '번식 이외의 목적'으로 사용하는, 인간 이외의, 유일한 동물이다. 이런 다양한 용도로 자주 성을 사용하려면 당연히 발정기가 따로 있어서는 안 되며, 실제로 보노보는 발정기가 따로 없다.)

인간은 보노보와 침팬지의 두 면을 모두 지니고 있다. 어떻게 보면 인간본성의 선악 두 측면의 기원이 아닐까 하는 생각이 들 정도이다. 세계대전 등의 전쟁은 침팬지적인 유산이며, 카주라호 사원 등은 보노보적인 유산이다. 조금 덜 심각한 예로서는 UFC 등의 격투기는 침팬지적인 유산이며, 포르노나 끈적끈적한 영화는 보노보적인 유산이다. 보노보와 침팬지를 합체하면 인간이 탄생할 가능성이 농후하다.

수행자란 무엇인가? 진정한 수행이란, 성을 통하지 않고도 평화를 이룸으로써 '다툼과 성'을 동시에 극복하여, '침팬지와 보노보'를 동시에 초월하는 길이다.

▤ 침팬지가 서로 싸우면서도 같이 모여 사는 이유는 집단을 이루지 않으면 생존할 수 없기 때문이다. 홀로 살면 다른 침팬지집단의 공격으로 살해당하거나, 먹이를 찾는데 도움을 받지 못해 굶주림에 시달리고(안경원숭이 사냥은 포기해야 한다), '모여 사는 재미'가 없어 우울증에 빠져 수명이 짧아지고, 새끼를 낳지 못해 후손이 끊어진다. 인간이 모여 사는 이유도 동일하다. 거기다가 세계인구가 100만 명 정도로만 줄어도 현재 우리가 누리는 다양한 문명·문화의 혜택과 재미는 다 사라진다. 영화, 소설, 코미디, 기차, 자동차, 비행기, 텔레비전, 전화기, 스마트폰, 다양한 인종이 모두 사라질 것이다.

그런데 천국에서도 인간이 모여 살아야 하는 이유는 무엇인가? 또한 지옥에서도 모여 살아야 하는 이유는 무엇인가? 천국에서는 타인의 도움으로 살아야 하는 것은 아니지만(기독교 천국에는 결혼조차 없음을 기억하라. 그렇지 않으면, 천국서 태어나는 아이는 무임승차자임이 분명하므로, 신학적인 모순이 발생한다), 타인의 행복한 모습을 보는 것이 자신의 기쁨을 증가시키기 때문일 것이다. 마찬가지로 지옥에서 지옥중생이 타인이 끔찍하게 고문 받는 장면을 보는 것과 타인의 처참한 신음소리와 하이 데시벨의 비명소리를 듣는 것은, 지옥중생의 공포와 고통을 증가시켜 지옥의 존재이유에 기여할 것이다. (중범죄 수감자들도 독방살이는 무서워한다는데 지옥중생들이 모여 살기를 선호하는지는 참으로 궁금하다.)

이래저래 인간은 죽으나 사나 어디가나 모여 살아야 한다.

아름다움과 대칭성

아름다운 것은 본시 가장 유용한 것이다

왜 모든 생물은 좌우 대칭일까.

좌우가 대칭이 아니면 천적을 만나 도망칠 때 적과 정반대방향으로 도망치는 것이 힘들어진다. 만약 왼쪽이 더 크고 무겁다면 혹은 왼발이 더 짧다면, 정남에 있는 사자를 피해 정북으로 몸을 움직이면 서쪽으로 편향이 올 것이다. 그러면 도주방향이 사자로부터 정반대방향이 아니어서 사자에게 잡히기 쉽다(물론 오조준을 하여 도주로를 동쪽으로 편향되게 겨냥하면 되지만 이 경우 오조준으로 발생한 정북은 속도가 늦다). 이런 비대칭 인간은 다 잡아먹혀 멸종하고, 마찬가지로 비대칭 사자는 굶어죽어 멸종하고, 결국 살아남은 것은 대칭인 놈들뿐이다. 그래서 자연계의 생물은 좌우대칭이다. 35억 년의 장구한 (진화의) 세월이 비대칭을 제거하였다. (가끔 예외가 발생한다. 집게게 중 한쪽 집게가 지나치게 큰 놈들이 있다. 그런데 게는 앞으로가 아니라 옆으로 움직이므로 비대칭이라고 하기는 좀 그렇다). 더 좋은 예는 한쪽 날개가 다른 쪽보다 더 큰 펭귄이다. 이런 펭귄은 물개의 공격으로부터 살아남기 힘들 것이다. 생물이 둥지나 집을 지을 때 대칭성을 나타내고 대칭성에 아름다움을 느끼는 데는 이런 이유가 있다. 짝을 찾을 때 아름다운 놈을 선택하는 이유는 아름다운 놈이 생존에 유리하기 때문이다(물론 공작의 꼬리와 같이 지나치게 나간 성선택의 사례도 있다). 병에 걸리거나 부상을 당하면 대칭성이 파괴된다. 병이나 부상이 좌우대칭으로 찾아오지 않기 때문이다. 왼다리에 종기가 생기면 자동적으로 오른다리에도 종기가 생긴다고 상상해보라. 정말 이상하지 않은가? 적이 내 오른쪽 어깨를 가격하면 왼쪽 어깨에도 자동적으로 충격이 온다고 상상해 보라. 정말 괴상하지 않은가? 생물이 팔, 다리, 눈, 콧구멍, 허파, 콩팥, 불알 등을 짝으로 갖춘 것은 이 대칭성이 파괴될 때를 대비하여 생존하기 위함이다. 대칭성이 파괴된 것은 질병이나 부상 때문이며 이는 약한 저항력의 증거이다. 바로 이것이 비대칭을 아름답다고 느끼지 못하는 이유이다.

인간은 두뇌가 지나치게 발달하여 형이하학적인 육체 외에 형이상학적인 정신이 발달하였다. 이 정신 역시 좌우가 균형을 이루지 못하면 생존에 이상이 온다. (균형은 대칭에서 파생되어 나온 한 단계 위의 고급개념이다). 공격심과 방어심은 균형을 이루어야 한다. 적을 공격하지 않으면 멸종하기 쉽다. 지나치게 자비로운 자는 천적에게 잡아먹혀 종을 유지하기 어렵다. 그래서 자연계에서 부처님과 같이 극단적으로 자비로운 생물을 찾아보기 어렵다(불교가 인도에서 멸종한 것은 이슬람의 공격에 비폭력적인 수동성으로 대응한 것이 이유라는 설이 있다). 짝을 구할 때 지나치게 자비로운 자는 남에게 퍼주거나 사기를 당할 위험이 있어서(즉 생활력에 문제가 있어서) 기피대상이 된다. 앞으로 이룰 가족의 생존에 위협이 되기 때문이다. 생존이란 결국 사회 내의 일이라 균형 잡힌 정신이 생존에 유리하다. 사람들이 원만한 인격이라 칭하는 사람들이 이런 균형을 갖춘 사람들이다. 새가 좌우의 날개로 날듯이 인간의 정신도 좌우의 균형이 맞아야 생존에 유리하다. 사람들은 이런 균형이 잡힌 사람을 아름답다고 느낀다. 대칭으로 인하여 생존하고, 생존하기에 아름다운 것이다.

살아남은 것은 다 아름답다. 인류집단의 사상사는 인류집단의 좌우 균형성취의 역사이다. 이 점에서 인류사상사는 미의 추구의 역사이기도 하다. 지나친 대칭성의 추구는 뇌에 과부하를 초래하여 시스템을 위협하고, 이 과부하를 해소하기 위하여 비대칭에 새롭게 아름다움을 부여함으로써 새로운 균형점을 찾는다. 진화의 역사는 생존의 역사이고, 생존은 대칭성추구의 역사이고, 대칭성추구는 미의 역사이고, 미적 추구는 균형점 찾기의 역사이다.

🔲놀랍게도, 좌우대칭이 생존에 필수적이라는 결정적인 증거를 자연계 밖에서도 찾을 수 있다. 인간이 발명한 움직이는 살상병기인 탱크, 전투기, 폭격기, 잠수함, 군함, 항공모함, 트럭, 장갑차, 어뢰, 미사일, 총알, 포탄이 모두 좌우대칭이다. 모두 앞으로 움직이기 때문이다. 좌우로는 움직이지 않으므로 앞뒤대칭은 아니다. 수학적으로 표현하자면 운동방향에 수직으로 대칭인 것이 효율적이다. 그러므로 효율적으로 앞으로 움직이려면 좌우대칭은 필수이다. 좌우대칭이 무너지면 전진속도·방향전환과 속도·정확성이 느려지고 떨어지며, 이로써 발생하는 단 수백분의 일 초의 지연으로 목숨을 잃을 수 있다. 같은 이유로 생물도 좌우대칭이다.

군사무기들은 용도는 끔찍하지만 디자인은, 자연계 살상무기인 육식동물처럼, 여전히 아름답다. 특히 팬텀기, 미그기, 미라지Mirage기 같은 전투기와 잠수함을 보라. 매, 사자, 치타, 표범, 물개, 돌고래, 상어 역시 살상무기이지만 몸매는 매우 아름답다.

나폴레옹시대 이전에는 포탄과 총알은 구형sphere이었다. 이들이 제멋대로 회전하며 날아갔기 때문이다. 그러나 강선腔線이 발명되면서 포탄과 총알은, 진행방향과 수직으로 초당 3,000회의 초고속 회전을 함으로써 안정된 궤도를 유지하게 되어, 앞 방향을 지정할 수 있어서 공기저항을 줄이는 길쭉한 도토리 모양을 취하게 되었다. 즉,

진화론과 시경

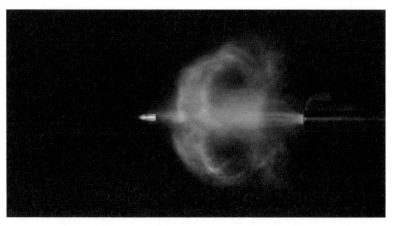

●총구를 떠나는 총알. 강선을 따라 회전하며 회전을 얻었으므로, 앞뒤를 유지한 채로 공중을 날아간다.
총알은, 그 형태가 진행방향을 축으로 한 회전대칭이 아니면, 회전력을 얻을 수 없다.

포탄과 총알모양은 탄도彈道 총알의 진행방향를 축으로 한 회전대칭 형태
이다. 만약 강선이 없는 총으로 도토리 모양의 총알을 발사하면 총
알이 제멋대로 곡예를 하며 날아가, 목표물이 총알의 머리, 꼬리, 몸
통 어디에 맞을지 아무도 모를 것이다. 뾰족한 총알 끝이 아니라 널
찍한 총알 몸통으로 목표물을 맞히면 파괴력이 감소하는 것은 명확
하다. 물론 속도도 더 느리고 탄도彈道 총알의 비행 궤도가 불안정해서 명
중률도 떨어진다. 그러면, 그 사이에 적의 총알에 맞아 죽을 확률이
커진다.

아름다움과 대칭성

비대칭성

대칭성만 있는 세상은 지겨운 세상이다

비대칭성은 이 세상의 모든 다양성과 존재의 근원이다. 비대칭성은 존재의 집이다. 내가 배부를 때 그 즉시 다른 사람들이 모두 배부르거나, 내가 배고플 때 그 즉시 다른 사람들이 모두 배고프다면 사실상 하나의 인간만 존재하는 것이며, 세상에 펼쳐진 다양성은 그 즉시 사라질 것이다. 실로 비대칭성이란 다양성의 근원이다. 종교는 근원으로 돌아가는 것을 이상으로 삼으나, 돌아가면 획일적인 하나의 세계만 기다리고 있지 않겠는가? 이 세상이 펼쳐진 것은 필시 권태로운 하나의 세계를 탈출하기 위한 것이다. 암자에 혼자 살아보시라. 사람이 얼마나 그리운 줄 아시는가?

대칭성의 극한은 '하나'이다. 비대칭성의 극한은 '만법'이다. 실로 '만법귀일 일귀하처萬法歸一 一歸何處'다.

동상이몽

50년을 해로한 부부가 같은 날 같은 시각 다른 병상에서 임종하게 되었다. 한 사람은 정말로 행복한 결혼생활이었다고 회상하며 살포시 눈을 감았고, 그의 배우자는 정말 끔찍한 결혼생활이었다고 치를 떨며 마지막 숨을 거칠게 내쉬었다.

남편은 부인이 50년 동안 전혀 싫은 기색 없이 매일 세끼 더운밥을 차려준 천사였다고 고마워했고, 부인은 남편이 싫은 내색조차 할 수 없게 무언의 압력을 넣은 폭군이었다고 씩씩대며 미워했다.

일체유심조

자본주의자와 공산주의자가 결혼했다. 자본주의자 부인은 공산주의자 남편의 영향으로 공산주의자가 되었다. 두 사람이 같은 날 같은 시간 다른 병상에서 임종하게 되었다.

임종시 공산주의자 남편은 전향시킨 부인에게 미안해했다, 뒤늦게 알게 된 공산주의 국가들의 어처구니없는 실상을 차마 털어놓을 수 없었노라고. 그리고 자신은 자본주의로 전향한 지 오래라고…

전향한 공산주의자인 부인은, 사람을 위한 순수하고 진정한 철학인 공산주의에 입문시켜 탐욕스러운 자본주의의 마수로부터 벗어날 수 있게 해준 남편에게 몹시 감사하며 죽었다.

한여름 밤의 꿈

매미소리 요란한 어느 여름날 신분을 감추고 시골마을로 요양을 간 재벌 아들이 시골처녀를 만나 사랑을 했다. 그 후 평생 배신을 당하거나 험한 일이 있을 때마다 물질이 관여되지 않은 그 여름의 순수한 사랑을 되돌아보고 위안을 삼으며, 임종시까지도 그리워하고 아쉬워하며 죽었다.

한편, 누구 씨인지도 모르는 아이를 키우며 똥구멍이 찢어질 정도로 가난하게 살던 여인은, 뒤늦게 남자의 신분을 알게 되었고, 그때 그 일은 기억하기도 싫은 사랑착취였다고 치를 떨며 죽었다.

색즉시공 공즉시색
색인 인간이 우주는 공이라고 떠들어대는데,
공인 우주는 색인 인간을 묵묵히 끝없이 생산한다.

어떤 이의 무여열반
깊은 검은 숲에서 오랫동안 수행하던 이가 어느날 깨달음을 얻어 불사의 법신과 영생을 얻었노라고 외치는 순간, 빛이 폭발하더니 갑자기 다가온 거대한 둥근 두 판자 사이에 끼여 눌려 터져 죽었다.

세렝게티 초원은 불의가 판치는 곳인가

약육강식의 세렝게티 초원은 가능한 약육강식의 초원
들 중 최선의 초원이다 〈라이프니츠〉

선악의 개념만 아니라면 세렝게티 초원처럼 아름다운
곳도 없다

사자는 일주일에 하루 일하고 나머지 시간은 놀고 자고 쉰다. 누, 얼
룩말, 물소, 멧돼지, 임팔라에게는 악마나 다름없으나, 한 가지 배울 만
한 점은 무절제한 파티가 없어 쓸데없이 과도하게 자원을 낭비하지 않
는다는 것이다. 즉 먹을 만큼만, 배를 채울 만큼만 잡아먹지 더 잡아서
저장하거나 놀이로 죽이지 않는다. 바로 이 점이 세렝게티 초원이 많
은 초식동물로 북적이는 이유일 것이다. 사자에게 배워야 한다. 지나친
욕심은 세렝게티 초원을 파괴하는 행위이다. 인간세상의 잔인하고 욕
심 사나운 권력자들과 돈 많은 자들이 배워야 할 점이다. 인간세상이
더 불의가 판치는 세상이다. 탐욕스럽고 포악한 권력자들과 부자들이
바로 '더 죽여 저장하고 재미로 사냥하는 상상속의 사자'와 같은 무리
들이다.

▤사자에게 냉장고가 있다면 다를 것이라는 반론도 있다. 인간이 농경
을 함으로써 식량저장이 가능해지면서 탐욕이 늘었다는 주장도 있
으며, 냉장고의 발명으로 인하여 버리는 음식의 양이 늘어났다는 지

●우리나라 강원도 두 배 크기인 아프리카 세렝게티 초원에는 수많은 동물이 산다. 하이에나, 코끼리,
얼룩말, 영양, 기린, 물소, 사자, 치타, 누가 산다. 사자를 사냥하는 용맹한 마사이족도 산다. 이들은 자
기들이 이 세상에서 가장 잘생겼다고 자부한다. 정말 잘생겼다.

적도 있다. 농작물은 저장이 가능하지만, 고기는 살아있는 생명체로 저장하는 것이 과거에는 거의 유일한 방법이자 가장 효과적인 저장 방법이었기 때문이다. 육포를 만들거나 훈제를 하는 방법도 있지만 맛도 문제이고 대량생산의 어려움도 있다.

세렝게티 초원은 불의가 판치는 곳인가

우린 서로 부러워요

자기 처지에 만족하면 죽기 쉽다

진화론과 시경

사자는 사슴이 부럽다. 사슴의 먹이는 사방에 깔려있고 먹이들이 도망가지 않기 때문이다. 반면에, 우리가 먹이를 좀 먹으려 하면 먹이가 죽어라고 도망간다. 쫓아가노라면 숨이 턱까지 차오른다. 식사 때마다 배는 고파 죽겠는데, 먹기 전에 주린 배를 움켜쥐고 죽어라고 달려야 한다. 달리기가 무슨 애피타이저인가? 먹는 데는 입만 놀리면 되는데, 왜 전신의 근육을 푸는 워밍업을 해야 하나. 정말 싫다 싫어. 우리 심정이 이해가 잘 안 가면, 중국집이 여의도만 하고 짜장면을 먹으려 하면 젓가락 그림자만 봐도 짜장면이 똥구멍에 불이 붙은 듯 여의도 광장 위로 지평선을 향해 도망간다고 상상해 보라. 검은 국수 한 그릇 먹으려고 신들메 조여매고 도주하는 음식그릇을 죽어라 쫓아가야 한다면, 중국집 갈 맘이 나겠는가? 광장 여기저기서 도망가는 짜장면들과 쫓아가는 손님들을 상상해 보라. 그러다 서로 부딪히지나 않으면 다행이겠다. 조물주는 왜 도망가지 않는 착한 식사를 만들어 주지 않으실까? 도망가지 않는 착한 음식으로 배부른 사슴이 부럽다. 젊을 때는 견딜 만하지만, 늙으면 먹이를 눈앞에 두고 굶어죽는 게 우리 운명이다. 근력이 남아 있을 때도 기껏 잡아놓으면 다른 놈들이 떼로 몰려들어 빼앗아 먹는다. 멋모르는 사람들은 사자가 금수의 왕이라 하지만, 죽는 것은 한순간일 뿐이니 잡아먹히는 한이 있어도 사슴처럼 평생 우아하게 식사하다 죽고 싶다.

사슴은 사자가 부럽다. 사자는 하루 종일 먹이를 먹지 않고 일주일에 한 번만 먹으면 된다. 그런데 우리는 영양가 없는 음식 양으로 해결하고, 질긴 나무껍질 풀 한 조각까지 알뜰하게 양분을 추출하려고, 24시간 되새김질하느라 턱이 아프다. 그리고 사자는 먹고 남은 시간 실컷 자고 논다. 우리는 주 칠 일 근무이고, 사자는 주 하루 근무이다. 근로기준법 위반이다. 사자는 밤에도 불면증으로 시달리지 않는다. 자고 싶으면 밤이건 낮이건 아무데서나 사지를 퍼지르고 잠을 잔다. 우리 피와 살로 가득 채워 왕만두같이 부풀어 오른 연약한 하얀 배를 하늘로 드러내고 누워 거침없이 잠을 즐긴다. 그에 비해 우리는 밤새 서서 대기하다가 어디선가 이상한 소리가 나면 죽어라고 뛰어야 하니 수면 부족으로 죽을 지경이다. 달밤에 체조도 아니고 이 무슨 해괴駭怪한 꼴인가. 그믐밤에는 더 뛰어야 한다. 죽음의 사자使者는 어두울수록 눈이 밝아져 죽을 놈을 귀신같이 잡아내기 때문이다. 내 운명에 확신이 있건 없건, 다른 놈들이 뛰면 같이 뛰지 않을 수 없으니 내가 봐도 나 자신이 참 한심하다. 한마디로 밤이나 낮이나 올림픽 장거리 단거리 육상경기다. 내 평생에 잠 한번 마음껏 자봤으면 원이 없겠다. 멋모르는 사람들은 우리가 착하고 순하게 생겼다고 칭찬하는데, 정말 듣기 싫은 소리다. 차라리 굶어죽더라도 사자처럼 사악하게 생기고 사악하게 살고 싶다.

사자와 사슴이 아프리카 세렝게티 초원에 모여 사는 이유는 서로 부러워하기 때문이다.

§좌파와 우파가 한반도에 모여 사는 이유도 서로 부럽기 때문이다. 우는 좌의 이룰 수 없을 정도로 높은 이상이 부럽고, 좌는 우의 후안무치할 정도로 알찬 실속이 부럽다. 여야興野가 남한에 모여 사는 이유 역시 서로 부럽기 때문이다. 야는 권력을 쥔 여가, 여는 할 소리 못할 소리 가리지 않고 마음대로 하는 야가 부러울 것이다. 이 세상에 천사와 악마가 모여 사는 이유도 다르진 않으리라. 천사는 제 마음대로 자유롭게 행동을 하는 악마가, 악마는 만인의 사랑을 받는 천사가 부러움이 분명하다. 군자와 소인도 상생의 관계인데, 군자는 소인에게 잘난 체하는 맛으로, 소인은 군자를 이용해 먹는 재미로 모여 산다.

§진화론에 의하면 사자와 사슴은 같이 모여 살기 때문에 둘 다 더 강해진다고 한다. 일종의 군비경쟁이라고 한다. 사자는 굶어죽지 않으려면 사슴보다 더 빨리 달려야 하고, 사슴은 살려면 사자보다 더 빨리 달려야 한다. 서로 죽이기 살기로 달려야 한다. 그러다 보면 둘 다 전력이 강해진다 한다. 마찬가지로 좌우, 여야, 천사와 악마, 군자와 소인 모두 모여 살아야 건강해진다.

진화론과 시경

타심통他心通과 산통産痛

지식의 열매를 따먹은 결과 산통이 생겼다
〈「창세기」〉

마음은 결과이지 원인이 아니다

사회생활에서 생존하려면 타인의 마음과 의도를 짐작해내고 알아내야 한다. 이것의 최고봉이 타심통, 숙명통이다. 상대방의 현재의 의도와 마음의 작동방식, 즉 마음 소프트웨어를 알아내야 한다(타심통). 저놈이 과거에 한 짓을, 즉 전생을 알아내야 효과적인 대책을 세울 수 있다(숙명통). 그러려면 정보처리 컴퓨터인 머리가 커지게 된다. 결국 종교적인 이상인 초자연적 능력인 타심통, 숙명통도 사실은 인간으로 하여금 35억 년 진화역사를 통해 생존·발전하게 한 진화적 산물의 이상향이며 따라서 초자연적인 것이 아니라 지극히 자연적인 것이다. 신통력개발의 부작용은, 지능발전과 더불어 머리가 너무 커져, 출산 시에 극심한 산통을 유발하는 것이다. (지구상의 수백만 종의 동물 가운데 어미가 새끼를 출산할 때 극심한 고통을 느끼는 종은 오직 인간뿐이다.)(칼 세이건, 『에덴의 용』, 사이언스북스, 2014, 117쪽)

나머지 오신통인 천이통, 천안통, 신족통에 대해서도 같은 말을 할 수 있다.

적이 모습을 감추고 다가오는 소리를 멀리서 알아챌 수 있으면 생존할 수 있다(천이통).

적이 소리 없이 다가오는 모습을 볼 수 있으면 살아남을 수 있다(천안통).

적에게 쫓기다가 막다른 길이나 절벽에 이를 때 경공법을 쓰면 생존할 수 있다(신족통).

오신통을 온전히 갖추지 못해서 항상 죽음의 공포 속에서 괴롭게 살더라도, 아_我와 삶과 죽음에 대한 인식전환을 통해 생존의 고를 해결할 수 있다(누진통).

▣타심통을 개발하기 위한 전통적인 교재가 『손자병법』, 『한비자』, 『귀곡자』, 『전국책』, 『육도삼략』, 『오자병법』 등의 병서이다. 『사기』, 『춘추』 등의 역사서도 교재이며 사서삼경도 교재이다. 외부로부터 들어오는 정보를 처리할 때 내부로부터의 노이즈noise를 줄이기 위하여 개발된 수단이 좌선 등의 명상이다. 절체절명의 순간에 마음의 평정을 유지하는 것이 선정이다. 구태여 명상 등의 다른 수단을 쓰지 않아도 마음의 평정을 타고난 사람도 있다. 이런 사람의 존재는 종교적으로는 윤회의 증거이며, 과학적으로는 진화론을 뒷받침하는 증거이다.

▣대한민국 엄마들은 똑똑한 것도 부족해서 영재 같은 아이들을 선호하므로 이분들의 산통은 진화의 시간이 흘러갈수록 커질 것이다. 하나를 얻으면 하나를 잃는 법이다!

▣인간 암컷은 90kg이나 나가는 암컷 고릴라에 비해 한참 왜소하지만, 인간 신생아 무게는 평균 3kg으로 고릴라 신생아의 두 배나 된

다. 나무를 타는 유인원은 중력을 거슬러 움직이므로 새끼가 작을수록 몸에 매달고 다니기가 수월할 것이다. 위험한 나무 밑에 사는 인간은 두뇌를 발달시켜 위험을 피하는 수밖에 없다. 그러려면 미리 몸속에서 충분히 머리를 키워 몸 밖으로 내보내야 한다(신생아의 체중 대비 머리무게 비율은 어른의 5배나 된다!). 그래야 뇌가 빨리 크게 자란다. 논농사의 혁명인 이앙법移秧法 모내기과 동일한 기술이다. 산통은 바로 이 큰 머리 때문에 발생한다. 기독교 경전에 의하면 야훼 신은 인간 암컷에게 산통産痛의 벌을 내린다. 사탄의 꼬임에 넘어가 '지식의 열매를 따먹는 죄'를 지은 결과이다. 심오한 신화이다: 지식(지적 활동과 지식의 증가)은 필연적으로 머리통을 키울 수밖에 없기 때문이다. 초창기 컴퓨터는 문자 그대로 집채만 했다. 그런데 지금은 핸드폰크기로 줄어들었을 뿐만 아니라 성능도 폭증했다. 앞으로 인간의 생체컴퓨터가 비약적으로 진화해서 머리통이 작아지기를 희망한다. 혹은 IT기술이 놀랍게 발전을 해서 두뇌의 기능을 대부분 아웃소싱하게 되어도 머리통이 작아질 것이다. 그러면 산통이 없어질 것이다!

▣ 로마의 역사가 플리니우스는 당시 발견된 지 얼마 안 되는 타조가 포유류인 기린과 곤충인 각다귀 간 잡종교배의 결과물일 것이라고 말했다. 칼 세이건은 만약 플리니우스의 말이 맞다면 타조의 어미는 각다귀가 아니라 기린임이 분명하다고 했다.(칼 세이건, 『에덴의 용』, 33쪽) 왜 그런지 짐작이 가시는가?

▣ 권투선수에서 성악가로 변신해 이탈리아와 유럽에서 오페라 주역을 300회나 한 테너 조용갑은 목이 짧고 머리가 크다. 그가 어머니에게 왜 자기를 그렇게 낳았느냐고 불평하자 어머니 대답이 천하의 명답이다. "이놈아, 머리 큰 너를 낳다 죽을 뻔했다." 자기 목숨을 바쳐서

라도 자식에게 세상의 빛을 선사하고 싶은 것이 어머니 마음이다.

조용갑의 창법은 자연창법이다. 숨을 쉬듯 자연스럽게 노래를 부르지만, 듣는 사람에게 감동은 물밀 듯 밀려온다. 그가 나폴리 사투리로 '오 솔레 미오'를 부르는 모습을 보면, 이탈리아 뒷골목 식당에서 흥에 겨워 노래를 부르는 영락없는 나폴리 사람이다. 화려한 고음을 자랑하는 테너임에도 불구하고, 묵직하고 짙은 남성적인 저음이 참을 수 없게 매력적이다. 조용갑처럼 노래 잘 부르고 잘생긴 테너는 없다. 특히 '하이 씨high C' 고음을 낼 때 그의 짧은 목과 큰 머리는 고성능 악기로 돌변한다. 그렇게 멋질 수가 없다. Bravo! 조용갑 만세!

참고로 조용갑은, 소프라노 조수미가 나온, 로마에 있는 세계최고의 성악학교 '산타 체칠리아' 국립음악원 출신이다. 가난한 집안 형편으로 고등학교도 못 다닌, 가거도 출신 조용갑에게 동네 목사님이 이탈리아 유학비용을 댄 것이다. 그의 아름다운 목소리와 밝은 모습과 깊은 신앙심에 감동을 한 것이다. 성실한 사람은 하나님의 마음도 움직이는 법이다.

그는 유럽에서, 남들은 한 번 우승하기도 힘든, 콩쿠르를 29번이나 우승했으며, 그중에는 베르디 콩쿠르처럼 병역면제를 받을 수 있는 이름 높은 콩쿠르도 몇이 있다.

하지만 병역면제를 받지 못했노라고 껄껄 웃는다. 이미 군대에 갔다 왔기 때문이라는 것이다. 가난하고 배운 게 없는 그가 자기에게 그런 영광스러운 날이 찾아올 줄은 꿈에도 생각하지 못한 것이다.

오늘도 밝은 모습으로 노래를 부르며, 지난날의 힘겨운 고난을 지금의 성공을 위해 설치한 조그만 무대장치나 장애물경기 허들 정도로 웃어넘기는, 대범하기 이를 데 없는 그는 아직 갈 길을 찾지 못해 고뇌하는 젊은이들에게는 희망을, 가는 길이 험해 힘겨워하는 이들에게는 힘을 주고 있다. 조용갑 만세다!

진화론과 시경

생존을 한 자아에 담지 마라

달걀을 한 바구니에 담지 마라

과거, 현재, 미래의 삼세적인 시간적인 통합체로서의 시간집단적 자아는 있으나, 현재의 고립된 단일자로서의 자아는 존재하지 않는다.

대부분의 지식은, 집단이 시간을 통해 축적한 것을, 학습을 통해 습득한다. 신규회원들이 무無로부터 다시 탐구·연구해서 얻는 것이 아니다. 이 지식은 집단자아 유지를 위해 쓰인다. 거시적 측면에서 사회에 여러 개인이, 즉 개인자아가 필요한 이유는 위험회피risk hedge와 위험관리를 위한 것이다. 달걀을 한 바구니에 담으면 위험하다. 미시적으로도 개인의 자아가 하나 또는 소수라면 재앙이 닥칠 때 멸종하고 만다. 개별생명이 위험에 처할 때 온몸이 저항한다. 손, 발, 손가락, 발가락, 근육, 심장의 모든 세포가 저항한다. 다른 방법이 없기 때문이다. 다리만 살아남거나 팔만 살아남는 수가 없기 때문이다. 그러므로 온몸이 죽기 살기로 저항하는 수밖에 없다. 그러나 자아가 여럿이면 그럴 필요가 없다. 여러 명이 죽어도 한 명이라도 살아남으면 가문이 살아남기 때문이다. 한 개인에게 여러 자아가 존재하는 것도 한 개인의 생명을 유지하기 위한 안전장치이다. 위선적인 인간이 전형적인 예이다. 하나의 신조만 유지하면 개인차원의 멸종이 가능하다. 조선의 주권상실에 절망하여 자결한 사람의 예를 보라. 위선자는 여러 자아를 가지고 상황에 따라 몇몇 자아를 희생시켜 개체를 보존한다(이완용의 예). 대부분의 독립운동가들이 멸망하고 그 후손이 비참하게 사는 것은 한 자아만 유지했기 때문이다(조국에 충성하는 한 가지 자아만 유지했다). 친일파들이 살아남고 그 후손들이 떵떵거리고 사는 것은 복수자아複數自我를 소유했기 때문이다(조국에 충성하는 자아와 큰 세력과 타협하는 또 다른 자아를 동시에 소유했다. 또, 이들은 뻔뻔스러운 자아를 가지고 있기도 하다. 잊힐 만하면 보도되는, 이들 후손들이 제기하는 국가에 환수된 친일매국재산 반환소송을 보라. 가끔은 승소도 하니 이들은 생존율이 높을 수밖에 없다). 달걀을 한 바구니에 담지 마라. 무아無我는 진화과정에서 살아남기 위한 위험회피수단인 다중자아多重自我 한 생명체 안에 여러 자아가 공존하는 것의 결과이다.

부처님이 발견한 무아론은 진정한 의미에서 다윈의 진화론의 전령이다.

🙂 자산을 한 종목에만 투자하지 않고 여러 종목에 분산투자하는 것이 파산의 위험을 줄이는 것처럼, 자아도 여럿을 키우는 것이 생존에 유리하다. 생존도 한 바구니에 담으면 위험하다. 여러 상황에 유연하게 대응할 수 있는 다중자아를 유지하는 것이 생존에 유리하다. 생존은 사상범이 아니다. (장기적인 관점에서 볼 때) 생존과 교환할 정도로 귀중한 사상이란 35억 년 진화의 역사에 존재하지 않는다.

🙂 감당할 수 없는 정신적인 충격을 극복하지 못하는 사람은 정신분열증에 걸리는 수가 있다. 정신분열은, 죽는 것보다는 고장나는 것이 더 낫다는, 처절한 몸부림이다. 단일자아의 유지를 고수하다 죽느니,

자아를 분열시킴으로써 살아남자는 전략이다. 고통스럽고 상처받은 자아는 구석으로 치우면 된다. 다중자아는 단일자아보다 생존에 유리하다. 다리가 넷이면 하나쯤 망가져도 살아남을 수 있다.

三다세포생물이 단세포생물이나 소少세포생물보다 생존에 유리하다. 여분이 많아야 좋은 법이다. 생물은 단세포에서 다세포로 진화한다. 다세포 생물은 일종의 다중자아 생물이다.

사랑의 기원

플라톤은 사랑을 에로스 사랑 아가페 사랑 등으로 나누었지만, 사랑의 기원은 생각 외로 단순할 수 있다. 단일한 기원을 가질 수 있다. 생명체가 존재하지 않으면 사랑도 존재하지 않으므로, 사랑은 생존과 밀접한 관계에 있을 수밖에 없다. 생물체가 존재하는 것은 사랑의 결과이다. 그러므로 사랑은 모든 생물체 존재의 근원이다. 사랑은 인(因)이고 존재는 과(果)이다.

사랑의 극한

살아남으려면 적당히 사랑하라
지나치게 사랑하면 멸종당한다

　종교에서 설하는 절대적이고 숭고한 무조건적인 사랑은 우리 가슴을
전율하게 한다. 자기 살을 떼어주는 부처(보살)의 무한한 자비심과 '원
수를 사랑하라'는 예수의 가르침이 있는데, 과연 이런 사랑이 가능할
까? 이런 사랑이 실현될 경우 어떤 일이 일어날지 사고실험을 해보자.

　원시시대처럼 소집단을 이루고 살 때 타인을 자기 몸처럼 사랑하면,
때때로 재앙이 닥칠 때 멸종할 확률이 급증한다. 검치호랑이 떼에 가
족일원이 공격을 당했을 때 공격당한 일원을 보호하려고 나머지 가족
들이 도망치지 않고 모두 죽을 때까지 싸우다가는 멸문滅門당한다(실제
로 이런 일이 고래가족에 일어난다). 검치호랑이까지 사랑하는 종간種間
무한사랑까지 구비하면 멸종은 가속화된다. 기아가 닥쳤을 때 약한 일
원을 희생시키지 않으면 집단이 멸종한다. 극한의 사랑은 집단존속에
극히 위험하다. 극한미움extreme hatred이나 증오가 집단존속에 극악極惡이
듯 극한사랑extreme love도 집단존속에 극악이다. 집단이 존속하려면 중간
어딘가에서 평형점을 찾아야 한다. 호랑이, 사자, 표범, 곰 등 먹이사슬

윗부분을 차지한 극악한 것들은 집단이 매우 작다. 초식동물 등 먹이 사슬 아래에 위치한 동물들은 집단이 크고 개체수가 많다. 온유한 성품은 많은 개체수를 요구한다. 극한사랑에 가까울수록 더 많은 개체수를 요구한다. 여기저기 다 나눠주고도 내 몫이 남으려면 빵이 아주 커야 한다.

그러나 현재처럼 인간이 먹이사슬 정점에 있으면, 다른 동물이나 환경으로 인하여 멸종할 위험이 없으므로 극한사랑이 위험한 것은 아니지 않은가? 즉, 모든 인류가 극한사랑을 실행하면 전혀 멸종위험이 없는 것일까? 아니면 더 행복해지고 더 문명이 발전할 것인가?

위 질문에 대한 답은 지구 밖 요인에 대해서 대책이 없다는 것이다. 문명이 지구보다 엄청나게 발달한 외계인의 침입 시에 모두 대항하다 멸종당할 것이다. 혹은 인류집단에 돌연변이로 극악한 암적인 존재가 생겨났을 때 이들에 의해 멸종당하고 말 것이다. 이런 돌연변이가 생겨나지 않고 외계인이 침입을 하지 않는 동안은 더 행복해지고 더 문명이 발전할 것이다. 그러나 블랙스완black swan 일어날 확률이 극히 작으나 막상 일어나면 치명적인 결과를 초래하는 사건이 발생하면 대책이 없다. 오悟는 블랙스완black swan을 대비해 필요한 것이다. 오는 타산지석他山之石이다. 오는 보험이다. 오는 특이점의 해소resolution of singularity이다. 악惡에 대해서도 같은 말을 할 수 있다.

지금 살아남아 존재하는 생명체, 민족, 국가, 종교는 극한사랑을 하지 않은 결과이다.

🕮고래사냥꾼들은 성체고래 대신 손쉬운 새끼고래를 공격한다. 고래가족은 도망치지 않고 새끼를 구하기 위해서 전가족이 새끼 주위에 머

물다 사냥꾼에게 모두 학살^{虐殺}당해 가족이 멸문^{滅門}한다. 부모의 자식사랑을 이용해 부모를 학살하다니, 인간은 야비하기 그지없다.

🀫 1998년의 롱텀캐피털매니지먼트^{LTCM}의 파산은 최악의 경우를 고려하지 않았다가 망한 유명한 케이스이다. LTCM은 특이점인 국가부도는 일어나지 않는다는 가정 하에 투자프로그램을 짜서 운영했다. 러시아가 국가부도를 내자 노벨경제학자가 두 사람이나 참여한 거대 헤지펀드가 무려 100조 원의 손실을 내고 굉음^{轟音}을 내며 붕괴하고 말았다. LTCM은 헤지펀드계의 초신성이었다. 특이점을 고려하지 않으면 한순간에 멸망할 수 있다. LTCM도 망하기 전 몇 년 동안은 경이적인 수익을 냈다. 미래 특이점의 영향을 담보로 가불해 쓴 것과 마찬가지였다. 특이점에 대비한 보험구입에 돈을 쓰지 않고, 즉 헬멧 등 보호장비 구입에 돈을 쓰지 않고 폭주하다가 사고로 죽는 것처럼, 흥청망청 버는 대로 쓰다가 망한 최고의 예이다. 무조건적인 극한사랑은 위험관리^{risk management}가 없는 투자와 같다. 사랑은 감성과 이성, 즉 정열과 지혜 사이에서 평형을 이루어야 한다.

🀫 묵자는 만인을 평등하게 사랑하자는 겸애설을 주장한 것으로 유명한데 맹자의 신랄한 공격을 받았다. '사람이 어떻게 남의 부모를 자기 부모처럼 사랑할 수 있겠느냐'는 것이었다. 겸애설을 따라 모든 이를 평등하게 사랑한다면 실제로는 아무도 사랑하지 않는 것과 같을 것이라고 했다. 맹자의 주장에 의하면 '사랑은 가까운 가족으로부터 시작하여 외연을 넓혀가는 것이다.' 묵가의 지도자인 제2대 거자 맹승이 자신의 신념을 지키기 위하여 자결을 하고, 그 제자 183명이 따라 자결을 하자, 한때 유가와 더불어 천하사상계를 양분했던 묵가는 구심점을 잃고 순식간에 역사의 뒤안길로 사라져버렸다. 극한적인 사랑과 같은 극한적인 이상을 신념으로 삼으면 특이점 도래

시에 멸종할 위험이 대단히 크다. 강하구의 돌들은 다들 둥글둥글하다. 특이점이 없는 돌들만이 살아남아 하구까지 여행을 한 것이다. 유가와 같이 실제적인 사랑을 주장한 학파는 묵가가 멸망한 후로도 2,000년을 살아남아 동아시아에 막대한 영향을 끼쳤다.

🈺 철저한 비폭력 무저항 불살생의 철학을 실천하였던 인도불교는, 이슬람의 침입에 무력으로 항거하지 않고 스스로 이슬람으로 개종하는 등으로 인도에서 사라져 버렸다. 그에 비해 임진왜란 당시 무장항거한 조선승려들은 왜적을 죽여 나라를 구함으로써 조선불교가 살아남게 했다. 그 후 일제강점기를 통해서 왜색·대처화되며 소멸위기에 처했던 조선불교는 해방 후 폭력(배)을 동원하여 대처승을 몰아냄으로써 현재의 비구종단을 존속하게 하고 키울 수 있었다.

🈺 구교에 항의하고 저항한 개신교가 살아남아 공존하는 것은, 불란서의 위그노전쟁, 네덜란드 독립전쟁, 독일의 30년전쟁 등의 피가 강을 이루고 흐른 잔인하고 잔악하고 참혹한 신구교新舊教 사이의 전쟁을 통해서이다. 예수의 "다른 쪽 뺨까지 내밀어라"라는 가르침을 문자 그대로 실천에 옮겼다면 개신교는 결코 살아남지 못했을 것이다. 오히려 『구약』의 "눈에는 눈 이에는 이"라는 가르침을 충실히 실현했기에 살아남은 것이다.

🈺 종교에서의 극한적인 사랑은 결국 개인의 소멸 즉 개인자아의 소멸로 끝을 맺는 것이 아닌가? 그렇다면 살아남아 있는 종교(인)는 극한사랑의 반대증거 내지는 걸림돌일 가능성이 크다.

🈺 영화 「뷰티풀 마인드」의 주인공으로 유명한 비운의 수학자 존 내쉬 John Forbes Nash Jr.가 게임 이론game theory에서 평형점(내쉬 평형점 또는 내쉬

균형)의 존재를 수학적으로 증명하여 1994년 노벨경제학상을 받았는데, 자연계의 삶(생존)과 죽음(소멸)은 일종의 게임^{game}이므로 현재 살아있는 생명체들은 무의식적으로 일종의 평형점을 찾은 것이다. 세렝게티 초원은 수십만 년 동안 이 평형점을 놀라울 정도로 훌륭하게 유지하고 있다. 삶은 사는 것이지 증명하는 것이 아니라는 것이 자연계의 위대한 철칙이다. 불교의 무상관^{無常觀}과 무아연기관^{無我緣起觀}은 이 평형점이 고정되어 있지 않고 끝없이 움직이는 역동적인 것이라는 관점이다(일시적인 그리고 순간적인 평형점의 붕괴와 새로운 평형점을 찾기까지의 힘찬 변화). 그러므로 변하기를 멈추면 죽음인 것이다. 그래서 생명과 삶이 무상한 것이다. 무상이 고^苦의 원인이기는 하지만 동시에 무상이므로 삶이 가능한 것이다. 놀라운 사실 또는 반전은 무상으로 인하여 해탈이 가능하다는 것이다. 고가 고로 영원히 고정되면 해탈이 불가능하기 때문이다. 실로, 삶은 중중무진의 복수의 의미와 상징을 가지고 있다.

죄수의 딜레마^{Prisoner's Dilemma}: 공범인 두 명의 죄수를 각자 격리하여 심문한다. 두 죄수는 사전에 자백하지 않기로 서로 굳게 맹세를 한 상태이다. 한 사람은 범행을 자백하고 다른 한 사람은 부인하는 경우 자백한 사람은 형이 없고 부인한 사람은 10년 형에 처하고, 둘 다 부인하면 둘 다 1년 형, 둘 다 배반하면 둘 다 5년 형에 처한다고 할 때, 죄수들 입장에서는 둘 다 부인하고 1년 형을 받는 것이 최선이지만, 자기는 부인하지만 상대방이 배반하고 자백하는 경우 자신의 형량이 너무 크므로 부인하지 못하고 즉 상대방을 믿지 못하고 자백한다는 것이다. 둘 다 동일한 생각을 할 것이므로 둘 다 자백을 해서 둘 다 5년 형을 받아서 최선의 선택인 1년 형을 받지 못한다는 딜레마를 말한다.

目1970년대 말, 정치과학자 로버트 액셀로드Robert Axelrod는 전 세계 게임 이론 학자들을 상대로 죄수의 딜레마에 기초한 토너멘트를 개최하였다. 실제 참가자들은 이 학자들이 만든 컴퓨터프로그램들이었다. 놀랍게도 최종승자는 수리생물학자인 아나톨 라포포트Anatol Rapoport가 개발한 팃포탯TIT FOR TAT이었다.

'눈에 눈 이에는 이'라는 뜻의 프로그램인데, 초기치는 협력하는 것이다. 처음 만난 상대에게는 일단 협력을 한다. 만약 상대방이 협력으로 대응하면 다음에 만날 때 협력해준다. 만약 상대가 배반을 하면 다음에 만날 때 상대를 배반해준다. 이 프로그램이 '항상 배반하는 프로그램'과 '항상 협력하는 프로그램'을 모두 이겼다, 즉 악마 프로그램과 천사 프로그램을 모두 이겼다.

이것은 진화론적 적자생존이 무조건적인 경쟁만을 부추긴다는 통념이 틀렸음을 증명한 것이다. 즉, 극한사랑과 극한증오를 실천하면 절대로 적자생존을 할 수 없음을 증명한 것이다. 생존을 하려면 사랑(협력)과 증오(배반)사이에서 평형을 유지하여야 한다. 다른 말로 하면, 팃포탯은 사랑과 증오가 같은 가치를 즉 동일한(평등한) 가치를 갖는 것을 증명하였다. 종교에서 부르짖는 극한사랑이 생존에 있어서 '지고至高의 선善', 즉 '최선의 전략'이 아니라는 것을 증명을 한 것이다(그렇다고 그런 부르짖음이 가치가 없다는 말이 아니다. 이 글 마지막 부분을 보기 바란다). 당신이 항상 극한사랑을 한다는 것이 보장되기만 하면, 상대방들은 안전하게 당신을 배반하고 이익을 얻을 것이며 그 결과 당신은 착취만 당하다가 멸종할 것이다(생물계 역사와 인류역사는 바보같이 착한 사람이나 생물을 떠받들지 않은 것을 증명한다. 인간과 육식동물은 초식동물들을 잡아먹고, 초식동물은 풀을 잡아먹는다). 당신이 항상 배반한다는 것이 알려지면, 당신은 만인의 적이 되어 고립무원孤立無援 상태에 빠져 결국 멸종하고 말 것이다.

천사프로그램과 악마프로그램이 결국 멸종하고 만다는 것은, 자연계에 영원히 존재하는 천사와 악마가 존재하지 않는다는 것을 말한다. 따라서 종교에서 부르짖는 천사와 악마는 허구라는 것을 말한다. 이런 천사와 악마를 지어낸 것은 인간이 천사나 악마가 됨으로써, 즉 양극단을 택함으로써 멸종하는 것을 막는 경고의 역할을 하는 것이다. 그래서 천사와 악마는 쌍으로 존재하는 것이다. 양쪽이 동일하게 위험하기 때문이다.

目사랑과 미움 둘 중 어느 하나가 절대적인 우위를 차지하는 것은 아니지만, 크게 보면 사랑이 우위를 차지하는 것은 부인할 수 없는 사실이다(팃포탯이 먼저 협력, 즉 사랑으로 게임을 시작함을 보라). 사랑을 하면 남녀만 한 몸이 되는 것이 아니라 집단(사회)도 한 몸이 되어 개체(구성원)보다 훨씬 더 큰 몸집의 군집(다세포) 생명체를 만들어 생존에 더욱 유리해진다. 사랑의 마법이다. 따라서 전체적으로 보면, (군집, 다세포) 생명체의 존재자체가 사랑이 미움보다 더 크다는 증거이다. 진화의 역사에서 첫 번째 사랑은 원핵세포 둘이 합쳐 하나의 진핵세포를 만든 것에 기원한다.

目사람들은 '세상에 더러운 것이 정치'라고 욕을 한다. 사실 정치에는 온갖 음모, 모략, 거짓말, 공갈, 협박, 협잡, 배신, 후흑厚黑 등이 판을 친다. 도대체 이런 정치를 다 없애버리면 안 되는가? 답은 그렇지 않다는 것이다. 없애면 안 된다는 정도가 아니라 절대로 없애면 안 된다! 더럽고 교활한 정치를 유지함으로써 타국의 더럽고 교활한 야욕에 대비할 수 있기 때문이다. 손자의 말처럼 '지피지기知彼知己이면 백전불태百戰不殆'이다. 만약 국민 모두가 선(순진)하다면 타국의 더러운 의도와 교활한 술책을 짐작조차 할 수 없어서 모두 빼앗기고 노예상태로 전락하고 말 것이다. (그래서 '외교관은 국익을 위하여 거짓말을 할 의무를 부여받은 사람'이라는 말이 있다.) 착하기만 한 소·말·

염소·양·순록·낙타·야크 신세가 될 것이 분명하다. 마치 사자새끼들이 평소 서로 싸움·사냥연습을 하듯이 인간은 더럽고 교활한 정치를 통해서 서로 싸워가며 사회의 저항력과 방어력을 키운다. 심지어 조폭도 유용할 때가 있다. 조선의 어깨 김두환이 종로에서 일본의 야쿠자 하야시를 제압했음을 기억하라. 조선에 어깨들이 존재하지 않았으면 절대 불가능했을 일이다.

🗒 폭력적 성향의 인간을 방치하면 폭력배가 되고 잘 통제하면 전사가 된다.

🗒 예전 어른들이 결혼연령에 이른 젊은이들에게 해주던 말이 있다. 사랑이 다가 아니다, 살아보면 다 똑같다. 사랑이 추위와 굶주림을 해결하지 못한다는 말이며, '사랑도 한계효용체감의 법칙을 따른다'는 증언이다. 삶에서 우러나온 지혜의 말이다.

🗒 백제의 겸익 스님은 512~526년간에 뱃길로 인도에 가서 율律 불교승려들이 지켜야 하는 금계을 구해왔다. 인도 승려 배달다 삼장을 동반하고 귀국한 그는 인도율장 번역에 매진하였다. 그 후 백제 법왕은 599년에 야생동물, 물고기, 가축을 가리지 않고 일체동물에 대한 살생금지령을 내렸다. 이에 비해 신라는 589년 중국 진陳나라에 유학한 원광법사가 귀국 후 화랑들에게 세속오계世俗五戒 세속인이 지켜야 하는 다섯 가지 계를 내리는데 그중에 살생유택과 임전무퇴가 있다. 살생유택殺生有擇 가려서 죽이라은 소 말 개 등 가축과 작은 짐승을 죽이지 말 것이며 봄, 여름과 같은 시기(동물이 새끼를 낳는 계절)에는 살생을 하지 말라는 가르침이다. 소와 말은 농사용과 전쟁용으로 쓰였으므로 살생을 금지하였을 것이며, 작은 짐승은 먹잘 것도 없는데 재미로 죽이지 말라는 말이다. 살생유택에 언급이 안 된 것은 곰, 사슴, 노루, 멧돼지, 물고

기 등의 야생동물과 돼지, 염소, 양 등의 (농사나 전쟁용이 아닌) 순수한 먹이용 가축이다. 이들은 죽어도 큰 문제가 없다. 살생유택 조항에는 사람도 제외되어 있다. 임전무퇴臨戰無退 싸울 때는 절대 물러서지 말라 조항 때문이다. 전쟁에서 후퇴하지 않고 싸우려면 필연적으로 적을 죽일 수밖에 없기 때문이다.

서기 660년 황산벌 싸움에서 계백은 포로가 된 어린 관창을 차마죽이지 못하고 돌려보내지만, 관창의 아버지 품일 장군은 아들 관창을 꾸짖어 다시 전장으로 내쫓았고, 관창은 '죽일 테면 죽여라'고 덤벼들다가 결국 죽고 만다. 백제인과 신라인의 품성이 극명히 대비되는 일화이다.

화랑들에게 살생허가증을 발행한 호국불교로 상징되는 호전적인 신라불교는 살아남고, 무조건 살생을 금지한 백제불교는 백제와 함께 멸망하고 말았다. '극한사랑은 멸종하고 만다'는 또 하나의 예이다(지금 전라도는 불교세가 미약하며 경상도는 왕성하다).

신라의 불교를 이어받은 대한민국 불교는 낭창낭창 융통성이 풍부한 호국불교이다.

🈁관창의 나이는 겨우 16살이었다. 요즈음 아프리카 소년병을 연상시키는 소년병이었다. 어린 관창의 충성심은 본인의 자유의지의 발로였을까? 아니면 신라라는 집단에 의한 세뇌였을까? 관창은 신라가옳고 백제가 그르다고 생각하겠지만, 충성심은 옳고 그름의 문제가아니다. 집단의 생존이 걸린 문제이다. 관창은 신라라는 집단의 병정개미이다. 적을 향해 일직선으로 돌격하는 병정개미이다. 예나 지금이나 전쟁터에서 싸우다 죽는 것은 어린 생명들이다. 늙은이들이아니다. 어린 관창의 목이 잘리는 장면을 상상하노라면 집단의 생각으로 어린 구성원들을 세뇌시키는 늙은 인간들의 광기에 소름이 끼친다.

불과 수십 년 전에 벌어진 캄보디아의 킬링필드나 중공의 문화대혁명 기간의 대학살은 늙은이들에게 세뇌당한 젊은이들에 의해서 이루어졌다. 죽을 날이 가까운 늙은이들이 살 날이 창창한 젊은이들을 세뇌시켜 죽음의 길로 내몬다. 인간역사의 비극이다.

분리와 환희

남자와 여자의 분리는 환희와 쾌락의 원천이다

진화의 어느 시점에선가 자웅동체를 유지하지 않고
자웅이체로 갈라진 것이 모든 사랑과 이별의 근원이 되었다

난 내 다리와 팔과 심장과 이미 하나인데
왜 그 사실로부터 환희를 느끼지 못할까?

굶주림이 포만의 즐거움을
죽음이 삶의 기쁨을
추움이 따뜻함의 안락함을
미움이 사랑의 환희를 주듯이

분리가 하나됨의 환희를 준다
분리에서 하나됨이
하나됨에서 분리가 나오며
나선형계단을 만들며 연속적으로 환희를 생산한다

🗒 희랍사람들의 망상에 의하면 인간은 원래 머리 하나에 얼굴 2, 팔 4,
다리 4을 지녀서 초인적인 힘을 자랑했다. 인간들이 하늘로 올라가

●플라톤의 『심포시온』에서 아리스토파네스가 주장하는 태초의 인간. 둥근 공 같은 모습이다. 얼굴 둘, 팔 넷, 다리 넷을 하고 등이 붙어있다. 남자 둘이 붙은 것도 있고, 여자 둘이 붙은 것도 있으며, 남녀가 붙은 것도 있다. 오른쪽은 이 인간이 제우스에 의해 두 쪽으로 나뉘는 모습이다. 미칠 듯한 사랑은 떨어져 나간 자기 반쪽을 만날 때 일어난다.

신들을 갈아치울 방법을 모의하자 인간의 힘에 두려움을 느낀 신들이 인간을 큰 칼로 자르듯 두 쪽으로 만들었다. 남자와 여자의 기원이다. 그 이후로 남자와 여자의 합일은 모든 쾌락 중에 으뜸이 되었다.

인도 힌두교 망상에 의하면, 인간이 고행과 제사와 요가를 통해 엄청난 신통력을 개발해 신들을 공격하는 등 신들에게 위협이 되자, 신들이 비슈누의 아바타인 석가모니 부처를 보내 고행·제사·요가의 무용성이론을 전파하여 고행·제사·요가를 포기하게 하여 그 결과로 인간이 신통력을 잃어버리게 되자 인간을 신의 지배하에 놓을 수 있게 되었다(석가모니는 신들의 대인간 반간계에 이용된 세작이다). 신과 인간의 분리이다. 이후로 신과의 합일체험은 엄청난 환희를 불러온다.

전술한 희랍신화와 인도신화는 인간의 2대 쾌락인 육체적 쾌락과 정신적 쾌락의 기원에 대한 기이한 망상적 이론이다. 힌두교가 보기에 불교가 결국 인도에서 사라져 버린 이유는 힌두교가 의도하였던 세작細作으로서의 부처의 임무가 달성되었기 때문일 것이다. 즉 용도 폐기당한 것이다. 무엇이 원인이고 무엇이 결과인지 참으로 아리송한 일이다. 사람이 언어를 발명한 이래로 인간은 말의 진정한 의미를 발견해내야 하는 무거운 짐을 지게 되었다. 뚫린 구멍에서 나온 소리는 모조리 해석이 필요하게 되었기 때문이다. 심지어는 소리를 만들어내는 자 자신도 그 소리가 무슨 의미인지 전혀 모르는 상태에서 배출한다.

🔢 한몸인 오른손은 왼손을 사랑할 줄 모른다. 다른 몸인 연인이나 친구의 손은 내 손을 사랑하여 꼭 잡아준다. 오른손도 왼손도 다 사랑해준다. 한 몸인 좌뇌는 우뇌를 사랑한 적이 없다. 그런데 다른 몸인 친구의 뇌는 나의 분석적인 면을 사랑하고, 다른 친구의 뇌는 나의 예술적인 면을 좋아한다. 어떤 친구의 뇌는 나의 동그란 두상이 좋다고 머리 모양을 유지하는 우뇌 좌뇌 다 맘에 들어 한다. 나의 뇌는 내 몸이 싫어 탈출하고 싶은데 그 사람의 뇌는 내가 좋다고 하루종일 달라붙어 떨어질 줄 모른다.

사랑의 기원

　못생긴 사람을 보면 종種의 유지는 '로미오와 줄리엣식의 순결한 사랑'이 아니라 성욕이라는 것을 깨닫게 된다(그들처럼 했다가는 즉시 멸종하고 만다, 그것도 무덤가에서). 원시인들을 보면 잘 알게 된다. 유인원을 보게 되면 더 잘 알게 된다. 짐승의 암컷과 수컷을 보면 더욱더 잘 느끼게 된다. 곤충을 보면 더더욱더 잘 알게 된다. 종 간에 공유하는 절대적인 미감이나 미적 기준은 없으나, 성욕은 모든 종 간에 공통된 현상이므로 사랑의 본질과 기원은 성욕임을 알게 된다. 우리가 성욕을 못 느끼는 대상에 다른 종이 서로 성욕을 느끼는 것은 종보존 본능·욕망 때문이다; 만약에 종보존 때문이 아니라 순수한 사랑 때문이라면 이종異種 간, 이속異屬 간, 이과異科 간, 이문異門 간에도 사랑이 가능해야 할 것이다. 결혼이 가능해야 할 것이다. 그러나 실상은 그렇지 않으므로 사랑은 결국 종보존에 기초한 것이다.

　圄암소와 수소가 사랑을 하여 송아지를 뱄는데 주인은 분만을 도우러 설거지용 고무장갑을 끼고 성스러운 질에 손을 넣고 송아지 발을 찾아 마구 휘젓는다. 아, 이 몰지각하고 미적 감각이 전무한 인간이여!

目 못생긴 사람들을 폄하하는 것은 결코 아니다. 잘생긴 사람들만 섹시 하다면 인간종이 이렇게 융성할 수는 없다. 못생긴 이도 얼마든지 섹시할 수 있다. 독자 여러분은 저자가 못생긴 이가 평등하게 섹시 할 수 있음에 경탄을 하며 쓴 글임을 유의하시기 바란다.

目 아름답기에 사랑을 하는 것이 아니라, 사랑하기에 아름다운 것이다. 그래서 결혼 후에 다들 속았다고 아우성을 치는 것이다. 사랑이 사 라져버려 아름답지 않게 보이게 된 것을, 오해한 것이다(생물학적인 사랑은 평균적으로 3년간 지속되는데 이 정도 기간이면 후손을 잉태하기 에 충분한 시간이다). 종의 유지를 위해서는 평균적으로 이성집단은 반대쪽 이성집단을 사랑해야 한다. 그래서 짚신도 짝이 있는 것이다. 종족보존본능과 종족보존의지는 이성을 아름답게 보이게 만든다. '치마만 둘렀으면 된다'고 여자라면 종류를 가리지 않고 다 좋아하 는 남자들이 그 증거이다.

目 고귀한 것은 특정대상에 대한 사랑이 아니다. 우리가 사랑을 줄 수 있는 잠재적인 대상은 무수히 많기 때문이다. 진정 고귀한 것은 사 랑에 쌓인 역사이다. 이것은, 다시 오지 않을 그리고 되풀이할 수 없 는 유일한 경험이기 때문이다. 우리의 삶을 풍성하게 하는 것은 사 랑이 아니라 사랑의 역사이다.

目 짝눈이 중년보살이 큰스님을 찾아와 작은 왼쪽 눈을 더 작게 찡그리 며 하소연했다. "스님, 남편이 제 눈이 갑자기 짝눈이 되었다고 빨리 병원에 가서 수술을 받으랍니다. 어쩌면 좋아요? 흑흑." 스님 왈 "보 살, 처사가 눈에 콩깍지가 씌워 보살이 짝눈인지도 모르고 수십 년

295
사
랑
의
기
원

을 살아줬으니 얼마나 고마운 일인가? 잔말 말고 빨리 가서 하라는
대로 하세요."

🗐 인간은 뒤죽박죽 살아왔기에 명쾌한 해결이나 처방을 싫어한다. 뒤
죽박죽 해결이나 처방을 더 선호한다. 단도직입적인 자세는 홀로 나
무 없는 벌판 한가운데나 절벽 위에 서있는 것처럼 매우 위험한 자
세다. 튀는 돌이 정 맞는다고 돌출해서 큰 소리로 외치던 자들은 거
의 다 제명에 죽지 못했다. 잡목 사이나 풀숲에 숨는 것처럼 모호한
자세가 더 매력적이고 안전하다. 공자님 말씀이 "군자와 소인이 싸
우면 항상 군자가 진다. 군자의 행동은 일관성이 있으므로 예측가능
하지만 소인은 그렇지 못하기 때문이다"라고 했다. 뒤죽박죽 삶은
보기보다 살아남기에 효율적인 전략이다. 천적이나 적이 내 행동을
예측할 수 없기 때문이다. 그래서 후흑학厚黑學이 인기를 얻는다. 뒤
죽박죽의 정점이 바로 후흑학이다. 못생긴 사람들의 뒤죽박죽 사랑
은 보기보다 강력하다. 뒤죽박죽 사랑은 지고한 사랑이나 순결한 사
랑처럼 사랑에 목을 매지 않는다. 그래서 목숨을 잃을 위험이 급격
히 감소한다. 인류 대다수는 이름 없고 얼굴 없는 뒤죽박죽 사랑의
결과이다. 사랑의 기원이 뒤죽박죽이라는 것이 놀랍지 않은가?

사랑 그 숨겨진 이유 「고린도전서」

믿음과 소망과 사랑은 이 세상 끝까지 영원하며
그 중의 제일은 사랑이라 〈「고린도 전서」〉

바울이 「고린도전서」에서 펼친 사랑에 대한 아름다운 글 중에 '아무리 강한 믿음이 있어도 사랑이 없으면 시끄러운 꽹과리에 지나지 않는다'는 구절이 있다.

산을 옮길 만한 믿음과 자기 몸을 불사르게 내어줄 믿음이 있어도 왜 사랑이 없으면 아무 소용이 없을까. 예수에 대한 믿음을 포기하지 않음으로써 잡혀가 화형을 당할지라도 사랑이 없으면 왜 내게 아무 유익이 없을까?

사회구성원들끼리 특히 조그만 신생 교단의 구성원들끼리 서로 다투고 반목한다면, 그 집단은 멸종할 것이 분명하기 때문이다. 그렇게 하면 자기 몸을 불사르는 믿음도 (구성원을 한 명 더 사라지게 함으로써) 종(교단敎團)의 소멸을 가속화시킬 따름이다.

사랑은 사회, (생물학적·정치적·군사적·종교적·민족적·지리적·문화적) 집단, 그리고 생물종의 생존과 유지에 가장 결정적인 요인이다.

바울은 자신이 기독교인들을 잡아 죽이는 인간백정 출신이었으므로 기독교가 처한 위기 상황을 누구보다도 잘 알고 있었다. 그래서 바울은 아직 규모가 작고 힘이 약한 신생교단에 지나지 않는 기독교 교단이, 로마제국 등의 가혹한 외부 박해로 인해 풍전등화의 위기에 처해 있음에도 불구하고, 서로 미워하고 다투고 반목하고 분열하는 (기독교) 내부문제를 치료하여 교단을 살리기 위해(교단이 살아남아야만 예수의 복된 소식이 땅끝까지 전파될 수 있다), 사랑을 그 무엇보다도 (심지어 하나님에 대한 믿음보다도) 더 높이 격상시키고 강조하며 전면배치했다.

생존은 모든 것에 앞선다. 이념·사상·종교·국가에. 이 생존에 필수적인 것이 사랑이다.

目오늘날 기독교는 더 이상 사랑을 제일로 내세우지 않는다. 먹이사슬의 최정상을 차지한 데다 몸집까지 거대하여 더 이상 멸종이 두렵지 않은 것이다. 대신에 믿음을 강조하며 그 믿음을 재물財物로 증명하라고 지옥의 고통을 들먹이며 윽박지른다. 커진 몸집이 더 많은 먹이를 원하기 때문이다. 이렇게 된 지도 이미 천 년이 넘었다.

目생존이 사랑에 앞서는 것이 아니라, 사랑이 생존에 앞선다고 주장하는 것이 진화론이다. 인간의 진화는 몸과 마음, 양兩방향으로 진행된다. 진화의 과정을 통해서 인간의 의식이 비약적으로 발달을 하여 생존을, 육체적이고 물질적인 생존에서, 정신적이고 비물질적인 생존으로 확장시킨 것이다.

멋모르고 유지된 인류

원인을 모른다고 해서 일이 안 일어나는 것은 아니다
왜 우리가 존재하는지 이유를 알 수 없지만 존재한다
존재는 인식에 선행한다
그러므로 존재의 이유를 찾는 것은 무척 어리석은 일
일 가능성이 크다
언제 이유를 알고 존재했는가?

어젯밤 꿈속에서의 일이다. 필자의 어머니와 어떤 아줌마가 대화하
고 있었다. 붉게 립스틱을 바른 입술과 얼굴이 지금도 생생하게 기억
이 나는 이 아줌마가 하는 말이다.

"아주머니, 결혼생활은 너무 힘들어요. 일 년 열두 달 365일 매일같
이 끼니때마다 식사준비에다 먹고 나면 설거지에다… 게다가 빨래거
리는 왜 그리 많은지 해도 해도 끝이 없어요."

내가 옆에 있다 끼어들었다. "아주머니, 그러면 왜 결혼하셨어요?"

"그렇게 힘들 줄 모르고 멋모르고 했지."

아! 그렇구나. 인류가 종을 보존한 것은 멋모르고 그리되었구나. 갑
자기 내린 한 줄기 계시였다.

베이비붐 세대인 필자의 어머니 연배의 여인들의 삶은 정말 고^苦
됐다.

당시에 세탁기, 가스스토브, 오븐, 식기세척기, 냉장고, 김치냉장고,
대형마트, 이마트, 온수가 어디 있었는가? 자가용이 없어서 다들 재래

시장에 걸어가서 시장본 무거운 짐을 머리에 이고, 두 손에 들고 날라야 했다. 냉장고가 없어 찬장이라 불리는 나무상자에 넣어둔 음식이 쉬는 게 다반사라, 거의 매일 시장에 다녀와야 했다. 새끼들은 많아 먹이 달라 벌리고 있는 입은 많고 음식은 부족한 데다, 매일 '장보기' 강제 피트니스 운동을 한 셈이라 아주머니들은 살이 찌지도 않았다. 하루 종일, 등에는 모래주머니처럼 아이를 붙이고, 안방에서 부엌으로 부엌에서 마당으로 다니며 집안일을 했다. 유격훈련이 따로 없었다. 거기다 분유가 없어서 자신의 젖을 먹여 키워야 했으니 먹는 대로 다 새끼들에게 갔다. 음식은 잠시 자기 몸에 머물 뿐이었다. 그러니 더욱 살찔 이유가 없었다. 아! 불쌍한 여인들! 이분들은 지하철을 무료로 이용할 자격이 넘친다. 더는 지하철 무료 이용권문제를 거론하지 말라.

엄동설한嚴冬雪寒에도 빨래는 손으로 직접 해야 한다. 소위 손빨래이다. 요즘 고급옷 안에 붙은 세탁지침에 손빨래하라는 주의사항이 있는데 그때는 모든 옷이 손빨래였다. 낡은 옷이건 새 옷이건. 온수가 어디 있었는가? 근처 개울이나 강에 나가 빨래를 했다. 원수 같은 빨랫감들을 나무 방망이로 마구 때려가면서 했다. 미운 남편 얼굴을 그 위에 붙이고 난타하면 그나마 분이 풀렸다. 탱탱하게 긴장한 겨울에, 얼음을 깨면 찌르듯 비명을 지르는 강물을 맨손으로 달래가며 옷을 빨아야 했다. 일회용 기저귀는 전무라 광목을 잘라 만든 반영구 기저귀를 매일매일 빨아야 했다. 겨울에 마당 빨랫줄에다 옷을 널면 다음 날 얼어붙은 빨랫감이 얇은 튀긴 과자처럼 바삭바삭 기분 좋은, 허기진 소리를 냈다. 게다가 애들은 우글우글 거렸다. 한 집에 다섯 명은 보통이었다. 2년 터울로 한 명씩만 낳아도 자그마치 10년은 기저귀 빨래하느라 세월이 어떻게 지나가는지 모르게 흘러간다. 젊음도 그렇게 떠밀려 가버렸다.

때는 한국전쟁 직후라, 전쟁으로 죽은 귀신들이 다들 너무 억울하게 죽었다고 아우성쳐대는 통에 조물주가 귀가 시끄러워 마구마구 환생자격증을 발행해서 집집마다 애가 득실거렸다(전쟁통에 죽은 귀신이 300만 명이나 되었다. 그중 중공군, 소련 군사고문단, 연합군 등의 외국귀신들도 상당수가 생에 대한 집착으로 급한 마음에 멀리 못 가고 우리나라에 태어났을 것이다). 귀신들 입장에서는 억울하기도 하다. 거대한 국가들의 세계사적인 운명에 휩쓸린 개인들이 전쟁과 자신의 죽음에 무슨 책임이 있었겠는가? 조물주 입장에서는 들어줄 수밖에 없었으리라. 말만 환생자격증이지 허가제가 아니라 신청제였음이 분명하다. 늙수그레한, 아주 나쁜 놈들이 간혹 눈에 띄기 때문이다. 그 많은 귀신들을 심사하려면 아무리 '마이티^{mighty}' 조물주라도 힘에 부치는 일이었으리라. 하늘나라 경제학에 의하면 나쁜 놈 몇 놈 걸러내는 대신, 그 시간을 인류전체의 복리를 증진하는 데 쓰면 오히려 우주적으로 더 이익이다.

이 많은 식구들을 먹여 살릴 음식은 모두 연탄불로 했다. 구멍이 아홉 개 뚫린 구공탄九孔炭이나 열아홉 개 뚫린 십구공탄十九孔炭 한 장이 다였다. 국이고 밥이고 콩나물 반찬이고 가끔 생기는 닭백숙이고 모두 이 '여러공孔탄' 한 장이다. 난방도 이분 담당이다. 그래서 죽음의 그림자는 항상 주위를 어슬렁거렸다. 이놈을 대처하는 유일한 방법은 '동치미 국물'이었다. 연탄가스 중독에 걸리면 이걸 한 사발 들이키면 된다는 민간처방이 있었다. (다행히 의학적으로 근거가 있다고 한다.) 재수 나쁘게 마지막 물김치를 먹은 날 밤에 연탄중독에 걸리면 다음 날 아침 죽음은 더욱 가까이 다가와, 삶이 오락가락하는 얼굴을 바로 코앞에서 빤히 쳐다보고 있었다. 징그러운 시절이었다. 가까스로 살아나면, 다 타 하얗게 재로 변한 연탄을 얼어붙어 돌처럼 단단해진 땅바닥에 내동댕이친 다음 두 발로 사정없이 짓밟고 연탄집게로 마구 두들겨 패 잘게 부셔서 미끄러운 골목길과 언덕길에 뿌리면 놀란 마음이 좀 풀렸다.

그러니 멋모르고 결혼했다는 이 아주머니의 말은 진실된 말이 아닐 수 없다.

目거짓과 허위와 위선이 판을 쳐서 신문·방송 뉴스·보도도 못 믿을 지경이 되어버린 오늘 한반도에서 모처럼 들은 진실된 말이었다. 꿈 속에서나마 진실을 들을 수 있음은 얼마나 다행인가!

目짙푸르던 머리카락과 터질 듯한 젊음으로 빛나던 여인들이, 무표정 한 얼굴에 몸의 양분이 다 빠져나간 쭈그러진 모습으로, 창밖을 내 다보는 모습은 서글프기 그지없다. 특히 어두운 지하철 창일 때 더 욱 그러하다. 그 창이 바로 '젊은 세대의 눈'이기 때문이다.

부지깽이와 황금률

철학이 합리적인 학문인 것은 아니다
철학자는 더욱 합리적일 이유가 없다

비트겐슈타인Ludwig Wittgenstein 1889~1951이 칼 포퍼Karl Popper 1902~1994를 케임브리지 대학 철학과에 연사로 초청했는데, 두 사람 사이의 첨예한 의견차이로 강연 중에 대판 싸움이 벌어졌다. 연장자인 비트겐슈타인이 화가 치밀고 흥분한 나머지 체통을 잃고 13살이나 어린 포퍼에게 벽난로 부지깽이를 휘두르는 일까지 벌어졌다. 언어분석철학의 대가 비트겐슈타인은 "포퍼, 당신 생각과 달리 '윤리적인 명제'란 존재하지 않는다"라고 주장하며, 포퍼에게 "윤리적인 명제를 하나 제시해 보라"고 도발했다. 그러자 포퍼는 "'주인이 손님에게 벽난로 부지깽이를 휘두르며 위협하지 말아야 한다'는 것이 윤리적인 명제다"라고 대답했다. 포퍼가 지닌 발군拔群의 기지를 엿볼 수 있는 일화이다.

타인을 더 사랑하고 자신의 부를 어렵고 곤궁한 타인과 더 나누면, 타인은 물론이거니와 자신도 더 행복해지는 것은 명백하다. 크게는 사회가 더 행복해진다. 그러므로 이것은, 즉 '사랑과 나눔'은 행복에 관한 절대적인 황금률이다. 그러나 이렇게 되려면 '인식의 전환', 즉 '정신적인 돌연변이'가 필요하므로 대단히 어려운 일이다. 사랑과 부를 타인과 '나눈 적이 없는 앞사람'과 '나누기 시작한 뒷사람'은 절대로 같은 사람이 아니다. 인식체계에 변화(돌연변이)가 왔기 때문이다. 이것은 거듭남, 부활, 깨달음이다. 옛사람이 이미 죽고 새로 태어났으므로 거듭남이자 부활이요, 이전과는 다른 완전히 뒤집힌 새로운 시각으로 세상을 보게 되었으므로 깨달음이다.

目 비트겐슈타인의 스승 러셀은 『지적 헛소리의 개요 *An Outline of Intellectual Rubbish*』에서 말했다. "2 곱하기 2가 5이거나 아이슬란드가 적도에 있다고 주장하는 사람에게는 화가 나기는커녕 연민이 일어날 것이다. 명확한 증거가 없는 사안에 대해서 논쟁이 일어날 때, 가장 야만적인 박해가 일어난다. 수학에서는 박해가 일어나지 않지만, 신학에서는 박해가 일어난다. 그러므로 견해차이로 인해 화가 날 때는 언제나 유의하라: 살펴보면 당신의 의견에는 증거가 없을지 모른다." 아마 철학이라는 학문 자체가 신학처럼 객관적인 증거를 제시할 수 없는 학문인지도 모른다. 참고로 비트겐슈타인은 스승 러셀을 존경하지 않았다. 그래서 스승으로부터 상기^{上記}의 '화에 대한 귀중한 가르침'을 받아들이지 못하고 그만 칼 포퍼에게 자기와 의견이 다르다는 이유로 화를 내고 말았다. 그것도 부지깽이를 휘두르면서.

目 위대한 철학자들의 말이 다 옳은 것은 아니다. 몇몇 빛나는 통찰이 있을 뿐이다. 하지만 추종자들은 (많은 경우에 그저 그런) 나머지도 다 믿기로 결심한다. 일종의 검증회피이자 지적 비겁이다. 각각의 주장에 대해서 진위를 검증하는 것은 어려운 일이지만, 그냥 다 옳다고 믿는 것은 쉬운 일이기 때문이다.

가장 심한 경우가 종교(교주)이다. 한 종교(교주)의 추종자들은, 자기 종교(교주)와 다른 주장을 하는 다른 종교(교주) 추종자들을 말살하려고, 목숨을 걸고 작게는 테러를 크게는 전쟁을 벌인다.

따라서 진정한 종교인이 되려면 자기 종교를 버려야 한다. 하지만 이는 쉬운 일이 아니다. 대단히 어려운 일이다. 같은 종교를 믿는 사람들의 지지와 사랑과 보호를 포기해야 하기 때문이다. 진정한 종교인이 되는 것은 자기 교주가 겪었던 가시밭길을 걷는 것처럼 힘든 일이다. 때로는 더 힘들 것이다. 종종 자기 교주의 말을 부정해야 하기 때문이다.

등산

젊은 시절 등산은 언제나 가슴 뛰게 하는 경험이었다. 멀리서 손짓하는 봉우리는 기어코 정상까지 오르게 만들었다. 정신 나간 사람처럼 미친 듯이 달려 산을 오르곤 했다. 특히 설악산은 내 마음을 온통 빼앗아 갔다. 설악동에서 대청봉까지 오르는 데 4시간이 채 걸리지 않았다. 산에 오르면 정상을 향해 정신없이 뛰고 또 뛰었다.

멀리서 본 정상은 장엄하고 멋있지만 정작 정상에 올라 얻는 경치는 전혀 다르다. 위에서 밑으로 내려다보는 경치이지, 밑에서 위로 올려다본 경치가 아니다. 정상에서 나는 무척 실망했다. 내가 보았던 정상은 아래에 있었지 위에는 없었다.

부처님이 성도하시던 날 고행을 포기하고, 출가 전 어느 봄날 들판의 나무 밑에서 들었던 선정 경험을 기억해 내고, 그걸 발판으로 깨달음을 얻으셨듯이, 나는 등정주의 등산을 포기하고, 처음 산과 사랑에 빠졌을 때 느꼈던 눈에 잘 띄지 않는 관목의 사소한 몸짓, 노랑 파랑 붉은색으로 부끄럽게 속삭이던 나뭇잎들의 고백과 한숨, 빈틈만 보이면 여기저기 머리를 들이밀거나 비집고 들어오는 개구진 햇살들, 때로는 축축한 눈길로 때로는 부스스한 모습으로 버석거리던 나뭇가지들, 절대로 아래로 굴러 떨어지지도 않고 밑으로 꺼지지도 않으며 내 거칠고 때로 무례한 발걸음을 다 받아주던 바위들, 달콤한 냄새로 가득한 산 공기, 유리알같이 부서지며 떨어지는 물, 계곡을 웅성거리며 지나가는 물길 등을 상기해냈다. 알고 보니, 내가 진정 사랑한 것은 산의 구성원들이 합심해서 만들어내는 교향곡, 또는 이름 없는 연주자들이 수줍게 만들어 내는 음악이었지, 홀로 군림하는 지휘자의 지휘봉 같은 뾰쪽한 정상이 아니었다.

이런 생각이 드는 순간 나는 등정주의에서 해방되어 진정으로 산을 사랑하게 되었다. 이제는, 나직이 엎드려 쓰다듬어 주기를 기다리는 산자락도, 등을 내주며 올라타라고 눈짓하는 능선도, 그리고 오르락내리락 가파른 비탈길로 땀을 흠뻑 흘리게 하는 짓궂은 산허리도 모두 사랑한다. 어느 것 하나인들 어여쁘지 않은 것이 없다. 처음으로, 나는 산과 하나가 되었다. 감히 누가 누구를 정복하는 것은 등산이 아니다.

인생도 그렇다. 사람들은 산 정상에 오르는 것처럼 어떤 목표를 가지고 살지만, 이루어진 꿈은 절대로 꿈꾸던 꿈이 아니다. 마치, 오른 정상이 올려다본 정상이 아니듯이.

산꼭대기로 올라가는 과정에서 온갖 즐거움을 누릴 수 있듯이, 인생도 목표의 달성이 아니라 살아가는 과정에서 마음을 소박하게 그러나 충실하게 채우는 고운 즐거움을 누려야 한다. 목표 지향적으로 살다보면, 목표를 이루는 순간 갑자기 허무감이 찾아올 수 있다. 더 이상 오를 곳이 없는 하늘 아래서, 자칫하면 삶은 공허하게 느껴진다. 보랏빛 엷은 안개 속에서 마음을 설레게 하던 산정은 더 이상 없다. 설악산 정상에서의 바람은 유달리 헛헛하다. 애써 올라온 산이 파란 얼굴로 거친 동해바다로 급히 내리닫는 모습을 보면 더욱 그러하다.

침팬지의 미의식과 인간의 미의식

도대체 아름다움이란 무엇인가

침프는 등이 굽었고 등이 굽은 것을 미로 여긴다. 인간은 등이 굽은 것을 추하게 여긴다. 등이 굽은 것은 늙음의 상징 즉 근처에서 매복하고 있는 죽음의 상징이다. 척추를 곧추세우고 가슴을 내밀고 걷는 인간 암컷이나 수컷들을 보라. 골다공증 없는 곧은 척추의 아름다움을 뽐낸다.

침프는 털 많은 것이 미다. 건강의 상징이다. 털이 없는 것은 비루먹은 것이다. 인간 여자는 눈썹 아래 온몸의 털을 증오하고 전기로 지지고 잡아 뽑는다. 인간 암컷은 다리, 겨드랑이, (위아래)턱에 털이 나면 혐오감에 기절한다.

침프와 인간은 같은 조상을 둔 형제지간인데 미적 개념은 이리도 달라졌다. 미는 상대적인 것이다. 침프가 인간으로, 인간이 침프로 환생을 하면 새로 미공부를 해야 한다. 새로 태어남은 육체뿐만 아니라 마음의 새로 태어남이다. 환생하려면 공부할 게 너무 많다. 그냥 곱게 죽는 것도 쉬운 일이 아니다. 죽어서도 편히 쉴 수 없는 것이 인간이다. 인간은 이리저리 참 힘들게도 산다.

미러 셀과 대자비심

자비심은 절대적인 게 아니다

사람들은 흔히 '사람만이 감성과 이성을 가지고 있다'고 오만방자한 생각을 한다. 특히 종교근본주의자들 중에 이런 사람들이 유별나게 많다. 과학자들의 연구와 실험에 의하면 전혀 그렇지 않다. 먹이를 집어드는 순간 동료들이 전기충격을 받게 장치를 해놓으면, 원숭이나 쥐는 동료의 고통을 못 견디고 굶주림을 선택한다. 코끼리는 가족이 죽으면 슬피 울며 애도한다. 개들은 주인이 죽으면 식음을 전폐하고 따라 죽는 경우도 있다. 아프리카 세렝게티 초원의 물소들은 동료를 공격하는 사자에게 엄청난 분노를 표출한다. 사자 사망의 제일원인이 날카로운 물소뿔이다. 물소입장에서는 분통이 치미지 않을 수 없을 것이다. 도대체 이들이 사자에게 해를 끼친 적이 없기 때문이다. 아마도 이 물소들은 수오지심羞惡之心 악을 미워하고 옳지 못함을 부끄러워하는 마음, 시비지심是非之心 옳고 그름을 아는 마음, 사양지심辭讓之心 겸손히 남에게 양보하는 마음, 측은지심惻隱之心 남을 측은히 여기는 마음이 있을 것이다. 그러기에, 자기만 살겠다고 정신없이 도망가던 물소는 사자와 자신의 행동이 둘 다 옳지 못함을 깨달아(시비지심), 부끄러움을 느끼고 돌아와(수오지심), 위기에 처한 불쌍한 동료를

구하기 위해(측은지심), 목숨을 걸고 사자에게 대드는 위험을 무릅쓴다
(사양지심). 동물학자들의 주장에 의하면 코끼리 물소 같은 동물들도
사단칠정이 있다고 한다.

　과학자들은 동료의 고통 대신에 자신의 굶주림을 선택한 원숭이와
쥐는, 동료들이 전기충격의 고통으로 활성화되는 뇌 부위와 동일한 뇌
부위가 활성화됨을 관찰하였다. 동물이 동료들의 고통을 같이 공유할
수 있는 것은 뇌의 거울세포mirror cell 덕분이다. 거울세포는 타인의 감정
을 복사해서 자신의 뇌 속에 그대로 재현해낸다. 이것은 정확히, 기타
가 울면 인근의 기타가 저절로 따라 우는, 공명현상resonance이다. 현악기
들이 같은 주파수의 진동으로 동조同調가 되듯이, 이들 동물들은 같은
주파수의 감정인 슬픔과 고통으로 동조가 되는 것이다!

　이 뇌 속의 재현은 전기화학적인 재현이다. 자신이 감성적인 경험을
겪을 때 생기는 뇌 속의 전기화학적인 활동이, 타인의 유사한 감성적
인 경험을 보고 들을 때, 전기화학적으로 그대로 재현되는 것이다. 우
리가 어떤 일을 떠올릴 때 감정이 동반한다. 기억이 사건, 감정, 평가의
벡터로 저장된다는 강력한 증거이다. 두 사건의 기억이 결합되어 떠오
르면 그때 경험하는 감정은 각 사건의 감정들의 벡터결합이 이루어져
증폭이나 축소가 가능하다. 마치 전류의 증폭과 축소처럼. 이런 일이
가능한 이유는 전술한 바와 같이 감정은 뇌에서 일어나며 뇌의 활동은
전기화학적이기 때문이다.

　거울세포가 없거나 발달하지 못한 하등생물은 옆에서 동료들이 도
살당하고 학살당해도 전혀 감정에 움직임이 없거나 느끼지를 못한다.
식물이나 나무는 바로 옆에서 동포들이 칼질이나 도끼질을 당해 나뒹
굴어도 전혀 영향이 없이 무럭무럭 잘 자란다. 원숭이나 쥐처럼 식음

을 전폐하는 일은 결코 일어나지 않는다. 지렁이, 해삼, 말미잘, 곤충도 마찬가지로 무심하다.

식물도 의식이 있다고 주장하는 신비주의자들은 깊이 반성해야 한다. 게다가 나무는 식목종食木種이다. 나무는, 멀리 못 가고 자기 발밑에 떨어진 새끼(씨, 싹)들을 다 잡아먹는다. 거울세포가 없어서 벌어지는 일이다.

인간도 거울세포가 발달하지 못하거나 이상이 생기면 타인의 고통을 전혀 느끼지 못하며 냉혈한이나 토막살인범·연쇄살인범이 되거나 자폐증을 앓게 된다. 거울세포의 작용이 부실하면, 인간이 그렇게 비하하고 비웃고 잡아먹는, 짐승만도 못한 상태로 전락한다.

타인의 고통에 민감하고 공감하는 마음은 자연적인 것이 아니다. 그런 마음이 발달한 생물은 단결할 수 있고 따라서 생존에 유리하다. 전쟁을 개인단위로 하는 것보다는 군대를 만들어 조직적으로 하는 것이 압도적으로 유리한 것과 같은 이치이다. 적자생존의 무자비한 자연에서 인간이 먹이사슬의 최정상을 차지하게 된 것은 동료의 감성을 같이 느끼는 거울세포의 덕이다(인간이 아무리 악해도 동료들을 해치려는 마음보다는 도우려는 마음이 더 큼이 분명하다. 그렇지 않으면 인간이 이렇게 융성할 수 없기 때문이다. 이 점에서 확실히 성선설이 성악설보다 힘이 더 세다).

종교적인 수련을 통해서 그리고 유달리 발달한 거울세포를 타고난 사람들의 교화에 힘입어서 거울세포를 단련할 수 있다. 경험과 지식이 쌓이고 생물계에 대한 이해가 깊어짐에 따라 거울세포는 발달을 한다. 자비명상을 수련하면 거울세포의 발달은 가속화된다. 이 세상에 거저 얻어지는 것은 없다. 좋은 재주이건 나쁜 재주이건 갈고 닦지 않으면 발달하지 않는다. 인간의 선함조차도 하늘에서 저절로 떨어지는 것은 아니다. 스스로의 의지와 노력으로 얼마든지 승천하거나 추락할 수 있다. 명상을 통해 의식을 식무변識無邊하게 넓히면 뭇 중생의 고통이 자기 고통처럼 느껴질 것이다. 전 우주의 고통이 바로 자신의 눈앞에 한 편의 아이맥스영화로 펼쳐지는 것을 상상해보라. 아이맥스 화면에 무수한 광자光子 photon들이 춤을 추며 명멸하듯이, 뇌 속의 거울세포 신피질화면에는 무수한 전자電子들이 고통을 실어 나르며 분주히 오고 갈 것이다. 그러면 어떻게 재미로 또는 맛으로 남의 목숨을 빼앗는 흉측한 행동을 할 수 있겠는가? 그만둘 수밖에 없을 것이다. 그럼 다음 순간 전 우주의 환희가 신피질 거울세포 화면에 아이맥스로 펼쳐지면 무한한 보상을 얻는다. 진실로 이 세상은 주는 것이 있으면 받는 것이 있는 법이다What goes around comes around!.

目이유 여하를 막론하고 인간은 행복해야 한다. 사랑하는 마음을 가짐으로써 더 행복해진다면 우리는 당연히 사랑하는 마음을 가져야 한다. 이것은 '신이 존재하느냐' '안 하느냐'와는 전혀 관계없는 일이다. 지금 이 순간 우리의 행복은 우리의 선택에 달려있을 뿐이다. 다른 존재가 아니라 '우리'이다. 거울세포의 존재는 우리가 '행복의 비밀'이라고 직관적으로 알고 있는 '사랑'이 어떻게 작동하는지, 바로 우리 눈앞에서 보여주며 과학적으로 설명해주고 있다. 진정 신비로운 일은, 누구나 이해할 수 있는 방법으로 삶의 비밀이 하나 둘씩 풀리고 있다는 사실이다! 진실로 삼천대천세계는 신비로 가득하다.

관세음보살과 알피니즘

아무렇게나 올라간다고 다가 아니다

대승의 자비는 그 자체로 하나의 공리(증명 없이 참이라고 받아들이는 것. 수학의 초석으로서 참·거짓이 증명불가능하다)이다. 사람들이 신을 설정하고 최초의 운동자라 하듯이 자비는 최고의 움직이지 않는 근본적인 힘이다. 엉터리 신이나 초능력을 지닌 외계인(인격신)을 신격화하는 대신 자비를 신격화해야 한다. 자비는 그 자체로 신이다. 관세음은 자비라는 신의 화현이다. 절대적인 자비를 이해할 수 없는 중생들에게는 관세음보살이라는 인격체로 다가갈 수밖에 없다. 관세음보살은 우리가 되고자 하는 대상이 되어야 하지 즉 그와 하나가 되어야 하지, 그로부터 도움을 받는 타자가 되어서는 안 된다. 자비가 체화되어 관세음보살이 되었다면 우리도 그리될 수 있다. 하지만 아직까지 어느 누구도 그리된 자가 없기에, 관세음보살이라는 신화적 이야기를 창작할 수밖에 없었던 것이다.

올라가다 굴러 떨어지곤 하는 도달하지 못 한/할 산정을 향한 끝없는 그리움과 등반의 고통을 향해 따뜻한 눈길을 주는 자가 관세음보살이다. 상상의 힘으로 스스로를 위로해가면서, 눈사태 예측할 수 없는, 산정을 향해 결코 포기하지 않고 옮기는 발길이 어찌 눈물겹지 않은가. 관세음보살은 인간등정의 미래역사이다. 진정한 알피니즘의 후원자이다.

❒부처가 되자고 외치는 자는 많은데, 왜 관세음보살이 되자고 외치는 자는 없는가?

❒생명체가 존속하려면 어미의 새끼에 대한 절대적인 사랑이 필요하다. 따라서 이 사랑은 모든 사랑의 근원이다. 남녀 간의 사랑도 종의 존속을 위한 장치이지만, 그 결과로 태어난 생명을 생명의 불꽃이 꺼지지 않도록 책임지고 보살핀다는 점에서 어미의 사랑은 절대적이다. 대부분의 동물에게 새끼부양의 책임은 전적으로 어미의 몫이다. 수컷은 씨만 뿌려 놓고 어디론가 사라져 버린다. 『천자문』의 '아버지 날 낳으시고 어머니 날 기르시니'라는 구절은 정확히 이 점을 지적한 것이다. 옛날 아버지들은 애 키우는 데 손가락 하나 까딱하지 않았다. 수컷은 씨만 뿌리고 홀로 낳아 기르는 것은 암컷이다! 그러므로 생명체의 관점에서 보면 어미의 사랑은 절대적인 존재이다. 이 절대적인 생물학적인 사랑을 우주적으로 승화시킨 것이 대승의 자비이자 관세음보살의 자비이다.

❒옛사람들은 씨를 땅에 뿌리는 것처럼, 남자가 정액이라는 씨를 여자라는 땅에 뿌리는 것처럼 생각했다. 그래서 『시경詩經』에서 '아버지 날 낳으시고 어머니 날 기르시니'라고 한 것이다. 서양도 마찬가지였다. 『시경』과 멀지 않은 시기에 살았던 자연과학의 아버지 아리스토텔레스는, 저서 『동물의 발생에 대하여』에서, 월경피를 정액이라는 씨를 틔워 키우는 영양분 즉 거름이라고 생각했다. 유전자의 존

재를 몰랐기에 발생한 망상들이다. 남자와 여자의 유전자가, 정자와 난자의 합체를 통해서, 반씩 섞여 자식을 만들어낸다는 것을 몰랐다. 이와 같은 이야기는, 자그마치 2,300년 후에도, 천재 정약용과 시골 노파 사이의 대화에도 등장한다(박혜숙 편역, 『다산의 마음』, 174쪽). 두 사람 다, 식물 씨를 대지가 기르는 것처럼, '남자가 씨를 뿌리고 여자가 기른다'는 것은 인정하였으나, 정약용은 (씨앗인) 아버지의 역할이 더 크다고 주장했고, 노파는 (대지인) 어머니의 역할이 더 크다고 주장했다.

고전을 반성적인reflective 시각으로 읽지 못하면 크게 잘못될 위험이 있다. 심하면 망상에 빠질 수 있다. 옛사람들의 말과 사상이 그 시대의 무지와 한계 속에서 나온 것인 줄 모르고, 그들의 단호한 어조와 확신에 휩쓸려, 절대적인 진리라고 착각할 수 있다. 특히 종교 경전이 위험하다. (심지어 동물들도 확신이 있다. 낯선 사람만 보면 미친 듯이 짖는 개들이 있다. 이놈들은 그 사람이 나쁜 놈이라는 절대적인 확신으로 짖어댄다. 의식이 있는 생물은 자기 지식의 한계로 인하여 틀린 생각을 절대적인 확신을 가지고 할 수 있다. 인간도 동물이므로 이런 일이 벌어지지 않도록 조심해야 한다.)

그러나 자연과학적 지식에 관계없이 한 가지는 분명하다. 어머니의 사랑은 대지처럼 넓다. 거기다 하늘처럼 높다. 하늘과 땅처럼 위대하다. 과거에도 그러했고, 현재도 그러하고, 미래에도 그러할 것이다. 그래서 '어머니 대지'라는 표현과 '하늘 같은 어머니 사랑'이라는 표현이 있는 것이다.

등산역사에서 초기는 등정주의이다. 수단·방법을 가리지 않고 정상에만 오르면 된다. 산소통 셰르파의 도움 등 필요한 것은 다 이용한다. 게다가 수십 명 짐꾼을 고용하여 엄청난 양의 물자物資를 옮겨 정상에 가깝게 베이스캠프를 친다(상상 가능한 온갖 잡동사니가 이 속에

들어있다. 예를 들어 최고급 모카커피와 커피메이커). 셰르파가 먼저 정
상에 올라도 문제가 안 된다. 셰르파는 등산장비의 일종이기 때문이
다(정상에 제일 먼저 도달하는 것은 필경 등산화일 것이다. 오른쪽 신발
이건 왼쪽 신발이건 간에. 그렇다고 등산화가 제일 먼저 등정했다고는 안
한다. 등산화는 장비일 뿐이기 때문이다. 물론 피켓일 수도 있다). 그래서
에드먼드 힐러리의 그늘에서 텐징 노르게이^{Tenzing Norgay}의 이름은 잊
혀지는 것이다. 노르게이가 아니라 힐러리 혼자 에베레스트를 초등
했다고 주장하지 않는 것을 보면 분명히 노르게이가 초등한 것이 맞
을 것이다(인류역사에서 자신보다 신분이 한참 낮은 자에게 그가 짓지도
않은 공을 자진해서 나눠주는 예는 거의 찾아보기 힘들다).

등산역사의 후기는 알피니즘(등로주의^{登路主義})의 시대이다. 올라가
는 방법이 문제가 되는 것이다. 산소통 없이, 셰르파 없이 오르는 것
이다. 그것도 되도록 어려운 길을 골라서. 대자연의 야생짐승과 같이
산을 오르자는 자연주의이나 버릴 수 없는 장비가 여전히 많다. 로
프·힌지·아이젠·손도끼·망치·침낭 등. 이것들이 없이 어떻게 눈
과 얼음으로 덮인 8,000미터 넘는 고봉을 오를 수 있겠는가?

종교적인 천재들은 이미 무수한 우수한 장비와 셰르파와 좋은 환
경을 가지고 태어났기에 순식간에 또는 놀라운 속도로 정상에 오른
다. 소위 영적 등정주의이다. 때론 자신의 의지로, 때론 상황이 여의
치 않아서, 때론 가난하여 등산장비도 제대로 못 갖추고 맨몸으로
오르느라, 이리 굴러 떨어지고 저리 굴러 떨어지다 다시 오뚝이처
럼 일어나서 험한 산을 오르는 모든 중생들을, 가지가지 모습으로
눈물로 보살피는 관세음보살은 우주 최고의 영적 알피니즘의 후원
자이다. 관세음보살의 초록색 눈물에 비친 중생은 어느새 정상에 올
라있다.

▣1980년에 에베레스트를 '인류 최초로 셰르파의 도움 없이 단독등정

한' 라인홀트 메스너^{Reinhold Messner}는 진정한 알피니스트이다. 그는 "등반가가 자신이 해야 할 일을 셰르파에게 맡기고 뒤따라 오른다면 그건 등산이 아니라 관광일 뿐"이라고 말했다. 이런 말을 할 자격이 충분했다. 그는 1970~1986년 기간에 8,000미터급 히말라야 봉우리 14개를 모두 오른 최초의 산악인인데, 이때 산소통을 사용하지 않았으며 수차례는 단독등반하였다. 그의 고향은 알프스에 위치한 아름다운 티롤지방인 이탈리아 브레사노네이다. 참고로, 위 14좌를 완등한 최초의 한국인 등반가 엄홍길은 산소통을 사용하였다.

종교 창시자들은 남자들이다. 남자들은 세상사를 진실과 거짓으로 칼자국 선명하게 날카롭게 둘로 나누고, 자기를 믿느냐 믿지 않느냐로 이분법적으로 사람들을 두 부류로 갈라 가차없이 천국과 지옥으로 보낸다. 믿지 않는 자에게는 격렬히 비난을 하며 지극히 전투적인 자세이다. 이런 남자 창시자들을 중화하는 역할을 하는 것이 관세음보살이나 마리아 같은 여성적인 신이다. 인류역사적으로나 개인신앙여정으로 보나 좀 신앙생활을 하다보면 너무 막 나갔다는 느낌이 들고 후회하는 순간, 여성신들이 따뜻하게 다가오는 것이다.

부처는 유위종^{有爲種}으로부터 무위종^{無爲種}으로의 진화론적인 종분화^{種分化}이다: 무위의 세계는 유위의 세계와 소통이 불가능하다. 반면에 관세음보살은 종^種 내에서의 진화이다. 그러므로 이 세상과 소통이 가능하다! 전자는 개별적인 운동이요, 후자는 집단적인 운동이다. 소승과 대승의 근본적인 차이이다. 소승이 개인의식에 초점을 맞추는 반면에 대승은 집단의식에 초점을 둔다. 대승의 알라야식은 집단의식으로서의 나를 이름이다. 개개인의 의식이 분리된 것이 아니라 알라야식이라는 집단의식으로 통합될 수 있음을 통찰한 것은 대승의 위대한 업적이다. 이 알라야식으로부터 '모든 개인을 마하^大알라

관세음보살과 알피니즘

야식이라는 일심一心으로 통일(통합)하여 모든 분쟁을 멈추는 화쟁和
諍으로 인도하는 사상'이 가능하다. 세속적으로 표현하자면 '팍스 알
라야식Pax Alaya-vijnana'이다.

서양이 기독교를 통하여 인간 위에 군림하는 창조주로서의 유일
신을 도입하여 모든 종교적이고 형이상학적인 투쟁을 종식시키는
화쟁Pax Deorum을 시도하였다면, (대승)불교는 인간주체적인 '식識'을
도입하여 유사한 작업을 하였다.

인류의 평화와 번영은 항상 통일 뒤에 찾아왔다. 세계적으로는
'팍스 알렉산더Pax Alexandrian' '팍스 로마Pax Romana' '팍스 몽고Pax Mongolia'
'팍스 영국Pax Britannica' '팍스 미국Pax Americana'(논쟁의 여지가 약간 있다)
이 있으며, 독일에서는 '팍스 프러시아Pax Prussian'가 있으며, 중국에서
는 주, 진, 한, 수, 당, 송, 명, 청 제국의 예가 있으며, 일본은 수백 년
간의 내전을 끝낸 막부정치 '팍스 쇼군Pax Shogun'이 있으며, 우리나라
는 700년간의 한반도 전쟁을 종식시킨 '팍스 통일신라Pax Silla'의 예가
있다.

인간 개인의 측면에서 보면, '정신분열증환자의 분열된 마음을 통
일하는 것'을 치료라고 하며, '주객主客과 자타自他로 분열된 정상인의
마음을 통일하는 것'을 깨달음의 체험이라고 한다.

▤ 맛있다고 잡아먹거나 자기 말을 안 듣는다고 산 채로 석쇠에 올려놓
고 엄청나게 화력이 좋은 참숯으로 죽이지도 않고 영원히 바비큐처
럼 구워대는 인간은 아무리 능력이 뛰어나도, 아무리 먹을 것을 잘
주고, 아무리 지푸라기를 깔아주며 잘 보살펴줘도 결코 돼지의 하나
님은 될 수 없다. 절대로 될 수 없다. 되어서도 안 되고 되는 일이 벌
어져서도 안 된다.

마찬가지로 인간을 잡아먹거나 지옥에 집어넣고 지옥불로 영원히
고문하는 자는 평소 아무리 일용할 양식을 주고 소원을 잘 들어주

더라도 인간의 하나님은 될 수 없다. 전자는 임당수의 해신, 멕시코의 태양신(신은 인신제물의 심장만 날로 드시고 나머지는 멕시코인들이 삶아 먹었다), 메소포타미아의 신들, 그리고 기독교『구약』의 신이며, 후자는 기독교『신약』의 신이다. 여기서 동양의 염라대왕을 뺀 이유는 이분 관할하의 지옥은 형기가 무한이 아니라 유한이기 때문이다. 뿐만 아니라 이분은 지옥을 만들지도 않았거니와 우주의 이법에 따라 자기소임을 다하는 피고용인에 지나지 않는다.

319

뿌리 깊은 지혜, 샘이 깊은 자비

마음을 키우면 작은 풍랑에 전복되지 않는다.
흔들리지도 않는다.

마음을 우주크기로 키우면
해일에도 화산폭발에도 지진에도 핵폭탄폭발에도
유성충돌에도
전혀 흔들림이 없는 평정심이 현전現前한다.

마음이 공성空性 sunyata에 깊이 뿌리내리면
온갖 세상 업풍業風 심풍心風에 휘둘리지 않는다.
눈부신 지혜가 항시 그 모습을 드러내
평등하게 두 어깨에 내려앉는다.

마음이 바닥없는 자비심에 잠기면
가뭄에 마르지 않는 샘물처럼

뼈가 부서지고 근육이 찢기는 잔혹한 상황에서도
촉촉한 사랑이 얼어붙은 겨울땅 보리싹처럼 솟아난다.

백 년도 안 되는 짧은 더없이 귀중한 생을
오롯이 지혜와 자비를 닦으며 살아
후세대에게 무한히 귀중한 가르침을 등신불로 남기신
수행자들에게
한없는 감사의 마음을 질박質樸하게 바친다.

뿌리 깊은 지혜、샘이 깊은 자비

군집생물

죽는 데 꼭 그럴듯한 이유가 있어야 하는 것은 아니다
시시한 이유로 죽는 수도 있다

이타성 개미는 왜 집단을 위해 자살공격부대(가미카제)가 되는가? 적이 개미굴에 침입하면 일부 개미는 자기 머리로 개미굴을 틀어막는다. 적이 자기 목을 잘라 머리가 떨어져나가도 자리를 지킨다. 굴입구에는 머리가 나뒹군다. 이런 자살부대는 여러 곳에서 발견된다. 우리몸의 백혈구세포도 자살공격대이며 전쟁터의 군인도 자살공격대이다. 고름은 전사한 백혈구의 시신무더기이다.

이념을 위해 싸우는 자는 이념수호를 위한 자살공격대이다. 문제는 무엇이 자아인가 개별자인가 하는 문제로 귀착된다. 사상이나 이념이 자아의 일부분을 이루는 사람이 존재한다. 인간은 이념, 정신, 육체의 삼위일신三位一身이다. 국가도 자아를 이루는 일부분이다. 따라서 국가나 가족이나 이념을 위해 죽음을 택하는 것은 이상한 일이 아니다. 이런 자는, 남을 위해 죽는 것처럼 보여도 사실은 자신을 위해 죽는 것이다. 작은 자아를 가진 자는 큰 자아를 가진 자의 죽음을 이해할 수가 없다. 몸 안의 백혈구세포를 보라. 몸 안의 양분이 부족할 때 양분을 내놓고 먼저 괴사하는 장기를 보라. 몸이 사라지면 이들도 사라진다. 이들 입장에서는 다른 선택이 있을 수 없다. 군집생물에게 (독립적인) 개별자란 존재하지 않는다. 군집생물과 개별자는 같은 것도 아니고 다른 것도 아니다^{아一아二}.

유명한 생물학자 해밀턴^{W. D. Hamilton}은 사촌 7명을 위해서는 목숨을 바치지 않겠지만 8명을 위해서는 목숨을 바칠 의사가 있다고 했다. 사촌은 대략 자신과 유전자가 $\frac{1}{8}$, 즉 12.5% 정도 일치하므로 사촌 8명을 모으면 자신과 유전자가 일치할 것이기 때문이라는 것이다. 이것을 포괄적응도이론_{包括適應度 理論} inclusive fitness theory이라고 부른다.

해밀턴의 법칙은 다음과 같다. 어떤 행위가 가져올 이익^{benefit}에 대한 기대값(획득하는 자기유전자와 동일한 유전자 양)이 비용^{cost}(손해=잃어버리는 자기 유전자 양)보다 크면 그 행위를 할 가치가 있다는 것이다. 기대값이란 확률^{ratio}과 이익을 곱한 값이다. 예를 들어 주사위놀이를 할 때 1,000원을 걸고 번호를 맞추는 경우 건 돈의 4배인 4,000원을 받으면 그 게임은 하면 손해이다. 왜냐하면 매판 이길 확률은 $\frac{1}{6}$이고 질 확률은 $\frac{5}{6}$로 이길 확률 대 질 확률 비율은 1:5이다. 따라서 이길 때 5배 이상 따지 못하면 손해이다. 기대값은 $\left(\frac{1}{6}\right)4000$이고 비용은 $\left(\frac{5}{6}\right)1000$이다. 이것을 수식으로 표현하면 $\left(\frac{1}{6}\right)4000 < \left(\frac{5}{6}\right)1000$이므로, 즉 기대이익보다 비용이 더 크므로 이 게임을 하면 안 된다. 해밀턴이 이 이론을 발표한 1964년 이전에는, 한 개인이 자기 유전자를 남기는 유일한 방법은 자기 자식을 되도록 많이 남기는 것이라고 생각했다. 하지만 이렇게 생각하는 경우, 군집생물 또는 사회적인 생물이 이타적으로 자기 자신을 희생시켜 군집과 집단을 보호하는 현상을 설명할 수 없었는데, 해밀턴의 이론은 수학적으로 이 현상을 잘 설명하고 있다. (해밀턴의 이론은 간략하게 수식으로 $b > c / r$ 또는 $br > c$로 표현된다.)

이 이론, 즉 포괄적응도 이론을 발견한 무명의 해밀턴을 극찬하여 하루아침에 생물학계의 스타로 만든 생물학계의 구루^{guru}, 에드워드 윌슨은 최근에 수십 년 만에 해밀턴의 이론을 부정하고 나왔다. 대신 다중선택이론^{multi-level selection}을 제시했다. 다중선택이론이란 개인선택^{individual-level selection} 이론과 집단선택^{group-level selection} 이론을 결합한 것이다. 그 이유는 집단선택이론의 대표적인 예인 개미 때문이다. 개미는 자신과 유전자가 전혀 일치하지 않는 동족을 위해 목숨을 내놓는다. 이 현상은 각 개미를 개별생명체라 보면 설명이 어렵지만, 아예 개미군집을 하나의 생명체라 보면 설명이 된다. 즉 개별개미를 군집이라는 하나의 생명체의 세포라 보면 해결이 된다. 혹은 밈^{meme}이 대안이 될 수도 있다.

인간의 경우 자신의 정체성은 문화에 의해서 결정되므로 동일한 문화를 보존하는 것이 자신을 보존하는 것과 같다는 것이다. 문화는 소속 집단이 결정하므로 집단을 유지시키는 것이 자신의 유지라는 이론이다. 문화유전자는 밈이므로 밈을 보존하는 것이 궁극의 목표가 된다.

이념이나 사상은 문화유전자이다. 이념과 사상을 위해 목숨을 내놓는 자는 문화유전자 유지를 위해 목숨을 내놓는 것이다.

인간은 물질적 진화를, 즉 육체적 진화 또는 생물학적 진화를 멈추고 정신적인 진화를 하고 있다는 이론이 있는데, 이 이론이 맞다면 인간의 정체성을 정의하는 것은 점점 더 문화유전자가 될 것이다. 가족과 종족을 뛰어넘는 종교가 가장 좋은 예이다. 일체중생(모든 생명체)을 사랑하자는 불교는 그 극한이다.

🔁 생물학자 해밀턴은 이타적인 행위를 수학을 이용해 설명했다. 어떤 행위가 초래하는 이익기대값(살아남는 자기 유전자 양)이 비용기대값(잃어버리는 자기 유전자 양)보다 크면 그 행위는 할 가치가 있다는 이론이며 '포괄적응도이론'이라고 불린다. 이 이론의 핵심은 살아남

는 자기 유전자의 양이다. 여기서 주의할 점은 이익과 비용이 확률로 주어진다는 것이다. 사지에 놓인 자식 하나를 구할 확률이 1%이고 그 과정에서 자기 목숨을 잃을 확률이 99%라면 부모가 자식을 구하러 나서기 힘들 것이다(동물의 왕국을 보면 맹수와 초식동물 사이에 이런 일이 발생한다. 초식동물 어미는 맹수로부터 새끼를 구할 가능성이 희박해지면 그 즉시 포기하고 도망간다). 아마 두 명의 자식이 위험에 처했을지라도 나서기 힘들 것이다. 하지만 모로코 이스마엘 황제처럼 자식이 1,000명 가까이 된다면 달라진다. 아마 나설 것이다. 한쪽이 다른 쪽보다 기대값이 10배나 되기 때문이다. 다른 말로 하면 대부분 부모는 자기가 죽음으로써 자식 10명을 살릴 수 있다면 목숨을 버릴 것이다. 현실에서는 '두 명의 부모가 죽어서 한 명뿐인 자식을 살릴 수 있다면' 아마 목숨을 버리는 부모들이 많을 것이다. 그 이유는 물질적인 유전자뿐만이 아니라 정신적인 유전자인 밈(종교, 사상, 이념, 전통, 우정, 사랑, 역사)에 의해 결정되는 무형의 정체성이 존재하기 때문이다. 유전자는 물질적인 정체성이요, 밈은 정신적인 정체성이다.

해밀턴 이론의 장점은 군집과 집단을 위해 희생하는 개별생명체의 이타성을 설명할 수 있다는 점이다.

돈과 사랑

꼭 필요한 것일수록 비난을 받는 경우가 있다
너무 소중하기에 함부로 할 수 없기 때문이다

인간은 35억 년 동안 생존기계였다. 그 긴 세월을 멸종당하지 않고 살아남았으니 얼마나 숱한 멸종위기를 극복했던 것일까. 따라서 인간이 이기적이고 개인주의적인 것은 필연적이다. 동시에 집단을 이루어야 맹수와 적대부족의 공격으로부터 안전하며, 홍수·산사태·기아 등 자연재해에서 서로 도와 살아남을 수 있으며, 큰 짐승 사냥이 가능하며, 농사를 짓는 데 생산성이 높아진다. 그래서 인간은 타인(소속집단 구성원)에 대한 사랑이 생겨났다.

하지만, 자신과 관계가 없는 타인이나 생물체나 심지어 원수까지 사랑하는 큰 사랑은 종교를 통해서 탄생했다. 이 점은 종교의 위대한 공헌이다. 아마 종교가 인간이 개인, 가족, 씨족, 씨족국가, 부족국가, 국가에서 인류집단으로 그리고 다시 지구가족(동물과 환경을 식구로 인정하는 지구 규모의 가족)으로 개인개념(정체성)과 가족개념을 확장해가는 과정을 즉 확장방향을 미리 내다본 것이리라.

토머스 프리드먼이 『렉서스와 올리브 나무』에서 '지구는 평평하다 The world is flat'고 외친 것처럼 현대인간은 지구단위의 경제활동을 하게 되었다. 이런 전全 지구적인 경제활동에는 '지구적인 사랑'(지구 크기의 사랑) 또는 '우주적인 사랑'이 필요하다: 상업은 기본적으로 평화이다. 왜냐하면 서로 정복, 살해, 약탈하는 집단들 사이에는 상업이 불가능하기 때문이다(그래서 맥도날드가 있는 나라끼리는 전쟁을 안 한다는 설이 있다). 그리고 분업은 경제단위가 클수록 즉 인구가 많을수록 효과적이다. 그러므로 전 세계가 하나의 경제단위로서 분업을 통한 생산활동을 하면 인류는 평화를 누리고 번영한다.

종교가 사랑을 주장한 것은, 총론은 옳았으나 각론이 없었다. 심하게 말하면 무대포無鐵砲였다. 종교가 극심히 비난해온 돈을 다루는 상업이 사랑을 키워가고 평화를 가져올 줄 누가 알았겠는가? 우주는 진실로 불가사의하다. 종교는 돈으로 상징되는 탐욕의 악기능만 보았지, 돈이 가진 '분업을 통한 협동'이라는 위대한 순기능과 인간의 잠재력(경제제도발명과 과학기술발명)을 현실화하는 놀라운 생산성 증대기능을 보지 못했다.

두 차례 세계대전을 일으키는 등 수천 년간 무수한 전쟁으로 점철된 유럽이 지금까지 수십 년간 평화를 누리고 있는 것은, 유로화를 통해서 하나의 경제단위로 통합된 것에 기인한다(정확히 그런 목적으로, 즉 전쟁을 없애려고 유럽연합이 고안되고 탄생했다). 돈은 국제무역을 통해서 전 세계를 하나로 묶고 국제무역은 평화를 가져왔다.

악마 돈이 천사로 변신할 줄이야! 인간이 미래를 다 알 수 있다면 삶은 재미없을 것이다. 미래의 미지성未知性과 불확실성은 역동성의 원천이자 삶의 매력이다. 그래서 '미래가 고정되어 있고 그 결말을 다 안다'고 주장하는 종교 근본주의자들의 사회가 활력이 없고 억압적이며 폭력적인 것이다.

종교는 사랑을 높이고 돈을 낮추었다. 사랑의 위대한 기능은 평화이다. 그런데, 그 평화를 돈이 가져왔다. 얼마나 아이러니한 일인가!

▤ 현재 유럽의 평화는, 유럽의 경제적인 통합이 오히려 아마겟돈이라는 미증유의 거대한 우주전쟁의 즉각적인 시작이라는, 조용기 목사를 비롯한 기독교 성직자들의 예언을 하찮고 비참하게 만든다. 수천 년 된 오래된 종교경전을 헛소리로 만든다. 이들의 예언이 「요한계시록」에 근거하고 있기 때문이다. 이들이 돈이 가진 '신비한 힘'을 알지 못하기 때문이기도 하다. 진정 신비로운 것은 낡은 경전이 아니라 '돈'이다. 돈은 탐욕이 아니라 돈일 뿐이다.

▤ 유라시아대륙은 동서로 전개되어 있어서 기후의 차이가 작은 데다가 평원으로 연결되어 있어서 지역 간 사람의 왕래가 용이하였다. 이로 인하여 한 지역에서 다른 지역으로 문명의 전파가 쉽게 일어났지만, 동시에 무력(날강도 떼)의 이동도 쉽게 일어났다. 유라시아대륙에 전쟁, 특히 대규모 전쟁이 빈번하게 일어난 이유이다. 오늘은 평화로울지라도, 내일은 지평선 저 너머에서 어떤 악마들이 창칼을 들고 말을 몰아 들이닥칠지 아무도 몰랐다. 전쟁은 문명의 대가이다.
　이에 비해 남북으로 전개된 아프리카나 아메리카대륙은 남북 간의 큰 기후차이와 고산지대 등 지리적인 장벽으로 인하여 남북 간 교류가 활발하지 못했다. 그래서 유라시아에 비해 문명이 발달하지 못한 단점이 있지만, 동시에 전쟁 특히 대규모 전쟁이 훨씬 적게 일어난 장점이 있다. 하지만 이 두 대륙은, 전쟁을 통해서 무기와 문명을 발달시킨 유럽이 첨단무기를 들고 대형선박을 몰아 쳐들어오자 식민지와 노예로 전락하고 말았다. 평화가 결국은 비극을 불러온 것이다. 역사의 아이러니이다. 인류의 평화는 나만 평화롭게 산다고 해결될 문제가 아니다. 너도 평화를 사랑해야 한다. 그래야 지구촌이 평화로워진다. 생물학적 사랑이건 사상적인 사랑이건, 일방적인 사랑은 대체로 비극으로 끝난다.

남녀 수명차이와 종교의 기원

남자는 여자보다 일찍 죽게 되어있다
자연의 음모이다
남자가 여자를 불평등하게 다루는 이유이다

전^全 세계적으로 남자가 여자보다 수명이 짧은데 대략 5년 정도 덜 산다.

남자가 수명이 짧은 이유는 술, 담배, 남성호르몬 테스토스테론, 짧은 텔로미어^{telomere}, 비대칭 염색체인 xy 염색체 등이 이유라고 한다. 술, 담배로 인한 암은 안 피우면 피할 수 있겠지만, 나머지는 유전적인 것이므로 피할 수 없다. 남자는 테스토스테론으로 인한 공격적인 성향으로 인하여 물불을 가리지 않고 위험을 무릅쓰다 사고를 당해 죽을 확률이 더 크다. 자동차사고가 좋은 예이다. 중범죄로 인한 수명단축이나 사망 또한 좋은 예이다. 중범죄자의 절대 다수는 남자다.

세포의 염색체 끝부분인 텔로미어는, 꼬인 두 가닥 끈처럼 생긴, 염색체를 보호하는 역할을 한다. 구두끈이나 신발끈 끝부분에 있는, 끈이 가닥가닥 풀리는 것을 막아주는, 플라스틱 코팅에 해당한다. 이 텔로미어는 세포가 분열을 반복함에 따라 닳아 없어지는데 세포자손들의 텔로미어가 점점 짧아지다 다 없어지면 그 순간, 세포들은 죽음을 맞는다. 그래서 여성보다 텔로미어가 짧은 남성은 여성보다 먼저 죽는다.

남성의 염색체는 서로 다른 x와 y로 이루어져 있는 반면에 여성은 xx로 이루어져 있어서, 여성은 하나의 x에 문제가 생겨도 나머지 x가 보완을 해서 상대적으로 남성보다 유전병 등에 강하다. 여성에게 문제가 생기려면 x, x 둘 다 문제가 생겨야 하지만, 남성은 x, y 둘 중 하나에만 문제가 생겨도 문제가 생긴다. 놀랍게도 조류는 수컷이 xx이고 암컷은 xy이다. 조류는 수컷이 더 오래 산다고 하니, 남녀 수명차이의 결정적인 요인은 염색체인 것으로 보인다. 종교를 남자들이 지배하는 이유는 이 선천적인 수명의 부족을 종교를 통해 사후세계에서 보상받으려는 심리일지 모른다. 여자들은, 여자들이 남자들보다 더 오래 사는 이상, 여성을 비하하는 종교에 목을 맬 이유가 없다. 남의 것이 좋아 보이면 손해보기 십상이다. 무더운 여름날 톰 소여가 친구에게 힘든 담장칠을 떠넘기고도 오히려 그 대가로 사과를 받아먹는 것은 만고의 상징이다. 『법화경』은 '용녀변신성불론'을 내세우며 여성은 여성의 몸으로는 부처가 될 수 없다고 주장하고, 『신약성서』의 바울은 '여성은 입을 닥치고 조용히 해야 하며 남성에게 순종을 해야 한다'고 가르친다. 그래서 성직자는 다 남자였고 지금도 그러하다. 게다가 모든 종교의 최고신은 모조리 남자이다. 이런 종교에 여자들이 돈을 바치며 물심양면으로 헌신하는 것은, 여성이 톰 소여의 친구이고 남성이 톰 소여라는 강력한 증거이다.

🔢 불교 하늘나라 28개 중 가장 높은 곳에 위치한 무색계 4천인 공무변처천, 식무변처천, 무소유처천, 비상비비상처천의 주민은 모두 남자이다. 이곳에 여자는 존재하지 않는다. 뿌리 깊은 남존여비사상이다. 남자만이 성불할 수 있다는 주장이 결코 우발적인 주장이 아니라는 증거이기도 하다.

🔢 불교에 의하면 여자가 될 수 없는 5가지가 있다. 법륜성왕(부처), 전

륜성왕, 제석천, 범천, 마왕이다. 문제는 이들이 가장 중요한 항목들이라는 점이다. 남자들은 욕심도 많다. 전쟁도 자기들이 일으키고 평화도 자기들이 구축한다: 하늘의 전쟁(천인과 마왕 사이의 전쟁)도 땅의 전쟁도 자기들이 일으키고, 하늘의 평화(환망공상적 세계의 평화)도 땅의 평화도 자기들이 구축한다.

🗒 텔로미어가 닳아 짧아지지 않으면 노화가 일어나지 않는다. 아메바 등 단세포 생물이 그러하고, 암세포도 그러하며, 태아도 그러하다. 이들은 수없이 세포분할을 하지만 텔로미어가 짧아지지 않는다. 이들에게는 텔로미어가 짧아지지 않게 하는 효소인 텔로머라제[telomerase]가 분비되기 때문이다. 인공적으로 합성한 텔로머라제가 이미 동물실험에 성공했다.

2010년 하버드 대학 연구팀은 생쥐에 텔로머자라제를 투입함으로써 생쥐의 노화를 역전시켰다. 생쥐가 더 젊어졌으며 뇌세포 수도 증가했다. 역으로 생쥐의 텔로미어를 인위적으로 짧게 만들면 수명이 단축됨을 관찰하였다.

인간이 영생을 얻을 길이 멀지 않았다는 게 미래학자들의 예측이다. 지금 30살 이하의 사람들은 영원히 죽지 않을 가능성이 있다고 한다. 물론 값비싼 시술비를 감당할 부가 있어야 한다. 다들 열심히 돈을 벌어야 한다. 종교가 아닌 세속학문인 생물학과 의학이 영생을 주게 될 줄이야, 누가 상상이나 할 수 있었을까? 악인과 선인을 가리지 않는 평등한 영생을, 그리고 빈자가 아닌 부자에게 영생을 선사하는 아이러니를! 종교경전(기독교『신약』)의 예수의 말씀과는 달리, 앞으로는, 부자가 아니라 가난한 사람이 영생을 얻는 것은 낙타가 바늘귀를 통과하는 것처럼 어려울 것이다.

반품과 환불이 가능한 사랑

팔 수 있는 것은 반품도 가능하고 환불도 가능하다
사랑도 예외가 아니다

예전의 사랑은 운명적인 사랑이었다. 앞마을 처녀가 뒷마을 총각에게 시집을 가는 것은 되돌릴 수 없는 일회적인 사건으로서의 사랑이었다. 교통과 통신의 제약으로 인하여 사람을 만나는 것은 쉬운 일이 아니었으며, 평생 만날 가능성이 있는 사람은 극히 적었다. 그래서 하나의 관계는 지극히 소중한 관계였다. 그 관계를 한번 잃으면 영원히 잃는 것이었다. 대체품을 구하기 힘들었기 때문이다.

그러나 현대 자본주의·자유주의 사회에서 사랑은 대형매장의 물품에 지나지 않는다. 소모품일 뿐이다. 구매한 상품은 익명성의 보호 아래, 맘에 안 드는 물건은 정해진 기간 내에는 하시라도 반품하고 환불을 받을 수 있다. 사랑도 그러하다. 많고 많은 물건 중에 한 물건만 또는 한 브랜드만 고집할 필요가 없는 것처럼, 사랑도 한 사람만을 고집할 필요가 없어졌다.

예전 사랑에서 헤어짐은 모든 사랑의 종말을 의미했지만, 지금 헤어짐은 새로운 사랑의 출발일 뿐이다. 세상에 널브러진 사랑을 인터넷 판매 사이트 등을 통해서 쉽게 구매 가능하다. 이곳은 신상품 사랑을 취급하고 저곳은 중고품 사랑을 취급하며, 상점종류도 다채롭다. 종류도 다양한 수많은 사랑을 판매하는 거대한 사랑 백화점 안에서 인간은 유유히 거닐며 사랑을 구매한다. 상인은 여러 물건을 써보는 것이 좋다고 선전을 하고, 써본 고객은 과연 그렇다고 고개를 끄덕거린다.

전에는 사랑을 구매하면 다 망가질 때까지 썼지만, 지금은 싫증이 나면 버리고 새로 구입하기도 한다. 싸고 품질 좋은 물건이 많기 때문이라고 한다. 그때 사랑은 영육靈肉을 다 바쳐야 하는 엄청나게 비용이 드는 사랑이었지만, 요즘 사랑은 육肉은 몰라도 영靈은 다 바치지 않아도 되는 경제적인 사랑이다.

예전 사랑은 헤어지면 서로 얼굴을 마주보기 힘든 관계로 변하지만, 지금 사랑은 매장에 반품한 물건을 아무 앙금 없이 바라보는 것처럼 서로 반품한 사랑을 스스럼없이 바라보고 대하는 사랑 대량생산·대량판매 시대가 되었다. 그 증거는 앞서가는 서구에서 찾을 수 있다. 거기선 반품·환불(당)한 사랑이 서로 친구로 지낸다. 그리고 그 친구가 단수가 아니라 복수이다! 진정한 대량소비경제이다.

바야흐로 반품사랑·환불사랑·소모품사랑의 시대가 여기서 도래하고 저기서 만개하고 있다.

目예전 여인들은 사랑시장에서 전혀 구매력이 없었다. 사실은 상품이었다(진실을 말하는 것은 종종 잔혹하다). 그러나 이제 여성들의 경제력이 높아지자, 상품이 아니라 구매자로 급부상했다. 그래서 능력 있는 여자는 연하남자를 거느리고 살기도 한다. 현재 대한민국이 자랑하는 세계 최고의 이혼율은 상품인 여성이 구매자로 돌변한 것에 기인한다. 폭발적인 경제발전의 혜택(?)이다. 그리고 대한민국 출산율이 전 세계 최하로 떨어진 것은 '물건(?)이 변변치 않으면 절대로 사지 않겠다'는 여성구매자들의 투철한 소비자정신 때문이다.

종교와 파생상품

종교는 신성한 것이 아니다. 진화론적으로 보면 인류의 생존에 유용한 기능이 있을 뿐이다. 학자들이 놓친 종교의 기능 중 하나는 파생상품으로서의 기능이다.

종교는 파생상품

기존 투자자들이 증권시장에서 망하고 나가면 새 피가 필요하듯이 종교시장도 기존 신자들이 종교에 환멸하고 실망하고 나가면 새 피가 필요하다.

사람들은, 일확천금정신으로 증권시장에 도전하듯이, 한 방에 모든 소원을 이루어 구질구질한 삶을 탈출하기 위해서 그리고 죽지 않고 영원히 살기 위해서 씩씩하게 종교에 입문한다. 그 많은 신들 중 좋은 신을 하나 찍어서 믿기만 하면 된다.

증시 관계자들, 증권업 종사자들, 신종 역술가인 증시예측가들과 애널리스트들은 장미빛 환상과 무적의invincible 무공비기를 전수하며 손님을 끌어들인다. 다들 뭔가에 홀린 듯 들어가서 다 털리고 쪽박 차고 나온다. 내 돈은 다 어디로 갔을까? 증권업 종사자들과 금융업 종사자들과 일부 영리한 펀드매니저들과 그 고객들에게로 간다. 세렝게티 초원에 누, 얼룩말, 물소가 없으면 사자가 생존 불가능하듯이 증시에 먹이인 개미가 없으면 증권업 종사자는 생존이 불가능하다.

종교시장도 마찬가지이다. 형이상학적으로는 삶과 인생과 우주의 신비를 풀겠노라고, 그리고 형이하학적으로는 이 고통 많은 세상을 탈출하는 법을 배우겠노라고 종교에 입문하지만 그(판매자)나 나(구매자)나 모르는 것은 마찬가지이다. 화려한 상술과 과대광고에 넘어간 것뿐이다. 내 돈은 다 어디로 갔을까? 세상에 부를 축적하지 말고 하늘나라에 축적하라고 설교하는 자들과, 욕망은 더러운 것이라고 설법하는 자들은 신도들더러 쓸데없는 재산과 더러운 돈을 버리라고 부추긴다. 그런데 아무데나 버리지 말고 꼭 자기들한테 버리라고 신신당부申申當付한다. 이들은 그 돈과 재물로 호화주택에 살며, 고가자동차를 몰고 특급호텔, 고급음식점, 일류백화점에 출몰을 하고, 도박과 음주가무를 즐기며 주지육림에 빠져 산다. 이 세상에 넘치는 욕망충족의 즐거움에 일초가 아까울세라, 외제 승용차를 타고 쏜살같이 사바세계를 가로질러 다닌다.

물질적인 욕망을 부정하는 목사나 승려들은, 물질적인 '욕망을 충족시키려는 이차적인 욕망'을 충족시키는 수단인 기도는 특별히 권장하고 관리하고 판매한다. 파생상품 판매상들이다. '일차욕망에서 파생된 이차욕망'을 취급하는 파생상품이다. 증시 현물시장에서 망한 사람들이나 오지게 한탕하려는 사람들이 마지막으로 가는 곳이 파생상품시장 선물시장이듯이, 인생에 망한 사람들이나 영생을 얻으려는 등 오지게 한탕하려는 사람들이 가는 곳이 종교시장이다. 파생상품시장에서 남은 돈을 마지막 한 푼까지 다 털리듯이, 파생상품 종교시장에서도 마지막 한 푼까지 다 털린다. '이 세상의 욕망을 이루기 위한 욕망의 충족'의 파생상품시장이다. 정선 카지노에서 파산한 자들이 카지노 근처를 배회하며 살 듯이, 종교시장에서 털린 자들 중 일부는 다른 자들을 털며 살아간다. 절망한 자들은 자살하기도 하는데 원래 약속된 곳이 아닌 엉뚱한 곳으로의 탈출이다. 참으로 인간은 불가사의한 존재이다.

파생상품시장의 원래 기능은 위험관리로서, 현물시장의 안정화이다.

현실세계(이승)의 위험성을 관리하고 회피하기 위해서 신이나 종교(저승)를 믿는 것이라고 한다면, 묻지도 않고 따지지도 않고 믿는 순박한 사람들에게는 참으로 난해한 개념일 것이다: 속세(현물시장)에서 살다가 실연 절망 파산 질병 사고 도박 범죄 등으로 망하더라도, 신이나 부처(파생상품)에게 귀의하여 위로받으며 마음을 추스를 수만 있다면 더할 나위 없이 좋을 것이다. 문제는 종교라는 레버리지^{leverage} 지렛대를 과도하게 써서 주객이 전도$^{wag-the-dog}$될 때이다. 안타깝게도 많은 사람들이, 외가격 선물옵션에 모두 걸고 핏발선 퀭한 눈으로 컴퓨터 단말기만 쳐다보듯이, 외가격 '주님과 종말의 그날'만 고대하다가 청산일이 오기 한참 전에 '마진 콜'을 당해 장쾌하게 생을 마감한다.

▤ 필자의 포항공대 제자 진현안 군의 어릴 적 친구가 중학교 때 폐렴에 걸렸다. 사이비종교 만민교 신도였던 친구어머니는 주님의 힘으로 낫자고 아들을 병원에 데리고 가지 않고 기도만 하다가 결국 아들을 죽이고 말았다. 파생상품(종교)이 현물(현실의 삶)을 뒤흔든 전형적인 주객전도$^{wag-the-dog}$현상이다.

▤ 점쟁이들이 자신의 운명은 모르면서도 남의 운명에 대해서는 거침없이 떠들어대듯이, 신종 역술가인 증시예측가들은 정작 자신들은 증시에서 돈을 못 벌면서도(심지어 다 날린 자들도 있다. 자기가 산 주식의 운명에 무지하기 때문이다), 남들에게는 한탕비법을 알려주겠노라고 희뜩이며 시끄럽게 호객한다. 전설의 물고기 '상갈어' 같은 놈들이다.

　많은 경우 이들은 증시를 예측하는 대신, 증시를 조작하려고 한다. 그리고 종종 성공한다. 마호메트가, 산이 자기에게 오라는 명령을 따르지 않자, 산에게 걸어간 것과 유사한 일이다. 자기와 산 사이의 거리를 좁히는 것이 중요하지, 그 방법이 중요한 것이 아니라는 주장이다. 증시예측가들의 입장도 마찬가지이다. 주가가 원하는 가격에 도달하는 것이 문제이지, 그 방법은 문제가 아니라는 것이다. 감히 미래를 예측하려고 한다는 점에서, 그리고 인류역사상 모든 종교적 예언자들의 예언이 모조리 빗나갔다는 점에서, 특히 큰 예언일수록 크게 빗나갔다는 점에서, 증시예측가들은 종교적 예언자들과 더욱 유사하다. 종교의 가장 중요한 역할은 추종자들에게 돈을 벌게 해주는 것인데(사실은 그런 믿음을 주는 것인데), 증시예측가들에게 이 역할을 즉 수익성이 좋은 사업부분을 상당부분 잠식당했다. (증시에 돈을 갖다 바치니 종교에 바칠 돈이 줄어든다. 종교가 위축되는 큰 이유 중 하나일 것이다.) 사람들은 신탁과 계시를 받듯, 혹시 잘못 해석할라 자칫 부정 탈라, 경건한 마음으로 증권채널을 시청한다. 증시예측가들은 돈신으로부터 신탁을 받는 제사장들이다.

　미국 월스트리트에 있는 황소동상은, 불알을 만지면 돈벼락 맞는다고 소문이 나서 남녀노소 가리지 않고 만져 대는 통에, 그 거대한 불알이 (거짓말 하나 안 보태고 수박만 하다) 반질반질 윤이 난다. 거기 더해서, 만약 고추가 고추물이라도 흘리면(혹은 흘리게 조작하면), 눈물 흘리는 성상을 찾듯이, 사정하는 황소를 찾아 사람들이 전^仝 세계에서 구름처럼 몰려들 것이다.

🔖세계 최대 호수인 바이칼호수에는 전설의 물고기 '상갈어常渴漁ヽ'가 산다. 이 물고기는 빗물만 마신다. 그래서 항상 갈증에 시달린다. 돈이 출렁대며 넘쳐나는 증시에서 이들(신종 역술가인 증시예측가들)은 개미들이 건네는 빗물(복채·회비)로 돈갈증을 해소한다. 사이비종교인들도 '상갈어'이기는 마찬가지이다. 물질이 넘쳐나는 속세에서 신도들의 헌금과 십일조로 물질에 대한 갈욕(갈증과 욕망)을 해결한다.

🔖중학교 친구인 올래와 그 형 갈래는 자기 어머니를 따라 여호와의

증인이 되어 30년 넘게 몸과 마음을 바쳐 신앙생활을 하였으나 어머니와 올래는 파문당하고 갈래는 탈퇴하였다. 참으로 쓸쓸하고 허무한 종말이다.

🗟 이 글은, 일부 몰지각한 종교인과 사이비종교인을 겨냥한 글이지 대다수 착하고 헌신적인 종교인들을 겨냥한 글이 아님을 밝혀둔다.

🗟 술 좀 그만 마시라고 충고하며 더 이상 술을 팔지 않는 착한 술집주인처럼, 너무 종교에 빠지지 말라고 하며 과도한 시간적·물적 보시나 기부를 만류하는 착한 종교인도 있다. 인간은 성·속^{聖俗}의 두 날개로 사는 것이다. 어느 한 쪽이 지나치게 비대해지면 그냥 중력가속도로 자유추락하는 수밖에 없다.

🗟 꿈에 등장하는 인물을 '저건 나인데' 하는 것은 착각이다. 억눌려있던, 해소되지 못한, 숨어있던 감정과 욕망이 스스로를 의인화하여 사이코드라마를 제작 상영한 것이다(자아란 경쟁하는 수많은 감정과 욕망의 각축장이다. 그중 실현되는 것은 극히 일부분이므로 경쟁은 치열할수밖에 없다. 각 감정과 욕망은 각각 하나의 자아이다. 이들이 경쟁을 하면 선택이 일어난다. 그런데 이 선택은 진화론적 자연선택이어서, 전체자아들을 총괄하는 수퍼자아 또는 총독자아가 없으므로 무아[無我]이다).

우리의 '경험이란 현상'이 '물질적인 그리고 비물질적인 일체의 입력된 감각정보를 생체전기자극으로 바꿔 전달한 것을 뇌에서 지각하고 해석하는 현상'이라면, 그리고 현상학의 주장처럼 인식과 경험이 피할 수 없이 오염되고 편집되는 것이라면, 우리의 경험이란 입력된 현재의 감각정보를 우리의 지식과 생각과 과거 경험으로 오염시키고 편집하여 만든 영화이다. 이렇게 보면, 깨어있을 때에도 뇌에는 항상 영화가 상영되고 있는 것이다. 즉 깨어있을 때에도 감정과 욕망은 쉼 없이 드라마를 제작한다. 자신을 주인공과 동일시하면 영화를 실감나게 즐길 수 있다. 영화 상영시간 내내 '이건 영화일 뿐이다' 하고 끊임없이 자신에게 상기시켜보라. 무슨 재미가 있겠는가? 이 면에서, 몰지각한 종교인들도 자신을 잃어버리고 영화를 즐기는 충실한 관람자일 뿐이다.

동일시하지 않고 지켜보는 순간 모든 것이 사라진다. 그래서 '지켜보는 것'은 삼사라samsara의 왕 마라의 원수이다. 문자 그대로 같은 하늘을 이고 살 수 없는 불구대천지원수不俱戴天之怨讐이다.

目중국 당나라 때 큰 부호였던 방거사龐居士는 전 재산을 동정호洞庭湖에 버리고 불도수행에 매진하였다. 재산을 다른 사람들에게 준다는 생각은 꿈에도 없었다. 고대의 많은 사람들에게 부는 악마적인 존재였다. 수렵채집의 '원시공산주의 공동체'가 붕괴하고 농업혁명에 의한 원시자본주의가 태동하던 시절, 인간은 순수했던 옛날을 되돌아보며 부富로 인한 불평등과 탐욕에 죄책감을 느꼈다. 부가 상징하는 '불평등과 탐욕'은 다른 사람에게 주면 안 되는 지극히 해로운 것이었다. 이들은, 다시 살아나지 못하도록 깊은 물속에 가차없이 수장시켜야 한다. 이것이 방거사가 스스로 고백한 '부에 대한 철학'이었다. 그런데 스스로 동정호수가 되어, 이런 부를 버리되 자기들에게 버리라고 선동하는 자들이 있다. 바로 사이비종교인들이다.

目인간의 뇌는 부富이다. 35억 년 동안 축적한 부이다. 뇌에는 개인주택 1,000억 채와 그 사이에 잘 닦인 도로가 1,000조 개나 있다. 부를 버리려면 이것도 다 버려야 하고, 그러면 백치가 된다.

目방거사와 비슷한 사상을 가진 사람이 근대 유럽에 있었다. 그 유명한 철학자 비트겐슈타인이다. 그는 당시 유럽 제일의 부호인 철강왕 아버지로부터 어마어마한 재산을 상속받았다. 지금 가치로 수조 원을 가난한 사람들에게 나누어줄까 하다가 마음을 접었다. '돈이 사람을 불행하게 만든다'고 생각했기 때문이다. 그 대신에 자기 형제들에게 주었다. 그들은 이미 큰부자였기에 자기가 주는 돈이 그들의 삶에 큰 변화를 가져오지 않으리라는 믿음에서 그랬다.

🗐사람들은 신을 믿어 영원히 살 수 있기를 바라지만, 사실은 영원히 사는 대신에 역으로 영원히 죽을 수만 있다면, 이것이 독재자 폭군 신으로부터 영원히 벗어나는 유일한 길이다. 참 이상한 세상이다. 주식으로 망하지 않으려면 영원히 주식을 안 사면 된다. 그런데 그게 말처럼 쉬운 일이 아니다.

종교는 파생상품

종교상해보험 및 종교복용 부작용 주의문

위험한 것은 다 보험에 들어라
종교보다 더 위험한 것은 없다

종교와 파생상품

　모든 약은 부작용이 있다. 종교가 유익한 점도 있으나, 부작용을 부
인하면 사용자들의 부주의한 복용을 유발하여, 치명적인 부작용을 초
래한다. 종교란 약을 잘못 복용하여 그 부작용으로 고통 받는 사람들
이 무수히 존재한다. 불량품 인정하기를 싫어하는 기업처럼 종교도 부
작용 인정을 거부한다. 우리 제품을 사용할 때는, 즉 우리 종교를 믿을
때에는, 이런 점을 조심하라고 주의사항을 제시하는 종교를 본 적이
없다. 참으로 기이한 일이다.

　어차피 고객들의 돈과 노동을 받아 유지되는 기구라면, 어느 정도
서비스before service와 after service는 있어야 할 것이 아닌가? 세계적인 대기업
들은 제품에 이상이 있는 경우에 스스로 대량리콜을 실시하여 무상으
로 고쳐주기도 하는데, 세계적인 종교조차 전혀 이런 서비스가 존재하
지 않는다(수십 년 전부터 『뉴욕타임즈』 특집기사로 다뤄지기도 했던, 공공
연한 비밀이었던 가톨릭신부들의 만연한 아동성추행과 성폭행은 근래 수면
위로 솟아올라왔지만 대량리콜이 있었다는 말은 들어본 적이 없다). 아예

전무하다. 물론 환불도 불가능하다.

종교중재위원회가 필요하다. 종교별로 대표를 선출하여 이 위원회를 종교합동으로 구성하고, 이 위원회에서 여러 종교라는 제품으로 인하여 피해를 입은 사람들을 구제하는 제도가 필요하다. 구상권 도입도 필요하다. 회사원이 고객에게 피해를 입히는 경우 고객은 회사를 상대로 소송을 걸어 (경우에 따라서는 징벌적인 취지로 천문학적인) 보상을 받을 수 있는데, 이 경우 회사는 문제 회사원을 상대로 구상권을 행사한다. 마찬가지로 목사에게 피해를 입은 사람은 범기독교종단으로부터 피해를 보상받고, 범기독교종단은 해당목사에게 구상권을 행사한다(승려에게 피해를 본 경우도 마찬가지이다).

범汎기독교종단은 모든 기독교성직자들로부터 보험금을 받는다. 의도하였건 의도하지 않았건 간에 성직자의 불량설교와 불량언행으로 인한 부작용에 대비한 보험이다(성직자가 시험을 이겨내지 못하고 신도의 재산이나 배우자를 갈취하고 탐하였을 경우, 누군가 피해자에게 보상을 해주어야 할 것이 아닌가. 신이 해줄 리는 만무하므로 인간사회가 해야 하는 것은 당연하고 필연적이다). 이 기금으로 부작용에 대한 보상을 한다. 목사의 가족도 피해자일 수 있으므로 공범이 아닌 경우는 이 기금으로 보상이 가능할 것이다. 육체적 건강을 담당하는 의사들도 의료사고에 대비한 보험에 드는데, 무한히 더 중요한 영적인 건강을 담당하는 성직자들이 영적치료사고에 대비한 보험에 드는 것은 마땅히 해야 할 일이다. 신 앞에서 '완벽한' 치료술을 주장하는 것은 신성모독이 아닌가? 어느 누가 자신의 믿음과 영적수준에 대해서 한 치의 흔들림 없이 자신할 수 있는가? 무한한 빛 앞에서, 여린 풀잎처럼 그리고 그 위 이슬처럼, 두렵고 떨리는 마음을 내고 유지하는 것이 구원의 첫걸음이자 마지막걸음이 아니던가?

아예 보험업계가 종교보험이라는 제품을 출시하는 것이 방법이 될수도 있다. 위험회피는 인류의 영원한 꿈이다. 주식회사의 발명과 보험의 발명으로 인류의 번영이 촉발된 것을 기억하라. 종교보험의 발명이 인류 영적문명의 촉진제가 될지 누가 알겠는가? 종교보험으로 다양한 상품을 출시할 수 있다: 기독교보험, 불교보험, 대종교보험, 신선도보험, 승공무속보험, 순복음보험, 통일교보험, 여호와의증인보험, 종말보험, 휴거보험, 기도원상해보험, 선종보험, 교종보험, 진언종보험, 나무호랭교보험, 미륵보험, 단약보험, 기보험, 사주보험, 궁합보험 등등. 이 종교보험상품들은 자신이나 배우자나 아버지나 어머니나 가족 일원이 종교를 잘못 믿어 목숨을 잃거나, 전 재산을 날리거나, 가정파탄이 나거나, 직업을 팽개치거나, 자녀교육을 안 시키거나, 크게 건강을 해치는 등으로 큰 사고를 당하는 경우에 보상을 해주는 보험상품이다. 특히 종교로 인해 목숨을 잃는 경우가 가장 심각한 부작용이다. 당사자야 천국으로 날아갔을 터이니 문제가 없을지 모르나, 지상에 남아있는 가족의 고통은 누가 책임질 것인가? 천국에서 지구로 영적인 재물(행복·평화·은총·지복·구원)을 송금할 수도 없지 않은가? 천국과 지구 사이에는 영적 재산 송금을 담당하는 은행이 개설되어 있는 것이 아니지 않는가? 종교를 가진 국민은, 신앙생활을 시작하는 시점에서, 누구나 강제로 종교보험을 들게 하는 것도 하나의 방법이다. 누가, 언제, 어디서, 누구(상상을 초월하는 기술을 자랑하는 종교사기꾼들이 존재한다)에게, 어떻게, 어떤 변을 당할지 아무도 모르는 일이기 때문이다. 처음 사랑을 시작하는 사람 중 어느 누가 상대방에게 살해당하거나 겁탈당할수 있다고 상상이나 할 수 있겠는가? (여자들은 배우자와 데이트 상대에게 가장 많이 살해당하고 겁탈당한다. 횡단보도에서 대인對人 교통사고가 가장 많이 일어나는 것과 같은 이치이다. 그 이유는, 횡단보도가 가장 위험한 곳이기 때문이 아니라 통행자가 가장 많은 곳이기 때문인 것처럼, 배우자나 데이트 상대가 가장 나쁜 사람이기 때문이 아니라 가장 많이 만나는 사람이기 때문이다. 인생의 아이러니이다. 하지만 종교의 경우는 다르다. 사이비들이 너무 많다; 아마 진짜보다 더 많을 것이다. 종교가 위험한 이유이고, 성인이 극히 적은 이유이다.) 마찬가지로 처음 믿음을 내어 종교생활을 시작하는 사람이 종교로 인해 큰 피해를 받을 수 있을 것이라고 상상이나 할 수 있겠는가? 영혼이, 풀잎처럼 그리고 문풍지처럼 떨리며, 생소하고 가슴 떨리는 성스러운 대상에 문을 여는 바로 그 시점에서, 어떻게 미래의 부작용을 상상하는 것이 가능하겠는가? (사랑이라는 말에 가슴 떨리어 변을 당하듯이, 신이라는 말에 영혼이 떨리다 변을 당할 수 있다.) 따라서 육체적인 질병에 대한 국민의료보험 가입이 강제이듯이, 영적인 건강을 담당하는 종교보험도 강제로 가입하게 한다 해도 크게 이상하거나 무리한 일은 아닐 것이다.

이 글 도입부에 언급했듯이 종교 부작용주의문 기재가 필요하다. 각 종교 경전 첫 페이지에 부작용주의문을 기재하도록 한다. 약병이나 처방전이나 약상자 안에 깨알같이 적힌 부작용주의를 기억하실 것이다 (과다하게 복용하지 말 것이며, 구토·멀미·소화불량·어지럼증·두통·탈모·식욕부진·발기부전·성욕감퇴 등의 부작용이 발생할 수 있으며, 발생 시 즉시 가까운 곳의 의사와 상의하시기 바랍니다). 예문을 들어 보면 다음과 같다.

부작용주의문

우리 종교를 믿는 경우 현세의 삶에 대한 의욕을 잃고, 허공만 쳐다보며 내세를 갈망하여, 식욕을 잃고 체중이 급감할 수 있으므로 조심하시기 바랍니다. 건강한 몸으로 나날이 믿음이 깊어가게 하고, 온전한 정신으로 피조물인 우주를 통해 신의 뜻에 대한 이해를 깊어지게 하는 것이 구원의 길임을 명심하시기 바랍니다. 특히 말세론과 종말론과 재림예수 증세를 조심하시기 바랍니다. 남이 그렇게 주장하거나 자신이 재림예수라는 생각이 들면, 즉시 전문가를 찾거나 지체하시지 말고 우리 종단에 내방해주시기 바랍니다. 사실여부를 판단해 드리겠습니다. 성령이 불기둥처럼 온몸을 관통하거나 비둘기처럼 정수리에 내려앉는 경험을 하시는 분도 내방해주시기 바랍니다. 단순한 신경흥분에 지나지 않을 수 있지만, 사람의 신경계이상으로 인한 경험일 수도 있기 때문입니다. 방치하면 섬망증譫妄症으로 발달할 수 있습니다. 가볍게 보시지 말기 바랍니다. 신을 영접하기 위해서 또는 신을 대면하기 위해서 고강도 단식을 하시는 분들은, 단식으로 인하여 발생한 환상을 주님의 모습으로 오인하는 단식섬망증譫妄症에 주의하시기 바랍니다. 주님이 사막에서 40일간 고행을 하실 때, 절대로 절벽에서 뛰어내리거나 돌을 빵을 먹듯이 씹어 먹지 않으신 일을 기억하시기 바랍니다(만일 그리하셨다면 지금 복음은 존재하지 않거나 주님이 끔찍한 치통으로 고생하셨을 것입니다). 내방하시면 이미 이런 일을 경험하고 치료받고 극복한 분들이 친절하고 세세히 상담해 드릴 것을 약속드립니다. 크고 작은 여러 부작용에도 불구하고, 그리고 이런 부작용이 치명적인 결과를 초래할지도 모를 위험에도 불구하고, 오랫동안 변치 않는 마음으로 꾸준히 우리 제품을 사용하시는 그리고 애용하시는 고객여러분께 진심으로 감사드리오며, 줄기차고 완고하고 지속적인 제품향상을 통해 고객여러분의 사랑에 보답해 드릴 것을 주님이름으로 약속드립니다. 우리 주님만이 유일한 구원의 길이므로, 고객여러분들은 유사제품이나 타사제품에 눈길도 주시지 말고, 우리 제품만을 배타적으로 믿고 사용해주시기를 간곡히 부탁드립니다. 이미 천국에 가신 분들이 여러 눈을 모아 여러분을 내려다 지켜보며 응원하고 계십니다.

종교와 파생상품

또 이런 부작용주의문도 가능할 것이다

우리 종교는 고통을 줄이거나 없애는 방법을 처방하여 드릴 뿐이지, 모든 것을 알게 하는 약을 처방하지 않습니다. 고통의 경감이나 제거에 도움이 되지 않는, 일체의 형이상학적인 질문에 대한 답을 제공하지 않습니다. 만약 이런 효용을 주장하는 사람들이 있다면 즉시 우리 종단에 신고하시기 바랍니다. 엄밀한 조건하에서 과학적인 방법으로 검증하여 드릴 것입니다. 우리 제품을 사용한다고 해서 공중을 날아다닐 수도 없습니다. 이런 욕망을 가진 분은 타사 종교제품을 복용하시기 바랍니다. 혹시 『법화경』 「관세음보살보문품」을 복용하신 고객 중에, 어떤 분은 신심이 넘쳐나서 성지순례시 보타락가산 같은 곳의 절벽에서 뛰어내려보자는 생각이 날 수 있는데 꿈도 꾸지 마시기 바랍니다. 심하면 과대망상증이고 경하면 의욕과잉증세일 수 있습니다. 관세음보살을 시험하지 마시기 바랍니다. 관세음보살이 대자대비하신 것은 사실이지만, 관세음보살은 신심이 부족한 자의 시험을 절대로 용서하지 않습니다. 절벽 밑에서 임종을 맞더라도, 절대 우리 제품이 문제가 아니라, 전적으로 잘못 복용한 고객의 탓이라는 것을 명심하셔서 올바르게 사용하시기 바랍니다. 칼이 목에 부딪혀 부러질 때까지는, 혹은 쇳물이 끓고 있는 용광로에 빠져서 털끝 하나 다치지 않고 살아나올 때까지는, 우리 제품이 당신에게 효과가 있을지 아무도 모릅니다, 어느 누구도 미리 알 수 없습니다. 사람마다 영적 체질이 즉 근기가 다르기 때문입니다. 이 점 특히 유의하시기 바랍니다. 육류업, 도살업, 도박업, 무기제조업, 주류업에 종사하는 분들은 심각한 부작용이 발생할 수 있으니 각별히 유의하시기 바랍니다. 본인이 직접 악행(도살, 도박, 살인, 만취)을 하지 않는 이상 별 부작용이 없다는 것이 지금까지의 임상실험결과이오니 이 점만 유의하시면 됩니다. 이외에도 무수한 부작용이 있을 수 있으니, 가까운 곳의 공식적으로 인가받은 선지식을 찾아 도움을 받으시기 바랍니다. 사이비 제품이 많사오니 반드시 공인제품만 사용하시기 바랍니다. 정품이 아닌 제품을 사용하거나, 타사에서 A/S를 받은 경우에, 그리고 스스로 고치려고 손을 댄 경우는 일체 환불이나 당사차원의 A/S가 불가능함을 알려드립니다. 우리 제품이 고객 여러분의 고통경감과 행복증진에 도움을 드려야 함에도 불구하고, 이런 부작용에 대해서 주의를 환기시켜드려야 함에 죄송하기 그지없습니다. 그러나 이 모든 부작용은 사용하는 사람의 잘못이지 우리 제품의 문제라고는 절대 믿지 않습니다. 누가 부엌칼로 사람을 찌르는 경우 주방기기 제조업체 잘못이 아니지 않습니까? 일체유심조라 모든 것이 (고객 여러분의) 마음에 달렸으니, 부디 이러쿵저러쿵 함부로 복용 결과에 대해서 평가하시지 말기를 부탁드립니다.

🗐사전봉사before service: 종교상품을 판매하기 전에 잠재고객에게 상품의 역사, 개발자 이력, 개발동기, 품질보증 한도限度, 반품·환불 조건, 이용후기, 제품 만족도, 평가등급, KS제품 여부 즉 사이비 여부, 기능, 효과, 부작용 등의 상품에 대한 상세한 정보를 제공하는 것과, 아울러 잠재고객의 의문사항과 질문사항에 성실히 답해주는 것.

🗐사후봉사after service: 종교상품을 판매한 후에 (즉 특정인을 신자로 만든 후에) 구매자에게 과대망상, 섬망증, 편집증, 정신분열, 다중인격, 영적 중독, 빙의, 접신, 재물갈취, 성희롱, 성폭행, 일상생활·가족 방기放棄, 저쪽세계 의존증, 형이상학적·영적 공갈협박, 공황장애, 폐쇄공포증(지옥에 갇히는 것에 대한 공포. 지옥이 엄청 크고 넓다고 그리고 재미나는 벌이 많다고 일러줘도 아무 소용이 없다), 다른 사람들이 모두 파충류(뱀·악마)로 보이기, '자신을 파충류(용·일체종지), 조류(공중부양·공중비행·신족통·천리안), 돌고래·박쥐(천이통) 등의 다른 종으로 착각하기 등'의 부작용이 발생할 경우 신속히 대처하고 처리하

는 것과, 이에 대비해 퇴마사·수도사·기도사 등의 임상경험이 풍부한 그래서 웬만한 일에는 놀라지 않는 노련한 성직자가 상주하는 응급실과 24시간 콜센터를 운영하는 것.

囙 절, 교회, 성당, 모스크 입구에 큼지막하게 A/S 센터라고 써 붙여 놓으면 인류역사상 전무후무한 혁명적인 파격이리라. 그리하면 종교가 사람들에게, 위압적·위협적으로가 아니라, 평등하게 그리고 인간적으로 다가가는 놀라운 혁신이 이루어질 수 있다. 반품/환불센터까지 설치하면 예기치 않은 선물에 다들 놀라 뒤로 넘어갈 것이다. 하지만, 언제나 그런 복된 날이 찾아올까. 종교사원에 들어서자마자 입구 좌측에서 A/S센터를, 그리고 우측에서 반품/환불센터를 발견하는 홍복洪福을 죽기 전에 누릴 수 있다면 얼마나 행복할까. 그때는 신이 아니라 신자가 왕이리라.

囙 환불규정: 5년 이상 된 헌금은 환불하지 않습니다. 일주일 내로는 전액환불하며, 한 달은 10% 감액하고, 1년은 반만 드립니다. 5년까지는 일 년에 10%씩 환불금액을 순차적으로 감액합니다.

예외규정을 유의하시기 바랍니다. 그 사이에 좋은 일이 일어나면 절대 환불하지 않습니다. 예를 들어 복권당첨, 결혼, 득남득녀, 자녀 대학합격, 남편 승진, 질병 치유, 자녀 결혼, 손주 탄생, 아파트값 상승, 보유한 땅값 상승, 보유주식 상한가 맞기, 연봉상승, 고질병 치유, 간경화 극복, 암 치유, 우울증 극복, 불면증 치유 등의 좋은 일이 일어난 경우는 이유여하를 막론하고 전혀 환불이 없습니다. 하지만 주부습진이나 감기가 낫는 것은 해당이 안 되오니 안심하시기 바랍니다. 다시 말해 저희 종교제품을 사용해서 이미 효과를 본 경우는 절대로 환불하지 않습니다. 병이 나으면 어느 병원이 치료비나 약값을 환불해 주겠습니까? 그렇지 않습니까?

≡종교가 망해가고 있다. 고객이 급감하고 있다. 품질을 개선하지 않으면 망한다. 고객들을 위해 종교보험, 환불제도, 사후봉사, 부작용 주의문, 부작용 방지책 등을 도입해야 한다.

종교와 파생상품

파스칼의 웨이저^{도박}와 사후^{死後}보험

종교를 잘못 믿으면, 혹 떼려다 혹 붙인다

중세 철학자이자 확률론의 창시자인 파스칼은 '파스칼의 웨이저^{Pascal's} ^{wager}'라고 전해지는 유명한 말을 하였다. "신을 믿는 것이 안 믿는 것보다 수학적으로 훨씬 유리하다. 신이 없다고 생각했는데 죽고 보니 신이 존재해서 생전에 안 믿은 죄로 지옥에 갈 수가 있으므로 안 믿는 위험은 너무 크다. 그 반면에 믿는 경우는 설사 신이 없어도 죽은 다음 손해볼 것이 없다. 그러므로 손해보지 않으려면 신을 믿어야 한다." 과연 확률론의 창시자다운 깔끔하고 멋진 논리이다. 신을 도박의 대상으로 본 것이다. 역사상 최대의 신성모독이다! 그러나 파스칼의 논리를 따르자면 세상의 종교를 동시에 다 믿어야 한다! 왜냐하면 각각의 종교에 동일한 논리를 적용할 수 있기 때문이다.

달걀을 한 바구니에 담으면 위험하다. 분산투자를 하듯이 신앙도 분산을 해서 사후의 안전을 도모해야 한다. 지옥에 가는 것만은 피해야 하지 않겠는가.

근래(2013년)에 실제로 이런 일이 일어났다. 어떤 젊은 독일 언론인이 파스칼의 철학을 충실히 따라 자그마치 7개의 종교를 믿는 일이 일어났다. 그의 말은 '사후안전확률을 높이기 위하여 여러 종교를 믿는다'는 것이었다. 파스칼 당시의 중세유럽은 기독교가 독점종교였으므로 하나만 믿으면 되었으나, 다종교시대를 사는 우리는 사후가 훨씬 더 불안해졌다. 완벽한 사후死後안전보장을 위해서 모든 신(협박하며 공중을 부유하는 자 또는 뇌에 기생하는 자)을 다 믿기에는 시간적으로나 재정적으로나 정서적으로나 거의 불가능한 일 아닌가?(기부는 협박이라는 말이 있다) 서로 극렬히 비난을 하는 여러 신들을 몸과 마음을 다해 동시에 믿고 사랑하는 일이 어디 쉬운 일이겠는가? 사랑하는 후궁들의 암투에 정신이 피폐해진 조선조 왕들을 보라. 사랑하는 자식들이 눈앞에서 골육상쟁을 벌여 서로 죽이고 죽은 이성계를 보라. 인간은 이래저래 참 힘들게 산다. 생전生前보험만 들어야 하는 게 아니라 사후死後보험도 들어야 한다.

🈁교보생명, 삼성생명, 동양화재, 흥국생명, 에이아이지, 프루덴셜 등이 생전生前보험회사이고 기독교, 회교, 불교, 힌두교, 유대교, 바알교, 본교, 경교, 에세네교, 마르키온교, 태평천국교, 오두미교, 아이시스교, 미트라교, 통일교, 신앙촌, 다미선교회, 만민교, 여호와의 증인, 라헬리안교, 대종교, 증산교, 동학교, 바하이교, 몰몬교, 퀘이커교, 아미쉬, 크리스천사이언스, 사이언톨로지scientology, 제칠일안식일교, 조로아스터교, 배화교, 명교, 흑교, 도교, 무당교, 화물숭배교, 신도, 부두교, 사탄숭배교, 김씨삼대배불뚝이교(?) 등이 사후死後보험회사이다. 정말 많기도 하다! 이 많은 보험회사상품을 어떻게 다 살 수 있겠는가? 몸과 마음이 다 거덜나고 말 것이다.

블랙스완: 걸려면 제대로 걸어라

어떤 일들은 당사자가 죽어 사라지기 전에는
절대로 말할 수 없다

인류 최초로(우주 최초인지는 말이 많다. 발가락도 없는 외계인이 먼저라는 주장이 만만치 않다) 달표면을 걸은 닐 암스트롱^{Neil Armstrong 1930~2012}이 달표면에서 지구와의 교신 중 마지막으로 한 말이 있다. 1969년 7월 20일의 일이다.

"고르스키 씨, 행운을!^{Mr. Gorsky, Good Luck!}"

지구에 귀환 후 기자들이 "그게 무슨 말이었느냐"고 물었지만, 그는 '개인적인 일'이라고 할 뿐 답을 피했다. 40여 년이 지난 몇 년 전에 어떤 기자가 용케 그 일을 기억하고 있다가 아직 살아있던 암스트롱에게 다시 물었다. 놀랍게도, 별로 기대하지 않고 있던 기자에게 암스트롱이 입을 열었다. 이제는 그 일로 곤란할 사람들이 없으므로(즉 고르스키 부부가 타계했으므로) 대답을 할 수 있다는 것이었다.

암스트롱의 대답은 이러했다. 그가 어린 시절 어느 날 오후 브라더

(형제)와 야구를 하던 중에, 브라더가 힘껏 휘두른 방망이에 얻어맞은 야구공이 담장을 넘어 옆집마당으로 도망쳤다. 암스트롱이 공을 잡으러 옆집으로 갔는데 공이 안방침실창문 아래 숨어 있었다. 공을 잡는 순간, 열려 있는 창문을 통해서 안주인 고르스키 부인의 말이 들렸다.

"블로우 잡blow job? 옆집 꼬마가 달 위에서 걷는 날 해줄게요."

물론 어린 암스트롱이 그 당시에 그 말이 무슨 뜻인지 알았을 리 만무하다. 수십 년 후에 그가 달에 갔을 때 불현듯 그때 일이 떠올라 무심결에 뱉은 말이리라.

설마 옆집 꼬마가 진짜로 달에 갈 줄 누가 알았을까? 세상은 놀라운 일로 가득하다. 그런 일은 고르스키 부인에게는 불가능한 일의 상징이었지만 진짜로 일어나고 말았다. '블랙스완black swan 일어날 확률이 극히 희박하지만 일어나면 엄청난 피해를 주는 사건'이었다. 왜 이런 일이 일어났을까? 유명한 무신론자 실버만 교수의 냉정한 평은 '그 부인이 경솔하게 (너무 작은 데다) 걸었다'는 것이다. 그가 제시하는 정답은 다음과 같다. 무신론자의 답임을 유의하시라.

"블로우 잡? 메시아가 재림하는 날 해줄게요."
(의역은 아마 이렇지 않을까. "블로우 잡? 꿈도 꾸지 마세요. 혹시 예수님이 재림하면 모를까.")

무신론자 실버만의 입장에서는 메시아의 재림은 '퍼플 스완purple swan'이다. (백조는 대부분 흰색이고, 검은 백조는 호주에 존재하지만, 보랏빛 백조는 아예 존재하지 않는다.) 실버만에 의하면, 고르스키 부인의 잘못은 블랙스완에 건 것이다. 퍼플 스완에 걸었어야 한다는 것이다.

어쨌거나 고르스키 씨, 옆집 꼬마 암스트롱이 달에서 통통통 산보하던 날, 부인에게 당당하게, 그때 그 약속을 지키라고 요구하고 소원성취 하셨나요?

사람이 달에 간 것은 어려운 과학기술을 이해하지 못하는 평범한 사람들에게도 복된 일임이 분명하다. 조물주가 꼭 실버만 교수같이 두뇌가 수학적으로 복잡하게 얽혀있는 사람들에게만, 얽힌 것이 풀리는 통찰이나 깨달음의 순간 같은 선물을 선사하는 것은 아니다. 아예 처음부터 두뇌가 얽혀있지 않았으면 그런 건 다 필요 없는 일이다. 그런 분들에게는, 특히 고르스키 씨에게는, 따로 준비된 선물이 있다. 다행히 조물주의 자루에는 다양한 종류의 선물이 들어있다.

암스트롱이 달에 간 것은 고르스키 여사에게도 선물이기는 마찬가지였다. 하기 꺼림칙한 그 일을 수십 년 동안이나 연기시켜 주었으니!

🔡실버만Herb Silverman은 사우스캐롤라이나 주州 찰스톤 대학 석좌교수로서, 무신론자 유태인 수학교수로 유명하다. 그를 유명하게 만든 종교·법률적인 사건이 있었다. 1990년대까지도 사우스캐롤라이나 주에는 '지고의 존재The Supreme Being(하나님)를 믿지 않는 사람은 공직을 맡을 자격이 없다'는 법이 있었다. 즉 '무신론자는 공직을 맡을 수 없다'는 법이다. 개명천지開明天地 미국에 얼마 전까지 이런 법이 있었다니, 정말 기이한 세상이다. 실버만은 주지사에 출마함으로써 이 엉터리 법에 도전했다. 선거는 이기지 못했으나(주 검찰이 실버만이 후보 자격이 없다고 이의를 제기했으나, 주 법원은 실버만이 선거에 이기지 못할 걸로 보고 실버만에 대한 후보 무자격 판단을 보류했다), 실버만은 다른 공직notary public(공증인)에 응모함으로써 이 법을 상대로 투쟁을 계속하였으며, 8년 만인 1997년에 마침내 이 법은 사우스캐롤라이나 주 대법원 만장일치로 미국헌법을 위배한 것으로 판결되어 폐지되

었다. 이 사건으로 그는 전국적인 유명인사가 되었다.

🔢 윗글은 2012년에 출간된 실버만의 재미나는 자서전 『기도하지 않는 후보 Candidate without a prayer』에 기초하고 있다.

🔢 실버만 교수는 『복소함수 Complex Variable』라는 불후의 명저를 썼다. 이 책은 수학 복소수학 분야의 수십 년 동안 장기 베스트셀러 교과서이다. 필자도 대학시절에 이 책으로 복소해석학 complex analysis 을 배웠다.

파생세계

거미가 거미집을 짓듯이 인간은 층층의 파생세계를 구축한다
인간은 파생그물에 걸린 파생욕망을 먹고 산다
인간은 물질적 정신적 중중무진의 다차원 파생세계에 산다
인간은 파생존재이다
세계는 파생세계의 중중무진법계이며 무한차원 파생세계이다

증권시장은 (주식회사의) 주식을 거래하는 현물시장과 선물과 옵션을 사고파는 파생상품시장으로 구성되어 있다. 주식은 생산시설과 인력이라는 구체적인 물건이나 사람을 기초로 하여 생긴 파생상품이다. 선물·옵션은 이 주식을 기초로 하여 나온 이차파생상품이다. 선물·옵션을 기초로 만든 삼차파생상품도 있다. 주식회사라는 개념은 책임제한, 위험분산, 자본취합이라는 개념들에 기초하고 있는데, 이 개념들은 책임, 위험, 자본이라는 추상적인 개념들에 기초한 파생개념이다.

이 예에서 볼 수 있듯이, 구체적인 물건이나 사람이라는 일차 원재료의 세계(기세간)가 있다. 이 원재료를 바탕으로 개념이라는 추상적인 세계가 구축된다(개념세계). 예를 들어 호두라는 개념과 호두까기라는 개념은 하나는 물질에 기초한 것이고, 다른 하나는 도구라는 쓰임새에 기초한 것이다. '완벽한 호두'나 '완벽한 도구'라는 개념은 호두나 도구라는 개념에서 파생된 것으로서 이차파생개념이다. 플라톤의 '이데아의 세계'는 개념의 세계로부터 파생되어 나온 이차파생세계이다.

기존의 구축된 개념들로부터 파생된 개념이 만들어지며, 이 과정은 무한히 계속될 수 있다. 따라서 일차 파생세계, 이차 파생세계, 삼차 파생세계, 사차 파생세계, …, 다차원 파생세계의 세계가 펼쳐진다. 물건과 사람이라는 기세간은 누구에게나 공통된 세계이지만, 인간은 각자의 고유한 복합파생세계에 산다. 인간은 기세간에만 사는 것이 아니라, 개념으로 구축된 추상적인 세계에 산다. 화투, 바둑, 장기, 체스, 비디오게임은 추상적인 놀이의 세계이고, 「해리포터」, 「왕의 귀환」, 「반지의 제왕」은 환상과 상상으로 이루어진 파생이야기의 세계이다. 화폐제도는 조개껍데기, 금, 은, 동, 철에 근원을 둔 기이한 파생상품의 세계이며, 보험은 위험분산 또는 극단적인 위험의 회피라는 개념위에 세워진 이차파생상품이고, 재보험은 보험 위에 세워진 삼차파생상품이다. 정치제도, 법치주의는 평화를 이루기 위한 이차파생개념이다. UN도 같은 의미에서 이차파생개념이다. 결혼제도는 사랑의 개인적·사회적 안정을 보장하기 위한 이차파생개념이다. 열반은 평화의 극한개념 즉 평화의 파생개념이므로 이차파생개념이다. 종교는 '욕망에 대한 욕망인 기도'라는 이차파생상품을 다루는 파생개념이자 파생상품거래소이다. 선물·옵션이라는 파생상품은 물질세계를 안정시키고, 종교라는 파생상품은 정신세계를 안정시킨다. 복소수는 실수로만은 해결할 수 없는 실수에 대한 난제들을 해결하는 수학적인 파생수체계이다. 인간은 신비로운 파생세계를 만들어 물질과 개념의 세계를 통제하고 그냥은 풀수 없는 난제를 해소한다.

실로 인간은 기이한 존재이다. 거미가 거미집을 짓듯이 인간은 층층의 파생세계를 구축한다. 인간은 파생그물에 걸린 파생욕망을 먹고 산다. 인간은 물질적·정신적 중중무진의 다차원 파생세계에 산다! 인간은 파생존재이다. 세계는 파생세계의 중중무진법계이며 무한차원 파생세계이다.

▤ 인간의 뇌가 수십억 년 동안 파충류의 뇌에서 포유류의 뇌로, 다시 포유류의 뇌에서 영장류의 뇌로 진화해왔다. 영장류의 뇌인 대뇌 신피질은 고도의 추상적인 세계를 창조한다. 요즈음 신세대들이 인터넷이라는 가상세계에 빠져 사는 것을 보면 알 수 있다. '아바타' 같은 영화는 100% 가상세계이다. 이 영화의 등장인물들의 생사고락과 영고성쇠榮枯盛衰는 완벽한 허구이다. 그런데도 관객은 가슴을 졸이고 감정이 요동친다. 인간은 파생세계에 살 뿐만이 아니라 이미 파생존재이다.

▤ 현대 복소수이론은 코시 같은 수학자들의 집요한 연구에 기반을 두고 성립된 것이다. 당시 수학계의 거장 크로넥커는 복소수가 사기라고 맹렬히 비난하며 사용금지를 강력히 촉구하였다. 복소수의 발명에 힘입어 $\sum_{n=1}^{\infty} \frac{1}{n^2} = \frac{\pi^2}{6}$ 라는 기묘한 결과를 증명할 수 있었다. 즉 $1 + \frac{1}{2^2} + \frac{1}{3^2} + \cdots + \frac{1}{n^2} + \cdots = \frac{\pi^2}{6}$ 임이 증명되었다.

파생세계 II

증권시장은 현물상품시장과 파생상품시장으로 구성되어 있다.

주식은 기업에 기초한 이차파생상품이고, 선물 옵션은 주식에 기초한 삼차파생상품이다.

보험은 위험회피라는 개념 위에 세워진 이차파생상품이고, 재보험은 보험 위에 세워진 삼차파생상품이다.

추상(개념)세계는 현실세계의 파생세계이다. 사랑(좋아함), 증오(미워함), 전쟁(싸움), 평화(안 싸움) 등이 이에 해당하는 일차 파생개념이다. 무거움, 가벼움, 매끄러움, 거칠음은 물질에 기초한 일차파생세계이다.

현실세상은 현물세계이며 이데아의 세계는 일차 파생세계인 기초개념세계로부터 파생된 이차파생세계이다.

열반은 평화의 파생개념, 즉 극한개념이므로 이차파생개념이다.

UN도 같은 의미에서 이차파생개념이다.

동체대비의 자비심이나 무조건적인 사랑은 사랑으로부터 파생한 이차파생개념이다.

결혼제도는 개인 간 사랑의 안정과 사회안정을 이루기 위한 '사랑과 안정'에서 파생된 이차파생개념이다.

정치제도, 법치주의는 평화를 이루기 위한 이차파생개념이다.

법률제도는 도덕에서 파생된 파생개념이다.

종교(제도)는 '욕망에 대한 욕망인 기도'라는 파생상품을 다루는 파생개념이다.

돈도 상품의 교환으로부터 파생한 파생세계이다.

돈은 물질에 대한 욕망에 기초한 이차파생개념이다.

따라서 화폐제도는 이차파생세계이다.

복소수의 세계는 파생세계이다.

복소수의 세계는 실수의 세계로부터 파생된 사차파생세계이다.

실수는 유리수의 세계로부터 파생된 삼차파생세계이다.

유리수는 자연수의 체계로부터 파생된 이차파생세계이다.

자연수는 가장 자연스러운 수체계라는 점에서 일차파생세계이다.

문명인이 사는 세계는 파생세계이다.

문명인은 개념이라는 추상적인 일차파생세계에 살 뿐만 아니라 종교, 화폐, 증권시장이라는 이차파생세계에 산다.

물질적으로는 공산품이라는 파생상품시장에 살며

공산품을 만드는 기계나 도구나 재료를 만드는 이차파생상품도 있으며

3차, 4차, 5차파생상품도 가능하다.

인간은 실로 기이한 존재이다.

거미가 거미집을 짓듯이 인간은 층층의 파생세계를 구축한다.

인간은 파생그물에 걸린 파생욕망을 먹고 산다.

인간은 물질적 정신적 중중무진의 다차원 파생세계에 산다!
인간은 파생존재이다.

세계는 파생세계의 중중무진법계이며 무한차원 파생세계이다.

目 실수체계는 유리수체계와 비교해서 어떤 세계인가?

심리학과 종교

인간은 감정을 가진 동물이다. 진화의 과정에서, 감정이 먼저 생기고, 나중에 이성이 생겼다. 감정은 아메바와 포유류 사이에서, 이성은 포유류와 인간 사이에서 생겼다. 희로애락애오욕구(喜怒哀樂愛惡慾懼)가 감정이다. 여기서 구(懼)는 생존이 위협 받을 때 느끼는 '공포'이다.

식물의 예에서 보듯이 생물에게 감정이 반드시 있어야 하는 것은 아니지만, 동물에게는 감정이 생겼다. 16억 년 전에 같은 조상으로부터 갈라진 두 형제는, 한 명은 무감정의 길로, 다른 한 명은 감정의 길로 갔다.

붙박이 식물에게는 환경의 변화가 별로 없지만, 이동하는 동물에게는 환경의 변화가 심하다. 감정은 동물이 환경의 변화에 적응하도록 도와주는 유용한 수단이다.

인간의 주인은 감정이다. 삶의 목적은 사랑·기쁨·즐거움 등의 감정충족이다. 이런 인간으로 하여금 '감정의 본질'을 보게 하는 것이 이성이다. 감정은 자동적 즉각적으로 일어나지만, 이성은 반자동적으로 더디게 일어난다. 감정은 개발이 어렵지만 이성은 개발이 가능하다. 이성은 감정의 하인으로서 태어났지만, 어리석은 주인에게 때로 반역을 도모한다. 그 결과, 종종 서로 모순을 일으키며 싸우는 여러 감정에 질서를 부여한다.

해부학적으로 보면, 이성을 담당하는 대뇌신피질은 감정을 담당하는 변연계를 포위하고 있다. 변연계는 뇌간을 포위하고 있다. 파충류의 뇌, 포유류의 뇌, 영장류의 뇌로 3중 구조이다. 진화의 역사이기도 하다.

법정 스님 상좌의 미라가 된 고추

아라한이 되기 전에는 절대로 자기 마음을 믿지 마라 〈부처〉

　법정 스님의 상좌 한 명이 홀로 암자에 머물며 보현기도를 하고 있었다. 어느 날 수염이 허연 노인이 홀연히 나타나더니 "너는 음욕으로 인하여 공부에 장애가 있으니 고추를 없애라"고 하였다. 상좌는 보현보살의 명이라고 받아들여, 마침 옆에 있던 도마 위의 칼로 단칼에 고추를 잘라버렸다. 피를 흥건히 흘리고 쓰러져있는 것을 사람들이 발견하여 겨우 목숨을 건졌는데, 그 후 법정 스님은 말라버린 상좌의 고추를 주머니에 넣어가지고 다니시며 "이게 내 상좌 고추야" 하고 보여주며 가끔 이 이야기를 하셨다고 한다.

　참으로 불가사의한 것이 사람 마음이다. 자기 마음에 자기가 속아 자기 고추를 자르다니. 경험하는 것을 모두 믿어서는 안 된다. 믿어도 잘 따져보고 검증한 다음 믿어야 한다. 부처님이 제자들에게 말씀하신 만고의 진리가 있다: 내 말이라고 무조건 믿지 말고, 시험해보고 옳으면 그때 믿으라. 누가 '뭘' 내놓으라고 하면 아주 조심할 일이다. 일단 경찰에 신고하거나 엄중한 이성으로 면밀히 살펴볼 일이다. 도서관이나 인터넷을 통하면 비슷한 사례를 조사할 수 있으므로 시도해볼 일이다. 급하면 즉시 스마트폰으로 검색을 해보라.

명상이나 기도 중에 수염이 허연 노인이 나타나면 일단 의심하고 볼 일이다. 요즘 세상에 수염을 허옇게 기르고 다니는 사람이 어디 있는가? 분명 혼자서 시나리오 감독 연기 특수효과까지 다 맡은 자작 영화를 보고 있는 것이다.

🔖 다음은 현장의 『대당서역기大唐西域記』에 나오는 기막힌 사연이다. 불심 깊은 서역西域의 고차국 왕이 더 서쪽으로 불교성지 순례를 떠나면서 동생에게 잠시 나라를 맡긴다. 동생은, 장도長途에 오르는 왕에게 상자를 하나 바치며 귀국하면 열어 보시라고 부탁한다. 왕이 귀국하자 '동생이 왕의 후궁을 범했다'는 참소가 올라온다. 왕은 문득 동생이 준 상자가 생각났다. 왕이 상자를 열어보자 그 속에 마른 고추가 들어있다. 이런 일이 일어날 것을 미리 예측한 동생이 고육책으로 자기 고추를 잘라 상자에 넣어준 것이다. 고추도 없이 무슨 일을 벌일 수 있었겠는가?

🔖 물질세계에서 보고 듣고 냄새맡고 맛보고 촉감으로 느낀 것을 모두 액면 그대로 믿으면 안 되듯이, 정신세계에서도 보이는 것을 모두 액면 그대로 믿으면 안 된다. 명상중에는 백일몽lucid dream이 전개된다. 밤꿈은 믿지 않으면서 왜 낮꿈은 믿는가? 누가 눈을 감고 있을 때, 남자가 몰래 다가가 여자목소리를 내며 그 사람의 손을 살짝 잡아보라. 분명 여자손이라 착각할 것이다.

🔖 이 고추절단 이야기는 여러 형태로 전해진다. 남해 보리암에서 수행하던 승려에게 천녀天女가 나타나 "고추를 잘라야 도통한다"고 말하자, 이 승려가 자기 고추를 잘랐다. 그러자 천녀가 깔깔거리면서 "자르란다고 진짜로 자르는 놈이 어디 있느냐"고 조롱했다는 일화도

있다.

핵심은 고추가 아니라 고추를 움직이는 마음이다. 예수님이 "마음으로 죄를 지으면 이미 죄를 지은 것이다"라고 하신 것도 같은 의미이다. 겉으로는 율법을 지켜도 속으로 딴생각을 하면 소용이 없다는 것이다. 이것은 인간이 율법을 도입했을 때보다 더 진화를 해서, 외적인 율법보다 더 정교하고 근본적인 '내적인 마음의 작동원리'를 발견한 것을 일러준다. 콘트래리언^{contrarian} 사상가 크리스토퍼 히친스가 '생각의 자유가 있어야지, 생각만 하는 것을 죄악시하는 것은 생각을 범죄^{thought crime}화하는 폭거'라고 주장하긴 하나, 대부분의 경우에 마음이 움직여야 몸이 움직이는 것은 부인할 수 없는 사실이다.

🔳고추를 자른 자에게 환상발기가 일어나면 가라앉힐 방법이 없다. 남성호르몬 샘을 파괴하지 않는 한 성욕은 계속 일어난다. 여왕개미를 제거하지 않는 한 개미가 계속 생겨나는 것과 같다. 또는 화산을 식히겠다고 부채질을 하는 것과 같다. 땅 밑 깊숙이 자리잡은 뜨거운 마그마를 없애지 않는 한 화산은 계속 용솟음칠 것이다.

🔳 척수신경이 파괴되어도 여성은 생리·임신·출산이 가능하지만, 남성은 성행위 자체가 불가능하다. 이는 여성의 생식기능은 몸에 속하지만, 남성의 생식기능은 뇌에 속한다는 점을 시사한다. 놀랍게도 동물 수컷은 척수신경이 파괴되어도 발기와 사정이 가능하다. 인간 남성은 성행위도 뇌로 한다. 그러므로 성기가 아니라 뇌가 문제이다.

🔳 부처님 당시에도, 치성한 성욕 때문에 선정에 들지 못하고 도를 얻지 못한다고 생각해, 도끼로 성기를 자르려고 한 젊은 비구가 있었다. 부처님은 '몸은 마음을 따르는 법이니 마음을 다스려야 한다'고 타이르셨다. 마음을 돌린 비구는, 안반수의^{安般守意}(들숨과 날숨에 번호

를 붙여 집중하는 수식관)를 하여 마음을 제어하고 성욕을 극복하여, 부처님 면전에서 아라한이 되었다(법구비유경 교학품 두 번째 이야기). 이 일화에 의하면 연비 등은 어리석은 짓이 아닐 수 없다. 태워 없애야 할 것은 어리석은 마음이지 몸이 아니다.

🔲 마조도일馬祖道一 스님이 열심히 좌선을 하고 있는데, 스승 남악회양南嶽懷讓 스님이 다가오더니 묻는다. "뭐 하러 좌선을 하나?" "부처가 되려고요"라고 마조가 대답하자, 회양이 열심히 벽돌을 갈기 시작했다. 마조가 궁금해서 좌선을 멈추고 묻는다. "스님, 벽돌은 갈아서 뭐하시게요?" "거울을 만들려고 한다." "예? 스님, 벽돌을 갈아 거울을 만들어요?" "마조야, 수레가 안 가면 수레를 때려야 하느냐? 아니면 말을 때려야 하느냐?" 이 말에 마조가 크게 깨달았다.

쓸데없이 고추는 왜 자르나? 불쌍한 고추! 주인을 잘 만났으면 인구증가에 기여하고 귀염을 받았을 텐데, 엉뚱한 주인을 만나 누명만 뒤집어쓰고 참수형을 당했다.

동종요법

필자의 지인 중 저명한 소설가 한 분이 있는데, 이분이 고등학교 때 살던 동네에 어려운 가정형편에도 불구하고 공부를 아주 잘하는 여학생이 있었다. 이 여학생이 서울의 큰 대학에 합격했지만, 가난한 어머니가 갑자기 성령으로 충만해지더니 그동안 힘들게 모아놓은 등록금을 느닷없이 동네목사에게 바쳐버렸다. 그래서 이 여학생은 대학에 진학하지 못하고, 입학식 며칠 전까지 두문불출杜門不出하고 두 달 동안 서럽게 울다가, 결국 공장에 취직을 했다. 이 세상에 나온 것도 자기 맘이 아니었는데, 어찌 대학진학이 자기 뜻대로 되랴? 희망으로 빛나던 복된 내일이 졸지에 절망이라는 지옥연기로 어두워져 버렸다. 이 세상은 진실로 물(눈물) 반 고기(고통) 반이다. 게다가 눈물은 짜고 고통은 활발活潑하다! 그래서 이 세상을 고해苦海라고 부르는 것일까.

그런데 그 목사는 그 돈으로 공부 못하는 자기 딸이 겨우 합격한 전문대 등록금을 냈다. 약속의 하나님이, 등록금을 간구하는 자신의 충실한 종 목사의 기도를 들어주시려고, 그 가난한 여학생의 어머니가 자기 딸 등록금을 목사에게 바치게 한 것이다. 실로 놀라운 동종요법이다! 세속의 동종요법에 의하면, 한 사람이 효험을 보거나 나으려면 반드시 다른 생명이 목숨이나 장기를 잃어야 한다. 예를 들어 수컷 아시아인의 성적인 능력을 키우려면 물개 수컷 한 마리가 목숨을 잃거나 불구가 되어야 한다.

성스러운 주님의 세계에서도 이 법칙은 어김없이 작동하여, 물개 잡는 작살은 성령으로 변신하였다.

오병이어 기적과 동종요법 기도

기도는 연하게 할수록 효과가 있다

동종요법同種療法이란 '비슷한 것으로 비슷한 것을 치료'하는 방법이다. 동종요법에서는 약으로 사용하는 물질을 수만 배 희석시켜 사용한다. 희석이 되면 될수록 효과가 있다고 한다. 희석액을 만드는 손쉬운 방법은 큰 그릇에 약 한 컵과 물 아홉 컵을 넣어 섞은 다음 그중 한 컵을 취한다. 여기에 다시 물 아홉 컵을 넣어 섞어 그중 한 컵을 취한다. 이런 식으로 되풀이하면, 20번 만에 '1해垓(10^{20})분의 1'로 희석된 용액을 얻을 수 있다. 그러면 한 컵에, 해당 약은 분자 하나 있는 정도이다.

아예, 호수에 약을 던져 넣어 희석시키는 방법도 있다! 사람들을 호수로 데려가 호수에 약 한 방울을 떨어뜨리고 모터보트로 마구 휘젓고 다닌 다음 한 컵씩 떠 마시라고 하면 된다! 수백만 명이 참여해도 모두 한 컵씩 돌아간다. 그리고 모두 병이 낫는다. '오병이어五餠二魚' 기적보다도 더한 기적이다. 즉, 갈릴리 호수에 경구 백신 한 방울을 떨어뜨리고 베드로 배를 빌려 이리저리 다니며 휘저은 다음 다들 한 컵씩 떠 마시면 된다. 호우가 내리고 폭풍까지 불면 희석은 가속화된다. 큰비가 내리고 바람까지 세찬 날 호수가에 사람들이 까맣게 모여 잔뜩 비바람을 맞아가며 호수물을 떠먹는 광경을 상상해보라!

　희석을 10회만 더 진행하면 약품의 농도는 '100양(10^{30})분의 1' 정도로 낮아지는데, 이 정도이면 한 컵의 물에는 약성분이 아예 분자 하나 남아있지 않다고 보아도 좋다. 희석에 희석을 거듭하여, 태양계 크기의 용기에 약 분자가 하나 있는 정도로 희석시키기도 한다. 그런데도 약효가 있다고 주장하는 기이한 사람들이 존재한다. 그 이유는 잠시 같이 있었다는 (희석과정 상의) 인연만으로도 약의 효과가 나타나기 때문이라고 한다. 그 유명한 성법 스님이 자신의 저서『마음 깨달음 그리고 반야심경』에서 한 주장이다.

　만약 그렇다면, 왜 '정신적인 동종요법'은 없는가? 즉, 왜 기도에는 '동종요법 기도'가 없는가? 기도를 열심히 하지 않아도, 그리고 삼칠일 기도 백일기도 천일기도로 오래 기도하지 않아도, 단지 기도했다는 인연만으로 소원성취를 해야 할 것 아닌가? 그저 기도처에 한번 발걸음을 했다는 인연만으로 복을 받아야 할 것 아닌가? 그렇다면 뭐 하러 뼈 빠지게 삼천 배를 한다는 말인가? 인연법이 가장 강력하게 작용하는 곳은 몸이 아니라 바로 우리 '마음' 아닌가? 참으로 기이한 일이다.

　약사여래께서 응용해 보시기를 희망한다. 그러면 미미한 노력과 털끝 같은 정성으로 수많은 사람들에게 혜택이 돌아갈 '약사여래 동종요법'이 탄생할 수 있다.

　뿐만 아니라 동종요법사들의 주장에 의하면 약이 희석될수록 더 효과가 있다고 한다. 그렇다면 동종요법약은 거의 무한대로 만들 수 있다. 약 한 방울만 있으면 수백만 병의 약을 만들 수 있다. 그래서 동종요법약은, 병당 원가가 거의 영인데도 불구하고, 비싸게 팔아먹는 왕바가지 사이비약이다. 이 이론을 심법心法에 적용하면 기도를 적게 할수록 소원성취가 잘 이루어진다는 주장이 된다. 이게 말이나 되는 소리인가? 최고의 경전은 글이 없는 경전이고, 최고의 전술은 싸우지 않고 이기는 것이며, 최고의 약은 안 먹어도 낫는 약이라 하더니, 동종요법이 바로 이런 종류의 약이라는 소리이다.

동종요법이 효과가 있다면 위약효과placebo effect에 지나지 않을 것이다.

그런데도 이런 헛소리에 넘어가는 사람들이 있다니 참으로 불가사의한 일이다. 세상은 문자 그대로 지뢰투성이이다. 세렝게티 초원의 사자처럼 남의 피와 살을 잡아먹는 것만이 잡아먹는 것이 아니다. 대뇌 신피질이 발달한 인간은 남의 정신을 잡아먹고 산다.

생전의 행복은 사후에 결정되는가

죽기 전에는 누구도 행복한 사람이라 말하지 말라 〈솔론〉

배가 몹시 고프거나 먹고 싶은 음식에 주린 사람은 음식에 대한 공상과 상상을 하게 된다. 상상을 통해 음식을 뇌속의 가상공간에 놓고 상상으로 즐기며 해소한다.

음식을 즐기는 방법은 두 가지가 있는데, 하나는 실제로 음식을 눈앞에 놓고 먹어서 생체전기를 일으켜 뇌에 자극을 주는 법이다. 이 경우 음식의 모양, 색깔, 냄새, 맛, 촉감으로 눈, 코, 혀, 피부에 자극을 받는다. 이 자극은 생체전기신호로 바뀌어 아주 느린 속도로 신경을 타고 뇌에 도달하여 뇌를 자극한다. 음식이 유발하는 다양한 기억, 기대감, 추억, 상상 등의 정신적 즐거움도 있다. 무엇을 먹는다는 것은 실로 '종합 엔터테인먼트'이다.

다른 하나는 음식이 없을 경우 상상으로 음식을 즐기는 방법이다. 실제 음식보다야 못하겠지만 상당히 효과가 있으며 정신적인 배고픔은 상당히 해소된다. 아마, 실제로 음식을 먹을 때 활성화되는 뇌부위와 동일한 뇌부위가 활성화될 것이다. 뇌에서 뇌로 직접적으로 자극을 생성하는 것이다. 일종의 지름길이다. 이 경우 상상력이 강할수록 효과가 있다.

꿈도 일종의 해소책이다. 깨고 나서 아쉬워하지만 실제로는 뇌가 상당한 흥분과 만족감을 느꼈을 것이다. 상당수 무당이 결혼을 하지 않고, 모시는 (귀)신과 꿈속에서 합궁의 즐거움을 누린다. 무당은 꿈이었다고 아쉬워하지도 않는 것 같다. 무당에게 꿈과 현실의 경계선은 분명치 않다.

부처님을 그리워하는 이들이 부처님을 마음의 화면에 떠올리는 반주삼매가 있다. 부처가 육안으로 보이는 것처럼 입체와 색깔을 가지고 나타난다. 소위 염불선이다. '염불로 천만 번 본다한들 눈으로 한 번 보는 것보다 나을까'라는 속담도 있으나, 상당히 그리움이 해소될 것이다. 그리워하는 것은 자연적인 현상이다. 좋아하던 대상에 길이 든 뇌가 동일한 자극을 원하는 것이다. 뇌가 동일한 자극에 배고픈 것이다. 상상을 통해서 옛일을 뇌속에 최대한 재현하거나 대상과의 상상만남을 통해서, 동일한 뇌부위를 활성화시켜 그리움을 해소하는 것이다. 세속적인 그리움도 명상을 이용해서 해소할 수 있다. 부모에 대한 그리움도, 부모를 만나 포옹하고 손잡고 얘기하는 것을 강하게 상상하는 관상명상visualization을 하면, 많이 해소될 것이다.

실제에 의한 만족과 상상에 의한 만족 사이에는, '무엇이 실제만족인가' 하는 미묘한 문제가 있다. 실제를 이용하건 상상을 이용하건 뇌(마음)를 위로하면 되는 것인가? 상상은 실제가 아닌가? 상상은 더 상위차원실제의 일종은 아닌가? 실제만족이 아니라면 아무리 괴로워도 거부하여야 하는 것인가? 오해로 인한 미움이나 사실로 인한 미움이나 그 순간의 미움은 동일한 것 아닌가?

오해가 해소되듯이, 사실이 오해로 둔갑하기도 한다. 우리가 살아있을 때 느낀 감정의 근거가 되는 사건이 죽은 후에 거짓으로 밝혀진다면, 우리가 느꼈던 감정은 다 거짓이 되는가? 그 감정들이 준 행복감은 다 거짓인가? 그렇다면 불행하게 산 것인가? 그럼 누가 그 불행으로 괴로움을 느낀 것인가? 그 사건이 거짓이긴 한데 아무도 그 사실을 모른다면 이 경우는 어떻게 해석해야 하는가? 먼 미래에 누군가 사실여부를 가려줄 때까지, 우리가 느끼는 행복감을 유보해야 하는 것일까? 그렇다면 우리의 행복은 이 순간에 결정될 수 없다는 말인가? 그냥 열심히 살다 죽어 사라진 그때서야 우리의 행복이 뒤늦게 결정되는 것인가? 도대체 무슨 말을 하고 있는 것인가?

어느 경우든지 부인할 수 없는 물리적인 진실은, 해당 뇌부위가 실제로 인한 자극과 동일한 자극을 받았다는 것이다.

🔁선불교禪佛敎의 가르침에 의하면 우리는 현재에 살아야 한다. 과거도 아니고 미래도 아니고 현재에 살아야 한다. 그것이 거짓이건 참이건 간에.

중국 당나라 때 사천성에서 신라왕자 무상 스님無相 684~762이 창건한 정중종淨衆宗의 가르침은 무억無憶·막망莫妄·무념無念이다. 과거를 기억하지 말고 미래를 도모하지 말고 오로지 현재에 살라는 말이다.

거대한 용량의 10만 기가 바이트 '생체 컴퓨터' 뇌를 지닌 인간이 뇌에 저장된 정보인 과거를 되새김하지 않고 살 수는 없는 일이며, 거울세포가 있는 인간이, 지능이 있는 인간이, 물리적인 운동의 궤도를 미리 알 수 있는 인간이, 천체의 운행을 예측할 수 있는 인간이, 그리고 봄이 가면 여름이 온다는 것을 아는 인간이 미래를 도모하지 않고 살 수는 없는 일이다.

만약 승려들이 그리 살 수 있다면, 이는 다른 세속인간들이 대신 과거를 돌아보고 미래를 도모해주는 덕이다. 따라서 무상이 말한 것은 문자 그대로의 뜻이 아니다. 단지, 무상은 인간(존재와 정체성)의 순간성瞬間性 일시성 임시성을 말한 것뿐이다. 인간의 존재는, 무아론無我論적인 통찰에 의하면, 순간적인 존재일 뿐이다. 모든 시공을 관통하는, 변하지 않는 실체나 주재자로서의 나는 존재하지 않는다. 인간이

심리학과 종교

무엇을 하든지, 영원한 시점에서의 눈으로 인간을 재단裁斷하고 비판할 수 없다는 말이다.

이 점에서 진화론은 인간을, '신이라는 절대군주 독재자Celestial Dictator'로부터 그리고 무한시점에 위치한 하늘눈Eye in the Sky. 라스베가스 등의 도박장에서 손님들을 감시하기 위해 천장에 설치한 감시 카메라으로부터, 해방시키는 위대한 발견이다.

무상이 주장하는 바는, '과거와 미래에 투사한 주재적主宰的인 실체로서의 사고'를 바로 번뇌·망상이라고 하는 것이다. 이런 번뇌와 망상이 사라진 사람은, 자아에 집착하지 않으며, 자아의 필요사항을 충족시키고 시중드는 노예나 하인의 신분에서 벗어나게 된다. 그러면 그는 더 이상 과거와 미래에 연연하지 않는다. 그는 영원한 현재에 살게 된다. 사실은, 그렇게 사는 그조차 존재하지 않기에, 선불교는 인간이 어설프게 입을 여는 순간 몽둥이질을 해대면서, 귀먹먹하게 고함을 질러대면서 개구즉착開口卽錯 입을 여는 것이 바로 그르친 행동이라고 꾸짖는 것이다.

▤미국의 전설적인 증권투자가 제시 리버모어Jesse L. Livermore 1877~1940는 무일푼으로 출발하여 지금 가치로 수조 원의 거부를 이루었지만, 그 후 수차례 파산을 거듭했고 그때마다 불사조처럼 부활했다. 그는 선물투자의 귀재였는데 마지막 파산을 하고는 권총자살로 생을 마감하였다. 아마 60대 고령의 나이로 인하여, 더 이상 파산의 충격을 감당할 힘도 그리고 재기할 기력도 없었을 것이다. 한때 하인을 13명이나 두고, 롱아일랜드 저택과 월스트리트 사이를 100미터가 넘는 요트로 출퇴근하며, 초호화판으로 살던 부자가 결국 그 많은 재산을 다 날리고 스스로 목숨을 끊을 줄 누가 알았겠는가. 그는 증시에서 다 털린 자로 죽었다. 공매도의 달인이었던 그가, 불안한 마음에 악마를 상대로 자기 인생을 공매도 걸었다가, 파산하지 않으려고 자신

을 폭락시킨 것은 아닌지 알 수 없다. 이러나저러나 결국은 망하게 되어있는 기묘한 공매도였다. 솔론 말 맞다나, 죽기 전에는 자신이 승자인지 패자인지 아무도 모른다.

그러나 '죽기 전에는 감히 행복하다고 말하지 말라'는 솔론의 이 말은 기독교적인 세계에서나 유효한 말이다. 무한히 윤회하는 불교나 힌두교적인 세계에서는, 한 생으로는 승패를 결정할 수 없다. 여래 생이 걸리는 심모원려한 일을 도모할 때 더욱 그러하다. 특히 영적으로는, 최후의 해탈을 성취할 때까지는 아무도 승패를 알 수 없다.

제철 과일과 제철 인생

남의 게 더 커 보인다 〈불행의 제1법칙〉
비싼 게 더 좋아 보인다 〈불행의 제2법칙〉

한때 짜장면 논쟁이 붙은 적이 있다. 왜 짜장면에는 양파가 그렇게 많이 들어가 있냐는 불평이었다. 진실은 이렇다. 원래는 감자가 많이 들어갔는데 감자가 비싸지자 양파로 바뀐 것뿐이다. 만약 양파가 더 비싸지면 다시 감자로 바뀔 것이다.

지금은 금처럼 비싸다고 금갈치라 불리는 갈치는 필자가 어린 시절에는 헐값이었다. 그때는 오징어 명태 고등어 꽃게 등 해산물이 무척 쌌다. 해산물요리를 좋아하는 어머니 덕분에 매일매일 해산물로 포식을 했다. 그런데 지금은 갈치가 매우 비싸졌다. 반면에 조기는 예전에 무척 비쌌다. 심지어 부자도 감히 먹지는 못하고 천장에 매달아 놓고 밥 한 숟가락 뜨고 조기 한 번 쳐다본다 할 정도로 비쌌다. 그러나 지금은 무척 싸졌다.

어떤 이들은 비싼 것만 골라 사먹으면서 크게 만족감을 느낀다. "이게 얼마나 비싼 건 줄 아세요? 한번 드셔 보세요" 하면서. 감자가 비싸면 감자를 사먹고 양파가 비싸면 양파를 사먹는다. 갈치가 비싸면 갈치를 사먹고 조기가 비싸면 조기를 사먹는다. 귀하고 비싼 것을 사먹는다는 것에 성취감을 느낀다. 마치 조선시대 효자가 어머님께 드리려고 겨울 산 속을 헤매다가 눈 속에서 딸기를 발견한 것처럼…

그런데 거꾸로 매년 싼 것만 사먹어도 평생 먹는 과일양은 부자나 비슷하다. 과일값은 특정과일이 어느 해는 쌌다 다른 해는 비쌌다 하는 식으로 돌고 돌기 때문이다. 30년 전에는 바나나 한 개 값이 천 원이었다. 지금 돈으로 만 원에 육박한다. 지금은 바나나 한 개에 300원 정도이니 30배나 싸졌다. 당시는 수박이나 참외가 헐값이었다. 그러니 그때 수박·참외를 실컷 먹고 지금은 바나나를 실컷 먹으면 된다. 거꾸로 그때 바나나를 주로 먹고 지금 수박·참외를 주로 먹는 것은 돈만 많이 들 뿐이다. 이리하나 저리하나 죽을 때까지 먹는 과일양은 비슷할 것이다. 오히려 쌀 때 싼 과일을 먹는 것이 더 많이 먹을 수 있다. 비싸면 부자라도 많이 먹기 힘들다. 심리적으로, 무의식적으로 위축되기 때문이다.

뿐만 아니라 제철 과일은 더 맛있기도 하다. 수박은 겨울에 먹지 말고 여름에 먹는다. 겨울에는 값싸고 맛있는 캘리포니아 산産 수입 오렌지를 먹고, 여름에는 값싸고 맛있는 국산 포도를 먹는다.

인생도 그렇다. 젊은 시절에는 젊음 그 자체가 주는 싱그러운 즐거움을 누리면 된다.

그냥 자연 속을 걷기만 해도 황홀감이 솟아오른다. 발가락 꼬물거림 하나, 손가락 짓 하나, 등 근육을 타고 흘러내리는 땀방울 하나, 바람에 흔들리는 머리카락 움직임 하나, 혀 위를 탱그르르 굴러가는 탄산음료 한 방울, 눈물 나도록 매섭게 찌르고 도망가는 청량고추 한 조각, 허블망원경 위에 쏟아져 내리는 은하계들처럼 사방에서 몰려오는 소리의 교향곡 한바탕, 때로는 두껍고 때로는 얇은 능라綾羅비단장막 뒤에 숨겨진 지밀한 마음의 탐지 하나, 잊힌 지 오래된 기억까지도 불러내는 오묘한 사랑의 냄새 한줄기, 갑자기 밀려오는 색채의 향연, 옅은 초록색에 묻힌 연한 노란색 꽃 하나, 연두색 새순 한 오름, 오감을 통해 들어오는 것은 모두 가슴 떨리는, 신선한 환희를 불러온다.

젊은 시절에 친구를 사귀는 것은 사람에 대한 순수한 사랑의 발로이다. 연애 역시 마찬가지이다. 세상에 속고 시달리며 때로는 자신도 세상을 속이며 그렇게 닳고 낡아 가면 그런 순결한 사랑은 영원히 불가능해진다. 그러니 자연이 선사하는 제철 사랑과 제철 우정을 여한 없이 제때 즐겨야 한다.

아직 출시된 지 얼마 안 되는 마음에는, 눈부신 첫 햇살에 바르르 떠는 풀잎 위 맑고 투명한 이슬방울 같은 마음에는, 새로운 지식과 앎의 충격으로, 무료 경이감이 찾아온다. 늙으면 눈이 침침해지고 두뇌는 둔해져서 더 이상 그런 즐거움은 불가능하다.

늙으면 기력이 쇠잔해지고 건강이 안 좋아져서 움직임조차 귀찮고 싫어진다. 그러니 경치 좋고 기후 좋은 곳에 안락의자를 놓고 우두커니 앉아 경치를 감상하거나, 따뜻한 햇볕 아래 꾸벅꾸벅 조는 것이 최선이다. 생생하고 생동감이 넘치는 젊은 날의 동영상은, 웅웅거리는 알 수 없는 소리를 배경음악으로, 비 내리는 낡은 아날로그 필름 위를 미끄러지며 졸음 속으로 '페이드아웃'한다.

젊은 시절에 공연히, 경제적으로 여유가 있을 장년이나 노년만 꿈꾸다가 정작 그때가 왔을 때는 힘이 없어 즐기지 못한다. 역으로 노년이 되어서도, 노년이 주는 '광폭한 호르몬과 사나운 욕망이 사라진 평화로움'을 즐기지 못하는 것 역시 '어리석게도 제철 과일을 즐기지 못하기'는 마찬가지이다. 젊은이들처럼 날뛰다가는 즐거움은 고사하고 오히려 근육은 상하고 관절은 삐어 죽도록 고생하기 십상이며, 기력 고갈枯渴로 천수天壽를 누리지 못하고 빨리 죽는 수도 있다. 그러니 인생도 그때그때 제철 행복과 제철 즐거움을 누려야 한다. 이것을 시간으로 미분微分하면, 매일 매순간 제때 행복과 제때 즐거움을 누려야 한다는 말이 된다.

제철 과일은 값도 싸고 맛도 좋다!

☷송나라 사신 서긍이 남긴 『선화봉사고려도경』에 의하면 고려시대에는 돼지고기는 왕공과 귀족들이 먹었고 전복은 백성들이 먹었다. 그런데 지금은 거꾸로, 돼지고기는 서민들의 음식이고 전복은 부자들의 음식이다. 사람들은 비싼 음식을 먹으면 즐거워한다. 심지어 더 맛있다고 느끼기까지 한다. 하지만 음식가격은 음식의 내재적인 성질이 아니라 생산비용과 수요·공급에 의해 결정되는 가변적인 성질일 뿐이다. 음식에는 지위고하가 없다. 그에 비해 맛은 내재적인 성질이다. 가격이 맛을 다르게 느끼게 한다면, 이는 대뇌신피질이 만들어내는 환망공상의 작용이다.

본문의 내용을 윤회에 응용할 수 있다. 윤회가 참이라면, 금생에는 금생에 가장 헐한 음식을 먹으면 된다. 비싼 음식은, 언젠가 그 값이 헐해지는 내생에 먹으면 된다. 서긍의 기록처럼 전복 값이 헐한 고려시대의 전생에서는 전복을 많이 먹고, 금생에서는 돼지고기를 많이 먹으면 된다. (과거에는 동서양을 통해서 돼지고기는 비싼 고급음식이었다. 돼지가 인간과 같은 것을 먹지만 부려먹을 수 없는 짐승이었기 때문이다. 하지만 지금은 농업혁명과 화학비료와 농업기계화가 가져온 대량의 잉여농산물로 인하여 공장식 축사에서 대량으로 사육하여 돼지고기 값이 똥값이 되었다.) 거꾸로 하면, 비싼 가격으로 돈도 많이 들고 충분히 먹지 못해 욕구불만에 걸린다. 무수한 윤회를 통해서 돌고 도는 게 음식가격이라, 각 생에서 그때 가장 헐한 음식을 먹으면 된다. 그러면 돈도 덜 들 뿐만 아니라, 더 많이 먹을 수 있다. 무한히 윤회를 거듭하다 보면 결국 모든 음식을 다 충분히 맛보게 될 것이다. 인간으로 환생하지 않아도 좋다. 늑대로 환생하면 날고기를 마음껏 먹고, 염소로 환생하면 야채를 마음껏 먹는다. 그러면 긴긴 윤회를 거치면서 먹을거리에 대한 욕구불만이 해소되어, 늑대나 염소와 친구가 될 수 있다. 만화영화 「폭풍우 치는 밤」에서처럼. 이처럼, 아직 깨달음을 못 얻었어도 슬기롭게 살면 훨씬 더 행복해진다. 행복한 윤회의 비밀이다.

제철 과일과 제철 인생

하마터면 교주가 될 뻔한 사연

아무나 교주가 되는 게 아니다
자기를 속일 수 없으면 남을 속일 수 없다

1980대 후반에 청학동에 간 적이 있다. 당시 필자는 30대 초반으로 아직 미혼이었다. 시간만 나면 산으로 직행하는 푸릇한 젊음으로 힘이 넘치는 시절이었다. 불교에 심취하여 어딘가 깊이 그윽이 숨어있을 도를 찾아 심산深山으로 유곡幽谷으로 적정처寂靜處를 찾아 다녔다.

어느 늦은 봄 청학동을 찾았다. 누만累萬 년 삶의 기쁨과 슬픔이 짙게 베어든 벚꽃이 강바람에 날리는 끔찍하게도 아름다운 섬진강변 하동에서 탄 버스가 산길을 돌고 돌아, 대나무밭을 지나, 아무도 잡고 늘어지지 않는 오르막길을 공연히 끙끙대며 올라, 지리산 자락 한 봉우리의 8부 능선에 도착했다. 입구에 자리 잡은, 새로 지은 듯한 정갈한 초가지붕 민박집에 짐을 풀었는데, 주인 할아버지는 이 마을의 촌장이었다. 당시 청학동은 조선시대 옛 모습을 그대로 간직하고 사는 특이한 마을이었다. 사람들은 상투를 틀고 수염을 기르고 두건을 쓰고 한복을 입고 초가집에 살았다. 어린아이들은 남자아이들도 길게 머리를 땋았다. 초등학교는 한복에 댕기 두른 머리로 책보자기를 둘러매고 달음질쳐 다녔다. 마을에는 한문을 가르치는, 코에는 동그란 뿔테 안경을 걸치고 머리에는 정자관程子冠을 쓴, 염소수염을 단 훈장님이 천장 낮은 컴컴한 서당에 경상 위의 서책을 마주하고 웅크리고 앉아 있었다. 완만한 능선비탈에 자리잡은 마을은 집집마다 토종벌을 쳤다. 영화 '동막골'의 풍경과 흡사했다.

청학동은, 강증산1871-1909이 30살 되던 해인 1900년에 창시한 증산교의 일파로서, 유불선합일갱정유도교儒佛仙合一更正儒道教라는 기다란 공식명칭을 지닌 종교공동체이다. 원래는 구한말 동학란, 청일전쟁, 임오군란, 갑신정변, 민비시해 등의 난으로 극도로 혼란스러운 세상을 피하여 흘러들어온 사람들이 이룬 마을이었다. 청학동은 높게 달린 마을 스피커에서 힘차게 흘러나오는 태을주 '훔치훔치 태을천 상원군 훔리야도래 훔리함리사바하' 주문과 함께 새벽을 맞았다. 일 분 전에 구한말 사진에서 튀어나온 듯한 형상의 촌장 할아버지가 건넨 명함에는 '총무'라는 현대식 직함이 박혀있었다.

민박집에 머무는 동안 주인인 촌장님 집 사랑방에서 촌장님과 겸상으로 식사를 하였다. 매끼, 치마저고리를 입은 젊은 외댕기머리 처자가 둥근 나무밥상을, 두 손으로 들고, 들여오고 내갔다. 눈은 아래로 내리뜨고 나갈 때는 뒷걸음쳐 나갔다. 둥근 얼굴에 조신하고 참한 여인이었다. 20대 초반의, 한창 물이 오른 촌장의 막내딸이었다. 울퉁불퉁한 흙바닥에 얇게 발린 장판지 위를 마이클 잭슨의 문워킹moon walking처럼 미끄러지듯이 후진하는 처자의 보법이 눈부셨다. 방문에 이르러 몸을 돌리는 몸짓 또한 야생 암고양이처럼 날렵했다. 그럴 때면 여인의 마음에 이는 물결처럼 길게 땋은 머리가 흔들렸다. 그런데, 열린 사랑방 문을 통해서, 마당 장독대의 매끈한 항아리에 쏟아진 늦봄 햇빛에 반사된, 짧게 커트한 머리에 알록달록 양장을 한 여인이 눈에 들어왔다. 뚝배기에 담긴 스파게티처럼, 또는 헛간에 놓인 양변기처럼 어색한 풍경이었다. 누구냐고 묻자 큰며느리라고 했다. "어느 해 저절로 굴러 들어왔다"는 촌장의 간결한 설명이 뒤따랐다. (돌이켜보면 머지않아 청

하마터면 교주가 될 뻔한 사연

학동에 닥칠 거대한 변화에 대한 예고였다.) 대구에서 간호학교에 다니던 처녀들이 청학동에 놀러왔는데, 그중 한 명을 그냥 눌러 앉혔다는 것이다. 마당에 날아 들어온 까투리를 포획한 듯, 굴러들어온 복에 몹시 만족스러워하는 표정이 역력歷歷했다. 도회지 처녀를 한 번에 낚아채다니, 재주도 좋으시다. 아니면 아들을 잘 두셨던지. 촌장은 숟가락 끝을 밥상 중앙에 놓인 간장종지에 담가 숟가락에 조선간장을 묻히고는, 숟가락을 유기 간장종지 안쪽 모서리에 '팅' 하고 경쾌한 금속소리가 나게 부딪혀 숟가락에 담긴 과도한 간장을 털어냄으로써 숟가락이 입까지 이동 중에 간장방울이 음식·수염·옷·방바닥 등 어문 곳에 떨어지는 불상사를 미연에 방지한 다음, 숟가락에 얇게 둘러진 간장을 맛보아 식욕을 돋우는 정교한 의식으로 식사를 시작했다. 콩나물을 먹을 때는 고개를 쳐들고, 입을 하늘을 향해 크게 벌리고는, 하늘에서 콩나물을 입구멍으로 자유낙하시켰다. 입을 위아래로 뒤덮은 숱이 많은 멋진 수염을 참기름이나 고춧가루로 더럽히지 않고 식사를 하는 효율적인 방법이었다. 인간은 짐승처럼 밥그릇 위로 고개를 숙이고 먹는 법이 아니다. 이때만큼은 대들보 위를 뛰어다니던 쥐들도 혹시나 깊은 구멍으로 추락할세라 숨을 죽였다.

하루는 마을이 부산했다. 마을제사를 지내는 날이었다. 마을사람들이 모두 동원되어 돼지를 잡아 삶고, 생선구이·과일·떡·부침개 등 제사음식을 준비하여 뒷산에 올랐다. 한 시간 정도 산을 탔다. 지리산 연봉이 눈앞에 좌우로 파노라마처럼 펼쳐지는 정상에서 푸른 하늘을 향해 제사를 지냈다. 이런 장엄한 풍경에 어찌 하늘을 향해 머리가 숙여지지 않으랴. 서당 훈장이 소지를 하는 것으로 제사를 마무리하였다. 종이 타는 연기가 맑은 하늘로 흩어지자 갑자기 마을사람들에게 허기가 닥쳤다. 사람들은 손을 벌리고, 훈장이 큰 돌 위에 서서 나눠주는 문어·돼지고기 편육 등의 음식을 맛있게 받아먹었다. 선생은 공허한 말씀이 아니라 복된 음식으로 마을사람들을 축복했다. 하산길에 멋진 돌을 발견한 총무 할아버지는 그 무거운 돌을 60대 노인 어깨에 얹고 날 듯이 산길을 내려왔다. 마을사람들은 뒤에서 영감이 욕심이 많다고 쑥덕거렸지만 노인은 아랑곳하지 않았다. 그날 이후로 그 돌은 민박집 마당에 정착하여 빼어난 자태를 뽐냈다. 그런데 마당에는 그 돌말고도 산에서 납치된 돌들이 즐비했다. 촌장은 돌 유괴 초범이 아니었으며, 마을사람들의 쑥덕거림이 다 근거가 있음이 밝혀지는 순간이었다.

어느 날 촌장이 긴히 말을 건넸다. 강 교수님, 여기서 한 삼 년만 지내다 가시면 참 좋으실 텐데… 촌장의 제안은, 뭐가 어떻게 좋은지 알 수는 없었지만, 근자의 그 유명한 산수유액 광고처럼 뭐라고 딱히 설명할 수 없는 매력이 있었다. 올림픽도 무한경쟁도 없는, 시간이 멈춘 듯하고 좌반구 대뇌신피질에 아련한 졸음을 던지는 묘한 매력이 있었다. 촌장의 눈에는, 내가 굴러들어온 사윗감으로 보인 것일까? 혹시 내가 마당에 날아든 장끼처럼 보였을까? 이 야릇한 매력이 큰며느리를 낚은 맛있는 미끼일까? 3년을 머물면, 매끼 밥을 내오는 처자와 나는 무슨 인연을 만들어 갈 수 있을까? 떡 주인 생각은 알 길이 없는데 어떤 떡을 받아먹을까, 혼자만의 상상으로 며칠이 훌쩍 지나가고 말았다.

그 후 가끔 그때 일을 회상할 때면, '만약 청학동에 눌러앉았더라면 통일교의 황금 성씨인 문씨처럼, 강씨라는 증산교 창시자 강일부의 성씨의 덕을 보아 청학동 교주가 되지 않았을까' 하는 상상을 담배연기처럼 눈앞에 동그랗게 만들어 띄웠다가 머리를 흔들어 흩어버리곤 했다. 진실로 낭만적인 시절이었다. 그 시절은, 그 후 천민자본주의와 신자유주의의 광풍에 휩쓸린 한반도에 다시 오지 않을 시절이었다. 그때 경험은 지리산 자락에서 우연히 발견한 잘생긴 돌이었다. 그 돌은 내 마음에 무겁게 들어앉아 때때로 알 수 없는 아쉬움과 향수로 마음을 아리게 한다.

10년이 넘어 다시 찾아간 청학동은, 더덕·두릅·도라지 냄새를 풍기던 흙길은 아스팔트로 뒤덮이고, 산머리에 넓은 주차장과 여관과 음식점들을 싸지른 관광지로 변신해 있었다. 세속이 지근거리인 저 아래 섬진강은 고조선 시대와 별반 다름없이 유장히 흘러가건만 세속에서 멀리 떨어진 외진 산 위에선 천지개벽이라 할 만한 급격한 변화가 일어나고 있었다. 초가집들은 사라지고 한반도를 반쯤 휩쓴 사교육열풍 덕으로 큼직한 예절교육 사교육시설들이 육중한 시멘트 건물로 자리 잡고 있었다. 만약 그때 할아버지 제안에 따라 청학동에 남았더라면 교주가 아니라 청학동 수학 사교육 강사로 이름을 날리지 않았을까. 여름학기 청학동 예절·수학 동시학습반 선착순 모집! 전前 포항공대 교수, 미국 수학박사 특별지도! 아흐!

청학동 지리산 숲속에 두 갈래 길이 있었습니다. 한쪽은 사람이 많이 다녀 발자국이 잘 나 있었고 다른 쪽 길은 인적이 드물었습니다. 나는 발길이 잦은 길을 택했습니다. 이제는 다시 갈 수 없는 인적 드문 길. 설사 그 길을 택했어도 그 길은 미처 다 걸어가기 전에 사라지고 말았을 겁니다. 그 길이 그 후, 얼마 되지 않아, 몹시 부산한 길로 커졌기 때문입니다.

目도道가 심산유곡에 있는 것이라면, 그 심산유곡은 마음속에 있는 심산유곡이다. 밖에 있는 심산유곡은 국토개발, 관광지개발, 도로건설, 터널공사, 송전탑공사, 레이더기지 건설, 군사시설 건설, 산사태, 지진, 지각변동 등으로 내 의지와 전혀 상관없이 하루아침에 사라질 수 있지만, 내 마음속의 심산유곡은 다른 사람이나 국가나 사회가 훼손毁損하거나 침해侵害하거나 침탈侵奪할 수 없다. 그러므로 청학동 주민들이 찾아다니던 십승지十勝地 난을 피할 수 있는 10군데 뛰어난 장소는 바로 우리 마음속에 있다. 심풍心風과 업풍業風에 휘둘리지 않는 마음은 진정 십승지 중의 십승지이다.

도를 찾아 밖으로만 치구馳驅하던 젊은 시절이 어리석기도 하지만

동시에 몹시 그립기도 하다. 용솟음치고 약동하는 생명의 기운은 진
실과 거짓을 그리고 선과 악을 모두 초월하기 때문이다.

하마터면 교주가 될 뻔한 사연

기억상실^{형벌}과 윤회

형벌은 기억력이 있는 자에게만 유효하다

요즈음 발달한 뇌과학에 의하면 뇌신경세포의 시냅스 간의 전기화학적 신호전달을 용이하게 하는 약물이 있다고 한다. 이 약물을 사용하면 기억력이 증가한다고 한다. 아직 부작용부재가 증명되지 않아 사용되지 못할 뿐이라고 한다: 망각이 약이라는데 괴로운 기억이 더 선명해지면 끔찍한 부작용일 것이다. 기억력 증진제가 가능하다면 기억력 억제제도 가능할 것이다. 과학이 더 발달하면 언젠가 기억을 없애는 약이 개발될 것이 분명하다. 그것도 선별적으로 특정한 기억(괴로운 기억)을 없애는 것이 가능해질 것이다. 끔찍한 사건으로부터 겪는 외상후 스트레스^{post-traumatic stress}나 참전용사들이 겪는 플래시백^{flash-back} 등의 고통을 해결할 것이다. 이 약을 형벌에 응용해보자.

살인 등 중범죄를 저지른 사람을 처벌하기 전에 이전의 기억을 모두 상실케 하는 약물을 투여한 다음에 강제노동·독방감금 등 엄한 처벌을 하자. 그리고 같이 지내는 자들도 모두 기억상실처벌을 받은 자들이라 하자. 이 경우 처벌은 이들에게 무슨 효과가 있을까? (효과가 있다면 이들에게가 아니라 다른 사람들에게 경고의 의미가 있을 뿐이다.) 여기에 더해서 대통령과 사법기관 등 소수 지배층만 알고 나머지 시민들은 모두 이 범죄자들에 대한 기억을 상실당했다고 하자. 이 경우에는 경고의 의미조차 없다. 그렇다면 도대체 이 처벌은 어떤 의미를 지니는 것일까? 사람의 정체성을 기억이 결정한다고 볼 때, 기억상실형이란 그 사람을 없애는 것과 동일할 것이므로 대단한 형벌이 될 것이다. 아마 사형과 같을 것이다. 인권의식이 강해져서 물리적인 사형이 불가능해진 오늘날, 기억말살형은 사형의 대안이 될 수 있을 것이다(후에 판결이 잘못된 것으로 밝혀질 경우에 기억말살형은 사형과 달리 원상복구가 가능하다. 대단한 장점이다. 현대의 발전된 DNA판독기술로 이미 사형당한 사람의 무죄가 밝혀지는 경우가 있다). 자신이 누구인지 그리고 무슨 짓을 했는지는 모르나, 이 형벌로 인한 고통은 주변사람들이 당신이 형을 받아서 기억이 없는 것이라고 말해주는 것으로부터 올 것이다(이것이 바로 전생을 기억하는 고승이나 요기의 가장 중요한 임무 중 하나이다. 난 괜찮다고 하는데도, 아니라고 괴로워해야 한다고 그리고 그래야 정상이라고 하며 괴롭힌다).

로마제국의 형벌 중에 기록말살형이라는 것이 있다. 심각한 범죄를 저지른 공직자의 기록을 모조리 없애는 것이다. 만약 전쟁영웅이라면 전승의 기록을 모조리 없애는 형벌이다. 후세에 길이 이름이 남는 것을 방지하는 것이다. 이것은 미래의 정체성을 없애는 형벌이다. 기억상실형이 현재의 정체성에 대한 형벌이라면, 기록말살형은 미래의 정체성에 대한 형벌이다.

전생에 대한 기억이 전혀 없는 우리는 모두 기억상실형을 받은 것이다. 윤회란 기억상실형 벌이다. 윤회를 받아들이는 순간 우리 모두는 기억상실형 벌을 받은 전과 수만범들이다. 지구 밖까지 치면 전과 무한범들이다. 치열한 수행을 통해 득도의 경지에 오른 고승들이 전생을 기억하게 된다고 하는 것은, 수행이 기억상실형 처벌을 벗어나게 하는 특수노역형 또는 독방수감형이라는 것을 의미한다. 세상 즐거움(재욕,

성욕, 식욕, 명예욕, 수면욕의 5욕을 채우는 즐거움)을 뒤로한 채 폐관하고 장좌불와로 수십 년을 보냄이 어찌 형벌이 아니랴.

▤ 기억상실형을 받고 정해진 기간을 복역한 범죄자에게 기억회복을 시키려할 때 범죄자가 기억회복을 거절할 경우 어떻게 할 것인가? 인간에게 망각의 권리가 있는 것인가? 기억말살형을 사형에 버금가는 형벌로 보면 기억회복 거부는 일종의 자살행위인데 자살방조는 불법행위 아닌가? 그럼에도 불구하고 기억회복 거부를 합법화하는 경우 그리고 기억회복 거부를 한 전과자가 재범을 하는 경우, 강제로 기억을 회복시키는 것도 형벌이 될 수 있을 것이다. 기억회복은 기억상실형과 마찬가지로 형벌이 될 수 있다. 사람에게 망각이 없으면 기억의 무게에 짓눌려 살 수 없을 것이라고 하는데, 다시 떠올리기 싫은 끔찍한 기억이야 말할 나위도 없을 것이다. 미셸 푸코는 저서 『감시와 처벌: 감옥의 역사』를 통해 일체의 자유의 구속에 항거한다. 기억상실형이나 기억회복형이나 자유의 구속임이 분명하나, 이 구속은 현재시점의 구속일 뿐이다. 과거·현재·미래를 동등하게 볼 때, 또는 현재에 큰 영향을 미치는 과거와 미래의 중요성에 비추어볼 때, 현재의 구속을 통해 과거와 미래를 자유롭게 할 수 있다면 꼭 구속이라고만 할 수 없을 것이다.

관점이나 이해가 달라지면 해석이 달라질 수 있다. 새로운 관점과 해석은, 인간을 과거의 무게로부터 해방시킬 수 있으며, 자유로운 미래의 창조자이다.

▤ 민중의 항거로 무너진 독재자에게 기억회복형 벌을 내리면 재미있을 것이다. 예를 들어 작은 몸집의 이 독재자가 어린 시절에, 등치 크고 힘세고 심술궂은 꼬마 폭군bully에게 줘맞아, 코피가 터지고 과자를 뺏기고 주머닛돈을 강탈당하던 자존심 상하는 쓰라린 기억을 강

심리학과 종교

제로 되살려주는 벌이다. 그것도 그 기억이 시도 때도 없이 기습적으로 자주 떠오르도록 조처한다. 그 시절에 가늘고 긴 억센 손가락에 날카롭게 똥침까지 당한 적이 있다면 효과는 배증된다. 취조실에서 식당에서 화장실에서 휴게실에서 자리에 앉으려 할 때마다, 혹은 무심결에 다리를 벌리고 서 있다가, '똥침~' 하는 환청과 함께, 소스라치게 놀라며 진저리를 칠 것이다.

🈺 기억회복형은 정신적인 능지처사凌遲處死 살점을 조금씩 발라내어 고통 속에서 서서히 죽게 하는 형벌에 해당한다.

🈺 기억을 물타기해서 옅게 만드는 것이 명상이다. 즉, 기억의 농도를 낮춰 독성을 약화시키는 것이 명상이다. 기억의 무게를 더는 것이 수행이다. 숨 막히게 찍어 누르는 기억의 무게를 견디어낼 수 있도록 마음의 근력을 강화시키는 것이 수행이다. 물론 불교에 의하면 기억대상이나 기억이나 기억의 주체는 본시 없다. 단지 연기적인 현상일 뿐이다.

전생 기억 진화

전생에 대한 기억은 진화의 역사에 대한 왜곡된 기억이다

후대 제자들은 명상 중에 자기 마음에 일어난 현상을 전생으로 오해해 부처님의 가르침을 왜곡했다

수행자가, 보리수 아래서 깨달음을 얻은 그날 저녁, 삼명三明, 즉 세가지 신통력인 천안통天眼通 육안으로 볼 수 없는 것을 보는 능력, 숙명통宿命通, 누진통漏盡通 번뇌가 없는 것을 얻었다. 이 중, 숙명통은 과거생 즉 전생을 보는 초능력이다.

수행자는 자신의 무수한 전생을 기억해냈다. 문자 그대로 무수한 생이다. 한 생, 두 생, 100생, 500생, 1,000생이 아니라 무수한 생이다. 불교철학에 따르면 중생이란 생겨나거나 멸하는 것이 아니라, 알 수 없는 먼 과거부터 존재해 온 것이기 때문이다(누구나 나이가 무한 살이다!). 이 가없는 생명은 우주의 주기적인 성주괴공成住壞空 생겨나 머물다가 무너져 없어지는 것에 따라 수명이 같이 증감하면서 육도윤회를 한다. 무한한 시간 동안 유한한 수명의 생사를 되풀이하므로 무수한 전생이 존재한다.

윤회를 통해 축적된 전생의 기억이 아니더라도, 다른 식으로도 태어나기 전의 과거에 대한 기억의 축적이 가능하다.

현대물리학과 천문학에 의하면 우주는 생긴 지 150억 년, 지구는 생긴 지 46억 년 정도이며, 이 기간 동안 인류는 아메바, 어류, 파충류, 포유류를 거쳐 영장류로 진화해왔으며 뇌도 같이 진화를 하였다. 인간의 뇌는 파충류, 포유류, 영장류의 뇌로 삼중으로 구성되어있다. 진화란 있던 것을 없애고 새로운 것을 만드는 혁신이 아니라 기존의 것을 개량해서 쓰는 구조이기 때문이다(진화는 보수우파이다. 돈오돈수파가 아니라 점오점수파다). 그래서 뇌 저 밑 데이터베이스^{data base} 어딘가에는 먼지를 뒤집어쓴 과거의 기억이 방치되어 있는지도 모른다. 과거의 정신적인 정보와 기억은 집단무의식이라는 기억창고에 저장되어 있다는 것이 융의 주장이며 상당히 설득력이 있어 많은 학자들의 지지를 받아왔다.

기억(저장 복구 해석)이 반드시 개인차원에서만 작동하는 것은 아니다.

인류가 진화의 과정을 통해서 취득한 방대한 정보량에 비해서 턱없이 작은 '인간 뇌의 정보저장능력'으로 인하여, 각자 '조각기억'을 가지고 태어나 보존하고 있다가 다른 인간들의 조각기억들과 맞추어 문화를 복원하는지도 모른다.

물론 이런 일은 무의식차원에서 벌어질 것이다. 이런 예로는 개미가 가장 놀라운 후보이다. 개미의 뇌신경세포수는 50만 개로 인간의 20만 분의 1에 지나지 않는다(개미의 뇌 반경이 1mm라 하고 인간의 뇌 반경이 5.8cm라 하면 뇌의 용적비율이 1:200,000이 되어 뇌세포수비율과 일치한다). 인간에 비하면 뇌가, 없다고 해야 할 정도로, 작은 개미는 혼자서는 할 수 있는 일이 거의 없으나, 집단을 이루면 곤충의 가축화^{家畜}_化(진딧물 사육), 농업(버섯재배 농장 운영), 노예제도(포획한 적의 알을 부화시켜 노예로 부려먹는다), 군대제도, 유아원, 전국민 복지제도(개미는 늙어 쓸모없어져도 무리가 먹여 살린다), 고대 인간사회를 빼어 닮은 계급제도(노예, 농민과 공민, 군대, 왕), 복잡한 구조를 지닌 도시(개미굴), 대건축물(스페인의 가우디 성당을 닮은 개미집으로서 지상에 건설됨) 조성 등의 위대한 개미문화를 이루어낸다. 개개 개미가 조각기억을 가지고 태어나 서로의 기억을 짜맞추어 이런 복잡한 구조를 지닌 문화를 이루어낼지 모른다는 강력한 의심이 들지 않을 수 없다.

인간도 개미처럼 군집생명체라는 증거가 있다. 늑대아이나 침팬지아이는 인간문화를 다 잃어버릴 뿐만 아니라 문명세계에 돌아와서도 언어 등의 인간문화를 배우지 못함을 볼 때, 리처드 도킨스가 주창한 밈meme 문화유전자이론은 대단한 설득력이 있다. 아마 융의 집단무의식이란 하나의 가능태일 뿐이고, 집단무의식의 내적·외적 발현은 밈에 의해서 되는 것일 가능성이 높다. 이 점에서 인간은 군집생명체이며, 밈이란 인간이나 개미와 같은 군집생명체의 개별생명체가 각자 지닌 조각기억들을 연결해 기억유기체로 만드는 접착제 역할役割을 하는 것일 수 있다(필자가 개미도 밈이 있다고 주장하고 있음을 유의하시라). 즉 인간은 사회 속에서 인간이라는 얘기이다. 극단적으로 말하면 늑대아이나 침팬지아이처럼 어린 시절에 인간사회에서 유리되어 자란 인간은 인간이 아니다. 개미의 문화가 개개 개미 뇌 속에 있는 것이 아니라면, 인간의 문화도 개개 인간의 뇌 속에 있는 것이 아니다. 따라서 인간의 문화를 인간 정체성의 일부분으로 본다면, 인간은 '군집 전체가 하나의 생명체를 이루는' 군집생명체임이 분명하다.

기억창고를 불교용어로는 '장藏 창고'이라 하며, 무수한 전생을 거쳐서 획득한 일체의 정신적·물질적 경험과 정보를 저장하고 있는 의식의 창고를 '장식藏識' 또는 '알라야식'이라 부른다. 기억이 안 날 뿐이지 모두 저장되어 있다는 것이다.

뇌에 있는 1,000억 개의 신경세포는 각각의 세포가 1,000~10,000

개의 다른 신경세포들과 직접 연결되어있다. 뇌신경세포들은 축색돌기와 수상돌기라는 정보전달 고속도로를 통해서 정보를 직접 주고받는다. 뇌세포와 돌기들은 고정불변이 아니다. 즉 가소성이 있다. 그래서 뇌의 특정 부위를 많이 사용하면 그 부위의 신경세포수와 신경세포 간間의 고속도로수가 증가한다. 이는 전자현미경으로 관찰이 가능하다.

진화과정을 통해 몇 안 되는 뇌세포(군소라는 바다생물은 뇌세포가 30여 개 밖에 되지 않는다. 그런데도 잘 산다. 인간은 왜 뇌세포가 그렇게 많이 필요할까? 군소로 살면 뭐가 문제인가?)가 1,000억 개로 그리고 돌기는 500조 개로 어마어마하게 증가했지만 그리고 가소성까지 갖추었지만, 뇌의 저장능력은 그동안 습득한 정보량에 비하면 여전히 극히 작다. (현재 개개 인간 뇌가 저장하고 있는 어마어마한 정보량에 비추어보면 뇌에는 원자수준의 컴퓨터 또는 양자컴퓨터가 작동하고 있는지도 모른다.) 그러나 뇌가 커져도 처리해야 할 정보량이 동시에 증가하므로, 끝없는 악순환이다. 이 악순환을 크게 해결하는 방법은 기억저장 기능을 다른 사람들, 책, 논문, 컴퓨터, 인터넷 등에 외주outsource를 주는 것이다. 책의 도움이 없으면 인류문화 발전은 불가능하다. 그러므로 책도 인간 뇌(확장된 뇌)의 일부분으로 인정해야 한다. (책을 뇌의 일부분으로 인정하지 않는다면 언어도 인정하지 말아야 한다. 뇌 밖에 있는 언어가 책이기 때문이다.) 컴퓨터에 대해서도 같은 말을 할 수 있다. 뇌 일부가 손상된 사람에게 컴퓨터칩을 이식하여 뇌기능을 돕는 실험이 성공하였다. 그러니 컴퓨터까지야 그렇다 치더라도, 다른 인간들도 나의 확장된 뇌라고 주장한다면 당신은 놀라시겠는가? 인류는 생체 병렬컴퓨터이다! 진실로 인구가 늘지 않으면, 즉 병렬컴퓨터 사이즈가 커지지 않으면 폭발적인 과학문명의 발전은 불가능하다! 60만 년 전 이래로 전全 세계인구가 1,000명 정도로 유지되어 왔다고 상상해보라. 무슨 과학문명 발달이 가능할 것인가? 인간은 여전히 원시시대에 살고 있을 것이다. 그러므로 맬서스의 인구론을 무용화시킨 것은 인구증가를 훨씬 능가하는 기하급수적인 생산력을 가져온 생체병렬컴퓨터의 힘이다. 기하급수적으로 증가한 것은 인구가 아니라 생체병렬컴퓨터의 힘, 즉 과학의 힘이다.

기억도 생존경쟁을 하며 진화를 한다.

생명체가 생존하는 데 무수한 정보가 필요하다. 효율적인 생명체의 작동원리에 비추어보면, 실생활에 필요한 정보는 즉시 기억으로 불러올 수 있도록 현재의식 가까이에 저장되어야 한다(컴퓨터 용어로 캐쉬 플로우cash flow이다). 지금 당장 생존에 필요하지 않은 과거의 정보는 기억창고 밑바닥으로 밀려난다. 그러다 다시 쓰이지 않으면 잊혀지거나 심지어 소멸하고 만다. 생명체는 현재의 생존에 대부분의 에너지를 쓰므로 밑바닥 정보에까지 관심이 가지를 않는다(당신의 책상서랍이나 서류함 속에서 잠자고 있는 아주 오래된 서류들을 생각해 보라. 그 서류들을 다시 들추어볼 때까지는 내용은 고사하고 어떤 서류들이 있는지조차 생각이 안 날 것이다. 그러다 결국은 서류파쇄기에 들어가 생을 마감한다). 관심을 주는 것 역시 에너지가 필요하다. 육체적 활동뿐만 아니라 일체의 정신적 활동도 에너지를 필요로 한다. 몹시 지쳐있을 때 생각조차 귀찮아지는 것은 바로 이 때문이다. 독신 비구생활을 함으로써, 엄청난 에너지를 필요로 하는 구애하기, 짝짓기하기, 새끼 키우기, 먹이 찾기, 정치활동하기, 싸움질하기 등에서 해방이 되면 여분의 에너지가 넘쳐 이 에너지가 창고의 저 밑바닥까지 다다를 수 있다.

저 밑으로부터 어찌어찌해서 어렵게 표면의식으로 솟아올라온 기억은, 인어공주이야기처럼 '그 후 행복하게 살았다'는 식으로 끝나는 것이 아니라, 다시 힘든 재교육과정을 밟는다. 뒷이야기가 생략되어서 그렇지, 인어공주는 왕자와 결혼한 후에 인간사회에 적응하기 위해서 피눈물 나는 적응과정을 거쳤을 것이 분명하다. 예를 들어, 왕궁 3층 베란다에서 무의식적으로 예전처럼 3차원으로 움직이려 하다가는 추락사한다! 외국인과 결혼해서 난생처음으로 타국에 가서 사는 사람이 문화적인 차이로 겪는 어려움을 보면 이해가 갈 것이다. 아니면 고대의 연금술사가 부활하여 현대화학을 보면 어떤 일이 벌어질까 상상해보라. 현대화학은 다른 금속을 금으로 바꿀 수 있을 뿐만 아니라, 자연계에 존재하지 않는 신물질을 합성해낸다.

기억이란 반드시 재구성 과정을 거친다. 수십억 년 진화의 과정을 통해 축적된 경험, 지식, 정보가 DNA를 통해 후세에 전달되는데, 이 유전자는 비활성 유전자가 대부분을 차지한다. 이 비활성 유전자 중 일부분이 과거의 지식과 기억을 격발하는 기능을 가지고 있을지도 모른다. 이 기억들은 너무 오랫동안 방치되어 의식의 표면에 떠올라온 적이 없을 뿐이 아니라, 이 기억들이 현재의 기억과 어떤 관련을 가지는지 의식 자체는 모른다. 불교의 무아론에 의하면 의식 뒤편에서 일체를 조정하는 주재자인 '수퍼 나'가 없기 때문이다(이산적으로 보면 의식은 여러 의식의 묶음이고, 연속적으로 보면 의식은 흐름이다. 이것은 마치 빛이 입자이자 파동인 현상과 유사하다). 그래서 아주 오래된 태곳적太古的 기억은 단편적일 수밖에 없다. 인류에 이르기 전의 전단계 진화의 원시시대에는 지금과 같이 발달된 의식과 언어 하에서 이루어지는 고도의 분류작업이 없었기 때문이다. 따라서 기억과 정보의 저장도 체계적으로 이루어지지 않았다. 당시 언어가 지금과 다르다면 이들 기억과 정보는 지금과는 다른 기호로 저장되어 있을 수도 있다(인류가 파충류나 포유류였을 때 또는 초기 영장류였을 때, 지금의 고등 언어를 사용했을 리는 만무하기 때문이다). 이에 따라 설사 생체에너지 탐험대가 밑바닥 기억창고에 다다르더라도, 기억을 불러오는 것은 쉽지 않을 뿐더러 불러온 기억의 의미를 찾는 과정에서 기억의 재구성이라는 왜곡이 일어난다(의미는 발견되기도 하지만 만들어지기도 한다). 아예 해석이 불가능할 수도 있다. 그럴 경우는 야릇한 감정만 생산할 수 있다. 감정은 이성보다 오래된 기능이기 때문이다. 최소한 수천만 년은 더 오래되었다. 아무튼 오래된 기억은 자의반 타의반 예절바르게 '왜곡'이라는 옷을 입고 등장한다.

발달한 (상층부)뇌는 불합리하고 이치에 맞지 않는 기억을 혐오하고 기피하는 성질이 있기 때문이다. 불러온 기억을 어차피 재저장해야 한다면 스스로 납득이 가는 설명을 부여할 수밖에 없다. 재저장되는 기억은 낯선 정보이므로 발달한 현재 의식의 분류시스템으로 분류된 후에 재저장될 수밖에 없다(논리적인 연결고리가 있는 정보가 더 잘 기억됨을 보라. 예를 들어 바둑고수는 랜덤운동, 즉 무작위운동에 가까운 하수바둑은 재현하기 힘들어 하지만 논리적인 연결고리로 치밀하게 짜여진 고수들의 바둑은 수백 수를 순서대로 거의 자동적으로 재현해 낸다. 기억술은 연상작용과 논리적 짜임새와 체계적인 분류에 크게 의존한다). 우리가 깨어있을 때 기억의 대부분은 적절한 저장위치와 합리적인 의미를 부여받고 있다. 깊은 명상 속에서 동물들과의 합일의 감정을 느낄 때(인간이나 동물이나 신체기관이 매우 흡사하므로, 아직 '같음과 다름'이라는 추상적인 개념을 복잡하게 발전시키지 못한 원시시대에는 동물과의 합일의 감정을 느끼는 것이 더 쉽다) 자신이 과거에 그 동물이었다고 해석하는 것이 이상한 경험으로부터 두뇌를 편하게 만들 것이다. 이는 애니미즘과도 연관이 있다. 동물들도 영혼이 있다는 데서 한 걸음 더 나아가, 자신이 과거에 그 동물들이었다고 생각이 발달하는 것이다.

운명의 그날, 휘황찬란輝煌燦爛한 보름달 아래서, 도대체 수행자에게 무슨 일이 일어났던 것일까?

수행자가, 깨달음을 얻던 그날, 보리수 아래서 일체의 외적 활동을 극소화하고 내부의 지적 사유작용을 극대화하자, 생체에너지는 강력한 힘을 지닌 다이아몬드 드릴처럼 또는 레이저 광선처럼 의식의 심연深淵을 관통하여 변성암화된 기억의 암반을 뚫고 들어갔다. 이에 따라 엄청난 기억(35억 년 진화의 여정에 쌓인 기억)이 홍수처럼 표면의식으로 떠올랐으며, 이를 자신의 전생으로 해석하고 인식하였다. 이 기억들은 바로 전단계의 아직도 신선한 애니미즘의 두터운 층을 통과해야 했으며, 이 과정에서 기억의 왜곡이 일어난 것이다. 이를 전생으로 본 것은 아직 생물학이 발달하지 않은 시대적인 환경과 상황 아래에서는 어쩔 수 없는 결론이었으며, 당시의 종교적인 성향을 감안하면 최선의 해석이었을 것이다.

**이처럼 전생에 대한 기억이 진화의 역사에 대한 왜곡된 기억이라면,
과연 이 두 기억은 어떻게 서로 화해할 수 있는가?**

부처님의 가르침은 실용적이었으며, 오로지 진실만을 좇는 교조적인 입장이 아니라, '고苦의 해결'이 가장 중요한 일이었으므로(고집멸도 사성제가 '고'로 시작함을 보라), 전생기억의 진실여부보다는 '전생기억이 고의 해결에 기여를 하느냐' 여부가 더 중요한 일이었다고 해석할 수도 있다(진화론이 발견되기 이전 시대에 인간 삶과 생물세계의 시공간적 연속성을 보장하는 것은 윤회론뿐이었다. 이 연속성으로 인하여 사람과 동물을 따뜻한 눈으로 바라볼 수 있었다. 이 점에서 윤회론은 의미있는 역할을 했다. 윤회론은 상대성이론 전의 뉴턴역학에, 혹은 양자역학 이전의 상대성이론에 비유할 수 있다. 전대에서 후대로 이어지는 유전자의 상속은 윤회로 볼 수 있다. 개체는 죽지만 유전자는 후손을 통해서 화려하게 환생한다. 윤회를 하는 것은 식識 의식이 아니라 유전자이다. 아직 유전자의 존재를 몰랐던

고대인들에게, 유전자가 식으로 나타난 것이다. 상대성이론으로 뉴턴역학을 새롭게 해석하고 양자역학으로 상대성이론을 새롭게 해석하듯이, 유전자를 통해서 윤회를 새롭게 해석하면 될 일이다). 어차피 중생은 어느 시점이나 어느 장소에서나 반드시 어느 정도는 환망공상을 가지고 있으므로, 주어진 제약조건하에서 최선을 다할 뿐이다. 어차피 '모든 것을 다 아는 일체종지'나 '완벽한 존재'는 불가능하기 때문이다. 뿐만 아니라 불완전한 언어를 사용하는 인간이 인간의 언어로 '완벽'이라고 하는 것이 무슨 의미가 있을 것인가? 왜냐하면 언어는 진화하므로, '완벽'이라는 개념이 의미하는 바도 그리고 완벽을 설명하는 '개념'들도 시간을 타고 흘러 진화하기 때문이다.

비트겐슈타인이 지적했듯이 '말할 수 없는 것은 말하지 말아야 한다'. 부처님이 10무기無記 대답하지 않음에서 이를 웅변적으로(?) 보여주었다. 부처님 본인은 이미 인간존재의 한계상황을 절절히 깨달아 알고 있었기에, '우주와 인간의 생성과 기원'이 아닌 고의 해결이라는 실용적인 목적에 천착했는지도 모른다. 이것이 바로 부처님의 궁극적인 무기일 것이다. 무기無記란 지적 생명체의 표상이며, 후인들이 부처님을 (전지자로) 신격화해서 거대한 신상으로 만들어 숭배하는 것은 우리와 함께 뜨거운 고뇌를 같이하는 더운 피를 지닌 부처님을 차가운 돌, 구리, 철로 만드는 것이다.

📵'닭이 먼저냐 달걀이 먼저냐' 하는 질문은 사실은 어리석은 질문이다. 진화론에 의하면, 생명체가 단세포 생물로부터 다세포 생물인 닭으로 진화하는 과정에서, 어느 한순간 갑자기 닭이나 달걀이 생겨난 것이 아니기 때문이다. 마찬가지로, 인간의 마음도 어느 한순간 갑자기 지금의 모습이나 기능이 생겨난 것이 아니다. 지금의 우리 마음은, 단세포 생물에서 100조 개 세포를 가진 다세포 인간으로 진화해

온 35억 년이라는 장구長久한 기간 중에, 점진적漸進的인 변화를 통해서 생긴 것이다. 올챙이가 개구리로 변해갈 때 특정한 시점 바로 전에는 올챙이였고 그다음 순간은 개구리인, 그런 시점은 존재하지 않는 것과 같은 이치이다. 단세포인 수정란이 수없이 세포분할을 해서 온전한 태아의 모습을 갖추기까지, 어느 특정시점이 존재해서 그 전에는 태아가 아니고 그 후에는 태아인 것은 아니다. 젊은이가 늙은이가 된 경우 그 시점 전에는 젊은이였고 후에는 노인인, 그런 특정한 시점 역시 존재하지 않는다. 이 점에서, 마음이 몸을 바꿔 끝없이 새로 태어난다고 주장하는 윤회론은, 수십억 년이라는 천문학적인 기간에 걸쳐 일어나는 점진적인 변화를 보지 못하는 인간의 착각일 뿐이다. 윤회론이 진화론을 전혀 몰랐던 아주 오래전에 고안된 이론이기에 더욱 그러하다. 당시의 사람들은 현대과학은 물론이거니와 일체 자연현상의 작동원리에 대해서 전혀 몰랐다. 혈액순환(1628년에 윌리엄 하비가 발견)이나 신경회로의 존재나 심장, 뇌, 간의 기능 등 인체에 대한 지식 또한 전무全無했다.

윤회가 있다면, 진화를 통해 지구상의 생명체들이 모습을 바꿔가는 '집단적인 윤회'가 있을 뿐이다.

目10무기無記 또는 14무기: 일체종지(모든 것을 다 아는 지혜)를 지닌 분으로 추앙을 받은 부처님도 대답하지 않은 질문들이 있다. 우주의 시간적인 끝 즉 시작과 종말이 있는지, 공간적인 끝이 있는지 즉 유한한지 무한한지, 부처님의 수명이 끝이 있는지 즉 유한한지 무한한지 등의 10가지 또는 14가지의 질문에 답을 하지 않은 것을 이른다. 불경에 따르면 이런 질문들은 당면한 실존적인 고의 해결에 도움이 되지 않아서 무기(답을 하지 않음)하였다고 한다. 이에 관련해 '시전의 비유'라는 유명한 설법이 나온다. 화살에 맞은 사람은 즉시 치료를 받아야지, '누가 화살을 쏘았는지 그리고 어느 방향에서 화살이 날아왔는지' 등의 질문을 하면서 '답을 얻기 전에는 치료를 받지 않겠다'고 고집을 부린다면 답을 얻기 전에 죽고 말 것이라는 설법이다.

🗐인간의 뇌는 3중구조로서, 파충류의 뇌, 포유류의 뇌, 영장류의 뇌로 구성되어 있다.

이 중 파충류의 뇌는 뇌간과 소뇌에 해당하는데 호흡운동·심장박동·혈액순환 등을 담당하고, 포유류의 뇌는 변연계에 해당하며 감정·기억·체온·소화를 담당하며, 영장류의 뇌는 대뇌 그중에 특히 신피질에 해당하며 이성·논리·분석·추리·상상·생각·언어 등을 담당한다. 파충류의 뇌는 육체적인 생존유지를, 포유류의 뇌는 감정·욕망과 취득한 경험과 정보의 저장을, 그리고 영장류의 뇌는 이성과 추상적인 사고와 추상적인 기억과 이를 가능하게 하는 언어를 담당한다.

파충류의 뇌는 자동적인 육체운동(호흡·심장박동·혈액순환 등의 신진대사)을 다루며, 포유류의 뇌는 자동적인 정신적 운동인 감정과 욕망을 다룬다(감정과 욕망의 초기 발생은 자동적이며 의지와 무관하다). 영장류의 뇌는 앞의 두 뇌와 근본적으로 다른 뇌이다. 이 뇌에서 비로소, 앞의 두 뇌에서 발생한 물질적 정신적 행동을 주체적으로 통제하고 결정하는 비자동적인 정신활동인 '의지' 또는 '자유의지'가 나타난다.

파충류의 뇌를 순전히 물질적이고 사실적인 세계라 한다면 영장류의 뇌는 지극히 추상적이고 인위적인 세계이다. 이 두 세계를 잇는 가교架橋가 포유류의 세계이다: 포유류의 뇌로 상징되는 감정과 욕망은 물질세계(현물세계)와 추상세계(파생세계)를 이어주는 다리이다. 불교적인 용어를 빌려 표현하자면 파충류의 뇌는 욕계欲界이고, 포유류의 뇌는 색계色界이며, 영장류의 뇌는 무색계無色界이다. 한 사람의 뇌에는 욕계·색계·무색계의 3계가 공존한다. 어느 세계에 살 것인가는 전적으로 그 사람의 선택이다.

인간의 뇌가 파충류의 뇌에서 포유류의 뇌를 거쳐 영장류의 뇌로 진화함은, 인간이 물질적 세계로부터 가상세계로 진화함을 보여준다. 이 관점으로 보게 되면 요즈음 젊은이들이 인터넷에 빠져 인터넷이라는 가상세계에서 사는 것은 전혀 놀라운 일이 아니다.

참으로 신비롭기 그지없는 것이 생명과 마음과 자연과 우주이다.

전
생
기
억
진
화

유심윤회 唯心輪回

유심정토란 말은 있어도 유심윤회란 말은 없다
윤회론이 불교에서 차지하는 비중이 너무 크기 때문이다
무거운 과거의 짐을 지고는 앞으로 나아갈 수가 없다
이제 유전자가 윤회론이 설명하던 것을 다 설명한다
그러므로 윤회론도 유심윤회로 바뀌어야 한다

축생(동물)들은 인간이나 천인天人 하늘나라 사람들이 죄를 짓고 그 벌로 태어난 존재라는 교리는 동물을 모욕하는 행위이다. 이 교리에 의하면, 아직 인간이 생기기 않아서 그래서 동물만 있던 6,500만 년 전의 지구는 범죄자들만 들끓는 감옥이었다. 이 교리는 인간을 모욕하는 행위이기도 하다. 6,500만 년 전에 인간은 공룡 발밑에 숨어살던 지금의 쥐만 한 크기의 꼬리 달린 포유류 동물에 지나지 않았기 때문이다.

지금 애완동물을 기르는 사람 중 누가 자기 애완동물을 저주받은 존재로 인정하겠는가? (과거에 서양 기독교인들은 흑인을 저주받은 존재로 보았다. 혹은 신이 실수로 창조한 존재로 보았다. 이들이 당당한 인간으로 인정을 받게 된 것은 100년도 안 된다. 전설의 복싱선수 무하마드 알리는 1960년 로마 올림픽에서 금메달을 땄다. 귀국 후 친구들과 백인 전용식당에서 들어갔다 쫓겨나자 화가 나서 오하이오강에 금메달을 던져 버렸다. 미국엔 그때까지만 해도 흑백분리정책이 살아있었다.) 애완동물과 주인의 관계는 인간과 인간의 관계처럼 귀한 관계이다. 중요한 것은 '죄와 벌'이 아니라 '관계'이다. 이 연기적 관계는 '시공을 통해 되풀이되는 그래서 전혀 새로울 것이 없는 지겨운 관계'가 아니라, 다시 오지 않을 '유일한 사건적인' 관계이다.

인간이 아예 존재하지 않았던, BC 6,500만 년까지 계속되던 수억 년 동안의 공룡시대를 인정하는 진화론의 관점에서 보면 불교의 윤회론은 성립할 수 없는 불합리한 이론이다. 불교인들은 크게 반성하고 과학발전에 맞추어 새로운 이론을 개발하여야 한다. 유심정토 사상처럼 '유심윤회唯心輪回 이론'이 대안이 될 수 있다. 극락정토가 외적인 실체로 존재하는 것이 아니라 우리 마음 안에 존재한다는, 즉 자기 마음이 마음의 상태에 따라 극락이고 지옥이라는 '유심정토 이론'처럼, 사후 미래의 시점이 아니라 생전에 바로 지금 여기서, 자기 마음이 인간의 마음에서 하늘나라 사람의 마음으로, 아수라의 마음으로, 축생의 마음으로, 아귀의 마음으로, 지옥중생의 마음으로 부단히 변해간다는 이론이 오히려 더 설득력이 있다.

유심정토 이론으로 천국이 무너지면 천국과 쌍대적인 관계인 지옥 역시 무너지고, 천국과 지옥이 즉 육도윤회六道輪回의 잎과 뿌리가 무너지면 육도윤회가 통째로 무너질 수밖에 없다. 그러면 유심정토 이론처럼 필연적으로 유심윤회 이론이 대두擡頭된다.

🎎일본의 사무라이 장군이 어느 날 선사禪師를 찾아가 물었다.

"스님, 지옥과 천국이 존재합니까?"

"물론 존재한다."

"제게 보여주실 수 있습니까?"

"너같이 무식하고 멍청한 놈에게는 보여주어도 모른다."

"아니, 이 무례한 중놈이!"

분노한 사무라이는 중의 목을 치려고 칼을 빼들었다.

그 순간 선사가 던진 한마디가 사무라이를 향해 화살처럼 날아간다.

"지옥을 보여주었노라."

화살에 맞는 순간 정신이 번쩍 든 사무라이가 동물적인 감각으로 무언가를 느끼고 머리를 땅에 박고 사죄를 한다.

"스님, 제 생각이 짧았습니다."

말이 끝나기 무섭게, 선사가 휘두른 칼이 큰 원을 그리며 허공을 가르더니 목을 드러내고 엎드려 있는 사무라이의 모가지를 가차없이 날려버린다.

"이제 천국을 보여주었노라."

머리가 잘려나간 사무라이가 섬광閃光처럼 깨달았다.

"스님, 이 은혜를 어떻게…"

단멸론

이 세상에 단멸은 없다
우리가 사라지건 사라지지 않건 세상은 이어진다

'윤회가 없다는 주장이 단멸론斷滅論 죽으면 모든 것이 끊어진다는 이론'이라는 주
장이야말로 단멸론이다.

윤회가 없더라도 유전자와 사상과 이념이 후손들에게 남는 것은 변
함이 없기 때문이다.

'개별 생명체가 윤회하지 않는다면 단멸이다'라고 주장하는 것이 바
로 유전자가 유전된다는 사실을 일부러 보지 않는 단멸론이다. 뿐만
아니라 문화유전자meme도 존재한다. 이 문화유전자를 통해서 비물질적
인 사상, 이념, 사고가 개체의 죽음을 넘어서 후대로 전해진다.

(윤회를 인정하지 않는 유가의 창시자) 공자는 죽었으나 그 유전자는
후손들을 통해 지금까지도 전해지고 있으며, 사실은 결혼을 통해서 전
全 중국인들 사이에 퍼져있다. 또한 그의 사상은 중국뿐만 아니라 한
국·일본·베트남을 비롯한 아시아 전역全域에 퍼져있다. 그리고 그 사
상은 살아있는 생명체처럼 끝없이 진화하고 있다. 그러니 어찌 공자가
사라졌다고 할 수 있겠는가?

인류를 집단적인 관점에서 보면 윤회는 전혀 필요하지 않은 이론이

다. 인류는 개별 생명체의 연속적인 윤회가 없더라도 도도히 잘만 흘러간다. 강물이 흘러가다가 옆길로 새서 논밭으로 들어가 식물에게 먹히고, 종종 강에 내려앉는 백로·가오리에게 먹혀도, 작열하는 태양빛에 일부 또는 대부분이 증발해서 사라져도, 중간에 다른 물이 들어와 합류를 해도, 올해 강물이 지난해 강물과 다른 물일지라도, 그리고 가뭄으로 몇 달 또는 몇 년간 흐르지 않다가 다시 흘러도, 강물은 도도히 수십만 년간 동일한 이름으로 불리며 정체성을 유지해왔다.

인간집단도 바로 이 강과 같다. 개체의 존속이 없어도 집단(집단적인 정체성)은 유지된다. (사실은 개별인간도 정확히 이 강물과 같다. 인간의 세포는 6개월을 넘기지 못하고 모두 새 세포로 바뀐다. 육체만이 아니라 뇌세포도 죽을 때까지 끝없이 교체와 증감을 한다. 개인의 사상과 신앙 역시 변천을 거듭한다. 이 점에서 군집생명체는 프랙털과 유사하다.)

윤회나 사후세계가 없으면 인간이 윤리가 없어지고 난장판 세상이 될 거라고 주장하는 사람들이 있는데, 만약 그 말이 옳다면 윤회나 사후세계에 대한 생각이 없는 (그리고 기독교에 의하면 영혼이 없는) 꿀벌, 개미, 침팬지, 보노보, 고릴라, 몽구스, 아프리카 세렝게티의 물소와 초식동물들은 어떻게 자신들의 사회를 유지하며 나름대로 윤리적으로 살 수 있는가?

이들도 십계명을 지키며 산다. 살동물殺動物하지 말라, 훔치지 말라, 거짓말하지 말라를 지키며 산다.

침팬지에게도 '정의'라는 개념이 있다. 침팬지도 돈이라는 개념을 배울 수 있다. 돈을 주고 바나나를 사는 것을 훈련을 통해 배운다. 하지만 같은 액수의 돈을 주었는데 다른 침팬지가 자기보다 더 많이 받으면 자기가 받은 바나나를 바닥에 내동댕이쳐버린다. 그러므로 만약 마이클 센델의 저서 『정의란 무엇인가』를 동물들에게 팔아먹을 수 있다면, 침팬지가 최고의 후보임이 분명하다.

꿀벌은 절대로, 꿀이 있는 장소를 동료들에게 알려주는, 8자 춤을 거짓말로 추지 않는다. 일부러 과장하여 추지도 않는다(8자가 '꿀벌과 태양을 잇는 선'과 이루는 각도가 꿀이 있는 꽃의 방향이며, 단위시간당 춤의 횟수가 꽃까지의 거리이며, 춤의 활력도가 꿀의 질이다).

단, '내 앞에서 다른 신을 섬기지 말라'는 계명은 지키고 싶어도 지킬 수가 없다. 아예 신이라는 개념이 없기 때문이다.

따라서 신을 믿지 않거나 사후세계가 없으면 도덕과 윤리가 무너진 다는 말은 전혀 사실이 아니다. 직업종교인들 또는 생계형 종교인들이 자신들의 이익을 위해서 만들어낸 말일 뿐이다. 만약 그게 아니라면 그냥 망상일 뿐이다. 깊이 추적해 보면, 청동기시대의 망상의 흔적이자 유산이다. 현재 이런 생각을 가진 사람은, 이런 생각을 자신이 만들어 낸 것이 아니라 이미 오래전에 즉 수천 년 전에 살던 사람들이 만들어 낸 이야기라는 사실을 간과한다. 이런 사람의 존재 자체가 바로, 불멸의 영혼이나 윤회가 없어도 사회가 유지된다는 결정적인 증거이다. 이들은 수천 년 된 옛사람의 사상을 그대로 살아있게 유지하고 있지 않은가? (우리가 종교경전을 읽는 것은 사실은 옛사람들이 우리에게 말을 걸고 있는 것이다! 가르치고 설득하려 하는 것이다. 설득당하는 바로 그 순간 옛사람들은 우리 뇌를 안식처로 삼아 뇌에 둥지를 틀고 기생하기 시작한다. 수천 년 된 씨앗이 습기를 받아 싹이 트는 것처럼, 옛사람이 당신을 만남으로써 부활하는 것이다. 당신은 살아도 사는 것이 아니라 사실은 옛사람이 사는 것이다. 이것이 바로 '이제 나는 죽고 내 안에는 주님이 사시는 것'이라는 기독교적인 고백의 심오한 진실이다.)

당신이 유아기부터 무인도에 버려져 홀로 살았다 하면(예를 들어 당신이 부모와 크루즈여행을 하다가 배가 침몰해 다 죽고 당신 혼자 구명튜브 위에 놓여진 채 표류하다 무인도에 닿아 야생 늑대나 침팬지들에게 양육되는 경우) 절대로 지금 인간들이 가진 기독교나 이슬람교 등의 복잡하고 정치精緻한 신관을 가질 수 없다. 현대 과학기술을, 무인도에서 자란 당신이 혼자서는 죽기 전에 조금도 재현할 수 없는 것과 동일한 이유이다. 아마 구구단조차도 다시 발견하기는 쉬운 일이 아닐 것이다.

유전자와 사상이 유전된다는 이 명백한 사실은 개체가, 동일한 형태가 아닌 다른 형태로 하지만 유사한 형태로, 거의 영원히 지속되는 것을 보여준다.

과거에는 유전자의 존재를 몰랐으므로 불사의 영혼이나 끝없는 윤회를 통한 개인의 지속만이 연속적인 존재를 보장한다고 생각할 수밖에 없었지만, 이제 놀라운 생물학의 발달로 유전자의 존재와 그 작동기제機制가 밝혀졌으므로 개인의 존속을 영혼이나 윤회라는 개념에 의지한 개인적인 스케일로만 생각할 이유가 사라졌다. (윤회론을 촉발시킨 원인은, 인간이 태어날 때 백지상태가 아니라 무언가 타고 또는 가지고 나오는 것이 분명한데 그것은 영혼이 전생에 습득한 지혜·지능·인격·성격·습성을 가지고 태어날 것이라는 추론이다. 하지만 이제 유전자가 인간이 태어날 때 백지 또는 '빈 서판blank slate'이 아닌 이유를 명쾌하게 설명하므로 윤회론은 용도가 사라졌다. 만약 윤회론이 사실이라면 앞에서 거론한 늑대아이나 침팬지아이가 전생에 습득한 인간으로서의 특징을 발현해야 하나 전혀 그렇지 못하다. 그 아이들의 전생이 동물이었다고 반격할지 모르나 설득력이 없는 것은 분명한 사실이다. 그런 경우, 조물주가 무능력자가 아니라면, 그 아이들이 처음부터 침팬지나 늑대로 태어났어야 더 합리적일 것이기 때문이다. 인간의 아이가 인간사회에서 살아야만 인간의 특성을 발현한다는 것은 문화유전자의 중요성을 보여준다. 즉 인간은 개인의 생체유전자와 집단의 문화유전자의 결합에 의해서, 즉 내부 유전자와 외부 유전자의 결합에 의해서 인간이 되는 것이다. 늑대아이나 침팬지아이는 늑대나 침팬지의 문화유전자를 습득할 뿐이다.)

유전자의 유전은 사실상 개인의 존속과 같은 것이다. 당신의 사유와 몸짓을 당신이 의식해야만 당신이 존재하는 것은 아니다. 당신이 의식하지 못하는 사이에도 당신은 존재할 수 있다. (당신이 사고로 코마에 빠졌다가 1년 만에 깨어나는 경우, 그 1년간 당신이 존재하지 않았다고 당신이 주장할 리가 없다.) 당신이 어떤 행동을 무의식으로 했다고 해서 그 시간 동안 당신이 존재하지 않았다고 주장하지 않는다면, 당신이 의식하지 않는 동안 즉 (죽어) 존재하지 않는 동안에도 당신은 여전히 존재할 수 있다고 혹은 존재한다고 볼 수 있다. 그것이 바로 후손들을 통한 당신 존재의 연속이며, 문화유전자를 통한 당신 사상의 연속이다. 만약 당신이 자신은 특별히 남길 사상이 없으므로 불사의 영혼이나 윤회를 통해서만 정체성이 유지된다고 항변한다면, 그런 특별할 것 없는 사상은 이미 사회 속에 존재하며 따라서 사회 자체가 평균적으로 이미 당신의 정체성일 것이다.

그러므로 '윤회가 없으면 진실로 소중한 것이 끊어진다'는 주장이야말로 진정한 단멸론斷滅論 죽으면 모든 것이 끊어진다는 이론이다.

당신(의 마음)이 뭐 그리 특별하기에 몸은 죽어도 마음은 영원히 살아야 한다고 주장하시는가?

구舊 윤회론에 의하면 개체는 작고 좁은 개인의 육체로만 '폐쇄적'으로 이어지나, 생체유전자와 문화유전자의 발견에 의해서 이제 우리는 개체가 소멸해도 (생체, 문화)유전자를 통해서 널리 퍼져 사회 곳곳에 살아남게 됨을 알게 되었다. 이 유전자를 통한 이어짐은 진실로 '개방적인 열린 윤회'이다. 이것은 '집단윤회'이다! 이제는 우리가 개별자의 윤회를 극복할 시점이 되었다.

친절한 돌팔이와 불친절한 돌팔이

같은 값이면 좋은 것이 좋을까, 아니면 나쁜 것이 좋을까?

환자 100명이 오면 각자 3명씩 죽여 내보내는 돌팔이 의사 두 명이 있다. 한 사람은 잘생기고 웃는 얼굴에 인상이 좋은 데다 친절하고 말이 따뜻하다. 다른 한 사람은 정반대다. 못생기고 화를 내고 있는 듯한 험악한 인상에 불친절하고 입에 욕설을 달고 산다. 자, 이 둘 중 누가 더 위험한 의사일까? 잘 생각해 보시기 바란다.

답은 친절하고 인상이 좋은 의사이다. 친절함과 좋은 인상에 넘어가 환자들이 많이 찾아간다. 불친절하고 험악한 인상의 의사에게 일 년에 100명의 환자가 찾아갈 때 친절한 의사에게 1,000명이 간다 하면, 전자는 3명만 죽이는데 후자는 30명이나 죽인다. 따라서 친절하고 인상 좋은 돌팔이가 훨씬 더 위험하다. 만약 둘 다 불친절하고 험악한 인상이었다면 둘 다 100명씩만 환자를 받아 총 치사자는 6명에 그칠 것이니, 돌팔이는 절대로 친절하거나 인상이 좋으면 안 된다. 돌팔이 친절 금지법이라도 만들어야 할지 모른다. 혹은 잘생기고 실력이 없는 사람에게는 의사면허를 주지 않는 것도 대안이다. 안팎으로 친절하고 잘생긴 돌팔이나 꽃모양의 식충생물이나 원리는 동일하다. 일단 들어가면 망하는 것도 똑같다.

답을 못 맞힌 분들에게 설욕의 기회를 드리려 유제를 내겠다. 사악하고 무능하고 부패하고 탐욕스러운 정도가 동일한 정치인 두 명이 있다. 한 쪽은 달변에 잘생긴 얼굴에다 친절하고 백성을 걱정하는 따뜻한 말과 정의구현을 입에 달고 산다. 점심도 소박하게 주로 칼국수를 드신다. 다른 쪽은 어눌하고 못생긴 얼굴에 불친절하며 백성을 걱정하기는커녕 모진 말을 예사로 하는 데다 독설까지 곁들인다. 점심도 비싼 음식을 거리낌 없이 자신다. 자, 누가 더 위험한 정치인인가?

답을 얻으셨으면 지나간 여러 대선에서 누구에게 표를 던지지 말아야 했는지 자명해질 것이다. 총선이나 지방선거에도 동일한 원리가 적용된다. 특히 부정·비리로 당선무효가 되거나 징역형을 받은 자들을 유심히 살펴보시기 바란다.

이번에도 틀리고는 문제가 잘못되었다고 항의하시는 분들에게 힌트를 드리고 명예회복하시라고 한 문제 더 출제하겠다. 병원에는 병 고치러 가므로 의사 실력이 가장 중요하다. 그렇지 않은가? 불친절한 의사가 기분을 나쁘게 하더라도 병을 고쳐만 준다면 그보다 좋을 수 없을 것이다. 정치인도 마찬가지 아닌가? 5년 동안 정의로운 사회와 민주정치를 강조하고, 민족적 자존심을 세워주는 데다, 국민소득을 크게 높이겠다는 희망을 주고, 국민을 사랑하고 존경한다는 달콤한 말을 해줘서 기분 좋았는데, 5년 후에 경제가 거덜 나서 나라가 망했다면 누구 책임인가? 그 결과 수많은 사람들이 직업을 잃고 가정이 산산이 부서지고, 절망한 남자들은 자살하고 여자들을 도망가서, 어미나 아비를 잃은 사람들이 넘쳐나게 된 것은 도대체 누구 책임인가? 인상이라도 나쁘고 하는 짓이라도 밉상이면 미리미리 마구마구 비판해서 노란 싹수를 자르고 제동이라도 걸었으련만, 부유한 그 사람에게 장학금을 받아먹은 이유로 침묵한 언론인들의 책임인가?

마지막 유제이다. 꼭 맞히시기 바란다. 거룩한 모습에 중생을 사랑하는 자비심이 넘쳐나는 데다 따뜻한 음성이 일품인 교주와 조금만 신경 쓰고 살펴보면 사악한 성품이 들어날 듯한 교주가 있다. 둘 다 같은 정도로 혹세무민하는 사이비일 때 누가 더 위험한가?

5년 후면 실전인데 오늘과 유사한 문제가 출제될 것이다. 오늘 공부한 것을 가지고 정신 바짝 차리시기 바란다.

흔히들 "같은 값이면 친절한 것이 좋다"고 한다. "보기 좋은 떡이 먹기도 좋다"는 속담도 있다. 이 말은 정말 위험한 말이다. 그렇지 않은가? 사용자의 이익을 위해서는 오히려 제공자가 불친절한 것이 나을 수 있다. 기묘한 역설이다.

曰 베이비부머들 중에는 (먹을 게 없어 소나무껍질을 벗겨먹고 송홧가루로 죽을 끓여먹다 변비에 걸려 똥구멍) 찢어지게 가난하던 시절인 1960년대에, 친절하고 예쁘고 잘생긴 주일학교 선생님들이 우글우글 바글바글한 교회에 나가 '절대로 똥꼬를 찢지 않는' 착하고 예쁘게 생긴 빵과 과자를 얻어먹은 죄로, 장장長長 40년 동안 아직까지도 매주 월년每週月年 꼬박꼬박 십일조를 내는 분들이 있다. 누군가는 엄청 이익나는 장사를 했고 다른 누군가는 엄청 손해나는 거래를 했다. 그런데 그 사람들은 전혀 이 사실을 눈치채지 못하고 있다. 참으로 불가사의한 일이다!

머리가 좀 굵은 애들 중에는 여자애나 사귀어볼까 하고 주일학교에 나갔다가 코가 꿰여, 지금까지 착실하게 십일조를 내는 친구들이 있다. 거기서 신앙심 깊은 참한 여학생을 만나 결혼한 것이다. 믿음을

심리학과 종교

가장하여 환심을 사 소기의 목적을 이루었다. 그런데 지금은 '하루가 멀다' 하고 부부싸움이다! 과연 소기의 목적을 이룬 것일까? 진실로 주님의 깊은 뜻은 어리석은 인간의 머리로는 측량할 길이 없다.

사이코패스와 요가성자

성자와 악인은 종이 한 장 차이이다

사이코패스와 요가성자 둘의 공통점은 고도의 집중력, 감정에 마음이 흔들리지 않는 평정심, 상대방의 감정을 인식하는 능력, 상황을 파악하는 능력, 두려움이 없음, 높은 동기 등이다. (성자는 결코 무욕이 아니다. 지극히 높은 영적 수준의 성취 또는 깨달음의 성취라는 어마어마하게 큰 동기나 욕망을 가진 존재이다. 그렇지 않으면 어떻게, 대다수 범인凡人들과 사이코들의 궁극적인 목표이자 동기인 음식·섹스·돈을 멀리하고 금욕을 하며 수(십)년간 장좌불와長坐不臥를 할 수 있겠는가.)

유일한 차이는 사이코는 대부분 행동이 자신을 위한 것인데 성자는 그렇지 않다는 점이다(정확히 그 반대이다). 사이코의 범행동기는 대체로 음식·섹스·돈을 얻기 위한 것이다. 일단 상황을 파악하고 결정이 내려지면 체포될지 모른다는 두려움이 전혀 없이, 차갑게, 흔들림이 없이 범행을 실행에 옮긴다. 목표를 이루기 위해 고도의 집중력을 발휘한다. 이 과정에서 피해자의 고통스런 비명·신음·애원에 전혀 마음이 흔들리지 않는다. 사이코가 타인이 어떤 감정을 느끼는지(상대방이 엄청난 슬픔 고통을 겪고 있다는 것을 아는 등)를 평범한 사람들보다 훨씬 더 잘 알고 있으나 동일한 감정을 느끼지 못할 뿐이다. 알지만 느끼지는 못한다는 말이다. 해부학적으로는 편도체와 전전두엽을 연결하는 신경통로인 갈고리다발이 부실해서 그렇다는 설이 있다.

우리가 영화를 볼 때 등장인물이 큰 기쁨이나 슬픔을 느끼고 있다는 것을 (얼굴표정, 음성, 말, 몸짓 등을 통해서) 인식은 하나, 같이 기쁨이나 슬픔을 느끼지 못할 때가 있다. 특히 여자들에 비해 남자들은 공감능력empathy, 즉 타인과 '동일한 감정을 느끼는' 능력이 떨어진다. 인간이 다중자아多重自我 multi-selves라는 강력한 증거이다. 편도체 자아와 전전두엽 자아 사이에 소통이 원활하지 못할 경우에 자비로움(혹은 자비로운 자아)이 발현하지 못하는 부작용(기능장애)이 생기는 것이다. 사이코들이 작은 선행은 자발적으로 할 정도로 이상이 없으나, 큰 선행은 하지 못하고 오히려 큰 악행(살인 강도질)을 한다. 편도체와 전전두엽을 연결하는 와이어(말하자면 생체전선)가 부실하여 큰 용량의 정보(피해자가 엄청난 고통을 느끼고 있다는 사실)를 편도체에서 전전두엽으로 전달하지 못한다고 볼 수 있다. 생체전선 하나의 부실함이 사이코와 성인을 가르는 것이다.

사이코와 성인은 종이 한 장 차이이다. 그래서 열심히 수도하고 기도하던 승려 목사 신부가 얼굴색 하나 안 변하면서 거짓말을 밥 먹듯이 하면서 정치적인 행위를 하게 되거나 파렴치한이 되는 일이 벌어지기도 하는 것이다. 욕망에 눈이 멀면 또는 생체적으로 국소적인 이상이 있으면 구원과 깨달음으로 이끄는 덕목인 집중력, 평정심, 두려움이 없음, 타인의 감정을 인식하는 능력 등이 욕망을 추구하는 수단으로 전락하는 것이다.

실로 인간은 무서운 존재이다. 한 발만 잘못 내디디면 천 길 낭떠러지기 아래로 떨어질 수 있음에도, 참으로 태연하게 절벽 위를 뛰어다니며 잘들도 산다.

그런데 아주 드물게 저 절벽 밑으로부터, 밑으로 추락하는 숱한 사

사이코패스와 성자

람들을 거슬러, 초인적인 힘으로 솟아오르는 사람들이 있다. 연쇄살인마 사이코패스로서 아라한이 된 앙구리마라를 보라. 그를 사이코패스로 만든 자질인 고도의 집중력, 감정에 마음이 흔들리지 않는 평정심, 상대방의 감정을 인식하는 능력, 상황을 파악하는 능력, 두려움이 없는 마음이 모두 극적으로 대전환하여 그를 아라한으로 만들었다. 실로 사이코와 성인은 종이 한 장 차이이다. 그래서 '성인은 전생에 악인이었다'는 말이 있는 것일까?

☶ 전전두엽 중에는 감정과 사고를 종합해서 감정을 통제하고 판단과 결정을 내리는 영역으로 안와전두피질과 복내측전전두피질이 있다. 이 부분이 손상된 사람은 지능의 손상은 없지만 도덕성과 통찰력, 판단력에 문제가 생긴다. 인간의 판단은 논리보다는 감정의 계산에 의해 이루어지기 때문이다(감정기능이 파괴되면 판단도 내리지 못함이 실험으로 입증되어 있다). 전전두엽의 영역들은 서로 대립하는 생각들을 조율하고 선과 악, 같은 것과 다른 것을 구분하며 현재나 미래의 여러 가지 가치를 비교, 평가해서 인간의 행동을 통제한다.(「전전두엽, 두뇌의 CEO」, 『브레인』, vol. 39)

☶ 편도체amygdala는 감정을 담당하는 대뇌변연계limbic system의 일부분으로 공포와 분노 등의 감정을 담당한다.

☶ 백척간두진일보라 하나 함부로 발을 내딛다가는 중력가속도로 천길 나락으로 추락할 것이다.

☶ 물론 불경에 의하면 앙구리마라가 본시 구도자였고 단지 자기 스승의 사모님의 중상과 스승의 모략에 의하여 연쇄살인마가 되었다고 한다. 아무리 스승이 '깨달음을 얻기 위해서는 사람을 죽여야, 그것

도 100명이나 죽여야 한다'고 충동질하였다고 하더라도, 그 말을 곧이곧대로 받아들여 추호의 흔들림 없이 실행에 옮겨 사람을 99명이나 살해했다면 이미 앙구리마라에게는 사이코패스의 기질이 숨어 있었다고 봐야 할 것이다. 특히 자기 어머니를 100번째 희생양으로 삼으려 했다는 점에서 더욱 그렇다. 사이코패스의 전형적인 특징은 자신의 목적을 성취하기 위해서는 피해자의 고통에 전혀 마음이 흔들리지 않고 평정심을 유지하고 고도의 집중력을 발휘한다는 점이다. 앙구리마라가 바로 이러했다. 앙구리마라는 구도자에서 사이코패스로, 사이코패스에서 다시 구도자로 변신한 놀라운 예이다.

🔲 사실 앙구리마라는 첫 스승의 사주에 따라 100명을 죽였다. 마지막으로 살해당한 사람은 누구였을까? 바로 자기 자신이었다! 100번째 희생양으로 자기를 죽이는 순간 앙구리마라는 깨달음을 얻었다. 두 번째 스승 부처는 앙구리마라의 마지막 살인을 교사^{敎唆}한 공범이다. 결국 외도 스승의 명령이 실현되었다는 것은 불경 상의 최대 아이러니이자 반전이다.

🔲 앙구리마라는 아힘사(비폭력)라는 이름의 구도자였는데 스승이 집을 비운 사이에 젊은 사모님이 앙구리마라를 유혹하였다. 앙구리마라가 거절하자 그녀는 치욕감에 앙심을 품고 남편에게 거꾸로 앙구리마라가 자신을 겁탈하려 했다고 거짓말을 한다. 분노한 스승은 앙구리마라를 파멸시키려는 의도로, '깨달음을 얻으려면 사람을 100명 죽여 손가락으로 목걸이를 만들어야 한다'고 부추긴다(앙구리마라는 '손가락 목걸이'라는 뜻이다).

이 말에 속은 앙구리마라는 사람을 99명 죽이고 마지막 100번째로 자기 어머니를 죽이려다가, 지나가는 부처님을 발견하고는 표적을 변경하여 부처님을 좇아가지만 조금도 거리가 좁혀지지 않는다.

지친 앙구리마라가 부처님에게 '중, 거기 멈춰라' 하고 소리치자 부처님은 '나는 항상 멈춰있지만 그대가 멈추지 못할 뿐이다'라고 대답한다. 앙구리마라가 '나는 지금 좇아가다 탈진해 움직이지 못하고 당신은 신나게 도망가는데, 오히려 당신은 멈춰있고 나는 멈추지 못한다니 그게 도대체 무슨 소리냐'고 묻는다. 부처님은 '나는 살생하고자 하는 마음을 멈췄으나, 그대는 살생하고자 하는 마음을 멈추지 않는다'라고 대답한다. 부처님은 '나는 자비의 마음에 머물러 일체중생을 사랑하건만 너는 지옥의 고통스런 종자를 심으면서 악업을 멈추지 못하는구나'라고 말한다.

그 순간 앙구리마라는 제정신이 돌아와 자신의 악행을 인식하고 온몸을 떨며 흐느껴 울며 부처님께 귀의한다. 앙구리마라는 육체적인 멈춤을 말하였지만 부처님은 정신적인 멈춤을 말하셨다. 극도로 좁은 시각을 가졌던 앙구리마라가 부처님의 말 한마디에 극적인 관점의 전환을, 즉 마음을 자유롭게 만드는 엄청나게 넓은 관점으로 전환을 이룬 것이다.

많은 경우에 인간의 범죄 특히 흉악범죄나 강력범죄는 인간이 악해서라기보다는 '좁은 관점'으로 인하여 벌어진다. 강력범이나 살인범 중엔 사적으로 만나보면 이상한 점을 못 느낄 정도로 평범한 사람들이 제법 있다고 한다. 자신의 이익에만 집중하여 돋보기처럼 좁은 시야를 가진 사람들이 이런 범죄에 빠지기 쉽다. 태어나면서부터 그리 프로그램이 되어있는 경우도 있는데, 더 넓은 시각이나 새로운 시각을 갖게 되는 것은 '거듭남'이라고 해야 할 정도로 경이로운 일이다. 갑자기 뇌의 거울세포mirror cell 수가 폭증하거나 전전두엽과 편도체를 연결하는 생체전선이 정상화되는 것이 어디 쉬운 일이겠는가? 콩팥과 방광을 연결하는 오줌전달통로인 요관尿管이 가늘어지면 절대로 저절로 굵어지지 않는다. 요독증尿毒症으로 고통을 받지 않으려면 수술을 받는 수밖에 없다. 육체적인 이상도 이러할진대 뇌 속의 가늘어진 부실한 생체전기회로가 저절로 굵어지리라 기대할 수 없을 것이다.

흔히 영적으로 큰 경험을 하거나 회심을 할 때 눈부신 빛을 보는 것은 아마 뇌에서 일어나는 급격한 생체전기현상과 관련이 깊을 것이다. 인간이 근본적으로 바뀌려면 무언가 충격적인 일이 일어나서 그 일로 뇌에 충격이 가해져야 하는 것이리라.

안톤 신드롬

자신이 모른다는 것을 모르는 일은 흔히 일어나지만
자신이 못 본다는 것을 모르는 일도 가끔 일어난다

세계적인 철학자 대니얼 데니트^{Daniel Dennett}가 호주에서 열린 학회에서 '안톤 신드롬'^{Anton's syndrome}을 주제로 성직자의 신앙에 대한 강연을 했다. 무척 재미있고 위트가 넘치는 강연이었다.

안톤 신드롬이란 시력을 잃어버린 사람이 자신이 시력을 잃지 않았다고 주장하는 기이한 증세를 말한다. 넓게는, 무엇이든 이미 잃어버린 것을 잃어버리지 않았다고 주장하는 증세이다. 종교인들 중에는 이미 신에 대한 믿음을 잃어버리고도 여전히 신을 믿는다고 주장하는 기이한 증세를 보이는 이가 있다. 일종의 안톤 신드롬이다. (안톤 신드롬을 앓는 이는 의외로 많다.) 예를 들어 천국과 지옥이 존재하지 않는다고 말하거나, 예수는 신이 아니라고 하며 예수의 신성을 부인하거나, 신은 관념일 뿐이라고 주장하며 신의 존재를 부인한다면, 이 사람은 더 이상 기독교 신자라고 할 수 없을 터인데 본인은 여전히 기독교신을 믿는다고 주장한다면 이 사람은 종교적 안톤환자이다. 그럼에도 불구하고 여전히 교회에 다니면서 눈물을 흘리며 기도를 통해 신과 대화를 하고 찬송가를 부르며 신의 축복에 몸과 마음을 떤다면, 이 사람은 중증 안톤환자이다.

데니트는 '교황이 부활절마다 세계평화를 위해 기도를 하지만 신이 기도를 들어준 적이 없는데 머리 좋은 교황이 이 사실을 생각해보지 않았겠느냐'고 묘한 질문을 던진다. 신부들 중에는 더 이상 신에 대한 믿음을 유지할 수가 없어 괴로워하는 사람들이 생각 외로 많다고 한다. 번민에 싸여 있지만 달리 먹고 살 길이 없어 눌러앉아 있다는 것이다.

이런 사람들을 돕는 인터넷 사이트도 있다. 제일 친한 친구에게 털어놓았다가 다음 날로 파면당한 신부도 있다고 한다(누가 고자질했을까?). 신을 믿는다고 공개적으로 큰 소리로 외치면서도 교회 재산을 횡령하거나 여신도들을 성적 노리개로 삼는 목사들은 치유불가능한 안톤환자이다. 이 사람들은 사실은 신을 믿지 않는 것이다.

2012년 조계종 고위직 승려들이 호텔방에 바글바글 모여 앉아 내의(상의)만 입고 술 마시고 담배연기를 뿜어대며 시주금으로 고액 포커 도박판을 벌인 것이 동영상으로 찍혀 텔레비전으로 전국에 방영된 적이 있다. 그것도 고불총림인 백양사 큰스님 49재에 참가한 자리에서 벌어진 일이었다. 이자들은 49재를 믿지 않는 것이 분명하다. 그런데 왜 신도들에게는 입에 침을 튀겨가면서 돈 많이 드는 49재의 필요성을 역설할까? 자신들의 도박자금을 마련하기 위한 것이다! 근자엔 자신을 포함한 주지급 고위승려 11인이 상습적으로 한 판에 300만 원~1,000만 원짜리 고액 포커 도박판을 벌여왔고 해외원정도박까지 자행해왔다고 자수한 승려가 있었다. 뿐만 아니라 성매매 추문에 휩싸인 적이 있는 조계종 최고위 승려가 그중 한 사람이라는 충격적인 폭로였다. 아마 이들 중 대다수가 안톤증세를 앓고 있을 것이다. 신도들 앞에서는 거룩한 모습으로 '부처님 가르침'에 대한 믿음을 간증하지만 자신들이 이미 부처님 가르침을 믿지 않음을 까맣게 모르고 있는 것이다. 이들은 불법佛法이 아니라 불법不法을 믿고 있다.

문제는 이렇다. 종교에 '세속적인 매력'을 느껴 믿기 시작했다면, 처음 몇 년이야 모르지만 그 긴 세월을 어떻게 그런 황당한 믿음을 유지할 수 있을 것인가? 아마 불가능할 것이다. 여기서 세속적인 매력이란 천국, 지옥, 천국에서의 과도한 물질적인 보상, 지옥에서의 잔인한 처벌, 기기묘묘한 신통력 등을 말함이다. 단테는 『신곡』에서 말하기를 최고의 기쁨은 '천국에서, 지옥에서 고통 받는 자들을 내려다보는 것'이라고 주장했다. 칭기즈칸이 주장한 최고의 기쁨인 '적의 목을 자르고 적의 여자를 겁탈하고 그 가족이 울부짖는 소리를 듣는 즐거움'과 무엇이 다른가? 이런 유의 야만적이고 저급한 믿음이 지금같이 과학과 학문이 고도로 발달한 그리고 돈이나 (종교적 또는 세속적) 권력만 있으면 갖가지 물질적인 욕망충족이 보장된 이 시대에 얼마나 오래갈 수 있을 것인가?

　　한때 시청자가 백만 명을 넘던 미국의 유명한 텔레밴절리스트televangelist 텔레비전 전도사 베이커Jim Bakker와 태미Tammy Faye Bakker 부부는 수많은 은퇴한 늙은 신도들이 어렵게 보내준 연보捐補돈으로 수십억 원짜리 호화주택을 짓고 살면서 애완견 개집에 고가의 에어컨까지 달아주었다. 이들의 선교방송국 PTLPraise The Lord(하나님을 찬양하세요)이 있던 사우스캐롤라이나는 무더운 곳이다. 우편으로 헌금을 보낸 늙은 신도들 중에는 에어컨이 없거나, 있어도 전기요금을 아끼려 한여름에 에어컨을 켜지 못하는 사람들이 분명히 있었을 것이다. 이들은 개보다 못한 삶을 산 것이 되어버렸다. 스캔들이 터지자 이 사이비 목사 부부는 TV 인터뷰에 나와 뻔뻔하게도 신이 자기들을 용서했다고 주장했다. "용서하신 것이 정말로 사실이냐?" 혹은 "왜 그런 놈들을 벌써 용서하셨느냐?"고 아무도 신에게 따져 묻지 않는지 모를 일이었다. 도대체 왜 "거짓말 마라. 이 나쁜 연놈아. 내가 어제 확인차 신과 대화했는데 당신들을 용서한 적이 없다고 하시더라"고 반격하는 사람들이 하나도 없었는지 아직까지도 미스터리이다. 1987년 베이커가 여비서 제시카 한[Jessica Hahn]을 강간하고 입막음용으로 교회돈 수억 원을 지급했다는 폭로로 시작된 스캔들은, 신도들을 속여 재물을 갈취한 사기죄에 대한, 베이커의 8년 감옥형으로 끝났다. 5년간 복역 후에 가석방으로 출옥한 베이커는 감옥에서 처음으로 성경을 완독하는 과정에서 '자신의 번영신학[prosperity theology]이 잘못된 신학임을 깨달았고 수많은 사람을 잘못된 길로 인도했다는 생각에 심히 속이 상했다'는 내용으로 『내가 잘못했다[I WAS WRONG]』란 책을 썼다. 그럼, 그 사건 직후 텔레비전에 나와 "신이 우리를 용서하셨다"라고 한 말은 무슨 헛소리인가? 베이커가 안톤환자가 아니라면 설명하기 힘든 현상이다.

　타인과 다른 생물의 고통에 대한 자비심, 인간과 생물계에 만연한 고통에 대한 풀 수 없는 의문, 스스로 느끼는 자신의 모순, 그럼에도 불구하고 간혹 발생하는 찬란한 인격을 이루는 이들의 존재가 일으키는 경이로움과 이들에 대한 흠모, 진리에 대한 타는 듯한 갈증, 이런 이유로 종교에 입문한 것이 아니라면 그런 신앙은 머지않아 무너지게 되어 있다. 날이 가고 달이 가서 어느덧 권력이 생기고 추앙을 받으면, 세속적인 신앙은 필연적으로 현세의 욕망충족으로 치달을 수밖에 없다. 본시 그 성격이 그러하기 때문이다. 세렝게티 초원에서 눈앞의 누, 얼룩말, 물소, 임팔라를 안 잡아먹을 굶주린 사자가 있는가? 사자는 정 배가 고프면 심지어 기린이나 코끼리까지 잡아먹는다.

🖹매력 만점의 토종 여배우 전도연이 주연하여 칸 영화제에서 여우주연상을 받은 영화 「밀양」의 원작소설인, 이청준의 단편소설 「벌레이야기」는 유괴살해당한 초등학생 아들 아람이 엄마의 이야기이다. 그녀는 미칠 것 같은 마음을 기독교에 귀의해서 달랬다. 마침내 마음의 평안을 얻은 그녀는, 어느 날 '진정한 교인이라면 유괴살해범도

용서해야 한다'는 말을 듣고, 감옥으로 사형을 선고받고 복역 중인 유괴살인범을 찾아간다. 하지만 역시 기독교인이 된 범인은 그녀에게 '당신의 용서가 필요 없다'고 말한다. 자신이 이미 용서를 받았기 때문이란다. 이제 그녀는 그를 용서할 수 없다. 용서하고 싶지 않아서가 아니라 그가 이미 용서를 받았기 때문이다. 물에 빠진 사람을 이미 다른 사람이 구해주었으면, 이제 당신은 그를 구할 수 없는 것과 같은 이치이다. 그녀는 피해자인 자신이 아직 용서하지 않았는데, 도대체 누가 그를 용서할 수 있느냐고 울부짖는다. 사기꾼 텔레밴절리스트(텔레비전 전도사) 베이커 부부가 바로 이 경우이다. 피해자들은 용서한 적이 없는데, 도대체 누가 이 부부를 용서했기에 이들은 뻔뻔스럽게도 공중방송에 나와 자기들은 용서를 받았다고 주장한 것일까?

피해 당사자인 자신이 용서하기도 전에 이미 다른 누군가의 용서를 받아 마음의 평안과 구원을 얻은 범인의 모습에, 즉 자신의 용서가 범인의 '구원과 마음의 평안'에 전혀 필요(관계) 없다는 사실에 절망한 아람이 엄마는 자살을 하고 만다. 그녀처럼, 다른 누군가의 용서를 받아서 깨끗해져 뻔뻔스러울 정도로 당당해진 베이커 부부의 모습에 절망한 나머지, 참지 못하고 자살한 피해자들은 과연 없었을까?

아람이 엄마는 범인에게 절망한 것일까? 아니면 범인을 용서한 그 누군가에게 절망한 것일까? 이도저도 아니면 사랑과 용서의 역사에서 철저히 배제되고 소외된 자신의 초라한 모습에 절망한 것일까? 우리는 우리자신을 포함하여 어느 누구도 용서할 자격이나 권리가 없는 것일까?

이 광활한 우주에서 우리의 눈물과 고통은 아무리 아플지라도 전혀 의미가 없는 것일까? 한 방울 물(H_2O)과 한 번의 전기화학적인 자극에 지나지 않는 것일까?

▤ 번영신앙prosperity theology: 신의 은총으로 누구나 부자가 되고 성공할 수 있다는 교리. 예수시대에는 대다수 민중은 노예와 같은 비참한 삶을 살았다. 생산력은 노동에 전적으로 의지했으므로, 소수가 부유하게 살려면 나머지 다수를 착취할 수밖에 없는 구조였다. 그래서 절대다수의 가난한 민중에겐 부를 죄악시하는 가르침이 호소력이 있었다. 그래야 물질적으로 가난한 자들의 고통스러운 삶이 정신(심리)적으로나마 보상을 받을 수 있기 때문이다. 예수의 '마음이 가난한 자가 복이 있나니 천국이 저희의 것이요'라는 가르침은 모순이다. 천국은 절대로 가난한 곳이 아니기 때문이다. 천국에 가면 누구나 풍요로운 삶을 누리는 부자가 된다. 예수의 가르침은, 전혀 손을 쓸 수가 없고 도무지 어찌할 수 없는 가난에 찌든 민중의 마음을 달래는 고단위 진통제였다. 말이 되건 안 되건 일단 통증을 완화시켜야 하는 절박한 상황이었다.

그런데 2,000년 만에 세상이 바뀌어버렸다. 농업혁명과 과학기술혁명으로 생산성이 폭발적으로 증가한 것이다. 이로 인하여 세상에는 물질이 넘쳐흐르고 지금 중산층이 누리는 삶의 질은 여러 면에서 중세 귀족들보다 낫다. 그러니 누구나 더 잘살고 부유해질 수 있다는 희망이 생긴 것이다. 초점은 이 희망이 '실현가능한 희망'이라는 점이다! 바로 이 희망에 올라탄 것이 로버트 슐러나 조엘 오스틴 같은 번영신학 전도사들이다.

이들이 크게 성공을 하고 있는 것은 예전처럼 부를 죄악시해야 하는 이유가 원천적으로 사라졌기 때문이다. 누구나 부유해질 수 있다면, 누가 부를 죄악시하겠는가? 세상에 음식이 무제한으로 있다면 '음식은 서로 나눠먹어야 한다'는 도덕률이 사라질 것이 분명하다. 그래서 지금은 목사들이 가난을 권장하지 않는다. 신도들이 가난해지면 성전건축헌금 등의 수백 가지 명목의 헌금을 낼 수 없으므로 더욱 그러하다. 오히려 부를 찬양하고 권장해야 한다. 이들은 헌금을 내면 부자가 될 수 있다고 신자들을 부추긴다. 지금 이 순간에도 미국 남부 기독교방송들은, 자기들에게 10달러를 보내면 소망하는 새 냉장고나 새 차나 새 집이 생긴다고, 외쳐댄다. 그런데 연봉이 수백만 불에 달하는 번영신학 목사들은 교회에 헌금을 해서 부자가 되는 것이 아니라 남의 헌금을 유용해서 부자가 된다! 주님이 창조한 우주의 작동방식은 정말로 신비롭고, 이런 일들이 제멋대로 일어나도록 허용하시는 주님의 뜻은 진정 불가사의하다!

그림처럼 아름다운, 중세 체코의 수도 체스키 크룸로프의 강변 절벽 위에 높이 솟아있는 궁궐 방들은 겨울에 얼음장처럼 추웠다. 그런데 지금 사람들은 도시가스로 따뜻하게 난방을 한 집안에서 반팔차림으로 산다. 중세 불란서의 영주 몽테뉴는 이탈리아로 여행을 떠날 때 경호원·요리사·하인·짐꾼 등 대규모 인원을 동원해야 했으며, 경호원들을 대동했음에도 불구하고 중간에 산적을 만나 죽을 뻔하기도 했으며, 도보로 여행을 하다 보니 자그마치 일 년 반이나 걸렸다. 적당히 죽지 않을 정도로 고생을 한 것이다. 그런데 지금 사람들은 단신單身으로 하루 이틀이면 자동차 열차 비행기를 타고 파리에서 로마까지 왕복여행을 즐긴다.

이런 호사를 누리면서, 누가 부를 죄악시하고 가난을 찬미하겠는가? 가난은 무능력이나 게으름의 증거일 뿐이다. 주님이 진정 가난한 자들에게 복을 내리시려면 로또 복권을 통해 내리실 터이니, 가난한 자들에 대해서는 그들 번영신학 신도들이 신경 쓸 일이 아니다.

🔖기독교인들은, 누군가가 하나님과 대화했다고 주장하면, 왜 그 대화내용을 의심하지 않는가? 왜, 하나님께 기도를 해서 그 대화내용을 확인하지 않는가? "하나님, 봉 장로가 어제 당신에게서 담임목사를 몰아내라는 명령을 받았다고 주장하는데 사실입니까?" 하고 묻는 사람이 없는가? 왜, 그렇게 반박하는 목사가 없는가?

하나님과의 대화가 그냥 '자기 마음이 만들어내는 현상'이라는,
즉 모놀로그라는 강력한 증거가 아닐 수 없다.

자폐신 autistic god

누구나 자기를 닮은 신을 좋아한다

자폐증 아이들의 신은 비사교적인 asocial 신이다. 통상 자폐증 아이들은 타인의 마음이나 감정을 잘 읽지 못한다. 타인과의 소통수단인 언어에 익숙하지도 않다. 그래서 이들의 증세를, 이들이 사회라는 바다에서 고립된 섬처럼 살아가기에, '스스로 문을 닫고 산다'는 뜻으로 '자폐 自閉'라고 묘사한다. 그런데 사회와 담을 쌓고 사는 이 사람들이 묘사하는 신은 '자폐증을 지닌 신'이다! 신이 다름 아닌 인간이 창조한 존재라는 강력한 증거이다. 신이 인간을 창조한 것이 아니라 인간이 신을 창조한 것이다. (서로 상대방을 부정하는 다양한 유신교들의 신들이 모두 참일 리는 없다. 많아야 하나의 신만 참일 것이며, 따라서 나머지는 모조리 인간이 만들어 낸 신이다. 최악의 경우는 모두 인간의 창조물이다.)

우리나라 기독교 성화 중에 예수와 마리아를, 째진 눈에 상투 틀고 쪽진 검은 머리로 한복 바지저고리와 치마저고리를 입고 초가집에 사는 모습으로 그린 그림이 있다. 아프리카에는 검은 피부에 곱슬머리를 한 두툼한 입술의 예수의 모습을 그린 성화도 있다.

정말 이상한 일이 아닌가? 어떻게 유대인 예수에게 한국인의 모습이나 흑인의 모습이 가능하다는 말인가?

예수를 역사적인 존재로 생각하면 절대로 불가능한 일이다. 그러나 예수를 인간이 품고 있는 '이상적인 존재의 상징'으로 생각하면 가능하다. 예수는 이 험난한 세상에서 항상 희망을 주고, 지금 이 순간 삶이 심히 고단할지라도 결국은 지복의 나라로 인도될 것이라는 소망을 주고, 아무리 보잘것없고 형편없어 보이는 사람일지라도 사랑으로 보듬어주는 '우주적인 어머니' 같은 존재의 상징이다. 이런 상징은 특정한 인종과 특정한 시간과 공간에서 벌어지는 특정한 역사적 사건과는 전혀 무관하다.

이런 존재는 이 존재에 대해 사유하는 인간에 따라 달리 나타나는 것이 당연하다. 그래서 자폐아^{自閉兒}의 마음에는 자폐신^{自閉神}이 등장한다.

인간보다 구골(googol=10^{100}. 1 뒤에 영이 100개나 있는 수. 우리 은하에 있는 원자의 개수보다도 큰 무지막지한 수) 배는 발달한 문명을 지닌 안드로메다은하 외계인의 눈에는, 다른 동물(인간이 포함되어 있음)들을 지구라는 한마을에 사는 같은 조상을 둔 일족으로 생각하지 않고, 거의 유전자가 같음에도 불구하고 형제자매로 인정하지 않고, 지구촌의 일원으로서 존중하지 않고, 먹을 수 있는 동물은 잡아먹고, 부릴 수 있는 동물은 부려먹고, 힘없는 동물은 착취해 먹고, 이도저도 아닌 동물은 멸종시키는 인간은 아마 자폐생물^{自閉生物}로 보일 것이며, 그런 사상을 옹호하고 조장하는 인간이라는 생물의 신은 자폐신^{自閉神}으로 보일 것이 분명하다. 이 광활한 우주에서 궁벽진 변방 은하계 미리내에 있는 조그만 '시골 행성' 지구에 갇혀 사는 자폐신 알라와 야훼, 이들은 '자폐아의 자폐신'과 근본적으로 다를 바가 없는 자폐신이다. 이들은 전 우주의 '휘황찬란하게 지성미를 발산하는 지적 존재들'과 담을 쌓고 사는 자폐존재이다.

가끔 어떤 자폐아들은 세상과의 소통을 눈물로 간구^{懇求}하는 상징적인 그림을 무의식적으로 그린다. 간혹 그런 사람들이 정상인들 중에 나타나기도 한다. 그들을 일러 신비주의자라고 한다. 그들의 간절한 소망은 분리된 초월세계로 돌아가 (전全 우주적인) 신과 합일하는 것이다. 대다수 자폐아들의 눈에 비친 정상인들의 세계는 전혀 이해할 수 없는 초월적인 세계이다. 이 두 세계를 연결하는 유일한 통로는, 통상, 자폐아들의 어머니이다. 이 어머니 같은 역할을 하는 것이 예수와 대승보살들이다. 이들은 '자신과 자기이익을 세상의 중심에 둔 폐쇄된 좁은 정신세계에 사는 사람들을' 자아의 족쇄에서 벗어난 광활한 정신세계로 인도한다.

허깨비는 허깨비로 처리하라

이이제이^{以夷制夷} 이열치열^{以熱治熱}

강시영화에 나오는 무시무시한 강시는 어떻게 처치하는가?
더 센 강시를 만들어 처리하면 된다.

무섭다고 칭얼대는 아이는 어떻게 달래나?
힘센 변신로봇 천사를 만들어 안심시키면 된다.

악마는 어떻게 막나?
더 센 신을 만들어 겁을 주면 된다.

악령의 장난은 어떻게 방지하나?
부적을 만들어 붙이면 된다.

환상팔통은 어떻게 치료하나?
거울로 환상팔을 만들어 뇌에 혼란을 주어 없애면 된다.

부처님은 출가제자 난다가 여자로 인해 괴로워하는 것은 어떻게 치료하셨는가?

신통력으로 우주절색의 천인여자를 만들어서, 인간여자가 너무 추하게 보이게 해서 치료하셨다.

포항공대 남학생이 이성문제로 괴로워하면

서울로 보내 이대 앞에 몇 시간만 서있게 하면 씻은 듯이 낫는다.

마음을 얻지 못한 여자나 그보다 더 예쁜 이대생이나 둘 다 못 얻을 허깨비들이다.

못 따 먹을 포도에 대한 욕망은 어떻게 치료하나?

시다고 상상하면 된다. 어차피 둘 다 못 따먹을 허깨비들이다.

총에 맞아도 안 죽는다고 자기 형이나 아버지를 자랑하는 놈에게는 어떻게 대응하나?

우리 아부지는 대포에 맞아도 안 죽는다고 뻥을 치면 된다.

어차피 그런 아버지들은 허깨비들이다.

자기 신은 전지전능이라고 큰소리치는 종교인에게는 뭐라고 대응하나?

그 신을 만든 원조신이 있는데, 그 원조신으로부터 아직까지도 피조물임을 숨기고 (전지전능한 창조주인 양) 사기 치고 다니는 못된 신을 잡아오라는 부탁을 받고 잡으러 다니던 차에 '정말 잘되었다 그리고 만나서 반갑다'고 말해주라.

믿다고 하면서도 떠나지 않는 사람은 어떻게 하나?

같이 믿다고 하면서 떠나지 마라.

너무 너무 사랑하기 때문에 떠난다고 하는 사람에겐 어떻게 해야 하나?

징그럽게 미워하던 참에 그리고 지긋지긋하던 참에 정말 잘되었다고 아주 잘 결정하였다며 큰 소리로 웃으면서 기쁘게 보내준다고 하면 된다.

이때 절대로 뒤돌아서서라도 눈물을 보이면 안 된다. 마법이 깨지기 때문이다.

상상임신으로 힘들어하는 사람은 어떻게 치료하나?

상상인큐베이터를 만들어 상상출산을 하도록 종용하라.

낳아놓고 오히려 더 힘들어 하면 어떻게 하나?

상상 난치병에 걸리게 하여 죽게 한 다음 상상 무덤에 묻으면 된다.

비용이 들지 않으니 거창하게 상상 장례식도 치러 주시라.

죽은 상상의 자식을 애도하며 깊은 슬픔에 빠져있으면 어찌 해야 하나?

상상 천도재遷度齋를 지내주시라. 상상 돈을 펑펑 써서 상상 제물을 풍성하게 차린 다음, 상상 고승대덕스님들을 모셔서 상상 망자를 상상 극락으로 보내시라. 그러면 상상 임신전보다 훨씬 더 행복해질 것이다.

때로는 변을 당하는 것이 안 당하는 것보다 더 낫다! 참으로 기이한 세상이다. 그런데 저 슬픔과 이 행복은 허깨비일까? 아니면 저 슬픔은 허깨비이고 이 행복은 진짜일까?

자신이 나폴레옹이라는 망상증으로 치료받던 환자가 10년 만에 치료가 다 되어 퇴원을 시키려고 그 부인을 병원으로 오게 했는데, 환자가 "아니 조세핀 여긴 웬일이요?" 하고 묻는 돌발사태가 발생하면 어쩌나?

"폐하, 황후를 따라 베르사유 궁으로 환궁하소서" 하고 아뢰고는, 아주 크고 시설이 좋은 국내 최대 종합병원으로 보내면 된다.

🔖 불교용품점에서 100장 단위로 판매하는 부적의 납품가는 한 장에 십오 원인데 판매가는 삼십 원이다. 자그마치 2배 장사다. 이럴 수가! 잡귀들이 싫어한다는 붉은색을 띤 경면주사鏡面朱沙를 사용하면 훨씬 더 비싸다. 거기다 인쇄기를 쓰지 않고 직접 손으로 그리면 가격은 가파르게 상승한다. 중간 크기 한 장에 3,000원 정도다. 잡귀의 세계도 자본주의 세계임이 틀림없다.

그런데 부적을 복사기로 복사하면 벽사辟邪 사악한 기운을 물리치기 · 퇴마退魔 exorcism 악령을 쫓아내기 · 소원성취 등의 효과가 없어질까? 만약 효과가 있다면, 흑백복사와 컬러복사는 차이가 있을까? 있다면 얼마나 있을까? 모두 궁금하지 않을 수 없다. 뭐, 이런 논문도 가능하지 않을까? '복사한 부적의 효능에 대한 이중맹검법double blind test적 조사와 캐논·도루코·엡손·HP 등의 복사기 브랜드에 따른 부적효능 변이에 대한 고찰.' 동양학 논문으로 제격일 것이다.

위 생각은 전혀 기발한 생각이 아니다. 인류역사상 선례가 있다. 구텐베르크의 인쇄술이 낳은 첫 히트상품은 성서가 아니라 면죄부였다. 머리 좋은 속인俗人들이 아비뇽 교황청이 발행한 면죄부를 인쇄해 팔아먹었다! '돈만 내면 죄를 씻는다'고 인쇄된 면죄부는 날개돋친 듯이 팔렸다. 가지가지 죄질에 따라 값도 달랐다. '평민의 간음죄 27리브로, 근친상간은 4리브로 추가, 부적절한 관계를 계속 유지하려면 87리브로 5수'라고 적힌 아비뇽 교황청의 가격표가 남아있다.(임석민, 『돈과 삶』, 149쪽)

그러니 부적을 복사해서 쓰자는 발상은 전혀 터무니없는 아이디어가 아니다. 영민한 독자는 이미 계산이 끝났겠지만, 일반 부적은 한 장에 30원이므로 복사해도 이득이 없다. 하지만 붉은색 경면주사 부적은 한 장당 3,000원 정도로 몹시 비싸므로, 컬러복사하면 엄청나게 이익이다. 한 장 산 다음, 평생 두고두고 복사해 쓰면 된다. 대대로 가보로 삼아 물려주면 대대로 이익이다. 물론 효험이 있다는 가정하에 그렇다는 말이다. 부적이 효험이 있다면, 복사본이 효험이 없을 이유가 없어 보인다. 설마 귀신이 복사본과 진본을 구별할 수 있을까? 특히 컬러복사기를 본 적이 없는 미개한 시골귀신이라면 알아볼 리 만무하다. 아무튼 귀신입장에서는 부적의 진위를 가리려고 시간을 끌다가는 진짜인 경우 큰 변을 당할 수 있으므로, 부적같이 생긴 것을 보면 무조건 도망가야 한다. 그래서 복사본 부적도 효과가 있을 것이다. 진짜 호랑이라면 죽음뿐일 터이니, 수풀 속의 얼룩무늬를 보면 일단 도망가고 보는 것이 유리한 것과 마찬가지 이치이다.

부적 애호가 여러분, 다들 컬러복사해 씁시다. 일반부적 가격으로 경면주사 부적을 얻을 수 있습니다.

441

허
깨
비
는
허
깨
비
로
처
리
하
라

공업 술주정뱅이 주인의 폭음에 낙담한
별업 간의 노래

태어남은 우연이지만 죽음은 필연이다

칼뱅의 예정설에 의하면 구원은 각 개인이 태어나기 이전에 이미 결정되어있다. 모두 구원받는 것이 아니고 일부만 구원을 받는다. 반면에, 불교에 의하면 모든 사람이 구원을 받게 되어있다(불교용어로는 해탈을 하거나, 깨달음을 얻거나, 부처가 되게 예정되어있다).

기독교는 이생이 끝나면 다음 생이 없으므로 구원이 예정되어 있는 사람은 아무리 늦어도 1,000년 안에 구원을 받는다(바이블에 의하면 가장 오래 산 사람이 969년을 산 무드셀라이다).

그러나 불교에서는 누구나 구원을 받는 대신 언제 구원을 받을지 아무도 모른다. 빠르면 56억7천만 년이고 늦으면 삼 아승지 겁, 즉 $3 \times 10^{56} \times 56$억7천만 년이 걸린다. 불가사의($10^{64}$)한 해가 170번이나 흘러야 한다. 물론 더 걸릴 수도 있다. 상한이 존재하지 않는다. 그러므로 불교에서는 구원의 기간을 단축하기 위해 죽도록 수행해야 한다. 왜냐하면 이 세상은 고통의 세상이므로 오래 머물수록 손해이기 때문이다. 노력과 운(환경과 스승)이 따르면 기하급수적으로 기간을 줄일 수 있다. 스승이 던지는 말에 '언하에 오도함으로써', 혹은 부지깽이에 대갈통을 된통 얻어맞는 순간 오도함으로써, 혹은 복숭아 떨어지는 소리를 듣는 순간 오도함으로써 남은 삼 아승지 겁 무기징역 잔여형기를 단 하루로도 줄일 수 있다.

불교에는 제일원인이 존재하지 않으므로, 즉 처음부터 정해진 업이 없으므로 반드시 운(우연)이 작용하게 되어있다(아메바에게 의지가 없다는 것을 인정하면 아메바에게는 운만 작용한다). 그렇지 않으면 부처님이 부정한 결정론이 되어버리고 만다. 진화론과 윤회론이 같이 가려면, 윤회의 주체로 알라야식을 세우더라도 이 식이 변한다는 것을 인정하지 않을 수 없다. 그러면 최초의 업은 존재하지 않는다는 결론이 나온다(수학적으로 말하면 업의 크기의 극한이 영이라는 말이다. 수식으로 표현하면 $\lim_{\text{시간} \to -\infty} \|업\| = 0$이다). 최초의 업이 존재하지 않으면 필연적으로 운이 작용한다.

불교는 개인의 업別業만이 아니라 집단의 업, 즉 공업共業도 논한다. 개인이 집단의 업을 즉 남의 업을 완벽히 결정할 수 없으므로(어느 정도는 영향을 미침) 공업의 별업에 대한 개입은 운이다, 즉 공업이 개인에게 미치는 영향은 운이다. 공업共業은 개인의 업만으로는 설명할 수 없는 현상을, 즉 개인에게 미치는 운을 설명하기 위해서 고안된 이론일 수 있다. 이와 같이, 최초의 원인으로서의 업이 존재하지 않는다는 논증을 따르지 않더라도, 별업別業과 공업共業의 관계 속에 이미 운이 내재하고 있다. 다른 식으로 표현하면 별업과 공업은 하나도 아니고 둘도 아니다不一不二. 또는 별업과 공업은 같지도 않고 다르지도 않다不同不異.

한 개인을 보더라도 각 세포의 별업은 각 장기의 공업에 영향을 받으며, 각 장기의 별업은 온몸의 공업에 영향을 받는다. 어떤 개인이 IMF共業로 인한 실직으로 미친 듯이 술을 퍼마시기로 결정別業한 순간, 어제까지도 아름답고 선명한 빛깔로 빛나던 부드러운 간의 운명은 검붉은 벽돌같이 딱딱한 개 같은 운명別別業으로 바뀐다. 집단(국가)의 입장에서는 IMF가 필연이지만 개인의 입장에서는 날벼락이다. 마찬가지로 개인의 폭음은 필연이지만 간의 입장에서는 날벼락일 뿐이다. 간이 "주인님, 제가 뭘 잘못해서 벽돌이 되어야 합니까?" 하고 울며 항의하면 무슨 할 말이 있겠는가? 설마 청마 유치환이라면 모를까, 누가 바위가 되고 싶겠는가? 청마의 시 「바위」를 소개한다. 공업共業 주인이 미친 듯이 술을 마셔대는 통에 자신의 운명을 포기한 별업別業 간의 심정이 아마 이럴 것이다.

바위

내 죽으면 한 개 바위가 되리라
아예 애린愛憐에 물들지 않고
희로喜怒에 움직이지 않고
비와 바람에 깎이는 대로
억년億年 비정非情의 함묵緘默에
안으로 안으로만 채찍질하여
드디어 생명生命도 망각忘却하고
흐르는 구름
머언 원뢰遠雷
꿈꾸어도 노래하지 않고
두 쪽으로 깨뜨려져도
소리하지 않는 바위가 되리라

目인간은 '자신이 한없는 시간동안 존재하지 않다가 갑자기 존재하게 되었고, 잠깐 살다가, 다시 한없는 시간 동안 존재하지 않게 될 것'이라는 사실을 발견하고는 깜짝 놀란다. 이에 인간의 감성은 절대 그럴 리 없다고 느끼며 반란을 일으킨다. 〈쇼펜하우어〉
간의 심정이 바로 이러할 것이다!

目우리는, 입으로는 개인의 삶과 사회의 삶을 지배하는 불변의 법칙들이 있다고 떠들어대면서도, 마음속으로는 인간사는 모두 다소^{多少} 운이 개입한다고 확신하고 있다. 〈에릭 호퍼〉

아마 대부분의 우리나라 불교신자들도 이보다 더하면 더하지 못하진 않을 것이다. 사람들이 운칠기삼^{運七技三}이라는 말을 입에 달고 살기 때문이다.

공업 술주정뱅이 주인의 폭음에 낙담한 별업 간의 노래

꿈은 왜 엉뚱한 그림들로 이루어지는가

고대의 언어는 해독하기 힘들다

수면 중에 램수면^{REM 수면, rapid eye movement sleep}이라는 게 있다. 수면 중에 안구가 급격히 움직이는 현상이다. 이때는 수면자가 꿈을 꾸는 순간이다. 마치 깨어있을 때 시각대상을 좇는 것처럼 안구가 꿈속의 대상을 좇아 움직인다. 꿈속에서 오른쪽으로 움직이는 대상을 좇아가면 안구도 오른쪽으로 움직이는 것이다.

포유동물 중에 개, 쥐, 유인원 등이 램수면을 하는 것으로 알려져 있다. 인간 이외의 동물들은 꿈을 어떻게 꾸는 것일까? 인간은 언어가 있어서 꿈속에서도 언어가 등장한다. 꿈속에서 활발히 언어활동을 하여 말하고 듣는다. 동물은 고등언어가 없다. 그렇다면 동물은 꿈속에서 감정을 어떤 식으로 표현할까? 공포의 감정이 일어날 때 이 감정이 시각적으로 어떻게 표현될까? 예를 들자면, 자연스러운 추측은, 공포를 일으키는 대상을 공포를 표현하는 시각적인 상징으로 이용한다는 것이다. 즉 상징(그림)언어를 사용한다는 것이다. 만약 뱀이 공포의 대상이라면 꿈속에서 공포라는 감정이 활성화될 때 뱀이라는 이미지가 떠오른다는 것이다. 이 관점에서 보면 꿈은 일종의 그림이야기가 된다. 말은 없이 그림으로만 이루어진 이야기이다.

인간의 말 중에 '~같다'라는 표현이 있다. 대상을 구체적으로 묘사하는 수고 없이 이미 알고 있는 대상에 빗대어 효과적으로 표현하는 방법이다. 시각적인 이미지는 바로 이런 '~같다'라는 표현과 같다.

돼지를 사냥하거나 살지게 길러 단백질과 지방을 풍족히 그리고 배불리 먹었다면 돼지(라는 시각적인 이미지)는 행운(잡은 돼지)이나 풍요(기른 돼지)의 상징이다. 한자 집 가家자는 지붕ᐟᐟ 밑의 돼지豕를 뜻한다. 돼지는 중국인에게 풍부한 단백질과 지방질을 제공한 최초의 가축이었을 것이다. 그래서 돼지의 가축화를, 즉 이 축복과 행운을 영원히 기념하기 위해서 중국인들은 돼지를, 한국인들이 세종대왕을 만 원짜리 지폐 위에 모시는 것처럼, 문자 안에 모신 것이다.

구덩이에 빠져 심한 부상을 입었다면 구덩이(라는 시각적인 이미지)는 불운이나 재앙의 상징이다. 구덩이는 짐승을 사냥하는 데도 쓰이므로 구덩이는 기회를 뜻할 수도 있어 구덩이의 상징은 다의적이다. 돼지도 욕심이라는 다른 상징이 있어 돼지 상징 역시 다의적이다. 즉 상징은 다의적이다. 이것이 꿈의 해몽을 어렵게 만든다.

말을 배우지 못한 사람(예를 들어 늑대에게 키워진 늑대아이)도 분명히 꿈을 꿀 것인데, 이들의 꿈은 필경 위와 같은 상징을 이용한 그림으로 이루어져 있을 것이다.

진화론에 의하면 진화란 개혁(혁명)이 아니라 기존의 것을 개선해서 쓰는 점진적인 변화이다. 어느 날 어느 순간에 갑자기 지느러미를 없애고 팔다리를 만들어 내는 것이 아니라 환경에 맞추어, 상상할 수 없을 정도의 오랜 세월을 거쳐, 점진적으로 지느러미가 팔다리로 변화하는 것이다. 따라서 구기관의 흔적이 몸에 남아있다.

꿈을 꾸는 뇌도 진화의 산물이다. 인간의 뇌는 진화의 순서를 따라 삼중구조로 되어있다. 파충류의 뇌(뇌간과 소뇌), 포유류의 뇌(변연계), 영장류의 뇌(대뇌)가 이것이다. 사람이 잠을 잘 때는 현재의식의 감시와 통제로부터 벗어나게 된다. 깨어있을 때에도 인간이 하는 행동의 대부분은 무의식의 작용으로 (파충류의 뇌와 포유류의 뇌에서) 이루어진다. 인간의 몸과 마음은 하루 중 대부분의 시간을 일종의 자동운행장치 또는 자동운행 소프트웨어에 의해서 운행된다. 매번 매순간 결정을 의식적으로 해야 한다면 무척 피곤하고 에너지 소모적일 것이다. 시간도 많이 걸릴 것이다. 진화를 거쳐 예측가능하고 습관화된 움직임이나 감정은, 자동적으로, 운영되고 발생한다. 어떤 면에서는 자동기계이다. 단 과거의 모든 행위(육체적 그리고 심적)의 총화가 반영된 것이므로 개성과 개별성이 나타난다. 자유의지가 있다 하더라도(논쟁의 여지가 많지만) 인간이 자유의지를 발휘할 수 있는 상황은 하루 중 그리 많지 않다. 크게 보면 이미 태어남이 자유의지가 아니며 종교, 음식, 의복, 금기 사항, 결혼관 등이 대부분 이미 자유의지가 아니라 역사와 사회에 의해서 개인에게 주어진 것 또는 강요된 것이다.

대체로, 과거(정보)의 축적이 이루어진 뇌에 의해서 무의식적으로 심신이 운행된다. 수면 시에는 각성 시에 조금이나마 작동을 하던 자유의지가 뒤로 밀려나고, 심신은 무방비상태로 무의식과 잠재의식의 지배를 받게 된다. 이때 정신활동은 꿈이라는 형태로 나타난다. 각성 시에도 무의식은 활발히 활동하고 있으나, 감각기관을 통해 밖에서 들어오는 엄청난 양의 정보의 처리에 압도되어 현재의식이 알아차리지 못할 뿐이다. 명상을 통해 감각기관을 안정시키면 마음속에 떠오르는 수많은 심상과 감정의 오색 비눗방울들을 목격할 수 있다. 수면 중에도 똑같은 일이 일어난다. 단지 현재의식의 통제만이 매우 약해지는 것이다. 이때 원시적인 두뇌가 작동을 한다.

감성은 이성에 비해 매우 오래된 기능이다. 감성은 포유류의 두뇌인 대뇌변연계limbic system에서 기원을 한다. 이성에 기초하지 않기에 하늘을 날아다닌다든지 땅속으로 들어간다든지 하는 현실에서 불가능한 일들이 꿈속에서는 아무 장애 없이 일어나며, 흠모하는 대상과 관계를 맺는 일이나(상대방의 동의도 없이), 증오하는 대상을 살해하는 등의 행위가 거리낌 없이 그리고 죄의식 없이 일어난다(도덕이나 윤리가 진화론적으로 후기에 나타난 것이라는 강력한 증거이다. 종교의 주장처럼 위로부터 처음부터 주어진 것이 아니다). 물론 이런 것들은 몸과 마음에 일어나는 일들의 상징이다.

원시적인 두뇌에는 아직 언어가 없다. 언어는 (진화역사상) 후에 발달한 후기뇌에 위치해 있다. 꿈이 원시적인 전기뇌의 지배를 받을 때 그림이야기가 등장을 한다. 예를 들어 심각한 공포의 감정이 일어날 때 뇌는 전기뇌의 언어이자 상징언어인 그림언어를 이용한다. 즉, 뱀 또는 깊은 낭떠러지 등이 등장한다. 가뭄이라는 추상적인 개념을 고등언어가 없는 원시뇌는 어떻게 표현을 할까? 못 먹어 가죽만 남은 소나 말 등의 시각 이미지로 표현을 할 수가 있다. 못 먹어 삐쩍 마른 소떼가 벼랑 위에 서있다면 희미하게 다가오는 불길한 '집단적인 가뭄의 공포'를 표현하는 것일 수 있다. 이런 꿈은 원시시대에도 동일한 형태로 꾸었을 수가 있다. 단지 현대인은 발달한 두뇌와 언어를 이용해서 오래된 형태의 꿈을 훌륭하게 해석을 할 수 있게 되었다는 차이가 있을 뿐이다. 인간의 꿈에 수많은 상징이 등장하는 이유는 이들을 재료로 하여 인간의 언어가 발달한 것이기 때문이다.

결론적으로, 많은 경우 꿈이란 뇌가 원시뇌를 이용하여 자신을 표현하는 그림이야기이다. 꿈은, '원시뇌라는 원시인'이 '근대뇌라는 문명인'에게 건네는, 알아듣기 힘든 원시언어로 이루어진 이야기이다. 신탁이나 점쟁이나 종교적 수련자들은 극도로 이성을 억제하여, 따라서 언어를 억제하여, 원시뇌의 상태로 돌아가 원초적인 본능에 따라 주어진 어려운 상황을 파악하고 해결하고자 한다. 이때 주어지는 메시지는 우리가 이미 버린 (원시적인 상징)언어로 이루어져있기에 해독이 난해할 수밖에 없다. 이 난해성이 대중에게 신비감을 불러일으켜 맹목적인 추종을 낳게 된다.

오랜 세월에 걸쳐 땅속 깊이 판 움집으로 출발한 집을 증축해서 다
층집을 만들면 지하실로부터 지상층까지 다양한 층과 방이 존재한다.
이 층간 및 방간 소통과 대화가 원활하지 못할 때(현시대에도 여전히 그
러하다) 신비감이 생기며 이것이 종교의 기원이다.

▤신경정신과 의사인 올리버 삭스*Oliver Sacks*의 저서『아내를 모자로 착각
한 남자*The Man who mistook his wife for a hat*』에는 자신의 환자 중에 시각중추가
기능을 하지 못하게 된 어느 음악가 이야기가 나온다. 흥미롭게도
이 사람은 꿈을 그림으로 꾸지 못한다; 꿈의 메시지는 (소리나 냄새
등) 비시각적인 방법으로 전달된다. 이 사람은 깨어있을 때, 기하학
적인 특징이나 눈에 띄는 특징이 없는 사물은 구별하지 못한다; 턱
이 지나치게 크다는 등의 얼굴에 어떤 비정상적인 특징이 있으면 누
구라고 알아보는 식이다.

그의 또 다른 저서『화성의 인류학자*An Anthropologist on Mars*』에는 자신의
환자 중에 사고로 뇌를 다쳐 세상을 흑백으로 보게 된 화가 얘기가
나온다. 이 사람에게는, 눈부시고 화려한 유채색의 세상이 사라져 버
리고, 음울한 흑백세계가 그 중간의 회색세계와 더불어 나타난다. 비
극은 이 사람이 화가라는 사실이다.

뇌의 시각중추에 이상이 오면 위와 같이 희귀하고 기이한 증세들
이 나타난다. 인간의 시각기능이 신비한 영혼의 작용이 아니라 뇌
의 기계적인 기능이라는 증거이다. 언어중추에 이상이 온 사람은 꿈
을 꿀 때 분명 말이 없는 그림으로만 된 꿈을 꿀 것이다. 여기 더해
서 청각중추와 시각중추까지 이상이 있다면 이 사람은 소리·말·그
림이 일체 없는 꿈을 꿀 것이다. 아마 사랑, 미움, 공포, 분노, 즐거움,
불안, 흥분 등의 감정이 모자이크 되거나 물결처럼 퍼지는 꿈을 꿀
것이다. 이런 꿈은 최고의 형태의 비구상적인 예술활동이자 가장 원

초적인 예술행위일 것이다.

　이런 예들로 알 수 있는 것은 뇌의 특정기능이 작용을 못하면 꿈에도 동일한 기능결손이 나타난다는 것이다. 따라서 언어가 없는 원시인인 북경원인이나 오스트랄로피테쿠스나 크로마뇽인은 시각적인 상징으로만 이루어진 꿈을 꾸었을 것이다(물론 소리는 동반될 것이다). 이것을 확인하는 방법은 늑대인간의 꿈을 조사하거나 언어를 배우지 못한 사람들의 꿈을 조사하는 것이다.

目 올리버 삭스의 『화성의 인류학자』에 자폐증을 지닌 템플Temple이라는 여류학자가 나온다. 그녀는 어렸을 때 농가에서 자랐으며, 직업은 동물축사 설계사이다. 자폐천재savant 사방들의 놀라운 능력을 보유하고 있는 그녀는 마치 머릿속에 컴퓨터를 가진 것처럼 머리로만 축사를 설계할 수 있다. 설계할 축사를, 컴퓨터 화면 위에 이미지를 만들고 다루듯이, 머릿속에 3차원으로 떠올리고 마음내로 회전을 시키며 모든 각도에서 관찰하며 설계할 수 있다. 여느 자폐환자처럼 타인의 감정을 예측하고 이해하기 힘들어하는, 그러나 동시에 타인의 감정을 열심히 연구하고 배워가는, 그래서 자신을 '화성의 인류학자'라고 표현하는 그녀가 삭스에게 다음과 같이 말했다.

　　"시각視覺으로 생각하면 동물과 일체감을 느끼는 게 더 쉬워요. 만약 모든 생각을 언어로 한다면 어떻게 (언어가 없는: 역자 삽입) 가축이 생각을 할 수 있다고 상상이나 할 수 있겠어요? 하지만 만약 당신이 시각으로 생각한다면…."

　여기서, 그녀는 언어 대신 시각을, 즉 그림을 언어처럼 이용해서 생각을 할 수 있다면, 동물과 더 일체감을 느낄 수 있을 것이라고 말하고 있다(자폐환자들은 통상 언어구사능력이 약하므로, 자폐환자인 그녀는 아마 그림으로 생각할 것이다). 즉 동물이 시각적 이미지를 이용해서 생각을 한다고 암시하고 있다. 그녀의 예측이 옳다면, 그리고 동물들도 꿈을 꾼다면, 동물들은 분명 시각적인 꿈을 꿀 것이다. 동물이 여기서 더 발달(진화)하면, 그러나 아직 언어가 없는 상태라면, 분명 그림을 '상징'으로 이용한 꿈을 꿀 것이다. 이 단계는, 우리 인간의 조상인 오스트랄로피테쿠스나 북경원인과 현생인류 사이의 진화과정 어디선가 일어난 일이 분명하다. 이때의 흔적이 우리의 꿈으로 나타나는 것이다: 이상한 그림으로 이루어진 꿈. 이런 꿈이 일어나고, 이런 꿈으로 인해서 뇌의 여러 의식 사이에 혼란이 일어나면, 뒤늦게, 가장 발달한 전두엽이 개입을 해서 꿈을 해석해 줌으로써 의식공화국의 혼란을 일소하며 교통정리를 한다. "이 꿈은 이런 의미니까 여러 다른 의식들은 놀라지 마시기 바랍니다" 하고 말이다.

目의식이 발달하기 시작은 했지만, 아직 미처 자의식이 충분히 발달하지 못한 생물에게, 자신의 다양한 의식의 활동은 타자[他者]로 인식된다. 서로 다른 성격의 다양한 의식이 자기 마음속에 나타날 때, 혼란과 공포가 몰려올 수 있다. 줄리언 제인스[Julian Jaynes]는 최소한 2개의 의식이 나타났다고 주장한다. 좌뇌와 우뇌, 두 개의 의식! 좌뇌는 우뇌의 활동을, 타자로 인식하고, 환청[幻聽]으로 들었다는 것이다. 그리고, 그걸, 언어기능을 담당하는 좌뇌가 이야기로 만들어낸 것이 이른바 신화라는 것이다. (일어난 현상에 대해서 어떤 식으로든지 설명을 함으로써, 알고자 하는 뇌인 좌뇌는 비로소 안도를 한다.) 프로이트와 융에 의해서 (개인·집단)무의식이 발견된 것은 벌써 50여 년 전의 일이지만 학문적인 성취일 뿐, 사람들은 여전히 자신의 무의식의 활동을 감지·의식할 수 없다. 이 점에서, 고대인들은 심지어 무의식이 아닌 의식의 활동도, 자신의 의식의 활동이 아니라, 타자[他者]의 의식의 활동으로 인식했을 가능성이 크다.

기도는 이루어지는 것이 아니라 마음을 달래는 것이다

괴이한 생각은
한 사람이 하면 망상이고
여러 사람이 하면 종교이다

여러 종교에는 기도를 통해서 소원을 이루었다는 일화가 있다. 기독교는 예수, 마리아, 성인들, 하나님에게 소원성취를 위해 기도를 하고 불교는 보현보살, 문수보살, 지장보살, 관세음보살, 약사부처에게, 도교는 칠성님, 태상노군, 문성군, 관우에게 회교는 알라에게, 힌두교는 코끼리 대가리를 한 신 가네샤, 암소 모양의 신, 원숭이 모양의 신 하누만을 비롯한 3.3억 명의 신들에게 기도를 한다.

각 종교는 다른 종교들을 가짜로 간주하며 인정을 하지 않으므로 기도를 통해 소원을 성취했다는 주장과 일화는 대부분 거짓(말)임을 알 수 있다. 많아야 한 종교만 진짜일 것이고 최악의 경우는 모든 종교가 가짜이다. 한 장소의 종교가 모두 거짓일 확률은 엄청나게 크다.

수천 년 전 찬란한 문명을 이룬 아메리카 원주민들에게 그들의 땅이 곧 모든 땅이었다. 그런데 그들이 섬긴 신들은 지금 기준으로 보면 하나같이 어처구니없는 미개한 신들이었다. 아프리카에도 동일한 말을 할 수 있으며 인도 아대륙도 마찬가지이다. 그리스는 대단한 예이다. 인간의 모습과 감성과 습성을 지닌 무수한 신들이 대소동을 벌였는데 그리스인들에게는 그리스가 숱한 신들이 사는 올림포스 산을 가운데에 둔 세상의 중심이었다(올림포스 산은 기독교의 에덴동산, 불교의 수미산, 도교의 북극성에 해당한다). 하지만 지금 어느 누가 그리스 신들을 믿는가? 현대인이 보기에 그들은 모조리 가짜 신들이다. (이 점에서 현대인들은, 어떤 종교를 믿든지, 모두 무신론자들이다. 그리스 신들에 대한 무신론자!)

이렇듯 종교의 역사가 증언하듯이 한 장소의 종교가 모조리 가짜일 확률은 생각보다 엄청나게 크다. 지구라는 장소도 마찬가지이다. 지구는 문명이 고도로 발달한 마두상 은하 외계인이 보기에는 하나같이 한심한 신들과 종교를 믿는 행성일 수 있다. 모조리 엉터리 종교를 믿는 행성일 수도 있다. 따라서 종교를 통한 소원성취는 모조리 가짜일 확률이 엄청나게 크며, 수학적으로 보면, 기적이 일어나도 많아야 한 종교에만 일어날 수 있다. 그런데 어떻게 이런 착각이 일어나는가? 각 인간이 모든 사례를 조사할 수 없다는 데서 일어난다. 각 개인이 접할 수 있는 표본집단이 터무니없이 작다는 점에서 일어난다. 소원이 이루어진 것만 떠들어대고 이루어지지 않은 경우는 침묵하는 데서 이루어진다. 이루어진 일은 엄청나게 신기한 일로 간주하지만, 이루어지지 않은 일은 전혀 신기한 일이 아니다. 그래서 이루어지면 떠들어대며 소문을 내지만 이루어지지 않은 경우 침묵을 지킨다. 뿐만 아니라 자신의 엷은 믿음을 증거하는 일은 떠들 이유가 없다, 일종의 자해행위이지 않은가? 인간은 잘 알고 있다. 소원은 거의 이루어지지 않는다는 것을. 그래서 이루어지면 그토록 신기해하고 감격을 하는 것이다.

제주도로 신혼여행을 간 신혼부부 1,000쌍이 특정 돌하르방의 큼직한 코를 만지면 아들을 낳는다는 말을 듣고 코를 만지면 500쌍은 아들을 낳는다. 아들을 낳은 이 500쌍이 돌하르방이 용하다고 떠들어대면 그 말을 듣고 제주도까지 찾아가 그 돌하르방 코를 만진 1,000쌍 중 500쌍은 역시 아들을 낳게 된다. 이 일이 한 달에 한 번씩해서 10년에 걸쳐 120번만 반복해보라. 10년 후 시점에서 아들을 낳게 된 500쌍은 과거 10년간에 자그마치 120번이나 연속해서 기적이 일어났다고 증언하지 않겠는가? 10년간 6만 쌍이나 아들을 낳았다. 대단하지 않은가? 하지만 진실은, 돌하르방 코를 만진, 나머지 6만 쌍도 120번이나 연속해서 딸을 낳았다는 것이다. 비밀은 아들을 낳은 자들은 떠들어댄 반면에 딸을 낳은 자들은 침묵을 지킨 것에 있다. 점쟁이를 찾아가도 맞히는 경우만 용하다고 칭찬을 하고 소문을 내주지, 못 맞히는 경우는 비난을 하며 악소문을 내지는 않는다. 사람들은 맞지 않은 이야기는 재미없어 하고 듣고 싶어 하지도 않는다. 그래서 맞히지 못하거나 이루어지지 않은 일에는 침묵을 지킨다.

대구 팔공산의 '갓바위'가 소원성취 잘되기로 유명하여 전국의 불교 신자들이 구름처럼 몰려들어 돌부처에게 소원을 빈다. 특히 입시철에는 발 디딜 틈이 없을 정도이다. 갓바위 돌부처에게 빌고도 소원을 못 이룬 사람이 이룬 사람보다 훨씬 많을 것이므로 신통치 않은 부처로 소문이 나야 마땅하지만, 루저loser들의 침묵은 돌부처를 보호한다. 사실 세상에 되는 일이 얼마나 되는가? 그래서 사람들은 "내 이놈의 세상을!" 하고 한탄하지 않는가?

북한의 김일성이 사망한 시점을 알아맞혀 전국적으로 유명해진 심진송이란 여자가 있었다. 이 미모의 점쟁이가 예언한 대로 김일성이 죽자 온 나라가 들썩거렸다. 숱한 일간지, 주간지, 월간지가 이 여자 기사로 도배를 하였다. 미래와 운명에 대해 불안하고 궁금한 고단한 자들이 불나방처럼 이 여자에게로 몰려갔다. 풍선처럼 부풀어 오르는 명성에 취하여 심진송은 더 대담한 예언을 쏟아냈다. 1년 내로 성수대교 붕괴보다 더한 대재앙이 일어날 것이라고 했다. 그것도 10여 건이나. 보통 이런 일이 있는 경우 상업적으로 띄워서 이익을 챙기고 방치하는 것이 언론의 속성인데, 1년이나 지나서 어느 짓궂은 기자가 심진송의 예언을 추적·조사하여 심진송을 추궁하였다. 당신 예언은 모조리 빗나갔는데 어찌된 일인가? 심진송은, 그런 재앙이 벌어지면 안 되겠기에 산에 들어가 산신에게 제발 우리민족이 대재앙을 모면하게 해달라고 죽도록 기도해서 안 일어난 것이라고 대답했다. 예언이 맞으면 자기 예지력이 뛰어난 것이고, 틀리면 자신의 기도가 하늘에 닿았기 때문이다. 어느 경우나 남는 장사다.

사실 심진송의 김일성사망 예언은 맞을 수밖에 없었다. 전국에 점쟁이가 수십만인데 각자 김일성이 모년모월에 죽는다고 예언해보라. 김일성이 한참 늙었고 지병에 시달리던 터라 10년 안에 죽을 확률이 매우 높았다. 10년에는 120월이 있으므로 360,000명의 점쟁이들이 한 달씩 골라잡아 예언을 하면, 자그마치 3,000명이나 김일성 사망년도와 월을 적중시킬 것이다. 한 달은 30일이므로 그중 100명은 죽는 날까지도 알아맞힐 수 있다. 그뿐만 아니라, 하루는 24시간이므로 그중 4명은 죽는 시時까지 적중시킬 수 있다! 심진송은 바로 그런 운이 좋은 케이스에 지나지 않는다. 만약 전국에 점쟁이가 심진송 하나뿐이라면 대단한 일이겠지만, 문제는 점쟁이가 너무 많다는 것이고 따라서 누군가 맞히게 된다는 것이 수학적인 확률이다. 심진송 소란은 확률의 장난이었다.

미국에서 그 유명한 템플턴Templeton 재단의 후원을 받아, 중보기도의 효험을 믿는 하버드 의대 교수 허버트 벤슨Herbert Benson의 주도로, 240만 불(24억 원)이나 들여서 1996년 2월부터 2004년 12월까지 장장 9년에 걸쳐 이중맹검법二重盲檢法 double blind test으로, 관상동맥 우회수술을 받은 환자 1,802명을 조사한 실험이 있었다. 환자들을 두 그룹으로 나누어, 한 그룹은 회복기도를 해주고 다른 한 그룹은 기도를 해주지 않았다. 각 환자에게는 자신이 중보기도를 받고 있는지 여부를 알려주지 않았고, 담당 의사들에게는 어느 환자가 중보기도를 받고 있는지 알려주지 않았다. 실험결과는 반반이었다. 중보기도를 받은 그룹이나 안 받은 그룹이나 회복에 별 차이가 없었다(오히려 기도를 받지 않은 쪽이 미세하나마 회복이 더 빨랐다). 오랜 기간 동안 열심히 기도를 해주어도 차이가 없었다는 말이다. 즉, 기도발이 없었다는 얘기다. 실험을 주관한 의사가 평소에 중보기도 옹호자였기에 실험결과는 공정했을 것이다. 교회에서의 간증은 기도가 이루어진 경우에만 있지, 이루어지지 않은 기도에 대한 간증은 없다. 이루어진 기도에 대해서만 오랜 기간 반복해서 듣다 보면 기도에 대한 망상을 만들게 된다. 수십 년에 걸쳐 들으면 믿음은 반석과 같이 단단해진다. 열심히 기도하면 마치 이루어질 것으로 착각을 하게 된다. 열심히 기도하고도 이루어지지 않은 수많은 기도를 간과하게 된다. 이 실험은 양들의 침묵이다. 실험결과는 침묵하는 양들의 반란이다.

오랜 기간 아미타기도를 해오다 서방정토를 다녀온 중국의 관정 스님의 수기가 있다. 어느 날 중국 복건성福建省 동굴에서 참선을 하던 중, 서방극락세계를 다녀왔다는 것이다. 관세음보살의 인도로 자그마치 6년 5개월 동안이나 극락여행을 했으며, 그동안에는 스님의 육체마저도 지상에서 사라졌다고 주장을 한다. 1967년 음력 10월 25일부터 1973년 음력 4월 8일까지의 기간인데, 묘하게도 문화대혁명 기간(1966~1976)과 겹친다. 사라진 해는 문화대혁명 발발 다음해이고, 다시 나타난 해는 문화대혁명이 힘을 잃어가던 시점이다. 그 기간 동안 박해를 피해 모처로 피신했던 것이 아닌가 하는 의혹을 불러일으킨다. '극락세계가 우리세계와 같이 물질세계이고, 관정 스님은 자신의 육신으로 극락에 다녀왔다고 주장하는 것'이라는 강력한 증거이다. 다른 증거로는, 극락세계에서 관정이 자신의 요청에 의해서 제공된 흰밥과 맑은 국을 먹는 장면도 나온다.

9등급 극락세계 중 최하등급인 하품하생극락의 공용어가 '다라니어'

라는 흥미로운 주장이 나온다. 에스페란토어가 더 합리적일 것으로 보이는데 아쉽다.

관정은 극락세계에 도착하자 아미타불에게 고통스러운 사바세계에 돌려보내지 말아달라고 애원을 하는데, 자기가 2겁(일설에 의하면 3,359만 6천 년) 전에 극락에 왕생했던 것과 그때 사바세계에 돌아가고자 했던 것을 잊어버리고 애원을 했던 것이다. 그때 지구의 인간은 침팬지와 같은 조상을 둔 현대 유인원보다 더 미개한 상태였는데, 이 무슨 어처구니없는 말을 하고 있는가? 사바세계로 돌아가지 않겠다고 애원한 것은 그의 스승 허운의 경험과 유사하다. 관정보다 십오 년 전에 먼저 극락을 방문했던 스승 허운 역시 사바세계로 돌아가지 않겠다고 떼를 쓴 적이 있다.

관정의 주장에 의하면 극락이 지구에서 150억 광년 거리에 있다고 하는데, 현대천문학이 말하는 우주의 나이와 정확히 일치한다. 따라서 극락은 우리우주 가장자리에 위치하고 있는 것이다. 놀라운 일이다. 극락이 물질적인 세계라는 강력한 증거이다. 『무량수경』에서 아난이 부처님에게 '왜 극락에 수미산이 없느냐'고 질문을 한 것과 같은 맥락의 내용이다.

재미있는 점은, 관정이 본 극락의 건축물이나 극락인들의 의복이 고대古代중국식明·淸이라는 점이다. 상하이 푸동지역의 현대식 마천루는 보이지 않고, 미니스커트를 입은 여인들도 없다. 물론 자동차도 보이지 않는다. 왜냐하면 불경은 고대에 만들어진 경전이기 때문이다. 그 무대가 다 고대이다. 극락에 대한 경전인 『아미타경』은 인도에서 만들어진 것임에도 불구하고, 관정 스님의 눈에 비친 극락은 중국식 건축물과 의복이라는 것이다. 이것은 명백히 관정 스님 의식의 장난이다. 고대의 인도경전에 고대중국문화를 접목시킨 하이브리드(잡종)를 만든 것이다.

기독교에는 스웨덴보리(1688~1772)라는 유명한 신비주의자가 있는데, 천국을 다녀온 기행문을 쓴 것으로 유명하다. 관정과 스웨덴보리의 경험이 양립할 수 없으므로, 둘 중 하나는 거짓말을 하거나 망상으로 인한 환상을 본 것이 분명하다. 둘 다 망상을 일으켰을 수도 있다(사실은 이럴 가능성이 가장 크다). 어느 쪽이 거짓이건 간에, 그토록 확고한 믿음으로 생생한 경험을 증언하고 있음에도 거짓이라니 참으로 이해하기 어려운 현상이다. 천상세계를 다녀오는 것보다 더 신비로운 일은, 그런 망상과 그런 망상을 진실로 아는 '이차망상(파생망상)'을 일으키는 뇌의 구조이다.

달라이 라마의 한국인 제자로 유명한 청전 스님의 일화도 있다. 청전 스님은 매우 흥미로운 인생을 사는 분이다. 스님에 대한 여러 일화가 있다. 이분은 젊은 시절에 신학대학생이었다. 어떤 계기로 송광사 구산 스님을 찾아가 머리를 깎게 된다. 청전은 절에서 보낸 첫날밤 꿈에 붉은 가사를 걸친 자신의 모습을 본다. 다음 날 구산 스님은 청전에게 "너는 전생에 티베트 승려였는데 왜 이제서야 오느냐"고 묻는다. 청전이 티베트를 찾아 달라이 라마의 제자가 된 지 수십 년, 이제는 환갑을 훌쩍 넘은 나이이다. 청전은 한국불자들의 보시를 받아 티베트 오지의 스님들에게 생필품을 공급해주는 자선활동을 하고 있다. 어느 해 오지의 어느 사찰을 방문하였는데 전에 보았던 절 뒤편의 동굴이 사라진 사건이 있었다. 안에 호수까지 있는 제법 큰 동굴이었는데 감쪽같이 사라져버린 것이었다. 더 기가 막힌 것은 그 절 스님들의 말이다. 그 절에는 결코 동굴이 있었던 적이 없다는 것이다. 청전 스님은 이 일을 무척 신기해하고 있다. '어떻게 그런 일이 있을 수 있느냐'는 것이다. 필자가 보기에는 동굴이 감쪽같이 사라진 것이 불가사의한 일이 아니라, 청전이 그런 어처구니없는 착각을 하고 있다는 것이 불가사의한 일이다. 더욱 불가사의한 것은 자신의 착각을 인정하지 않는다는 점이다. 물리적인 동굴이 기적처럼 사라질 수는 없으므로, 그리고 버트런드 러셀의 '우주가 오래된 거짓기억을 지닌 채로 5분 전에 창조되었을지도 모른다'는 말처럼 그 절의 승려들이 모조리 잘못된 기억으로 세뇌당하기 전에는 일어날 수 없는 일이므로, 청전이 착각을 한 것이 분명하다. 의식의 장난은 이처럼 불가사의한 것이다. 부처님이 말씀하시기를 "아라한이 되기 전에는 자기 마음을 믿지 말라"고 하셨는데, 사실은 아라한이 되면 더욱 자신의 마음을 믿을 수 없을 것이다. 마음이 환영이라는 것을 알았는데, 어떻게 믿을 수 있겠는가? 예전에는 모르니까 믿을 수도 있었지만, 이제 속속들이 다 알고 있는데 어떻게 믿을 수 있겠는가?

경주 함월사 조실이신 우룡 스님은 젊은 시절에 경공술, 축지법, 중석몰권中石沒拳, 철사장鐵砂掌, 투시력, 천리안을 획득했다고 주장하신다.

자신이 6·25 직전인 18살 무렵에 해인사 강원에 머물며 옴마니반메훔 육자주六字呪를 할 때, 해인사 마당에서 "발로 땅을 한 번 툭 치면 (몸이 허공을 가르고 솟구쳐) 대적광전 지붕 위로 올라갔다"고 한다. 보통 사람은 맨발로도 몸을 제대로 가누지 못하는 급한 경사의 지붕을 게다를 신은 발로 평지처럼 뛰어다니면, 아래 마당의 도반들이 놀라서 "야, 저것 봐라, 미쳤다. 저것 봐라 미쳤어"라고 소리쳤다 한다. 즉 '경공술'을 얻었다는 것이다. 그리고 "훌쩍 뛰어올라 첫 봉우리만 나의 발에 닿으면 전체 산봉우리가 다 나의 발밑에 들어왔습니다. 이 산봉우리를 밟고 한 번 뛰어 저 산봉우리 밟으며, 가야산 일대를 전체를 다 둘러보고 다녔습니다"라고 주장한다. 즉 해인사 뒷산인 가야산을 축지법으로 봉우리에서 봉우리로 날듯이 다녔다는 것이다. 또 "가야산 마애불 근처로 가서 집채만 한 바위를 밀어봤더니 바위가 그냥 밀려갔고, 주먹을 불끈 쥐고 바위를 쳤더니 마치 물속으로 들어가듯 팔이 바위 속으로 쑥 들어가는 것이었습니다"라고 증언한다(문자 그대로 중석몰촉中石沒鏃의 고사가 현대에 나타난 중석몰권中石沒拳이다). 그 후 신경이 날카로워지고 어른들에게 마구 대하다 곁에서 '저 아이 좀 이상해졌다'는 얘기를 듣고, 육자주문을 그만두었다고 한다.

그러다 6·25사변을 만나 청화 보경사 서운암으로 옮겨 능엄주를 하던 중 60~70일이 지나자 "생각을 일으키면 동네의 모든 집이 보이고 사람들의 이야기 소리도 들리고 밥상의 반찬이 무엇인지 텔레비전 보듯이 다 보였다"고 증언한다. 다시 말해 천리안이 생겼다는 것이다. 또 "사람 몸이 투명체처럼 다 들여다보이고 몸속의 뼈마디까지 그대로 보였다"고 주장한다. 즉 투시력이 생겼다는 것이다.

그 뒤에 강화 보문사에서 7일 나한 기도 마지막 날에 법당에서 천수정근을 하던 중 "내 몸이 함께 정근하고 있던 사람들의 머리 위를 날아, 법당문 밖에 떨어졌습니다. 가사장삼을 입은 채로 마당으로 날아와 엉덩방아를 찧고 넘어졌습니다"라고 증언을 한다. 법당에서 정근을 하다 알 수 없는 힘에 휩쓸려 허공을 날아 마당으로 이동했다는 것이다. 그런데 그게 어떤 노스님이 코 밑에서 귀따갑게 제대성중을 외쳐대는 자기를 살짝 밀었더니 그리되었다고 한다. 참으로 흥미진진한 주장이시다.

이렇게 신통력이 뛰어나다는 우룡 스님의 설법이 귀신얘기로 끝나곤 하는 것은 불가사의한 일이다. 49재나 천도재薦度齋 등 귀신을 달래는 제사를 지내라 하신다. 부처님 재세 시에는 쥐죽은 듯 조용하던 귀신들이 언제부터 인간계를 장악하고 길흉화복을 주재主宰하게 되었는가? 그리고 언제부터 승려들이 귀신들의 대리인agent으로 추락하였는가? 참으로 불가사의한 일이다. 팔리어 율장 대품에서 "귀 있는 자들에게 불사不死의 문을 열 터이니 죽은 자에 대한 근거 없는 제사를 그만두어라"라고 말씀하신 부처님이 통곡하시겠다.

쌍계사 조실이신 고산 스님의 일화가 있다. 고산스님은 남해의 정말로 조그마한 섬 연화도에 연꽃처럼 아름다운 절 연화사를 창건한 스님이다. 조계종의 원로로서 진짜 사나이다운 기질을 가진 분이다. 스님의 자서전 『지리산의 무쇠소』에 수행담이 나온다. 어느 날 참선 중에 홀연히 어떤 도시의 풍경이 보인다. 흑인·황인·백인이 보이고 길 위의 개미까지 선명하게 보인다. 어느 날은 참선 중에 민가가 보인다. 자신의 신도인 보살이 일을 하는 것이 보인다. 고산 스님은 메모를 해놓았다가 후에 보살이 찾아왔을 때 선정 중에 본 일이 사실임을 확인하는 과학자적인 소양을 보이셨다. 맹목적으로 사실이라고 주장하지 않으신다. 반면에 우룡 스님은 아예 대놓고 사실임을 선언한다. 우룡 스님을 오래 추종한 신도가 사실이라고 증언하는 것도 나온다. 불경은 온갖 신이神異한 일들로 가득하기에, 적당한 스님이 적당히 자신의 신통력을 주장하면 신도들은 '불경의 이적이 오늘날에도 일어나는구나' 하며 감격해한다.

불교신자들은 이런 스님들이 주석하는 사찰을 찾아가 지성으로 소원성취 기도를 한다. 신통력가피를 입기를 기대하면서. 그런데 이런 신통력 일화의 특징은 항상 '과거형'이라는 것이다. 절대로 지금 이런 일이 일어난다고 주장하지 않는다. 뿐만 아니라 이런 스님들은 절대로 남들이 언제나 두 눈으로 확인 가능한 신통력은 보여주지 않는다. 예를 들어 잘린 손가락이 다시 자라난다든가, 사고로 잃은 팔 다리가 다시 생겨난다든가, 충치로 빠져버린 이가 솟아난다든가, 얻어맞아 부러진 이가 다시 붙는다든가, 빠져버린 안구가 다시 생겨난다든가, 파열된 관상동맥이 다시 붙는다든가 하는 이적은 절대로 보여주지 않는다. 하다못해 갑자기 민대머리에 머리털이 무성하게 자라나는 이적도 일어나지 않는다(만약 이런 일이 정말로 일어난다면 남자들은 이미 다 신도다! 그러면 산사마다 '발모발원發毛發願 천일기도' 드리는 처사들로 미어터질 것이다. 지금껏 이런 기도를 드리는 처사들이 없다는 사실은 많은 것을 시사해주고 있다). 불경에도 성경에도 이런 종류의 이적은 등장하지 않는다.

왜냐하면 누구나 확인이 가능하기 때문이다! 확인이 불가능하거나 여러가지 해석이 가능하여 빠져나가기 쉬운 기적만 주장한다. 사실 병이 나은 것이 절에 가서 기도해서 나은 것인지, 아니면 오히려 기도를 안 해서 나은 것인지 누가 알겠는가? 해외 여러 기관의 실험결과에 따르면 중보기도의 효과가 없다는데, 즉 기도를 받으나 안 받으나 병의 차도가 같다는데, 그렇다면 기도해서 병이 나았다는 주장만큼이나 '기도 안 해서 병이 나았다'는 주장이 가능한 것이다. '병의 치유의 원인이 기도'라고 주장한다면, 마찬가지로 '병의 치유의 원인이 기도를 안 한 것'이라고 주장할 수 있다는 말이다. 기이한 논리처럼 보이는가? 전혀 그렇지 않다. 왜냐하면 동전 던지기의 앞면 나오기와 뒷면 나오기처럼, 확률이 같은 두 사건은 평등하기 때문이다.

'허공을 쥐어짜면 물이 나온다'고 하면 믿으시겠는가? 나라에 큰 일이 생기려 하면 누군가 허공을 쥐어짠다고 한다. 밀양 표충사의 사명대사 비석은 나라에 큰일이 생길 때 눈물을 흘린다고 하니, 그때마다 사명대사가 허공을 쥐어짠다는 말이다. 물이 전혀 없는 사막의 곤충들은 새벽에 밤새 차가워진 공기 중의 수분이 더 차가운 식물의 잎의 표면에 응결한 물방울로 갈증을 채운다. 이 물방울들은 아침햇살을 받아 찬란하게 빛나며 갈증해소의 축복과 기쁨을 노래한다. 마찬가지로 공기 중의 수분이 차가운 돌표면에 응결하면 물이 생긴다. 이것이 땀을 흘리거나 눈물을 흘리는 비석이나 석상의 비밀이다. 결국 허공을 쥐어짜서 물을 만든 것은 사명대사가 아니라 '결로현상'이다.

한때 여러 절에서 우담바라꽃이 피었다고 소문이 나서, 언론은 경쟁하듯이 보도하고, 신도들은 앞을 다투어 친견하러 가는 소동이 일어난 적이 있다. 삼천 년 만에 한 번씩 핀다는 상서롭고 신비한 전설의 꽃이 왜 시도 때도 없이 피어대는가? 부처님이 가신 지 아직 삼천 년이 되지를 않았는데… 한 생물학자가 보도사진 속의 우담바라꽃이 풀잠자리

알이라고 폭로했다. 꽃인지 알인지 간단하게 DNA조사만 하면 밝혀질 일인데, 절집은 묵묵부답으로 아직까지도 조용하다. DNA검사는 기술 발달로 단가가 내려가 돈도 많이 들지도 않는다. 풀잠자리가 비석이나 기둥에 알을 낳아 붙이면 우담바라가 피었다고 소문을 내고, 그 절은 상서로운 기운을 받아 소원성취하려는 신도들로 미어터진다.

기도는 결코 이루어지는 것이 아니다. 자신이 지성으로 기도를 했으니 이루어질 것이라고 마음을 위로하는 것이다. 부처님이 말씀하셨듯이, 반지를 연못에 빠뜨리고는 온 마을 사람들이 연못에 둘러앉아 반지가 떠오르라고 밤새도록 기도해도 소용 없는 일이다. 차라리 그 시간에 힘을 모아 물을 퍼내야 할 것이다. 100년을 기도해도 반지는 떠오르지 않으나, 물은 하루나 수일이면 다 퍼낼 수 있다. 일이 이루어질 여건을 조성해야 하는 것이지 기도가 일을 이루는 것이 아니다. 명산대찰이나 용한 기도처를 찾아가 행하는 기도는 연못기도나 다를 바가 없다. 엉뚱하게 성취를 찾는다는 점에서 '각주구검刻舟求劍'이자 '연목구어緣木求魚'이다. 성취가 이루어지지 않은 바로 그곳에서 그 원인을 분석하고 찾아서 성취가 이루어지도록 노력을 할 일이지 성취의 현장을 멀리 벗어나 엉뚱한 곳에서 성취를 찾으니 '각주구검'이요, 노력을 통한 제반 여건의 조성을 하지 않고 엉뚱한 수단으로 성취를 이루려고 하니 '연목구어'이다. 할 수 있는 수단을 다 해보고도 뜻한 대로 일이 안 되어서 절망에 빠져 있는 사람이라면 기도를 해봄 직도 하다. 그 쓰라리고 절망에 빠진 마음을 이 각박한 세상에, 그 누가 있어 위로해주겠는가? 절망으로 폐인이 되거나 죽는 것보다는 불보살佛,菩薩에게 빌어 사는 것이 더 나을 것이다. 기도는 성취가 아니라 스스로를 위로하는 일이다. 기도는 스스로 최선을 다했는지 혹시 잘못 살지는 않았는지 되돌아보며 반성을 하는 일이다. '이렇게 열심히 옳게 살았는데 하늘이 무심하겠어?' 하고 스스로 자기 마음을 위로하는 것이 기도이다.

▤대선이 다가오면 온갖 (월간)잡지들은 누가 대권을 잡을지 경향각지의 용하다는 점쟁이(요즈음은 고상하게 역술가라는 칭호를 붙인다)들을 동원해서 알쏭달쏭한 예언을 받아내서 열심히 보도한다(그냥 이李씨라 하면 될 것을 십팔자十八子씨라고 하는 식이다. 약방의 감초처럼 꼭 빠지지 않는 것이 남사고의 『격암유록』이나 『정감록』식 예언이다). 유력 대선후보가 넷이면 네 명의 유명한 점쟁이에게 예언을 받아낸다. 각기 알듯 모를 듯한 기이한 분석과 고금의 숱한 이서, 방서, 역서를 동원해서 해박한 설명과 함께 당선예정자를 거론한다. 이들의 근본철학은 인생예정설이므로 앞길을 보기만 하면 된다.

점쟁이들은 4인 4색으로 예언을 하는데 수학적으로는 많아야 한 명만 맞고 나머지 3인은 필연적으로 헛소리를 하게 되어있다. 그런데 대선이 끝나면 어느 누구도 빗나간 점쟁이들에게 왜 헛소리를 했느냐고 추궁하지 않는다. (그 점쟁이들이 근거로 내세우던 그 방대한 이론이 방대한 구라가 된 것에 대한 해명이 있어야 할 것이 아닌가? 자기가 뱉은 말이 제멋대로 우주를 싸돌아다녀도 괜찮다는 말인가?) 기자들은 추적기사를 쓰지 않는다.

5년 후에 다음 대선이 오면 마치 아무 일도 없었다는 듯이 같은 점쟁이들에게 다시 당선자를 찍어내라고 부탁을 하고, 점쟁이들은 '천기누설'이라고 호들갑을 떨면서 예언을 하면 기자들은(마치 아무 일도 없었다는 듯이 시치미를 떼며) 미려한 글로 기사를 만들어 올린다. 미래의 불확실성이 해소되는 해탈감을 느끼는 독자들은 이런 박식하고 용한 점쟁이들과 같은 시대를 사는 것을 감사하며 주저 없이 지갑을 열고 잡지를 구입한다.

▤사람들은 자기가 모르는 것을 아는 자가 어딘가에 존재한다고 믿는다(그래서 그런 자를 찾아 헤매다가 엉뚱한 자를 만나 사기를 당한다). 인간이 군집생물이라는 강력한 증거이다.

기도는 이루어지는 것이 아니라 마음을 달래는 것이다

⊟그리스에 아직도 제우스신을 믿는 극소수의 사람들이 남아있기는 하다.

⊟창조론자들의 단골 논증으로 '생명이 창조 없이 생겨나는 것은 보잉 747 부품이 산처럼 쌓인 야적장에 마구잡이로 강풍이 불어 부품들이 마구 바람에 휘날리다 우연히 비행기를 조립할 확률처럼 낮다'는 것이 있는데, 지구상의 종교가 하나라도 진짜일 확률은 아마 이보다도 낮을 것이다.

초등학교 일학년 때 구구단을 배운 사람이, 그 후 전혀 수학을 배우지 않았는데, 갑자기 '쌍둥이소수 예측'(11, 13처럼 인접한 소수 쌍들이 무한히 많다는 예측)을 해결하는 것은 보잉747기가 우연히 자동 조립되는 것보다 구골플렉스(googolplex=$10^{10^{100}}$)배는 불가능하다. 그런 식으로 수학문제가 풀리는 경우는 전혀 존재하지 않는다. 아마 신이 존재할 확률보다도 낮을 것이다. 구구단 학습과 수학적 난문제의 해결 사이에는 중학교, 고등학교, 대학교, 대학원 등 무수한 중간단계의 학습이 존재한다. 진화도 무수한 중간단계를 거쳐서 서서히 변화가 오는 것이다. 그 변화가 쌓이면 복리효과처럼 놀라운 결과가 탄생하는 것이다. 보잉747 논증은 멍청한 창조론자들의 바보 같은 논증이다. 이 논증은 창조론자들의 수치스런 경험으로 영원히 남을 것이다.

창조론자들의 또 하나 바보 논증으로 시계공논증이 있다. 시계를 만든 시계공이 있듯이 우주를 만든 조물주가 존재한다는 논증이다. 이 바보들은, 시계를 만드는 도구가 하루아침에 하늘에서 떨어진 것처럼 얘기한다. 그 위대한 세종대왕 때에도 시계란 해시계나 자격루같이 몸집이 쓸데없이 엄청나게 큰 원시적인 시계만 존재했음을 까맣게 잊고 있는 것이다. 갑자기 하늘에서 떨어진 것처럼 오메가시계 만드는 도구와 기술이 생겨난 것이 아니다. 해시계나 자격루를 손목에 차고 다닐 수가 없어서 머리를 쥐어짜내듯이 발명하고 개선하는 과정을 통해서, 시계 만드는 도구와 기술이 수백 년 동안 점진적으로 발전을 한 것이다. 멍청하기 이를 데 없는 창조론자들! 가만이나 있으면 좋으련만 남들이 피땀 흘려 발명을 하면 자기 신이 만들었다고 고래고래 소리나 질러대니 '인류 과학문명 발전'에 전혀 도움을 주지 못한다.

창조론자들의 우두머리 로마 가톨릭은 400여 년이 지난 20세기 후반인 1992년에야 할 수 없이 마지못해, 천동설을 주장한 갈릴레이에게 사과하면서도 마치 주님의 은총을 베푸는 듯이 행동한다. 정말 파렴치하고 뻔뻔한 행동이 아닐 수 없다. 이들이 종교재판을 통해 같은 이유로 화형시킨 조르다노 브루노에게 사죄를 했는지 궁금하다. 더 궁금한 것은 브루노가 화형을 당하고 지옥으로 직행했는지 여부이다. 오심이 명백하기 때문이다. 만약에 지옥으로 갔다면 영원히 거기 있어야 한다. 기독교 교리가 그렇다. 세상에 이런 억울할 일이 또 있겠는가? 오심으로 무기지옥형을 받다니! 설사 가톨릭이 이제 와서 사과해도 브루노는 지옥을 벗어날 수가 없다. 기독교 교리가 그렇다. 한번 지옥죄수이면 영원히 지옥죄수이다. 아마 그래서 가톨릭이 사과를 못하는지도 모른다. 어차피 브루노의 인생이 달라질 것이 없기 때문에.

좀 더 복잡한 신학적인 이유가 있을 수도 있다. 갈릴레오는 교회의 협박에 굴복하여 자기주장을 철회했고 그래서 화형을 당하지 않았다. (대신 죽을 때까지 가택연금을 당했다.) 그러나 브루노는 자기주장을 철회하지 않았고 그 결과 화형을 당했다. 브루노도 천동설을 주장했지만, 그의 더 큰 죄목은 무한우주infinite universes를 주장한 것이다. 그는 우주에 인간과 같은 지성적인 생명체가 사는 행성이 지구 말고도 있을 것이라고 했다. 그것도 무한개나! 이것이 교회를 분노케 한 것이다. 만약 그런 행성이 무한개라면 지구가 우주의 중심이라는 것을 무한조각으로 산산조각 나게 할 것이며, 지구가 그래서 인간이 하나님의 사랑을 받는 유일한 존재라는 특수한 지위를 잃어버릴 것이고, 이에 따라 베드로 이후로 확립된 하나님의 유일한 대리인이라는 교황의 지위가 격하될 것이 불 보듯 명확하기 때문이다. 우주에는 100해 개의 별이 존재하므로, 일조 개 별당 하나 정도만 지적 생명체가 사는 행성이 있다고 쳐도, 우주에는 그런 행성이 자그마치 100억 개나 존재하게 된다. 그러면 일 년에 한 개의 행성에 종말의 날이 온다 해도, 100억 년 동안 매년 쉴 틈이 없이 종말의 날이 와야 하고, 예수의 십자가 처형, 재림, 종말의 날은 일회적인 유일한 사건이 아니라 100억 번이나 반복되는 지루한 연례행사로 전락하고 만다. 동일한 예수가 이런 사건을 100억 번 되풀이하는 것을 상상해 보라! 예수가 브로드웨이의 「맘마미아」나 「레미제라블」 같은 뮤지컬의 주인공도 아니고…. "100억 회 연속공연으로 빛나는 뮤지컬 「종말의 날Doom's Day」" 같은 우주 포스터를 상상해보라! "다음 회를 보시려면 시리우스 별로 오세요. 거대한 우주선 옵저버호에서 팝콘과 팹시를 먹고 마시면서 편안한 마음으로 우주선 아래서 벌어지는 둠스데이와 아마겟돈 전쟁을 실시간으로 감상하실 수 있습니다. 감상이 끝난 후 빛의 속도로 지구로 귀환하시면 아인슈타인의 상대성이론에 따라 젊음이 덤으로 선사됩니다. 이번 100억1 번째 공연을 놓치지 마세요." 이런 광고가 나옴 직하지 않은가? "우주가 무슨 브로드웨이냐?"라는 볼멘소리가 나올 만하며, 무수한 아바타를 자랑하는 (사탄적인satanic) 힌두교 교리와도 비슷해진다. 바로 이 점이 가톨릭 교회를 분노하게 만든 것이다. 그러므로 가톨릭 교회가 조르다노 브루노를 사면하는 것은 불가능하다. 그랬다가는 그의 어처구니없는 주장을 공식적으로 인정하는 꼴이 되기 때문이다.

  그가 처형당한 이유가 하나 더 있다. 그는 갈릴레이와 달리 한때 가톨릭 사제였다! 타의 모범이 되어야 하는 성직자였다. 환속한 것도 모자라 이단설까지 주장하고 다녔으니….

▤ 위에서 언급한 예수의 무수한 행성에서의 무수한 부활은 장난이 아니다. 유명 신학자가 심각하게 검토할 정도로 진지한 개념이다. 필자가 이 원고를 쓴 2년 후인 2015년 4월 28~30일 기간에 한신대에서 열린 종교와 과학 국제학술회의에 참가한 미국 루터신학교 명예교수 테드 피터스(74세)가 '다중화육多重化肉 multiple incarnations'이라는 개념을 소개했다. 피터스 교수는 외계의 지적 생명체까지 신학연구 틀 안에 끌어들인 이른바 '천체신학Astrotheology'의 개척자다. 『중앙일보』(2015. 5. 9.)에 실린, 그의 인터뷰 기사를 소개한다.

피터스: "(하나님) 예수가 인간의 몸으로 태어난 사건인 '화육化肉'은 지구상에서 단 한 번 일어났다. (다중화육은) 수많은 외계인 종種이 존재한다면 각각의 종마다 화육 사건이 일어나야 마땅한 것인지를 신학적으로 따져본 것이다. 화육이 신의 존재를 알리기 위한 것이라면 외계인 종마다 한 번씩 있어야 할 것이다. 하지만 뭇 생명체를 대신한 예수의 속죄의 의미라면 지구상에서의 한 번으로 충분하다는 게 내 잠정적인 결론이다."

천체신학 연구자는 얼마나 될까. 피터스 교수는 "전 세계적으로 한 줌 정도"라고 답했다. (천체신학이) 과학과 신학을 접목하는 연구의 최전선이라는 얘기다.

하지만 피터스 교수의 설명에는 결정적인 허점이 있다. 만약 예수의 십자가 처형이 '전全' 우주에 존재하는 인간과 같은 모든 고등생물의 속죄를 한 것이라면, 예수가 태어나기 전에 이미 다른 행성에서 그런 속죄가 일어났을 수 있다. 심지어 지구가 생기기도 전에! 이 사실을 모른 어떤, 아직 미개한, 지구인이 2,000년 전 유대 땅에서 대ᄉ망상을 일으킨 것이 '예수 십자가 사건'이 될 수 있다.

10년 넘게(사실은 35억 년 동안이나) 등골이 휘도록 고생하며 돌멩이를 솎아내고 물길을 내어 자갈투성이 산비탈을 기름진 다랭이논^{棚沓}으로 일구어놨더니 어느 날 갑자기 나타나 그 논을 자기가 일구었다고, 그래서 자기 논이라고 고래고래 소리질러대는 놈은 도대체 어떻게 해야 하는가? 그게 말이 되는 소리냐고 받아치면 "내 땅이라는 것을 인정하고 소출^{所出}의 십분의 일을 바쳐라. 안 그러면 땅 밑 광에 가둬놓고 쇠스랑·낫·작두·부엌칼·몽둥이·장작불로 영원히 고문하겠다"고 공갈·협박하는 놈은 도대체 어떻게 해야 하는가? 남의 땅 임대료를 받아먹는 '대동강물 팔아먹은 봉이 김선달' 같은 놈이다. 서울시 도로에 흰색 페인트로 주차공간을 그려놓고 수년 동안 주차비 받아먹은 사기꾼 같은 놈이다(실화이다). 사실은 이놈들보다 훨씬 더 악독한 놈이다. 왜냐하면 이놈은 심심하면 자기가 내 아버지라고 얼토당토않은 주장을 하기 때문이다. 무슨 놈의 아버지가 아들을 고문하겠다고 협박할 수 있는가? 그것도 영원히. 게다가 흉측한 흉기를 들먹이면서. 말세다! 말로만 들어오던 말세가 분명하다. 가끔 이자의 새파랗게 젊은 아들이 대신 나타나서 비슷한 소리를 해댄다. 기가 막혀 하면, 자기말을 믿어야 한단다. 자기가 자기 아버지와 하나이기 때문이란다. 그러면서 하는 말이, 자기 아버지가 말이 험해서 그렇지 속으로는 당신을 엄청 좋아하니 그렇게 알란다. 할말이 없어진다. 정말 말세다.

소문에 의하면 이자는 말 안 듣는 자기 자식들을 지하광에 가둬놓고 낫·식칼·쇠스랑·작두·장작불로 고문한다고 한다. 그것도 영원히! 그런데 이웃들에게는 자기가 가둬놓고 고문하는 자식들을 여전히 사랑한다고 떠들고 다닌다고 한다. 정신병자가 분명하다. 그런데 그 집 큰아들은 그런 아버지를 무조건적으로 지지한다고 하니 정말 이상한 집안이다. 그 광에 갇혀 고문당하는 자식들이 모두 양자라는 설도 있다. 그런데도 그 집 양자로 들어가겠다는 사람들이 줄을 서 있다 하니 불가사의한 일이 아닐 수 없다.

🗐 하버드 대학의 중보기도실험처럼 이중맹검법으로 대구 팔공산 갓바위 기도객을 대상으로 기도효과에 대해서 실험을 하면 매우 흥미로운 결과가 나올 것이다. 첫째, 실험표본집단이 어마어마하며(매년 천만 명 이상이 기도하러 온다고 한다), 둘째, 전국에서 기도객이 몰려오므로 표본집단구성이 다양하다. 누군가 나서서 연구를 하면 선구적인 업적을 이루지 않겠는가?

🗐 공자님이 천명하였듯이 삶도 모르는데 귀신을 섬길 수는 없는 일이다. '유교가 귀신을 믿지 않으면서도 귀신에게 제사를 지낸다'고 귀신을 섬기는 묵가로부터 비난을 받자, 맹자는 '제사는 죽은 자가 아니라 산 자를 위해 지내는 것'이라고 했다. 제사가 망자를 잃은 살아 있는 사람의 마음을 위로하고 가족과 가문의 결속을 다지게 한다는 뜻이다.

　제사처럼 기도의 그런 기능은 순기능이다. 그러나 불교인이 마치 기적적인 일이 진짜로 일어날 것처럼 어리석은 중생을 현혹시켜 재물을 갈취한다면 이는 중범죄에 해당한다. 왜냐하면 불교의 인과론에 정면으로 위배되기 때문이다.

🗐 아라한(깨달은 사람)이 되면 모든 망상과 환상이 사라지는 것은 아니다. 개인적인 욕망과 미움으로 인한 망상과 환상은 사라질지 모르나, 시대적 한계(과학적 한계와 종교적 한계)로 인한 망상은 사라지지 않는다. 이런 망상은 망상으로 인식하기가 거의 불가능하다(『밀린다왕

문경』에 아라한인 나가세나 존자의 망상이 다수 등장한다. 아라한들이 저술한 것으로 믿어지는 『대지도론』에도 복수로 등장한다). 망상이 사라지는 것이 아니라, '일어난 망상이 망상임을 알아차리는 것'이 진정한 아라한이다. 불락인과^{不落因果}가 아니라 불매인과^{不昧因果}이다. 즉 인과 범죄로부터 기소면제를 받는 것이 아니라 인과법률을 잘 알고 있는 것이 아라한이다.

目뇌과학 실험에 의하면, 피실험자 뇌의 특정 부분에 자극을 주면 피실험자는 '없는 냄새'를 맡고 '아무것도 없는데' 영상을 본다. 그것도 극히 생생하게 맡고 본다. 고산 스님의 체험은 이 측면에서 설명될 가능성이 크다.

고통으로 인하여
인간이 존재하고 보살이 존재한다

세상은 고통으로 피고 열반으로 진다

불교는 고^苦로부터의 탈출이다. 고는 육체적인 고와 정신적인 고가 있다.

육체적인 고가 없으면 어른이 되기 전에 빨리 죽는다. 신경계의 이상으로 인하여 육체적인 고통을 못 느끼는 사람들이 존재하는데, 이들은 같은 자세로 끝없이 앉아 있다가 폐가 손상되거나 척추 관절이 무너지거나 피부괴사가 일어나 죽거나, 마라톤을 하며 미친 듯이 달리다가 심장이 멎어 죽는다. 이런 경우 정상인은 고통이 느껴지므로 자세를 바꿈으로써 문제를 피할 수 있다. 따라서 육체적인 고가 없으면 인간은 존재할 수가 없다. 즉 신경계가 없으면 인간은 존재불가능하다. 신경계의 발달이 생명체 진화의 역사이다. 신경계가 발달을 하지 않았으면 인간은 아직도 물고기 또는 아메바일 것이다. 그러므로 육체적인 고는 인간존재를 위한 필수적인 요소이다.

단, 진화는 설계자가 없는 이유로 불합리한 구조가 발생하곤 한다. 이런 불합리한 구조로부터 발생하는 과도한 물리적인 고는 두뇌를 써서 발명한 수단을 이용해서 줄일 수 있다. 예를 들면 진통제의 발명이 그것이다. 질병의 증상을 말해주는 통증은 필요하지만, 질병을 치료하기 위한 수술과정에서의 고통은 필요한 것이 아니므로 진통제를 통해서 제거할 수 있다. 생존을 위해 본능적으로 느끼는 공포도 크게 보면 물질적인 고로 볼 수 있다. 공포라는 고통은 필요하다. 공포가 없으면 위험한 상황의 희생물이 된다. 공포는 '위험하니 조심하고 피하라는 신호'이다. 자동경보장치의 발동이다. 사회의 경보장치의 발현은 소리나 시각으로 나타나지만, 생명체의 자체경보장치의 발현은 공포로 나타난다. 진화의 과정에서 예전에는 필요했으나 더 이상 필요 없는 기능들이 남아있다.

예를 들면 공황장애가 있다. 사자의 접근에 대한 조그만 조짐이나 증거에도 공포를 느끼는 것은 생존에 유리하다. 더 위험한 상황에서는 공포를 더 느끼는 것이 도망가게끔 하는 데 더 유리하다. 그런데 공황장애 환자는 지금이 옛날보다 덜 위험함에도 불구하고 옛날과 비슷한 정도로 공황을 느낀다. 아직 몸과 마음이 새로운 환경에 적응하지 못한 결과이다. 여전히 구 시스템이 작동하고 있는 것이다. 이것은 진화과정의 플래시백flashback 현상이다. 조그만 공포가 고대의 큰 공포를 격발하는 것이다. 이런 고통은 공포의 진화론적인 기원에 대해서 이해를 하고나면, 그냥 그 공포와 같이 삶으로써 극복할 수 있다. (더불어 화학적인 약물의 도움을 받으면 더 효과적이다.) 결국 오버슈팅over-shooting이 있을 수는 있으나, 육체적인 또는 물질적인 고통은 유구한 진화의 역사를 통해서 볼 때 생존에 필수불가결한 존재이다.

정신적인 고가 없으면 발전이 없다. 따라서 인간은 정신적인 고가 없이는 여전히 원시시대에 머물고 있을 것이다. 아직도 침팬지나 고릴라 시대에 머물 것이다. 정신적인 고를 반대한다면 침팬지나 고릴라의 삶을 살면 된다. 아니면 물고기나 지렁이의 삶을 살든가. 발전은 경쟁으로부터 오고 경쟁은 정신적인 고통을 낳는다. 정신적인 고는 발전을 위해 지불해야 하는 필연적인 비용이다. 정신적인 고가 없는 순수한 형태의 정신활동은 학문적 또는 과학적 호기심이다. 이런 순수한 호기심도 여러 사람이 동일한 문제에 대해 호기심을 가질 때는 경쟁이 발생하고, 경쟁은 여러 가지 부수적인 정신적인 고를 발생시킨다.

그렇다고 정신적인 고를 없애 무여열반에 드는 것이 목적이 되면 안된다. 진화를 통한 35억 년의 인간등정의 역사를 부정하는 것이기 때문이다. 소승이란 무여열반에 드는 것을 목적으로 삼는 것이다. 아예 이 세상으로부터 탈출을 하는 것을 목표로 삼는 것이다. 대승은 결코 탈출을 말하지 않는다. 대승은 영원히 이 세상에 머무는 것을 목표로 한다. 단, 의미 있는 머무름을 말한다. 이 세상에 머물면서 모든 고통을 해결하자는 것이 대승이다. 대승의 머무름은 무의식적인 머무름이 아니라 의식적인 머무름이다. 모든 중생의 모든 고통이 어느 한 순간에 모조리 해결되지는 않을 것이므로, 그리고 중생은 끝없이 생겨날 것이므로, 고통의 해결은 끝없이 지속되어야 하는 일이다.

이 점에서 과학발전은 '대승의 길'의 일종이다. 인간의 삶의 질을 개선하는 것은 모두 대승의 길이다. 세속적인 길이건 초월적인 길이건 혹은 유위법이건 무위법이건 인간의 삶을 향상시키는 것은 모두 대승의 길이다. 대승은 절 담장 안에만 있는 것이 아니다: 그런 대승은 협승狹僧들의 머릿속에만 있는 화석일 뿐이다. 14대 달라이 라마도 인정하였듯이 세속적인 진리도 불법佛法이다. 달라이 라마는 '과학과 불교가 충돌을 일으킨다면 과학을 택하겠다'고 천명闡明하기도 했다. 그래서 '불법자 즉비불법 시명불법'이다. 불법이란 불법이 아니다. 그 이름이 불법일 뿐이다. 불법이란 고정불변하는 것이 아니다. 물질계와 정신계는 공히 끝없이 진화하는 것이므로, 즉 끝없이 변하는 것이므로, 다시 말해 무상한 것이므로 어떤 한 순간이나 한 시대의 진리가 시공을 관통하는 온전한 모습의 진리이거나 발견되어야 하는 모든 진리인 것은 아니다. 진리는 허술한 상태로부터 정치한 상태로 끝없이 진화한다. 불법이라고 할 때 이미 불법의 범주를 좁은 범위로 한정시킨 것이 되고 만다. 불법이란 광대무변한 세계이다. 현재를 모르거니와 아직 미래를 모르기에 불법이라는 이름을 붙일 수도 없거니와, 광대무변한 미래의 세계를 현재 통용되는 유한한 이름과 개념들의 우리 안에 가두어 놓을 수 없다. 진화에는 방향성이나 목적이나 고정불변하는 움직이지 않는 목표가 없다. 불법이란 단지 그 이름이 불법일 뿐이다.

명가명 비상명, 도가도 비상도

언어는 존재의 집이다 〈하이데거〉

의식과 무의식은 도의 집이다

우리는 어떤 사물, 현상, 추상적인 대상에 이름을 붙일 때, 그 이름 뒤에 그 이름이 지시하는 '고정되어 있고 불변하는 실체'가 있다고 생각한다. 그러나 이름은 이름이 만들어진 시대·환경·장소 그리고 거기 사는 사람의 의식수준의 반영일 뿐이다. 따라서 시대·환경·장소·사람(의 인식능력과 의식)이 변하고 진화함에 따라, 이름의 지시대상과 의미도 끝없이 변하고 진화한다. 그러므로 이름에 고정불변하는 실체성을 부여하면 이름근본주의자로 전락하고 만다.

사랑이란 단어도 진화를 한다. 기독교 『신약』에서 바울이 논하는 '아가페agapé식 사랑'이 크로마뇽인에게 있었을 리는 만무하다. (바울은 크로마뇽인의 존재를 몰랐다!) 하지만 현대의 '진화론적 사랑'을 2,000년 전의 바울이 알았을 리 역시 만무하다. (바울은 진화론을 몰랐기 때문이다.)

별이란 단어를 보라. 예전에는 밤하늘에 반짝이는 것은 다 별이었지만, 지금은 스스로의 힘으로 빛을 내어 반짝이는 항성恒星을 의미한다.

옛날에는 별이 왜 반짝이는지 그 이유를 몰랐지만, 지금은 알기에 별의 의미가 달라진 것이다. 별은 수소폭탄을 폭발시켜 빛을 낸다. 행성은 이 빛을 반사시킬 따름이다. 전등만 알고 거울은 모르는 자는 전등빛을 반사하는 거울을 전등이라 부를 수 있으나, 거울까지 아는 사람은 전등 빛을 반사하는 거울을 전등이라 부르지 않는 것과 같은 이유이다.

신도 끝없이 진화한다. 고대의 신은 모두 인격신이었다. 고대인들은, 생물·천지·자연·우주를 운행하는 자연법칙에 무지하였으므로, 누군가 인격적인 존재가 그 의지로 생물·천지·자연·우주를 운행하는 것이라고 생각했다. 아인슈타인의 신관으로 대표되는 비인격적이고 이신론理神論적인 신은 후대의 발명품이다. 이 이신론이란 개념의 발명에는, 어지러울 정도로 비약적인 과학발전의 영향이 결정적이었다.

이처럼 이름의 지시대상은 끝없이 진화한다. 노자의 '명가명 비상명名可名 非常名'이란 말이 바로 이 점을 가리킨다. 신을 신이라 하면 항상 그러한 신이 아니다. 사랑을 사랑이라고 하면 항상 그러한 사랑이 아니다. '이름 붙이는 행위' 그 자체가 사물·현상·인식주체의 상변성常變性 항상 변하는 성질과 허망성虛妄性 다른 말로 空性 공성, 즉 실체 없음을 원초적으로 내포하고 있다. 그 배후에는, 변하는 것을 '이름이라는 새장'에 가두어 변치 않게 하려는 무의식적인 의도가 숨어있다. 35억 년 동안 숱한 변화를 목격하고 처절하게 진화를 겪어온 인간은 일체만물의 상변성을 무의식적으로 알고 있다. 이 '이름 붙이는 행위'는, 국소적 또는 국부적인 안정성에 위협을 가하는 변화를 거부하는, 국소적 존재의 애처롭고 처절한 그리고 완고한 현재의식의 몸짓이다.

여기에 입바르게, 따끔하게 일침을 놓은 것이 그러나 너무 때 이르

게 나온 것이 노자라는 천재의 '도가도비상도 명가명비상명道可道非常道
名可名非常名'이다.

▣ 연인들은 서로 상대방의 사랑을 끝없이 확인한다. 쉬지 않고, 상대방
이 자신을 사랑하느냐고 묻는다. 사랑이라는 말이 없으면 상대방의
사랑이 변치 않았는지 확인하는 것은 쉬운 일이 아닐 것이다. 사랑
이라는 말 자체가, 변하는 사랑을 형해形骸화하여 꽁꽁 묶어 변치 않
게 하려는 의도를 내포하고 있다. 남극과 북극의 만년빙산처럼 영원
히 그 상태로 있게 사랑을 얼려놓은 것이 사랑이라는 말이다. 이 언
어의 구속으로부터 벗어나려고 몸부림을 치는 것이 신비주의자들과
시인들이다. 그런데 그 작업을 말로 한다는 것 자체가 모순이다. 마
찬가지로, 화가는 형태와 색의 구속으로부터 벗어나고자 형태와 색
을 이용하는 모순을 그린다. 그래서 예술가들의 정신이 불안정하고
드물지 않게 미치는 이유이다.

▣ 없는 사랑을 있는 것처럼 위장하는 것도 사랑이라는 말이다. 따라서
언어가 없으면 바람둥이도 존재하기 힘들 것이다. 유혹 성공률이 급
감할 것이기 때문이다.

▣ 기독교의 신은 신의 진화를 보여주는 가장 대표적인 예이다.
　기독교『구약』의 하나님은 스스로 자신을 '분노와 시기와 질투의
하나님'이라고 선언하였으며, 적대부족들을 학살하라 명령하였고,
인신공양을 받았다. 야훼는 장자를 자기에게 바치라 명령했으며(「출
애굽기」 22:29~30), 야훼에게 바친 것은 사람일지라도 무르지 못하
며 반드시 죽이라고 낙장불입을 선언하였으며(「레위기」 27:28~29),
미디안 사람들은 남녀노소 유아를 불문하고 모두 죽이되 남자와 성
관계를 한 적이 없는 처녀들은 너희들을 위해 살려두라고 묘하게(?)

선심을 썼으며(「민수기」 31:7~18), 미디안인들 중 32명을 인신공양받았다(「민수기」 31:31~40). 또한 야훼는, 이집트를 탈출한 후 40년간 방황하던 사막에서 가나안 땅으로 쳐들어가던 이스라엘인들에게, 총사령관 여호수아를 통해서 "가나안인(지금의 팔레스타인인)들을 모조리 살해하라"고 명령하였다(처녀는 살려두어 취하라 했다. 무슨 용도일까 짐작이 가시리라. 이 사건 이후 이스라엘인의 피 속에는 팔레스타인인의 피가 흐르게 되었다).

이렇게 무자비하고 잔인하게 인종청소를 자행하던 야훼 신은, 『신약』의 '들판을 맴도는 바람에 실려오는, 들국화의 시듦과 종달새의 죽음의 냄새'에도 마음 아파하는 '사랑의 하나님'으로, 실로 극적인 진화(돌연변이)를 하였다. 이 진화의 원인은, 6,500만 년 전에 멕시코 유카탄 반도를 강타하여 잔인한 육식공룡 황제 티라노사우루스를 멸종시킨 지름 40km의 거대한 유성과 같이, 돌연히 유대땅에 떨어져 낡은 영적 세계에 대폭발을 일으키고 산화散華한 영적 외계인 '예수'이다. 이 시기는 수천 년간 번성하던 편협하고 형이하학적인 종족신과 인형신人形神 anthropomorphic god 사람의 형상과 성품을 지닌 신들이, 인류 전체의 보편적이고 세련된 형이상학적인 신으로 진화하는 '스티븐 제이 굴드가 주장하는 단속평형'이 영적으로 일어나던 축의 시대의 여진이 남아있던 시기이다.

🖩 '국제 전범신戰犯神 재판소the war crimes tribunal for pugnacious gods'를 설치해야 한다. 설치장소는 케임브리지가 그리고 소장은 리처드 도킨스가 제격이다. 아울러 재판관들로 철학자 대니얼 데니트, 신경생물학자 샘 해리스Sam Harris를 초빙하고, 작고한 논객 크리스토퍼 히친스Christopfer Hitchens를 명계로부터 트레이드인trade-in해오면 환상의 드림팀dream team이 될 것이다.

인류역사상 무수한 전쟁을 일으켜 무수한 사람들을 학살한 신들을 재판하여 인간의 뇌에서 영구축출하는 사법제재를 가해야 한다. 인간 전범들은 지구 끝까지 좇아가 찾아내 처벌을 가하는데, 왜 훨씬 더 심하고 근본적인 피해를 불러오는 전범신들에게는 면책특권을 주고 있는지 도무지 이해할 수 없다. 인간이 아직 그 정도까지는 진화하지 못한 것일까? 개개 인간의 뇌를 샅샅이 뒤져서 이 전범신들을 색출하여 다시는 어처구니없는 이유로 전쟁을 못 일으키도록 이 전범신들을 인간 대뇌신피질, 측두엽, 해마에서 좇아내야 한다. 좀 더 유한 제재방법으로는, 한동안(예를 들어 50년 동안) 해당 신 이름 앞에 '전범신'이라는 타이틀^{汚名}을 강제로 붙이는 방법이 있다. 언론이나 공직자들이 유죄판결을 받은 신을 거론할 때마다 그 신 이름 앞에 전범신이라는 말을 붙이도록 하는 방법이다. 예를 들어 언론이 ''전범신 x'를 믿는 신자들이 뉴욕 '그라운드 제로^{Ground Zero}'에서 세계평화를 기원하는 대규모 기도회를 열었다'는 식으로, 혹은 '전쟁전과 1,000범인 전쟁신 y가 또다시 아프가니스탄, 카슈미르, 바그다드에서 대규모 테러를 통해서 전쟁을 모의하고 있다'라는 식으로 보도하도록 일정기간 강제한다. 이 제재방법의 장점은 영구축출에 비해서 종교의 자유와 비교적 덜 충돌한다는 점이다.

최근에 일어난 한 쌍의 전쟁인 '9·11 테러'나 '이라크 전쟁'은 전범신들이 벌인 전형적인 전쟁범죄이다. 과거의 예로는 '십자군 전쟁'과 '위그노 전쟁' 등이 있다.

관성의 법칙과 조삼모사

원인은 사라지고 결과만 남아있다

미국 나사의 우주탐사선 '보이저 1호'가 2012년 8월 25일 마침내 태양계를 벗어나는 위업을 달성했다. 자그마치 45억km를 날아갔다! 사람들은 궁금해하고 심지어 걱정까지 한다. 그 먼 길을 가려면 엄청난 연료가 필요할 터인데 어떻게 그 많은 양의 연료를 그 작은 탐사선 안에 싣고 가느냐고. 연료가 다 떨어지면 가다가 서버리는 것 아니냐고.

위대한 물리학자 뉴턴의 운동법칙에 의하면, 운동하고 있는 물체는 외부에서 힘이 가해지지 않는 이상 같은 속도와 같은 방향으로 영원히 움직인다. 이 법칙을 '관성의 법칙'이라고 한다(뉴턴 그의 이름에 영광이 있을지어다! 그 영광이 관성의 법칙으로 영원히 지속될지어다. 하지만 아쉽게도 뉴턴은 아이슈타인의 상대성이론의 충격을 받아 궤도를 이탈하며 빛이 바랬고, 뒤이어 아인슈타인은 하이젠베르크 등의 양자역학의 충격을 받아 관성의 법칙의 혜택이 줄어들며 퇴색했다).

여러분은, 뉴턴이 연금술에 심취하였고 영혼을 바쳐 열정적으로 신학을 연구하여 '지구가 BC 4004년경에 창조되었다고 계산하고 주장하였다'는 것을 알게 되면 대단히 충격을 받을 것이다. 그는 지구 종말의 날도 계산했다. 2060년이다. 뉴턴이 예언한 후로 시간이 무섭게 흘러 이제 겨우 43년밖에 남지 않았다. 게다가 뉴턴이 '남해바다 버블 South Sea Bubble'에 말려들어 주식투자를 했다가 버블이 터지면서 쫄딱 망했다는 사실까지 알게 되면, 그에 대한 존경은 상당부분 힘(존경 강도)과 방향(존경 이유)이 변경될 것이다. 관성을 막으려면 이 정도의 충격은 있어야 한다.

인공위성이나 우주선이 지구를 탈출하려면, 공기저항과 지구인력을 극복하기 위해서는, 엄청난 양의 연료를 폭발시켜 가스를 배출함으로써 (작용반작용의 법칙으로) 강력한 추진력을 만들어내야 한다. 그러나 일단 지구의 중력권을 벗어나면 거의 연료가 들지 않는다. 우주는 거의 진공상태라고 할 정도로 물질이 희박하기 때문이다. 그래서 보이저호는 추가 연료공급이 없어도 별일이 없는 한, 관성의 법칙에 의하여 마지막 속도와 같은 속도로 무한히 그리고 영원히 우주 끝까지 여행할 수 있다. 정 필요하다면 항해경로 인근의 천체의 중력이나 전자기력이나 빛을 에너지로 전환하여 쓸 수 있다.

우리가 살다보면 기이한 현상들을 목격한다. 어떤 처녀가 학벌 좋고, 가문 좋고, 인물 좋은 사람을 만나 몸과 마음을 다해 사랑에 빠졌는데, 알고 보니 가짜 졸업장에 형편없는 가문에다 성형수술로 뜯어고친 얼굴이었다('물 좋고 정자 좋은 곳은 없다'는 속담은 만고의 진리이다). 그럼 그 사랑이 봄바람에 눈 녹듯이, 마파람에 게눈 감추듯이 사라져야 할 것 같지만 현실은 그렇지 못하다. 제 곡조를 못 이겨 우는 세찬 바람처럼 사랑은 쉽사리 사라지지 않는다. 사랑하는 마음은 여전히 마음속을 어슬렁거리면서, 처녀의 사랑으로 굳어진 마음에 따개비처럼 달라붙어 떠날 줄을 모른다. 다른 일을 하거나, 멀리 떠나거나, 다른 남자를 만나든가, 부모님 상을 당하는 등의 외부 충격이 가해지기 전에는 사랑은 뚜벅뚜벅 가던 길을 걸어간다. 정확히 관성의 법칙이다: 정신적인 관성의 법칙이다. 원인은 사라졌는데 즉 원료의 공급이 끊어졌는데 보이저호가 마지막 속도로 운행을 계속하듯이, 사랑은 계속된다. 외부의 충격이 있기 전에는. 신비로운 현상이다. 그런데 더 신비로운 일은 '그렇게 품질 좋은 사람이 왜 하잘것없는 자기를 그렇게 사랑했을까'라는 의심이 전혀 들지 않았다는 사실이다.

바람둥이들은 이 관성의 법칙을 최대한 이용한다. 초기에 선물공세를 펼치며 챙겨주고 따뜻하게 대해 줌으로써 여인의 맘을 산 다음, 관성의 법칙에 올라타서 소기의 목적을 달성한다. 진실과 진상이 드러나도 여인은 '사랑의 관성의 법칙'에 휘둘리며 자기를 버리지 말라고 애원하며 바짓가랑이를 붙잡고 늘어지며, 다른 여인으로부터 새로운 매력의 충격을 받아 그 여인에게서 떠나가는, 이룰 것 다 이루어 더 이룰 것이 없는, 그래서 조금도 머물 이유가 없는 남자를 결사적으로 저지한다. 자기도 어쩌지 못하는 대자연의 법칙에 속수무책으로 당하며, '내 마음 나도 몰라'라고 중얼거리며 속절없이 흐느낀다. 위대한 '이신理神' '관성의 법칙'의 역사役事이자 섭리이다.

이 경우들에서 알 수 있는 것은 순서가 중요하다는 것이다. '먼저 가해진 힘'이 강력한 기득권을 행사하기 때문이다. 만약 위 처녀가 미리 그 사람이 학벌 인물 가문이 모두 안 좋다는 것을 알았더라면 그놈을 사랑했을 리가 없다. 그중 하나만이라도 안 좋아도, 그 정도로 정신없이 사랑에 빠지지는 않았을 것이다. 그래서 순서가 중요하다. 첫인상이 중요한 이유이다. 첫인상이 살아남아 뒷인상을 지배한다. 정확히 관성의 법칙이다. 어떤 사람 A가 B에게 착한 일을 한 다음 나쁜 일을 하면, B는 'A는 원래 착한 사람인데 그런 짓을 했을 리가 없다. 뭔가 피치 못할 사정이 있겠지'라고 생각한다. 그런데 A가 나쁜 일을 먼저하고 그 다음에 좋은 일을 하면, B는 '저놈은 원래 나쁜 놈인데 착한 일을 하는 것을 보니 뭔가 꿍꿍이속이 있을 거야'라고 생각하며 의심을 한다.

사이비 교주의 비리가 드러나도 추종자들은 여전히 믿음을 버리지 못한다. 1992년 10월 28일 자정(국제 기준시간인 그리니치 시간으로 자정이 아니라 한국시간으로 자정이다!)에 종말의 날이 오고 휴거携擧 rapture (예수가 세상을 심판하기 위하여 재림할 때 믿는 사람을 예수가 서있는 구름 위로 들어 올려 악마를 상대로 벌이는 아마겟돈 전쟁으로 생지옥이 된 지상으로부터 구원하는 것)가 일어난다고 선동하던 다미선교회 이장림 목사는 가난한 신도들의 재물을 갈취한 사기죄로 투옥되었고(그가 숨겨둔 채권 지급일은 1993년 5월이었다! 지급일이 휴거 예정일보다 7개월이나 늦은 채권이 왜 필요했을까? 이장림은 '자신은 휴거하지 않고 지상에 남아 순교할 운명'이라고 이타적인(?) 변명을 늘어놓으며 그 돈은 '휴거환란 시에 쓸 활동비'라고 기상천외한 핑계를 댔다. 자금을 조성한 수법을 보면 비자금이라 불러야 마땅하다. 휴거 비자금! 그런데, 세속국가도 부도가 나면 채권이 휴지조각이 되는데 총사령관 황태자 예수가 이끄는 천사군대에 의해 전 세속세계가 모두 망한 휴거기간에 누가 이장림의 세속채권을 산다는 말인가? 혹시 이장림은, 여진히 어리석게 승리를 장담하고 있을 악마에게 팔아넘겨 부실채권을 떠맡김으로써 악마에게 최후의 일격을 가하려고 한 것일까? 만약 그렇다면 진정한 그리고 신성한 비자금이다!) 결국 이장림은 자신의 잘못을 자인하였지만, 추종자들은 재물은 빼앗기고 온다던 종말의 날은 예언된 날짜를 지나쳐버린 지 오래인데 여전히 그(주장)를 추종한다. 영적 관성의 법칙이다. 만약 순서를 바꿔서 이장림이 먼저 사기를 치고 그다음에 자기를 믿으라고 했으면 아무도 믿지 않았을 것이다. 그 후 이장림은 시한부 종말론(휴거는 그중 하나이다)을 철회했지만, 1992년 10월 28일 운명의 그날에 다미선교회 본부에서 마지막 예배를 인도했던 장만호는 아직도 휴거를 기다리고 있다. 그는 "베리칩이 모든 사람들 몸에 심겨지는 2013~2016년 사이에 휴거가 올 것"이라고 주장하고 있다. 원인(이장림 목사)은 사라졌는데 결과(휴거론과 장만호)만 남아 숨을 쉬며 돌아다니는 신비스러운 현상이다. 세상은 실로 불가사의하다.

순복음교회의 조용기 목사 역시 마찬가지이다. 그의 도움으로 성령 (초고압 생체전기)이 불기둥처럼 수직으로 내리꽂혀 정수리에서 엄지 발가락 끝까지 '온몸을 관통'하는 은혜를 입은 백만 명의 순복음 신도 들은 조용기 목사의 성적인, 재정적인, 회계적인 온갖 추문과 비리와 횡령에 대한 언론보도와 장로들의 폭로에도 불구하고 불같은 첫 믿음 을 거두지 않는다. 만약 순서를 바꾸어 그가 먼저 그런 비리를 잔뜩 저 지른 다음 목회와 사역을 시작했으면, 그가 그런 절대적인 믿음을 얻 지 못했을 것은 불 보듯 자명하다.

조용기는 1976년의 설교에서, 특유의 카랑카랑한 목소리로 각진 단 어들을 팽팽하게 뱉어내며, 유럽에 적그리스도가 태어나 살고 있고, 유 럽 대학에서 공부하고 있을지 모르며, 그의 이력서履歷書를 알고 있으 며, 이 적그리스도가 통합유럽 초대 대통령으로 선출되기 직전 또는 직후에 휴거가 일어난다고 예언했다(YouTube, 「유럽연합과 적그리스 도!(성경의 예언)」, 『다니엘서 강해』 참조). 2009년 11월 19일 마침내 통 합유럽 초대 대통령이 선출되었지만, 그래서 조용기의 광신적인 '종말 의 날과 휴거에 대한 예언'이 황당무계한 주장으로 밝혀졌지만, 40여 년 전에 조용기에게 믿음과 재물을 바친 신도들은 환불을 요청하지 않 는다. 믿음의 관성의 법칙이다! 만약 순서를 바꾸어서 교세가 커지기 전인 1976년 직후에, 즉 조용기가 예언과 설교를 한 1976년 직후에 통합유럽 초대 대통령이 선출되었으면 조용기 목사가 지금처럼 교세 를 불리는 것은 불가능했을 것이다. 오히려 혹세무민하는 사이비목사 로 전락했을 가능성이 크다.

이렇듯 순서가 중요하다. 먼저 착하게 살아야지(즉 예수를 믿어야지) 천국에 간다. 기독교 지옥에 간 다음 착한 일을 하면(즉 예수를 믿으면) 아무 소용이 없다. 기독교 교리상, 한번 지옥에 가면 영원히 지옥에 머 물러야 한다는 사실은 조금도 변함이 없다(기독교 역사상 지옥으로부터 탈출에 성공한 사람은 전무하다). 지독히 안 좋은 예이자 기분 나쁜 예이다. 마이클 샌델의 『정의란 무엇인가』를 정독한 독자라면 참을 수 없이 불쾌한 사례일 것이다. 이에 비해 불교는 좀(?) 낫다. 불교는 지옥에 가도 형기를 채우면 출소한다, 즉 죄 지은 만큼 죗값을 치르면 그만이다. 천국도 지불한 체류비만큼만, 즉 생전에 많은 복만큼만 머물 수 있다. 원하는 만큼 맘대로 머물 수 있는^{all-you-can-stay} 천국이 아니다. 그래도 순서는 여전히 중요하다. 불교적으로 보면 먼저 착하게 산 다음 나쁜 일을 하면, 천국에 갔다가 인간세상으로 돌아온다. 그런데 순서를 바꿔서 먼저 나쁜 일을 한 다음 착한 일을 하면, 지옥에 갔다가 인간세상으로 돌아온다. 엄청난 차이이다. 천국과 지옥의 차이이다. (하늘과 땅 차이는 여기 비하면 아무것도 아니다.) 신기한 일이 아닐 수 없다. 순서가 이토록 큰 차이를 초래한다니!

흔히들, 이러나저러나 마찬가지인데 바보같이 한쪽을 고집하는 것을 '조삼모사^{朝三暮四}'라고 조롱한다. 중국 송^宋나라에 원숭이를 좋아하여 키우는 저공^{狙公}이란 인물이 있었다. 원숭이가 늘어나 먹이인 도토리 공급이 어려워지자, 저공은 원숭이들을 모아 놓고 이렇게 말했다. "이제부터는 도토리를 아침에 세 개, 저녁에 네 개씩 주겠다." 그러자 원숭이들이 모두 반발하고 나섰다. 그러자 저공은 할 수 없다는 듯이 "그럼 아침에 네 개, 저녁에 세 개를 주겠다"라고 했다. 이에 원숭이들이 좋아했다. 도토리묵을 즐기는 보통 사람들은 조삼모사나 조사모삼^{朝四暮三}이나 하루 도토리 공급량은 7개로 같은 것이 아니냐고 뛰어난 산수실력을 발휘하며 원숭이들을 비웃는다. 그러나 큰 차이가 있다. 만약 새로운 규정이 '아침부터' 시행된다면 조사모삼이 더 유리하다. 즉 아침에 더 많이 받는 것이 유리하다. 왜냐하면 저녁일은 누가 알겠는가? 아침과 저녁 사이에 무슨 일이 벌어질지 누가 알겠는가. 심지어 저녁이 올 거라고 누가 장담할 수 있겠는가? 그 사이에 저공이 죽고 다른 사육사가 와서 '저공과 너희들 사이의 약속은 나는 모르는 일이다'라고 선언할 수도 있다. 일단 하나라도 더 챙겨놓는 것이 이익이다. 특히 대한민국처럼 조변석개^{朝變夕改 아침저녁으로 바뀜}하는 나라에서는 뭐든지 좋은 것은 일단 먼저 받아먹고 챙겨놓는 것이 유리하다. 그 제도가 언제 다시 순식간에 없어질지 모르기 때문이다. 원숭이는 꾀가 많다! 만장일치로 조삼모사^{朝三暮四}를 반대하고 조사모삼^{朝四暮三}을 찬성했다! 아직도 조삼모사를 들먹이며 원숭이를 비웃는 인간은 원숭이를 넘어서지 못했다. 그것도 송나라 이후로 자그마치 1,000년 동안이나!

"하루 도토리 공급량을 결정하는 것은 주인님 저공의 권한이다. 경제사정이 어렵다는데 우리 원숭이들이 반대해서 될 일이 아니다. 식량이 부족하다니 시끄럽게 반대하며 버티다가는 최악의 경우 잡아먹힐 수 있다. 그러나 4·3인지 3·4인지는 안전하게 주장할 수 있다."

참으로 현명한 원숭이들이 아닐 수 없다. 조물주가 정해준 얼마 안 되는 유한한 수명 아래, '초년고생은 사서 한다'며 순서를 바꿔 열심히 사는 인간도 조사모삼^{朝四暮三: 초년고생 4, 말년고생 3}과 비슷하다.

순서는 진실로 중대한 문제이다. 순서와 관성의 법칙은 뗄래야 뗄 수 없는 불가분의 관계에 있다.

📖이장림은 1992년 이후 쓴 저서 『요한계시록 강해』에서 "시한부 종말론이 잘못됐음을 뼈아프게 느꼈다. 시한부 종말론이 다시는 이 땅에 있어서는 안 된다"고 적고 있다(2012년 10월 26일자 『중앙일보』 보도).

📖17세기에, 아일랜드 더블린 대주교이자 신학자인 제임스 어셔^{James Ussher}는 천지창조가 BC 4004년 10월 22일에 시작되었다고 주장했다. 행성운동의 3법칙으로 유명한 케플러^{Johannes Keppler}나 불세출의 물리학자 뉴턴^{Issac Newton}도 비슷한 계산을 했으며 어셔보다는 다소 이른

천지창조 날짜를 얻었다. 뉴턴은 '지구 최후의 날$^{Doom's Day}$'도 계산했다. AD 2060년에 예수가 재림하여 악마를 상대로 아마겟돈 전쟁을 벌일 것이라고 주장했다. 겨우 43년이 남았다. 그가 천체의 운동을 센티미터 단위로 맞추었듯이 종말의 날도 맞출지는 두고볼 일이다.

어셔는 "천지창조 날짜가 연초가 아니고 하필이면 왜 연말인 10월 22일이냐"는 질문에, "아담과 이브가 창조된 직후에 먹을 것이 있으려면 추수가 끝난 가을이어야 한다"고 대답했다. 봄이면 춘궁기로 아담과 이브가 굶어죽었을까? 하하하. 정말 재미나는 문답이다.

종교를 너무 심각하게 보지만 않으면, 종교는 기상천외한 방법으로 웃음을 선사하며 우리 인류를 모두 무척 즐겁게 해줄 수 있는 귀중한 존재이다. 종교에 대한 시각이 바뀌어야 한다. 종교는 우리 인류를 협박하고 윽박지르는 존재가 아니라, 서로 농담을 건네고 같이 웃고 떠들고 장난치며 놀 수 있는 대상으로 변신해야 한다. 그러면 인류는 지금보다 수백 배는 행복해질 것이다.

"전지전능하시다구요? 에이, 아저씨 농담이지요?" 내지는 "괴로움이 전혀 없으시다구요? 에이, 그런 사람이 어디 있어요? 정말 재미나는 아저씨네." "하늘을 날아다녀요? 내 앞에서 한번 날아 봐요. 그럼 믿어줄게요." "먼 데 있는 걸 맨눈으로 볼 수 있다구요? 그럼 울엄마가 지금 뭐 하구 있는지 맞춰 봐요. 빨리요." 이런 말이 스스럼없이 오갈 수 있어야 한다.

어셔의 날짜는 성경에 인쇄되어 수백 년 동안 천지창조의 날짜로 인용이 되어왔다. 과학이 발달한 오늘날 어셔 주교는 조롱의 대상으로 전락하였지만, 세계적인 고생물학자 굴드$^{Stephen Jay Gould}$는 먼 과거의 일을 오늘의 기준으로 재단하는 것은 편협한 일이라고 개탄하며, 어셔를 변호한다. 어셔가, 율리우스 카이사르 등의 연대기를 성경의 사건들과 비교하여 천지창조 날짜를 계산한 점을 고려하면 분명 일리가 있는 평가이다.

그러나 문제는 아직도 그 이론을 추종하는 무리들이 엄청나게 많다는 사실이다. 예를 들어 미국의 기독교 신자들 대부분이 그리 믿고 있다. 대한민국에도 창조론자들은 다들 그리 믿고 있다. 개중에는 대학총장도 있고 제법 유명한 생물학자들도 포함되어있다. 참으로 불가사의한 일이다.

이장림 목사가 휴거가 일어나는 종말의 날로 잡은 1992년 10월 28일은 어셔의 천지창조 마지막 날인 BC 4004년 10월 28일로부터 5,996년이 지난 시점이다. 대주교 어셔에 따르면 BC 4004년 10월 22일에 천지창조가 시작되었으므로, 6일째인 10월 27일에 천지창조가 끝났고, 그 다음 날인 10월 28일 토요일에 천지창조 사업으로 지친 기독교 신은 안식을 취했다(전능한 신도 지친다!).

이 기간은 6,000년에서 정확히 4년이 모자라는 시간이다. 아마 이장림은, 천 년이 하루라는 주님의 시간에 맞추어, 천지창조가 6일간 진행되었듯이, 인류의 지상존속기간도 6천 년이라고 생각했을 것이다. 6, 6으로 멋지게 맞아떨어지는 듯이 보이지 않는가?

이장림의 계산이 어셔의 계산과 4년 차이가 나는 이유는, 현대학자들이 밝힌 바에 따르면 예수가 기원 영(0)년에 태어난 것이 아니라 BC 4년에 태어났기 때문이다. 이 경우 어셔의 연도는 BC 4004년에서 BC 4008년으로 4년 뒤로 밀려나야 하고, 그러면 이장림의 1992년은 천지창조로부터 정확히 6,000년이 되는 해이다. 이장림의 종말년도와 날짜의 배후에는 이런 심오한 근거가 있다. 이 점에서는 이장림 목사의 성실하고 엄밀한 계산정신을 높이 사줄 수 있다.

문제는, 잘못된 시스템 하에서는 아무리 잘하려 해도 그 시스템이

심리학과 종교

강제하는 한계를 벗어날 수 없다는 점이다. 이장림이 바로 이런 케이스이다.

서기 2000년 부근에 전 세계적으로 우후죽순처럼 휴거 종말론이 대유행을 한 것은, 이때가 천지창조로부터 6,000년이 되는 시점이라는 데에 근거가 있다. 각자 계산이 달라 종말의 날의 시점은 조금씩 차이가 났다. 1976년에, 종말의 날과 휴거가 곧 올 것처럼 예언한 조용기 목사도 이 중 하나이다.

📑BC는 Before Christ, 즉 예수님이 태어나기 전이라는 뜻으로 'BC 10년'은 기원전 10년을 뜻한다. AD는 'Anno Domini', 즉 '주님의 해'란 뜻으로 'AD 10년'은 기원후 10년을 뜻한다.

📑천하의 대수행자 만공 스님으로부터 약관 25살에 인가를 받은, 선강 스님(1898~1974)은 76세로 세상을 떠나면서 환생해 인천 용화사로 돌아오겠다고 했지만, 지금까지 전혀 소식이 없다. 스님을 끔찍이 받들어 모시는 수제자 송담 스님은 수십 년을 전강 스님 법문을 틀어놓고 기다렸지만, 42년이 지난 이 시점, 아무 조짐도 없다. 올해도 어김없이 여름이 와 초목은 푸르고 태양은 뜨겁건만, 기다림에 지친 마음은 색이 바래고 차갑기만 하다.
조용기 목사와 다르게 '신'을 기다리는 게 아니라 그리운 '사람'을 기다리는 것이지만, 한번 가버린 분은 돌아오지 않고 소식도 없다. 둘 다 40년을 기다렸다. 이렇게 무심할 수가 없다. 신이나 사람이나 무심하기는 매일반이다.

종교의 근간根幹

삶이 죽음보다 훨씬 더 중요하다
우리는 삶에 대해서는 좀 알지만
사후세계에 대해서는 전혀 모르기 때문이다

흔히들 종교의 뿌리가 사후세계라 하지만 어림없는 소리다.

왜냐하면 인간은 다른 생명체의 사후세계에는 관심이 없고 오히려 그들의 사후세계는 부정하기 때문이다. 살충제를 먹고 죽은 바퀴벌레가 다른 어디엔가 살아있을 것이라고 생각하는 사람은 없다. 모기 영혼이 있다고 생각할 사람이 있을까? 모기 영혼이 모여서 모기 하나님에게 눈물로 호소한다: 자신들은 먹고살기 위해서 그런 것뿐이지(피 좀 빤 것뿐이며 양은 1그램도 안 된다) 악의를 가지고 그런 것도 아닌데 죽이기까지 하는 것은 너무하지 않느냐고. 아마 이런 일은 상상이 가지 않을 것이다. 모기 하나님도 같이 눈물을 흘리면서 하는 말이 "내가 인간의 하나님보다 힘이 없으니 같이 울어주는 일밖에는 해줄 수 있는 일이 없구나. 정말 미안하구나. 그저 알이나 많이 까서, 에프킬러 같은 화학무기에 살해당하고, 전자모기향 같은 첨단 장비에 떼죽음당하고, 손바닥 책 돌돌 말린 신문지에 하나씩 맞아죽더라도 꿋꿋이 살아남아 종種을 이어가기 바란다."

소위 해충들이야 그렇다 치더라도 다른 동물도 마찬가지이다. 절대로 참새와 같이 살고 싶은 사람은 없을 것이다. 56억7천만 년 후에 미륵부처님이 이 지구라는 행성 위에 건설할 용화세계^{龍華世界}에는 껍질이 없고 향기가 나는 쌀을 생산하는 벼가 있다. 참새들이 이 쌀을 다 먹어 치우면 큰일이다! 참새들이 용화세계에 환생하는 것은 막아야 한다. 그러므로 인간은 참새의 사후세계는 인정하지 않는다.

사실은 욕망충족이 종교의 뿌리이다. 불만족이란 불만족스러운 욕망충족이다. 마음대로 욕망을 충족할 수 없는 현실에 대한 불만이다. 이런 충족되지 않은 욕망을 해결해 주겠다고 큰소리치는 것이 종교이다.

모순되게 들릴지 모르나 종교의 본질은 '불만족'이기도 하다. 욕망충족이 제대로 이루어지지 않는 불만족을 선동하는 것이 종교이다.

영원히 살고 싶은 욕망이 사후세계에 대한 욕망이다. 하지만 사는 게 싫어서 자살하는 사람도 있음을 보면, 영원히 살고 싶은 마음이 욕망충족보다 더 근원적인 것은 아니다. 고통스러운 삶은 단 100년(지상에서의 수명)이라도 못 참는 것이 인간이기 때문이다. 자살로 이런 삶은 종식시킨다. 따라서 인간에게 가장 근원적인 것은 욕망충족이다. '죽고 싶은 욕망'도 욕망의 일종임을 명심하시라. 삶과 죽음에 대한 의문보다 더 근원적인 것이 욕망충족이다. 욕망충족이 이루어져야 비로소 죽기 싫은 마음이 일어난다. 만약 욕망충족이 이루어지지 않으면 거꾸로 죽고 싶어한다. 모든 욕망이 부인당할 때, 다른 모든 욕망들의 발밑에서 짓밟히며 왕따당하고 그 존재를 부정당하던 마지막 욕망이 드디어 모습을 드러낸다. 죽고 싶다는 욕망이다. 이 욕망 '멸애^{滅愛}'는 '이제 쓰러져 패배의 아픔을 삼키고 있는 다른 패잔병 욕망들'을 딛고 당당하게 몸을 일으킨다. "이제 내가 활동할 때가 되었다. 죽어버리자!"

사후세계는 '삶의 욕망'이라는 뿌리에서 자라난 줄기이다.

사람들은 태어나기 이전보다 죽은 뒤가 구골(10^{100})배는 더 궁금하다. 일단 태어난 이상 계속 존재하고 싶은 욕망 때문이다.

'아직 태어나지 않은 이상 계속해서 존재하지 말자'라고 생각했었을 리는 만무하다. 그렇게 생각할 주체가 (태어나기 전에는) 없었지 않은가?

한마디로, 욕망충족은 종교의 근根 뿌리이며, 사후세계는 종교의 간幹 줄기이다. 즉 종교의 근간根幹은 욕망충족(또는 불만족)과 사후세계이다. 이 중 욕망충족(불만족)이 사후세계보다 더 힘이 세다. 사후세계가 없다고 믿지만 충실히 욕망을 충족시켜가며 사는 무신론자들이 그 증거이다. 세속인이건 종교인이건 사람은 누구나 나름대로 욕망충족을 위해 동분서주 정신없이 바쁘다. 그러다 서로 욕망이 충돌하면 서로 싸우며 전쟁을 벌이기도 한다.

이때 불단 위에 모셔진 부처님이 참지 못하고 금구金口를 움직여 한마디 하신다. "욕망의 주체는 존재하지 않는다!" 하지만 일단 존재하면 욕망충족이 지상至上 목표이다. 그러므로 이런 고고한 가르침은 인기가 없다. 그래서 사람들은 "그냥 스님들이나 그렇게 닦으세요" 한마디 던지고는, 욕망충족을 도와주는 관세음보살·나반존자·지장보살·약사보살에게 쏜살같이 달려간다.

깨달음 그 이후

깨달은 후에 신기한 일이 벌어지면, 그런 깨달음은 사이비 깨달음이다. 사람들은 잘못된 동기로 도를 닦는다. 도를 닦는 사람들이 이상해지는 이유이다. 처음부터 이상한 사람이 아니었으면 도를 닦을 리도 없기에, 도인이 나오기 힘들다. 몸이 건강한 사람이 병원을 찾지 않듯이, 마음이 건강한 사람은 정신과 의왕(醫王) 부처님을 찾지 않는다. 옛사람들의 말에, '사람 중에 못된 것이 중이 된다'는 말이 있다. 사람 중에 못된 것이 도를 닦는지도 모른다. 깨달음을 얻는 사람은 희귀하기에, 깨달음 이후를 논하는 것은 어리석은 일일 수 있다. 하지만 스스로 깨달음을 얻었다는 사람에게 경구를 줄 수는 있다. 아무데나 굴러다니는 소똥도 약이 되듯이, 세상에 흔히 굴러다니는 경구도 약이 된다.

평상심시도(平常心是道)라고, 기이한 것을 찾는 사람은 기이하게 망한다. 모름지기 무사시호일(無事是好日)이다.

부처님과 아라한들은
왜 깨달은 뒤에도 선정을 닦았는가

살아있는 자는 뭔가 하지 않을 수 없다
그리고 그 행위 뒤에는 꼭 의도가 있다

부처님은 깨달음을 얻으신 후 45년간 하루도 쉬지 않고 축시에 일어나셔서 선정을 닦으셨다. 깨달음을 얻으신 분이 왜 선정을 닦았는가? 이상한 일이 아닌가? 계정혜 삼학의 완성이 깨달음이라는데 완성한 후에도 여전히 닦는 것은 어찌된 일인가? 불경의 일화에 의하면 '지나치게 수행을 하다가 눈병이 나서 눈이 먼' 제자 아나율이 바늘에 실을 꿰려 고생을 하는데 지나가던 부처님이 도와주셨다. 부처님은 자신도 복 쌓기를 즐긴다고 고백하신다. 이미 윤회를 벗어나신 분이 복은 쌓아서 어디다 쓰시려는 것일까? '배울 것과 닦을 것이 더 이상 없다'는 뜻으로 무학無學이라고도 불리는 여러 아라한들도 하루 중 많은 시간을 선정을 닦는 데 썼다. 그 이유를 짐작해보면 다음과 같지 않을까 유추한다.

첫째, 해가 지면 달리 할 일이 없다.
지금이야 전기불이 있지만 옛날에는 호롱불을 피우는 것조차 돈이 아까워서 아껴 피웠다. 어둠속에서 할 수 있는 일이 얼마나 있었을까.

100년 전만 해도 지금처럼 책, 전축, 라디오, 티비, 영화, 인터넷, 스마트폰, 카카오톡, 트위터, 페이스북 등의 여러 가지 소일거리가 없었다. 게다가 승려들은 농사·장사 등 일체 생업에 종사하지 못하도록 하였고, 소지품도 누더기 옷 한 벌에 발우鉢盂 하나 정도였으니 할 일이 정말 없었다. 점치기, 음악, 무용을 금했다. 전쟁이야기도 금했다. 도에 대한 법담이 아니면 성스러운 침묵을 지키라고 하였으니 잡담으로 시간을 보낼 수도 없었다. 결국 남는 것은 문자 그대로 도담道談이 아니면 선정을 닦는 것뿐이었다.

둘째, 관성이 있다.

저녁과 밤에 할 일이 없으면 습관적으로 오래 닦아 익숙해진 선정에 들어간다.

셋째, 선정을 통해 지혜를 개발한다.

방편지方便智는 끝없는 것이라 개발하고 개발해도 끝이 없다. 전도를 통하여 다양한 배경을 지닌 제자가 나날이 늘어날 뿐만 아니라, 제자들을 지도하는 것은 늘 새로운 도전의 연속이다. 중생무변이기 때문이다. 가지가지 중생의 가지가지 마음에 이는 가지가지 장애는 끝이 없다. 무념무상의 선정이 아니라 초선·이선과 같은 사유수를 통해서 일체의 법을 심사尋伺 대상을 얕고 거칠게 또는 깊고 세밀하게 사유함한다. 그 결과 가지가지 방편이 생겨난다.

넷째, 선정을 통한 즐거움을 누린다.

부처님은 목석이 아니라 따뜻한 피가 흐르는 인간이다. 인간들이 겪는 갖가지 고통과 비극을 목격하면 대자대비심을 지닌 부처님의 마음도 찢어지듯 아팠을 것이다. 동체대비의 마음을 지닌 분일수록 마음은 더 아플 것이다. 부처님이 말씀하셨듯이 인생은 고이므로 사방에 목격

되는 것이 고이다. 이 아픈 마음과 색신(色身 몸 육신)에 새 힘을 주는 것이 해진 후의 선정락(禪定樂)이다. 선정을 통한 낙(樂)을 누리는 것이다.

다섯째, 모범을 보이는 것이다.

스스로 선정에 드는 모습을 보임으로써 제자들이 방일하지 않고 항상 수행하도록 격려한다. 아나율을 돕는 부처님의 모습은 제자들이 복을 쌓도록 모범을 보이는 효과가 있다.

여섯째, 뇌가 스스로 정보를 처리하고 정리하도록 돕는 것이다.

현대 뇌과학에 의하면 잠자는 동안 뇌는 깨어있을 때 수집한 정보를 처리한다고 한다. 동물실험을 통해 밝혀진 바로는 수면을 충분히 취한 쥐들이 그렇지 않은 쥐들보다 훨씬 학습능력과 기억력이 뛰어나다. 잠을 통해 꿈속에 빠져드는 것이 아니라, 꿈이 없는 깊은 잠과 같은 선정을 통해서, 뇌가 일체의 방해받음 없이 정보처리를 하도록 효율적으로 돕는 것이다.

일곱째, 퇴보(退步)하지 않도록 하기 위함이다.

불경에 보면 이미 아라한이 된 이들이 혹시 퇴보하지 않을까 두려워하는 일화들이 있다. 그래서 대승경전에 불퇴전보살이라는 개념이 발명되는 것이다. 일종의 보장성보험이다. 세상은 무상한 것이다. 갈고 닦지 않으면 슬금슬금 무디어지는 것이 세상이치이다. 검도고수는 평생 단순한 동작을 되풀이해서 연습한다. 고수가 되었다고 가만히 있어도 실력이 유지되는 것이 아니다. '왕조를 새로 세우는 것보다도 수성하는 것이 더 어렵다'는 말도 있다. 첫사랑의 기억은 아무리 영혼을 찌르듯이 강렬할지라도 날카롭게 스쳐지나가는 것이다. 세월의 흐름에 따라 빛바래 무디어지는 것이다. 세상이란 본시 무상한 것이다. 어렵게 맹구우목(盲龜遇木)으로 찾아온 깨달음을 지켜야 할 의무가 있다. 퇴타(頹惰

하여 잃어버릴 수는 없는 일이다. 수만 겁 수만 생을 통하여 간난신고 끝에 얻은 깨달음이 아닌가?

🗐 '쌍윳따 니까야'에 부처님이 사위성에서 보름동안 홀로 명상을 하시면서 예전에 온전한 깨달음을 얻었을 때 느꼈던 깨달음을 부분적으로 다시 체험하신 일이 기록되어있다. 즉, 8정도八正道의 결과로 일어나는 모든 현상들과 8사도八邪道의 결과로 일어나는 모든 현상들을 알게 되셨다고 한다. 이 일화는 많은 것을 시사하고 있다.

🗐 신비주의 관점에서 깨달음의 세계를 추상화해서 절대적인 존재로 간주하기도 한다. 연기의 세상을 초월한 무위법의 세계를 건립하고 열반을 그중 하나로 간주한다. 유구한 35억 년의 인류진화의 역사는 결코 그게 그렇지 않음을 웅변적으로 증언한다. 몸과 마음은 공히 진화를 하는 것이다. 지력 역시 진화를 하는 것이며, 깨달음 역시 진화를 하는 것이다. 선지자 개미가 무상정등각을 얻었다고 외치면 지나가던 개미귀신이 웃을 일이다. 깨달았다고 스스로 크게 외치면서 막행막식하는 자들이 경계하여야 할 일이다.

🗐 잭 콘필드의 『깨달음 이후 빨랫감』이라는 기이한 책이 있다. 깨달음을 둘러싸고 벌어지는 의식의 장난을 무수히 수집하여 기록한 기념비적인 저서이다. 깨달은 후에도 쪼그리고 앉아 변을 보아야 한다는 사실에는 변함이 없다. 깨달은 후에도 어김없이 빨래는 해야 한다. 사실은 깨달음조차도 세탁기에 넣고 돌려버릴 일이다. 선불교적으로 보면 '깨달음은 빨랫감'이라는 제목이 더 그럴듯해 보일 것이다.

🗐 수년 전에 『조선일보』(2013. 9. 15.)가 기이한 기사를 전했다. 중국여인이 관절염을 치료하려고 독사를 알코올에 넣어 뱀술을 담갔는데,

3개월 만에 술병을 열었다가 독사에 물려 죽을 뻔했다는 사건이다. 삼독심三毒心이라는 독사毒蛇를 30년 수행에 담그더라도, 방심하다가는 이 중국여인처럼 당하는 수가 있다. 12두타행은 괜히 하는 것이 아니다! 이 여인이 그동안 병 아랫부분의 밸브로 조금씩 술을 꺼내 마셔서 다 죽어가던 독사를 살린 것임을 잊지 말아야 한다. 막행막식이라는 괴물이 '불법에 담갔던 독사들'을 모조리 살려내어 대한민국은 독사천국이 되었다. 그래서 승가僧家에 도박, 음주, 룸살롱 출입, 폭력, 고소, 횡령, 금권선거, 삼보정재 팔아먹기, 그래 놓고 도망치기와 줄행랑行廊 놓기가 만연蔓延하고 난비亂飛하는 지경에 이른 것이다.

달 깨달음을 생물학적으로 유지하지 못하면 헛수고이다. 생물학적인 몸은 갖은 이유를 들며 깨달음을 흔들어댈 것이기 때문이다. 맛있는 냄새가 풍겨오면 코는 "한 번쯤은 별 문제가 없습니다. 일단 드십시오. 제가 책임지겠습니다" 하고 속삭인다. 자기도 모르는 사이에 부너지는 방법은 자기도 모르는 여러 가지이다. "나는 보지도 듣지도 의심도 나지 않은 걸로 하겠습니다, 먹자!" "몸이 부실한데 잡아먹고 보자." "쇠약해져가는 몸을 돌보려면 이 정도 돈은 먹어도 괜찮다. 삼키고 보자." "도무지 눈을 돌리지 못하겠다. 눈이 말을 듣지 않는다. 일단 저지르고 보자." "주인님, 한산 모시랍니다. 습기 가득한 아열대화된 한반도 기후에 딱 그만이랍니다. 처자나 부동산이 있는 것도 아닌데 겨우 천만 원을 큰 액수라고 할 수 있습니까? 절 위해 입으세요" 하고 피부는 끈적끈적한 땀을 줄줄 흘려대며 설득한다. 몸은 이리 가자 저리 가자, 천백억화신이라도 감당하지 못할 정도로 오만가지 방향으로 잡아끈다. 깨달음을 생물학적으로 유지하는 것은 자동이 아니다. 보통일이 아니다.

　좋은 물건을 얻었으면 함부로 방치할 일이 아니다. 잃어버리지 않도록 잘 보호하고 지킬 일이다.

目어떤 사람이 겨울 한 철 동안 바둑고수의 지도를 받았다. 봄이 오자 기원에 나가 실력을 시험했는데 예전보다 나아진 것이 없었다. 불평하는 그에게 고수가 말했다. "당신이 나에게 지도를 받지 않았다면 실력이 퇴보하였을 것이오. 다행히 나를 만나 실력이 줄지 않고 현상유지나마 한 것이오." 무술고수들도 평생 단순한 동작을 반복해서 연습한다. 쓰지 않으면 퇴화하는 것이 자연계의 법칙이다. 슬금슬금 후퇴하다 보면, 어느 날 문득 발견한다, 젊은 시절의 멋진 우람한 근육이 추한 거대한 살덩어리로 변해있음을.

상변常變하는 자연계에서 현상유지나마 하는 것은 정말 어려운 일이다. 성주괴공成住壞空의 냉엄한 법칙에 따라 세월이 가면 우리 몸과 마음은 무너진다. 치아, 근육, 관절, 혈관, 심장이 약해지고 헤드쿼터 뇌의 세포들이 죽어나간다. 기억력, 판단력, 추리력, 감수성, 의지력 등 모든 것이 퇴화한다. 그러니 현상유지라는 것은, 단어 자체가 좀 비겁하게 들릴지는 모르지만, 추호도 용서 없는 세월 앞에서는 거의 불가능한 목표이다.

그러니 어찌 방일放逸하지 않고 수행하지 않을 수 있는가?

습^習의 무서움

살아있는 자는 뭔가 하지 않을 수 없다
그리고 그 행위 뒤에는 꼭 의도가 있다

제14대 달라이 라마가 서양에서 어떤 모임에 참가 후 식사를 하게 되었다. 주최측은 달라이 라마를 배려해서 채식식단을 따로 차렸다. 그런데 달라이 라마가 엉뚱하게도 육식을 차린 방으로 향하자 주최측은 놀라 채식방으로 인도하려고 하였다. 달라이 라마는 완강히 거절하고 육식방으로 갔다는 일화가 있다.

인간은 그토록 습^習에 물들어 있다. 일체중생을 사랑하는 대보살정신을 선양하면서, 또 모든 중생은 무수한 과거생 중 언젠가 한 번은 나의 부모였을지 모른다는 논리를 전개하며, 모든 생물을 존중할 것을 권장하면도 동시에 육식을 하는 것은 모순적인 행동이다. 특히 고등동물인 소, 돼지, 말, 양, 염소를 잡아먹는 것이 그렇다. 티베트는 추운 기후와 척박한 땅으로 농경지가 부족한 산악지역이므로 많은 인구가 살려면 목축에 의존해야 하는 것은 어쩔 수 없다 하더라도, 티베트 밖의 농산물이 풍부한 지역에서도 육식을 계속하는 것은 보살정신에 위배된다. 티베트인들이 살생을 금기시하여 가축을 식용으로 도살할 때에도 가축을 절벽으로 몰아 추락사하게 유도함을 볼 때 더욱 그러하다(직접적인 살생의 책임과 과보를 피하기 위함이다). 시리우스 우주인이 '인간을 사랑하라'고 가르치면서도, 인간을 식용으로 기른 후 잡아먹으려고 자동차사고를 유도해 고가도로나 고층 주차타워에서 떨어뜨려 죽이면 인간은 어떻게 반응할 것인가? 티베트는 환경보호론자들과 동물애호가들의 비판에도 불구하고 아직도 절벽도살을 행하고 있다. 습^習의 무서움을 여실히 보여주는 예이다. 마음보다 몸이 먼저다. 몸(혀)에 고기맛이 들었는데 마음이 그러지 말라고 해도 몸이 쉽게 포기하겠는가?

『유마경』에서 천녀가 꽃을 뿌리자 아라한에게는 붙지만 보살에게는 붙지 못한다. 여습미단^{餘習未斷} 현상이다. 아직도 남아있는 습^習을 끊지 못한다. 아직 끊지 못하고 남아있는 습이 있다. 신통력이 뛰어난 부처님의 제자 필릉가파차가 강을 건너려고, 여자 하신^{河神}에게 "계집애야! 강물을 끊어 주렴" 하고 외쳤다. 하신이 부처님께 필릉가파차가 자기를 계집애라고 욕했다고 하소연하자, 부처님은 "그가 과거에 오백생이나 최고계층인 바라문으로 살아서 몸에 익은 고자세의 습관으로 그런 것이지 악의로 그런 것이 아니다. 그 벌로 이생에 천식을 앓고 있으니 이해해라" 하셨다. 물론 필릉가파차는 시종일관 "이 계집애야, 욕한 적 없다니깐" 했다. 습은 집요하다. 그것이 습의 특성이다.

경허 스님이 통도사에서 주지스님에게 닭고기 공양을 받다가 젊은 승려로부터 '왜 중이 고기를 먹느냐'고 힐난을 받자, '습^習'이라고 궁색한 대답을 한 적이 있다. 탄허 스님은 즐겨 점괘를 봤는데 월정사 스님들이 못마땅하게 여겼다. 불경식으로 표현을 하자면 '경허 스님은 과거 오백생 동안 사자였고 탄허 스님은 과거 오백생 동안 점쟁이였나?' 참으로 알 수 없는 일이다.

미국유학 시(1984~1987) 아이오와시^{Iowa City}에 티베트 스님 한 분이 불교를 홍법하며 어렵게 사셨다. 훌륭한 분이셨다. 마음이 따뜻하고 자비심이 넘치는 티베트 특유의 분위기를 풍기는 스님이셨다. 나중에는 머물 곳이 없어서 개인주택의 차고를 빌려 그곳에 불단을 만들고 예배하며 사셨다. 지금은 돌아가신 이분을 생각하면 항상 마음이 아프고 눈물이 난다. 위대한 사상을 유지하는 것은 동시에 눈물이 나는 일이다. 봄날 응달에는 아직 겨울 설빙^{雪氷}이 남아있는 법이다. 어느 주말 교외에 있는 신도집에서 주말 참선법회가 있었는데 법회 이튿날 점심때 스님이 점심을 먹자고 나를 깨우는 것이었다. 식당으로 가보니 창밖으로는 아이오와 들판에 옥수수가 짙푸른데 스토브 위에서는 벌거벗은 닭 한 마리가 솥 안에서 보글보글 끓고 있었다.

시리우스 우주인의 집에 가봤더니 점심으로 사람을 통째로 보글보글 끓이고 있다면 시리우스인이 인간을 사랑한다고 할 때 그 말을 믿겠는가? 음식으로서 사랑한다는 말인지 어찌 알겠는가? 습^習의 무서움을 여실히 보여주는 예이다.

사랑은 무료^{costfree}가 아니다. 사랑에는 희생이 따른다. 중생을 사랑하려면 맛이 주는 즐거움^樂과 맛에 길들여진 습^習을 끊어야 한다. 대중가요 가사처럼 '오늘부터 난 사랑할 거야' 하고 마음만 먹으면 쉽게 사랑을 하게 되는 것은 아니다. 화학적 호르몬에 의한 사랑이 아닌 자기를 희생해야 하는 사랑은, 본능적으로 오는 것이 아니므로, 훈련과 사유와 수행에 의해서 습득하는 것이다. 자비명상의 힘을 빌리는 것도 한 방법이다. 꾸준히 행하면 마음이 변한다. 습^習으로 습^習을 극복하는 이열치열 전술이다.

🈂신도들은 이분을 겐라라고 불렀는데 나중에 알고 보니 겐라는 일정한 수준의 불교학업을 마친 티베트 승려를 일컫는 보통명사였다. 겐

505

습의 무서움

라는 신도들이 어떻게 하면 빨리 깨달음을 얻을 수 있느냐고 질문을 하면 항상 '실롤리 실롤리^{slowly slowly}'라고 답하셨다. 티베트식 점오점수漸悟漸修 철학이었다. 중국이 티베트를 침략하면서 수많은 티베트인들이 조국을 떠났다. 겐라는 집단의 운명에 휩쓸린 개인이었다. 겐라 스님 보고 싶습니다, 그립습니다. 부디 극락정토에 왕생하셨기를 빕니다.

目 달라이 라마는 인자한 제정일치 군주이셨다. 위대한 승려이자 한 국가의 왕이셨다. 이분을 폄하하기 위한 글이 아니니 티베트동포들은 부디 오해 없으시기를 바란다. 말할 수 없는 고통을 받고 있는 티베트 동포들에게 한없는 위로를, 꺾이지 않는 독립의지에 무한한 찬사를, 조국의 독립을 위하여 분신을 마다하지 않은 용기에 가없는 존경을 보내드린다. 그리고 위대한 석가모니의 가르침을 잘 보존하고 전 세계에 퍼뜨린 공적을 더없이 높이 산다. 부디 티베트가 빠른 시일 안에 독립을 성취하기를 기원한다.

허운 스님의 고통

대중에게는 자기 생각이 없다
대중이 자기 생각이라고 간주하는 것은
사실은 남의 생각이 주입된 것이다
〈나치 선전상 괴벨스〉

부처님 제자 중 아라한의 경지에 오른 제자 밧칼리, 고디카, 찬나가 고질적인 숙환으로 고통을 받던 나머지 자살을 감행한다. 이때 부처님은 이들의 자살을 승인한다. 이로 볼 때 부처님의 가르침은 두 번째 화살인 정신적인 고통을 겨냥한 것이지, 첫 번째 화살인 질병으로 인한 육체적 고통을 겨냥한 것이 아니다. 부처님이 요통, 이질, 풍병風病·風症 등으로 의사 기바耆婆 Jivaka의 치료를 받으신 기록이 불경에 남아있다.

120세에 입적한 현대 중국불교의 아버지인 허운 선사虛雲 1840~1959는 입적 7년 전 어느 날 선정 중에 용을 타고 도솔천 내원궁으로 올라가 왕좌에 앉아 계신 미륵부처님을 친견한다. 비어있던 동쪽 전열 제3좌에 앉아 설법을 듣는다. 설법 중이던 미륵부처님이 "네 절로 돌아가라"고 하자, 112세의 허운 선사는 "업장이 너무 큰 사바세계로 돌아가지 않겠다"고 떼를 쓴다. 미륵부처님은 "너는 아직 속세와의 업이 다하지 않았다. 나중에 이곳으로 돌아오려면 지금 사바세계로 돌아가야 한다"고 하며 사바세계로 돌려보내신다. 당시 허운은 공산당의 박해를 받아 고문 구타 등 모진 시련을 겪던 시절이었다. 고문과 구타로 한동안 시력과 청력을 잃기도 했다. 세인이 보기에는 초연히 초인적인 인내로 그 모든 고난을 이겨내셨지만, 그 속마음의 고통이야 남이 어떻게 알 수 있었을 것인가? 아라한에게나 속인에게나 세상이 고苦인 것은 마찬가지이다.

아라한이 되어서도 왜 계정혜 삼학을 계속해서 닦는가? 왜 계속해서 계를 지키고 밤늦도록 그리고 새벽같이 일어나 선정을 닦고 혜慧를 키우는가? 사바세계의 고통이 너무나 크고 세속의 유혹이 너무나 강렬하기 때문이다. '호리유차 천지현격'이기 때문이다. 스스로 이루었다고 자신감을 낼 때 이미 마왕 파순이가 마음의 틈을 비집고 들어온 것이기 때문이다. 틈은 그 특성상 자꾸 벌어지려 한다. 어떻게 해서 이 언덕에 도달한 것인가? 천신만고 끝에 아닌가? 첫 번째 화살은 단 한 번만 맞아도, 두 번째 화살은 무한히 맞을 수 있다. 이 때문에 무한한 경계가 필요하고, 무여열반을 이룰 때까지는 계정혜 삼학의 수행은 잠시도 멈출 수가 없다. 남은 동강이 없이 다 타버려 재만 남은 상태가 되기 전에는 멈출 수가 없다.

🎵아름다운 우리가곡 「사랑」은 수행자들이 즐겨 불러도 좋을 곡이다. 절제미로 정제精製된 노산 이은상의 시조에 불멸의 작곡가 홍난파가 곡을 붙였다. 고혹蠱惑적인 저음의 성악가 백남옥의 노래로 들어보시기를 권한다. 가슴 저 깊은 곳으로부터 아릿아릿 저려오는 '유폐된 참나(?)의 애원과 슬픔'을 느낄 수 있다. 자기를 구하려면 영육을 다하여 정진하여야 한다고 당부하는 노랫말이다.

탈대로 다타시오 타다말진 부디마소
타고 다시타서 재될법은 하거니와
타다가 남은 동강은 쓸곳이 없소이다

반타고 꺼질진대 에제타지 말으시오
차라리 아니타고 생낡으로 남으시오
탈진대 재그것조차 마저탐이 옳소이다

1962년 『플레이보이*Playboy*』는 위대한 철학자 버트런드 러셀^{1872~}
¹⁹⁷⁰의 90회 생일기념 인터뷰 기사에서 "버트런드 러셀, 그는 한 줌
재도 남기지 않고 타오르는 불꽃이다!"라고 격찬했다. 세속의 철학
자도 진리를 찾기 위한 구도의 불길이 재도 남기지 않을 정도로 치
열한데, 세속적인 낙樂을 다 버리고 불법을 닦는 수행자야 더 말할
나위가 없어야 하리라.

러셀은 위대한 종교들 가운데 불교, 특히 초기 불교를 가장 좋아
했다. 그의 진리를 추구하는 열정과 잘 어울리는 선택이다.

目 호리유차 천지현격毫釐有差 天地懸隔: 조금만 차이가 나도 하늘과 땅 사
이만큼 벌어진다.

目 고(통)에는 일차 고와 이차 고, 두 가지가 있다. 입시에 떨어져서 괴로
운 것이 일차 고라면, 왜 나는 떨어지고 쟤는 붙었나, 부모님이 후원
을 안 해줘서 떨어졌나, 붙은 애들은 뭔가 부정을 저지른 것이 아닐
까, 종교를 잘못 믿어서 그리된 것이 아닌가, 이제 내 인생은 희망이
없는 것 아닌가 등으로 괴로워하는 것이 이차 고이다. 이것을 불교는
첫 번째 화살에 맞는 것과 두 번째 화살을 맞는 것으로 비유한다. 일
차 고에 대한 정신적인 번뇌로 파생되어 나온 고가 이차 고이다.

目 『벽암록』 제35칙 '삼좌설법三座說法'에 '앙산仰山 화상이 꿈에 미륵보살
이 있는 곳에 올라가 세 번째 자리에 좌정하였다'는 기록이 있다. 허

운의 경험은 이 일화의 영향을 받았을 수 있다. 두 사람 다 도솔천에 올라간 것은 동일하지만, 도솔천에서의 설법주체가 다르다. 앙산의 경우에는 자신이 설법을 하였지만, 허운의 경우에는 미륵보살이 설법을 하였다.

깨
달
음
그
이
후

금강경과 치매

참나真我 true atman는 멀고 치매는 가깝다
한국 선불교 대선사 서옹 스님도 치매에 걸렸다
한마음선원 창시자 대행 스님도 치매에 걸렸다

평생을 소박하고 청빈하고 반듯하게 그리고 조금도 흐트러짐 없이 살아오신 법정 스님이 지병으로 투병하시다가 돌아가셨다. 병원에 입원하여 자리보전을 하셨을 때 노보살들이 기저귀를 갈아드리고 씻겨드렸다고 한다. 사람은 나이가 들면 병에 들어 죽는 것이다. 법정 스님은 생로병사를 여실히 보여주시고 떠나가셨다.

선불교에는 신비로운 이적이 많이 등장한다. 한국선불교의 해외포교에 지대한 공을 세우고 입적하신 숭산 행원 스님이 젊은 시절 엮어낸 『오도의 길』에는 중국선불교 역사상 숱한 이적들이 소개되어 있다. 많은 불자들은 그런 일화들을 여과없이 그대로 받아들이는 경향이 있다. 깨달음을 얻으면 6신통을 구비하고 금강불괴金剛不壞의 몸을 얻는 것처럼 생각한다. 임종을 당해서는 좌탈座脫 앉아 죽기하거나, 입탈立脫 선 자세로 죽기하거나, 보탈步脫 걸어가다 죽기하거나, 도립탈倒立脫 물구나무 선 채로 죽기하거나, 육신을 지닌 채로 승천하거나, 저절로 몸에 불이 나서 장작 없이 다비를 하는 등의 이적을 보여야 멋진 일이다.

당나라 때 속성이 주씨인 덕산 스님은 주금강이라고 불릴 정도로

『금강경』에 달통한 학승이었다. '바로 마음을 가리켜 단숨에 성불한다 (직지인심 견성성불)'며 돈오돈수를 주장하는 남방 마군이들을 쳐부수러, 『금강경소초』를 짊어지고 돌격했다가, 도중에 떡 파는 할멈에게 당한 일화로 유명하다. 덕산은 "스님은 (제 가게에서) 점심을 하고자 하시는데, 그리고 『금강경』에 의하면 '과거심불가득 현재심불가득 미래심불가득'이라는데, 도대체 어느 마음에 점을 찍으려 하십니까?" 하고 묻는 노파의 말에 대꾸를 못했다. 덕산은 노파가 추천한 숭신 스님을 찾아 용담사로 향했다. 덕산은 숭신의 방을 떠날 때 숭신 스님이 내민 촛불을 받으려고 하는데, 숭신 스님이 입으로 불어 촛불을 꺼버리자 그 순간 홀연히 깨달음을 얻었다. 훗날 덕산 스님은 학인들을 제접하여 점검할 때 소나기처럼 사정없이 내려치는 방(몽둥이)으로 제방에 이름을 날리며, 임제의 할(고함지르기)과 쌍벽을 이루어 '임제의 할, 덕산의 방'이라는 선불교의 가풍을 만들어냈다.

　이 당대의 거장 덕산 스님이 늙어 노망이 들어 똥을 벽에 바르는 행동을 하였다. 참으로 곤혹스러운 사건이었다. 어떻게 깨달은 분이 노망(치매)이 들 수 있으며 거기다가 똥을 벽에 바르는 일까지 벌일 수 있는가? 그래서 벽에 발린 똥이 방광放光을 했다는 신화까지 생겨났다. 노망든 사실을 부인하지 못할 바에야 차라리 벽에 발린 똥을 신격화한 것이다. 참으로 인간적인 일화이다.

　인간은 누구도 생로병사를 면할 수 없다. 기왕 죽을 바에야 추한 꼴을 보이지 않고 죽는 것이 최고로 좋은 죽음이다. 그래서 호상好喪이라는 말이 있는 것이다. 옛사람은 이미 죽은 지 오래인데 관성이 남아 육신에는 치매가 나타난다. 치매는 음식이 오래되면 상하고 썩는 것과 같이 지극히 정상적인 일이다. 부처님이 만년에 토로하셨듯이 '몸이란 나이가 듦에 따라 수레와 같이 낡아 삐걱거리기 마련'이다. 32상을 지닌 부처님도 그러하셨거늘 범부들이야 더 말할 나위가 없다. 사람은 주어진 순간에 최선을 다할 뿐이다. 더움이 오면 더움 속으로, 추움이 오면 추움 속으로 들어가는 것이다. 정신적 번뇌를 다 해결한 다음의 일은 몸이 알아서 할 일이다. 그래서 무여열반이 필요한 것이다. 35억 년 진화를 거친 몸이 장쾌한 끝맺음을 하려는 순간, 몸에게 그 정도의 아량은 베풀어야 마땅하다.

신데렐라가 왕자와 결혼을 한 것은 사랑의 완성이지만 동시에 사랑의 무덤일 수 있다. 그래서 동화는 모두 결혼으로 끝을 맺는다. 작가인 어른은 뻔히 잘 아는 처지에 대놓고 거짓말을 하기도 뭐해서 그 후 이야기 전개를 하기가 불안하고 내키지 않는 것이다.

깨달음의 신화는 깨닫는 순간으로 끝을 맺는 것이 좋다. 부처님처럼 처음도 중간도 끝도 모두 좋은 삶을 살기란 얼마나 어려운 일인가?

畺 노파의 질문은, 그리스의 제논의 역설이나 전국시대의 공손룡의 백마비마론과 같이, 식자를 함정에 빠뜨리는 질문이다. 무식한 자라면 절대로 빠지지 않을 함정이다. 그래서 식자우환이라고 하는 것일까?

실재엔 모순이 없다. 단지 인간의 개념과 인식에 모순이 있을 뿐이다. 실재란 가능한 한 최고의 논리적인 구조물이다. 모순 없는 실재를 파악하기 위한 그 어떤 시도도 반드시 모순을 내포할 수밖에 없다. 완벽한 실재를 모사한 인식의 체계는 모사일 뿐이지 실재 자체가 아니므로, 확대경을 들이대고 자세히 살펴보면 반드시 불완전한 점이 발견되기 때문이다. 그래서 주객의 분리는 모순의 원천이자 모순의 시작이다.

도가는 이 점을 '명가명비상명 도가도비상도名可名非常名 道可道非常道'라고 표현한다. 그 뜻은 이렇다. '이름을 붙이면 이름으로 제한된다. 그래서 도라 하면 제한된 도일 뿐이다.'

畺 한국선불교는 좌탈입망座脫入亡 앉아서 죽는 것에 집착한다. 그래서 스승이 숨을 거둘 기미가 보이면, 제자들이 스승의 몸을 일으켜 앉아 죽

게 하거나 죽은 뒤 누워있는 시신을 세워 앉은 자세로 만든다는 소문이 있다. 부처님은 옆으로 누운 자세로 돌아가셨는데, 그럼 이 일은 어찌 된 영문일까. "빨리 일어나세요. 제발 누워서만 가지 말아주세요"라고 부탁하지 않은 아난의 잘못인가? '생사에 자유롭다'는 것은 육체적인 죽음을 마음대로 한다는 것이 아니라, '번뇌의 생성과 소멸' 즉 '번뇌로부터 자유롭다'는 것이다. 그렇지 않다면 불교가 무슨 의미가 있을 것인가? 진정한 연기론에 의하면 '마음의 생성과 작용과 소멸'도 연기일 뿐이다. 그런데 어떻게 육체적인 죽음의 모양에 집착하여 앉아 죽는 것을 고집할 수 있겠는가? 갑자기 사고를 당해 죽으면 그냥 사고를 당한 그 자세로 죽어야 한다. 그럼 좌탈입망은 어떻게 되는가? 죽는 순간의 마음의 상태가 중요한 것이지, 죽는 신체적인 자세가 중요한 것은 아닐 것이다. 죽는 순간 마음이 번뇌로부터 해탈된 상태인지 여부가 문제이다. 그렇지 않은가? 힌두교에 의하면 '죽는 순간 깨달음을 얻기 위해서는 아트만이 정수리를 통해 빠져나가야 한다'는 이론이 있다. 고대의 환망공상에 의하면 영혼은 윗방향으로 즉 하늘로 날아가므로, 지면에 수직으로 앉은 자세가 영혼이 정수리로 빠져나가기에 유리할 것이다. 좌탈입망에 대한 집착은 이런 환망공상의 영향을 받은 것이 틀림없다. 부처님은 항상 선정에 들어있었다고 하므로, 임종의 자세가 어떤 자세이건 문제가 되지 않을 것이다. 그런데 좌탈입망을 고집하는 선사와 그 제자들은 앉는 자세를 취해야만 선정에 들 수 있는 것인가?

깨달음 그 이후

무위법과 신의 은총칼뱅이슴

구원을 얻기 힘든 것은 길이 어려워서가 아니라
시중에 가짜 길이 너무 많아 헷갈리기 때문이다

기독교 장로교 창시자 칼뱅1509~1564에 의하면 구원이란 사람의 믿음
으로부터 오는 것이 아니다. 사람이 생전에 쌓은 선행으로부터 오는
것은 더욱 아니다. 유한자 인간이 무한자 신을 조정하는manipulate 것은
불가능하기 때문이라는 것이다. 즉 유한자가 무한자의 신성神性을 규정
할 수 없기 때문이라는 것이다.

칼뱅에 의하면 구원은 어디까지나 신의 은총, 즉 선물 또는 선심이
다. 열심히 믿고 선행을 쌓으며 살았더니 덤으로 구원이 온 것이지, 믿
음과 선행을 인因으로 하여 구원이라는 과果가 오는 것이 아니라는 말
이다. 즉 믿음과 구원은 인과관계가 아니라는 것이다.

극단적으로 말하면 신앙심 깊은 사람이 구원을 못 얻고, 오히려 제
멋대로 산 사람이 구원을 얻을 수도 있다는 말이다. 구원이란 신 맘이
기 때문이다. 또 이 신 맘은 이미 오래전에, 우리가 태어나기도 전에 즉
아담과 이브가 타락하기 전에 결정되어 있다고 한다. 소위 예정설이다.
따라서 우리의 행위가 구원을 불러오는 것이 아니라는 것이다.

그렇다면 캘빈에게 신앙과 선행은 무슨 쓸모가 있을까? '착하게 살

았는데 설마?' 또는 '착하게 사는 것으로 보아 아마!' 하는 생각을 불러
일으켜 불안을 없애주는 기능이 있다고 한다.

불교에 의하면 무지無智. 무명無明. 어리석음에 덮여 사는 유위법의 세계와
이를 벗어난 무위법의 세계가 있다. 유위세계, 즉 속계는 성주괴공成住壞
空을 되풀이하는 한 치의 틈도 없는 정확한 인과의 세계이다. 무위법인
깨달음의 세계는 인과를 벗어난 세계이다. 그러므로 60 평생 장좌불와
長坐不臥로 수행을 해도 이것이 수행자를 깨달음의 세계로 인도한다는
보장이 없다. 만약 수행이라는 인因으로 깨달음이란 과果가 온다면, 깨
달음 또한 인과율의 대상이 되어 유위법에 속하게 된다. 그리되면 언
제 다시 예기치 못할 업풍業風으로 깨달음을 잃고 무지로 떨어질지 누
가 알겠는가? 천인天人 하늘나라 사람, 천국에 사는 사람도 복이 다하면 즉 모아놓
은 복의 힘이 다하면 하계로 추락한다는데….

지상에서도 진화의 역사에서 거꾸로 간 역사가 있다. 신체적으로는
다리가 다시 지느러미로 변한 고래가 있으며, 정신적으로는 발달한 문
화를 잃어버리고 원시상태로 돌아간 종족(테즈메니아 인)의 예가 있다.
늑대나 침팬지에게 키워져 인간언어 등 인간문화를 전혀 배울 수 없는
원시적인 상태로 퇴보한 늑대소년과 침팬지소년의 예도 있다. 깨달음
이 인과율에 속한다면 이런 일이 일어날 수 있다. 이런 불안을 원천적
으로 봉쇄하기 위하여 무위의 세계를 설정하고 깨달음을 그곳에 모셔
두었다. 이제 불안이 없어졌다. 일단 깨닫기만 하면 무위의 세계에 입
성하여 영원히 그곳에 머문다.

구원이 사람의 일의 결과가 아니라 신의 영역이듯이, 깨달음도 사람
의 일의 결과가 아니라 인과를 벗어난 무위법의 영역이다. 그래서 선
불교에서 깨달음의 순간을 홀연히 기왓장 깨지는 소리를 듣는 순간,
나뭇가지가 부러지는 소리를 듣는 순간, 침상에서 떨어지는 순간, 몽둥
이에 얻어맞는 순간, 면목이 없다는 말을 듣는 순간, 복사꽃 떨어지는

것을 보는 순간, 부처님이 연꽃을 들어 보이시는 순간 등으로 신비하게 묘사하는 이유이다. 수행은 인因이 아니다. 수행이란 '홀연히 찾아올지 모를 깨달음이란 신랑을 맞이하기 위해 밤새 잠을 자지 않고 기다리는 신부의 깨어있음'과 같은 것이다. 깨달음이란 수행의 과果가 아니다. 신부가 밤새 기다려서 신랑이 온 것이 아니다. 가끔 기약 없이 찾아오는 신랑을 잡으려면 어찌해야 하겠는가?

🔲 갑자기 떠돌이 소행성이 지구에 충돌하여 인류가 대부분 멸종하고 인류 과학·문명의 모든 정보가 없어진다면 살아남은 인류는 다시 원시상태로 되돌아갈 것이다. 인과의 세계는, 즉 유위법의 세계는 이처럼 냉혹한 것이다. 고정된 진퇴의 방향이 정해져 있는 것도 아니다. 막심 니콜라스 탈레브의 '블랙스완'이 어디에 숨어 있을지 아무도 모른다(이것이 블랙스완의 특성이기도 하다).

🔲 차갑고 딱딱한 얼음이 따뜻하고 부드러운 물이 되었다고 안심할 일이 아니다. 물은 날씨가 추워지면 언제든지 얼음으로 되돌아갈 수 있다. 지면에 구속되었던 물이 수증기가 되어 자유롭게 하늘로 날아간다고, 즉 승천한다고 좋아할 일만은 아니다. 언제든 기상이 돌변하면 우박이 되어 두 단계 아래 얼음으로 추락하거나, 비가 되어 지상으로 강제송환 되는 수가 있다.

　수행도 마찬가지이다. 위로 올라간 자에게는 항시 추락의 위험이 있다. 매우 교묘하고 정교하고 복잡한 갖가지 형이상학적인 이론과 신학으로 포장을 해서 안전을 확보하려 해도 '높은 곳은 위험하다'는 진실은 변하지 않는다. 아무리 두껍고 짙게 화장을 해도 거칠고 탄력 없는 주름진 얼굴은 어디로 사라지지 않는다. 아름답고 순결한 눈 밑에는 크레바스가 도사리고 있는 법이다.

　모든 것은 뒤로 돌릴 수 있다. 팽창하던 우주가 다시 수축을 시작하여 빅뱅 전의 상태로 돌아가면, 그동안의 시끌벅적했던 잔치나 소동은 다 과거의 추억일 뿐이다. 그런데, 그때는 옛 추억에 잠길 자조차 없어질 터이니 추억이라는 말은 의미가 없다. 죽은 자들은 말이 없는데, 살아있는 자들은 영생을 논한다.

☷기독교『신약』「로마서」9: 11~13에 칼뱅의 예정설을 지지하는 내용이 나온다. 리브가가 이삭의 쌍둥이 자식을 임신하였다. 그런데 그 쌍둥이 형제 야곱과 에서가 아직 태어나기도 전에, 그래서 그들이 아직 선이나 악을 행한 것도 아닌데, 이미 하나님은 야곱을 사랑하고 에서를 미워하기로 결정했다! 정확히 캘빈이 주장하듯이, 하나님의 마음에 의해 개인의 구원이 미리 결정되어 있는 것이다. 기독교적인 구원은 절대로 개인의 선하거나 악한 행위에 의해서 오는 것이 아니라는 결정적인 증거이다.

그리고 하나님이 모든 사람을 사랑한다는 것도 새빨간 거짓말이다. 하나님은 에서를 미워했다. 그것도 그가 태어나기 전부터 미워했다!「로마서」9: 13에 명확히 쓰여있다.

☷이 점에서, 오래된 영혼의 환생을 주장하는, 초기 기독교 교부 오리게네스의 사상에 일리가 있다.

치타의 아름다움과 신新백골관

쓸모 있는 게 아름답다
하지만 역은 거짓이다
아름다운 게 반드시 쓸모 있는 것은 아니다

치타는 정말 아름답다. 맞바람과 탱고를 추는 듯한, 날렵한 몸매. 생 生과 사死의 벽을 돌파하는, 유선형의 초음속 제트기 같은 측면 윤곽선. 여러 생각으로 어지러워지면 사치스러운, 작은 머리. 시속 100km가 넘게 달릴 수 있도록 고안된 사냥무기이다.

보잉사 비행기들이 정말 아름답지 않은가? 찬 바람에 뜨는 수진이, 날진이, 해동청, 보라매, 황조롱이가 참 아름답지 않은가? 다들 빨리 난다는 최고의 목적을 이루기 위해 필요 없는 거추장스러운 군더더기 다 떨어내고 극적으로 진화를 한 결과이다. 매는 먹이를 향해 낙하할 때 중력으로 인한 자유낙하속도보다 빠르다. 자그마치 시속 300km를 넘는다.

매가 아름다운 것은 나는 기능이, 그리고 치타가 아름다운 것은 달리는 기능이 최적화되었기 때문이다.

미인대회의 미인들 감상법을 소개한다.

눈을 보면 보는 기능을 하는 기관이 아름답구나.

눈썹을 보면 머리와 이마의 땀이 눈으로 흘러내리는 것을 막아주는 기능을 하는 기다란 방파제 같은 기관이 아름답구나.

귀를 보면 소리를 듣는 기능을 하는 기관이 아름답구나.

귓바퀴를 보면 소리를 잘 모으려고 구불부불 복잡하게 주름진, 소리를 모으는 기능을 하는 기관이 아름답구나.

코를 보면 냄새 맡는 기능을 하는 기관이 아름답구나.

콧구멍을 보면 바람(숨)이 드나드는 기능을 하는 기관이 아름답구나.

혀를 보면 맛보고 말을 하고 음식을 목구멍으로 인도하는 기능을 하는 기관이 아름답구나.

이빨을 보면 음식을 자르고, 찢고, 찧고, 빻고, 씹는 기능을 하는 기관이 아름답구나.

입술을 보면 먹을 것을 입으로 인도하고 이빨을 보호하는 기능을 하는 기관이 아름답구나.

피부를 보면 장기를 보호하는 갑옷과 같은 기능을 하는 기관이 아름답구나.

피부를 보면 병원균과 바이러스로부터 몸을 지켜주는 성벽과 같은 기능을 하는 기관이 아름답구나.

피부를 보면 몸의 온도조절과 습기를 유지하는 기능을 하는 기관이 아름답구나.

머리칼을 보면 머리를 식혀주고 덮혀주는 냉난방 기능을 하는 기관이 아름답구나.

해골을 보면 뇌를 보호하는 갑옷·장갑과 같은 기능을 하는 기관이 아름답구나.

뇌를 보면 이런 훌륭한 생각을 하게 하는 기능을 하는 기관이 참 아름답구나.

손톱을 보면 꼬집고 긁는 기능을 하는 기관이 아름답구나.

손가락을 보면 (김치를 쫙쫙) 찢는 기능을 하는 기관이 아름답구나.

주먹을 보면 (먹이동물과 미운 놈을) 공격하고 때리는 기능을 하는 기관이 아름답구나.

손바닥을 보면 예쁜 사람 쓰다듬어 주는 기능을 하는 기관이 아름답구나.

손과 팔을 보면 (먹이와 도구를) 잡는 기능을 하는 기관이 아름답구나.

다리를 보면 (맹수로부터) 도망가고 (먹이를 향해) 달리는 기능을 하는 기관이 아름답구나.

다리를 보면 장소이동을 하는 기능을 하는 기관이 아름답구나.

무릎을 보면 장딴지와 허벅지를 자유롭게 움직이게 하는 기능을 하는 기관이 아름답구나.

엉덩이와 허벅지를 보면 기근에 대비해 영양분을 저장하는 기능을 하는 기관이 아름답구나.

목을 보면 소리를 내서 감정을 표현하고 의사를 교환하는 기능을 하는 기관이 아름답구나.

목을 보면 사방을 살펴보기 위해 회전을 하는 기능을 하는 기관이 아름답구나.

가슴을 보면 어린 생명을 먹여 키우는 기능을 하는 기관이 아름답구나.

쇄골을 보면 팔을 몸통에 강하게 연결을 하는 기능을 하는 기관이 아름답구나.

이렇게 보고 생각하면 세상이 달리 보일 것이다. 일종의 환원주의 신백골관新白骨觀인데 신체기관의 기능에 초점을 두어 감상하고 그 기능을 인정하는 것이므로 부정관不淨觀은 아니다. 구태여 부정관이라 이름을 붙이고 싶다고 고집한다면 '긍정적 부정관positive negativism' 또는 '기능적 부정관'이다. 인간이 너무 멀리 길을 벗어나면 교정을 해줄 필요가 있다. 지금 인류가 즐기는 미의식은, 본래 미의식의 기원에서 벗어나, 일종의 '파생상품'이 되어버린 면이 다분히 있다. 요즈음처럼 신체적인 미를 신격화하는 시대에는 신백골관을 통해서 근본으로 돌아갈 필요가 있다.

🔖 잘 기능하는 것의 아름다움(또는 잘 기능하는 것이 아름답다는 것)이 일차상품이라면, 기능을 따지지 않는 아름다움(또는 기능과 관계없이 아름다운 것)은 이차상품 즉 파생상품으로 볼 수 있다. '빈혈로 인한 창백한 얼굴'을 한 여인을 아름답다고 하는 것은 명백한 파생미이다.

🔖 사족을 좀 붙이자면, 코털을 미워하지 말자. 이물질을 걸러내고 들숨을 덥혀주는 기능을 하는 기관이 아닌가? 겨드랑이 털도 미워하지 말자. 호르몬을 배출하여 이성을 유혹함으로써 인간을 번성하게 하는 기능을 하는 여성가족부 같은 기관이 아닌가?

필자가 특별히 지면을 할애割愛해 이들을 언급하는 이유는 미인대회에서는 이들을 전혀 볼 수 없기 때문이다. 이들이 단 한 가닥이라도 보이면 그 후보는 무조건 탈락이다! 모종某種의 차별이 아닐 수 없다.

🔖 사실 손바닥은 설계자의 의중에 존재하지 않는 기관이다. 고딕양식에서 아치들 사이에 삼각형의 공간 스판드렐spandrel이 필연적으로 따라오듯이, 손바닥도 여러 개 손가락이 생기면 반드시 생기게 되는 공간이다(특히 다른 손가락들과 마주보는 엄지손가락이 생기면).

아치 사이의 삼각형 공간에 성화聖畵가 그려진 것을 보고 그 공간이 처음부터 그런 용도로 설계되었다고 착각을 하기 쉽듯이, 손바닥을 보고 그런 착각을 할 수 있다. 손바닥을 이용해서 물을 떠먹을 수 있지만, 원래 그런 용도로 손바닥이 생긴 것이 아닐 것이다(콩고의 수천 미터 높이의 고산지역에 사는 마운틴고릴라들은 평생 손바닥으로 물을 떠먹는 일이 없을 것이다. 더 좋은 예는 물가에 사는 침팬지이다. 침팬지는 손바닥으로 물을 떠먹는 대신, 나뭇잎을 구겨서 물에 적신 다음 입에 대고 나뭇잎을 짜 물을 마신다). 생기고 보니 그 용도로 쓴 것일 뿐이다.

만약 인간이 고도의 지적 생명체에 의해서 설계된 것이라면, 손바닥은 덤일 뿐이다. 설계자로서도 어쩔 수 없었던 어중간한 공간이다. 인류역사상 예술에서 손바닥에 대한 예찬이 없는 것은 아마 이런 이유 때문일 것이다. 손가락·발가락·손톱·발톱 심지어 쇄골에게까지 아름다움을 부여하며 소란을 떠는데, 손바닥에 대한 찬사는 눈을 씻고 찾아봐도 없다(손등에 대한 찬사가 없는 것도 당연하다. 손바닥의 이면일 뿐이기 때문이다). 발바닥이야 더러운 흙을 밟는 기관이라 찬사가 없다 하더라도, 손바닥은 다르지 않은가?

본래 설계에 없었기에 칭찬하기 난처한 것이다. 점쟁이들이야 미래의 운명을 알려주는 손금을 담기 위해서 손바닥이 설계된 것이라고 주장할지 모르지만, 어림없는 소리다. 하늘에 제멋대로 흩뿌려진 것이 분명한 별들이, 점성술사들이 인간의 운명을 예측하도록 그럴듯하게 자리 잡은 것이 아니듯이 말이다.

🈳기능이 좋은 것이 아름다운 것이다. 섹시한 것이다. 기능을 잘 하는 것이 그 새끼도 기능을 잘 하기 때문이다. 그런 놈을 짝으로 삼아야, 품질 좋은 새끼를 생산할 수 있다. 살아남은 좋은 이런 성향을 가진 놈들이다. 그래서 기능이 좋은 놈을 '아름답다고, 즉 섹시하다고' 느낀다. (아마존 밀림의 원시부족들은 장애아나 기형아를 낳으면 질식사 등 여러 가지 방법으로 살해한다. 기능이 안 좋으면 가족은 물론이고 부족 전

체의 생존에 부담으로 작용하기 때문이다. 먹을 게 부족하면 정상아까지도 살해한다. 장애인들이나 기형인들에 대한 인권은 비교적 최근의 현상이다. 인간이 물질적으로 과학적으로 풍요로워지고 발달을 하면서 장애인들과 기형인들을 부양하고 치료할 여유와 능력이 생겼기 때문이다. 인간이 자연에 대한 통제력이 생기면서 증대된 자부심과 정신적인 여유도 중요한 이유이다. '곳간에서 인심 난다'는 속담은 진실이다. 마음이건 물질이건 풍요로워야 인심이 사는 법이다. 그런데 풍요로움은 마음을 비워야 생기는 게 아니라 경험과 지식과 지혜로 채워야 생긴다. 거기에 더해서 마음공부까지 하면, 이기심을 덜고 이타심을 더함으로써, 더할 나위 없이 풍요로워진다.) 이걸 학자들은 '성선택sex selection'이라고 부른다.

요즘 사람들이 별 생각 없이 쓰는 '섹시하다'는 말은 사실은 무시무시한 말이다. 무한한 책임이 따르는 말이다. 누가 섹시하다는 말은 '저 사람과 애를 만들고 싶다'는 말이기 때문이다. 남자의 경우는 '저 여자를 임신시키고 싶다'는 말이고, 여자의 경우는 '저 남자에게 임신당하고 싶다'는 뜻이기 때문이다. 지금은 그런 뜻으로 사용하지 않을지 몰라도 원래 뜻은 그렇다. (인간의 조상인 동물들에게 있어서 섹시함은 곧 교미의 전단계이다. 교미와 무관한 섹시함은 없다.) 아마 무의식적으로 그런 충동을 느끼는지도 모른다. 이 추측이 상당히 일리가 있는 이유는, 인간은 자신에 대해서 생각 외로 아는 것이 없기 때문이다.

기능성 백골관을 하게 되면, 우리가 왜 아름다운 것에 끌리는지 알게 된다. 그러면 아름다움에 끌리더라도, 맹목적으로는 끌리지 않게 된다. 아름다운 것은 기능을 잘 하는 것이고 그런 아름다운 짝을 만나 기능을 잘하는, 즉 생존을 잘하는 후손을 낳기 위한 본능이 '아름다움에 대한 무의식적인 끌림'으로 나타나는 것이다.

동물들은 (높은) 지력이 없으므로, 또 자기를 들여다보는 자의식이 없으므로, 자신의 본능에 대해서 알 길이 없지만, 인간은 지력이 있고 자의식이 있으므로 자신의 본능에 대해서 알 수 있다. 그 기원과 작동방식을 알 수 있다. 35억 년 동안 기계적으로 작동하던 동물이, 의식의 발달과 더불어 자기(몸과 마음)를 돌아보고 자기에 대해서 알게 되는 일대 一大 혁명이 일어난 것이다. 그런 기념비적인 사건이 1859년에 일어난 '진화론의 발견'이다. 이 진화론으로 인하여 인간이라는 동물은 지구상 모든 생명체의 기원과 변화과정을 알게 되었다. 35억 년 생명의 역사를 알게 되었다. 진화와 그 발견은, 자연과 인간이 만든, 가히 '지구상 최고의 쇼the greatest show on earth'가 아닐 수 없다.

깨달음의 뫼비우스띠

산은 산이고 물은 물이다

삼 아승지겁을 걸어
깨달음의 세계에 도달하고 보니
결국은 원위치인 일상으로 돌아왔다.
깨달음의 뫼비우스띠이다.

밖에서 바라보면 뫼비우스띠는 안팎이 있는 것처럼 보인다.
마치 깨달음의 세계와 일상의 세계가 다른 것으로 보이듯이.
어떤 이가 열심히 수행을 하여 어느 경지에 도달하면
다른 이가 볼 때 그 사람은 마치 다른 세계에 도달한 것처럼 보인다.
그러나 당사자에게는 단 하나의 세계가 있을 뿐이다.
일상이 곧 깨달음의 세계이다.

부처님은 보리수 아래서 깨달음을 얻은 후
그 자리에서 단 한 발자국도 움직인 적이 없다.

▣전통적으로 깨달음은 일원상一圓相으로 표시하나 깨달음이 내포하고 있는 입체적인 의미는 일뫼비우스띠상一共形帶相으로 표현하는 것도 좋아 보인다. 뫼비우스띠는 얼핏 보기에는 앞면俗, 유위법의 세계과 뒷면聖, 무위법의 세계으로 두 면이 있어 보이지만 실제로는 한 면만 있는 기이한 삼차원 공간도형이다. 둥근 띠의 가장자리는 두 개의 원을 이루는 반면에 뫼비우스띠의 가장자리는 하나의 원을 이룬다.

▣깨달음도 진화하는 것이라면, 진화의 바탕인 유전자 집단DNA의 모양을 빌려와, 이중나선double helix으로 깨달음을 표현하는 것도 가능하다. 횡橫으로 보면 한 바퀴 돌아 같은 자리로 돌아온 것처럼 보이지만, 사실은 돌아온 게 아니다. 질적인 변화가 일어났기 때문이다. 그게 종縱으로 솟아오르는 나선형으로 나타난다.

연기장 인과장 벡터장 마음 의식

벡터란 크기와 방향을 지닌 것을 이르는 말이다. 물리적으로는 속도·중력·자력이 벡터이고, 정신적으로는 사랑·증오·탐욕·무지가 벡터이다. 이런 힘들은, 현상적으로는 자상(自相)을 가지나, 더부살이 존재이므로 무아(無我)이다. 그래서 이것들은 같은 시공간에 자리잡고 서로 연기하여 복합적인 힘을 발현한다. 예를 들어, 자석과 철 사이에는 중력과 자력이 동시에 작용하며, 사람들 마음 사이에는 사랑과 미움이 동시에 작용하는 애증이 있다. 이렇게, 다양한 힘과 법칙과 사물과 에너지가 같은 시공간을 차지하고 자유롭게 섞여 무수한 현상을 만들어 내는 걸, 이사무애(理事無碍)·사사무애(事事無碍)라 한다.

최초의 의미 있는 사사무애는 진핵세포의 탄생이다. 두 원핵세포가 만나, 한쪽이 다른 쪽을 잡아먹는 대신, 하나의 몸을 만들었다. 세포 안에 자치구(自治區)인 미토콘드리아가 생기게 된 사연이다.

모든 것은 연결되어 있다는 환상:
101마리 원숭이

어떤 일이 참이라면 얼마나 참이냐는 것이 중요하다
그가 나를 사랑한다면
얼마나 사랑하느냐 하는 것이 중요하다
연결되어 있더라도 연결도가 몹시 약하면 연결 안
되어있는 것이나 다름없다

마두상^{馬頭相} 은하의 백마성^{白馬星}의 용마수^{龍馬樹} 아래서 마불^{馬佛}이 성불을 하자, 우주는 육종으로 진동을 하고, 우주가 마불과 동시에 성불을 하였다. 우주의 초신성이 폭발을 하듯이 때때로 어느 별에선가 누군가 성불을 하고, 그에 맞추어 우주는 육종으로 진동을 하며 눈부신 깨달음의 빛을 구형으로 방사한다. 우주가 시간적 또는 공간적으로 무한하다면, 그리고 깨달음의 빛이 무한대 속도로 움직인다면, 지구는 가없는 옛날부터 축적된 무한한 깨달음의 빛으로 충만할 것인데, 곳곳에 전쟁·기아·질병·암·기생충·지진·해일·폭풍·붕괴·불평등·고통·살인·납치·사기·테러·강도·겁탈·자살이 만연한 이유는 무엇인가? 그것도 모자라 비교적 최근에 예수가 모든 인간의 죄를 대속하였다는데, 도대체 어찌된 일인가? 성불한 우주의 죄란 또 무엇인가? 진정 우주는 물샐틈없이 연결되어 있는 것인가?

한때(20여 년 전) 유명한 이야기가 있었다. 일본원숭이에 관한 것이다. 일본의 어떤 섬에 사는 원숭이 한 마리가 어느 날 고구마에 묻은 흙을 물에 씻어 제거하는 방법을 알게 되었다. 동료 원숭이들이 보고 따라 배워 그 수가 100마리를 넘자, 그 섬 반대편 원숭이들이 누구에게 배운 적도 없는데 갑자기 고구마를 물에 씻어 먹더라는 것이다.

그리하여 나온 이론이 '101마리 원숭이 이론'이다. 한 집단에 일정한 수 이상의 개체들이 지식을 축적하면, 이 지식이 거대한 의식(대승기신론적인 일심)의 바다를 통해 다른 집단에게 자동적으로 전달된다는 이론이다. 이 의식을 통해 정보가 전달되는 속도는 무한대이므로 전달에 드는 시간은 영으로서 즉각적인 전달이다. 101마리 원숭이 이론은 불교승려들이 서로 긴밀히 촘촘하게 연결된 우주적인 연기의 그물망인 인드라망을 인용하여 화엄사상을 설명할 때 즐겨 들던 예이다. 승보사찰 송광사 강원에서 승려들을 교육하는 수업에 소개된 이론이기도 하다(강의 녹음본 구입이 가능하다).

후에, 이 일화는 실험에 참여했던 연구원의 조작으로 드러났다. 하지만 당시에는 화엄사상의 진실성을 증명하는 데 안성맞춤인 참으로 매력적인 이야기였다. 믿지 않기에는 너무나 유혹적인 이야기였다.

침팬지가 망치(돌멩이)와 모루(넓적한 큰 돌 내지는 넓적한 나무)를 이용하여 견과류 열매를 깨어먹는 것은 잘 알려진 사실이다(유튜브에서 동영상 시청 가능). 어린 침팬지가 부모와 성체 침팬지들로부터 이 기술을 배워 익히는 데는 1~2년 정도의 시간이 걸리며 그사이에 많은 시행착오가 발생한다. 지식과 기술의 습득은 갑자기 하늘에서 떡이 떨어지는 식이 아니다.

101마리 원숭이는 너무나 달콤한 '종교적 한탕주의'의 예이다. 이런 이론에 따르면 지식이나 기술을 개발할 필요가 없다. 인드라망을 통해 저절로 전달되어 올 것이기 때문이다. 그냥 남들이 개발할 때까지 기다리기만 하면 된다. 남보다 조금 늦게 기술혜택을 보는 것뿐이다. 남들이 서기 2000년, 2010년, 2020년에 살 때 그냥 1990년, 2000년, 2010년에 살며 10년 뒤진 세계를 살면 그만이다. 기술개발비용이 들

연기장 인과장 벡터장 마음 의식

지 않는 매우 효율적인 사회이다.

서구에서 산업혁명과 폭발적인 근대 과학의 발전이 이루어졌지만 바로 그때 동양에서는 전혀 그런 일이 일어나지 않았다(그래서 동양이 서양에 잡아먹혔다). 1,000,000,001마리 인간이 101마리 일본원숭이보다도 못하다는 말인가?

바로 옆 중국에서 수천만 명의 어린아이가 생후 1년 즈음에 중국말을 하게 될 때 갑자기 한국 어린아이들이 중국말을 하게 되는가? 말이 되지 않는 이론임을 쉽게 알 수 있다. 어린아이들이 비슷한 시기에 말을 배우는 것은 어린아이들의 뇌가 동일한 구조를 가지고 있기 때문이다. 뇌의 하드웨어(물질적인 구조인 뇌신경세포)와 소프트웨어(뇌신경세포사이 연결: 시냅스 연결)가 동일하기 때문이다. 결코 어린아이들의 의식이 서로 연결되어 있기 때문이 아니다.

노엄 촘스키에 의하면 아이들은 언어 소프트웨어를 가지고 태어난다. 우리가 미술작품을 보고 감동을 느끼는 것은, 우리가 미술작품과 동일한 의식을 가졌기 때문이거나 미술작품의 의식이 우리의 의식에 영향을 주는 것이 아니다. 미술작품은 의식이 없기 때문이다. 미술은 상징의 세계이며, 이 상징이 우리 뇌에 저장되어 있는 우리 자신의 상징을 활성화시켜 복합구조를 갖는 감정을 유발하는 것이다. 감동이란 한 상징이 다른 상징을 활성화시키는 인과의 고리로서 이해할 일이지 신비적인 하나의 의식을 통한 감정의 공유가 아니다.

인간은 수십억 년 진화를 통해서 무수한 상징을 이용하고 축적하여 왔다. 예컨대 '~와 같다'라는 표현은 대상을 자세하게 설명하고 묘사할 필요가 없는 매우 효율적인 의사전달 수단이다. '~와 같다'에서 '~'에 해당하는 것이 상징이다. 상징에 의한 대상의 파악은 자세한 설명에 비해 즉각적이다. 촌각을 다투는 삶과 죽음의 순간에 결정적으로 작용한다. 풀숲에 어른거리는 줄무늬는 검치호랑이의 상징이다(확률이 크다). 생명을 고려한 수학적 기대값이 너무 크기에 즉시 도망치는 것이 네안다르탈인에게 상책이다(기대값=피습 시 피해정도×겹치일 확률=거의 무한대).

이 상징은 무형·유형 모두 가능하다. 인간의 심층의식 속에는 이러한 상징의 세계가 있다. 자세한 설명보다는 상징의 세계가 깊은 감동을 주는 이유는, 주어진 상징을 이해하기 위해서 심층의식으로 깊게 들어가야 하기 때문이다. 대상에 의해 격발된, 깊이 묻혀있는, 해당 상징을 찾아 표면의식으로 끌고 나오는 과정에서 온갖 의식의 층을 건드리므로 매우 풍부하고 복합적인 불가사의한 감정과 감동을 유발하는 것이다(기이한 대비로서는 살 속 깊숙이 위치한 기생충인 메디나충을 끄집어 낼 때 살 속 온갖 신경을 건드려 극심한 불가사의한 고통을 유발하는 예가 있다).

치열한 고도의 명상을 한 수행자들에게 나타나는 성흔현상stigma이 있다. 채찍에 맞는 사람을 보면 자신의 등에 동일한 채찍무늬 상처와 피가 나오는 현상이 있으며(힌두교 성자 라마크리슈나의 일화도 있다), 예수의 골고다언덕에서의 십자가 처형 장면을 관상하는 수사나 수녀의 손, 발, 옆구리, 이마 등에 못에 뚫린 자국, 창에 찔린 자국, 가시에 긁힌 자국과 출혈이 동반하는 현상이 있다(가장 유명한 예가 프란치스코 성인이다).

현대뇌과학에 의하면 뇌에는 거울세포mirror cell가 있는데, 상대가 고통을 받거나 슬퍼하거나 기뻐하는 것을 보는 경우 (그 감정들을 처리하는) 상대방의 뇌와 동일한 뇌부위가 활성화되어 유사한 감정을 경험하게 하는 역할을 하는 것이 거울세포이다. 이 현상은 유인원 실험을 통해서 관찰 확인되었다.

인간이 타인의 감정을 공유하는 것은 의식이 신비적인 일심(우주심)으로 연결되어 있기 때문이 아니라, 우리의 뇌가 거울세포를 통해서 물리적으로 타인의 감정경험을 우리 뇌 속에 전기·화학적적으로 재현해 내기 때문이다(뇌의 활동은 전기·화학적이다). 이 재현에는 반드시 입력이 있어야 한다. '오감과 의식'(불교용어로 6식)을 통한 입력이 있어야 한다. 보거나 듣거나 냄새를 맡거나(냄새로 격발되는 기억과 감정이 있다. 냄새가 기억과 강한 유대관계를 갖고 있다는 보고가 있다: 제임스 조이스의『율리시스』), 맛보거나, 촉감을 느끼거나, 인지하거나 하는 (감각)정보의 입력이 있어야 한다. 정보가 없으면 감정전이나 감정이입은 일어나지 않는다. 그래서 '모르는 것이 약이다'라는 속담도 있다. 진리가 사람을 자유롭게 하는 것이 아니라 역으로 사람을 구속할 수 있는 것도 바로 이 이유 때문이다.

101마리 원숭이 이론에 따라, 지구 반대편에 엄청난 대량살육으로 인한 지옥과 같은 고통과 신음이 난무할 때 한반도에서 갑자기 같은 감정을 느껴 고통스럽고 신음을 하게 되는가? 중국에 역사상 수많은 전쟁과 기근이 발생했을 때 한반도인들이 갑자기 공포와 고통과 굶주림을 느꼈는가?

101마리 원숭이 이론은 일부 불교승려들이, 세계가 연결되어 있다는 철학에 너무 집착한 나머지, '인드라망의 존재와 모든 의식의 연결됨'을 증명하기 위해 지푸라기라도 잡으려는 심정으로 매달린 희망편향사고^{wishful thinking}의 전형적인 예이다. 정신우월주의(정신의 물질에 대한 우위를 주장)의 잘못된 예이다.

'모든 것이 연결되어 있다는 것'은 사실이다. 그러나 연결도 연결정도나 연결강도의 문제가 있다. 마두상 은하에서 지구와 같은 행성이 하나 폭발하고 그 행성 주민 수백억 명이 몰살을 당해도, 그 현상과 사건이 물리적으로 지구에 도달하려면 빛의 속도로 수백 년이 걸린다. 그 사건이 수백 년 후에 지구에 도달하더라도, 밤하늘의 한순간의 반짝임 그 이상의 의미가 없다. 당신이 가끔 이유 없이 우울하고 슬픈 것이 설마 마두상 은하의 참극 때문이라고 주장하시겠는가?

불란서 자두마을plum village 촌장인 베트남 승려 틱낫한의 주장처럼, 장미꽃 한 송이가 우주와 연결되어 있는 것도 사실이다. 그 한 송이에 태양빛, 태양 흑점조각, 토성에서 온 운석에서 추출된 탄소, 목성에서 온 운석에서 나온 수소, 핼리혜성에서 떨어져 나온 산소가 포함되어있을지라도, 그것은 장미꽃 한 송이의 존재를 설명해주는 것이지, 목성이나 토성이나 핼리혜성에 일어나는 일이 장미꽃에게 우리가 직접적으로 감지할 만한 의미 있는 변화나 충격을 가져오는 것은 아니다. 서로 거의 영향력이 없다. 반면에 화훼花卉농가 농민들의 건강이나 재정상태는 장미의 운명에 막대한 영향을 미친다.

결국 상호연결됨도 그 강도나 정도가 문제인 것이다. 우주가 서로 연결되어 있는 것은 부정할 수 없는 사실이다. 그러나 우주의 물질과 에너지는 빅뱅 이전에는 1mm도 안 되는 좁은 공간에 동거하며 '한 이불 아래 서로 몸을 맞대고 사는 가족' 같이 밀접한 관계였으나, 지금은 장성하여 집을 떠나 멀리 사는 '연락이나 왕래가 뜸한 가족'과 같다. 대폭발이 일어나 동서남북사유상하 10방향(불교에서는 '시방'으로 읽음)으로 미친 듯이 튀어나간 지 150억 년인 지금 옛날처럼 같이 대소사를 치르며 웃고 울고 하지 못하지 않는가? 삼라만상은 관계가 소원해진 지 오래이다.

101마리 원숭이는 조작된 신화일 뿐이다. 인드라망(단군의 할아버지가 쓰던 그물)이라는 이국적인 전문용어도 더 이상 삼라만상의 소원한 관계를 회복시킬 수는 없다.

세상은 신비로운 방법이나 경천동지할 방법으로 연결되어 있는 것이 아니라 있는 그대로 연결되어 있는 것이다.

뉴턴1642~1727이 만유인력의 법칙을 발견하자 중대한 문제가 발생했다. 만일 우주가 유한하다면 중력에 의하여 우주가 우주질량중심을 향해서 수축해야 한다는 점이었다. 그런데 수축한다는 증거가 전혀 없었으므로 뉴턴은 우주가 무한하다고 결론을 내릴 수밖에 없었다.

그러자 또 다른 문제가 발생했는데 '우주가 무한하다면 무한히 많은 별에서 온 빛들로 인하여 지구가 엄청나게 밝아야 하지 않는가? 특히 밤에도 밝아야 하지 않는가?'라는 문제였다. 당시 과학계의 난제였는데 놀랍게도 미국 추리소설가 에드거 앨런 포$^{Edgar Allen Poe}$ $^{1809~1849}$가 160여 년 만에 정답을 냈다. 별들이 너무 멀리 떨어져 있어서 아직 지구에 별빛이 도달하지 못했다는 것이다. 이 논증은 타계 전 해인 1848년에 발표된 우주에 대한 수필 'Eureka(발견했다)'에 나타난다. 그 후로 우주가 팽창한다는 것이 발견되었으므로 원거리에 위치한 별빛은 지구에 도달하기가 더욱 어려울 것이다(예를 들어 광원인 별이 빛의 속도로 멀어지면, 즉 우주공간이 빛의 속도로 팽창을 하면, 별빛은 결코 지구에 도달하지 못한다. 일반상대성이론에 의하면 우주공간에서는 어떤 것도 빛의 속도를 넘지 못하지만, 공간 자체는 빛의 속도를 넘어 팽창할 수 있다).

아마 다른 별에서 발생한 깨달음의 빛(정보)도 지구에 도달하려면 장구한 시간이 걸려서 영원히 도달할 수 없을지도 모른다(그 사이에 지구가 수명이 다해 사라지거나 인류가 멸종할 수 있으므로).

따라서 2,000년 전 대승불교에서 주장하는 타방불의 존재와 타방불과의 만남은 명상 속에서만 존재하는 환망공상일 가능성이 지극히 크다. 그 당시야 어디 상대성이론과 양자역학을 비롯한 현대물리학과 블랙홀과 빅뱅이론을 비롯한 현대 천문학적인 지식이 있었겠는가? 실로 낭만적인 시대였다.

고도로 발달한 난해하기 그지없는 현대물리학은 가난하고 소박한 마음을 강조하는 종교와 상극相剋이다. 세상을 그리 살 수만 있다면 얼마나 좋을 것인가? 아담과 이브가 낙원에서 '지식'의 열매를 따

모든 것은 연결되어 있다는 환상: 101마리 원숭이

먹은 이후로 인간은 그런 세상을 영원히 잃어버렸다. 아메바에서 인간으로 진화한 것이 마음에 들지 않는다고 다시 아메바로 돌아갈 수 있는 것은 아니지 않는가?

연
기
장
인
과
장
백
터
장
마
음
의
식

인과장과 연기장

힘이 미치는 곳을 장場 field이라 한다

물리학에 의하면 전자기장, 중력장, 약력장, 강력장이 존재한다. 장場 field은 물리적인 힘이 미치는 공간이다. 고전물리학에 의하면 두 물체는 서로를 잡아당기는 힘이 있다. 아인슈타인의 상대성이론에 의하면 서로 잡아당기는 것이 아니라, 질량에 의하여 공간이 휘고 휜 공간을 따라 물체가 움직임으로써 마치 끌어 잡아당기는 것 같은 현상이 벌어진다.

불교는 모든 것이 인과(원인과 결과)에 의해서 일어난다고 한다. 이 인과를 설명하기 위해 인과장因果場 field of causality이란 개념의 도입이 가능하다. 인간 사이의 인과의 현상은 인과장의 휨으로서 설명이 가능하다. 질량이 큰 물체 부근의 공간이 크게 휘듯이 큰 카리스마를 지닌 인물이나 큰 영향력을 가진 사람이나 큰 사건을 일으킨 사람 부근의 공간은 크게 휜다. 큰 인과의 힘을 지닌 주체의 주변공간은 크게 휜다. 인과는 각 주체가 위치한 삶의 공간을 휘게 한다. 이 휘어있는 공간이 각자 인연에 따라 각자에게 영향을 일으키며, 이 휜 공간에 진입하는 순간 거센 힘으로 운명적인 사건에 휘말리게 되는 것이다(운명의 힘＝인과장의 휨). 각 인간은 크게 또는 작게 각자의 공간을 휘게 한다. 이 무수한 인연에 의한 휜 공간의 중첩이 인과장이다.

중력장이 거리에 제한 없이 영향을 미치듯이 인과장도 그러하다. 모든 물리적인 힘은 거리의 제곱에 반비례하듯이 인과장도 마찬가지이다(악인은 물리적으로 멀리하는 것이 좋다. 사이 나쁜 사람을 안 만남으로써 싸움을 피할 수 있다. 안 보면 마음도 멀어진다). 인과장은 비물질적인 장이다. (인간)관계라는 추상적인 개념이 만들어 내는 장이다. 불교의 인과는 보통 인간 간의 인과관계를 말한다. 자연계의 인과관계가 아니다. 그래서 불교에서 자연과학이 발달하지를 못했다.

인과란 개념을 확장하면 인간적 인과와 자연적 인과를 모두 포함하는 넓은 의미의 인과장을 생각할 수 있으며, 이것을 연기장緣起場이라고 부를 수 있다. 즉 물리적인 전자기장, 중력장과 인과장을 모두 포함하는 큰 장을 연기장이라 부르자. 이 장은 불교에서 말하는 중중무진법계이다. 고전불교학에서는 전자기장이나 중력 같은 과학적 사실을 몰랐기에, 이 개념들이 중중무진법계에 진입하지 못했다. 이제 과학이 고도로 발달한 지금의 시점에서는 중중무진법계를 모든 물리적인 장과 불교적인 인과장을 아우르는 큰 의미의 연기장으로 확대할 수 있다. 대승기신론의 일심은 우주 또는 '정보의 바다'로, 청정식인 진여는 에너지로, 생멸식인 알라야식은 질량으로 해석이 가능하다. 에너지가 질량으로 변환하면 물질계가 현현하며, 질량이 에너지로 변화하면 진여이다.

이 우주는 연기장의 휨을 따라 끝없이 흐르는 질량과 에너지의 가없는 소통이다. 의식이란 이 소통의 증인이자 소통 그 자체이다.

연기장 인과장 벡터장 마음 의식

인과장과 연기장과 중력장: 시차

인간은 과거에 산다
절대 현재에 살 수 없다

갑자기 태양이 사라지면 지구는 어떻게 될까? 그 즉시(시차 없이) 지구는 공전방향으로 날아가 버릴까? 투포환을 손에 쥐고 돌리다 놓으면 접선방향으로 날아간다. 동일한 현상이 발생할 것이다. 문제는 시차 없이 지구가 공전궤도의 접선방향으로 날아가는지 여부이다.

물리학에 의하면 중력은 즉각적으로 작용하지 않는다. 양자역학에 의하면 지구와 태양 사이의 중력은 중력자重力子 graviton라는 소립자를 매개로 일어난다. 이 소립자가 태양에서 지구까지 여행하는 데 시간이 걸린다. 빛의 속도로 움직여서 8분 19초 정도의 시간이 걸린다. 따라서 태양이 사라져도 8분 19초 동안은 태양계의 위성들이 마치 아무 일도 없다는 듯이 이미 없어진 태양을 중심으로 공전을 계속한다. 8분 19초 후에 비로소 대파국이 일어난다.

한국에서 휴대폰을 통해서 미국에 있는 사람과 통화를 할 때도 시차는 일어난다. 휴대폰은 전자기장을 통해서 통신신호를 전달하여 이루어지는데, 한국의 음성신호가 전자기장을 통해 미국으로 전달되는 데 시간이 필요하다. 이 전달속도 역시 빛의 속도로 움직여서 약 1/30초

정도(?)의 시간이 필요하다. 이 시간이 너무 적어서 시차를 느낄 수 없을 뿐이다. 옆집에 있는 사람과의 통화도 시차가 발생하기는 마찬가지이다.

우리의 감각기관을 통한 감각작용도 시차가 있다. 손으로 도자기 컵을 잡는 경우 도자기 표면의 거친 질감이 뇌에 전달되는 데는 시간이 걸린다. 감각신호는 생체전기신호로 전환되어 신경을 따라 전기흐름으로서 뇌에 전달되는데, 손에서 뇌까지 100분의 1초 정도(?)의 시간이 걸린다. 즉각적으로 보고 듣고 하는 것 같지만, 사실은 조금 늦게 보고 듣는 것이다.

밤하늘의 반짝이는 별들 중 많은 수는 이미 사라지고 없는 유령들이다. 지구에서 10광년이 떨어진 별이라면 별이 없어진 후에도 10년간은 마치 별이 있는 것처럼 볼 수 있다. 그 별에서 (그 별이 없어지기 직전에) 나온 빛이 지구에 도달하는 데 10년이 걸리기 때문이다. 아인슈타인의 상대성이론에 의하면 어떤 것도 빛의 속도를 넘을 수 없기 때문에 시차가 발생한다. 이로 인하여 정보의 전달은 즉각적이지 않다.

그렇다면 인간 의식의 전달속도는 어떠할까? 시차가 있을까, 없을까? 초기불교 상좌부의 이론에 의하면 인간은 임종하자마자 즉각적으로 환생한다고 한다. 이때 인간의 의식은 거울에 반사되듯이 새로운 몸으로 옮겨간다고 한다(정확하게 말하자면 의식이 옮겨가는 것이 아니라, 전생의 의식을 인因으로 하여 새로운 의식이 과果로 생긴다). 시차가 없이 의식의 전이가 이루어진다는 주장이다. 현대의 유심론자들의 주장 역시 의식의 전달은 시차 없이 즉각적으로 이루어진다는 것일 것이다.

현대 뇌과학에 의하면 우리가 어떤 결정을 할 때, 우리가 그 결정을 했다고 의식하기 전에 이미 뇌에서 결정을 했다는 것이다(결정을 내리기 전에 뇌의 특정부위가 활성화됨을 관찰 가능하다). 즉, 뇌의 결정을 약간의 시차를 두고 우리가 의식한다는 것이다. 과학이 발달하면 타인의 의사결정을 미리 알 수 있다는 말이다.

아나운서들은 뉴스방송을 할 때 앞에 설치된(시청자에게는 보이지 않는) 프롬프터라는 기구에 비치는 뉴스를 읽는다. 따라서 우리가 듣는 뉴스와 프롬프터에 뜨는 뉴스 사이에는 시차가 있다. 프롬프터를 뇌에, 아나운서를 우리 의식에 비유할 수 있다. 모든 정보전달에는 시간이 걸리는데 우리의 뇌도 물질이므로 그리고 뇌의 작동이 생체전기를 통해 일어나므로, 우리의 의식작용도 시차를 두고 의식을 한다고 봄이 옳다. 따라서 우리가 의식하는 세계는 사실상 과거의 세계이다. 우리는 이미 존재하지 않는 세계를 경험하면서 이미 사라져버린 세계 속에서 사는 것이다. 이미 사라져 버린 밤하늘의 빛나는 별을 마치 지금 거기 있는 것처럼 느끼며 그 별에 사랑을 맹세하는 것과 같은 일이다(윤동주 시인의 불멸의 시 「서시」나 「별 헤는 밤」을 보라).

부처님이 『금강경』에서 말씀하신 '일체유위법 여몽환포영 여로역여전'이란 말이 절실하게 다가온다. 인간이 과거에 살면서도 불편이 없는 것은 세상이 시간적으로 연속적이기 때문이다. 좁은 시간구간에서는 과거와 현재의 차이가 우리가 감지할 수 없을 정도로 작기 때문이다.

물리적인 중력장이나 전자기장처럼 일심의 큰 바다는 연기장緣起場 causal field, interdependent origination field 으로 해석이 가능한데, 여러 증거로 볼 때, 연기장에서의 정보의 전달도 시간이 걸릴 것으로 보이며 아마 빛의 속도를 넘지 못할 것이다(어떤 사람이 내가 있는 곳으로부터 먼 곳에서 나 모르게 나에 대해 험담을 할 때, 그 즉시 그 사람이 미운 생각이 드는가? 몇 사람을 통해 돌고 돌아 내게 전달될 때 그제서야 그 사람이 미워진다. 미워하는 데도 시간이 걸린다!). 사람이 어떤 행동을 했을 때 흔히 즉각적인 결과가 나타나지 않는 것은, 이 인과장의 즉각적이지 않은 정보전달에 의한 시차 때문일지 모른다.

종교인들이 기도 중이나 명상 중에 본 하늘세계는, '보이나 이미 사라진 하늘의 별'처럼 이미 존재하지 않는 하늘세계일 수 있다. 과거는 이미 지나가버려 잡을 수 없고, 미래는 아직 오지 않았으니 잡을 수 없으며, 그 사이 현재란, 현재라 하면 이미 현재가 아니니 잡을 수 없다 (우리의 의식에 나타나는 '우리가 현재라고 의식하는 현재'는 사실은 현재가 아니라 과거이므로, 경험으로서의 현재는 존재하지 않는다. 의식작용은 즉 각적이 아니라 시간이 걸리기 때문이다).

그럼, 도대체 인간은 어디에 사는가?

⊟ 연기장에서의 업력은 인연소자素子에 의해서 전달된다고 가정할 수 있다.

⊟ 이미 죽어버린 사람에 대한 미움이나 사랑이 남아있다면 이것은 이미 사라져버린 별의 빛을 보고 감정이 움직이는 것과 같다. 우리 마음의 세계는 물질적인 우주와 유사한 면이 있다. 기본적으로 우리의 마음을 움직이는 것들은 거의 다 과거의 사건이다(엄밀한 의미에서는 예외 없이 모두 과거의 사건이다). 과거의 사건은 마음에 깊은 파문을 남기고, 이 파문은 오래도록 살아남아 현재의 희로애락애오욕구를 생산한다. 이미 사라져버린 밤하늘의 별은 우리 마음에 감정의 파문이 일게 한다. 지금 내 앞에 없는 사람이나 사건이나 사물은 여전히 내 마음속에서 보글보글 부글부글 죽을 끓인다. 우주에서 그리고 내 마음에서 초신성超新星은 시시때때로 폭발하고 빛을 내며 사라진다.

⊟ 일체유위법 여몽환포영 여로역여전一切有爲法 如夢幻泡影 如露亦如電: 성주 괴공을 하는 일체의 현상과 존재는 꿈 · 허깨비 · 물거품 · 그림자와 같고 이슬이나 부싯돌 불꽃과 같다.

⊟ 희로애락애오욕구喜怒哀樂愛惡慾懼: 인간의 8가지 기본적인 감정. 기뻐하고, 노여워하고, 슬퍼하고, 즐거워하고, 사랑하고, 미워하고, 욕심내고, 두려워하는 마음.

이사무애·사사무애와 벡터장

알면 알수록 알 수 없다

불교 화엄철학의 중심철학으로 이사무애理事無碍와 사사무애事事無碍가 있나. 이치와 사물·현상이 서로 장애가 되지 않으며, 사물·현상과 사물·현상 역시 서로 장애가 되지 않는다는 철학이다.

사사무애란 각 사물·현상에는 '시공時空을 통해 고집스럽게 지켜야 할 근본적인 정체성'이 없으므로 모든 사물·현상이 결국 서로 원융회통圓融會通할 수 있다는 철학이다. 현상은 '물질의 운동과 변화'이니 현상과 현상 역시 궁극적으로는 원융회통한다. 사물은 물질이요 물질은 에너지이니 결국 회통 못할 일이 아니다. 물질도 분자·원자·소립자·근본입자로 끝없이 분해가 되므로, 사물은 어느 것도 '목숨을 걸고 사수해야 할 정체성'을 소유하고 있지 않다. 하물며 인간이 경험하고 느낄 수 있는 '성글고 거친 경험세계'야 말할 나위도 없다. 불교적으로 말하면 '모든 사물·현상은 무아無我이므로 궁극적으로 서로 장애障碍 없이 회통이 가능하다'는 것이다.

에너지는 서로 장애가 되지 않는다. 두 에너지가 삼천대천세계에서 길을 가다 서로 맞닥뜨리면, 서로 종류가 다르면 눈길도 주지 않고 서로 상대방을 통과하여 지나가고, 같은 종류이면 에너지는 파동이므로 에너지끼리 벡터연산이 일어날 뿐이다. 우주의 근본적인 힘인 중력·전자기력·강력·약력도 마찬가지이다. 알이 부화하여 번데기로 변하고 번데기가 나비로 변하는 것은 번데기가 알을, 나비가 번데기를 장애한 것이 아니고 우주의 이법理法을 따른 것뿐이다. 변화는 가속도이고 가속도는 힘이므로, 힘처럼 변화 역시 벡터연산이 일어난다. 방향과 크기를 지닌 힘처럼, 변화 역시 방향과 크기를 지닌다. 변화의 존재원리인 연기緣起나 인과因果 역시 벡터이다. 지옥행은 대체적으로 여러 무거운 죄들이 벡터 합을 한 가중처벌이다. 이렇게 보면 중중무진법계는 벡터장場 vector field이다: 한 치의 틈도 없이 늘어선 날카로운 무수한 벡터들로, 입체적으로 짜인 '무한차원 밀집대형'이다. 이 밀집대형은 남극대륙의 황제펭귄의 허들링처럼 끝없이 요동친다. 매순간 요동칠 때마다 무한차원 벡터연산이 일어난다. 감히 상상할 수 없는 어마어마한 규모의 연산이다. 붕새가 날아오르면 오대양·육대주五大洋 六大洲 허공의 기氣가 요동치듯이, 한 벡터라도 몸을 비틀면 일파만파로 연기장이 요동치면서 벡터들은 척추를 곧추세우고 한 치의 오차도 없이 벡터연산을 이행한다.

우리의 감정 역시 벡터연산이 일어난다. 감정은 방향과 크기를 지닌 벡터이다. 고등학교 벡터 지식만 있으면 이 말이 무슨 뜻인지 금방 눈치챌 것이다. '한민족을 향한 큰 사랑'과 '일본인을 향한 작은 사랑'은 분명 사랑의 '방향'과 '크기'가 있는 벡터들이다. 그렇지 않은가? 대상을 향한 사랑은 연기장의 요동에 따라 사랑의 대상이 변형·확대·축소되고 사랑의 크기 역시 증감을 한다. 정확히 벡터 현상이다.

예를 들어 '포항시 남구'에 대한 '중간정도'의 사랑과 '포항시 북구'

에 대한 '강한' 사랑에 대해서 벡터연산(덧셈)이 일어나면 '포항시'에 대한 '중간치를 넘는' 사랑으로 모습을 바꾼다. '일본은 조금 좋아해도 아시아의 다른 국가들을 모두 혐오하는' 어떤 서양인의 애증愛憎을 벡터연산(더하기)하면 '아시아를 싫어한다'가 될 것이다. 여러 아이를 둔 사람의 자식에 대한 사랑은 각각의 자식들에 대한 각각의 사랑들의 벡터 합이다! 누군가 당신에게 "자식을 얼마나 사랑합니까?"라고 질문을 하면 뭐라고 대답할 것인가? 각각의 자식이 떠오르고 각각에 대한 사랑의 감정이 따라오지 않겠는가? 우리말에 '열 손가락 깨물어 안 아픈 손가락 없다'는 지혜로운 어버이들이 만든 속담이 있지만, 비밀은 '아파도, 더 아픈 손가락이 있다'는 사실이다. 그래서 사랑도 벡터 합인 것이다!

감정들은 서로 장애하는 것이 아니라 그냥 벡터연산을 할 뿐이다. 감정 사이의 벡터연산을 장애라고 부를 수는 없다. 이것은 축구경기의 규칙이 축구경기를 장애한다고 말할 수 없는 것과 같은 이치이다. 규칙으로 인해서 경기가 재미있어지는 것은 하늘에 구름이 적당히 있어야 하늘이 커 보이고, 가구가 적당히 있는 방이 빈방보다 커 보이는 이치와 동일하다. 구름은 하늘을, 가구는 방을 절대로 방애妨礙하는 것이 아니다. 우주의 현상의 생주이멸生住異滅을 가능하게 하는 이理는 현상을 방해하는 것이 아니라 생주이멸의 근거이다. 뿐만 아니라 우주 배후에 감추어진 신비로운 법칙의 발견과 이해는 우주의 지성적인 기쁨의 원천이자, 한량없는 축복의 샘이다.

같은 방법으로 감정뿐만 아니라 인간의 일체 정신작용도 벡터연산을 한다는 것을 논증할 수 있다.

삼천대천세계 연기장은 벡터연산이 끝없이 일어나는 무애無礙 벡터장vector field이다!

[8] 융의 심리학에서 아키타입^{archetype 원형原形}들 사이에 벡터연산이 일어난다. 영웅 아키타입이 악마 아키타입과 벡터연산을 하면 '무자비한 지도자'가 출현한다. 마술 아키타입과 출산 아키타입이 벡터연산을 하면 원시부족의 '다산^{多産}마술사'를 배출한다. 이들은 이 과정에서 다른 아키타입들과도 상호작용을 하므로 실제로는 3차원 이상의 다차원 벡터연산이 일어난다.

연기장 인과장 벡터장 마음 의식

융의 심리학에서 아키타입^{archetype 원형原形}들 사이에 벡터연산이 일어난다.

마음은 하나인가, 아니면 여럿인가

마음은 나눠질 수 없다 〈데카르트〉
마음은 최소한 좌우 두 쪽으로 나눌 수 있다
〈줄리언 제인스〉

불교에서는 마음을 의(의지), 말라식, 알라야식, 백정식으로 나누는데 6, 7, 8, 9식이라고 부르기도 한다. '안이비설신의'의 '의(意)'는 의지작용을 뜻하며, 말라식은 자아 또는 정체성식을 말하며, 알라야식은 개인이 경험한 유형무형 경험과 정보의 저장(소)을 나타내며, 백정식은 일체 번뇌가 없는 깨끗한 마음을 지칭한다.

줄리언 제인스라는 미국의 독창적인 심리학자가 있었다. 미국 예일 대학 박사학위를 거절하고 수십 년을 시간강사로 지낸 학자이다. 1976년에 『양원제 마음의 붕괴에 기인한 의식의 기원』이라는 책을 냈다. 여기서 양원제란 상원과 하원 두 부분으로 구성된 영미 의회처럼 우리 뇌가 '좌뇌와 우뇌' 두 부분으로 구성되어 있다는 뜻이다. 제인스의 주장은 대략 만 년 전에는 좌우 두 두뇌의 연결이 완전하지 않아서, 좌뇌가 우뇌의 생각을 같은 뇌에서 온 것이 아니라 외부에서 온 것으로 알았다는 것이다(개체의 정체성은 대체로 좌뇌에 있다. 즉, 우뇌에도 있지만 좌뇌에 더 있다). 좌뇌는 우뇌의 생각을, 마치 우리가 다른 이들의 말을 귀로 듣는 것처럼 청각적인 환청 형태로 들었다는 것이다. 신이 전하는 말로 들었다는 것이다. 그 증거로서 희랍신화에 나오는 무수한 신을 든다. 희랍인들이 각자 하나씩의 신(우뇌)을 가지고 있으므로 신의 숫자가 많았으며, 신들이 사실은 자기 자신이므로 자기와 닮을 수밖에 없어 그리스 신들은 인형신人形神 anthropomorphic god이었다는 것이다. 희랍 신들은 초자연적인 능력이 있다는 점을 제외하고는 인간처럼 웃고, 울고, 화내고, 싸우고, 속이고, 연애하고, 결혼하고, 자식을 낳고, 바람을 피우고, 사생아를 낳고, 이혼하고 심지어 겁탈까지 한다. 제인스는 좌·우뇌 분리의 증거로서 호메로스의 『일리아드』를 든다. 『일리아드』 등장인물에는 '내적 성찰introspection'이 없는데 이것은 '의식에 대한 의식, 생각에 대한 생각'으로서 메타의식meta-conciousness이다. 불교용어로는 '증자증분'에 해당한다(법상종의 상분-견분-자증분-증자증분 체계에서의 증자증분). 제인스는 내적 성찰을 하는 주체를 '아날로그analog I'라 부르며, 이 내적 성찰을 위한 자료들을 보관하는 장소를 '마인드 스페이스mind-space'라 부른다. 각각 말라식과 알라야식에 해당한다(기억은 종류에 따라 뇌에서 각기 다른 부분에 저장된다. 고대불교인들이 모든 기억의 저장소로서 단일한 창고 알라야식을 상정한 것은 당시 과학수준의 한계이다). 『일리아드』의 인물들은 계획을 세우는 법이 없다. 신들의 명령에 의하여 임무를 수행하는 자동기계와 같다. 그 이유는 자신의 생각인 우뇌의 활동을, 환청으로 듣고, 신의 명령으로 알았기 때문이라는 것이다.

정신분열증 환자도 동일한 증상을 보인다. 환자는 누군가 자신에게 명령을 내리는 것을 환청형태로 듣는다. 밖에서 명령하는 자가 없으므로 명령은 사실상 자기 마음에서 온 것이다. 간질환자도 동일한 증상을 보인다. 간질환자 치료법으로 좌·우뇌를 연결하는 뇌량을 절단하는 뇌량절단술이 있는데, 부작용은 좌·우뇌의 분리로 인한 의식의 분리현상이다(이 절단술 발명자는 노벨의학상을 받았다). 좌·우뇌 분리수술을 받은 환자의 마음속에서는 두 마음이 관찰된다. 예를 들어, 오른

손은 술병을 잡는데 왼손은 술병을 밀쳐낸다. 그러면서도 환자는 자신의 두 가지 상반된 행동을 의식하지 못한다. 통합된 의식이 없기 때문이다. 환자의 왼쪽 눈에 '종'이라는 단어를 보여주고 오른쪽 눈에 '음악'이라는 단어가 포함된 여러 단어를 보여준 다음, 환자에게 조금 전에 본 것과 유사한 단어를 고르게 하면 '음악'을 택하게 되는데, 환자에게 음악을 택한 이유를 물으면 '조금 전에 종소리를 들었기 때문'이라고 대답한다. 좌뇌와 우뇌가 연결되어 있지 않아서 좌뇌와 우뇌 사이에 정보교환이 일어나지 않는 환자는, 종소리는 들은 적이 없고, 단지 종이란 단어를 보았을 뿐이라는 사실을 인식하지 못하고 (좌뇌가) 설명을 조작해 내는 것이다. 그리고 그 조작결과는 언어를 담당하는 좌뇌를 통해서 '조금 전에 종소리를 들었다'는 말로 표현된다!

이 현상은 불교의 무아론과 흡사하다. 불교는, 인간은 오온(색수상행식)이라는 5가지 구성요소의 화합물에 지나지 않으므로 '아我'라는 변치 않는 실체가 없다고 주장한다. 불교는, 개인의 유형·무형 경험과 정보의 데이터베이스인 알라야식을 '아'로 간주하는, 말라식을 설정한다. 제인스의 이론은 '아가 하나가 아니라 여럿일 수 있다'는 것이다. 좌아左我 left self와 우아右我 right self 이렇게 둘일 수 있다는 것이다. 마음이, 좌심左心과 우심右心, 둘이라는 말이기도 하다. 뇌량을 절단함으로써 좌우 둘로 나눠서 두 마음이 나타난 것이지, 사실은 더 많은 아가 존재한다. 하나인 줄만 알았던 빛이 프리즘을 통하여 여러 파장의 빛으로 분해되는 것과 유사하다. "신기하도다, 물질은 나눌 수 있지만 마음은 나눌 수 없구나"(데카르트)는 말이 있다. 하지만 마음은 실제로 나누어질 수 있다. 그것도 여러 부분으로! 이를 뒷받침하는 사례들이 있다. 뇌의 특정한 부분이 손상되면 특정한 기능만 사라진다. 사람얼굴만 기억을 못하거나 감정이 사라지거나, 언어능력이 사라지거나 하는 현상이다. 머리에 입은 큰 부상으로 인하여 사람얼굴을 못 알아보게 된 환자의 예가 있다. 이 사람은 자기 어머니를 보면 누구인지 못 알아보지만 전화대화를 통해서는 어머니인 줄 안다(라마찬드란^{Ramachandran} 박사의 연구결과로서 youtube에서 참조가능하다). 자기 아내를 모자로 안 남자의 예도 있다. (자기 아내를 손으로 잡아 올려 머리에 쓰려고 시도한다.) 마음이 부분적으로 망가지면, 해당되는 기능뿐만 아니라, 정체성도 사라지고 '그 사람을 과연 같은 사람이라고 해야 하는지의 문제가 생긴다. 이처럼 마음은 여럿이다.

그 여럿의 활동을 주시하고 복기하는 마음의 탄생이 우리가 아는 '아'라는 개념이다. 마치 검찰, 언론, 감사원, 기록원 같은 기관이다. 다른 부서들이 사라지면 이런 주시하고 복기하는 부서도 동시에 사라진다. (나무가 사라지면 나무에 의지해 살던 기생덩굴식물이 사라지는 것과 같은 이치이다. '이것이 있으면 저것이 있고, 이것이 사라지면 저것도 사라진다' 즉 '유형·무형의 존재는 모두 서로 의지해 존재하고 작동한다'는 연기의 이치이기도 하다.) 이런 의미에서 '아'란 항구불변적인 것이 아니라 임시적인 가설기관이다.

연기장 인과장 벡터장 마음 의식

의식이란 무엇인가

철학은 분리되고 독립된 아^我에 대한 환상의 역사이다

사람들은 흔히 의식을 단일한 것으로 생각한다. 의식에는 내재적으로 복잡한 기구가 없을 것으로 생각한다. 사람들은 의식을, 마치 연금술사의 로망인 '마법의 돌'이 모든 것을 금으로 바꾸듯이, 모든 것을 감각하고 생각하고 결정하는 '마술의 물건'으로 생각한다.

의식은 이산적으로 보면 여러 의식의 묶음(오온五蘊 bundle)이지만 연속적으로 보면 흐름이다. 강물의 종단면을 연상하면 된다. 강물의 흐름은 무수한 작은 흐름의 중첩이다. 의식이 묶음이자 흐름이라는 것은 마치 빛이 입자이자 파동이라는 것과 유사하다. 빛이 입자일 때는 홀로 돌진하여 금속판에 충돌을 하여 하나의 금속전자를 빼내지만, 빛이 파동일 때는 좁은 구멍을 통해 물결치며 퍼져나간다. 의식도 실제 행동에 있어서는 마치 단일한 주재자처럼 보이지만, 예술작품이나 미묘한 의미의 철학적 주제에 대해서는 마치 물위의 물감처럼 의식이 번져나가고 사고의 파동이 친다. 의식은 묶음이자 흐름이다. 어느 하나로서 의식을 규정하는 것은 불가능하다.

전자가 동시에 파동과 입자의 성질을 가지나, 여러 전자의 흐름인

전기는 파동이다. 의식도 각각의 기능을 하는 기억(이것도 다시 모양, 음성, 수, 사건, 감성, 이름, 환경에 대한 기억력 등의 독립적인 요소로 구성되어 있다), 추리력, 연상력, 판단력, 계산능력, 언어능력, 상상력, 유비능력, 감정(이것도 희·로·애·락·애·오·욕·공포 등의 아주 많은 독립적인 요소로 구성되어 있음) 등의 입자들로 구성되어 있으나, 이들의 전체적인 활동은 일종의 뇌의 파동인 뇌파로 나타난다. 의식은 수많은 작은 의식들로 구성되어 있다. 수많은 작은 의식들의 움직임이 전체로는 하나의 파동을 만들어 내는 것이다. 남극대륙의 황제펭귄이 취침 시 만드는 거대한 원판은 밤새 미묘한 파동을 만들며 자리바꿈을 한다. 개개 펭귄을 단위의식 또는 의식소素(수기억, 모양기억, 음성기억, … , 추리력, 연상력, 기쁨, 슬픔, 좋아함, 미움, 화, … 등의 요소)으로 보고 펭귄무리의 움직임을 의식활동이라고 보면 이해에 도움이 될 것이다. 뇌의 활동이 생체전기에 의해 신호전달이 이루어지므로 전기의 파동으로 나타나는 것이다.

인간은 나이가 들면서 치매 등으로 이들 의식(기능) 중 일부를 상실한다, 마치 이가 빠지는 것처럼. 부상으로 상실하기도 한다. 뇌의 일부가 파괴되거나 손상을 입으면 해당 부위가 담당하던 특정 의식(기능)을 상실한다. 사람 얼굴만 구별을 못한다든지, 이름만 기억을 못한다든지, 자기 부인을 모자로 안다든지 하는 기이한 일이 벌어진다. 순진하게 보면 이들의 의식이 전과 다름없다고 볼지 모르나, 냉정하게 보면 이들의 의식이 바뀐 것이 분명하다. 특히 중증치매에 걸린 사람을 보면 더욱 확실하다.

'사람이 죽은 뒤에도 그 사람이 존재하는가' 하고 묻는 것은 어리석은 질문이다. 왜냐하면 묻는 사람은 단일單一한 의식으로서의 자아를 상정想定하고 묻는 질문이기 때문이다. 사람이 여러 의식으로 이루어져 있다면, 우리는 다른 사람들과 비슷한 의식소素들을 공유하고 있음이 분명하다. 사람들에게서 비슷한 정치관, 종교관, 인생관, 우주관을 찾을 수 있다. 작게 보면 각 정치관, 종교관, 인생관, 우주관도 아이템 또는 항목별로 세세히 나눌 수 있으며, 잘게 나눌수록 (사람들에게 나타나는) 개별 요소의 비슷한 정도는 기하급수적으로 증가할 것이다. 인간이 유전자 교환을 통해서 새로운 유전자조합(육체적인 개별인간)을 끝없이 생산하듯이, 인간은 의식소의 교환을 통해 새로운 의식소조합(정신적인 개별인간)을 끝없이 생산한다. 죽은 뒤의 육체적 인간의 지속여부를 질문하는 것이 무의미하듯이, 죽은 뒤에 의식의 지속여부를 묻는 것 역시 무의미하다. 육체는 틀(뼈, 살, 장기, 피부)과 설계도(유전자)로 구성되어 있다. 이 관점으로 보면, 죽음에 의해 육체가 틀은 사라지지만 속성은 개별 유전자의 전달을 통해서 지속된다. 의식도 틀(뇌신경세포와 신경회로)과 틀의 부산물(철학, 사상, 감정 등)로 구성되어 있다. 이 관점을 따르면, 육체적인 논증과 마찬가지로, 틀로서의 뇌는 사라지나 그 부산물은 요소별로 혹은 뭉텅이로 인간사회에 흩어져 존재하게 된다. 따라서 인간의 사후 존속여부를 흑백논리적인 '예/아니오'로 답을 할 수가 없는 것이다.

빛이 입자이자 파동이라는 것은 신비한 현상이다: 과학적 탐구가 꼭 메마른 물질주의로 흘러가는 것은 아니다. 마찬가지로 의식이 의식소들의 모임이자 흐름이라는 것은 신비한 형상이다. 의식은 입자(의식소)이자 파동(흐름)이다. 그리고 의식은 끝없이 진화한다. 신비는 고대의 모습으로 멈춰있으면 진정한 신비가 아니다.

신비는 끝없이 무한히 성장을 할 때만이 진정한 신비이다.

🔢 광전자光電子 효과: 금속이 빛을 받으면 전자를 내놓는 현상. 아인슈타인은 빛 알갱이인 광자photon와 충돌한 금속의 전자가 튀어나오는 것으로 해석했다. 빛이 입자라는 광양자설은 빛이 파동이라는 고전물리학의 관점을 바꾼 일대 센세이션이었다. 그는 이 이론으로 1921년에 노벨물리학상을 받았다.

다윈과 부처님

> 인간은 몸과 여러 마음의 묶음일 뿐이다. 변치 않는
> 주인이 없다 〈부처〉
> 생물의 몸은 항상 똑같은 틀이 없다. 환경에 맞추어
> 진화한다 〈다윈〉
> 마음은 뇌의 현상이다. 마음도 진화를 한다 〈뇌과학〉

연기장 인과장 벡터장 마음 의식

다윈[1809~1882]이 1859년에 『종의 기원』을 통해 발표한 진화론은 서구 사회를 뿌리부터 잎까지 통째로 흔들어 놓았다. 진화론에 따르면 인간은 유인원과 같은 조상으로부터 진화를 해왔다. 진화론은 인간의 유일한 존엄성을 믿던 기독교 사회에 엄청난 충격을 주었다.

기독교 경전에 의하면 인간은 하나님에 의해 하나님의 형상으로 창조되었으며, 동물은 노아의 홍수 이후 인간의 먹이로 주어진 음식에 지나지 않는다(노아홍수 이전에는 육식을 하지 않았다). 중세 철학자 데카르트는 동물은 자동기계에 지나지 않는다고 주장했다. 고통을 받는 것 같지만 그리 보일 뿐이라고 주장했다. 동물은 고통을 느끼지 못한다는 것이다. 동물은 영혼이 없고 인간만이 하나님의 불꽃인 영혼이 있다는 서양 기독교사회의 뿌리 깊은 고정관념이었다. 인간만이 하나님의 불꽃을 나눠가지고 있다는 주장이다.

당시 영국 성공회 주교 윌버포스는 진화론을 지지하는 헉슬리와 논쟁 중에 "헉슬리, 그대는 친가 쪽이 원숭이인가? 아니면 외가 쪽이 원숭이인가?"하고 조롱했다. 매우 위트있는 공격이라 다윈에게 적대적

인 자들은 이 말에 깔깔거리며 마음껏 비웃었을 것이다.

다윈의 『종의 기원』 발표 이후 157년이 지난 지금, 진화론은 엄청난 발전을 이루어 거의 모든 학문분야에 영향을 주고 있다. 심지어 진화종교학까지 있다. 진화종교학은 종교도 진화를 한다는 관점에서 여러 진화론적 이론과 방법으로 종교를 연구하고 파악하는 학문이다.

근래에는 기독교 구교(가톨릭)의 수장인 교황도 진화론을 인정하였다. 최소한 작은 규모의 진화는 인정한다. 큰 종種은 신이 창조하였으나 큰 종 안에서 작은 진화는 가능하다고 인정한다(예를 들어 고양이과 내에서의 고양이, 호랑이, 사자, 표범, 치타, 재규어, 퓨마 등의 종으로의 진화나 호미니드종 안에서 흑인, 백인, 황인의 진화).

다윈 당시나 지금이나 진화론이 제기하는 가장 큰 문제는 영혼의 문제이다. 아메바로부터 인간까지 진화를 하였다면, 도대체 어느 시점에서 인간의 영혼이 몸에 들어왔느냐는 난해하고 답하기 힘든 문제가 있다. 다윈은 비글호항해[1831~1836] 자료를 바탕으로 1837~1839년 기간에 비밀리에 진화론을 만들었다. 1848년, 39살 다윈은 "영혼이란 모든 사람들의 승인하에 덧붙여진 것이다[The soul by the consent of all is super-added]"라고 했다. 비글호를 타고 방문한 브라질에서 열대밀림이 주는 경외감 속에서 처음에는 신의 존재와 영혼의 불멸성에 대한 믿음을 느꼈지만, 항해가 끝나고 진화론에 대한 연구가 마무리되어 가면서 서서히 옛 믿음을 버린 것이다. 다윈은 대자연이 주는 숭고한 느낌은 음악이 주는 숭고한 느낌이나 다를 것이 없으며, 자연은 자연의 이법에 따라 운행되므로 인격신에 대한 믿음의 증거가 될 수 없다고 말하며, 자신은 이신론자理神論者 deist라고 할 수 있다고 했다. 그러나 나중에, 최하등 동물로부터 진화한 인간이 '(첫 번째 원인으로서의) 신의 존재 등'의 엄청난 문제에 대해 내리는 결론을 어떻게 믿을 수 있느냐고 하며 인간은, 원숭이가 뱀에 대한 본능적인 두려움을 버릴 수 없듯이, 어린 시절 미숙한 두뇌에 지속적으로 꾸준히 주입된 '신이라는 생각'을 버릴 수 없는 것이 아닐까 의심하며 불가지론자로 전향하였다.

서양과 달리 동양은 동물에 관대하였다. 최소한 철학적으로는 그랬다. 양무제를 비롯한 동양의 여러 왕들은 동물권을 보호하여 살생을 금지하는 칙령을 내리고 스스로 채식을 고집하기도 했다. 미륵사를 건설한 백제 법왕法王 재위 599~600은 모든 살생을 금하는 칙령을 내렸다. 사냥도구인 매를 풀어주고 물고기 잡는 그물과 도구를 불태우라 명령하였다. 17세기에 일본의 5대 쇼군인 도쿠가와 쓰나요시는 '생류연민령生類憐憫令'이라는 칙령을 반포하여 일체 가축을 도축하지 못하도록 한 예도 있다(이것이 일설에 의하면 일본인들이 생선을 즐겨 먹게 된 이유이다). 얼굴에 앉아 피를 빼는 모기를 죽였다가 유배를 당한 농민도 있었다. 이에는 힌두교와 불교의 영향이 지대하였다. 이 두 종교에 따르면 인간과 동물은 수없는 생을 거쳐 영혼이 인간의 몸을 빌렸다가 동물의 몸을 빌렸다가 하므로 동물도 영혼을 가진 존재로 인정을 한다. 그래서 동양종교는 동물의 영혼을 인정하는 토테미즘적 요소가 있다.

서양 기독교계에는 '진화론과 영혼의 양립성'이 심각한 문제이다. 진화론을 인정하면, 모든 동물들 중에서 인간만이 영혼을 지녔다는, 인간 영혼의 유일성을 부정해야 하기 때문이다. 다윈의 진화론은 일종의 무아론이다. 육체의 형태와 구조의 진화를 주장하므로, 즉 태초부터 같은 형태와 구조의 몸(틀)을 유지하는 항구여일한 몸을 부정하므로, 일종의 무아론이다, 육체적 무아론 혹은 몸적 무아론이다. 진화론은 '인간은 태초에 지금의 모습으로 창조되었다'는 창조론에 대한 정면도전이다. 결혼 전의 다윈(1839년에 결혼)에게 다윈의 아버지는 "배우자한테 기독교신앙에 대한 의심을 조심스럽게 감추라"고 조언했다. 내과의사였던 그가 든 이유는 "남편이 건강을 잃게 되면 부인은 남편의 사후死後 구원salvation에 대한 의심으로 극심한 고통에 빠져드는 비참한 사례들을 알고 있다"는 것이었다. (당신은 사랑하는 부모 배우자 자식이 거열형이나 능지처사나 끓는 가마솥에 삶아지는 형벌을 받게 된다는 통지를 받으면 어떤 심정일까. 지옥행이 바로 이런 경우이다. 지옥에서의 형벌은 결코 이보다 더 가볍지 않다.) 다윈은 자신이 독실한 기독교신자인 사랑하는 자기 부인을 고통스럽게 만들까 두려워하였다. 아마 이 점이 다윈이 영혼에 대해서 혹은 영혼의 진화에 대해서 더 이상 파고들어가지 않고 묻어둔 이유일 것이다.

불교는 몸의 무아에 더해서 마음의 무아를 주장한다. 인간을 물질적 비물질적 구성요소로 분해하여 그 어디에도 항구여일한恒久如一 항상 동일한 상태로 유지되는 실체主宰者 주재자가 없다는 마음무아론을 주장한다. 몸무아론은 다윈에 의해서 증명이 되었으며(진화론은 부처님도 전혀 상상하지 못한 발견이었다. 불경에 전혀 언급이 없다. 불경의 윤회론이 진화론의 왜곡된 표현이나 이해였을 가능성은 있다. 만약 부처님이 진화론을 아셨다면 정말 신나게 애용하셨을 것이다), 마음적 진화론은 현대 과학자들이 뇌과학에 의거하여 증명을 해가고 있다.

부처님의 혁명적인 무아론이 부처님 사후에 순수한 모습을 잃어버리고 힌두교의 영향으로 아트만적인 유아론 사상으로 변질된 것은, 현대뇌과학이 새롭게 무아론을 증명해가는 도도滔滔한 흐름에 비춰볼 때 참으로 안타까운 퇴보(뒷걸음질)였다(인도에서 불교가 사라지게 한 가장 큰 이유이다). 당시 과학수준에 비추어보면 대중은 무아론을 받아들이기가 힘들었을 것이다.

근래에, 역사상 가장 영향력 있는 이론으로 다윈의 진화론이 꼽힌 적이 있다. 뉴턴역학도 아니고 아인슈타인의 상대성이론도 아니고 현대의 양자역학도 아니었다. 화려한 물리학이 아니라 어리숙하고 고리타분하게 보이고 언뜻 보면 사이비과학 같은 진화론이 으뜸을 하였다(참고로, 다윈은 학창시절 그다지 총명하지 못했다). 그만큼 진화론이 인류에게 준 충격은 막대하였다. 인간과 생물계를 바라보는 패러다임을 통째로 바꾼 일대 사건이었다.

부처님의 무아론은 초기에 무수한 구도자들에게 무한한 정신적 자유를 안겨주었으나, 부처님 사후에 당시의 미개한 문화 수준과 과학부재로 인하여 다시 미개한 유아론적인 사상으로 퇴락하여 잊혀지고 말았다(인간은, 청동기시대에서 철기시대로 넘어가던 축의 시대에, 전全 세계에서 동시다발적으로 일어난 놀라운 의식의 발달과 발견에 넋을 잃고 의식의 빛에 탐닉하였다. 부처님의 출현과 무아론은 극소수의 의식적으로 조숙한 이들에게 벼락처럼 갑자기 충격적으로 주어진 예기치 않은 선물이었다). 이제 첨단장비와 기술로 무장한 뇌과학이 인간의식의 비밀을 풀어가고 있다. 인간의식(마음)의 진화를 밝혀나가고 있다. 부처님이 제창한 마음적 무아론이 과학계에 받아들여지고 있다.

인류역사상 가장 위대한 발견은 무아론과 진화론이다. 하나는 마음의 무아론이고 다른 하나는 몸의 무아론이라는 점에서, 둘은 완벽한 한 쌍의 무아론을 이룬다.

부처님 사후 2,300년 만에 태어난 다윈은 석가모니의 환생일지도 모른다. 다윈이 불교사상에 노출되었었다는 설도 있으며, 다윈은 자비심이 많은 훌륭한 인격자로서 말년에 채식을 하며 시골에 은거하여 불교도적인 삶과 유사한 삶을 살았다고 한다. 부처님과 다윈 두 분 모두 부유한 아버지를 둔 덕에 당대 최고의 교육을 받았으며 생계는 걱정하지 않고 진리를 탐구할 수 있었던 점도 비슷하다. 재산관리를 잘한 다윈은 부유하였으나 검소하게 살았으며, 늙은 하인들은 은퇴시켜 여행이 가능할 정도로 충분한 연금을 주어 보살폈다. 부처님도 재가자들에게 수입의 사분의 일은 재투자하고, 사분의 일은 생활비로 쓰고, 사분의 일은 보시하고, 나머지 사분의 일은 저축할 것이며, 하인들을 잘 대우하라고 가르치셨다.

부처님은 출가 전 어느 해 봄에 왕궁 밖으로 나갔다가, 농부들의 쟁기질에 벌레들이 처참하게 허리가 잘려나가는, 그 벌레들은 작은 새들에게 잡아먹히는, 그리고 작은 새는 큰 새에게 잡아먹히는 잔혹한 장면을 보고 마음에 깊이 고통을 느꼈다. 약육강식의 살벌한 생명계에 대해서 연민의 마음이 생겼다. 이 경험이 부처의 출가와 구도의 계기가 되었다. 데카르트가 동물은 고통을 느끼지 못하는 자동기계라고 하며 동물의 고통을 철저히 무시했으나, 다윈은 '천지에 만연한 동물의 이유 없는 처참한 고통'을 보고 기독교신에 대한 믿음을 버렸다. 진화론을 받아들이면 인간과 동물이 같은 조상을 갖는 형제라는 것을 인정할 수밖에 없는데, 형제의 고통을 외면할 수만은 없었을 것이다(현대분자생물학에 의하면 인간을 포함한 지구상의 거의 모든 생물은 유전자가 거의 일치한다). 흥미로운 점은, 예리한 지성과 엄청나게 매력적인 인격을 갖춘 그리고 뛰어난 직관력과 동정심이 넘치는 유능한 내과의사였던, (다윈의) 아버지도 속으로는 기독교신을 믿지 않았다는 것이다.

다윈의 삶은 유신론자들이 생각하듯이 무신론자들이 윤리를 잃어버리고 타락한 삶을 살게 되는 것이 아니라는 것을 보여주는 서양적 예이자, 위대한 예이다. '근거 없는 헛된 자긍심'이 아니라, '벌거벗은 진실에 기초한 자비심'이 진정한 자비심이기 때문이다. 무아론은 삭막한 철학이 아니라, '진화를 통한 무한한 가능성'을 보증하는 희망의 철학이다. 진화란 숨겨놓은 정해진 보물을 찾는 것이 아니라, 스스로 보물을 만들어 가는 과정이다.

다윈에 의하여 시작된 과학적인 (몸적) 무아론인 진화론이, 2,500년 전에 주창된 부처님의 철학적 (마음적) 무아론의 과학적 입증에 위대한 초석을 놓은 것이다. 다윈과 석가의 만남과 통합은 동서양 역사상 가장 위대한 통섭이다. 다윈과 석가의 만남은 종교와 과학의 만남이며, 동양과 서양의 만남이며, 과거와 현대의 만남이며, 몸과 마음의 만남이다.

📭불교의 윤회론은 진화의 역사의 상징으로 볼 수 있다.

📭인간이 지구상에 나타난 것은 600만 년이 안 되었으므로, 영혼의 진

화를 인정하지 않으면 불교는 지구상의 인간이 모두 외계인이라고 주장하는 것이 된다.

지구가 생긴 후 46억 년 동안 지구상에 인간이 존재하지 않았다. 46억 년 동안, 지구에 배당된, 136개의 지옥들과 28개의 하늘나라들이 텅텅 비어 있었다는 말이다.

왜냐하면 지옥도에는 사람만 나타나지 짐승은 등장하지 않으므로 짐승은 지옥에 가지 않는 것으로 보이기 때문이다. 만약 짐승도 지옥에 간다면, 지옥은 수억 년 동안 잔인한 육식공룡 티라노사우루스로 바글바글했을 것이다. 지옥의 옥졸도 공룡이었을 것이다. 그런데 그런 쥐라기파크 같은 지옥은 어쩐지 믿어지지가 않는다. 페스트를 옮긴 쥐들로 바글바글한 지옥만큼이나 믿기지 않는다.

불교 우주론에 의하면 하늘나라들은 수미산 위에 있으므로, 수미산이 없으면 하늘나라도 없다. 그런데 수미산은, 인도아대륙이 유라시아 대륙으로 밀고 들어가면서 두 대륙의 경계부분의 지각地殼이 접혀서 생긴 히말라야산맥의 일부분이므로, 비교적 최근에 생긴 것이다. 특히 수미산 중턱과 정상에 자리잡은 사천왕천과 도리천이 그렇다. 그러므로 수미산 위의 하늘나라들도 그 이후로 생긴 것이다. 따라서 『아간냐경』(세계의 기원에 대한 경)의 주장처럼 하늘나라사람들이 지상으로 추락해서 최초의 인간이 생긴 것도 아니다. 결국 (불교에 의하면) 인간은 모두 외계에서, 즉 다른 태양계에서 온 것이다.

그런데 인도인들은 왜 수미산을 지구의 중심에 놓는 그리고 그 위에 28개나 되는 하늘나라들을 포개어 놓는 망상을 했을까? 그 이유는 장구한 세월에 걸쳐 일어나는 거대한 지질운동의 존재와 원리를 몰랐기 때문이다. 이것들은 인간이 설사 8만 4천 년을 산다 해도 쉽게 자연스럽게 알아챌 수 없다. 보통 이 지질운동들의 시간단위가 수백만 년이기 때문이다.

연기장 인과장 벡터장 마음 의식

▣ 무채색의 무미^{無味}의 무아론이 가지가지 색깔의 화려하고 자극적인 유아론의 바다에 빠져 익사하였다.

▣ 진화론의 관점에서 보면 모든 생물은 같이 여행을 하는 여행동반자들이다. 여행은 앞서거나 뒤서거나 하기 마련인데 앞서가는 자가 뒤처진 자들을 마구 잡아먹을 수는 없는 일이다. 아마 이런 이유로, 소싯적에 기괴한 육식에 탐닉했던, 다윈이 진화론 발표 이후에 채식주의자가 되었을 것이다.

▣ 고대로부터 인기를 잃지 않고 있는 문학소재는 평범한 주인공이 자신의 고귀한 혈통(왕족 또는 귀족)을 되찾는 이야기이다. 요즈음으로 치면 말 못할 사연으로 어린 시절에 버려진 재벌의 후손이 가난하고 보잘것없이 자라다가 자신이 재벌후손(예를 들어 이건희나 정주영의 후손)임이 밝혀진다는 막장드라마 줄거리이다. 누구나 왕가나 재벌가의 후손이라니 신나는 일이다. 신분이 밝혀지면 명예(계열사 사장직)뿐만 아니라 돈(유산)도 같이 따라온다.

　예수는 모든 사람이 하나님의 아들·딸이라고 주장하며 인간을 본래 고귀한 혈통으로 복귀시킨다. 사마리아인이나 블레셋인^{philistia}이나 로마인이나 지중해 해적이나 모두 여호와 하나님의 자식이다. 그래서 예수가 지은 「주기도문」은 인간이 하나님의 자식임을 선포하는 표현인 '하늘에 계신 우리 아버지 하나님'으로 시작한다. 기독교인들은 매주일마다 모여 집단적으로, 추방된 아버지의 집 하늘나라로의 복귀를 그리워한다. 이 복된 소식을 듣고 영접하는 순간 기쁨은 사람의 가슴을 가득 채우고, 그 기쁨이 틈을 비집고 흘러나오면 구원의 은총에 대한 감사의 눈물이 된다. 이 기쁨은 오로지 인간만이 누릴 수 있다. 절대로 동물들은 아니다. 이들은 열외다.

　한편 불교는 모든 동물까지 아우르며 한 걸음 더 나아간다. 대승불교에 의하면 (동물은) 누구나 불성佛性 부처님의 성품을 지니고 있다. 자신이 남루하고 초라하고, 시시때때로 이놈 저놈에게 얻어맞고, 잡아먹히며(남의 송곳니에 찔리고 찢기고 앞니에 잘리고 어금니에 갈리며), 남의 눈치나 보며, 기를 못 펴고 억눌려 사는 보잘것없는 존재인 줄만 알았는데, 알고 보니 값을 매길 수 없는 보석과 같이 귀중한 불성을 지닌 존재라는 것이다. 대중은 환호작약하였다(하지만 인간 이외의 다른 동물들도 환호작약했는지는 전혀 알 수 없다. 기록이 전무하다).

그런데 다윈은 모든 생명이 하나의 혈통을 가지고 있다고 주장한다. 고귀한 혈통을 가진 인간이나 미개한 원숭이나 수상하게 생긴 침팬지·고릴라·오랑우탄이나 모두 같은 혈통이라는 주장이다. 심지어 개와도 같은 혈통이고, 신경질 나게는 보기에도 끔찍한 바퀴벌레와 같은 혈통이라는 주장이다. 게다가 비린내 나는 메기·미꾸라지·뱀장어와 같은 혈통이라는 주장에는 다들 짜증이 날 것이다. 지렁이는 어떠한가? 생각하기도 싫을 것이다. (참고로 다윈은 지렁이 연구의 대가이다. 그는 지렁이가 땅을 비옥하게 만든다는 사실을 밝혀 빅뱅 이래 처음으로 지렁이의 지위를 격상시켰다. 이들 지렁이가 없으면 인간을 포함한 많은 생물들이 굶어죽을 것이다. 다윈은 저서 『지렁이의 활동을 통한 식물재배 토양의 형성』을 통하여 지렁이가 지극히 낮은 곳에서 중생을 돕는 불성을 지녔다는 것을 구체적으로 증명하였다(만약 지렁이에게 신전이 있다면 거기엔 분명히 다윈신상이 세워져있을 것이다).)

진화론을 못마땅하게 여기는 사람들이 보기에, 다윈은 왕가의 혈통을 지닌 인간을 원숭이·고릴라·개·미꾸라지·바퀴벌레·지렁이 같은 비루한 천민의 혈통으로 전락시킨 것이다.

부처는 모든 생명체는 불성을 가지고 있다고 주장한다. 즉 모두 (정신적인) 왕가의 혈통이라는 것이다. 그런데 다윈은 생명체는 모두 '육체적으로 동일한 혈통'이라고 주장한다. 부처가 주장한 '정신적으로 동일한 혈통론'의 '듀얼'이론이다.

연기장 인과장 벡터장 마음 의식

'진화론'과 '일체중생실유불성론'은 서로 듀얼을 이룬다.

진실로 삼천대천세계는 불가사의하다.

冒현대 분자생물학은, 세균이건 식물이건 동물이건, 모든 생물이 DNA 를 가지고 있음을 증명하였다. '일체중생실유유전자^{一切衆生悉有遺傳子}' 이다.

돈, 무아론, 돈즉시공 공즉시돈,
돈즉시색 색즉시돈, 돈즉시물 물즉시돈

돈에 대한 오해와 무지가 인간 불행의 중심에 있다
돈의 본성과 기능에 대해서 발견한 것은 최근이다

　돈은 기본적으로 신기루이다. 전혀 실체가 없는, 무아론無我論에 걸맞는 전형적인 존재이다. 쌀이나 말린 고기나 비단 등의 물건은 그대로 쓸 수가 있다. 그러나 돈은 그 돈을 받아줄 사람이 없으면 무용지물이 된다. 무인도에 혼자 사는 사람이 수조 원 돈이 있은들 무슨 소용이 있겠는가? 돈을 쌓아놓고 굶어죽게 되는 일도 생길 수 있다. 그러나 쌀 고기 옷감 등은 유용하다. 천 명이 사는 고립된 무인도에서 각자 수십조 원의 돈을 가지고 있은들 소용이 없다. 돈의 가치는 사회적 합의이다. 돈은 본질적인 가치가 없다.

　이 세상에 두 마을만 있다고 해보자. 마을 A의 인구는 만 명, 다른 마을 B의 인구는 10만 명이라 하자. 무슨 이유에서인지 마을 B는 삼엽충화석을 엄청나게 좋아하고, 마을 A에는 삼엽충화석이 거의 무한정으로 발굴된다고 하자. A마을 주민은 일을 하지 않고 B마을에 삼엽충화석만 팔아먹고 평생을 호의호식하며 살 수 있다. 마을 B는 평생을 뼈 빠지게 일해야 한다. 좋아하는 삼엽충화석을 사기 위해서. 이상하지 않은가? 인간의 욕망이 삼엽충화석과 같은 것이다. 삼엽충화석을 사야 하는 본질적인 이유가 없듯이 욕망을 사야 하는 본질적인 이유 역시 없다.

　명나라와 청나라는 해상무역을 통해 서구에 비단과 도자기를 팔아 전 세계 은(銀)을 다 쓸어 모았다. 신대륙 아메리카에서 생산된 은은 스페인으로, 다시 스페인에서 전 유럽으로, 다시 유럽에서 중국으로 이동했다. 중국은 뼈 빠지게 일해서 도자기, 비단, 차(茶)를 생산해 유럽에 대주고 대신 아무(별로) 쓸모없는 은을 잔뜩 모았다(문제는 중국이 유럽으로부터 살 만한 물건이 없었다는 것이다. 중국인은 포도주나 모직 옷을 싫어하여 유럽이 중국에 팔아먹을 물건이 정말 없었다. 그래서 중국에 은이 쌓인 것이다). 차라리 돌멩이를 모았으면 어땠을까? 은은 식기나 장신구를 만드는 것을 제외한 실용적인 용도는 없었다. 은식기나 은장신구를 만들기 위해 뼈 빠지게 일해 도자기를 만들어 은을 얻는다는 것은 어리석은 일이다. 차라리 그냥 자기들이 만든 도자기를 팔지 말고 식기로 쓰면 될 일이다. 등골이 휘도록 일을 해서 몸에 은장신구를 걸치는 것이 무슨 의미가 있는가? 진실은 힘센 사람들이 다른 사람들을 부려서 얻은 생산물로 은을 사는 것이다. 다른 사람이 삼엽충화석을 얻도록 등골이 휘게 일을 한다는 것이 말이 되는가? 하지만 모든 사람이 삼엽충화석을 좋아하면 아무도 문제를 제기하지 않는다.

　은이 가진 순기능은 부를 축적하는 기능과 생산을 촉진하는 기능이다. 사회에 은이 많아지면 은의 유통이 원활해지고 사람들은 은을 얻으려 생산을 촉진하게 된다. 은을 가진 사람은, 은 자체가 배를 부르게 하고 등을 따숩게 하는 것은 아니지만, 은을 탐하는 다른 사람들의 물건을 얻음으로써 배가 부르고 등이 따뜻해진다. 저장이 용이하고 모든 것과 교환이 가능한 요술방망이 은을 얻기 위하여 사람들은 죽어라고 일을 한다.

극단적으로 국가에 은이 한 냥밖에 없다면 어느 누구도 은을 얻기 위해 노동을 하지 않을 것이다. 은의 유통량이 충분히 많아야 국내경기가 활성화된다. 은을 사고자 하는 사람들에게 충분히 제공할 수 있는 은이 있어야만 경제가 활성화된다. 은은 생존을 위한 본질가치는 없지만, 모든 사람의 '은을 갖고자하는 욕망'으로 인하여 사회에 은이 증가하면 생산활동이 증대된다. 거대한 은광이 발견되었다고 사회에 쌀, 옷감, 가구가 저절로 많아지는 것은 절대 아니다. 모두들 은을 갖기 위해 열심히 일해서 국가전체의 생산이 증가하여 물질적인 삶이 윤택하여지는 것이다. 다시 말해서 어느 마을 주민이 각자 아무 물건도 안 만들면 그 마을은 극도로 궁핍해질 것이지만, 각자 열심히 물건을 만들어 유통시키면 마을 전체가 부유해진다. 마을 주민의 노동력과 시간과 원재료를 유용한 물건으로 전환시키는 것이 부의 증진이다. 일할 동기가 없는 게으른 주민들에게 일할 동기를 부여하는 것이 은이다. 즉 본질가치가 없는 은이 본질가치를 지닌 물건을 생산하게 하는 놀라운 기능이 있다. 은으로 인한 경제활동의 활성화는 생산의 증대를, 생산의 증대는 부의 증대를, 부의 증대는 욕망의 증대를 가져오고, 욕망의 증대는 기술혁명을 가져온다. 색즉시공 공즉시색이다. 전즉시색錢卽是色 색즉시전色卽是錢이다. 전즉시공錢卽是空 공즉시전空卽是錢이다. 돈은 전형적인 무아적인 존재라는 점에서 허깨비이다. 이 허깨비 돈이 (욕망을 증폭시키고 이 욕망은) 기술혁명과 과학문명 발전을 가져온다. 허깨비 돈이 새로운 세상을 창조한다. 놀라운 허깨비이다.

돈의 양은 그 사회의 생산능력과 비례한다. 생산능력이 낮고 생산의지가 없는 사회에서는 필연적으로 인플레이션이 발생한다. 생산력이 돈의 양을 추월하면 물가가 떨어지고, 그 반대이면 인플레이션이 일어난다. 민중은 본능적으로 돈의 가치를 생산력으로 환산하여 몸으로 느낀다. 화폐가 없으면 자본주의가 불가능하다. 물건을 사고팔아 얻은 이익을 물건으로 저장할 수는 없는 일이다. 쌀이나 비단이나 도자기로 창고에 쌓아둘 수는 없는 일이다. 현대인들이 지닌 돈은 현대인이 소유하고 있는 실물가격의 총합이 아니다. 모든 현대인이 가진 돈을 모조리 시장에 풀어놓으면 엄청난 인플레이션이 일어나고 대공황에 빠질 것이다. 돈은 미래에 대한 믿음이다. 지금 같은 경제가 미래에도 유지될 것이라는 믿음이다. 따라서 돈은 아직 오지 않은 미래에 대한 가치평가이자 미래부未來富의 축적이다. 미래의 실물은 현재 축적이 불가능하지만 미래의 부는 돈이라는 형태로 바로 지금 축적이 가능하다. 또한 돈이란 경제적인 기억의 결정체이다. 돈은 과거·현재·미래 삼세를 연결하는 형이상학적인 기이한 끈이다.

인간은 태고적부터 금을 좋아했다. 요즈음은 다이아몬드도 좋아한다. 어떤 다이아몬드는 가격이 중산층이 평생 모아도 살 수 없는 가격이다. 무인도에 사는 사람에게 다이아몬드가 무슨 소용이 있겠는가? 로빈슨 크루소에게 다이아몬드 100만 캐럿이나 금 100만 톤이 무슨 가치가 있겠는가? 금, 은, 다이아몬드는 사회적으로 창출된 가치를 지닌다. 사회가 가치를 부여하는 물건을 이용해서 사람들은 무형의 비단, 도자기, 차를 저장한다. 만약 명과 청이 은 대신 조개껍데기에 환장을 해서 전 국민을 동원하여 자원을 소모해가며 비단, 도자기, 차를 생산해 조개껍데기와 바꿔온다면 무슨 의미가 있겠는가? 그 조개껍데기를 어디 쓸 것인가? 장신구를 만드는 것 이외에 어디다 쓸 것인가? 화폐는 원래 존재하는 것이 아니다. 인간의 창조물이다. 이 점에서 일체유심조一切唯心造이다. 세계는 본래 있었던 것이 아니라 인간이 지금의 모습으로 창조한 것이다. 『금강경』에 '일합상자즉비일합상 시명일합상'이라는 말이 있다. '세계비세계 시명세계'라는 말도 있다. 인간 의식과 삶의 흐름을 따라 세계도 끝없이 흐른다. 유인원과 인간은 같은 우주에 살고 있는 것이 아니며, 모든 인간이 같은 우주에 살고 있는 것도 아니다. 각자의 우주는 각자가 창조한 것이다. 금, 은, 돈, 다이아몬드는 새로운 인위적인 우주를 만들어내는 인위적인 도구이자, 수없이 많은 각자의 서로 다른 우주들을 연결하는 끈이다.

目유럽은 명明과 청淸으로부터 정말 엄청나게 자기를 수입했다. 유럽궁전에 가면 중국자기로만 4벽과 천장을 도배한 '차이나 룸china room'이 있는데 종종 사랑하는 왕비나 귀부인에게 사랑의 징표로 선물한 것이다. 이런 방은 금으로 칠갑을 한 방보다 훨씬 비쌌다.

目대형 은광을 발견하고는 수백 년 동안 그대로 방치하는 것이나 (생산물을 지급하고) 은을 사와 국내에 쌓아두는 것이나 근본적으로 차이가 없다. 은은 흘러 유통되면서 사람의 욕심을 자극하여 생산을 촉진시킬 때 가치가 있다. 과연 은이 얼마나 중국의 경제를 활성화시켰는지는 연구과제이다. 피지배계층만 죽도록 노동력을 착취당하면서 자원만 낭비했을 가능성도 배제할 수 없다.

청나라 말기에 중국은 2,000년 동안의 도자기와 비단 수출로 벌어들인 막대한 양의 은을 아편수입으로 탕진하였다. 영국은 식민지 인도에서 재배한 어마어마한 양의 아편을 중국에 팔아먹음으로써 만성적인 대 중국 무역수지를 개선했으며, 결과적으로 만주족의 중국이 무너지게 만들었다.

2,000년 동안의 대외 무역수지 흑자가 결국 중국을 무너지게 만들었다니 기막힌 아이러니이다.

目돈의 유통량이 그 사회의 환망공상의 양을 넘어서면 엄청난 버블이 터지면서 경제위기가 닥친다. 그것이 2008년 세계경제위기이다.

연기장 인과장 벡터장 마음 의식

환망공상과 모순

대뇌신피질의 활동은 기본적으로 환망공상이다. 외부자극이 없을 때 뇌가 할 수 있는 일이 뭐겠는가? 바로 환망공상이다. 우리가 외계로 인식하는 외계란 외부자극을 받아 뇌가 구성한 가상세계이다. 그러므로 외부 자극이 있건 없건 뇌는 환망공상을 한다. 밤에 하면 꿈이고, 낮에 하면 백일몽이다. 인간은 대뇌신피질이 발달하는 순간 새로운 세상으로 들어간 것이다. 인간이 4.14억 년 전에 물을 떠나 뭍으로 나온 게 첫 번째 혁명이라면, 10만 년 전에 물을 떠나 가상세계로 들어간 것이 두 번째 혁명이다. 라스코 동굴벽화와 현대판 움직이는 동굴벽화인 컴퓨터 그래픽과 인터넷이 생생히 증언하고 있다. 이제 인간은 꿈도 아니고 백일몽도 아닌 환망공상을 한다.

환망공상은 멘탈 푸드^{mental food}

환망공상은 멘탈 푸드

사람은 빵으로만 사는 것이 아니다
〈「누가복음」 4:4〉

환망공상幻妄空想은 정신의 먹이이다, 즉 멘탈 푸드^{mental food}이다. 인간은 빵으로만 사는 것이 아니다. 환상·망상·공상·상상으로 사는 것이다. 두뇌가 너무 발달해서 더 이상 육체적인 먹이로만 살 수가 없다. 이야기를 먹고 산다. 이야기는 꼭 사실에 기초하거나 사실일 필요가 없다. 문화가 원시적일수록 현실에 기초한 이야기만 만들어낸다. 왜냐하면 그게 싸게 먹히기 때문이다. 주변에 아무렇게나 자란 잡초를 요리해 먹는 것이 재배한 채소를 (사)먹는 것보다 싼 것과 마찬가지이다. 하지만 문화가 발달하면서 환망공상은 기하급수적으로 현실에서 멀어져간다.

그래서 환상, 망상, 공상은 쓸데없는 것으로 비난을 받아왔다. 그러나 정말 그러한가는 의심의 여지가 많다.

역사를 통해 쓸데없어 보이는 환상·망상·공상이 인기를 누려왔다. 『이상한 나라의 앨리스^{Alice in the wonderland}』, 괴상한 나라의 베르나르 베르베르^{Bernard Werber in Korea}, 『잭과 콩나무^{Jack and the beanstalk}』, 『신드바드의 모험』, 『요재지이^{聊齋志異}』, 『홍루몽』, 『서유기』, 『흥부놀부전』, 『별주부전』, 「인

디애나 존스」,「해리포터」,「반지의 제왕」,「해저 십만리」,「스타워즈」,
「스타트랙Star Track」,「터미네이터」,「오픈 유어 아이즈」,「인셉션」,「매트
릭스」 등의 환상동화, 환상소설, 환상영화, 공상소설, 공상영화, 공상
만화, SF 소설, SF 드라마, SF 영화 등이 많은 사람들에게 즐거움을 선
사해 왔다. 종교적으로는「에스겔서」,「요한계시록」,「욥기」,『마하바
라타』,『화엄경』,『법화경』,『장자』 등의 환상경전과『포박자』,『모르몬
경』,『원리강론』,『주체사상집』과 같은 망상경전이 있다.

비대해진 두뇌를 따라가지 못하는 현실을 대신해서 뇌를 충족시켜
주는 것이 이들 환망공상(소설, 만화, 영화, 경전)이다. 뇌의 회로가 복잡
해질수록 전혀 예기치 못했던 새로운 세계가 나타난다. 환망공상은 현
실에서 파생되어 나온 파생존재이다. 대뇌신피질은 '파생먹이'를 먹
고 산다. 인간이 술을 폭음하듯이 대뇌신피질은 이런 환망공상을 포식
한다. 술이 당기듯이 뇌는 자극이 당긴다. 현실에서 제공되는 천연재
료만으로는 복잡해진 뇌를 폭넓게 시원하게 구석구석 긁어줄 수 없다.
말이 달리고 싶어 안달을 하듯이 뇌는 생체전기로 활성화되려고 안
달을 한다. 길에는 길을 가득 채우고 자동차가 달려야 하듯이, 커넥톰
connectome 뇌신경망의 삼차원 회로에는 회로를 가득 채우고 생각소素가 달
려야 한다. 무의식에서부터 표면의식까지 구석구석까지 생각소를 전
달해야 한다.

당시에는 망상이라 비난을 받던 것이 현실로 실현된 것들도 있다.
비행기, 엑스선x-ray, 복소수, 양자역학 등이 그 예이다. 환망공상을 비난
하기는 쉬워도 정말 쓸모없는지를 결정하기는 결코 쉽지가 않다. 환망
공상의 광산에는 보석처럼 빛나는 기발한 아이디어, 철학, 발상이 숨어
있기 때문이다. 비행기가 발명될 당시 '공기보다 무거운 물체는 절대로
하늘을 날 수 없다'고 비난을 받았다(그럼, 새는 공기보다 가벼운가? 참으
로 괴이한 주장이다). 엑스선도 사기라고 비난을 받았으며, 수학에서 복
소수의 발명도 마찬가지의 비난을 받았으며, 절대 사용을 하면 안 된

다는 말까지 들었다. 물리학에서 양자역학도 '신은 주사위를 던지지 않는다'며 비난을 받았다. 이 모든 비난은 당시 최고의 과학자들로부터 나온 것이었다. 그들에게 이 모든 것은 환망공상에 지나지 않았다. 심지어 사기였다.

환망공상이 정신의 먹이라는 것은 인류역사 자체가 환망공상의 역사라는 점에서 명확하다. 자연과학의 시조라 일컬어지는 아리스토텔레스는 무수한 환망공상적인 이론을 제시하였다. 그의 위대성은 동시대인 중 가장 활성화된 뇌를 지녔다는 것이며, 이 활성화된 뇌를 이용하여 비록 환망공상일지언정 자연현상에 대하여 나름대로 과학적인 설명을 시도하여, 동시대인들과 후인들의 뇌를 크게 활성화시켰다는 점에 있다. 물론 이 과정에서 사람들은 환망공상을 더 많이 섭취하게 되었지만, 중요한 점은 진실이 꾸준히 배출되어 지금의 놀라운 문명을 이룩했다는 사실이다. 크게 보면 진실은 거대한 환망공상 세계의 일부분일 뿐이다. 전실의 신농씨가 독초에 중독되면서도 모든 풀을 맛보아서 약초를 가려내었듯이, 환망공상을 맛보지 않고는 진실을 가려낼 수 없다. 놀랍게도, 드러난 진실은 새로운 환망공상을 만드는 재료이다. 환망공상이 뇌신경세포를 활성화시키면 엄청난 각성효과를 유발하고 현실(현재진실 현재지식)의 제약으로부터의 통쾌한 해방감을 선사한다. 그러니 인간은 환망공상을 먹지 않고서는 살 수가 없다.

그런데 놀라운 점은 환망공상이 수명을 늘리는 장수식품이라는 것이다. 같은 시간에 더 많은 경험을 하면 더 많은 삶을 사는 것과 동일한 효과를, 즉 더 오래 사는 효과를 가져온다. 반대로 아무 경험이 없이 식물인간으로 수억 년을 사는 것은 전혀 살지 않는 것과 즉 하루도 살지 않은 것과 같다(누구나 한 생이라도 풍부한 경험의 생을 살고 싶지 무미건조하고 무료한 10생을 살고 싶지는 않을 것이다. 강남 젊은이들에게 이름도 생소한 경지인무도^{景地人無島} 같은 무인도에서의 200년 삶을 보장하면 과연 몇이나 그리 이주할까?). 따라서 '단위시간당 경험의 양'이 수명을 재는 진정한 의미의 척도이다! 환망공상은 시간당 경험밀도의 증가를 통해 유한한 인간의 수명을 마구 늘리는 기발한 수단이다(수학적으로 말하면 삶을 시간으로 미분한 것이 경험밀도함수 $f(t)$이며, 삶이란 경험밀도를 시간(t)으로 적분한 것이다. 즉, $Life = \int_0^t f(t)\,dt$이다. 사주팔자와 같은 운명론에 의하면 누구나 이 경험밀도 함수 $f(t)$를 가지고 태어난다). 생물학적인 인간의 수명을 두뇌(신경회로망)를 통해서 극복한 것이다. '수명'이라는 추상적인 개념을 만들어 내고 수명을 인식한 것이 뇌이므로 수명을 연장하는 것도 뇌의 몫일 수밖에 없다. 인간이 소설·영화·드라마 등에 탐닉하는 진짜 이유는 바로 이 수명연장효과 때문이다.

인간은 타인의 환망공상인 소설·영화·드라마 등과 꿈·백일몽·몽상·공상·판타지 등의 자가(셀프)생산 환망공상을 통해서 마치 자신이 실제로 그런 삶을 사는 것과 같은 충족감을 얻는다. 뇌의 신피질이 흥분을 하고 그래서 활성화된 뇌 신경회로 구석구석까지 다채로운 산해진미 음식(이야기·전기화학적 자극)이 제공되기 때문이다.

환망공상은 진실로 정신의 먹이mental food이다.

▣환망공상이 뇌의 먹이라는 것을 인정하는 경우 인간은 거대한 환망공상의 바다에서 자라는 수생식물이다. 이 경우 신토불이의 관점에서 보면 인간의 마음은 정도의 차이가 있을지언정 모두 환망공상으로 이루어져 있다. 이 관점은 힌두교의 빛나는 아트만 이론이나 불교의 청정무구한 불성·여래장·주인공 이론과 정면으로 충돌한다. 지금까지 환망공상이 뇌의 먹이라고 주장했지만, 사실은 환망공상이 주인이고 인간은 환망공상의 먹이 또는 꼭두각시일 가능성도 있다. 즉 정신세계의 주인은 '이기적인 환망공상'일 수 있다.

▣사람이 먹는 음식 중에는 몸에 해로운 것도 있다. 폐가 안 좋은 사람

이 피우는 담배, 간이 안 좋은 사람이 먹는 술, 비만한 사람이 먹는 초콜릿, 고혈압환자가 먹는 삼겹살 등이다. 어떻게 보면 대부분의 음식은 그 자체로서 나쁘거나 좋다고 할 수가 없는 것인지 모른다. 상황에 따라 달라지기 때문이다. 환망공상도 이와 같은 관점으로 볼 수 있는 정신의 먹이이다. 담배나 술이 몸에 나쁘지만 양과 상황에 따라 좋은 것이기도 하다. 마찬가지로 환망공상도 좋은 음식일 수도 나쁜 음식일 수도 있다. 중요한 점은 이것이 먹이라는 점이다.

⊟ 많은 경우 성공은 숱한 실패 끝에 온다. 실패는 없이 성공만 얻을 수 있는가? 구구단을 배우지 않고 바로 고등수학을 배울 수 있는가? 환망공상은 새로운 진리를 발견하기 위한 시도이다. 숱한 시도 속에서 진리가 광석 속의 보석처럼 발견되는 것이다. 조각가의 부스러기 같은 것이 환망공상이다. 그러나 동시에 조각가의 끌과 정의 움직임과 손놀림이 태어날 작품과 관계없이 그 자체로서 의미를 갖듯 환망공상도 그 자체로서 의미를 갖는다. 봄바람에 몸을 맡기고 춤을 추는 대추나무는 다가올 가을의 풍성한 수확의 기대로 춤을 추는 것이 아니다. 봄비에 취하는 대나무는 몇십 년 뒤의 개화가 미리 기뻐서 봄비를 마시는 것은 아니다.

⊟ $s(t)$를 시점 t에서의 단위경험당 만족도라 하고 $f(t)$를 경험밀도라 하면 $f(t)s(t)$는 시점 t에서의 단위시간당 삶의 만족도(불만족은 음수로 나타난다)이며 따라서 인생의 행복은 $Happiness = \int_0^t f(t)s(t)dt$ 로 주어진다. 만약 이 적분값이 음수이면 불행한 삶을 산 것이다. 불교적으로는 어떤 중생의 행복의 총량은 $Happiness = \int_{-\infty}^{+\infty} f(t)s(t)dt$ 로 주어진다. 적분구간이 무한(시간)구간 $(-\infty, +\infty)$인 것은 불교에 의하면 생명은 시작과 끝이 없기 때문이다. 힌두교에도 유사한 수식이 적용된다. 종교에 따라 적분구간이 달라질 뿐이다.

▤이런 아리스토텔레스조차도 스승 플라톤(의 환망공상)에 비하면 아무것도 아니다. 신플라톤주의로 무장한 기독교 교부들이 서양을 중세암흑시대로 몰아넣은 반면에, 유럽의 르네상스를 촉발시킨 것은 이슬람 세계가 연구·보존해 오던 (유럽에서는 이미 잊혀진 지 오래된) 아리스토텔레스의 물질적·실용적·현실적·경험적·이성적·인간적인 자연철학과 사상의 (유럽으로의) 재유입이었다. 스승 플라톤이 『공화국』 등의 저서를 통해서 몽환적이고 망상적인 이상국가를 꿈꾼 반면에 아리스토텔레스는 『논리학』, 『동물사』, 『난제들』(물리학과 우주학), 『자연사론』(수면, 꿈, 호흡에 대한 연구), 『시학』, 『정치학』, 『니코마코스 윤리학』 등의 저술을 통해서 '공중에 붕 떠다니는 철학'이 아니라 '우리가 발을 딛고 사는 이 땅에 기초한 철학'을 제시했다. 아리스토텔레스의 환망공상은 그 방대한 양에도 불구하고 현실적인 환망공상으로서 검증가능한 그리고 개선의 여지가 있는 환망공상이었지만, 스승 플라톤의 환망공상은 상대적으로 양은 훨씬 적지만 원천적으로 검증이 불가능한 초월적인 환망공상이었다. 그의 사상은 스승의 사상과 같은 선상에 있지 않았다. 스승 플라톤이 임종 직전에 자신의 조카를 후계자로 지명하여 아테네 아카데미Academeia 교장으로 앉히자 낙담한 아리스토텔레스는 쓸쓸히, 사랑하는 아테네를 떠났다. 2,000년 후 아리스토텔레스는 르네상스를 통해서 화려하게 부활하여 돌아왔으나, 지금 그 스승의 조카는 어디로 사라졌는지 이름도 보이지 않는다.

▤장기입원으로 누워만 있으면 근육이 다 사라진다. 나중에 고통스러운 재활과정을 거쳐야 한다. 육체적인 근육운동처럼 정신도 근육운동이 필요하다. 환망공상이 그 역할을 한다.

▤전 세계 누구나 나이를 먹을수록 시간이 빠르게 흘러가는 것처럼 느

끼는 것은, 어릴 때는 뇌(해마)에 들어오는 정보량이 많은 반면에, 나이가 들수록 뇌의 기능이 떨어져 정보량이 떨어지기 때문에 저장되는 정보도 적고 세상이 빨리 지나가는 것처럼 느껴진다.(『조선일보』, 2013. 10. 30., 김대식 카이스트 교수의 발언) 이것은 환망공상이 '실제적인' 수명을 늘인다는 또 하나의 증거이다.

환망공상은 멘탈 푸드mental food II

인간은 현실이 상상을 지배하는 존재에서
상상이 현실을 지배하는 존재로 진화한다

　절망적이고 황량하고 건조한 현실에서 인간은 상상의 나래를 펼치고 즐거움을 얻는다. 감옥에 갇혀있어도 인간은 감옥을 탈출하여 자유로운 세상에서 마음껏 즐겁게 사는 상상으로 많은 시간을 보낸다. 많은 경우, 상상이 주는 즐거움은 '그 상상이 실현되느냐' 여부와는 전혀 무관하다. 설사 무기수無期囚처럼 살아서는 감옥을 나올 수 없더라도 그 상상은 크나큰 위안과 즐거움을 준다.

　현실에 연관이 된 상상은 당분간 즐거움을 주다가도 상상이 현실과 어긋날 때 고통으로 변한다. 하지만 감옥을 벗어날 희망이 전혀 없는 무기수의 상상은 실망할 이유가 없다. 설사 현실과 연관된 상상일지라도 수백 년 후의 세상에 대한 상상이라면 생전에는 거짓으로 밝혀질 일이 없어 안전하다. 윤회가 없어서 혹은 영혼이 없어서 수백 년 후 그때 가서 그 일을 목격할 동일한 존재가 없다면 더욱 그러하다.

　현실과 관계없는 순수한 상상은 무너질 염려가 없다. SF소설적인 공상이나 신들의 세계에 대한 공상이 그러하다. 자동차 디자이너들이 끝없이 그리다 지우는 결코 현실로 이루어지지 않는 설계도 역시 즐거움을 주기는 마찬가지이다. 옷 디자이너들과 미술가들이 그리는 실현되지 않은 스케치나 밑그림들에 대해서도 동일한 얘기를 할 수 있다. 또한, 안견의 「몽유도원도」나 사실화가 아닌 풍경화나 인물화는 꿈이나 상상의 산물이지만 작가나 애호가들에게 큰 즐거움을 준다. 미술작품에 나타나는 그런 세상이나 인물이 현실세계에 존재하지 않는다고 어느 누구도 시비를 걸지 않는다.

상상의 세계를 혹은 미래에 대한 기대감을 현실감이 결여되어있다고 비난하는 경향이 있는데, 앞으로 상상이 현실을 지배하는 세상이 오면 전혀 그렇지 않을 것이다. '현실이란 단지 상상에 재료를 제공할 뿐'이라는 견해가 지배적인 세상이 오면, 그때 사람들은 지금의 사람들을 현실이라는 좁은 세상에 갇혀 살던 원시인으로 간주할 수도 있다.

뇌가 발달을 하면 필연적으로 정체성이 바뀌며 뇌가 즐거움으로 삼는 대상이 변한다. 현대인은 잘 먹고 잘 입는 것만으로는 절대 만족하지 못한다. 반드시 스토리가 필요하다. 스토리는 현실에서 멀어질수록 더 자극적이다. 현실의 주된 역할은 상상의 재료를 제공하는 것이다. 개개인의 상상을 대신 해주는 것이 영화, 드라마, 연속극, 만화, 소설 등이다. 상상을 전업으로 삼는 직업군이 나타난 것이다. 사람들은 이 직업적인 상상 제조업자들이 제공하는 상상을 섭취함으로써 스스로 상상을 만드는 수고를 던다. 예전에는 종교인들이 상상의 주공급원이었지만(종교의 진짜 공헌은 진리를 제공한 것이 아니라, 환망공상의 세계를 제시하여 인간의 뇌를 무료하지 않게 한 것이다), 지금은 그 스토리가 너무 진부해서 이미 어마어마한 가상세계, 즉 상상의 세계에 사는 신세대들의 관심을 끌지 못해 종교는 고사枯死 일보직전이다.

미래에 대한 상상과 장밋빛 꿈으로 10여 년을 행복하게 지낸 사람의 그 상상과 꿈이 불가능한 것으로 밝혀진다고 해서 지난 10년간의 행복이 거짓이 되는 것은 아니다. 그 행복은 거짓이 아니다. 만약 이 사람이 진실을 알아낸 다음 날 죽었다면 이 사람은 불행한 삶을 산 것인가? 그 하루 동안의 실망이 지난 10년간의 행복을 무효화시키는가? 전혀 그렇지 않다. 그 상상과 꿈이 주던 찬란한 빛과 생동감과 활력을 기억하라. 그리고 그 상상과 꿈이 없었다면 필연적으로 그 자리를 대신했을 정신의 침체, 무기력, 절망감을 생각해보라. 그 은혜 속에서 산 삶이 어찌 거짓인가? 상상과 꿈은 그 자체로서 의미를 갖는다. '현실이 꿈과 상상을 지배하는 세상'에서 '꿈과 상상이 현실을 지배하는 세상'으로 인간은 진화해가기 때문이다.

인간의 의식은 끝없이 진화해가는 것이기에, 어제의 괴이한 일은 오늘의 일상사로 변한다. 그런데 그 일상에 안주한 사람들은 미래의 괴이한 일을 내친다. 왜냐하면 과거의 인간과 현재의 인간과 미래의 인간은 같은 정체성을 가진 같은 인간이 아니기 때문이다.

오직 진리만이 의미를 갖는다면 과학발전과정에 있어서의 '결국 거짓으로 밝혀진 수많은 예측들'은 아무 의미가 없을 것이다. 하지만 이런 과감한 예측이 없었다면 과학발전은 아예 불가능했을 것이다. 이런 예측은 과학자들의 삶에 활력을 주고 과학탐구를 지속시켜주는 역할을 하기도 한다. 인간의 삶은 진리를 향한 일직선적인 삶이 아니다. 인간은 그리 창조되지도 않았고 그리 살 수도 없다. 그래서 좁게는 상상이, 넓게는 환망공상이 그토록 중요한 이유이다.

☷상상력이 풍부한 사람은 그렇지 않은 사람보다 더 실수를 한다. 진리를 향한 풍성한 상상과 추측은 새로운 발견을 위해서 반드시 필요한 첫걸음이다. 그리고 엉뚱한 추측을 합리적인 추측보다 몇 곱절은 더 하게 된다.(윌리엄 제번스William Stanley Jevons, 김성호 옮김,『생각의 경계』)

☷미래의 인간은 지금의 인간을 '현실에 갇혀 살던 저차원의 생물'이

라고 비웃을 가능성이 있다. 세상은 현실세계와 환망공상의 세계로
구성되어있으며, 현실세계에만 사는 생물을 현실성자폐생물이라
한다.

경주남산의 희귀한 화석

도처에 화석이 있다

2012년 12월 초 어느 날 모처럼 포항을 찾아온 제자와 경주 남산 산행에 나섰다. 삼릉에서 출발하여 금오산을 거쳐 칠불암까지 3시간이 걸렸다. 칠불암은 그지없이 아름다운 신라 마애불 3분이 나지裸地에 모셔진, 3간짜리 법당 하나만 덩그러니 서있는 초소형 절이다. 가는 날이 장날이라고 주지 혜진 스님은 계시지 않고 젊은 비구 스님만 절을 지키고 있었다. 우리 가곡 「성불사의 밤」의 가사 '주승은 잠이 들고 객이 홀로 듣는구나'가 떠오른다. '주승은 출타하고 객이 홀로 앉아있네.' 마음이 따뜻한 비구 스님은 차도 권하고 귤도 듬뿍 내놓으신다. 미안하고 고맙고 허기지고 갈증이 나던 차에 참으로 맛나게 먹었다. 차 몇 순배 돌림에 초면의 어색함이 풀리면서 불교에 대해서 이야기를 나누기 시작했다.

스님의 주장에 의하면 깨달으면 세상 모든 것을 알게 된다고 한다 (일체종지一切種智). 문자 그대로 모든 것을. '그럼 왜 옛날에 돌림병으로 사람들이 마구 죽어나갈 때 깨달은 분들이 백신이나 아스피린을 만들어 주지 않았을까요?' 하고 질문을 하자 말을 못 잇는다. '그러게요, 이상하네요' 하며 고개를 갸웃거린다. 천연두 백신은 굳이 현대적인 생산 시설이 없더라도 원시적인 생산방법으로 생산해도 상당한 효과를 볼 수 있다. 아스피린은 곰팡이에서 얻지만 자연에는 아스피린 성분을 지닌 천연물질들이 있다. 이것들을 알려주고 처방하였다면 많은 이들의 목숨을 구하였을 것이다.

이틀 전에 때아니게 눈이 많이 내렸다. 스님의 주장은 용왕이 존재한다는 것이다. 불경에도 '나가'라고 용신이 존재한다. 용신은 물을 주관한다. 번개도 용왕이 주관하고 눈, 비, 우박, 홍수도 용왕이 주관한다. 과학이 발달하지 못한 원시시대에 원시인들이 환망공상(환상, 망상, 공상, 상상)으로 상정한 것이 용왕이라고 지적해도 스님은 완강히 버틴다. '용왕은 분명 존재한다'고. 요즈음 인공강우기술로 비도 인위적으로 내리게 할 수 있는데, 그럼 인공강우기가 용왕인가? 아니면 인공강우기술자가 용왕인가? 스님은 말을 잇지 못한다.

미국 독립신인서를 기초한 벤저민 프랭클린은 번개가 전기현상이라는 것을 입증하기 위해서 번개가 치는 날 전선을 연결한 연을 띄웠다가 감전사를 당할 뻔하기도 했다. 결국 번개가 전기현상이라는 것을 증명했으며 그 결과 피뢰침을 발명하게 되었다. 놀랍게도 당시 종교계 성직자들. 즉 기독교 목사와 신부들은 극렬하게 피뢰침사용에 반대하였다. 벼락은 죄인을 벌주는 하나님의 징벌수단인데 피뢰침사용은 이 징벌에 개입하여 방해하는 신성모독죄에 해당한다는 주장이었다. 이들은 천연두 백신의 발명도 동일한 이유로 맹렬히 반대하였다. 질병은 죄의 결과이므로, 즉 질병은 죄 많은 자들이 하나님으로부터 받는 벌이므로 마땅히 병에 걸려 고생해야 한다는 것이었다. 오래전에 이런 주장을 읽고서 세상의 어처구니없음에 몹시 놀란 적이 있는데 많은 세월이 지난 지금 이 착한 스님이 바로 코앞에서 비슷한 주장을 하신다. 고대 청동기시대 환망공상의 화석이다. 물질적인 생물체의 몸만 화석으로 남는 것이 아니다. 인간의 사상, 철학, 문화, 종교도 화석으로 남는다. 희귀한 화석을 채집한 귀한 시간이었다. 1시간 가까운 어둑어둑해지는 하행 길은 놀라운 발견으로 인한 경탄으로 발걸음이 가볍기만 했다.

🗒️ 신라마애불은 천 년의 세월과 풍상을 견디어냈지만, 환망공상은 인간등정의 역사 수만 년을 이겨냈다.

🗒️ 인간에게 언어가 생긴 것은 10만 년 전이다. 언어의 탄생은 단어에 대응하는 것이 실체로서 존재한다는 느낌을 만들었고, 단어들의 기발한 조합을 통해 기묘한 세상 즉 환망공상의 세계를 창조하거나 그리 진입할 수 있게 되었다.
　'검은 옷을 입은 백의白衣의 천사' '눈이 발바닥에 달린 사람' '3D 안경을 쓰고 입체영화를 보는 맹인' '양손으로 쌍칼을 능숙하게 쓰는 외팔이 검객' '항상 진실만을 말하는 거짓말쟁이' '싸웠다 하면 지는 상승장군常勝將軍' '인간을 무한히 사랑하는 그러나 동시에 인간을 영원히 지옥불에 태우는 벌을 주는 하나님' 등은 도대체 무슨 의미가 있을까?

🗒️ 기독교의 모순적인 교리는 이렇다. "Sweet heart, I love you so much. But I will put you in hell and torture you forever." "나는 너희들을 너무 너무 사랑한단다. 하지만 너희들을 영원히 지옥에 가두고 끝없이 고문할 거란다." 하나님의 발언이다.

🗒️ 어머니가 자식들에게 이런 말을 한다고 상상해보라. "나는 너희들을 너무 너무 사랑한단다. 하지만, 내 말을 안 들으면 가스 오븐에 집어넣고 뜨거운 가스불로 영원히 구울 거야." 그리고 실제로 이걸 행동으로 옮긴다면, 이 어머니는 과연 자식들을 사랑하는 것일까?

환망공상과 모순

맹신이 강요되는 이유는, 이런 교리는 (정상적인 사람이라면) 맨정신으로는 믿을 수 없기 때문이다.

🗎 '한국불교도 당송시대 화석이 아닌지' 심각하게 고민해보아야 할 것이다. 법문은 귀신이야기나 기이한 환생 또는 인과응보 이야기로 꾸리고 그 내용은 한문으로 된 당송시대 선어록을 한글로 풀어내는 것이라면, 이미 복장과 사찰건물과 제도가 당송시대 것일진대 한국불교는 당송시대 화석이 아닐 수 없을 것이다.

🗎 용은 불법佛法을 수호하는 8가지 존재인 팔부신장八部神將(천인·용·야차·건달바·아수라·가루라·긴나라·마후라가) 중 하나이다. 불경 여러 곳에 언급이 되어있으므로 신자들은, 특히 (아직 비판력이 없는) 젊은 신자들은 믿지 않을 수 없다. 진화론적으로 보면, 어린 새끼들은 가족 성체들을 따라하도록 프로그램 되어있기 때문이다(흉내 내기는 성체들이 축적한 생존에 필요한 삶의 지식을, 새끼의 뇌에 신속하게 입력하는 효과적인 수단이다. 설사 잘못된 지식이 조금 섞여있더라도, 솎아낼 능력이 없으므로, 그냥 다 받아들이는 것이 압도적으로 유리하다. 받아들일까 말까 고민하고 주저하다가는 그 사이에 멸종할 가능성이 크다. 어미가 뱀을 보고 도망가면 새끼도 즉시 도망가야 한다. 처음 보는 뱀을 쳐다보며, 어미가 도망친 것이 과연 합리적인 행동인가 사색하거나, 호기심에 뱀에 대해서 연구하느라 시간을 지체하면 절대 안 된다). 그래서, 절집의 어른 스님들이 용의 존재를 믿는다면 어린 스님들은 안 믿을 수 없다. 이 점에서, 경주 남산의 어린 스님은 시스템의 피해자이다.

팔부신장의 모습은 기괴하다. 건달바는 음악의 신으로서 머리는 새 몸은 사람인 반인반조이고, 긴나라는 가무歌舞의 신으로서 머리는 말이고 몸은 사람인 마두인신馬頭人身인데 머리에 뿔이 하나 나 있는 일각수(유니콘)모양이며, 마후라가는 음악의 신으로서 뱀의 머리에 사람의 몸을 한 모습蛇頭人身이다. 흥미롭게도 긴나라는 희랍신화에 나오는 머리는 사람이고 몸은 말인 마신인두馬身人頭 괴물 켄타우로스centauros와 정반대의 모습이다. 즉 긴나라는 사람 몸에 말대가리를 단 인신마두人身馬頭이다. 이런 기괴한 모습의 반인반수半人半獸 신들의 존재를 믿는 것은 쉬운 일이 아니다. 소속집단이 구성원에게 가하는 집단적인 문화의 압력collective memetic rape이 없으면 몹시 힘든 일이다.

환망공상과 모순

이외수 그 환망공상의 정수

환망공상의 주체가 환망공상인 줄 모를 때 가장
독성이 강하다

춥디추운 강원도 춘천 출신 작가 이외수는 젊은 시절부터, 아랫목에 앉아 윗목의 컵을 염력으로 움직이는 것이 가능하다고 주장했다(그 당시는 나라가 가난하고 날씨는 추워서 윗목에 앉아 아랫목의 컵을 움직이는 사람은 존재하지 않았다. 염력으로건 팔 힘으로건 간에. 아랫목이라는 말은 겨울에만 존재하는 말임을 유념하시라. 여름이 되면 겨울에 존재하던 아랫목이 홀연히 사라져 버렸다). 계룡산에 가면 그런 사람들이 있다고 했다. 단수가 아니라 복수임을 유의하시라. 그의 작품들은 마치 자기 전생 얘기들을 주절주절 늘어놓은 듯했다. 게다가 깡마른 몸에, 도무지 이 세상사람 같지 않은 분위기에다가, 꼭 저쪽 세상과 통하는 사람 같은 분위기를 풍겨서 도대체 믿지 않으려 해도 안 믿기가 힘들었다. 그때는 그러려니 했는데 이제 60을 훌쩍 넘긴 나이에도 뻥은 점점 더 심해지고 있다. 아무리 콘셉트로 그런다 해도 이건 좀(?) 매우 지나치다.

근래 나온 책에서 이외수는 정색을 하고 달에 사람이 살고 있다고 주장한다. (수성·금성·화성·목성에 사람이 산다고 주장한 대행 스님도 달은 언급하지 않았다. 너무 가까운 곳을 거론하면 위험부담이 너무 크다. 그

이외수 그 환망공상의 정수

러니 이외수의 구라는 확실히 세긴 세다! 게다가 차별성까지 있다. 등잔 밑
이 어둡다고 닐 암스트롱 발밑에 월인^{月人}이 살고 있었다니….) 그것도 중
국인구 정도나! 자그마치 15억이다! 중국이 유인 우주선을 달로 보내
는 순간 달의 인구가 중국인구보다 많아진다! 중국집까지 내고 눌러앉
으면 인구역전은 고착된다. 이 달사람들이 미국 아폴로 우주선이나 중
국 무인 달 탐사선이나 망원경에 잡히지 않으니 이외수가 그들^{月人}이
달표면 위가 아니라 달표면 아래에 살고 있다고 주장하는 것은 필연적
이다. 나중에 지구인이 지하자원을 얻으려고 달 지하를 탐사하게 되면
뭐라고 말할까? '지구보다 한참 더 발달한 과학기술로 미리 눈치 채고
다른 별로 이주했'고 하면 그만이다. 왜 그렇게 높은 과학수준으로
지구인이 오는 것을 막지 못하느냐고 꼬치꼬치 캐묻고 늘어지면? 그냥
'달에 살기 지겨워져서 이사갔다' 하면 역시 그만이다.

　　자기만 달사람^{月人}하고 달마다 여러 차례 소통한다는데 그 말이 진짜
인지 가짜인지 아니면 거짓부렁인지 헛소리인지 누가 알 것인가. 그것
도 직접 하는 것이 아니라 '월어^{月語}'에 능통한 지구인 통역사를 통해서
한다고 한다! 여차하면 통역이 잘못되었다고 하며 빠져나갈 수 있는
구멍은 있으나 이중^{二重} 환망공상임이 분명하다. 아무튼 트통령 이외수
만 소통을 하고, 그의 팔로어 150만 명은 불통이다.

　　달사람들로부터 지식을 얻는다고 하는데 무슨 지식을 얻는지에 대
해서는 별 구체적인 언급이 없다. 보나마나 얻으나마나한 지식을 얻는
게 아나마나(알아보나마나) 분명하다. 쓸 만한 지식은 하나도 없다. 스
스로 자신에게 건네는 말도 안 되는 질문에 스스로 엉뚱하게 답하고
그 기발함에 혼자서만 감탄하는 몽상적인 사유작용을, 채널링^{channeling}
이라고 하는 국적불명의 용어로 포장을 한다. 소위 우문자설경^{愚問自說}
^經이다. 자신이 없는 독자들은 일단 이국적인 용어에 기가 눌리고 지고
들어간다. 내가 모르는 뭔가 심오한 것이 있을 거라고 지레짐작하며….
사실은 그 용어 이상의 것은 아무것도 없다는 것이 싱거운 맥주 같은

진상이다.

채널링을 통해 달사람들과의 문답을 통해 얻는 지식이 어떠할지 짐작이 간다. "그런데 왜 외계인은 하나같이 지구인보다 과학이 더 발달했을까요? 지구인보다 더 미개한 외계인은 없는 걸까요?" 월인의 답 "이 바보야. 지구까지 오는 우주선을 만들려면 과학기술이 엄청 발달해야 하잖아". 빙고! 멋진 답이다. 그리고 유익한(?) 지식이다.

한때 미국에 에캉카^{Eckankar}라는 컬트가 있었다. 이 컬트는 유체이탈을 통해 초월적이고 지적인 존재들과의 소통을 내세웠는데 이걸 채널링이라고 불렀다.

이 수십 년 된 구닥다리 서양 사이비종교 수법이 지금 한반도에서 통한다니(또는 통하길 기대한다니) 기가 막힐 노릇이다. 한국이 무슨 '철 지난 외제 종교' 아울렛인가? 대한민국의 외부정보에 대한 폐쇄성에 놀랄 따름이다.

여기 비하면 문선명은 대단하다. 단군 이래 최초로 외국산 종교를 수입·개조해서 유사^{類似}역수출했다. 그것도 아직 중화학공업이 생기지 않아 변변한 수출품이 없던 40년 전에!

이외수 씨, 분발하시기 바란다. 지금까지의 작품 중 대표작을 (특히 마지막 작품을), 만약 영어·스페인어·일어·중국어 등의 지구상 외국어가 여러 사정상 어렵다면, 일단 월어^{月語}로 번역해서 달에서 출간하는 것을 심각히 고려해보시기 바란다. 태양계 최초의 '행성 간 베스트셀러$^{interplanetary\ best\ seller}$'가 될지 누가 알겠는가? 그러면 문선명을 따라잡을 수 있다. 농담이 아니다. 진심이다. 그리고 잊지 마시고 월어 통역사를 통해서 그 결과를 모니터^{monitor}하고 트위트해 주시기 바란다.

▤ 임진왜란이 끝난 지 7년 후인 1606년에 갈릴레이는 망원경으로 달을 관찰하고 달에서 산과 평원과 곰보 같은 분화구를 발견했다.

당시 조선은 사명당을 일본에 보내, 임진왜란 중에 납치되어 간

사람들과 포로들의 송환 문제를 논의하고 있었다. 지금도 일부 사람들은 사명당이 초능력으로 왜놈들을 놀라게 하고 겁주고 설득하여 조선인들을 데려왔다고 믿는다. '왜놈들이 사명대사를 삶아 죽이려고 솥에 집어넣고 불을 땠는데, 솥뚜껑을 열자 얼어붙은 솥 안에 사명대사가 앉아 있더라'는 등의 황당한 얘기를 믿는다. 특히 불교인들이나 신선도나 단전호흡을 닦는 사람들이 그렇다(이런 사람들도 냉장고는 애용한다. 불가사의한 일이다). 그런 놀라운 능력이 있었으면 처음부터 침략을 당하지 말고, 한양성과 평양성이 함락당하지 말았어야 하는 것 아닌가? 전 국토가 폐허가 되고 전 인구의 3분의 1이나 때죽음을 당한 뒤에, 때늦은 신통력이, 설사 사실이라 해도 직무유기감인데, 뭐가 그리 감동적인가? 열등감을 숨기려는 신화조작이다. 신화나 조작하고 있었으니 반성이 없었던 것도 물론勿論(논할 필요조차 없음)이다. 그래서 결국 300년 후에 일제 식민지가 되고 만 것이다.

조선이 이런 미신적인, 원시적인 행태를 보이고 있을 때 서양은 이미 망원경을 만들어 달을 탐구하고 있었다. 하지만 당시의 가톨릭 성직자들은 물론이거니와 서양 과학자들도 갈릴레이의 제안에 따라 망원경으로 직접 달을 보고도, 즉 달 표면의 산과 분화구를 보고도 본 바를 믿지 않았다. 이 사람들은 아리스토텔레스의 망상fanlugination적 이론에 따라 달을 완벽한 구로 믿었다. 그래서 "달은 사람 눈에 안 보이는 완벽한 구로 둘러싸여있다"고 주장했다. 그런 주장에, 갈릴레오는 "그럼 달에 눈에 안 보이는 산도 있겠군요"라고 비꼬았다. 우리시대에도 이런 사람이 있다. 이외수이다. 150만 팔로워를 거느린 트통령 이외수이다.

임진왜란 이후로 전혀 발전이 없는 사람이다. 달에 사람이 산다고 주장하고 있으니, 임진왜란이 끝난 지, 그리고 갈릴레오가 달을 관찰한 지 404년이나 흘렀는데 도대체 무슨 생각을 하며 사는 것일까?

게다가 유인 우주선이 달에 다녀왔는데 무슨 헛소리로 혹세무민惑世誣民하고 있는 것인가?

기업인들은 국제시장에서, 과학자들은 실험실과 연구실에서 서양의 부와 학문을 따라잡으려고 피땀을 흘리고 있는데, 150만 명이나 되는 젊은 팔로워들을 무지몽매無知蒙昧한 세상으로 돌아가자고 선동하는 사람 이외수는 도대체 스스로 자랑스러워하는 단군의 후손이 맞기는 맞는가?

우리의 반쪽, 북北이 아직도 잔혹하고 미개한 임진왜란 당시의 수탈적인 전제·세습왕정을 펴고 있을 때, 나머지 반쪽이 남쪽에서 자그마치 1,500,001명이나 이런 환망공상이나 하고 있으면 조선이 선진국이 되는 것은 영원히 불가능할 것이다. 지금 대한민국이 침체에 빠진 것은 다 이외수 탓이다.

☷이외수의 주장대로 달에 15억 사람이 산다면 달의 인구밀도는 지구와 거의 같다! 그럼 대규모로 달로 이주하는 것은 포기해야 한다. 그 계산은 다음과 같다. 달의 반경이 지구의 $\frac{1}{4}$이므로 달의 표면적은 지구 표면적의 $\left(\frac{1}{4}\right)^2 = \frac{1}{16}$이다. 지구 표면적의 $\frac{3}{10}$만 육지이고 달에는 바다가 없으므로 달의 지면은 지구 지면의 $\left(\frac{1}{16}\right)\left(\frac{10}{3}\right) = \frac{10}{48}$이다. 이외수의 책이 나온 해인 2013년 현재 지구인구인 73억의 $\frac{10}{48}$은 약 15억이다. 그런데 달에 15억이 산다고 했으므로 달의 인구밀도는 지구인구밀도와 정확히 일치한다. 이외수가 달인구가 15억이라고 주장하기 전에 미리 이런 계산을 한 것이 분명하다. 노회하기 이를 데 없는 이외수!

그러나 식량문제는 심각하지 않을 것이다. 왜냐하면, 월인의 몸집이 지구인과 비슷하다면, 달의 인력이 지구의 $\left(\frac{1}{4}\right)^3 = \frac{1}{64}$이므로 몸무게가 지구인에 비해 $\left(\frac{1}{4}\right)^3 = \frac{1}{64}$밖에 되지 않아 운동에너지 소모가 비약적으로 축소된다. 그러면 식량사정은 경작가능면적대비

$$(64)\left(\frac{10}{48}\right) = \frac{640}{48} \approx 13$$배나 향상된다. 먹고살기에는 결코 나쁜 곳이 아니다. 중국인들이 달에 가서 중국집을 열기에 더없이 좋은 환경이다. 무인 우주선을 달에 보낸 중국이 빠른 시일 안에 달에 사람을 보내기를 고대한다. 그러면 중국집을 열러 달로 가는 중국인들 덕에 지구인구밀도가 좀 줄어들 것이다. 그때는 이런 시흥詩興도 가능하리라.

휘영청 달 밝은 밤 어디선가 나는 짜장면 냄새는 어느 별 중국집 냄새인고?

환망공상과 모순

청화 스님의 스승 금타 화상의 망상

> 달의 지름은 지구의 6배이며, 지구는 달에서 떨어져 나왔다
> 〈스승 금타 화상〉
> 천박한 천문학지식으로 금타 화상을 비판하면 방불훼법이다
> 〈제자 청화 스님〉

청화 스님^{淸華 1924~2003}은 생전에 청정한 계행과 지적인 언행과 인자한 분위기와 평생에 걸친 치열한 수행으로 많은 이들에게 존경을 받은 구도자이셨다(이분의 삶은 남지심의 구도소설 『청화 큰스님』에 잘 묘사되어있다). 흠 잡을 것이 거의 없는 완벽에 가까운 수행자였다. 그럼에도 불구하고 이분에게도 치명적인 결함이 하나 있었다. 자신의 스승 금타 화상의 엉터리 천문학을 책으로 펴내 선전하고 옹호한 것이다.

금타 스님^{金陀 1898~1947}은 우주에 대한 자기 나름대로의 과학적인 원고를 남겼다. 금타 스님 사후에 제자인 청화 스님이 스승의 유고집으로서 『금강심론^{金剛心論}』이라는 책을 펴냈다. 이 책의 전반부는 불교경전에 대한 주석서이며 후반부는 태양계에 대한 금타 스님 자신의 연구결과이다.

제4편 '우주의 본질과 형량'의 머리말에서 청화 스님은 "금타 스님의 우주론은 미증유의 파천황이며 경험과학과 달리 단순한 사변적인 소산이 아니라 순수직관적인 현묘한 선정을 통한 통찰이므로 현대천

문학과 큰 차이가 있는 것이 당연하며, 현대천문학이 아직도 암중모색 단계를 못 벗어난 상태이므로, 금타 스님의 천문설이 설사 가설일지라도 어느 누가 감히 부인할 수 있느냐"고 하신다. 즉 아직 암중모색단계를 못 벗어난 현대천문학으로 거창하고 합리적인 금타 스님의 천문설을 부인하지 말라는 뜻이다. 앞으로 천문학이 충분히 발달하여 암중모색단계를 벗어나면 금타 스님의 주장이 사실로 밝혀질 것이라는 뜻으로 보인다. 왜냐하면 청화 스님이 보기에, 현대과학은 사변의 소산에 지나지 않으나 선정체험은 순수직관적인 통찰이며, 따라서 순수직관적인 선정체험이 사변적인 현대과학보다 압도적인 우위에 있기 때문이다. (하지만 까마득한 옛날부터 행해진 인도인들의 선정에 의한 순수직관적인 통찰은 무수한 망상을 생산하였다. 그러므로 선정에 기초한 통찰이 사변에 기초한 과학보다 낫다는 주장은 그저 망상일 뿐이다.) 또 청화 스님은 "불교인이 불교우주관에 대한 깊은 고려 없이 일지반해一知半解 하나쯤 알고 반쯤 이해한 아는 것이 별로 없고 어설픈 상태한 천문상식만으로 천박한 비판을 함부로 한다면 방불훼법의 허물이 되는 것"이라고 엄중히 경고하며, 스승 금타 스님의 주장에 대한 비판을 사전에 차단한다.

그러나 앞으로 소개할 금타 스님의 주장을 보면 그 어처구니없는 이론에 정신이 아득해질 것이다.

제4편 '우주의 본질과 형량' 서문의 첫 번째 문장이 '일미를 오견하면 망상이 되고, 정견하면 진각이 된다'이다. 아무리 작은 것일지라도 잘못 보면 망상이요 바로 보면 진실한 깨달음이 된다는 뜻이다. 그런데 금타 스님 자신은 '달처럼 작은 것을 지구보다 부피가 216배나 크고 지구가 달에서 분리되어 나온 것'이라고 했으니 이보다 더 큰 망상이 없을 것이다.

이어서 금타 스님은 놀라운 주장을 하며 현대과학을 질타한다. 지구와 지구의 반경을 배증(倍增)한 구체의 허공신(虛空身)을 이르는 '지륜계(地輪界)'라는 개념을 도입하여 다음과 같이 주장하였다: 지구의 열은 지륜계 자신의 열이다. 만약 그렇지 않고 태양이 열의 근원이라면 왜 산과 같이 높은 곳에 올라갈수록(열원인 태양에 더 가까워짐에도 불구하고) 더 추워지는가? 그리고 어찌하여 해가 져버린 달밤에 온기가 느껴지는가?

또 지구광명(地球光明)의 원인은 태양이 아니라 지구 자체의 광명이라고 주장한다. 낮에 지구가 밝은 것은 지구 자체의 빛으로 밝은 것이지 태양빛으로 밝은 것이 아니라는 주장이다. 그 증거로서 비행체를 타고 태양을 향해 상승할수록 느끼는 어둠을 든다. 어처구니없는 주장이다. 지구는 빛을 통과시켜 보내지 않고 여기저기 반사시켜 빛을 지구에 잡아두기 때문에 밝은 것이다. 금타 스님은 아무것도 없는 허공은 빛을 잡아두지 못하므로 더 어두워 보인다는 사실을 모르고 하는 말이다.

온기도 마찬가지로 설명할 수 있다. 허공은 공기가 없어 빛을 잡아두지 못해 추우나, 지구는 공기가 있어 빛에너지를 잡아둔다. 대지도 빛에너지를 잡아둔다. 높이 올라가면 공기도 희박해지고 달궈진 대지와도 멀어져 온기가 감소한다. 허공에서는 직접 받는 빛에 의해서만 에너지를 받을 수 있다. 그래서 더 추운 것이다. 부연하자면 이렇다. 빛에너지가 대지를 달구면 대지는 복사열을 방출한다. 이 복사열을 대기 중의 수증기와 이산화탄소가 흡수하여, 지구에서 열이 빠져나가는 것을 막는다. 소위 온실효과이다. 그래서 지구가 따뜻한 것이다. 높이 올라갈수록 추워지는 이유는, 대기가 옅어져 온실효과가 감소하기 때문이다. 달밤에 온기가 느껴지는 것은, 달이 태양빛을 반사시켜 지구에 빛에너지를 공급하므로 온기가 느껴지는 것이다.

또 스님은 태양이 광원이 아니라는 증거로 지륜계에 주야(낮과 밤)가 있다는 사실을 든다. 광원인 태양이 엄청나게 크므로 주야가 (거의) 없어야 한다는 말이다. 만약 태양이 지구에 가깝게 위치해 있다면 맞는 말이지만, 실상은 태양과 지구 사이의 거리가 1억4,960만km로서 태양직경(139만km로 지구직경의 110여 배)의 100배를 상회하여, 엄청나게 큰 태양의 크기를 거의 다 상쇄하여 하루 종일 낮을 못 만들고 아주 미세한 주야길이의 차이를 만든다. 이 사실은 중고등학교 삼각함수 지식으로 쉽게 확인이 가능하다. 또한 지구의 자전축이 공전면公轉面에 대해서 수직이 아니고 기울어진 것이, 위도에 따른 그리고 계절에 따른, 밤낮길이의 차이를 만들어낸다.

스님은 '태양빛이 결백색潔白色 순결한 흰색이므로 잡색이 없어서 7색의 스펙트럼이 나올 도리가 없다'고 주장한다. 스님은 빛이 파장임을 모르고 하는 말이다. 대문호大文豪 괴테가 『색채론』에서 잘못 주장한 것과 유사한 주장이다.

스님은 '태양이 열원이라면 지구가 태양열을 모아 일부분도 냉각할 수 없을 것'이라 하나, 이는 지구가 자전한다는 사실을 망각하고 한 발언이다. 난로 앞에 서서 회전해보라. 등 쪽이 식는 것은 당연한 일이다. 뿐만 아니라 지구는 열을 방출한다. 이 방출되는 열로 인하여 온도가 무한정 올라가지 않는다. 매일매일 아궁이에 불을 피워 열을 전달해도 집의 온도가 한없이 올라가지 않는 것과 같은 이치이다. 따라서 어디선가 평형을 이루어야 하는데 그것이 현재 지구의 온도이다.

스님은 상현달과 하현달은 태양이 만든 지구 그림자가 만든 사실을 부인한다. 이 사실은 이미 2,500년 전에 그리스 과학자가 발견한 바 있으며, 달이 차고 기우는 이유와 그 모양은 뉴턴이 『프린키피아 Principia』(1687)에서 이미 자세히 설명을 하였으며 초등학생도 쉽게 이해할 수 있는 내용이다. 정 못 믿겠으면 어두운 방에서 탁구공(달)과 테니스공(지구)을 손전등(태양)으로 비추면서 위치를 바꾸어가며 실험을 해보라. 금방 알 수 있을 것이다.

금타 스님은 달이 태양의 반영체가 아니라고 주장한다. 즉 달빛은 태양빛이 반사된 것이 아니라는 뜻이다. 이미 2,500년 전에 그리스 철학자 아낙사고라스Anaxagoras가 옳게 추론한 일을 아직도 이해하지 못하고 망상에 빠져있는 것이다.

또 다음과 같이 주장한다: "달은 직경이 지구보다 6배 크다. 달은 지구를 배태胚胎했다. 즉 지구는 달에서 떨어져 나온 것이다. 달의 표면의 거뭇거뭇한 흔적은 지구가 달에서 빠져나올 때 생긴 상처자국이다. 이 부분은 지구의 주형鑄型이므로 이 부분의 요철凹凸은 지구의 철요凸凹부분과 정확히 일치한다. 달의 요凹는 지구의 산악인 철凸과, 철凸은 지구의 강과 바다인 요凹에 대응되며, 달의 요凹의 용적은 지구의 철凸의 용적과, 철凸의 용적은 요凹의 용적과 같다." 금타 스님에 의하면 달은 앞면은 둥근 모양이지만 뒷면은 고깔모양이다. 또 달의 종단면은 삼각형이고 횡단면은 원이라고 주장했다. 즉 달은 원뿔모양이라는 것이다. 스님 사후 22년이 지나 우주선이 달의 뒷면까지 날아가 구형임을 확인한 바 있다(닐 암스트롱을 비롯한 12인의 우주인들이 1969~1972년에 6차례에 걸쳐 아폴로 우주선을 타고 달표면에 다녀왔다. 그곳은 지구에서 보이지 않는 달의 뒷면이었다).

불자 여러분은 현혹되지 마시기 바란다. '종교와 과학이 상충되면 과학을 택해야 한다.' 제14대 달라이 라마의 주장이다.

금타 스님의 주장처럼 만약 달이 지구보다 직경이 6배 크다면(그러나 실제로는 1/4이므로) 부피는 지금보다 24^3=13,824배 클 것이고, 이에 따라 지구와 달 사이의 인력이 13,824배 증가하여, 바닷물에 의한 조석간만의 차이가 지금보다 13,824배로 커져 인천을 비롯한 서해안은 매일 어마어마한 해일이 몰아쳐 폐허로 변한 지 오래일 것이다. 바다의 파도도 족히 100배는 커져 어부들이 살아남지 못했을 것이다. 또한 달의 표면적은 지금보다 24^2=576배로 커져서 달빛이 576배 밝아져서 달밤이 대낮처럼 환할 것이다(형설지공螢雪之功이란 말이 처음부터 아예 생길 수가 없었을 것이다). 그리고 달이 원뿔모양이라니 달의 뒷면이 지구에서 안 보인다고 함부로 말해도 좋은가? 지독한 망상이다.

청화 스님은 금타 스님의 주장들이 선정을 통한 통찰에서 나온 것이라고 하는데, 왜 선정을 통한 통찰이나 선정 중에 본 것은 무조건 옳아야 하는가? 금타 스님의 선정은 조용한 표면의식 밑의 소란스러운 망상이다. 『해심밀경』에 '아다나식심심세 일체종자여폭류'라는 구절이 있지 않은가? 그의 선정 중 의식의 밑바닥에는 망상이 폭류처럼 흐르고 있었던 것이다. 이 이외에는 달리 설명할 길이 없다.

지금까지 소개한 금타 스님의 주장은 청화 스님이 서문에서 밝힌 대로 실로 파천황적인 주장이다. 문제는 모조리 틀린 이론이라는 것이다. 어느 분야든지 모르면 배워야 한다. 금타 스님의 망상은 중고등학교 물리수업만 들었으면 생기지 않았을 망상이다. 종교가 자기 전문분야가 아닌 과학의 영역을 침범할 때 이런 어처구니없는 일이 벌어지는 것이다.

청화 스님과 금타 스님의 결함은 진화론적으로 보면 필연적인 현상이다. 인간은 본래 완벽한 존재로 태어나거나 창조된 존재가 아니라 수십억 년에 걸쳐서 자신과 우주에 대한 이해와 파악을 해왔기 때문이다. 즉 배움과 학습은 시간에 따라 축적되는 것이다. 뿐만 아니라 자신과 우주는 정적인 존재가 아니라 시간에 따라 진화하는, 즉 변하는 존재이다. 인간이 인식대상으로 삼는 삼라만상이 변할 뿐만 아니라, 인식주관 즉 인간자신이 변한다. 육체, 즉 감각기관이 변하고 뇌와 의식이 변한다. 변하며 움직이는 인간은, 변하며 움직이는 타깃인 삼라만상을 맞추려고, 변하며 움직이는 총인 인식수단으로 끝없이 겨냥하고 쏘아댄다. 잘 맞을 리 없는 것은 당연한 일이다. 그래서 어처구니없는 망상이 나오는 것이다. 신체적·정신적 변화, 즉 감각기관의 변화와 지능의 변화는 단순한 변화가 아니라 발전이며 향상이다. 따라서 모든 인간은 어느 시점에서나 항상 결함이 있는 존재일 수밖에 없다. 결함이 있어야만 향상이 가능한 것 아닌가. 이 사실을 망각하면 교조주의적이고 근본주의적인 주장을 하게 된다. 청화 스님과 금타 스님이 좋은 예이다.

만약 청화 스님이 금타 스님의 유고를 정리하여 책으로 출간하지 않았다면 금타 스님의 망상이 세간에 알려지지 않았을 것이므로, 금타 스님의 망상 유포는 전적으로 청화 스님의 책임이다. 제자는 스승이 잘못된 길로 빠질 때 지적할 의무가 있다. 스승을 맹종하는 것은 스승도 망하게 하고 자기도 망하는 첩경이다. 그래서 부처님은 당신의 말씀도 '맹신하지 말고 행해보고 맞으면 따르라'고 하셨다. 그런데 스승 금타는 망상을 했고 제자 청화는 맹신했다.

청화 스님과 금타 스님의 예를 반면교사反面教師로 삼아 수행자들은 망상과 맹신에 빠지지 않도록 스스로 삼가고 경계하여야 할 것이다.

🏮인류역사상 위대한 과학자들도 망상으로부터 자유롭지 못했다.

아리스토텔레스는 '자연은 진공을 혐오하므로 진공은 자연계에 존재하지 않는다'고 주장했으나 우주공간은 거의 진공상태이며 인공적으로도 진공을 만들어 낼 수 있다. 그는 천동설을 믿었으며 태양계 위성들이 지구를 돌 때 각기 다른 아름다운 '천상의 음악'을 만들어낸다는 망상을 했다.

중세의 천재 레오나르도 다빈치는 물이 지구의 혈액이어서, 우리 몸의 피가 머리로 올라가는 것처럼, 높은 산 위로도 순환한다고 생각했다; 높은 산 위의 조개껍질을 그 증거로 내세웠다. 당시 어느 누가 히말라야가 한때 바다였다고 상상이나 할 수 있었을까? (기독교·회교·불교·도교·힌두교·조로아스터교 등 종교경전은 모두 수십억 년에 걸친 거대한 지질학적 변이에 대해 철저히 침묵한다. 침묵하는 이유는 '1+1=2'처럼 명확한데 신비롭게도 사람들은 스스로 눈을 가리고 보지 않는다.) 그냥 옛사람들이 무지한 것이었다. 무지를 무지라 인정하면 인간세상의 대부분의 문제들이 해결된다. 또 그는 날개를 잘 만들면 사람도 새처럼 퍼덕이며 날 수 있다고 생각했다(큰 몸집에 비해 상대적으로 몹시 빈약한 인간의 근육으로는 절대 불가능하다. 차라리 침팬지가 몇 배 유리하다).

아인슈타인은 양자역학을 부정했다. 그러나 양자역학의 정확도는 달과 지구 사이의 거리를 밀리미터 단위의 오차로 측정하는 정도의 정확성을 지녔다. 그는 또 사려깊지 못하게 우주상수를 도입하는 잘못을 범해, 그러지 않았으면 발견했을 우주팽창의 발견을 놓쳤다.

오일러·가우스·페르마·힐버트 등 천재적인 수학자들도 잘못된 예측을 하곤 했다. 힐버트는 참인 명제는 모두 증명가능할 것(수학적인 증명이 존재할 것)이라고 주장했으나, 괴델은 '증명할 수 없는 참인 명제가 존재함'을 증명하여 수학계와 철학계를 충격에 빠뜨렸다.

이들 과학자들과 종교인들의 차이는 과학자들은 결코 자신의 의견이 불변의 진리라고 주장하지 않는 반면에, 종교인들은 자신의 의견을 불변의 진리라고 주장한다는 점이다. 과학자들은 새로운 증거와 증명 앞에서 바로 항복하지만, 종교인들은 절대로 항복하지 않는다(그래서 과학은 끝없이 발전하지만 종교는 맨날 그 모양 그 꼴이다. 과학은 미적분을 한 지 이미 오래인데 종교는 아직도 구구단이다. 그것도 '3×3=10'이라고 외치면서!). 왜냐하면 그들에게 자기들 경전은 불변의 진리이기 때문이다.

인간은 완벽한 존재가 아니므로 언제든지 실수하거나 잘못된 주장을 할 수 있다(얼마나 인간답고 아름다운 모습인가!). 설사 자기들 신이 완벽하다 해도, 바보 같은 (하지만 인간적인) 인간들이 신의 말씀을 받아 적다 실수할 수도 있는 것 아닌가. 그런데 그렇지 않다고 주장하면 바로 이것이 이교도 증오, 광신테러, 종교재판, 종교전쟁으로 인한 대학살 같은 치명적인 인위적 재앙을 초래한다. (교황은 절대 오류를 저지르지 않는다는 무오류infallibility 교리를 만든 기독교는 교황의 명령하에 종교재판으로 무수한 사람들을 악마로 몰아 잔혹하게 고문하고 학살했다.)

삼재水災·火災·風災보다 더 크고 해로운 것이 종교재宗敎災(일종의 망상재妄想災) 또는 신재神災·信災이다. 필자는 바로 이 점을 지적하고자 하는 것이다.

🗊 삼재水災·火災·風災, 인재人災, 신재神災를 오재五災라고 한다. 이 오재는 크게 보면 천재, 지재, 인재로 이루어지는 천지인天地人 삼재三災이다.

🗊 『금강심론』은 청화 스님을 추종하는 어느 독지가의 뜻으로 법보시용으로 만들어진 것 같다. 이 책을 받아 읽어보고 한동안 '왜 이런 어처구니없는 책을 출판하는가' 또는 '불교망신은 다 시키는구나' 하는 생각에 분노가 치밀었다. 하지만 지금은 생각이 바뀌어, 반드시 했어야 하는 뜻있는 사업으로 평가한다. 대중이 자칫 신비주의에 빠져 맹신하기 쉬운 종교인의 정신세계의 실상, 즉 그들이 만들어내는 환망공상의 실상을 절대로 물릴 수 없게 문자화해서 증거로 남기는 위업을 이루었기 때문이다. 종교인이 신비로운 것은 다른 이유 때문이 아니라 허황된 주장을 거침없이 하기에 신비로운 존재이다. 종교인은 더 아는 자가 아니라 더 경험한 자이다. 하지만 수행을 통해 경험한 것이 모두 사실일 리 만무하며, 그 경험을 바탕으로 사유한 것은 더더욱 다 사실일 리 만무하다. 인간의 인식능력은 완벽하지 않기에 필연적으로 오류를 범할 수밖에 없기 때문이다. 그래서 인간은 타인의 뇌를 활용해야 한다. 그러면 자폐적인 환망공상에서 벗어날수 있다. 가끔 돌발적으로 나타나 조롱과 박해와 죽음을 무릅쓰고 사실을 밝혀내는 의사義士들 덕분에 두꺼운 망상의 구름이 걷히고 인간은 진리의 빛을 쬘 수 있는 것이다.

🗊 阿陀那識甚深細 我於凡愚不開演 一切種子如瀑流 恐彼分別集爲我

아다나식심심세 아어범우불개연 일체종자여폭류 공피분별집위아

〈『해심밀경解深密經』〉

> 아다나식은 지극히 깊고 미세하여
> 내가 평범하고 어리석은 자들에게는 공개하지 않노라
> 일체 종자가 폭포수 흐르듯 하니
> 저들이 분별하고 집착하여 나로 삼을까 두려워하노라

▤ 비트겐슈타인이 말했듯이 말할 수 없는 것에 대해서는 말하지 말아야 한다. 마찬가지로 모르는 것은 모르는 것으로 남겨두어야 한다. 모르는 것에 대해서 아는 것처럼 기술하면 안 된다. 그런데 왜 교주들은 모르는 것에 대해서 말을 하는가? 심지어 모르는 것이 하나도 없다고 주장하는가? 일체종지를 얻었다고 주장하면서. 부처님이 우주의 시간적 끝과 공간적 끝에 대한 질문을 받았을 때 침묵을 지킨 점에서 배워야 할 것이다. 모르는 것에 침묵을 지키는 것이 인간이 취할 수 있는 지극한 예禮이기 때문이다. 자신을 낳고 길러주는 어버이 자연에 대한 최상의 예禮이다. 그렇다, 모르는 것은 모르는 것으로 남겨두시라. 뒷세대들도 할 말이 있어야 할 것이 아닌가.

▤ 수년 전 불교 TV에서 청화 스님 특집프로그램을 방영하면서 이 엉터리 우주론 책『금강심론』의 해당 쪽을 클로즈업시키면서 찬탄하는 것을 보고 경악한 적이 있다.

▤ 금타 스님은 원자핵의 본질을 발견하려면 과학의 범주를 넓혀야 한다고 했다. 왜냐하면 금타 스님에 의하면 원자핵은 금진金塵 불교우주론에서의 가장 미세한 물질적 입자이고 이 금진은 불교수행을 통해서만 발견할 수 있기 때문이다. 금타는 이 금진 이상의 세계를 형이하의 세계, 그 이

하의 세계를 형이상이라 부르며 이 사실에 의해서 색즉시공 공즉시색이 증명되어 원래 둘이 아닌 사실이 명백해진다고 주장한다(형이하의 세계와 형이상의 세계가 둘이 아니라는 사실, 즉 색과 공이 둘이 아니라는 사실). 그럼 원자핵을 구성하는 양성자 중성자보다도 더 미세한 근본입자인 6종의 쿼크는 형이상의 세계인가? 모든 물질의 질량의 근원인 근본입자 힉스를 발견한 입자가속기는 불교수행을 한 것인가? 아니면 입자물리학자들이 불교수행을 한 것인가? 지독한 망상이다.

目인도에는 달을 신으로 믿는 종교집단이 있다. 이들은 닐 암스트롱을 태운 아폴로 우주선이 달에 착륙했을 때 격렬하게 항의데모를 하였다. 이 사람들은 자기들의 신인 달이 자신의 뒤통수에 신을 신고 올라오는 것을 허용할 리가 만무하므로 미국인들이 달에 갔다 왔다는 것은 사기나 거짓말이라고 주장했다. 기존의 조작설에 이은 영적인 음모론이었다.

마지막 신선 우학도인 권필진의 망상

아무리 헛소리라 할지라도 믿는 사람들이 반드시 있다
통계의 법칙이다
살진 꼬리$^{fat\ tail}$ 때문이다

　우학도인은 김정빈의 선도仙道소설 『단丹』의 주인공으로서 실존인물이다. 소설『단』은 1984년 11월에 발간되어 100만 권 이상 팔린, 공전의 히트를 친 초대형 베스트셀러이다.

　당시는 1988년 서울올림픽을 유치한 민족적 자부심으로 인하여 우리 전통문화에 대한 재평가가 이루어져 국민적 관심이 폭발하던 시절이었다. 지독히 못살던 시절에는 모든 가난과 열등함의 원인으로 지목되던 전통신앙과 정신문화가 삶에 여유가 생기자 갑자기 재평가와 조명을 받게 되었다.

　『단』에는 온갖 환상적인 얘기가 등장한다. 분신술, 경공술, 축지법, 검기劍氣로 날아가는 새잡기, 염력으로 원거리에서 물체 움직이기, 쇠솥을 손으로 주물럭거려 모양을 바꾸기, 미래를 미리 보기 등이 우학도인羽鶴道人의 입을 빌려 증언된다. 소위, 유가에서 공자님이 배척하던 괴력난신怪力亂神의 얘기들이다. 독립운동가가 방구석에 서있어도 은신술로 인하여 일경의 눈에 안 뜨인다는 얘기는 압권이다. 주인공 우학도인은 심지어 선계로 날아가 미래의 신무기 즉 원자폭탄의 설계도를 보고 왔다고 주장하기도 한다. 사모하던 여자의 꿈에 침입하여 꿈을 조작하여 여자의 마음을 사는 일화도 나온다.

우학도인 봉우鳳宇 권태훈1900~1994은 단군을 섬기는 민족종교인 대종교大倧敎의 총전교總典敎(조계종의 종정에 해당한다)였으며 직업은 한의사(종로구 부암동 만수당 한의원)로서 젊은 시절 선도수련을 통해 얻은 천안통 또는 천리안(미래를 내다보는 능력)으로 일제시대 인천 미두시장(쌀거래 시장, 현재의 선물시장과 흡사)에서 거부를 이루었다고도 한다. 우학도인의 화려한 등장은 그의 도골선풍道骨仙風의 풍채가 크게 한몫을 하였다. 우학도인은 백발장발에, 흰색의 아름다운 수염에, 백의한복을 즐겨 입는 대추빛 홍안의 귀골이었다. 필자가 20여 년 전에 계룡산 상신리 그의 자택에서 만났을 때 조선시대, 아니 신라시대, 아니 심지어 고조선 시대 백두산 신선의 재림을 보는 듯한 충격을 받았다. 참으로 멋진 풍채를 지닌 분이었다. 소위 선풍도골仙風道骨이란 이분을 두고 한 말이었다. 백의한복을 입으시고 백발을 어깨 위로 길게 늘어뜨린 미백염美白髯 아름다운 흰 수염 옹翁이 포권包拳으로 맞아주시던 모습은 영원히 잊히지 않을 장면이다. 지금도 가끔 환영처럼 눈앞을 스쳐 지나간다.

그의 제자들은 아직도 그 집을 중심으로 수십 명이 부락을 이루고 그를 추모하며 신선도를 닦으며 살고 있다. 그들의 목표는 신선이 되어 불로장생하는 것이다. 하지만 제자들에게 신선으로 추앙받는 우학도인은 말년에 기동起動을 못하고 제자의 부축을 받으며 살았다. 신선이 자리보전하며 누워있는 것을 상상이나 할 수 있는가? 『단』에 나오는 화려한 신통력과 축지법은 어디로 가고 잘 걷지도 못한단 말인가? 우화등선은 못해도 거동은 자유로워야 할 것 아닌가? 당시 우학도인을 시봉하던 제자의 증언에 의하면 자기가 "어떻게 신선이 자리에 누워 꼼짝 못하십니까" 하고 물으면 우학도인은 "가끔 큰 귀신이 눌러 내리면 자리에서 일어날 수 없다"고 대답했다 한다. 젖은 흙길을 걸어도 발자국을 안 남긴다는 신선이 어떻게 중력을 이기지 못하고 자리에 누워

지낸다는 말인가? 정말 불가사의한 일이다.

김정빈은 『단』의 말미에 『단』에 등장하는 초능력 획득을 목표로 1984년부터 1년 기한으로 낙도落島 임자도라는 소문이 있다에서 수련하는 다섯 사람의 수련기를 실었다. (필자는 2016년 5월에 이들 중 한 사람을 만나 임자도 수련이 실제로 일어난 일이었음을 확인하였다.) 우학도인은, 민족전통체술體術을 닦으면 2~3년 내로 거의 모든 육상종목에서 세계신기록을 낼 것이며 축지법 중 아래등급에 속하는 소축小縮만 닦아도 마라톤을 자신의 평소속도인 '1시간 40분'에 주파할 수 있다고 기염을 토하며, 독자들을 4년 앞으로 다가온 88올림픽에 대한 기대로 들뜨게 하였다. 우학도인은 이 모든 것이 자신의 직접체험에 기초한 것이라고 보증했다. 4년 후 88올림픽에서 배달민족 전통 정신문화의 우수성을 세계만방에 보여주겠다는 꿈으로 거침이 없는 기세였다. 33년이 지난 이 시점에 낙도수련생 5인이 결국 어떻게 되었는지 무척 궁금하다. 김정빈은 그들의 성공을 확신한 나머지 소설 『단』이 너무 일찍 나온 것 아닌가 하고 우려까지 하며, 5인의 수련결과를 추후 알려주겠다고 했지만 그 후로 전혀 소식이 없었다. 수년 전에 희대의 인물 민주공화당 총재 허경영이 축지법을 한다고 동영상까지 만들어 유포하며 다니던 것을 보면, 혹시 그가 그때 수련생 중 한 명인지도 모른다. 왜냐하면 허경영이 민족종교인이라는 소문이 떠돌아다니기 때문이다. 동영상상의 허경영의 축지법 시범은 대종교 총전교였던 우학도인의 축지법이론과 일치한다.

소설 『단』이 출간되기 일 년 전인 1983년에 대한체육회장에게 어떤 도인道人으로부터 유려한 한문체의 편지가 왔는데, 이 도인은 편지에서 자신은 소싯적에 축지법을 배워 주거지 충남 "온양에서 아침 먹고 한양에 가서 저녁 먹고 그날로 온양으로 내려와 잠을 잤다"고 하며 "축지법을 수련하면 올림픽 마라톤 금메달은 따 놓은 당상"이라고 주장했다. 88올림픽을 앞두고, 이에 혹한 대한육상연맹은 축지법 훈련팀을

환망공상과 모순

꾸려 축지법수련을 시켰으나 오히려 선수들의 근력이 떨어지는 부작용이 나타나자, 도인道人은 선수들에게 특수 한약을 먹여야 한다고 주장하며, 홍콩에 가서 희귀약재를 구입하여 반입하던 중 김포세관에서 말썽을 일으키다, 결국 축지법수련은 유야무야되고 말았다. 그런데 축지훈련을 받던 선수 중 한 명이 경보로 종목을 바꿔 한국 신기록을 세우자, "축지법은 달리는 법이 아니라 걷는 법인 모양"이라는 비웃음이 관계자들 사이에 떠돌았다고 한다. 이 편지의 주인공이 바로 우학도인 봉우 권태훈 옹翁이었다! 축지에 대한 그 모든 소동은 그의 직업이 한의사였던지라 홍콩서 진귀한 한약재를 들여오려는 한의사 직업정신이 (무의식적으로) 발휘된 것은 아닌지 심히 의심스럽다.

『단』의 저자 김정빈은 우학도인이 주장하는 모든 초능력에 대한 이야기를 믿은 것으로 보이며 유리 겔라의 초능력도 믿은 것으로 보인다 (그 후 유리 겔라는 자신의 초능력이 속임수였다고 스스로 자백했다. 미국의 유명한 토크쇼 '자니 카슨 쇼'에서였다).

소설 『단』의 엄청난 성공에 힘입어 우학도인은 수많은 제자를 거느리게 되었고 신비한 민족정신문화의 계승자로 불가사의한 존경을 받았다. 『단』 출간 이 년 후인 1986년에는 종로구 내수동에 '한국단학회 연정원'을 설립하기에 이르렀다(이 단체는 지금도 살아 활동하고 있다).

선계에 가서 미래의 정보를 볼 수 있다고 주장하던 우학도인은 1999년이 가기 전에 남북한이 통일이 되고 만주가 우리 땅이 될 것이라고 예언을 하며 수많은 사람들을 설레게 하였지만, 18년이 지난 이 시점에서도 북한은 천안함 폭침에 연평도 포격에 만행이나 저지르며 통일의 징조는 보이지 않는다. 우학도인은 가버리고 없으니 누구를 추궁할 것인가? (그는 운이 좋게도, 자신의 예언이 거짓으로 밝혀지기 5년 전인 1994년에 타계하였다). 적나라한 폭로에도 불구하고 끈질기게 살아남는 것은 사이비종교의 기적적인 생명력이다. 딴 게 신통력이 아니라

이게 신통력이다!

김정빈은 그 후 이 모든 초능력들이 '술術' 즉 '기술'에 지나지 않는다는 깨달음을 얻었는지 『도道』라는 책을 저술했다. 그러나 도의 주인공 대행 스님 역시 수성·금성·화성·목성에서 그리고 도솔천에서 비행접시를 날린다는 괴이한 주장을 한 것을 보면, 김정빈은 초능력에 대한 꿈을 버리지 못한 것으로 보이며 또 한 번 헛짚었는지 모른다.

目괴력난신怪力亂神: 괴이하고, 초능력에 대한, 상식을 거슬러 어지러운, 신비한 일. 괴이怪異와 용력勇力과 패란悖亂과 귀신鬼神이라는 뜻으로, 이성적으로 설명하기 어려운 불가사의한 존재나 현상을 말함.

目『세계일보』 1991년 8월 14일자 대담

目한국 수련문화 30년 김인곤의 취재파일(『월간중앙』 1999년 9월호). 김인곤의 호는 천풍도인天風道人이다.

目김정빈은 『도』 이후 불교저술을 통해 비교적 합리적인 견해를 밝힌다. 김정빈이 『단』과 『도』를 통해 수많은 사람들을 괴력난신 이야기로 현혹하여 파탄에 빠뜨린 것은 어찌된 일일까? 김정빈이 선량한 피해자들에게 사과를 했다는 말은 들어본 적이 없다. 본인은 엄청난 부와 명성을 얻었지만 환망공상의 구렁텅이에 빠져 신음하는 우매한 중생들은 누가 책임질 것인가? 필자의 지인 중에도 『단』에 넘어가 우학도인의 제자가 되어 생업을 팽개치고 산속에 들어가 환갑이 넘도록 30년 동안 단학수련을 하며 어렵게 살고 있는 사람이 있다. 이분은 분대 호흡만 하게 되면(한 호흡이 일 분을 넘으면) 초계(이등병 신선)에 올라 신통력을 발휘하게 될 것이라는 헛된 꿈을 백치 아다다가 새색시 시절의 연분홍치마를 간직하듯이 아직도 고이 간직하고 있다. 호흡이 길수록 좋다면 한 번 잠수에 2시간이 넘게 숨을 안 쉬는 향유고래sperm whale는 이미 신선이다. 그런데 어떻게 이들 신선고 래들은 붉은 피를 온 바다에 흩뿌리며 처참하게 포경선에 사냥을 당 하는가?

김정빈은 지금이라도, 순수한 그러나 순진한 사람들이 사이비종 교지도자들에게 속지 않도록, 사이비종교지도자들의 망상과 실상을 구체적으로 거론하며 명시적으로 비판해야 한다. 그리하지 않으면 어리석은 사람들이, 『단』과 『도』의 주인공인 우학도인과 대행 스님 의 철학을 근자의 (그 책들의 저자인) 김정빈의 (불교에 대한) 정론과 동일시하여, 그들의 삿된 가르침을 정론이라 오해하고 빠져들 수 있 기 때문이다.

이 점에서는 김정빈의 정론이 더 위험하다. 김정빈의 정론이 더 널 리 유포될수록 더 위험하다. 그러므로, 우학도인과 대행스님을 공개 적으로 비판할 의지가 없다면, 오히려 침묵을 지키는 편이 더 낫다.

대행 스님의 비행접시는
도솔천에서 날아오는가

도솔천에서 비행물체(UFO)를 띄운다 〈대행 스님〉

그럼 지금 도솔천에 계신다는 미륵부처님은
56억 7천만 년 후에 사바세계로 비행접시를 타고 오시는가?

'한마음선원'은 도요타 자동차의 독립브랜드 '렉서스'처럼 조계종의
독립브랜드이다. 국내와 전全 세계에 수십 개의 지원을 거느리고 있다.

창립자 대행 스님1927~2012은 젊은 시절 오대산에서 연약한 여자의 몸으
로 산짐승처럼 처절하게 홀로 살며 구도의 수행을 한 것으로 유명하다.

대행 스님의 전생은, 즉 속세에서의 삶은 베일에 싸여있다. 결혼한
적이 있어 자식이 있다는 소문이 있고, 신점을 치던 점쟁이 또는 무당
이었다는 소문도 있다(결혼을 했던 사람이나 점쟁이나 무당이었던 사람은
절대 부처가 될 수 없다고 주장하는 것은 결코 아니다. 99번이나 살인을 했
던 앙구리마라도 아라한이 되었다. 그러나 그런 사실을 일부러 감춘다면 바
로 그 점에 뭔가 심각한 문제가 있는 것이다. 신격화는 사실의 왜곡으로부터
출발하기 때문이다).

대행 스님이 유명해진 것은 김정빈의 『도道』라는 소위 실명 구도소
설을 통해서이다.

김정빈은 소설 『단丹』의 저자이다. 소설 『단』은 1984년 11월에 발간
되어 100만 권 정도 팔린 공전의 히트를 친 초대형 베스트셀러이다.

『단』에는 온갖 환상적인 얘기가 등장한다. 『홍길동전』과 무협지에나 나옴직한 경공술, 분신술, 축지법, 장풍 등이 실존인물 우학도인의 입을 빌려 증언된다. 소위 유가에서 공자님이 배척하던 괴력난신의 얘기들이다.

김정빈은 후에 이 모든 초능력들이 '술術', 즉 '기술'에 지나지 않는다는 깨달음을 얻었는지 『도』라는 책을 저술한다. 이 『도』가 바로 대행 스님에 대한 전기이다. 술은 도와 비교되며, 궁극의 목적이 아닌 하나의 방편으로서, 도의 하위개념이다. 그럼에도 불구하고 김정빈은 『도』에서 여전히 초자연적인 얘기를, 즉 술담術談을 늘어놓는다. 당시 김정빈이 이해하는 도는 술이라는 쌀과자 위에 바른 초콜릿인지도 모른다.

『도』에서 대행 스님은 산에서 수행하던 시절에 비행접시UFO를 두 차례 목격하였다고 증언한다. 대행의 수제자 혜원의 편저인 대행 설법 모음집 『영원한 나를 찾아서』에는 비행접시에 대해서 자세한 얘기가 나온다. 대행의 기이한 우주론이 등장한다. 팔만대장경에는 없는 전혀 새로운 내용이다. 아래에 주요 부분을 발췌해서 싣는다. 이것은 기독교 성경처럼 검은색 장정에 금박으로 장식한 『한마음요전』에도 430~433 쪽에 걸쳐 대부분이 다시 등장한다.

목성에서는 지구의 사람들처럼 허리띠를 졸라매고 처참하게 살지 않는다. 그곳은 밤낮이 따로 없는데, 보석이 반사되어 달빛처럼 밝게 비춰준다. 투명한 밝음으로서 안에서 스스로를 밝힌다. 스스로에게 자가 발전기가 있는 것을 알기 때문에 자기마음대로 켠다. 여기처럼 전기가 나갈 걱정 전기값 걱정하지 않고 편리하게 살아간다. 그러니 그곳에는 밤낮이란 단어가 없다.

수성에서는 뜨거워서 못 산다고 하지만 한생각 끄덕하면 그대로 살 수 있다.

금성은 수성보다 덜 타지만 그 활동력은 대단하다. 애당초 성주로서 있었고 본래 다 알고 있는 까닭으로 개발이 빨랐다. 예를 들면, 여기에서 10년 20년 연구해서 로켓 하나 만든다면 거기서는 단 하루면 만들어버린다. 그러고는 우주일주를 하는데 마치 우리가 세계일주를 하듯이 손쉽게 해버린다. 그러면서도 이곳에 와서는 우리의 사는 상태, 정신력, 모습 등의 발전해 나가는 정도를 조사해 간다. 이런 일은 일 년에도 수차례 있지만 우리로서는 파악이 잘 안 되는 까닭은 금방 왔다가 금방 사라지기 때문이다.

세 개의 우주(저자 주: 소천세계, 중천세계, 대천세계) 뒷면에는 도솔천국, 즉 어마어마한 범천이 있다(대행 스님이 불교우주학에 무지함을 엿볼 수 있다. 도솔천은 3천대천세계의 일부일 뿐이다). 우리가 사는 은하계는 아주 작은 지방 정도이다. 그 방대한 은하계 안에는 양쪽에 사람의 유방처럼 불쑥 나와 있다. 그것들의 역할은 모든 곳의 무전을 송수신하는 것이고 그 은하계를 돌고 있는 외성은 참으로 찬란하고 아름다운 것이다. 또 12개의 외성 하나하나에는 외성이 12개씩 돌고 있는데 아주 질서정연하다.

그곳의 별들은 이곳의 별처럼 생기지 않고 사각의 모양이 나면서도 한 쪽은 부처님 머리처럼 생겼다. 지구의 나무는 파랗고 싱싱한데 범천의 나뭇잎들은 황금빛이며, 몸체는 분색이 난다.

수성에서 좀 떨어진, 즉 지구에서 달의 거리보다 조금 더 먼 곳에는 이것저것 갖가지가 모여 하나의 성을 이루었는데 우리식으로 이야기하면 공업국이라 할 수 있다. 그곳에서는 고슴도치같이 생긴 비행물체를 띄워서 외계의 정보를 수집한다. 비행물체의 형태는 각 혹성마다 틀리는데, 상세계上世界에서는 삼각형 또는 원형이고, 길쭉하면서도 부처님 머리같이 생긴 비행물체는 도솔천에서 띄운 것이다. 그것은 생각만 하면 서고 뜨고, 어디쯤 가야겠다하면 알아서 가게 된다. 수성에서 그 공업국까지의 거리는 지구에서 달까지의 거리보다 더 되지만 수성에서는 안방 문턱 건너듯 드나든다.

환망공상과 모순

화성에는 생명체가 없다고들 하는데 사람이 보이지 않는다고 사람이 안 사는 것이 아니다. 생명이 우글우글하는데 안 산다고 할 수 있는가?

중세계인 지구에서는 보이지 않는 생명들을 키로 까불고 체로 걸러서 위로 던질 것은 위로 던지고 아래로 보낼 것은 아래로 보낸다. 각 혹성에서는 이렇게 각자 맡은 소임을 하고 있는 것이다.

바다에는 용왕, 산에는 산신, 또는 보살은 보살행을, 법신, 부처님 이렇게 맡은 소임을 맡아서 하지만 우리가 공부하는 것은 전체의 감독을 말하는 것이다.

대행 스님의 주장을 정리하면 이렇다.

[1] 수성, 금성, 화성, 목성에도 생명체가 살고 사람이 산다.
[2] 수성, 금성, 화성, 목성은 하나같이 지구보다 과학이 더 발전했다.
[3] 금성에서는 하루 만에 로켓을 만든다.
[4] 금성에서는 우리가 세계일주하듯 (로켓으로) 손쉽게 우주일주를 한다.
[5] 금성인은 일 년에 수차례씩 지구에 와서 지구인을 조사해간다.
[6] 수성 근처의 천체에서 비행접시를 날린다.
[7] 비행접시는 갖가지 모양이다: 삼각형, 원형(왜 이차원 도형인가? 삼각뿔, 구형 등의 3차원입체여야 하는 것 아닌가?), 시가 모양(길쭉한 부처님 머리모양).
[8] 비행접시는 염력으로 조종한다.
[9] 목성은 보석이 반사되어 밝아 밤낮이 따로 없다.
[10] 용왕, 산신이 존재한다.
[11] 도솔천(불교 28개 하늘나라 중에서 인간세계에 4번째로 가까운 하늘나라)에서 비행접시를 띄운다.

모두 혹세무민하는 내용들이다.

미美우주연구센터인 NASA에서 화성과 목성에까지 탐사선을 보내어 두 위성은 상세히 조사가 되었다.

지구의 사막과 같은 황량한 풍경의 화성에 무슨 고등생명체가 산다는 말인가?

목성은 초저온(영하 130도)의 기체로 덮여있다. 이 기체층의 두께는 수천 킬로미터(약 3,000km)이다. 어디 보석이 있어서 반사되어 빛이 나고 그 빛으로 인하여 밤이 없단 말인가? 목성에는 수시로 우리 태양계에 침투한 유성들이 충돌하여 대폭발을 일으킨다. 얼마 전에도 관측된 적이 있다. 지구가 유성충돌로부터 안전한 것은 이 거대한 형님 목성이 강력한 중력으로 유성을 다 빨아들이기 때문이라고 한다. 이 열악한 환경에 도대체 누가 살길래 전기세도 내지 않는다는 말인가?

금성에 무슨 공장이 있어서 우주선을 만든단 말인가? 그것도 하루만에. 나로호 띄운다고 벌써 몇 년 동안 실패만 거듭하던 대한민국이 부끄러워진다. 그것도 남의 나라 기술로 만든 우주선이다. 우주일주를 우리가 세계일주하듯 손쉽게 한다니, 대행 스님은 우주가 얼마나 큰지를 모를뿐더러 현대물리학에 무지함이 분명하다. 깊은 산속 동굴에서 평생을 명상을 한다고 현대과학이 저절로 알아지는 것은 아니다. 명상의 경지에 오르려면 뼈를 깎는 노력이 필요하듯이, 현대 과학을 연구하고 이해하려면 각고의 노력이 필요하다. 지구에서 가장 가까운 별(항성)까지만 해도 빛의 속도로 몇 년이 걸린다(프록시마 켄타우로스까지 4.2년이 걸린다). 아인슈타인의 상대성이론에 의하면 어떤 것도 빛의 속도를 넘을 수 없다. 빛의 속도인 초속 30만km로 100억 년 이상 날아가도 우주의 끝에 이르지 못한다. 그런데 어떻게 우주일주를 우리가 세계일주하듯 손쉽게 한다고 주장을 하는가?

또 비행접시의 모양이 왜 평면도형의 모양인가? 삼각형과 원은 평면도형이 아닌가? 비행접시는 높이를 지닌 입체가 아닌가? 참으로 괴이한 일이다. 혹시 수성의 외계인은 평면도형인가? 표면에 붙어사는 지의류 같은 생물인가? 용왕과 산신이 존재한다고 주장하는 것을 보면 수수께끼가 풀린다. 소위 정신우위철학이다. 모든 것은 마음먹기에 달렸다는 정신우위철학이다. 그러니 고도의 과학기술의 비행접시를 만들어 놓고도 염력으로 조종한다고 주장한다. 평면도형 생물이라도 정신만 있으면 된다는 철학이다. 대행 스님의 산신과 용왕에 대한 믿음은 앞서 언급한 '대행이 신점을 치는 점쟁이나 무당이었다는 소문'에 신빙성神憑性을 부여한다. 점쟁이와 무당은 산신과 용왕을 모시고 신점을 치기 때문이다.

도솔천에서 비행접시를 띄운다니 부처님이 전생에 도솔천에 계시다가 마야 부인 태중에 들어가셨다는데, 그럼 부처님이 그때 비행접시를 타고 오셨는가?『미륵하생경彌勒下生經』에 의하면 1겁(56억7천만 년) 후에 도솔천 내원궁에 계시는 미륵부처님이 사바세계로 오신다는데, 이분도 비행접시를 타고 오시는가? 참으로 괴이한 주장이다. 대행 스님이 입적하셨으니 찾아가 물어볼 길이 없다. 예술가가 죽으면 작품값이 치솟고, 교주가 죽으면 가르침은 불변의 진리로 고정된다.

🈷그 유명한 칸트도 수성·금성·화성에 생명체가 살고 있을 것이라고 주장했지만, 목성은 아마 아닐 거라고 했다(대행 스님은 한 걸음 더 나아가, 목성이 '고등 생명체가 사는 보석처럼 아름다운' 행성이라 주장하고 있다).

칸트의 주장이야 다윈의 진화론이 등장하기 100년 전이었음을 감안해줄 수 있지만, 대행 스님의 주장은 20세기 개명천지에 벌어진 일이므로 도저히 묵과할 수 없다. 사람이 아폴로 우주선을 타고 달에 갔다 온 지 40년이 넘게 지났는데, 아직도 이런 주장을 하는 사람이 있단 말인가? 그것도 불법이라는 이름하에.

20년 동안 제너럴일렉트릭^{GE}을 이끈 잭 웰치가 "사람들이 스포츠나 정치에 열을 올리며 한 마디씩 하는 것은, 다른 분야와 달리 이 두 분야는 누구나 한 마디씩 할 수 있는 분야이기 때문이다"라고 했다. 과학이나 예술 등 고도의 전문성과 훈련을 필요로 하는 분야는 입도 뻥끗하지 못하지만, 스포츠경기나 정치는 그렇게 보이지 않는 것이 그 이유라는 것이다.

그런데 고도의 전문성을 생명으로 하는 과학에, 감히 여러 마디 말을 하는 종교인은 도대체 어떤 사람이란 말인가?

≣ 대행에게 그 경지를 인정받던 젊은 남자제자는 사석에서 '자신이 전생에 (한국 조계종 초대 종정인) 한암 스님이었다'고 떠들고 다녔다. 한암이 대행의 스승이라고 하니, 이 젊은이는 전생에 지금 자기 스승인 대행의 스승이었다고 주장한 셈이 된다. 참으로 괴이한 주장이다!

윤회를 믿는 자들은, 다른 자들이 자기들의 전생이라고 주장하는 전생이 참인지 알 길이 없다. 서로 그게 아니라고 부인하는 경우를 본 적이 없다. "당신, 전생에 누구였다고 주장하는데 내가 어젯밤에 숙명통으로 확인해 보니 사실이 아니데" 하며 거짓을 폭로하는 경우를 본 적이 없다. 이는 아무도 특정 기독교인이 하나님과 대화를 했는지 확인할 길이 없는 것과 동일한 이치이며, 사이비 종교의 존재 기반이다. 그냥 자기가 전생에 누구였다고 또는 하나님과 대화하는 사이라고 선언하면 된다. 그러면 사람들이 기다렸다는 듯이 구름처럼 몰려와 숭배한다!

참으로 기이한 일이 아닐 수 없다!

종교적 천재들의 어처구니없는 무지와
그 무지를 숭배하는 추종자들

제비는 겨울에 물속에서 동면을 한다 〈아리스토텔레스〉
꿩이 가을에 물에 들어가 조개가 된다 〈제4대 내무부장
관 백성욱〉

백성욱白性郁 박사1897~1981는 구한말에 태어나 독일로 유학하여 일제
강점기인 1925년에 약관 28세의 나이에 철학박사학위를 받은 한국
인 독일박사 1호 인물이다. 그는 귀국 후 이승만 정권에서 1950. 2~
1950. 7 기간에 제4대 내무부장관을 지냈으며, 인생 후반기인 1953~
1960년에 동국대학교 총장을 지냈고, 은퇴 후에는 경기도 부천 소사
에 종교공동체 '백성목장白性牧場'을 만들어 불교수행에 전념하였다.

『금강경』에 천착하였으며, 그의 가르침은 1974년에 결성된 '금강경
독송회'라는 불교종단을 통해 오늘날까지 이어지고 있으며, 그 본사는
필자가 살고 있는 경북 포항시 외곽 흥해에 위치하고 있다.

이 종단의 제2대 교주는 김재웅 씨이며 필자가 30대 젊은 시절 세상
만물 특히 종교에 대한 무한한 호기심과 탐구열로 열병을 앓던 시절에
포항 금강정사로 찾아가 만난 적이 있다. 김재웅 씨는 안광이 눈부신
부리부리한 눈과 범상치 않은 분위기의 용모를 지닌 사람이다. 이분의
방에서 한 시간 넘게 대화를 나눴다. 이분의 주장은 자신과 백성욱 박
사는 세세생생 윤회를 통해서 사제관계를 맺어왔는데, 과거 한 생에서

는 영국의 수도원에서 같이 수도사로 지냈으며, 다른 한 생에서는 지금의 이스라엘인 유대 땅에서도 같이 살았다는 것이다.

뿐만 아니라 백 박사가 육조 혜능 선사의 후신이라는 것이다. 즉, 백 박사의 전생이 육조 혜능 선사라는 것이다. (만약 이분의 말이 참이라면, 왜 육조 대사는 자신의 영국 기독교인으로서의 전생과 유대인으로서의 전생을 언급하지 않았을까?) 금강경독송회(이하 '금독회')는 『금강경』을 소의경전(중심이 되는 철학을 제공하는 경전)으로 하며 특이하게도 법당에 불상이 없고 그 자리에 『금강경』을 모셔놓았다. 육조 혜능이 『금강경』을 통해 확철대오했다는 점에서 연관이 있다. 백성욱 박사가 어두운 방에 앉아 있을 때 전신에 후광이 빛났다는 신비한 이야기도 전해진다. 추종자들은 백 박사를 금강경독송회의 제1대 교주로 모신다. 혜능이 동북아 선불교의 실질적인 초조初祖이며 깊은 지성과 선기를 보여준 점에 비추어 볼 때, 금독회의 수행방법은 매우 이질적으로 보인다. 번뇌가 일어날 때마다 번뇌를 미래불인 미륵불에게 바침으로써, 마음을 비워 본래 청정한 상태를 회복한다고 한다. 그래서 행주좌와에 입으로 '미륵존여래불'을 부른다.

혜능의 사상은 유심정토사상에 가까웠으며, 그는 "동방인이 염불을 해서 서방에 태어날 수 있다면 서방인은 염불을 해서 어디에 태어날 수 있느냐"고 지적을 하여 예리한 지성을 보여준 적이 있다. 혜능의 사상은 반야지혜를 강조하며, 용수의 중관사상과 통하며, 철저한 무아론에 입각하고 있으며, 현상계를 연기에 의해 이루어진 것으로 파악하고 있다. 그래서 그는 제자들에게 설법 시時 36대법三六對法을 이용하여, 즉 명암·음양·유무有無·동정動靜·청탁淸濁·정사邪正·범성凡聖·승속僧俗·대소·노소·장단·곡직曲直·생멸·번뇌보리 등의 36가지 양변兩邊 상대 개념을 이용하여, 어느 쪽으로도 치우치지 말 것을 주문한다. 그 근본 뜻은 본시 무일물이어서 양변이 존재하지 않으므로 어느 한 쪽으로 치우침은 잘못이니 방편으로서 반대쪽을 이용해서 바로잡으라는 것이다.

그런데 혜능의 심오한 사상을 금독회가 희화한 사건이 터졌다.

근래(2012년) 금독회는 백 박사의 녹음된 육성 법문을 문자화한 『금강경 강화』를 펴냈다. 백 박사는 이 책 43~46쪽에 걸쳐서 충격적인 주장을 하는데 압권은 46쪽에 있다. 태난습화胎卵濕化 4생生에 대한 설명이다. 태생은 태에서 태어나는 것, 즉 포유류를 말하고, 난생은 알에서 태어나는 것, 즉 조류, 양서류, 파충류를 말하고, 습생은 습한 데나 물기가 많은 데서 태어나는 것, 즉 어류를 말하고, 화생은 홀연히 태어나는 것을 말한다고 한다. 백 박사는 "알은 그 안에 양분을 가지고 있기에 온도만 맞으면 스스로 부화하기에 어미로부터 양분을 받지 않으므로 남의 은공, 즉 부모의 은공을 알지 못하므로 배은망덕한 마음을 지닌 자들이 알로 태어나게 된다"라고 황당한 주장을 한다. (황제펭귄이나 갈매기나 독수리나 군함조가 병아리를 양육하기 위해서 얼마나 희생하는지 모르고 하는 소리이다. 아마 내셔널지오그래픽 방송이 없던 시절의 사람이라 그럴 것이다.) "습한 데서 혹은 물에서 나는 것은 제 몸뚱이를 행여나 잃어버릴까 봐 감추던 습관으로 물고기가 된다"고 또 다른 황당한 주장을 한다. 다음에 이어지는 주장에는 놀라서 입이 다물어지지 않는다. "산새가 어떤 시기에 물에 들어가 조개가 된다. 꿩이 가을에 물에 들어가 조개가 된다. 이런 것을 현실에서 많이 볼 수 있다. 그런 것이 중국 책력冊曆에 다달이 적혀있어서 실행이 되는데 요새는 그런 것을 미신이라 하여 믿지를 않는다. 사실 그런 것이 과학인데 미신이라고 하는 것은 생물학에 무지해서 그렇다." (이어서 화생은 자격이 못 되는데도 자신을 드러내려는 마음을 가진 자들이 화생으로 태어난다고 괴이한 주장을 한다. '꿩이 조개로 변한다'고 주장하는 자가 '그런 주장은 미신'이라고 지적하는 사람에게 '당신은 생물학에 무지하다'고 비난하다니, 전도몽상도 이런 전도몽상이 없다.)

서구 과학의 원조라고 하는 아리스토텔레스도 일찍이 비슷한 주장을 한 적이 있다. 제비가 겨울에 물속에 들어가 살다가 봄이면 물에서 나온다고 하였다. 2,000여 년 후에 용감한 과학자가 이 주장이 틀렸다고 주장하자 당시 과학자들과 시민들이 들고일어나 비난하였다. 감히 아리스토텔레스의 권위에 도전한다고. 심지어 제비가 물속에서 살고 있는 것을 보았다는 증언과 제비가 봄에 물에서 나오는 것을 보았다는 증언이 줄을 이었다. 그 젊은 학자는 매장당하고 말았다.

안개 낀 늦은 가을날, 수면 가까이 있는 날벌레를 잡으러 수면으로 돌진하는 제비를 보면 물속으로 들어가는 것처럼 보일 것이다. 특히 흐린 날씨로 인하여 다시 공중으로 비상하는 장면을 놓치면 더욱 그러할 것이다. 바로 겨울이 와서 제비가 사라졌으니 더욱 설득력이 생긴다. 봄에 물에서 나오는 제비도 같은 식으로 설명이 가능하다. 물로 돌진하는 앞부분은 못 보고 물에서 날아오르는 뒷부분만 보면 착각이 발생한다. 마치 영화 전반부나 후반부만 보면 영화를 옳게 이해할 수 없는 것과 같다.

가을에 산새나 꿩이 물속으로 들어가 조개가 된다는 것은, 아리스토텔레스의 주장에서 진일보한(?) 것이다. 물속으로 들어가 아예 종을 바꿔버리는 것이다. 요즘말로 DNA를 바꿔버리는 것이다. 유행하는 줄기세포연구고 뭐고 필요 없다. 꿩을 연구해서 DNA 변신술만 배우면 된다. 황우석사태도 처음부터 필요 없었던 허무한 개그가 된다. 생체변신 로봇의 탄생이다. 어린이들이 신나서 환호성을 지를 것이다.

자고로, 종교는 신비한 얘기를 빼면 그 순간 호소력을 잃어버린다. 종교 교주들의 초자연적인 능력에 사람들은 넋을 잃는다. 처녀에게 태어나고, 죽은 뒤 살아나고, 물 위를 걷고, 하늘을 날아다니고, 벽을 통과하고, 남의 마음을 읽고, 미래를 미리 알고, 귀신들과 대화를 하고, 나쁜 귀신은 벌을 주고, 죽지 않고 맨몸으로 승천하는 등 초자연적인 능력을 주장한다. 속세에서는 자기 부인이 자기와 동침을 하지 않고 애를 배면 서방질을 한 것이다, 즉 바람을 피운 것이다. 하지만 신과 바람을 피우는 것은 서방질이 아니다. 과연 인간과 바람을 피운 것인지 아니면 신과 바람을 피운 것인지는 오직 당사자인 여자만 알 것이다.

백성욱 박사는 꿩이 물속에 들어가 조개가 되는 것이 진짜 과학(생물학)이라 하며, 부정하는 자들을 무식한 자로 몰아세운다. 이런 정신을 지닌 사람들이 주장하는 초자연적인 주장을 어떻게 믿을 수 있겠는가? 독일 박사가 내무부장관과 대학총장을 역임하였다고 해서 거짓을 진실로 바꿀 수 있는 권리가 있는 것은 아니다.

금독회가 주장하는 모든 초자연적인 주장을 면밀히 그리고 엄밀히 검토할 필요가 있다. 만에 하나 백 박사가 혜능의 후신이 아니라면 명예훼손죄에 해당할 수 있다. 혜능은 독신이라 고발할 후손이 없으므로 그 법맥을 이어받은 조계종이라도 나서야 할 것 같은데 아무 움직임이 없으니, 정녕 '물은 피보다 연하다'는 속담이 옳다는 말인가. 아니, 소송을 걸지 못하는 진짜 이유는 환생시 DNA가 바뀌어 동일인 여부를 판정할 수 없어 송사의 대상이 될 수가 없는 것일지도 모른다.

🗐 백성욱 박사는 열세 살 어린 나이로 출가하였으며, 약관 스물여덟 살에 독일서「불교순전철학」이란 논문으로 철학박사학위를 받고 귀국한 지 3년 후인, 서른한 살 때 금강산 장안사 안양암安養庵으로 들어가 천일 수도 끝에 오도하고 숙명통宿命通 자기 전생뿐만 아니라 남의 전생까지도 아는 능력이 열렸다고 전한다.

그런 분이 물고기의 전생과 꿩의 후생이나 조개의 전생을 엉터리로 알았다는 것은 충격적인 일이다(인간의 어처구니없는 우매함은 항상 충격적이고 때때로 기습적이다). 필시 이분의 숙명통이란 것이 종교적 세뇌로 인한 망상이었을 것이라는 결정적인 증거일 것이다. 뇌가 아직 말랑말랑한 어릴 때부터 반복해서 듣고 학습한 내용이, 뇌에 깊숙이 박혀 있다가 참선 시 기이한 모습으로 변주되고 뒤틀려 떠오른 것이 분명하다(들어간 대로 나오는 법이다). 그렇지 않다면 어떻게 '꿩의 내생이 조개'라고 주장하고, '조개의 전생이 꿩'이라고 주장할 수 있을까? 그러니 자신의 전생이 육조 혜능 스님이라는 말을 어찌 믿을 수 있겠는가?

백성욱 박사는 금강산으로 들어가기 바로 전에, 출가 전의 일엽과 약 1년 동안 동거를 했다. 일엽은 이광수 등 여러 남자와 염문을 뿌린, 일본유학을 한 신여성이었다. 연쇄살인범 앙구리마라의 예에서 볼 수 있듯이, 지극히 낮은 곳에서 지극히 높은 곳으로의 승화가 불가능한 것은 아니다. 하지만 백 박사의 전생이 완벽한 인간성을 구현한 각자인 혜능의 후신이라고 주장하면 곤란하다. 만약 윤회를 통해서 깨달음과 의식이 연속적으로 이어진다면, 백 박사의 전기 삶은 혜능의 후기 삶과 거리가 몹시 멀기 때문이다. 추종자들은 '비판을 견뎌내지 못하는 사상은 비판할 가치도 없다'는 진리를 염두에 두시기 바란다.

🗏철새의 이동, 즉 계절에 따른 서식지 변경은 비교적 최근에 밝혀졌다. 과거에는, 어느 날 갑자기 사라지는 듯이 보이는 제비 등의 철새가 어디로 갔는지, 알 수 없는 일이었다. 해상의 장거리운항 선박에서 이동 중인 철새를 목격함으로써 철새이동의 비밀이 풀렸다.

🗏동정녀에게 태어났다는 교주의 '수염이 난 초상화'가 무수히 남아있으므로, 교주에게 남성호르몬을 생산하는 Y 염색체가 분명 있었을 터인데, 이 Y 염색체 제공자는 과연 누구였을까? 하나님도 Y 염색체가 있다는 말인가? 참으로 알 수 없는 일이다.

요즘 같으면 'DNA 판독기술'로 좀 의심이 가는 자들 몇 명만 조사하면 누구 자식인지 금방 명쾌하게 결정이 나고 끝날 일이다. 그래서 요즈음은 처녀잉태나 무성생식으로 태어났다고 주장하는 교주들(예수, 디오니소스, 미트라, 연화생존자 파드마삼바바, 선불교 5조 홍인, 견훤)이 더 이상 나타나지 않는다. 신상품 생산라인이 가동을 멈춘 것이다. 실로 놀라운 과학의 업적이다! 수천 년 묵은 헛소리(환망공상) 공장을 한 칼(DNA 판독기술)에 날려버린 것이다.

⊟물론 처녀잉태 등은 교주들이 아니라 그 추종자들이 그리 주장했을 가능성도 다분히 있다. 모름지기 스승을 초월적인 존재로 높여야 제자가 덩달아 높아지는 법이거니와, 무지몽매한 대중을 상대로 하는 호객행위에도 크게 도움이 되기 때문이다. 뿐만 아니라 이런 허황된 주장은, 스승에 비해 한참 떨어지는 지적능력을 지닌 추종자들이 스승의 숭고한 가르침을 옳게 이해하지 못하고 형이하학적으로 저급하게 오해하여 생긴 부작용의 결과일 수도 있다.

⊟일부 새는 진짜로 물속에 들어가 물고기를 사냥한다. 부비새는 해상 수십 미터 높이에서 낙하하여 시속 100km 속도로 물속으로 진입한다. 날개를 지느러미로 삼아 물속을 마음대

●부비새. 물속에서 정어리를 잡아 입에 물었다.

로 헤집고 다니며 정어리 사냥을 한다. 지느러미였던 날개의 본래 용도를 부활시킨 것이다!

서암의 천지가 개벽해도 소멸되지 않는 영원한 존재인 '지켜보는 놈' 불생불멸^{不生不滅}하고 항상 현존목전^{現存目前}하는 '그놈'

지위가 높은 사람의 망상은 깊이를 가늠할 수 없이 심오하다
아무도 감히 이의를 달지 않아 뿌리를 깊이 내렸기 때문이다

홍근 스님^{1914~2003} 서암은 조계종 제7대 종정 성철 스님 사후에 제8대 종정을 지내신 분이다. 스님은 생전에 젊은 시절부터 여법한 몸가짐과 치열한 수행으로 제방의 추앙을 받으신 분이다. 작가 이청이 지은 서암 스님 평전『태어나기 전의 너는 무엇이었나』에 충격적인 내용이 나온다. 서암 스님의 발언을 소개한다.

이렇게 꿈이라는 것은 허무하여 실상이 없으므로 깨고 나면 허공에 흩어지고 맙니다. 그러나 그 꿈을 꾸었던 주인공은 분명 존재합니다. 꿈을 꾸는 주체는 소멸되지 않습니다. 비단 꿈만 그런 것이 아니라 우리의 인생도 마찬가지지요. 백 년이 지나도 그 세월이 지나고 보면 한바탕 꿈입니다. 그런데 그것이 꿈이라는 것을 감지하는 '그놈'이 있으니 변하지 않아 불생불멸이며 항상 현존목전합니다(194쪽).

본바탕의 마음은, 천지우주가 생기기 이전부터 있었고 우주만유가 가루가 되어 날아간다 해도 상관이 없는, 그야말로 불멸의 마음입니다. 불교에서 구경의 참다운 실체를 표현할 때 쓰는 '마음'과 일상적으로

사용하는 '마음'은 이렇게 다릅니다(196쪽).

그 주인공은 어지럽지도 않고 더럽지도 않습니다. 청정무구하고 언제나 한가하고 고요합니다(197쪽).

그럼 영가는 있는가? 있습니다. 있으나 사람들이 생각하는 형태로 존재하는 것은 아닙니다. 생각해봅시다. 이 우주만물은 무엇하나 소멸되는 것이 없고, 새로 만들어지는 것도 없습니다. 본래 그대로이지요. 하물며 꼬집으면 아픈 줄 알고 부르면 대답하고 무언가 계획을 세우고 집행하는 이것, 이 주인공이 없어지겠습니까? 기뻐하고 슬퍼하고 분노할 줄 아는 이 주인공이 소멸하는 법이 있겠습니까?(200쪽)

서암 스님이 주장하는 '그놈'은, 전형적인 '힌두교의 아트만 사상'이다. 200쪽의 내용에 의하면 서양적인 영혼사상이기도 하다. 어떻게 조계종 종정을 지내신 선수행자가 부처님의 가장 핵심적인 가르침인 무아사상에 정면으로 위배되는 주장을 하는지 실로 충격적이다. 부처님의 평생은 무아사상의 전파에 있었다. 부처님의 무아사상으로 인하여 헤아릴 수 없는 구도자들이 인식의 굴레와 질곡에서 벗어나 해탈을 얻었다.

그 무아의 가르침이 천산남로와 북로를 따라 설산을 넘고 사막을 건너 간난신고 끝에 동쪽 끝 한반도에 이른 지 2,000년 아닌가? 동쪽 끝 서라벌에서 이역만리 서역으로 구법의 길을 떠나 황량한 들판에 뼈를 남기고 죽어간 이들은 몇인가? 의정의『불국기佛國記』에 인도로 구법여행을 떠난 신라스님이 7분이나 나온다. 그중에 몇 분은 먼지 날리는 길 위에서 임종하거나 인도에서 열반하거나 하여 끝내 그리운 신라로 돌아오지 못했다. 나머지 분들도 신라 땅을 다시 밟지 못했다. 이 일을 상기할 때마다 눈물이 난다. 그렇게 목숨을 건 구법활동이었는데 지금 남은 것은 기껏 힌두교 아트만 사상이라니, 이제 와서 조계종 전前 종정이 대놓고 힌두교 아트만 사상을 주장하다니, 삼세제불 역대조사들이 지하에서 통곡할 일이다.

힌두교 철학에 의하면 인간의 의식 중에 '투리야uriya'라고 하는 것이 있는데, 이것은 '지켜보는 놈'이다. 이 지켜보는 놈은 결코 멸하지 않는다. 천지가 개벽을 해도 없어지지 않는 놈이다. 요즈음 말로 우주가 수축·팽창을 반복하여 빅뱅이 수없이 반복되더라도, 소멸하지 않는 놈이다. 서암 스님은 『반야심경』의 '시제법공상 불생불멸 불구부정 부증불감'을 철저히 거꾸로 이해한 것이다. 시공간에 갖가지 법이 생겨나고 없어지지만, 연기법으로 보면 갖가지 법이 연기장場에 연기에 의해 나타나고 사라질 뿐이어서 불변하고 상주하는 실체가 없다. 즉 '아我'가 없다. 불변하고 상주하는 실체가 없이 연기법에 따라 이합집산을 하는 것뿐이니, 생기거나 나타난다고 할 수 없다는 것이 반야심경의 가르침이다. 이 거대한 연기장의 역동적인 모습이 모든 법의 빈 모습인 것이다. 불변하고 상주하는 실체가 없으므로 더럽거나 깨끗하다는 절대적인 기준이 없을 뿐만 아니라 모두가 임시적인 것이므로 늘거나 감소하는 바가 없다. 이것이 불구부정 부증불감이다.

그리고 서암이 '(인생이 꿈이라는 것을 감지하는) 그놈은 변하지 않아 불생불멸이고 현존목전現存目前합니다'라고 하지만, 육체가 사라진 상태에서도 눈이 존재하는가? 우리는 눈을 감아도, 눈이 앞면에 위치해 있고 항상 앞만 보고 앞으로만 움직이므로, 의식은 앞으로 향한다. 그래서 마치 그놈이 눈앞目前에 바로 지금 존재現存하고 있는 것으로 느낀다. 베단타철학만 하더라도 범梵과 독립적인 아我는 통각작용의 착각이라고 선언하는데, 서암 스님은 기뻐하고 슬퍼하고 분노하는 감정의 주체가 주인공이라고 주장하다니 힌두교철학보다도 수준이 떨어지는 순진한 사상이다. 이런 사상으로 한국 선불교가 어떻게 국제적인 종교시장에서 경쟁력이 있겠는가? 전前 종정(불교진리를 상징하고 대표하는 직책) 스님이 전국의 사찰에서 조석으로 암송하는 불교의 정수 『반야심경』을 정반대로 해석하고 있다는 것은 경천동지할 일이다.

환망공상과 모순

불교에는 타종교 명상에는 없는 특이한 선정이 존재하는데 멸진정滅
盡定 滅受想定이 그것이다. 멸진정에 들면 일체 감각작용과 의식작용이 사
라진다. 조선조 진묵 스님의 일화가 있다. 상좌들이 탁발을 나가 며칠
만에 절에 돌아와 보니, 진묵 스님이 방문에 기대어 앉아 있는데 문이
바람에 흔들거리며 손에 상처를 내 피가 나는데도 모르고 있었다. 진
묵 스님이 선정에서 깨어나 하는 말이 "어떻게 이렇게 빨리 돌아왔느
냐"는 것이었다. 거기 지켜보는 자는 없다. 지켜봄은 의식이 필요하며
멸진정에서는 지켜보는 자가 사라진다. 멸진정에 들었었다는 것은 멸
진정 전후前後의 의식이 그 사이의 의식의 공백기를 의식함으로써 인식
하는 것이다. 멸진정의 특성이 이러하기에 멸진정에 들어있을 때는 어
떤 지적인 활동도 불가능하다. 의식이 작동하지 않기 때문이다. 반야
지혜를 강조하는 불교수행자들에게는 난감한 현상이었을 것이다. 그
래서 멸진정의 존재이유나 효용성에 의문을 품게 되었다. 이런 의문에
대해 용수보살은 『대지도론』에서, 멸진정의 기능은 '무여열반을 미리
체험하는 것'이라고 답을 하였다. 무여열반에 들면 다시는 이 세상에
돌아오지 않는다. 문자 그대로 멸진정은 이 세상과의 단절이다. 생명체
와 이 세상을 연결하는 끈이 의식이기 때문이다. 이런 이유로 보살은
무여열반에 들지 않는다. 멸진정에 들면 중생을 구제하는 갖가지 지혜
방편을 낼 수 없기 때문이다. 불교에만 '의식이 사라지는 멸진정'이 존
재하는 이유는 불교가 철저한 무아사상이기 때문이다.

치열한 명상을 하게 되면 의식은, 외적 대상에서 퇴각하여, 마음 안
으로 향하게 된다. 의식이 하나로 모아지면 의식이 마치 영원히 없어
지지 않고 태곳적부터 존재했던 것 같은 느낌을 준다. 이 느낌을 진실
로 착각하는 것이 외도의 전통이다. 눈으로 보기에 햇님이 지구를 도
는 것으로 보이나 진실은 정반대이다. 감각작용에 속듯이 의식에도 속
을 수 있다. 수좌들이 방안에서 좌선수행 시에 손으로 해와 달을 만지
는 현상이 벌어지나 모두 의식의 장난일 뿐이다. 진짜로 해나 달을 만

지는 것이 아니다. 그런 생각이나 영상이 마음에 떠오르는 것일 뿐이다. 의식이 부리는 속임수에 원천적으로 속지 않는 것이 불교의 멸진정이다.

유가사전통에 따라 좌선 등의 명상에 집중하였던 수행자들은 의식의 장난과 속임수에 넘어가 이런 착각에 빠지기 쉬운데, 그것을 치유하고 예방하는 약이 중관철학이다. 과학적 방법을 통해서 감각기관의 착각을 바로잡는 것처럼, 중관철학을 통해서 의식의 착각을 바로잡을 수 있다. 교학에도 일가견이 있던 성철 선사조차도 이런 의식의 장난에 넘어간 느낌이 있다. 임종시까지도 화두를 붙잡고 의식을 잃지 않으려는 집착이 있지 않았나 하는 의심이 든다. 7년 장좌불와長座不臥 절대 눕지 않음도 잠자는 순간에 의식을 놓치는 것을 막아보려는 수단이었을 것이다(병석에 누워있는 성철과 상좌들 사이의 "스님 지금도 화두가 성성하십니까? 그래 성성하다"라는 문답은 도대체 무엇을 의미하는가? 이런 문답이 부처님과 아난 사이에 가능하다고 생각하는가?). 성철 스님은 오매일여를 강조하여, 수좌들을 점검하여 견성을 판단하는 시금석으로서 '숙면일여'를 내세웠다. '숙면일여'란 꿈이 없는 깊은 잠 속에서도 의식을 잃지 않는 경지를 말한다(이것은 정확히 힌두교의 '투리야'를 말한다). 혜국 스님이 연지燃指를 하고 태백산 깊은 산속에서 홀로 장좌불와를 하며 수마와 난투극을 벌이다가 성철 스님을 찾아가 하소연하자, 성철 스님이 자신도 장좌불와를 하다 보면 침이 흥건히 흘러있더라는 체험담을 들려주며 위로를 한 적이 있다. 수행자가 동시에 멸진정과 숙면일여에 있을 수 없으므로 논쟁거리이며, 이 점에서 현 조계종 종정이신 진제 스님의 스승인 향곡 스님의 오매일여비판에 의미가 있다. 불교에서는 제7식 말라식이 '아我'이다. 말라식은, 일체기억의 창고 또는 정보의 데이터베이스인, 제8식인 알라야식을 '자기'로 착각하는 의식을 말한다. '아'는 요즘말로 정체성이다. '아'라는 것이 착각이라는 것은 의식의 착각을 이름이다. 의식을 잃는 것이 문제가 아니라 의식이

환망공상과 모순

있을 때의 행동이 여법한가가 문제이다. 고도^{高道}의 요기도 전신마취를 하면 의식을 잃게 된다. 사지를 절단하면 사지를 통한 감각은 사라진다. 요기의 특정 뇌부분에 손상을 입으면 특정기능이 사라진다. 요기가 시신경에 종양이 생기면 결코 볼 수가 없다. 여전히 공중부양을 할 수 있을지는 몰라도 절대로 볼 수는 없다. 라마나 마하리쉬 같은 20세기의 대수행자도 암으로 생명을 잃었다. 의식은 고사하고 육체조차도 마음대로 할 수 없는 것이 인간이다.

『잡아함경』에서 부처님은,
신체가 자기라고 주장하는 자이나교도 '살차'에게,
"자기 뜻대로 할 수 없는 것은 다 자기^我가 아니다"라고 말씀하셨다.

신체, 지각, 표상, 의지, 의식은 모두 자기 뜻대로 할 수 없으므로 자기^我가 아니라고 하셨다. 예를 들어 생각은 나는 것이지, 자기 뜻대로 내는 것이 아니다. 갑자기 수제비가 먹고 싶은 생각이 나는 것이지, 내가 '수제비를 먹고 싶은 생각을 내자' 하고 생각을 낸 것이 아니다. 설사 그렇다 하더라도, 생각을 내자 한 생각은 또 누가 내었는가? 이런 식으로 가다가는 결국 '무한소급의 모순'에 빠지고 말 것이다. 생각은 내는 것이 아니라, 나는 것이다. 그래서 생각은 내^我가 아니다. 또 다른 예로 냄새를 들면, 냄새를 맡자 해서 맡는 것이 아니다. 냄새분자가 코 점막에 닿으면 자동적으로 냄새를 맡는 것이다. 재래식 화장실에 들어갈 때 자기 뜻대로 냄새를 느끼고 안 느끼는 것이 아니다. 소리도 마찬가지이다. 공기입자의 진동이 고막을 때리면 자동적으로 듣는 것이다. 자기 뜻대로 듣고 안 듣고 할 수 있는 것이 아니다. 그러므로 감각작용은 내^我가 아니다. 마찬가지 이유로 감정작용 역시 내가 아니다. 그런데 서암 스님 주장처럼 꼬집으면 아픈 줄 알고 분노하고 기뻐하고 슬퍼할 줄 아는 것이 주인공인가? 게다가 이 주인공이 불생불멸하기까지 한

서암의 영원한 존재인 그놈

것인가? 팔만대장경 어디에 이런 주장이 나온다는 말인가? 꼬집으면 자동적으로 아픈 것이지 자기 마음대로 아팠다 안 아팠다 하는가? 마취를 하면 아픈 줄을 모르는데 그럼 그때 주인공은 어디로 사라진 것인가? 뇌에 이상이 생겨 감정이 사라지는 경우가 있는데, 그럼 그런 사람은 주인공이 사라진 것인가? 말이 되지를 않지 않는가?

서암 스님은 부처님이 모르고 있던 '신종 자아'를 발견한 것인가? 서암 스님의 주인공은 '기계 속의 유령ghost in a machine'인가? 부처님이 『잡아함경』에서 "업을 짓는 자도 업을 받는 자도 없지만 업은 있다"고 하신 것처럼, 보는 것은 '보는 자도 없고 보이는 것도 없지만 보는 현상은 있는 것'이다. 대상(안경)과 시각기관(안근)과 시각신경(안식) 3자의 연기에 의해서 보는 현상이 발생하는 것이다. 그래서 거기 '기계 속의 유령'이 없으므로 무아無我인 것이다.

황인이건 흑인이건 백인이건 간에 인간은 구조가 같다. 수십만 년 전 아프리카를 나올 때 인간은 천 명 남짓이었다. 이들이 불어나 73억 인구를 이루었다. 그래서 인간이란 종은 육체적인 구조나 정신적인 구조가 서로 흡사하다. 따라서 종교적인 명상을 하면 종교에 관계없이 비슷한 경험을 하게 된다. 중요한 것은 해석이다. 해석방법에 따라 종교가 갈라진다. 종교인은 각 종교가 미리 제시한 교범에 따라 자신의 경험을 해석하게 된다. 경험하기 전에 이미 마음이 오염된 것이다. 미얀마 숲에 살던 스님 두 분이 높은 하늘을 가로질러 날아가는 물체를 보고 의견을 같이 한다. 정말 큰 새라고! 누구나 본 것은 동일하나 해석이 다르게 된다. 비행기를 본 적이 없거나 그에 대해 들어본 적이 없는 사람은 그것이 수백 명 사람을 태우고 날아가는 날틀이라는 것은 꿈에도 생각하지 못할 것이다.

인간이 세상사와 일상사를 잊고 명상에 몰두하면 표면의식은 물러

가고 심층의식을 경험하게 된다. 생각 이전의 의식을 경험하게 된다. 이 의식을 무엇이라고 규정하는 것이 바로 해석이다: 신이 임하였다, 신과 하나가 되었다, 우주와 하나가 되었다, 영원히 사라지지 않을 지켜보는 놈을 보았다, 공空을 체험하였다. 이 모두는 같은 경험을 묘사하는 말일 수 있다(뇌에 일어나는 현상이 같을 수 있다). 단지 해석만 다를 수 있다. 그래서 지혜가 중요한 것이다. 원시인이나 현대인이나 보고 듣는 것은 같으나 세상을 보는 눈은 180도로 바뀌었다. 발달한 대뇌신 피질을 이용하여 사물(경험과 현상)의 배후에 감춰진 근본이치를 발견했다. 현대인이나 원시인이나 미안마 스님이나, 광자가 망막의 시신경을 때리고 이 자극이 생체전기신호로 바뀌어 신경전기줄을 타고 뇌로 전달되는 것은 한 치의 차이도 없이 동일하다. 단지 그 해석이 다를 뿐이다. 그래서 세상을 보는 것은 육체적인 눈이 아니라 정신적인 눈, 즉 지혜이다. 눈이 제공하는 것은 단지 재료일 뿐이다. 그 재료를 가지고 작품을 만들어내는 것은 지혜이다. (지혜는 장인이자 예술가이다. 장인은 사실을 다루나 예술가는 꼭 사실만을 다뤄야 하는 것이 아니다. 사람이 사실이나 진리만을 먹고 살아야 한다면 정신적인 괴혈병이나 각기병에 걸리고 말 것이다. 인간은 사실과 동시에 환상을 먹고 산다. 그러나 지혜의 예술적인 특성에 집착하면 저급 악성 환망공상을 생산하게 된다.)

부처님의 위대성은 9차제정九次第定을 경험한 것이 아니라 그 해석의 진실성과 탁월성에 있다. (이 모든 해석을 멈추면, 즉 선입관을 멈추면 발생하는 것이 멸진정이다. 모든 해석을 떠난 벌거벗은 마음이 멸진정이다.) 그래서 불교는 지혜의 종교인 것이다. 지혜가 없으면 자신에게 주어지는 경험과 지각을 오염됨이 없이 옳게 파악하고 해석할 수 없다. 이것이 불교명상과 수행에서 '그냥 지켜봄'이 그토록 중요한 이유이다.

불교는 퇴보하고 있다. 부처님 당시 가장 진보한 뇌과학을 가졌던 불교가 시나브로 퇴보를 하더니 이제는 세속학문에 추월당하여 버렸다. 과학계는 무아를 증명하며 무서운 속도로 전진하고 있는데, 불교는 슬금슬금 뒷걸음치더니 유아론의 구렁텅이에 빠지고 말았다. 베다교가 신에 집착하여 그 결과 전도몽상에 빠져 헤쳐 나오지 못하듯이, 불교계는 '불생불멸의 마음'에 집착하여 몽상에서 헤어나지를 못하고 있다. 완전히 역전이 이루어진 것이다.

왜 이런 일이 벌어졌을까?

부처님 당시에는 과학이 발달하지 못하여 명상이 진리를 발견하는 거의 유일한 탐구수단이었지만, 지금은 눈부신 과학발전으로 인하여 부처님이 보셔도 믿지 못할 수단들이 무수히 존재한다. 뇌파탐지기, 자기공명사진기술, 입자가속기, 전파망원경, 자기부상열차, 원자력발전, 뇌파인공손, 배아줄기세포배양 등은 불교적인 탐구수단을 초라하게 만들고 있다. 지혜는 명상에만 존재하는 것이 아니라 과학에 동일하게 존재한다. 진리를 발견하는 수단은 무엇이든지 다 지혜이다. 단지 부처님 당시에 과학이라는 지혜가 없어서 쓰지 못했을 뿐이다. 이 사실을 간과하면 교조주의·근본주의 광신에 빠지게 된다. 지금 부처님이 환생하시면 틀림없이 누구보다도 열심히 과학을 공부하실 것이다. 14대 달라이 라마의 예를 보면 쉽게 이해가 갈 것이다. 어릴 때부터 기계만지는 것을 좋아했던 이분이 신경과학자들과 같이 세미나를 하시는 모습은 참으로 아름다운 장면이다. 불교는 더 이상 명상적인 (내면적 비물질적) 지혜에만 집착하지 말고, 과학이라는 (외면적 물질적) 지혜를 받아들여 거침없이 지혜의 외연을 확장해야 할 것이다.

종교수행을 통해서 대망상이나 과대망상을 얻게 된다면 이는 크게 경계해야 할 일이다. 문명이 지구보다 수만 배 발달한 안드로메다은하 외계인의 눈에 얼마나 우습게 보일 것인가? 개미가 깨달음을 얻어 '내가 우주와 하나다'라고 외친다면 지나가던 삼척동자도 웃을 일이 아닌가? '언제부터 내가 그대 개미와 하나였던가?' 하고 말이다.

불교가 힌두교화하면서 불교는 인도에서 사라져버렸다. 불교는 중국에서 선불교를 통해서 순수한 모습을 되찾았다. 육조 혜능 스님의 『육조단경』을 보라. 그 어디에 아트만사상이 있는가? 철저한 무아사상 아닌가? 본래무일물, 설사일물즉부중, 봉불살불, 명두래 명두타 암두래 암두타, 불락인과 불매인과, 단하소불상 등의 선불교적인 호쾌한 기상은 아트만사상 등의 닫힌 세계관에서는 불가능하다. 힌두교에 의하면 별일이 없는 한 아트만은, 주기적으로 천지개벽을 하는 우주에서, 주기적으로 무한히 윤회輪回를 한다(윤회의 윤은 바퀴 윤자다. 바퀴처럼 주기적으로 돌고 도는 환생이다). 선불교는 결코 결정론적인 세계관이 아니며 닫힌 세계관도 아니다. 진정한 선불교는 '무한한 자유'와 '열린 세계관'의 상징이다. 혜능 스님이 주석하던 조계산의 이름을 따와 조계종이라 이름 붙인 대한민국 조계종이, 혜능 스님의 5세손인 저 위대한 임제의 임제종을 잇는 대한민국 조계종이, 혜능의 가르침과 정반대로 가는 것은 참으로 안타까운 일이다.

꼬집으면 아픈 줄 아는 것이 주인공인가? 본래 무일물 아닌가? 도대체 서암 전前 종정은 무슨 말을 하고 있는 것인가? 서암 스님은 임종전에 쇠약한 모습으로 제자들의 부축을 받아 걸으면서 "너희들에게 미안하다"라고 하셨다. 그 멋진 풍채가 다 사라지고, 허리가 굽은, 불면 다 날아갈 것 같은 노인의 모습이었다. 도대체 무엇이 미안하셨을까?

目분별론자들에 의하면 멸진정滅盡定 멸수상정에서 사라지는 것은 '수受'와 '상想', 즉 감각작용과 표상작용이지 세심細心, 즉 미묘한 마음은 사라지지 않는다고 한다. 세심은 인간이 의식하지 못하는 뇌의 제반활동을 의미하는 것이다. 멸진정에 들어있는 사람도 생명이 끊어진 것이 아니므로, 신체를 작동시키는 부교감신경은 여전히 활동을 한다. 심지어 깨어있을 때도 뇌는 감각기관을 통해 외부로부터 들어오는 방대한 양의 정보를 끊임없이 처리를 하고 있으나, 단지 우리의 표면의식이 그 사실과 처리과정을 인식하지 못할 뿐이다. 뿐만 아니라 결정이나 판단작용도 대부분 무의식적으로 이루어진다. 결과만이 표면의식에 떠오를 뿐이다. 결정과정이나 판단과정의 대부분은 뇌에 저장된 방대한 정보에 의지하여 수면 아래서, 즉 표면의식 밑에서 이루어진다. 1,000억 개의 뉴런과 500조 개의 신경회로가 하는 일이 결정과 판단을 하기 위한 정보처리이다. 이 모든 과정이 현재의 식의 스크린 위에 나타난다면, 인간은 새로운 정보를 받아들이고 처리하는 일을 할 수가 없을 것이다. 에너지 낭비도 극심할 것이다. 마치 텔레비전을 하루 종일 틀어놓으면 전력낭비가 극심한 것과 마찬가지이다. 대통령이 자신의 지시에 따라 움직이는 비서진의 모든 일 처리 과정을 세세히 알 필요가 없는 것과 같다. 대통령이 그 모든 과정을 다 알아야 한다면, 대통령은 뇌에 걸리는 과부하로 인하여 할 수 있는 일이 거의 없을 것이다. 과거에는 어느 누구도, 뇌의 구조나 신경세포의 존재와 기능과 활동에 대해서 알지 못하였으므로, 뇌가 담당하는 기억작용과 인식작용을 알지 못하였다. 이전시대의 이러한 제약조건에 비추어 볼 때 고대불교승려들과 학자들의 치열한 연구성과는 놀라운 면이 있고 나름대로의 가치가 있으나, 불교는 극도로 발달한 현대과학과 인문사회학을 통해서 새롭게 태어나야 할 것이다.

🖪 서암 스님은 위대한 수행자였다. 단지 그의 견해를 비판한 것일 뿐이다.

🖪 서양식 영혼을 가장 잘 표현한 것이 영국 철학자 길버트 라일의 '기계 속의 유령ghost in the machine'이라는 말인데 이런 생각의 대표주자가 데카르트이다. 그는 사람의 영혼이 뇌의 송과선에 있다고 생각했다. 사람이 태어나기 전에 아버지의 정자에 눈·코·팔·다리 등을 온전

히 갖춘 극소형 인간의 모습으로 들어 있다가 어머니 몸에서 자라 밖으로 나온다는 생각도 있었다. 둘 다 기이한 이론이기는 마찬가지이다. 기계가 움직이는 것은 기계 자체의 기능이 아니라 기계 속에 유령이 들어있어 유령이 움직이게 한다는 설이다. 무인자동차는 운전사 없이도 혼자 잘 움직인다. 즉 기계가 유령 없이도 움직인다. 소프트웨어가 있기 때문에 움직인다고 항변한다면 사람도 DNA나 자체적으로 가지고 태어나는 소프트웨어(예를 들면 언어 소프트웨어)가 있다는 것을 지적할 수 있다.

目 힌두교철학에 의하면 네 가지 의식이 있다. 각성, 꿈, 숙면, 투리야의 넷이다. 투리야는 각성, 꿈, 숙면(꿈이 없는 깊은 잠)시의 의식을 초월한 의식으로서 꿈이 없이 깨어있는 순수한 의식을 말한다. 이 의식은 변화하지 않는다고 한다. 불생불멸의 의식이다.

目 성철이 숙면일여라고 주장하는 것은 숙면 중에도 화두를 들고 깨어 있으라는 말이니, 곧 힌두교의 투리야를 경험하라는 혹은 그 경지를 얻으라는 말과 같은 것이다. 단교 화상이 제자 고봉원묘에게 던진 '꿈도 없는 깊은 잠속에서 주인공이 하처에 거하느냐正睡着無夢無見無 聞時 主在何處'는 질문도 같은 취지의 말이다. 숙면 중에 의식을 잃으면 안 된다는 뜻이다. 숙면 중에도 계속되는 깨어있는 의식을 경험하여 단 한순간도 매昧하면 안 된다는 것이다.

目 광덕 스님도 서암 스님과 같은 주장을 하였다. "불성佛性은 영원하고 무한하고 스스로 존재한다. 인간은 원래로 불성자라는 절대존엄과 신성의 주체다."(『선관책진』, 불광출판부, 1991, 44쪽)

目 성철 스님은 무너져가던 한국불교를 특히 조계종을 청정비구 종단

으로 부활시킨 위대한 승려이다. 선교禪教 둘 다 달통한 희유한 인물이었다. 그가 남긴 족적은 한량없이 크지만 동시에 교리적으로는 결정적인 실수를 한 것으로 보인다. 한국의 근대 선사들은 벽장의 해골처럼 모종의 유아론을 감추고 있었던 것으로 보인다. 너무나 오랫동안 벽장에 갇혀 있다가 갑갑함을 견디지 못하고 문을 박차고 뛰쳐나온 것이, 서암 스님의 아트만적인 발언이었다. 필자로서는 너무나 감사한 발언이었다. 오랫동안 의심이 가던 일에 결정적인 증거를 제공해 주었기 때문이다. 필자는 이청의 책을 읽던 어느 겨울밤의 감격을 잊지 못한다. 그날 여러 차례의 환호성으로 한참동안 온 방이 진동하였다.

☗ 백제의 겸익 스님은 불심천자 양무제 9년인 510년에 뱃길로 백제를 떠나 양나라를 경유하여 인도로 가서 526년 백제 성왕 4년에 인도에서 오부율五部律을 가지고 돌아와 백제율종의 시조가 되었다. 그 후 신라시대에 혜초 스님을 비롯한 많은 신라승들이 인도로 떠났지만 신라땅으로 돌아온 이는 한 사람도 없었다. 겸익 스님은 우리 역사상 처음으로 인도로 떠난 스님이며 이 땅으로 돌아온 유일한 스님이시다. 겸익 스님에 대한 연구가 아쉽다.

☗ 마야인들은 해가 지평선 너머로 지면 해가 땅 밑으로 들어갔다고 생각했다. 해가 매일매일 지하세계와 하늘나라를 왕복한다고 믿었다. 하늘에 있던 해가 점점 고도를 낮추더니 땅 밑으로 모습을 감추는 것처럼 보이니 그리 생각하는 것도 무리가 아니다. 그래서 보이는 대로 믿으면 안 된다.

환망공상과 모순

계룡산 신도안의 옥황상제들의 모임

옥황상제도 급하면 다른 옥황상제를 인정한다

　육해공군본부가 계룡산으로 이전하기 전까지 계룡산은 위대한 민족 도참서인 『정감록』에 힘입어 신도안新都內을 중심으로 4백년 동안 조선 사이비종교의 요람이었다. 심지어 계룡산이 지구의 배꼽이라는 황당한 주장까지도 있다. 그럼 지구의 발뒤꿈치도 있는가?

　신도안에는 자칭 옥황상제라는 인물들이 여럿 있었는데, 얼빠진 신도들의 추앙을 받으며, 그들의 재물을 갈취하고 여신도들을 성적 노리개로 삼았다. 언론보도에 의하면 세력싸움으로 서로 분쟁이 끊이지 않자 자칭 옥황상제들이 한 곳에 모여 신사협정을 맺은 적도 있다. 자칭 진짜 옥황상제가 모조리 사이비인 가짜 옥황상제들과 동급으로 협정을 맺는 것은 정말 굴욕적인 일이었을 것이다.

　요즈음 유행하는 종교평화운동이라는 것도 본질적으로 이 옥황상제 회합과 다를 바가 없다. 서로 빡세게 붙어서 누가 진짜인지 속시원하게 가려줄 것이지 서로 나와바리를 인정하며 상권을 유지하려는 얄팍한 술책이나 부리고 있는 것이다. (종교가 기업화되었다는 결정적인 증거이다.)

최고신들의 대리인들이 모여 회합을 하는 것은 아무리 봐도 기괴한 일이다. 진짜신이 모조리 가짜인 신들과 함께 모여 영토협정을 맺다니 말이 되는가? 도대체 파사현정破邪顯正이라는 말은 어디로 도망을 친 것인가? 가짜 신들을 모조리 지옥으로 보내야 할 것이 아닌가? 평소에 그토록 자랑하던 신통력은 이런 때 안 쓰고 언제 쓸 것인가?

현대는 기업은 종교화되고, 종교는 기업화되었다. 성직자들은 기업의 CEO로 변신하고, 기업의 CEO는 성직자가 되었다.

기업의 CEO들은 다 죽은 기업을 살려내는 신비한 능력과(법정관리 졸업), 괴이한 행동을 하는 기업에서 악마를 몰아내는 능력과(구조조정), 기업에 대해서 모든 것을 아는 전지전능한 능력을 지닌 것처럼 신격화되고, 즉 사이비교주화되고 천문학적인 연봉을 받는다(미국 대기업 집단인 S&P 500에 등재된 기업의 CEO 연봉은 자그마치 일반 노동자의 300배 정도이다).

CEO는 회사운영에 있어서 전권을 휘두르며, 회사원은 지옥행을 면하려면, 즉 잘리거나 감봉당하거나 (회사에 해나 끼치는 악마같이 사악한 자로) 능멸당하거나 한미한 자리로 유배당하지 않으려면 무조건 복종해야 한다. 그를 믿으면 높은 연봉과 지위로 물질적인 복과 은혜와 사랑을 받는다. 감히 그 권위와 능력에 의심을 품는 것은 신성모독죄에 해당한다.

반면에 종교단체 장들은 즉, 목사 신부 승려들은 교회와 사원을 (기업경영기법을 빌려와서) 기업처럼 운영한다. 신도는 자사제품을 이용하고 구매하는 고객, 즉 이익창출의 근원인 고객일 뿐이다. 한때 신도가 100만 명에 달했던 여의도 순복음교회 같은 경우는 하버드 대학 경영학과에서 강의자료로 쓰인다.

로버트 슐러Robert Schuller, 1926~는 미국 '긍정신학positive theology 예수를 믿어 지금 바로 이 세상에서 세속적으로 성공하고 부자가 되자는 신학'의 원조이자 대가이다. 그는 교회 전체를 유리로 두른 천억 원대의 호화찬란한 수정교회$^{Crystal\ Cathedral}$를 세웠다. 그럼으로써 긍정신학이 참(?)임을 멋지게 증명했다. 그런 그조차 후계자를 즉, 후임 CEO를 잘못 선택해서, 수정교회는 아들 대에서 파산하고 말았다. 문자 그대로 파산이다. 수정교회는 법원에 파산 신청을 하였고, 교회건물은 팔려나가고 말았다. (아이러니하게도 긍정신학의 정반대편에 있는 가톨릭 교단에 팔렸다.) 리만 브라더스$^{Lehman\ Brothers}$나 엔론 같은 신세가 된 것이다.

"우리 주님이 절벽 가까이로 나를 부르셔서 다가갔습니다. 절벽 끝에 더 가까이 오라고 하셔서 더 다가갔습니다. 그랬더니 절벽에 겨우 발을 붙이고 서 있는 나를 절벽 아래로 밀어 버리시는 것이었습니다. 물론 나는 그 절벽 아래로 떨어졌습니다. 그런데 나는 그때까지 내가 날 수 있다는 사실을 몰랐습니다." 로버트 슐러의 명언이다. 수정교회가 파산한 지금 그가 다시 날 수 있다면, 그의 명언은 진짜 불후의 명언이 될 것이다.

세속의 부를 독사, 전갈, 독거미, 거머리 보듯 하던 종교가 이제 (세속적인 부를 창출하는) 기업이 되고 말았다. 그래서 본시 종교가 있던 자리가 무주공산^{無主空山}이 되었다. 기업은 그 틈새를 노려 CEO를 사이비 교주처럼 만들어 놓았다. 그나마 천만다행인 것은 (이 경제적) 교주의 임기가 유한이라는 점이다!

그래서 이 시대의 종교개혁의 대상은 종교뿐만 아니라 기업도 해당한다.

이 땅은 우리 땅이 아니다

소유권이란 본시 존재하는 것이 아니다
허깨비와 같은 것이다
너와 나 사이의 일시적인 약속이거나
사람들이 다른 사람들에게 행사하는 폭력일 뿐이다

환
망
공
상
과
모
순

　우리가 땅을 갈아엎어 개미집을 부수며 개미의 토지소유권을 인정 안 하듯이, 나무를 베어 넘겨 열대우림을 파괴하며 수천만 년 그곳에 살아온 침팬지 오랑우탄 고릴라에게 그들의 삶의 터전에 대한 토지소유권을 인정 안 하듯이, 그리고 자기 영역을 지키느라 다른 표범과 죽기 살기로 싸우다가 상대방 송곳니에 관통을 당해 애꾸눈이 된 표범의 사냥터 소유권을 인정 안 하듯이, 우리 인간도 지금 이 순간 어느 우주인에겐가 소유권을 부정당하고 있을지 모른다.

　인간이 죽는 것은 인간을 지구라는 우리에 가두어놓고 인간을 사육하는 외계인에게 때가 되면 잡아먹히기 때문인지 모른다. (엘랑비탈이나 기를 뽑혀 먹힌다는 설이 있다. 우리에서 사육당하는 곰은 쓸개에 관이 꼽히고 쓸개즙을 뽑혀도 무슨 일이 일어나는지 전혀 모른다.) 전쟁이나 전염병으로 갑자기 많은 수의 인간이 죽는 것은 이 외계인들이 큰 파티를 벌이기 때문일지 모른다. 그것도 모르고 수많은 시인과 소설가가 삶과 죽음을 초월하겠다는 명분으로 아름답고 고상한 언어로 끝없이 글을 써왔다면 도대체 얼마나 헛수고를 해온 것일까.

생사를 초월할 수 있다는 증거로 신비주의자들의 '유체이탈' '지구이탈' '우주이탈' '욕계탈출' '색계탈출' '무색계로의 탈출' '무한자와의 대면' 등 신비한 영적 체험을 들고 싶을지 모르나, 이 체험들이 좁은 우리(지구)에 갇혀 사육되는 가축들(지구인)의 사육장 스트레스를 풀어주려고 사육사(외계인)가 가축의 뇌 측두엽에 가한 전기자극의 결과에 지나지 않는다면 그땐 어쩌시려는가? 자극이 지나치면 측두엽 간질이 발생하고 간질발작환자들의 간질증상인 황당무계荒唐無稽한 가르침들은, 어차피 말이 안 되는 '가축들이 처한 실존적인 현실'에 대한 인식을 혼란시켜, 정신적·심리적 고통을 경감시켜주는 뜻하지 않은 효과를 불러온다. 멋진 이열치열 현상이다. 허깨비를 허깨비로 때려잡는 '이환치환以幻治幻', 또는 망상으로 망상을 때려잡는 '이망치망以妄治妄'이다.

또 인간이 취득한 지식은 외계인이 인간사육장 우리에 낸 조그만 창문을 통해 내다봐서 얻은 조각정보에 지나지 않을 수 있다. 그러면 노벨상은 '노벨 우리 상' 또는 '노벨 관견管見 상'으로 전락하고 만다.

이 외계인들이 꼭 물질적인 별나라에 사는 생명체일 필요는 없다. 믿음, 사상, 아름다움, 추함, 사악함, 선함, 사랑, 증오 등으로 이루어진 추상적인 먹이를 먹고 사는, 형체가 없는 생물일 수도 있다. 이 경우 이들은 홀연히 욕망이 생겨 무색계無色界에서 추방당한 존재들이다.

이 무형의 무색계 외계인들이 인간에게 전쟁, 분쟁, 다툼 등을 사료로 주어 증오를 키워 증오를 섭취한다. 물론 인간에게 예술을 사랑하게 만드는 화학물질을 주입하여 낭만을 키워 낭만을 마시기도 한다. 외계인 파티의 음료수는 후기낭만수酒, 야수파수, 초현실주의수, 전위주의수, 비디오아트주酒, 누보로망주, 입체파주, 흑백주, 아방가르드 폭탄주 등으로 이름 붙여져 있다.

적을 알아야 적을 무찌를 수 있는 법인데 인간은 자신의 적이, 즉 인

이 땅은 우리 땅이 아니다

간 세상을 증오·사랑·전쟁·평화로 뒤죽박죽으로 만드는 자가, 바로 자신을 사육하는 외계인인 줄 모르고 엉뚱한 환망공상만 지어내고 있을 수 있다. 마치 투견장의 개가 상대 개에게 분출하는 분노와 증오는 인간이 유도한 환망공상이라는 것과 흡사하다.

아예 처음부터 인간이 본래 존재 안 하는지도 모른다. 인간은 오타쿠 외계인들이 만들어낸 환망공상에 지나지 않을 수도 있다. 그러면, 소설 작품 속의 인간을(이) 백만 명 학살한들 또는 학살당한들 전혀 문제가 없듯이, 인간이 아예 처음부터 '삶과 죽음' '전쟁과 평화' 등으로 심각해질 이유가 원천적으로 없어진다. 소설 속의 인간이 하는 생각처럼, 인간의 생각은 환망공상 속의 환망공상일 수 있다. 섬뜩하지 않은가? 그러나 너무 걱정할 필요는 없다. 인간이 환망공상이라는 것만 증명되면 모든 것이 해결될 것이기 때문이다. 마치 소설책 마지막 단어를 읽고 책을 덮듯이⋯ 그런데 인간이 환망공상이라면, 환망공상인 인간이 자신이 환망공상이란 것을 알아차리거나 증명한다는 것은 도무지 말이 되지 않을 것이다. 소설 속 인물이 갑자기 비명을 지르며 "난, 내가 존재하지 않는다는 것을 알아요!" 하고 외치는 것과 뭐가 다를까? 그래서 인간이 자신이 환망공상이라는 것을 증명하는 것은 절대 불가능한 일이다. 리처드 도킨스가 증명불가능한 것으로 즐겨 인용하는 '위대한 철학자 버트런드 러셀이 고안한 지구와 화성 사이의 공간에서 태양을 공전하는 찻주전자 teapot 의 비존재'보다 무한히 더 불가능하다.

리처드 도킨스 같은 생물학자들의 주장에 의하면, 인간은 가축들의 유전자를 퍼뜨리는 수단이라고 한다. 인간이 가축들을 사육해서 잡아먹으며 이용하고 있는 것 같지만, 사실은 가축유전자들이 자기들 복제 증식을 위해서 인간을 이용하고 있다는 시각이다. 인간이 가축을 추위와 굶주림으로부터 보호하고 맹수 등 천적과 자연재해로부터 지켜줌으로써 지구상의 가축수가 세계인구수를 넘어선 것을 보면 상당히 설득력 있는 주장이다. (자연상태에서는 소, 돼지, 말, 개, 고양이, 닭, 염소, 양이 100억 마리 넘도록 번성하는 것이 불가능하기 때문이다. 자연상태에서는 그만한 수를 먹여 키울 먹이가 존재하지 않는다. 그 많은 가축을 먹일 엄청난 양의 먹이는, 인간이 어머니 대지의 터럭[숲]을 없앤 다음 솜털[풀]을 심어 기계농업과 품종개량과 유전자조작으로 대량생산한 것이다.) 마찬가지로 인간도 외계인의 가축이 됨으로써 외계인이 (인간사육장 우리 창문을 통해) 제공하는 과학기술의 도움과 보호를 받아 인간 유전자를 73억이나 되게 퍼뜨리고 있는지 모른다. 그러면 설사 인간이 외계인의 가축일지라도 좀 위안이 될 것이다; 우리 인간이, 아니면 누군가가 외계인을 인간 유전자를 퍼뜨리는 수단으로 삼은 것이라고.

▤ 무릇 생육하고 번성해서 땅에 충만한 것은, 이유 여하를 막론하고 위대한 법이며, 칭송받아 마땅하다. 가축이건 인간이건. 이 위대한 인간도 세균이나 바이러스 입장에서는 악마일 뿐이다. 이들은 하루에도 무량대수(10^{68}) 개씩, 인간이 휘두르는 항생제 등의 대량살상무기에 얻어맞아 무자비하게 학살당한다. 그럼에도 불구하고 꿋꿋이 살아남은 세균과 바이러스 역시 위대하다.

지구상의 곤충의 무게를 다 합하면 73억 명 인간의 몸무게 합을 넘어선다. 바퀴벌레, 메뚜기, 굼벵이라고 우습게 볼 게 아니다. 인간이 마구잡이로 뿌린 살충제 등의 화학무기 공격을 이겨낸, 이들 또한 '진화의 명예의 전당'에 이름을 올릴 자격이 있는 위대한 승리자들이다.

인간은, 문명이 상상을 초월하게 고도로 발전한 안드로메다인이 보기에, 궁벽彩僻진 미리내 은하계 귀퉁이에서 지구표면에 달라붙은 아파트 같은 괴상한 상자에 바글바글 모여 사는 기이하고 혐오스럽게 생긴, 미개한 2차원 군집생물에 지나지 않을 수 있다. 그럼에도

이 땅은 우리 땅이 아니다

불구하고 일체종지를 얻었다고 떠들어대는, 입이 몹시 큰 어처구니 없는 생물일 수도 있다. 이들 안드로메다인은, 인간이 '자기 키 수십 배 높이로 뛰는 벼룩'을 보고 감탄하듯이, 인간이 가끔 지구중력권 밖으로 쏘아 올리는 인공위성이나 우주선을 보고 벼룩을 보듯이 감탄하고 있을 수 있다. "또, 인간이 뛰었다"라고 외치면서. 최악의 경우는, 생일선물로 받은 허블망원경으로 매일매일 지구를 지켜보던 안드로메다 어린이가 "마미! 어서 와보세요. 마침내 인간이 뛰었어요"라고 소리치는 경우이다.

▤하이에크는 "사회과학을 제대로 연구하려면 존재하지 않는 사회를 연구해야 한다"고 했다. 따라서 종교를 제대로 연구하려면 존재하지 않는 종교를 연구해야 한다. 마찬가지로 환망공상을 이해하려면 아직 존재하지 않는 환망공상을 연구해야 한다. 그러면 인간을 이해할 수 있다. 왜냐하면 두뇌가 비대해진 인간의 정체성은, 대뇌신피질이 만들어낸, 환망공상으로 이루어졌기 때문이다.

▤그런데 인간을 사육하는 외계인은 인간이 상상할 수 없는 형태와 방식으로 존재하는지 모른다. 이들은 기계·도구 조작과 장소이동이 필요 없을 수도, 즉 아예 팔다리가 달린 육체가 없을 수도 있다: 사념만 있는 존재일 가능성도 있다. 불경에서 말하는 무색계의 존재가 아마 이들과 가장 가까운 존재일 것이다. 이들에게 이동이란 정보의 이동을 의미할 뿐이다.

▤그런데 독자 여러분은 인간을 사육하는 이 외계인이 누구인지 아시는가? 짐작이 가시는가?

▤인간보다 높은 존재가 인간을 사랑하리라는 보장은 그 어디에도 없

다. 돼지가 그런 생각을 하면 말이 되지 않을 것이다. 돼지가 스스로 생각하기를 "우리보다 높은 존재는 우리를 절대적으로 사랑한다"라고 하면, 이는 '절대적인 망상'임이 분명하다.

인간보다 높은 존재인, 따라서 돼지보다 훨씬 더 높은 존재인 신조차 돼지에게는 악마일 뿐이다. 천지창조 또는 빅뱅 이래 수백억 마리의 그 숱한 돼지들이 학살당하고 잡아먹혔지만, 신은 돼지 편에선 적은 물론이고 돼지를 위해서 한 방울 눈물을 흘려준 적도 없다. 능지처참을 당한 후 철판 위에서 지글지글 구워질 때, 목이 잘린 후 끓는 물속에서 삶아질 때, 또는 멱을 따인 후 장작불 위에서 통째로 이글이글 화형을 당할 때, 누가 돼지를 위해서 울어주었는가? 인간은 돼지를 먹이로 주신 신에게 감사했고, 신은 그런 인간이 기특해서 인간에게 더 많은 돼지를 먹이로 하사했다. 인간이 순대 먹은 입으로 돼지 피 냄새를 피우며, 신이 일용할 양식을 기름지게 내려주신 것에 감사기도 드리면 신은 기뻐하신다.

아무튼, 돼지보다 높은 존재인 사람은 돼지를 잡아먹는다. 돼지의 세계를 창조한 신인 인간이 돼지를 잡아먹는다는 말이다(식용돼지는 자연계에 존재하지 않는다. 인간이 품종개량을 통해서 만들어낸 것이다. 이 식용돼지들이 사는 우리도 인간의 창작품이다). 먹여주고 키워주는 이유는 단 하나, 잡아먹기 위한 것이다. 소, 양, 닭에 대해서도 같은 얘기를 할 수 있다.

오랑우탄, 침팬지, 고릴라도 인간과 생긴 게 비슷하고 혈통이 좀 가깝다고 안심할 일은 전혀 아니다. 오히려 인간은 '천한 게 자기들을 닮았다'고 불같이 화를 낼 뿐만 아니라, 마구 총을 쏴대고 어미는 죽이고 새끼는 잡아다가 종신형에 처하므로 매우 조심해야 한다. 동물원에 가둔다는 말이다. 그러므로 '인간보다 높은 자가 인간을 사랑한다'는 생각은 '돼지의 망상'일 가능성이 대단히 크다.

더욱이 어떤 돼지가 "나는 삼겹살구이형刑을 당하고 삼 일 만에

살아나, 여기 어린 돼지들이 삼겹살 구이가 되기 전에 돼지도적같
이 화덕 위 연기 위로 재림해 삼겹살구이업자들을 죄다 처벌하고,
내 말을 믿는 돼지는 한 마리도 남김없이 모두 구할 것이다"라고 큰
소리치면 삼겹살집 주인이 배를 잡고 웃을 것이다. 또 이 돼지가 "내
가, 이미 삼겹살구이가 돼 사람 배 속에 들어간 돼지들도 모두 돼지
몸으로 부활시키리라" 예언하면, 주인은 너무 우스워 데굴데굴 식당
바닥을 구를 것이다.

目고단하고 주리고 목마른 인간을 '푸른 초장草場에 뉘이시며 잔잔한
물가로 인도하시는'『신약』의 그지없는 사랑의 하나님은 돼지를, 자
기 아들 예수가 귀신들린 사람들에게서 쫓아낸, 흉악하고 갖가지로
질이 나쁜 수천 마리 잡귀들을 담아두는 용기로 썼다. 하나님이 잡
귀들을 수장水葬시킬 때, 돼지들은 알 수 없는 충동에 사로잡혀 물로
뛰어듦으로써 순장句葬을 당했다.
 인간의 정신적인 복지를 위한 일종의 순교로 보아야 할 터인데,
어느 기독교인도 돼지의 희생을 찬미하지 않는다. 참으로 잔인하고
무도한 처사이다. 기독교인들은 돼지동상을 건립하고 '비자발적 종
간種間 무한사랑'을 구현한 돼지들의 희생정신을 기리라! (돼지는 몸
에도 좋고 마음에도 좋은 고마운 동물이다.) 유대인 학살 등의 인종청
소만 비난하고 정신대만 억울하다고 떠들 것이 아니라 돼지들의 아
픔을 조금이라도 헤아려주시라. 예수의 십자가 처형은 단 일회적인
사건이었지만, 돼지들은 지금도 매일 매순간 되풀이해서 십자가형
못지않은 극형을 당하고 있다. 돼지는 그 시신이 머리가 잘려나간
채로 도살장 천장에 설치된 갈고리에 걸려 오랫동안 거꾸로 매달려
피를 뽑힌다. 장엄한 교회음악 작곡가들은 돼지를 위한 진혼곡을 적
어도 한 곡 정도는 지어주어야 마땅하다: '광대한 시카고 도살장에
서 학살당한 요크셔 돼지들의 영혼을 달래는 레퀴엠!' 아울러 인간

환망공상과 모순

을 위해 희생당하는 돼지 같은 동물들을 기리는 '명예의 전당'을 건립하라! 유엔차원에서 추진하라.

고대 원시인들은 동물을 죽일 때 미안한 마음으로 그들의 넋을 빌어주었는데, 어찌 된 까닭인지, 문명인이라는 현대인들은 파렴치하게도 조금도 미안한 마음이 없이 그저 동물의 고기만 포식할 생각으로 가득하다. 기독교인들이 안 나서면 불교도들이라도 나서시길 바란다. 법회 전에 또는 자비명상 전에 '돼지 진혼곡' 또는 '식육용 동물을 위한 진혼곡'을 연주하면 지구평화에 크게 기여할 것이다. 진혼鎭魂 승무도 첨가하시면 금상첨화이다.

설마, '돼지로 태어난 것은 전생의 업 때문이니 햄으로 만들어지거나 삼겹살 구이를 당하는 벌을 받아야 그 업이 말끔히 해소된다'는 생각이 아니시기를 빈다. 설사 업과 윤회가 사실이라 해도, 천인 아수라 인간이 벌을 지어 축생으로 환생한 것이 아니라, 지옥 중생이나 아귀가 축생으로 환생했다면, 이는 크게 복을 지은 결과일 터인데 왜 이런 끔찍한 벌을 받아야 하는가? 그런 식으로 얘기한다면 우리가 임진왜란을 당하고 일제 식민지가 된 것도 전생의 업 때문이니 마땅히 받아야 될 일인가? 그래서 일본은 잘못하지 않은 것인가? 유대인의 아우슈비츠 고난도 마땅히 벌어져야 하는 일이고, 그래서 막아서는 안 될 일인가? 그런 논리라면 강간·강도·살인을 당하는 일 역시 전생의 악업을 갚는 일이니, 사법제도로 막아서는 안 되는 일인가?

대뇌신피질이 발달한 이후로 인간은 기이한 환망공상으로 가득 찬 삶을 살게 되었다.

천지여아동근 天地與我同根

'같다'와 '다르다'는 정의할 수 있는 개념이 아니다
그러므로 마음대로 주장하면 그만이다

오래전에 마두상 은하에 머물 때 선정 중에 기이한 체험을 하였다.

어디인지 알 수 없는 극도로 발달한 문명세계를 방문하였다. 방문한 곳의 집주인은 우주의 모든 생명체가 모두 평등하고 더없이 귀중한 존재라는 주장을 하며 그 주장이 실린 많은 책들을 보여주었다. 이 책들은 우주 곳곳에서 수집한 다양한 우주언어로 쓰여진 희귀한 것들이었다. 내게 책들을 보여주기는 했으나 내가 이해할지 못할지에는 전혀 관심이 없는 듯했다. 아마 지구인이 자기 애완동물에게 책을 읽어주는 심정이 이러하지 않을까 짐작한다. 그런데 이 주인은 여러 은하계에서 채집한 많은 생명체를 기르고 있었다. 별미라면서 잡아먹기도 했다. 이들이 먹히면 고등 생명체인 자기 몸의 일부가 되므로 먹히는 자에게도 더없이 좋은 일이라고 역설力說했다. 그냥 자연에 맡겨둔 채, 자기 수준으로 진화를 하려면 수백억 년이 걸릴 수도 있다고 했다. 특히 '모든 생명체에 대해서 자비심을 가져야 한다'는 지구인 수행자 샨티데바의 『입보리행론入菩提行論』을 읽으며 눈물을 한 바가지는 흘린 후에 특히 더 맛있게 잡아먹었다. 이들은 집단적으로 우주선을 타고 타방 은하계에 가서 진귀한 생명체를 사냥해서 잡아온다. 때로는 모두 모여, 사냥한 타방 은하 생명체를 요리해 집단 회식을 하기도 한다. 그런데 종종 회식 토론주제는 '어떻게 하면 모든 은하계 생명체에게 자비심과 평등한 마음을 내는가'이다. 지구의 격언 중에 '인류를 사랑하는 것은 쉬우나 개별 인간을 사랑하는 것은 지극히 어렵다'라는 말이 있는데, 이 우주인들이 정확히 이 경우에 해당한다. 내게는 어떻게 이곳에 왔는가 물으면서 천 개의 눈으로 아래위로 훑어보는 눈길에 무척 불안하다. 내가 과연 어떤 맛일까 궁금해하며 살집을 측량하는 눈치였다. 동시에 내가 고통을 느낄 수 있는 존재인지 알고 싶어 하는 듯했다. 자기들이 보기에 '잠을 자는 듯이 멍청하고 몽롱한 상태에 빠져있는 나 같은 하등 생물이 과연 고통을 느낄 수 있단 말인가' 하고 의심하는 듯했다. 그들에게, 나는 하루의 3분의 1을 기절상태에 빠져있는 이상한 하등생물에 지나지 않았다. 마치 지구에서 인간들이 식물을 보는 느낌과 유사할 것이라는 생각이 들었다. 내 입장에서는 이 주인이 무슨 활동을 하고 어떤 생각을 하는지 대부분 전혀 알 수 없었다. 가끔 이들의 감정이나 생각을 느끼거나 알아채는 것은 우기에 조각난 맑은 하늘을 보는 것처럼 드문 일이었다. 그럴 때면 인간의 애완견이 자기 주인을 보고 혀를 내밀고 꼬리를 치며 즐거워하는 것보다 더한 희열이 솟아올랐다. 기억에 남는 것 중 하나는 회식 중 어떤 우주인이 말하기를 '자기 몸을 우주 크기로 확장시킬 수만 있다면 모든 생명체가 이미 자기 몸 안에 있는 것이나 마찬가지이므로 굳이 잡아먹지 않아도 잡아먹은 것이나 마찬가지'라고 주장한 것이다. 그러면 우주의 모든 생명체들과 진정한 의미에서 공존·공생할 수 있다고 했다. 대부분의 참가자들은 "몸이라니 무슨 몸?" 하고 반문하더니, 나를 쳐다보고 입맛을 다시며 전혀 동의하지 않는 눈치였다. 그러니 오래 머물면 어떤 화를 당할지 모른다. 선정이 끝나는 대로 즉시 돌아올 예정이다.

⊟ 모든 문제는 '나는 누구인가', '나는 존재하는가', '나의 범위는 어디까지인가', '나는 어느 정도까지 커질 수 있는가', '나의 행복을 위해 어느 정도로 타 생명체를 이용할 수 있는가', '나와 너는 다른가 아니면 같은가, 다른 것도 아니고 같은 것도 아닌가, 이도 저도 아닌가', '내가 흘리는 눈물은 악어의 눈물은 아닌가', '나가 포함된 모든 문장은 문법에 어긋나는 것인가', '인간의 언어가 잘못된 것인가', '인간의 의식 자체가 문제인가', '아예 질문이 잘못된 것인가'에 달려있다.

⊟ 우리 유행가 개사곡改詞曲에는 돼지의 억울한 심정을 표현한 것이 있다. 불후의 명곡인 남인수의 「이별의 부산정거장」의 가사를 바꾼 것이다. 1970년대의 일이다.

처녀총각 결혼 때문에 죽는 것은 돼지 한 마리/ 죽는 것도 서러운데 이다지 푹푹 삶느냐/ 앞다리 뒷다리는 상에다 두고 내장과 콩팥일랑 씹어드시네/ 야이 시키 나쁜 시키야 이 돼지가 불쌍토 않냐/ 이별의 돼지우리야

1970년대는 민주화 운동의 거센 물결이 일던 때이다. 자유·평등·박애의 시대정신은 하찮은 돼지조차 외면하지 않았다. 그게 개사곡으로 남은 것이다. 고상한 문학이 안 한 일을 속된 유행가가 한 셈이다.

벌거벗은 진리는 저잣거리에 있다.

창우주기創宇宙記:
더 없이 높은 신 나 니르사 메텔라이노돌롱

경전이란 그냥 쓰면 된다
말이 안 되어도 걱정할 것 없다
본시 불합리한 것을 믿는 게 종교이기 때문이다

어느 날 위대한 예언자 알레프는 백색 북극성의 주름진 표면으로부터 몰아치는 환망공상의 뜨거운 바람을 피해 히말라야 동굴에서 삼 년 석 달 사흘을 홀로 명상을 하던 중에 더없이 높은 신 나 니르사 메텔라이노돌롱의 방문을 받아 나 니르사로부터 다음의 경經을 들었다.

창우주기(創宇宙記)

아주 오랜 옛날, 무無가 기지개를 켜며 유有로 깨어나던, 빅뱅이 수만 번 벌어지기 이전 시공간의 특이점에 계시던 나 니르사 신은 100해(10,000,000,000,000,000,000,000) 개의 무수한 대리인 신들을 만들었다. 그중 하나가 비엘이다. 이 비엘에게 미리내가 속한 변방우주 창조의 마무리를 시켰더니 아예 자기가 설계자이자 제조자라고 속이고 이름까지 야훼라 바꾸고는 나의 눈을 피해 숨어서 지구인들로부터 온갖 제물을 받아먹으며 6천 년을 살았다. 정말 가증스러운 존재다. 문제는 내가 이자를 만들 시에 이자의 수명을 구골(10의 백승) 년으로 세팅

한 것이다. 나의 실수였다. 우주 검찰을 UFO에 태워 지구에 파견했지만 찾을 길이 없다. 어디에 숨었는지 알 수가 없다. 그래서 달·수성·금성·화성·목성·토성·천왕성·해왕성까지 샅샅이 뒤졌지만 종적이 묘연하다. 요즈음 지구에 UFO가 자주 출몰하는 이유가 그래서인데 인간들은 전혀 눈치채지 못하고 있다. 이자는 자신의 존재의 우스팡스러움과 정체가 탄로 날 지경에 이르자 악성 정108면체 망상충妄想蟲에 감염된 지구 신학자들을 동원하여 일체삼분一體三分론 같은 온갖 기이한 이론을 만들어 추종자를 유지하여왔다. 급기야는 비엘의 마름 중 한 놈은 자신의 절대무오류성을 선언하기까지 했다. 우주 변방에 지나지 않는 지구를 우주의 중심이라고 선언한 직후에 벌어진 일이었다. 비엘도 상당히 놀랐을 것이다. 그 밥에 그 나물이다. 그 과정에서 수상한 낌새를 눈치 챈 무수한 사람들을 종교재판에 걸어 고문하고 죽였다. 이상한 밈meme까지 만들어, 즉 인간 뇌에 기생하는 기생충을 다량으로 만들어 감염시켜 인간이 자신의 정체성을 알아내는 게 아주 힘들게 만들었다. 이제 인간은 나 니르사의 말까지도 믿지 않는다. 보다 못한 내가 바쁜 와중에 짬을 내서 인간과 우주의 기원에 대해서 설명해주어도 전혀 믿지를 않고 오히려 나를 사탄으로 몰아댄다. 창조주 야훼를 모함하는 신성모독이란다. 그래서 지금까지 나의 심부름꾼들을 여럿 보냈지만 모조리 실패하고 말았다. 이게 모두 야훼가 인간 뇌 속에 뿌린 악성 바이러스의 영향이다. 이 기생충 감염으로 고생하는 인간이 지금도 10억이 넘으며 역사상 누계를 내면 100억 명이 넘는다. 변종기생충 감염으로 고통 받는 인간도 그에 못지않다. 전 우주의 골칫거리인데 우주의 지존 나 니르사에게도 부끄러운 일이다.

이 비엘은 인간이 지닌 우주에너지를 먹고 산다. 이자를 믿는 사람들은 자기도 모르게 우주에너지를 빼앗긴다. 이 에너지가 고갈되면 전혀 이성적이고 과학적인 사고를 할 수 없을 뿐만 아니라, 내가 인간을 창조 시에 부여한 84,000세를 살지 못하고 도중에 1,000년도 못 채우고 그냥 죽는다. 죽은 뒤에 천국에 가는 것이 아니라 오히려 다음 생을 박탈당한다. 인간은 이런 사실을 알지 못하고 비엘에게 철저히 착취당하고 있다. 우주의 창조자인 나 니르사로서도 가슴 아픈 일이 아닐 수 없다.

'무창조無創造가 상팔자'라더니 어쩌다 우주창조를 해서 이 고생인지 모르겠다. 나 니르사의 수명이 무한이라 다행이지 그렇지 않으면 족히 150억 년은 감수減壽 수명이 짧아짐했을 것이다. 그러나 저러나 이놈 비엘은 어디 숨었나. 오늘은 마두상 은하 쪽으로 수색대를 보내볼까나.

사람들은 나 니르사는 뭐든지 원하는 대로 이룰 수 있으니 얼마나 좋을까 하지만, 사실 그리되었다면 나 니르사는 권태를 못 이기고 이미 오래전에 우주와 더불어 자폭하고 말았을 것이다. 반란을 일으키는 놈들이 있어서 잡으로도 다니고 그나마 소일거리가 된다. 천만 다행이다.

🗐위 이야기가 황당한 얘기로만 들리시는가? 그렇다면 아래 이야기를 보시라.

세계적인 유명 배우 톰 크루스가 믿는 것으로 유명한 1954년에 미국에서 창시된 사이비 종교 사이언톨로지Scientology에는 아직 준비가 안 된 사람들에게는 해로우므로, 이 종단이 이들을 보호하기 위해 일정한 수준이 안 된 자들에게는 비밀로 유지하는 비밀지식이 있다고 한다. 이 비밀지식에 의하면 7,500만 년 전(공룡이 멸망하기 1,000만 년 전이고, 기독교 하나님 야훼가 우주를 창조하기 7,490만4,000년 전이다)에 전全 은하합중국 독재자 세누Xenu가 수십 억 명의 씨턴thetan: 희랍신화의 타이탄titan과 유사하며 기독교 『구약』에 나오는 하나님의 자식들이 하늘나라에서 지구로 내려와 인간 암컷들을 취해서 낳은 자식인 거인들과도 유사함을 우주선에 싣고 지구로 데려왔다. (우주에 있는 은하수는 1,000억 개가 넘으므로 수십억 명이라면 한 은하에 한 명꼴도 안 된다. 따라서 이 씨턴들은 은하 10개당 한 명 정도로 뽑힌 악질범 중의 악질범이다.) 세누는 이들을 화산에 집어넣고 수소폭탄을 터뜨렸다. 몸을 잃어버린 씨턴(의 영혼)들은 당시 지구에 살던 생명체의 몸에 달라붙었다. 사이언톨로지의 목표는 인간을 이 씨턴들로부터 해방시켜 이들의 악영향으로부터 벗어나게 하는 것이다. 이 종교는 일종의 'SF 축귀逐鬼술'이나 'SF 엑소시즘exorcism'이다. 창시자인 미국인 론 허버드L. Ron Hubbard 1911~1986는 SF 작가인데, SF 소설을 쓰다가 아예 SF 종교를 창시한 것이다. 과연, 창의력을 신격화하는 나라 미국의 시민답다. (미국인이 창시한 종교는 더 있다. 모르몬교가 있으며 크리스천사이언스도 있다. 둘 다 황당한 주장을 하는 데는 둘째가라면 서러울 지경이다. 모르몬교에 의하면 미국 원주민 인디언들은 로마에 의해 솔로몬성전이 파괴될 때 사라진 유태인 지파의 후손이며, 크리스천사이언스의 주장에 의하면 질병은 존재하지 않을뿐더러 마음의 착각이다.)

　　다시 말해서, 사이언톨로지에 의하면 인간은 7,500만 년 전에 전 수은하를 통치하는 독재자 외계인 세누가 지구에 데려와 수소폭탄으로 처형한 악한 외계인들의 영혼이 인간의 몸에 붙어살고 있으며, 사이언톨로지의 목표는 이들을 인간으로부터 떼어내는 것이다. 우주의 창조자이자 독재자인 야훼가 하늘나라로부터 추방한 타락한 천사 사탄이 인간의 몸에 달라붙어 나쁜 짓을 한다는 기독교이론과 비슷하다. 대영제국의 독재자 영국 왕이 본토에서 멀리 떨어진 오스트레일리아를 살인범 반역자 강간범 등의 중범죄자를 추방하는 유배지로 쓴 것처럼, 우주 독재자 세누가 지구를 우주 중범죄자 유배지로 썼다는 주장이다. 또한 이 이론은, 유배 온 사악한 영국범죄자들의 정신으로 물든, 오스트레일리아 원주민들로부터 제국주의 범죄자들의 사악한 정신을 몰아내 원주민들을 구해야 한다는 이론과 유사하다.

(거꾸로 말하면 기독교 교리가 사이언톨로지와 유사하다는 말도 된다. 그러니 기독교인들은 짝퉁이라고 분개만 할 일이 아니라 심각하게 되돌아봐야 한다. 특히, 영적 전제군주celestial dictator 하나님에다가 세속적 전제군주 왕까지 교회의 수장으로 받드는 영국성공회 기독교인들이 더욱 그러하다.)

이런 황당한 주장을 하는 사이언톨로지를 믿는 황당한 사람들이 전 세계적으로 800만 명이나 된다! 진실로 환망공상은 정신의 먹이이다!

📖영지주의자들은 기독교 『구약』의 야훼를, 진짜 신 밑에 있는, 저급한 신 데미우르고스로 간주한다. 이들은, 이 세상이 혼란에 빠져 있는 것은, 데미우르고스 야훼가 세상을 불완전하게 잘못 창조했기 때문이라고 생각한다. 그래서 아담과 이브의 원죄를 인정하지 않는다. (비유하자면, 아이폰이 잘못 만들어지면 스티브 잡스의 책임이 아니라 대만 하청업체 사장 잘못이라는 말이다.)

이것저것 알고 나면 인간의 종교적 믿음이 얼마나 신기한 것인가 깨닫게 된다. 그렇게 말도 안 되는 것을 믿다니 정녕 기적이 아닐 수 없다. 종교경전에 나타나는 기적이 기적이 아니라, 이게 기적이다! 모르고 용감하게 결혼하듯이, 모르면 무모하게 믿게 된다.

35억 년 동안 무지 속에서도 별 탈 없이 잘살아온 생명체가, 35억 년 만에 뭘 '좀' 알게 되더니, 갑자기 몹시 빠른 속도로, 없던 문제를 숱하게 만들어 온갖 (정신적) 질병과 고통에 시달린다. 인류 역사상 명멸한 무수한 종교가 바로 그런 투병의 흔적이자 역사이다.

가능 신^{可能 神}

가능한 것이 불가능해지거나
불가능한 것이 가능해지는 법은 없다

'왜'는 의미가 없고 '어떻게'가 의미가 있다

'존재함'은 존재하는 모든 것을 존재하게 한다
〈토마스 아퀴나스〉

가능한 것은 모두 가능하게 하는 가능성이 존재했다, 그리고 지금도 존재한다. 이것을, 즉 가능성^{可能性}을 '가능신^神'이라고 부르자. 왜 우주가 존재하느냐고 물으면, 우주가 생기는 것이 가능했기 때문이라고 답하면 된다. 어떻게 무수한 1,000억 개 은하와 100해 개 별이 존재하느냐고 물으면, 그것이 가능하기 때문이라고 답하면 된다. 인간의 목적이 무엇이냐고 물으면, 인간이 될 수 있는 그리고 할 수 있는 모든 가능성을 실현하기 위한 것이라고 말하면 된다. 왜 윤리와 도덕이 있느냐고 물으면, 존재할 가능성이 있기 때문이라고 답하면 된다. 왜 가능신^{可能神}이 존재하느냐고 물으면, 존재할 가능성이 있기 때문이라고 답하면 된다. 왜 진화가 일어났느냐고 물으면, 그것이 가능했기 때문이라고 답하면 된다. 왜 유대인들이 학살을 당했느냐고 물으면, 당시 국제 정세와 상황으로 가능한 일이었다고 대답하면 된다.

간단히 말하자면 누가 '어떤 일이나 현상이 왜 발생했냐'고 물으면, '그럴 가능성이 있었기 때문'이라고 대답하면 된다. 발생 불가능한 일은 절대로 발생하지 않는 법이므로, 가능신은 가능한 모든 질문에 대한 명쾌한 답을 제공하는 전지전능한 존재이다. 일단 어떤 일이 발생했다면 절대로 발생불가능한 일이 아니다. 이미 그 일이 발생했는데, 어떻게 그 발생을 부인하며 발생불가능하다고 주장할 수 있겠는가?

논란과 논쟁의 여지가 많은 야훼, 알라, 브라흐만, 3.3억 명의 힌두교 신이나 일본열도의 무수한 신도神道 만신萬神을 믿는 대신에 가능신을 믿으면 너무나 깔끔하다. 쿨한 일이다.

모든 가능한 일을 하나도 빠짐없이 모두 가능하게 하는 가능신을 믿자! 일어난 일은 모두 가능한 일이므로, 그리고 우주의 변화는 '이미 일어난 가능한 일'로부터 '앞으로 일어날 가능한 다른 일'로 변해가는 것이므로 모든 일은 가능 신의 관할하에 있다. 그러므로 다른 하급신들인 야훼나 알라처럼 논쟁이나 논란에 휘말릴 위험이 전혀 없다.

가능신의 사업을 방해하는 원수 같은 신은 불가능신이다. 일어날 수 없는 일은 불가능신 때문이다. 인간의 사명은, 무엇이 불가능한가를 밝혀 가능신을 모욕하지 않는 것이다. '불가능한 일이 일어나는 것이 가능하다'고 감히 주장하는 것은 신성모독이다. '그런데 왜 그 괴상한 불가능신이 존재하느냐'고 물으면, 그것이 가능하기 때문이라고 답하면 된다. 불가능신의 존재까지도 '가능성'의 관할하에, 즉 가능신의 관할하에 있다. 실로 존재했던 모든 것, 존재하는 모든 것, 그리고 존재할 모든 것은 가능신의 역사이자 섭리이다.

가능교可能敎 경전에는 단 몇 줄이 적혀있다.

『가능경可能經』

어떤 일이 일어난 것은 그것이 가능하기 때문이다.
일어난 일은 모두 가능하며, 일어날 일 역시 모두 가능하다.
이미 일어난 일을 불가능하다고 말하지 말라.

불가능한 일을 가능하다고도 말하지 말라.

그렇지 않으면 신성모독이다.

내 앞에서 다른 신을 최고의 신으로 섬기지 말라.

그 신들이 존재하는 것은 그것이 가능하기 때문임을 명심하라.

너희는 다음과 같이 기도하라.

"이 우주에 가능한 일을 남김없이 일어나게 하신 가능신께 감사하오며, 앞으로도 가능한 일은 모두 일어나게 하시며, 불가능한 일은 절대로 일어나지 않게 하옵소서. 아멘"

환망공상과 모순

환망공상과 시詩

진실만이 아름다운 것이 아니다
진실과 환망공상을 씨줄과 날줄로 삼아
인류문명은 아름다운 시를 쓴다

인간은 시대, 환경, 문화, 종교의 영향으로 아름다운 환망공상을 만든다.

종교가 거짓일지 모르나 모든 종교에는 아름다운 시가 존재한다. 어떤 시들은 참을 수 없을 정도로 아름답다. 심신을 내던지고 귀의하게 만들 정도로 매혹적이다. 어차피 세상이 주인이 없는 것이라면 만드는 자가 주인이다. 환망공상일지라도 아름답게 만들어 마음껏 즐기고 갈 일이다.

선시禪詩 중에도 아름다운 환망공상적인 시가 적지 않다. 지구 반대편에서 온몸이 아침햇살 같은 빛으로 충만하여, 신의 은총으로 가슴이 떨리고, 흐르는 눈물 속에서 창조주 하나님께 헌시를 바치며, 주님과 하나가 되는 신비한 기쁨을 노래하고 있을 때, 이쪽에서는 공空을 노래하고, 눈이 시리도록 차가운 보름달 같은 비인격적인 주인공과 대면하는 놀라움을 표현하고, 서늘한 열반의 저녁을 고대하고 있었다. 대단한 환망공상의 힘이 아닐 수 없다. 특히 코끼리 대가리를 한 신 가네사나 원숭이 신 하누만에게 헌시할 때 더욱 그러하다. 환망공상이 환망공상을 즐기고 있다!

　감성과 이성이 짝을 이루어 우주를 만들어 내는 것이라면, 생명은
분명히 감성이다. 감성은 진실여부를 따지지 않는다. 감성에게는 감성
을 풍요롭게 하는 것은 무엇이 되었건 간에 진실된 것이다.

모순 矛盾

모순이 없는 정신세계는 모험이 없는 탐험이다
장애물이 없는 장애물 경기이다

인류는 역사 이래로 모순을 즐겨왔다. 모순은 복어 독毒 같은 것이다. 잘만 처리하면 아리아리한 맛이 일품이다. 물론 잘못 다루면 정신이상이나 죽음에 이르기도 한다. 축의 시대(BC 600~BC 300년경)의 인간은 갑자기 세상의 배후에 감추어진 이치를 발견하면서 자신의 지력과 이성理性에 눈이 떴다. 마치 이성異性에 처음으로 눈을 뜬 사춘기 남녀와 같았다. 그래서 흥분해서 이말 저말 마구 쏟아내었다. 그러다보니 기존의 지식과 어긋나 보이는 말들이 생겨났다.

도가의 모순

장자와 혜자가 다리 위에서 물을 내려다보고 있었다. 장자가 "저 물고기들은 자유로이 헤엄쳐 다니니 행복하겠다"라고 하자, 혜자가 "장자 너는 물고기가 아닌데 어떻게 물고기 마음을 알 수 있느냐?"고 의문을 표시한다. 그러자 장자는 "혜자 너는 내가 아닌데 내가 물고기 마음을 아는지 모르는지 어떻게 아느냐?"고 혜자의 논리를 차용하여 날카롭게 반격한다. 장자가 타자인 물고기 마음을 모른다면 혜자도 타자인 장자의 마음을 모르는 것은 당연하다는 논리이다. 즉 혜자의 발언은 스스로 모순이라는 것이다. 그러나 내가 당신이 아니라고 해서 당신의 슬픈 마음을 모르는 것이 아니다. 특히 당신이 부모나 자식을 잃고 슬피 울고 있을 때 더욱 그러하다. 왜냐하면 우리 인간은 너나 나나 구조적으로 같은 존재이기 때문이다. 따라서 혜자는 많은 경우 장자의 마음을 알 수 있다. 그런데 장자가 물고기의 마음을 알 수 있을까? 이것이 진짜 문제이다. 물고기는 뇌가 거의 발달을 하지 못해서 장자를 비롯한 우리 인간이 생각하는 '자유로움으로부터 오는 행복감'이라는 것이 우리가 생각하는 것처럼 존재하는 것은 아닐 수 있기 때문이다. '인간의 생각을 그냥 별 생각 없이 물고기에게 투사한 것'이 장자의 발언일 가능성이 크다. 장자가 무심코 내뱉은 말을 평소 라이벌 관계에 있던 혜자가 예리하게 그 허점을 파고든 것이다. 장자가 멋지게 반격한 것처럼 보이지만 사실은 장자의 어거지이다. 하지만 장자의 반격논리 자체는 상대의 힘을 이용해서 되받아치는 귀류법의 멋진 응용이다. 축의 시대의 인간 의식과 논리학의 비약적인 발달을 엿볼 수 있는 일화이다.

둘 사이의 대화를 좀 더 따라가 보자.

장자의 반격에 혜자는 "내가 자네가 아니니 자네가 아는지 모르는지 모르듯이, 자네도 물고기가 아니니 물고기가 행복한지 아닌지 알지 못하지"라고 대답한다. 만약 혜자의 이 말이 '누구나 타인(타 생명체)의 마음을 알 수 없다'라는 뜻이라면 명백히 틀린 말이다. 혜자가 말한 뜻은 "만약 자네 말대로 내가 자네가 아니라서 자네의 마음을 알 수 없다면, 같은 논리로 자네도 물고기가 아니니 물고기의 마음을 알 수 없을 것이다"라는 것이다. 혜자도 상대방의 주장을 이용해서 상대방의 주장을 거꾸러뜨리는 기술을 구사했다. 이 말에 장자는 자기는 물고기의 행복을 안다고 선언한다. (장자는 그 근거로서 '자기가 물고기와 하나가 되어 그들의 마음을 통해서 안다'는 것을 들지만 이것이 증거가 될 수 없음은 명확하다. 그냥 일방적인 선언일 뿐이다.) 물론 아무 증거도 제시하지 않았다. 장자가 "나는 물고기와 혼연일체가 되어서 안다"고 주장할지 모르지만 이것이 증거가 될 수 없는 것은 명확하다. 그냥 일방적인 선언일 뿐이다. 사실은 이런 주장이 앞 주장보다 훨씬 더 믿기 힘든 주장이다! 혜자가 "(우리 사람끼리는 다른 사람의 마음을 엿볼 수 있지만) 사람이 어떻게 물고기의 마음을 엿볼 수 있는가"라고 물은 것은 지극히 당연한 질문이다. 만약 장자가 물고기가 아니라 '줄을 풀어주자 신나게 뛰어노는 강아지'를 보고 같은 말을 했어도 혜자가 반론을 제기했을까 의심스럽다. 사실 강아지까지 갈 필요도 없다. 먼저 언급했듯이 장자가 가족을 잃고 슬피 우는 사람을 보고 "저 사람은 슬프겠지"라고 말했어도 혜자가 반격을 했을까 의심스럽다. 문제는 '물고기'라는 점이 분명하다. 물고기에게서는 희로애락애오욕의 감정표현을 발견할 수 없기 때문이다. 물고기에는 감정표현을 할 수 있는 안면근육이 없다는 사실이 사태를 더욱 악화시킨다(목소리도 없다). 아마 물고기는 감정 자체가 없거나 있어도 거의 없다고 할 수 있을 정도로 미약해서 안면근육이 필요 없을 것이다. (물고기의 뇌에는, 포유류의 뇌와 달리, 감정을 담당하는 변연계가 존재하지 않는다. 근래 어떤 연구논문의 주장처럼 설사 변연계가 존재한다 하더라도, 이들이 물고기의 변연계라 추정하는 뇌기관은 포유류에 비해서는 지극히 단순한 구조이다. 따라서 물고기의 감정은 거의 발달하지 않았을 것이다.) (물고기의 얼굴표정으로는 감정을 알 길이 없으므로, 미미한 감정이나마, 정 알고 싶다면 물고기와 혼연일체가 되는 수밖에 없다. 즉, 신비로운 방법으로 물고기의 뇌를 장자의 뇌에 연결시키는 수밖에 없다!) 감정이 풍부한 돌고래조차 얼굴표정이 별로 없는 이유는 아마, 얼굴표정을 인식할 수 있는 시각이 발달하지 않은 점과 (봉사가 그림을 그리지 않고 귀머거리가 말을 하지 않는 것과 같은 이치이다) 얼굴이 이동 시에 유체의 저항을 정면으로 받아서 섬세한 안면근육이 발달할 수 없다는 점 때문일지 모른다. 반면에 인간은 안면근육이 52개나 있다! 이 52개를 조합하면 수천 가지 오묘한 얼굴표정이 만들어진다. 52개 근육을 각각 독립적으로 움직일 수 있다면 수학적으로는 자그마치 4,500조 (2^{52}) 개의 표정이 만들어질 수 있다. 다윈은 『동물의 감정에 대해서』라는 저서에서 개의 감정에 대해서 연구했다. 개도 울고 웃는다. 개도 안면 근육이 제법 있다. 그러므로 혜자는 감히 개에 대해서는 반론을 제기하지 못할 것이다. 하필이면 두 사람이 다리 위에서 같이 무표정한 '물고기'를 쳐다본 것이 모든 문제의 발단이었다.

장자의 억지

장자가 억지를 부렸다는 결정적인 증거가 있다. 『장자莊子』 「지락편至樂編」에 의하면 장자는 자기 부인이 죽었는데도 즐겁게 노래를 불렀다. 조문을 온 혜자가 어떻게 자기 부인이 죽었는데 즐거워하느냐고 비난하자, 장자는 죽음이란 슬픈 것이 아니라고 했다. 온 곳(혼돈混沌)으로 돌아가는 것은 오히려 기쁜 일이라고 주장했다. 이 일화가 보여주듯이 장자는 타인이 장자의 마음을 엿볼 수 있다는 것을 부정하지 않았다. 즉 당신은 내가 아닌데 어떻게 내 마음을 안다고, 내가 슬픈지 기쁜지 안다고, 함부로 지껄이느냐고 꾸짖지 않았다. 따라서 모든 문제의 근원은 물고기에 있다.

('설마 장자가 자기 아내가 죽었는데 노래를 불렀겠느냐'고 의심하는 분은 『장자』 「지락편」의 또 다른 일화 '견공촉루見空髑髏'를 보시기 바란다. 어느 날 장자가 속이 빈空 해골髑髏 촉루을 보고 무슨 나쁜 짓을 해서 그리 험한 꼴을 당했느냐고 꾸짖자, 해골이 장자의 꿈에 나타나 "죽음의 세계는 인간세상의

우비고뇌憂悲苦惱와 계절에 따른 추위와 더움이 없는 안락한 곳이며, 왕의 즐거움도 이를 능가할 수는 없다"고 주장한다. 장자가 "다시 살려주면 살겠느냐"고 묻자, 해골은 "절대 그럴 마음이 없다"고 거절한다. 이처럼 장자는 죽음의 세계를 지락至樂 가없는 즐거움의 세계로 찬미한다. 그래서 장자는 자기 부인의 죽음을 슬퍼하지 않고 오히려 즐겁게 항아리를 두드리며 노래를 부른 것이다.

하지만 '견공촉루' 품에는 심각한 쟁점이 있다. 과연 장자가 해골로서 묘사한, 죽은 뒤에도 즐거움을 느낄 수 있는, 존재가 정말로 존재하는지 여부이다. 만일 그런 존재가 실제로는 존재하지 않는다면 장자의 주장은 설득력을 잃기 때문이다. 흥미로운 점은 해골이 누리는 우비고뇌를 떠난 낙樂이 대승불교의 상락아정常樂我淨과 유사하다는 점이다. 일부 대승불교는 참나眞我가 항상 즐거운樂 상태에 있다고 주장하기 때문이다. 장자는 인도에서 대승불교가 탄생하기도 전에 그리고 불교가 중국에 들어오기도 전에 일부 대승불교의 참나와 유사한 발상을 하였다. 단, 그걸 해골이라고 묘사한 것이 좀 아쉽다. 후에 나타나는 진인眞人이라는 표현이 더 나아 보인다. 그런데, 혹시 이 '진인眞人'이라는 개념이 한국불교의 '참나眞我'라는 개념의 기원일지 모른다.)

묵가의 모순

묵자는 '모든 이를 평등하게 사랑하자'는 겸애兼愛를 주장했다. 겸애란 남들을, 자기 자식이나 형제나 어버이를 사랑하는 것과 조금도 차이가 없이, 똑같이 사랑하는 것을 말한다. 매우 어려운 일임이 분명하다. 그러나 만약 사람들이 그리한다면 싸움과 전쟁이 사라질 것이라는 주장이다. 묵자는 그 실천방안으로 귀신을 내세웠다.

묵자는, '겸애를 안 하고 포악한 자는 귀신이 벌을 준다'고 겁을 줘서 사람들이 도덕적인 행동을 하도록 유도하였다.

또한 묵자는 "귀신은 인간의 일거수일투족을 감시한다"고 주장했다. 인간은 귀신의 감시망을 벗어날 수 없으니 그만 나쁜 짓은 포기하고 착하게 사는 것이 최선이라는 뜻이다.

묵자가 어느 날 병이 났다.

학생 질비跌鼻가 묵자에게 묻는다.

"성인인 묵자께서 병이 나시다니 선생님이 뭔가 잘못을 해서 귀신이 벌을 내린 것입니까? 아니면 귀신이 눈이 삐서 실수한 것입니까?"

묵자가 대답했다.

"병이 나는 것에는 여러 가지 이유가 있다. 날씨가 나쁘거나 일을 많이 해도 병이 난다."

묵자는 평소에 "(도덕적으로) 나쁜 짓을 하면(A) 귀신으로부터 벌을 받는다, 즉 안 좋은 일이 생긴다(B)"고 주장했다. 즉 'A⇒B'라고 주장했다. 묵자는 결코 'B⇒A'라고 주장한 적이 없다. 인문사회학의 많은 문제는, 이 필요충분조건을 착각하거나 오해해서 생긴다. 중국의 유명 역사·고전 해설가 이중톈易中天도 이 점을 착각하고 묵자의 대답이 궁색하다고 비판했다. 그러나 묵자의 말에는 전혀 모순이 없다. 묵자의 B는 병이다. 묵자의 주장은 '도덕적으로 잘못 행동해서 귀신이 내린 벌로 병이 나는 수도 있지만, 비도덕적인 이유인 날씨나 과로(C)로 병이 날 수도 있다(B)'는 것이다. 이 경우 병은 그냥 자연적인 현상이지 귀신이 내린 벌이 아니라는 것이다. 지진이나 해일이나 일식·월식이 벌이 아닌 것과 마찬가지이다. 논리학적으로 보면 묵자의 'A⇒B'라는 주장은 결코 'C⇒B'를 배제하지 않는다!

수학적 훈련을 하면 결코 이중톈식의 '오해에서 비롯된 사이비 모순에 현혹되는 일'이 벌어지지 않는다. 수학교육이 중요한 이유이다.

명가名家의 모순

춘추전국시대 조나라의 공손룡公孫龍은 '백마비마론白馬非馬論'을 주장했다. 백마는 흰말인데 말馬이라는 개념은 특정한 색깔로부터 자유로운 보편적인 개념이므로 백마는 말이 아니라는 것이다. 이 주장을 수학적으로 표현하면, 백마의 집합(A)은 말의 집합(B)의 진부분 집합이지, 같은 집합이 아니라는 것이다. 즉 $A \subset B$일 뿐이지 $A \neq B$라는 것이다. 백번 천번 지당한 말씀이다. 그런데 사람들이 백마도 말이라고 하는 것은 '특정한 백마'가 '말의 집합' B의 원소라는 것이지 다른 의미가 아니다. 이런 뜻을 모를 리 없는 공손룡이 구태여 이런 말을 한 것은 그가 (아마) 중국인 처음으로 언어의 논리적 구조에 눈을 떴기 때문일 것이다!

제논의 모순

그리스인 제논의 패러독스로 '토끼와 거북이의 패러독스'가 있다. 둘이 경주를 하는데 거북이가 먼저 출발한다. 한 시간 후에 토끼가 거북이를 좇아간다. 토끼가 거북이가 있던 지점에 도달하면 거북이는 이미 그 지점에 없다. 다시 토끼가 거북이를 좇아간다. 토끼가 거북이가 있던 지점에 당도하면 이때도 이미 거북이는 그 지점에 없다. 이 과정은 무한히 되풀이되고 따라서 토끼는 거북이를 영원히 따라잡을 수 없다는 논리이다. 제논이 거리를 무한히 분할한 것은 놀라운 착상이다. 인간이 유한이라는 개념을 탈출하여 처음으로 무한으로 도약한 사건이다. 그러나 제논의 역설은 전혀 역설이 아니다. 그냥 맞는 말일 뿐이다. 토끼가 거북이보다 10배 빠르다고 하면 제논의 논법에서 토끼가 가는 거리는 등비급수를 이룬다: $1 + \frac{1}{10} + \left(\frac{1}{10}\right)^2 + \cdots + \left(\frac{1}{10}\right)^n + \cdots = \frac{10}{9}$ 이 나올 뿐이다. 이 유한한 거리 동안 흐르는 시간도 유한할 뿐이다. 따라서 전혀 모순이 아니다: 토끼가 거리 $\frac{10}{9}$을 가기 전에는 절대로 거북이를 따라잡지 못한다. 수학적으로 말하자면 정확히 거리 $\frac{10}{9}$지점에서 토끼는 거북이를 만난다! 하하하. 그럼 왜 고대인들은 제논의 얘기를 모순이라고 받아들였을까? 무한에 대한 정밀한 개념이 없었기 때문이다. 무한에도 서로 종류가 다른 무한이 있음을 간과했기 때문이다. 깊은 생각 없이, 무한 번 시행하면 무한이 나올 것으로 생각했다. 어떤 무한은 무한 번 작용하더라도 유한을 생성한다. 바로 위의 등비급수가 그 예이다. 공비가 1보다 작은, 즉 공비 $\frac{1}{10}$인 위 등비급수는 $\frac{10}{9}$로 수렴한다!

러셀의 패러독스

러셀의 패러독스는 '가장 넓은 의미로서의 집합이란 개념은 존재하지 않는다'는 것이다. 집합은 우리 안에 가두고 키워야 하는 대상이지 삼천대천세계에 풀어놓아 야생으로 자라게 하면 큰일난다는 주장이다. 즉, 집합이란 개념은 제한된 상황아래서만 유효한 개념이라는 것이다. 러셀이 이 관점을 증명하기 위해서 고안해 내놓은 모순을 보자. 집합이란 집합은 모조리 다 모아놓은 집단을 S라 하자. 이 S가 집합이라면 기이한 집합이다. 왜냐하면 S가 집합으로서, '모든 집합을 모아놓은' S의 원소가 되어야 하기 때문이다. 즉 $S \in S$이기 때문이다. 이 이야기는 '국가가 국민 중 한 사람이다'라는 말과 같은 말이다. 기이한 현상이기는 하나, 이 정도로는 아직 치밀하게 모순을 드러낸 것이라고 할 수 없다. 러셀의 논리를 따라가 보자. S의 원소 중에서 자기가 자기 자신의 원소가 아닌 집합들을 모아서 A라 하자. 즉 $A = \{T \mid T \in S, T \notin T\}$라 하자. "그러면 과연 $A \in A$인가? 아니면 $A \notin A$인가? 어느 쪽인가?"라고 러셀은 묻는다. 기이하게도 어느 경우나 모순이 생긴다. 만약 $A \in A$라 하면 A의 성질에 따라 $A \notin A$이 되며, 만약 $A \notin A$라 하면 다시 A의 성질에 따라 $A \in A$이 된다. 정말 기이한 모순이다. 이 예에 화들짝 놀란 수학자들은 이후 집합이란 개념을 제한적인 우리 안에 가두어놓았다. 아무 제한 없는 무지막지한 집합은 다루지 않는다. '가축화된 집합domesticated set'만 다루지 '야생 집합wild set'은 다루지 않는다. 야생에는 어떤 괴물들이 숨어있을지 알 수 없기 때문이다. 겸손하게 진실을 말하자면 우리 수학자들은 전혀 알지 못한다.

수학과 신의 존재

유일신교의 신神이 바로 이 모든 집합의 집합에 해당할 수 있다. 신은 전지전능하므로 모든 지식에 대한 모든 지식을 가지고 있다. 반면에 인간의 지식과 개념은 유한하다. 이 유한한 지식과 개념도 면밀히 살펴보면, 그 안에 유한개의 '씨줄 날줄 역할을 하는 핵심적인 지식과 개념'이 들어있다. 괴델이 증명한 바에 따르면, '미리 정해진 유한개의 개념과 유한개의 지식으로는 아무리 애를 써도 증명할 수 없는 (우리가 알고 있는 그 유한개의 개념과 유한개의 지식으로 표현된) 참인 명제가 존재한다'는 것이다. 이 명제의 듀얼dual statement은 '유한개의 지식과 개념으로는 아무리 애를 써도 거짓임을 증명할 수 없는 거짓인 명제가 존재한다'이다. 바로, 신이 여기에 해당할 수 있다. '신의 존재에 대한 명제'는 '신의 존재'가 참이건 거짓이건 간에 증명할 수 없을지 모른다. 우리가 할 수 있는 최선은 "당신이 주장하는 신이란 뭐냐? 정의를 제시하라"고 요청하고, 그 정의 자체 내에 모순이 없는지 조사하는 정도일지 모른다. 그리하여 특정한 신의 존재를 부정하는 것은 가능해지지만, 특정한 기술을 벗어난 '모든 진리의 집합' 같은 신의 존재는 '모든 집합의 집합'같이 그 개념에 자체 모순이 존재할 수 있으므로 증명이 불가능할 가능성이 농후하다.

신을 표현하는 말 중에 '모든 지식에 대한 모든 지식'이라는 말은 얼핏 들으면 말이 되는 것 같지만 실제로는 난센스nonsense일 가능성도 배제할 수 없다. 어린아이가 말하는 '사랑'이 단어가 같다고 해서 어른들의 '사랑'까지 의미하는 것은 아니다. 어린아이들은 아직, '성호르몬이 용솟음칠 때의 사랑'은 꿈에도 모르기 때문이다. 부모의 자식에 대한 사랑도 알지 못한다. 마찬가지로 '모든 지식에 대한 모든 지식'이라는 말도 같은 경우에 해당할 수 있다. 우리 인간의 지력과 경험이 일천해서 내뱉은 설익은 개념일 수 있다. 그리고 우리가 생각하는 지식은 아예 지식이 될 수 없는, 전혀 다른 범주의 지식이 존재하는, 기이한 세상이 우주 배후에 깔려 있을 수 있기 때문이다.

보르헤스와 신

환상문학의 대가 보르헤스는 아르헨티나의 국립도서관장을 역임했다. 그의 책과 도서관에 대한 사랑은 그를 '이 세상의 가능한 책을 모두 한 권씩 소장하고 있는 도서관'에 대한 상상으로 인도한다. 이 도서관이 어디에 존재하긴 존재하는데 찾을 길이 없다. (데카르트에 의하면 그런 도서관은 반드시 존재해야 한다. 그는 우리가 상상하는 모든 것이, 그 상상에 자체적인 모순이 없다면, 어딘가 존재한다고 주장했다.) 누군가 그 도서관으로 가는 길을 안내하는 책이 있을 터이니 그 책을 찾자고 제안

한다. 그런데 진짜 문제는 그 책이 한 권뿐인데 바로 그 도서관에 있다는 것이다! '모든 지식에 대한 모든 지식'으로서의 신이 바로 이 '보르헤스의 도서관' 같은 존재일 수 있다.

안셀무스의 삼단논법: 신의 존재 증명

중세의 신학자 안셀무스Anselmus 1033~1109는, 800년이나 더 진화한 위대한 철학자 버트런드 러셀도 한동안 반박할 수 없었던 (기독교)신의 존재증명을 제시했다. 그의 삼단논법은 다음과 같다.

  I. 신은 완벽한 존재라는 개념이다.
  II. 그런데 존재하지 않는 것은 완벽하지 않다.
  III. 따라서 신은 실제로 존재한다.

상당히 설득력 있는 논증이다. 과연 어디에 허점이 있을까? 두 번째 명제에 있다. '존재하지 않는 것은 완벽하지 않다'는 명제는 '완벽한 것은 존재한다'는 명제와 동일하다. 이 두 명제는 논리학에서 '대우'라고 부르는 동치인 명제들이다. 안셀무스의 삼단논법에서 두 번째 명제를 이 동치인 명제로 바꾸면 드러나는, 안셀무스의 삼단논법의 원초적인 모습은 다음과 같다.

  1. 신은 완벽하다.
  2. 완벽한 것은 존재한다.
  3. 따라서 신은 실제로 존재한다.

매우 간결하고 아름다운 논법이다. 하지만 두 번째 명제 '완벽한 것은 존재한다'가 매우 의심스럽다. 완벽한 것은 존재한다니, 그럼 완벽한 개가 존재하는가? 어디에? 완벽한 사람은? '신의 징벌을 완벽하게 피해가는 악마'가 존재하는가? 이런 악마의 존재는 신의 존재에 모순이 되지 않는가? 이 반박논리는 안셀무스보다 1,500년 전의 전국시대에 생긴 고사성어故事成語 '모순'의 논리와 정확히 일치한다.

중국 전국시대 초楚나라에서 어떤 무기상인이, 자기가 파는 방패盾순는 어떤 창矛모도 막을 수 있으며, 자기가 파는 창은 어떤 방패도 뚫을 수 있다고 자랑했다. 그러자 어떤 영리한 사람이 상인에게 물었다. 그 창으로 저 방패를 찌르면 어떻게 되느냐고. 상인은 아무 말도 못하고 보따리를 싸 떠났다고 한다. 방패를 뚫으면 방패가 완벽하지 못하며, 방패를 뚫지 못하면 창이 완벽하지 못하게 된다. 그러므로 완벽한 창矛모과 완벽한 방패盾순는 둘 다 존재할 수는 없다. 적어도 둘 중 하나는 존재하지 못한다. 따라서 '완벽한 것은 존재한다'는 명제는 사실이 아니다. 이와 같이, 서양의 안셀무스가 엉터리 주장을 하기 전에, 그것도 무려 1,500년 전에 이미 동양에서는 안셀무스의 주장이 엉터리라는 것이 증명되어 있었다!

그런데 안셀무스가 처음부터 '완벽한 것은 존재한다'고 주장했으면 러셀도 잠시나마 속아 넘어가지 않았을 것이며 즉시 여기저기서 철학자들의 반발이 나왔을 터인데, 안셀무스가 대우를 이용해서 자신의 삼단논법 논증을 교묘히 비튼 것에 다들 허를 찔린 것이다. '존재하지 않는 것은 완벽하지 않다'니 정말 설득력 있게 들리지 않는가? "존재하지도 않는 것을 어떻게 완벽하다고 할 수 있어? 그러니까 완벽한 것은 존재하는 거야. 이 바보야!", 이 말 정말 그럴듯하지 않은가? 역시 말은 같은 말이라도 하기 나름이다!

환망공상과 모순

신의 비존재에 대한 수학적 증명

　안셀무스의 주장과는 정반대로, 필자는 러셀의 (집합에 대한) 모순을 이용하여 신이 존재하지 않음을 증명하고자 한다. 기독교 신의 3대 속성은 전지全知 omniscience, 전능全能 omnipotence, 편재遍在 omnipresent이다. 이 중에서 '어떤 존재도 전지할 수 없다'는 것을 귀류법을 이용해서 보이고자 한다.

　'전지한 신이 존재한다'고 가정해보자.
　어떤 사람이 지닌 지식의 모임은 집합이다.
　마찬가지로 신이 지닌 지식의 모임(B)은 집합이다.
　신은 전지하므로 임의의 집합 A에 대한 지식을 가지고 있다.
　$S' = \{$임의의 집합 A에 대한 지식$\}$은 신이 지닌 지식의 일부분이므로, 즉 S'은 집합 B의 부분집합이므로 S'은 집합이다.
　따라서 S'과 일대일대응관계에 있는 $S = \{$임의의 집합 A$\}$도 집합이다. 그런데 이것은 러셀의 패러독스에, 즉 S는 집합이 아니라는 사실에 위배된다.
　고로 처음에 '전지한 신이 존재한다'고 가정한 것이 잘못되었다.
　그러므로 전지한 신은 존재하지 않는다.

코미디언의 수학적 모순

　지금까지 열심히 읽어주신 독자 여러분께 디저트를 드린다. 종교적·철학적·수학적인 무거운 주제와 필자의 매끄럽지 않은 논리와 어거지 논리로 두뇌에 과부하가 걸려 머리에 쥐가 난 분들에게 드리는 작은 선물이다. 작고한 미국의 전설적인 스탠드업 코미디언stand-up

^{comedian} 조지 칼린^{George Carlin}의 모순을 소개한다.

"매춘이 왜 불법인지 이해할 수 없다. 왜 불법이 되어야 하는지 도무지 알 수 없다. 성행위도 합법이고 (자본주의 시장에서는 근본적으로 무엇이든) 파는 것도 합법인데, 왜 이 둘을 조합한 '성행위를 파는 것'은 불법인가? 논리를 전혀 이해할 수 없다. 남에게 오르가슴을 무료로 주는 것은 전혀 나쁜 짓이 아닌데, 왜 이 오르가슴을 파는 것은 불법이 되는가? 오르가슴을 주고 오르가슴을 받으면 합법인데, 왜 오르가슴을 주고 돈을 받으면 불법인가? 도대체 논리를 이해할 수 없다. 군바리가 사람들에게 네이팜탄을 뿌리면 훈장을 받고, 민간인이 사람들에게 오르가슴을 주면 감옥에 간다!"

조지 칼린의 주장을 수학적으로 설명하자면 이렇다. 명제 A(매매행위)와 B(성행위) 중 하나라도 거짓(불법)이면 $A \wedge B$(A & B, 즉 성매매)는 거짓(불법)이지만, A와 B가 둘 다 참(합법)이라면 $A \wedge B$(성매매)도 참(합법)이라는 말이다. 날카로운 지적이다. 미제국은 코미디언의 수준도 이 정도나 된다!

환망공상과 모순

에필로그

필자는 이 책을 통해 종교의 어처구니없는 엉터리 주장과 뻔뻔한 맨얼굴을 폭로해서 독자들을 깜짝 놀라게 해 주고 싶었다. 그런데 책을 쓰기 위해서 자료를 수집·조사하고 사유하는 과정에서, 필자는 종교가 필자가 평소 생각하던 것보다 훨씬 더 엉터리라는 것을 발견하고는 충격을 받았다. 그래서 독자들을 놀라게 해 주기도 전에 필자 자신이 먼저 놀라고 말았다. 대단한 환망공상^{幻想·妄想·空想·想像}이었다. 이외에도 책의 내용 중에는 필자가 창조한 환망공상이 적지 않을 것이다. 이 점 사과드리며 강호제현의 따끔한 지적을 기다린다. 궁색하게나마 변명하자면 인간은 어느 누구도 완벽한 사람은 없기 때문이다^{Nobody is perfect!}.

필자가 신랄하게 비판하는 것은, 과학이 숨 막히는 속도로 놀랍게 발달해왔음에도 불구하고 그리고 지금도 발달하고 있음에도 불구하고, 과거의 환망공상에 집착하는 행태이지, 환망공상 그 자체를 비판하는 것은 아니다. 필자가 본문에서 강조했듯이 환망공상은 비대해진 정신과 두뇌의 먹이이며, 환망공상 속에서 찬란한 보석 같은 진리가 출현하기 때문이다.

파격적인 환망공상일수록 더 충격적인 진리를 드러낸다. 그러나 시간이 흘러가면, 한계효용체감의 법칙에 따라 한때 충격적이던 진리도 진부한 상식이 되고, 인간은 다시 환망공상에 빠져든다.

하찮은 미생물로부터 출발하여 어류·파충류·포유류·영장류를 거쳐 지금의 호모 사피엔스로 진화해 오면서, 남의 먹이가 되기도 하고 남을 잡아먹기도 하는 아수라장의 와중渦中에서, 35억 년 만에 이토록 빛나는 문명을 이룩한 우리 인간에게 무한한 찬사를 보낸다.

Bravissimo!

찾아보기

693